Friedrich Essner · Manfred Jungke

Richtig schreiben

Das Wörterbuch

Schroedel

Richtig schreiben

Das Wörterbuch

Friedrich Essner

Manfred Jungke

Druck A[1]/ Jahr 2007

Alle Drucke der Serie A sind im Unterricht parallel verwendbar, da
bis auf die Behebung von Druckfehlern untereinander unverändert.

Umschlaggestaltung: J. Kochinke & kein Partner, Holle/Derneburg
Lay-out: atelier:[doppelpunkt] und Katrin Meyer, Christian Behrens
Satz: UMP Utesch Media Processing GmbH, Hamburg
Druck: westermann druck GmbH, Braunschweig

ISBN: 978-3-507-41066-4

Inhaltsverzeichnis

Das Wörterbuch 5–275

Tabellen
Grammatische Fachwörter 277
Konjugation unregelmäßiger Verben 282

Regeln
Groß- und Kleinschreibung 292
Getrennt- und Zusammenschreibung 295
Verben 295
Adjektive 302
Partizipien 303
Substantive/Nomen 304
Straßen und Plätze 305

Worttrennung am Zeilenende 306
Zeichensetzung
Fragezeichen 307
Ausrufezeichen 307
Punkt 308
Apostroph 310
Semikolon 311
Ergänzungsstrich 311
Gedankenstrich 312
Klammern 312
Bindestrich 312
Doppelpunkt 313
Schrägstrich 313
Anführungszeichen 314
Auslassungspunkte 314
Wörtliche Rede und Zitate 315
Komma 316

Hinweise zur Benutzung umseitig

Hinweise

„Richtig schreiben“ hat sich in besonderem Maße der Groß- und Kleinschreibung sowie der Getrennt- und Zusammenschreibung angenommen.

ⓘ Das mit diesem Informationszeichen versehene Stichwort wird in einem blau umrandeten Feld (mit gleichem Zeichen!) ausführlich weiterbehandelt. Vorwiegend sind es die vielen Zweifelsfälle bei der Groß- und Kleinschreibung. ⓘ

Die häufigsten Zweifelsfälle der Getrennt- und Zusammenschreibung bei Verben sind durch Farbflächen hervorgehoben.

ⓘ Hinweis auf weitere Rechtschreibinformationen, z. B. für Formen unregelmäßiger Verben, und auf Regeln der Zeichensetzung.

pfeifen ⓘ 286; der Bindestrich ⓘ 312

► Das Zeichen steht bei grammatischen Fachwörtern. Die ihm folgende Zahl verweist auf die Seite, wo der Begriff anhand von Beispielen erklärt wird.

das intransitive Verb ►278

→ Hinweis darauf, dass anderswo ein gleich oder ähnlich klingendes Wort oder ein wesentliches Wort der gleichen Wortfamilie zu finden ist.

die Lerche (ein Vogel); → Lärche; der Kaffee; → Café

( ) In runden Klammern: Worterklärungen und Verständnishilfen

der Nachen (Kahn)

⟨ ⟩ In spitzen Klammern: Abkürzungen und Zeichen

und so weiter ⟨usw.⟩; Deutsche Bahn AG ⟨DB⟩; der Dollar ⟨$⟩

[ ] Normalschrift in eckigen Klammern:
Buchstaben oder Buchstabengruppen, die weggelassen werden können

handeln, ich hand[e]le

Kursivschrift in eckigen Klammern: Aussprachehilfen

Sonderzeichen: ~~sch~~ wie das letzte g in Garage, ~~ng~~ wie die beiden n in Bonbon
der Jargon [*~~sch~~argo~~ng~~*]

u̲ Strich unter Buchstaben:
Lang gesprochener Selbstlaut oder Doppellaut in der betonten Silbe

das Tabu̲; tabuisi̲e̲ren

ọ Punkt unter Buchstaben:
Kurz gesprochener Selbstlaut in der betonten Silbe

inkọgnito

| Hilfe für die Worttrennung am Zeilenende: he|rein, her|ein
Das Zeichen wird wenig gebraucht, da die Trennung der allermeisten Wörter bei Beachtung einiger einfacher Regeln keine Schwierigkeit bereitet (vgl. 306). Wörter wie Ad|apter, Heliko|pter dürfen nämlich trotz angezeigter Besonderheiten auch nach Sprechsilben getrennt werden: Adap|ter, He|li|kop|ter

A

der **Aal**, die Aale; aalglatt;
sich aalen, er hat sich geaalt
der **Aar** (Adler), die Aare; → Ahr; → Ar
das **Aas** (verwesende Tierleiche); aasen (verschwenderisch umgehen), er aaste mit dem Geld, geaast

ab; ab und an; ab und zu; ab sein;

> **ab + Verb**
> **Trennbare Zusammensetzungen:**
> abfahren, der Zug fährt/fuhr ab,
> *aber* ehe der Zug abfährt/abfuhr,
> abgefahren, abzufahren;
> *entsprechend auch viele andere*

abändern, abgeändert; die Abänderung
die **Abart**; abartig; die Abartigkeit
der **Abbau**; abbauen, abgebaut
abbeißen ⓘ beißen 282, abgebissen
abbeizen, abgebeizt
abbezahlen, abbezahlt; die Abzahlung
abbiegen ⓘ biegen 282, das Abbiegen
das **Abbild**; abbilden, abgebildet;
die Abbildung ⟨Abb.⟩
die **Abbitte**; Abbitte leis|ten; Abbitte tun;
abbitten ⓘ bitten 282
abblättern, abgeblättert
abblenden, abgeblendet; das Abblendlicht
abblitzen, abgeblitzt
abbrechen ⓘ brechen 282; der Abbruch
abbrennen ⓘ brennen 282
abbröckeln, abgebröckelt
der **Abbruch**, die Abbrüche; abbruchreif
abbuchen, abgebucht; die Abbuchung
das **Abc**, des Abc, die Abc, *auch*
das Abece, des Abece, die Abece;
das Abc-Buch, *auch* Abecebuch;
der Abc-Schütze, *auch* Abeceschütze;
die ABC-Waffen (die atomaren, biologischen und chemischen Waffen)
abchecken (überprüfen), abgecheckt
abdanken, abgedankt; die Abdankung
abdecken, abgedeckt; die Abdeckplane
abdrängen, abgedrängt
abdrehen, abgedreht
die **Abdrift** (Kursabweichung durch Wind);
abdriften, abgedriftet
der **Abdruck** *in der Drucktechnik,*
die Abdrucke; abdrucken, abgedruckt;
der Abdruck *in Gips, im Boden,*
die Abdrücke; abdrücken, abgedrückt
der **Abend, abends** ⓘ
abendfüllend; abendlich;
das Abendbrot; das Abendessen;
der Abendkurs[us], die Abendkurse;
das Abendland; abendländisch;
das Abendmahl, die Abendmahle;
der Abendmahlskelch; das Abendrot

Abend, abends ⓘ

Abend	der Abend, des Abends, die Abende; ein Abend, eines Abends; am Abend; gegen Abend; diesen Abend; spät am Abend, *aber* spätabends; jeden Abend; alle Abende; Abend für Abend; keinen Abend; abendelang, *aber* viele Abende lang; sie sagte ihnen guten/Guten Abend *oder* sie sagte freundlich: „Guten Abend!" einen guten Abend wünschen; zu Abend essen, *aber* das Abendessen
abends	abends, *aber* des Abends; abends um acht; spätabends, *aber* spät am Abend
Tag und Tageszeit	heute Abend, morgen Abend, übermorgen Abend, gestern Abend, vorgestern Abend *nicht so in Verbindung mit Wochentagen, sondern wie folgt:* der Sonntagabend; am Sonntagabend; ein Sonntagabend, eines Sonntagabends; an einem Sonntagabend; an diesem Sonntagabend; an jedem Sonntagabend; am ersten Sonntagabend im Monat; Er kommt erst Sonntagabend. sonntagabends, sonntags abends ⓘ Dienstag S. 60

das **Abenteuer**, die Abenteuer; abenteuerlich; der Abenteurer, die Abenteurer

aber; aber ja!; aber nein!; nun aber!; wohl aber; der Aberglaube; abergläubisch; aberhundert[e], *auch* Aberhundert[e]; ⓘ **hundert** S. 111; abermals; tausend und abertausend, *auch* Tausend und Abertausend; tausende und abertausende, *auch* Tausende und Abertausende; tausend- und abertausendmal; der Aberwitz (völliger Unsinn); aberwitzig

abfackeln, abgefackelt

abfahren ⓘ fahren 282; die Abfahrt; der Abfahrtslauf; die Abfuhr

der **Abfall**, die Abfälle; die Abfallbeseitigung; das Abfallprodukt; die Abfallvermeidung; die Abfallverwertung; die Abfallwirtschaft; abfallen ⓘ fallen 282; abfällig

abfassen, fasste ab, abgefasst; die Abfassung

abfertigen, abgefertigt; die Abfertigung

abfeuern, ich feu[e]re ab, abgefeuert

abflauen, abgeflaut

abfliegen ⓘ fliegen 282; der Abflug, die Abflüge; die Abflugzeit

abfließen ⓘ fließen 284; der Abfluss, die Abflüsse; die Abflussmenge; das Abflussrohr

abfragen, sie fragt ab, sie fragte ab, abgefragt; soll ich dir *oder* dich die Vokabeln abfragen?

abfressen ⓘ fressen 284

die **Abfuhr**; abführen, abgeführt; das Abführmittel

die **Abgabe**; abgabenfrei; abgabenpflichtig; der Abgabetag; der Abgabetermin; abgeben ⓘ geben 284; gib ab!

der **Abgang**, die Abgänge; der Abgänger; das Abgangszeugnis, die Abgangszeugnisse

das **Abgas**, die Abgase; abgasarm; abgasfrei; die Abgassonderuntersuchung ⟨ASU⟩

abgearbeitet

abgeben ⓘ geben 284; → Abgabe

abgebrannt

abgefeimt

abgegriffen

abgehärmt

abgehärtet

abgehetzt

abgekämpft

abgekartet; eine abgekartete Sache

abgeklärt

abgelegen; eine abgelegene Siedlung

abgelten ⓘ gelten 284; die Abgeltung

abgeneigt; die Abgeneigtheit

abgenutzt

abgeordnet; der Abgeordnete, die Abgeordneten; ein Abgeordneter; eine Abgeordnete

abgeplattet

abgesandt *und* abgesendet → senden; der Abgesand|te, die Abgesandten; ein Abgesandter, eine Abgesandte

abgeschieden; die Abgeschiedenheit

abgeschlagen; die Abgeschlagenheit

abgeschlossen; die Abgeschlossenheit

abgeschmackt; abgeschmackte Redensarten

abgesehen von; abgesehen davon, dass

abgespannt (müde)

abgestumpft; die Abgestumpftheit

abgetan; die Sache ist abgetan

abgewirtschaftet

abgewöhnen, abgewöhnt; die Abgewöhnung

abgießen ⓘ gießen 284; → Abguss

der **Abgott**, die Abgötter; abgöttisch

abgrenzen, abgegrenzt; die Abgrenzung

der **Abgrund**, die Abgründe; **abgrundtief**; abgründig

abgucken, du guckst ab, abgeguckt, *auch* abkucken, du kuckst ab, abgekuckt

der **Abguss**, die Abgüsse

abhaben ⓘ haben 284, ehe er das Rad abhat; er soll sein *oder* seinen Teil abhaben

abhacken *zu* hacken, abgehackt

abhaken *zu* Haken, abgehakt

abhalten ⓘ halten 284

abhandenkommen, abhandengekommen; das Abhandenkommen

die **Abhandlung**

der **Abhang**, die Abhänge; abhängen (vom Haken nehmen; abkoppeln), er hängte den Wagen ab, abgehängt; abhängen (angewiesen sein), es hing viel von ihm ab, es hat davon abgehangen; abhängig; die Abhängigkeit; das Abhängigkeitsverhältnis

sich **abhärten**, abgehärtet; die Abhärtung

abhauen (abschlagen) ⓘ hauen 284, er hieb ab; abhauen (fortlaufen), er haute ab

die **Abhilfe**; Abhilfe schaffen

abholen, abgeholt; der Abholer

abholzen, du holzt ab, abgeholzt

das **Ab|itur**, des Abiturs; der Abiturient, des Abiturienten, die Abiturientin; die Abiturienten

Abk. = Abkürzung

abkanzeln, abgekanzelt

sich **abkapseln**, abgekapselt; die Abkaps[e]lung

die **Abkehr**; sich abkehren, abgekehrt

der **Abklatsch**; abklatschen, abgeklatscht; du klatschst ab

abknicken, abgeknickt; abknickende Vorfahrt
das **Abkommen** (Vertrag), die Abkommen; abkömmlich; der Abkömmling; die Abkunft
abkommandieren
abkoppeln, ich kopp[e]le ab, abgekoppelt; die Abkopp[e]lung
abkratzen, abgekratzt
abkühlen, abgekühlt; die Abkühlung
abkürzen, abgekürzt; die Abkürzung ⟨Abk.⟩; das Abkürzungsverzeichnis
abladen ⓘ laden 284, er lädt ab
die **Ablage**; ablagern, abgelagert; die Ablagerung
der **Ablass**, die Ablässe; ablassen ⓘ lassen 284
der **Ablauf**, die Abläufe
ablecken, du leckst ab, abgeleckt
ablegen, abgelegt; der Ableger
ablehnen, abgelehnt; die Ablehnung
ableis|ten, abgeleistet; die Ableistung
ableiten, abgeleitet; die Ableitung
ablenken, abgelenkt; die Ablenkung; das Ablenkungsmanöver
ablichten, abgelichtet; die Ablichtung
abliefern, abgeliefert; die Ablieferung
ablösen, abgelöst; die Ablösung
abluchsen, abgeluchst
abmachen, abgemacht; die Abmachung
abmagern, ich magere ab, abgemagert; die Abmagerungskur
abmähen, abgemäht
der **Abmarsch**; abmarschbereit; abmarschieren, abmarschiert
abmelden, abgemeldet; die Abmeldung
abmessen ⓘ messen 286; die Abmessung
sich **abmühen**, abgemüht
die **Abnahme**; abnehmen ⓘ nehmen 286; abnehmbar; abnehmender Mond; der Abnehmer
die **Abneigung**; abgeneigt
abnorm (nicht normal); die Abnormität
abnutzen, abgenutzt; die Abnutzung; abnützen, abgenützt; die Abnützung
das **Abo** *kurz für* das Abonnement [*abonmang*], die Abonnements; der Abonnent, des Abonnenten, die Abonnenten; abonnieren, abonniert
abordnen, abgeordnet; die Abordnung
der **Ab|ort**, die Aborte
abpassen, abgepasst
abpfeifen ⓘ pfeifen 286; der Abpfiff
abpflücken, abgepflückt
der **Abprall**; abprallen, abgeprallt
sich **abquälen**, abgequält
abqualifizieren, abqualifiziert
sich **abrackern**, ich rackere mich ab, abgerackert
der **Abraum**; die Abraumhalde; abräumen, abgeräumt
sich **abreagieren**, abreagiert
abrechnen, abgerechnet; die Abrechnung
die **Abrede**; das ist wider die Abrede; etwas in Abrede stellen
abreiben ⓘ reiben 286; die Abreibung; der Abrieb; abriebfest
die **Abreise**; abreisen, sie reist bald ab, sie reis|te ab, abgereist
abreißen ⓘ reißen 286, er reißt das Haus ab, er riss es ab, abgerissen; der Abreißkalender; → Abriss
abriegeln, ich rieg[e]le ab, abgeriegelt; die Abrieg[e]lung
der **Abriss**; die Abrissbirne
der **Abruf**; auf Abruf; abrufbereit;
abrufen ⓘ rufen 286
abrunden, abgerundet; die Abrundung
abrupt (plötzlich; jäh)
abrüs|ten, abgerüstet; die Abrüstung
abrutschen, du rutschst ab, abgerutscht
Abs. = Absender; Absatz *im Text*
absacken, abgesackt
die **Absage**; absagen, abgesagt
der **Absatz** *im Text* ⟨Abs.⟩, die Absätze; der Absatz *am Schuh*, die Absätze; der Absatz (Verkauf); das Absatzgebiet; die Absatzsteigerung
abschaffen ⓘ schaffen 286; die Abschaffung
abschälen, abgeschält
abschalten, abgeschaltet; die Abschaltung
abschätzen, abgeschätzt; abschätzig
der **Abschaum**
der **Abscheu** *und* die Abscheu; Abscheu erregend *und* abscheuerregend; abscheulich; die Abscheulichkeit
abschicken, abgeschickt
abschieben ⓘ schieben 286; die Abschiebehaft; die Abschiebung
der **Abschied**; Abschied nehmen; die Abschiedsfeier
abschießen ⓘ schießen 286; → Abschuss
abschirmen, abgeschirmt; die Abschirmung; der Abschirmdienst
der **Abschlag**, die Abschläge; die Abschlagszahlung; abschlagen ⓘ schlagen 286; abschlägig beschieden (abgelehnt)
abschleppen, abgeschleppt; der Abschleppdienst; das Abschleppseil
abschließen ⓘ schließen 288; abschließend; die Abschließung; der Abschluss, die Abschlüsse; die Abschlussfeier; das Abschlusszeugnis, die Abschlusszeugnisse
abschminken, abgeschminkt

abschmirgeln, ich schmirg[e]le ab
abschneiden ⓘ schneiden 288; der Abschnitt, die Abschnitte; abschnitt[s]weise
abschnüren, abgeschnürt; die Abschnürung
abschöpfen, abgeschöpft; die Abschöpfung
sich **abschotten**, abgeschottet
abschrägen, abgeschrägt
abschre|cken, abgeschreckt; abschreckend; die Abschreckung
abschreiben ⓘ schreiben 288; die Abschreibübung; die Abschreibung; die Abschrift, die Abschriften
abschrubben, abgeschrubbt
sich **abschuften**, abgeschuftet
abschürfen, abgeschürft; die Abschürfung
der **Abschuss**, die Abschüsse; abschüssig
abschütteln, ich schütt[e]le ab, abgeschüttelt
abschwächen, abgeschwächt; die Abschwächung
abschweifen, abgeschweift
abschwellen ⓘ schwellen 288
abschwemmen, abgeschwemmt; die Abschwemmung
absehen ⓘ sehen 288; abgesehen von; absehbar; in absehbarer Zeit
ab sein, wenn der Knopf ab ist, weil er ab war, er ist schon immer ab gewesen
abseits; abseitsstehen (auch im Feldspiel); das Abseits, mehrere Abseits; im Abseits stehen; Abseits pfeifen
die **Absence** [*abßangs*] (vorübergehende Bewusstseinstrübung), die Absencen
absenden ⓘ senden 288, sie sand|te *und* sendete das Paket ab, abgesandt *und* abgesendet; → Abgesandte; der Absender ⟨Abs.⟩, die Absender
absetzen, du setzt ab, abgesetzt; die Absetzung
absichern, abgesichert; die Absicherung
die **Absicht**; mit Absicht; die Absichtserklärung; absichtlich
absitzen ⓘ sitzen 288, abgesessen
absolut (unbeschränkt; völlig); die Absolution (Freisprechung); der Absolutismus (unbeschränkte Herrschaft); absolutistisch
der **Absolvent** (Schulabgänger mit Abschlusszeugnis), des Absolventen, die Absolventen; absolvieren
absondern, abgesondert; die Absonderung; absonderlich; die Absonderlichkeit
absorbieren (aufsaugen); die Absorption
abspalten, abgespalten; die Abspaltung
abspannen, abgespannt; abgespannt sein
abspeichern, abgespeichert
abspens|tig machen
absperren, abgesperrt; die Absperrung
absplittern, abgesplittert; die Absplitterung
die **Absprache**; absprachegemäß; absprechen ⓘ sprechen 288
abspringen ⓘ springen 288; der Absprung, die Absprünge
abspulen, abgespult; Tonbänder abspulen
abspülen, abgespült; Geschirr abspülen
abstammen; die Abstammung
der **Abstand**, die Abstände; Abstand halten; von etwas Abstand nehmen
abstatten, abgestattet; einen Besuch abstatten
der **Abstecher**; einen Abstecher machen
abstecken, abgesteckt
absteigen ⓘ steigen 288; der Absteiger; der Abstieg; abstiegsgefährdet
abstellen, abgestellt; das Abstellgleis; der Abstellplatz; der Abstellraum
abstempeln, abgestempelt; die Abstemp[e]lung
abstimmen, abgestimmt; die Abstimmung
abstinent (enthaltsam; Alkohol meidend); die Abstinenz; der Abstinenzler
abstoppen, abgestoppt
der **Abstoß**, die Abstöße; abstoßen ⓘ stoßen 290; abstoßend
abstrahieren (verallgemeinern); abstrakt (nur gedacht); abstrakte Kunst (Kunst mit frei erfundenen Formen); die Abstraktheit; die Abstraktion; das Abstraktum ►277 (nichtgegenständliches, begriffliches Nomen), die Abstrakta
abstreichen ⓘ streichen 290; der Abstrich; Abstriche machen
abstreiten ⓘ streiten 290
abstrus (verworren; schwer zu verstehen)
abstufen, abgestuft; die Abstufung
abstumpfen, abgestumpft; die Abstumpfung
der **Absturz**, die Abstürze; abstürzen, es stürzt ab, abgestürzt
sich **abstützen**, abgestützt; die Abstützung
absurd (unvernünftig; sinnwidrig); die Absurdität
der **Abszess** (eitrige Geschwulst), die Abszesse
die **Abs|zisse** (math. Begriff), die Abszissen
der **Abt** (Klostervorsteher), des Abt[e]s, die Äbte; die Äbtissin, die Äbtissinnen; die Abtei, die Abteien
abtas|ten, abgetastet
abtauen, abgetaut
das **Abteil**, die Abteile; die Abteilung (Abtrennung); die Abteilung ⟨Abt.⟩ (Teil; Gruppe); der Abteilungsleiter

abtippen, abgetippt
abtöten, abgetötet; die Abtötung
abtragen ⓘ tragen 290; abträglich
abtransportieren; der Abtransport
abtreiben ⓘ treiben 290; die Abtreibung; der Abtrieb
abtrennen, abgetrennt; die Abtrennung; abtrennbar; → abtrünnig
abtreten ⓘ treten 290; der Abtreter; die Abtretung
abtrocknen, abgetrocknet
abtrotzen, abgetrotzt
abtrünnig; die Abtrünnigkeit
abtun ⓘ tun 290, abgetan
abtupfen, abgetupft
aburteilen, abgeurteilt; die Aburteilung
abverlangen, abverlangt
abwägen, abgewogen *und* abgewägt, sie wog *und* wägte ab; die Abwägung
die **Abwahl**; abwählen, abgewählt
abwälzen, abgewälzt
abwandeln, abgewandelt; die Abwand[e]lung
abwandern, abgewandert
die **Abwärme**; die Abwärmeverwertung
abwarten, abgewartet

abwärts; die Abwärtsbewegung;

abwärts + Verb
Trennbare Zusammensetzungen:
abwärtsfahren, ich fahre abwärts, wenn ich abwärtsfahre, abwärtsgefahren, abwärtszufahren;
entsprechend auch:
abwärtsgehen, abwärtsführen, abwärtslaufen, abwärtssteigen *und andere*

der **Abwasch**; abwaschen, abgewaschen; die Abwaschschüssel; das Abwaschwasser; abwaschbar
das **Abwasser**, die Abwässer; die Abwassergebühren; der Abwasserkanal
abwechseln, abgewechselt; abwechselnd; die Abwechs[e]lung; abwechslungslos; abwechslungsreich
auf **Abwege** geraten; abwegig
die **Abwehr**; abwehren, abgewehrt; der Abwehrkampf; der Abwehrspieler
abweichen ⓘ weichen (zurückweichen) 290; die Abweichung
abweisen ⓘ weisen 290; abweisend; die Abweisung
sich **abwenden** ⓘ wenden 290, sie wand|te *und* wendete sich ab, abgewandt *und* abgewendet, *aber* das Unheil wurde abgewendet; abwendbar; die Abwendung
abwerben ⓘ werben 290; die Abwerbung
abwerfen ⓘ werfen 290; → Abwurf

abwerten, abgewertet; die Abwertung
abwesend; die abwesenden Mitglieder, *aber* die Abwesenden; in Abwesenheit
abwickeln, ich wick[e]le ab, abgewickelt; die Abwick[e]lung
abwiegeln, ich wieg[e]le ab, abgewiegelt
abwiegen ⓘ wiegen 290
abwimmeln, ich wimm[e]le das ab
abwirtschaften, abgewirtschaftet
abwracken, abgewrackt
der **Abwurf**, die Abwürfe
abwürgen, abgewürgt
abzahlen, abgezahlt; auf Abzahlung; das Abzahlungsgeschäft; abzählen, abgezählt; der Abzählreim
abzapfen, abgezapft; die Abzapfung
abzäunen *zu* Zaun, abgezäunt
das **Abzeichen**, die Abzeichen; abzeichnen, abgezeichnet; sich abzeichnen, es zeichnet sich ab
abziehen ⓘ ziehen 290; das Abziehbild; der Abzug, die Abzüge; abzüglich
abzweigen, abgezweigt; die Abzweigung
das **Accessoire** [*akzessoar*], die Accessoires
ach!; ach so!; ach ja!; ach je!; mit Ach und Krach; der Achlaut; *bei Hervorhebung des Ach:* Ach-Laut
der **Achat** (ein Halbedelstein), die Achate
die **Achillesferse**; die Achillessehne
die **Achse**, die Achsen; → axial; die Achsel, die Achseln; die Achselhöhle; das Achselzucken; achselzuckend
die **Acht** (Ausschluss vom Rechtsschutz); die Acht aussprechen; in Acht und Bann; ächten, geächtet; die Ächtung

die **Acht** (Aufmerksamkeit); achten, geachtet; achtbar; achtsam; die Achtsamkeit; achtlos; die Achtlosigkeit; die Achtung; Achtung gebietend *und* achtunggebietend; achtungsvoll;

Acht (Aufmerksamkeit) + **Verb**
Getrennt zu schreiben:
sich in Acht nehmen, außer [aller] Acht lassen
Getrennt *und* **zusammen** *möglich*:
Acht geben *und* achtgeben, er gibt Acht *und* er gibt acht, Acht gegeben *und* achtgegeben, Acht zu geben *und* achtzugeben;
entsprechend auch:
Acht haben *und* achthaben; *aber*: allergrößte Acht geben *(nur so)*, sehr achtgeben *(nur so)*

acht, 8., achtel, ⓘ S. 10;
achtzehn, 80, 800, 8000 ⓘ S. 11;

Zusammensetzungen mit acht:
das Achteck; achteckig, 8-eckig;
achterlei; auf achterlei Weise;
achtfach, 8fach, 8-fach;
das Achtfache, das 8fache, 8-Fache;
achtjährig, 8-jährig (acht Jahre dauernd; acht Jahre alt); ein achtjähriger Junge, *auch* ein 8-jähriger Junge;
ein Achtjähriger, *auch* ein 8-Jähriger;
achtjährlich (alle acht Jahre);
der Achtkampf; der Achtkämpfer;
achtkantig, *auch* 8-kantig;
achtklassig, *auch* 8-klassig;
achtmal, *auch* 8-mal, acht Mal, 8 Mal;
das achte Mal; beim, zum achten Mal[e];
acht- bis zehnmal, 8- bis 10-mal, 8–10-mal;
achtmal so viel; achtmalig;
die Achtpfennigmarke; 8-Pf-Marke;
achtprozentig, *auch* 8-prozentig, 8%ig;
achtsaitig (mit acht Saiten bespannt);
achtseitig, *auch* 8-seitig (mit 8 Seiten);
achtstimmig, *auch* 8-stimmig;
der Achtstundentag;
achtstündig, *auch* 8-stündig (acht Stunden dauernd);
achtstündlich, *auch* 8-stündlich (alle acht Stunden);
achttäglich, *auch* 8-täglich (wöchentlich);
achtteilig, *auch* 8-teilig;
der Achttonner, *auch* 8-Tonner (Fahrzeug für 8 t Last);
der Achtzylinder; achtzylindrig, 8-zylindrig

acht, 8., achtel

Die folgenden Groß-, Klein-, Zusammen- und Getrenntschreibungen für **acht, achtel** *usw. gelten auch für andere Zahlen.*

acht es sind acht; wir sind unser acht; wir sind zu acht; die ersten acht; die letzten acht; acht Tage; heute in acht Tagen; er ist bald acht [Jahre alt]; er ist schon über acht; achtjährig, 8-jährig; es steht acht zu sieben (8 : 7 im Spiel); achtmal, 8-mal, acht Mal; achtfach, 8fach, 8-fach; das macht acht neunzig (8,90 €)

Acht die Acht (Ziffer, Zahl; Straßenbahn oder Bus mit der Nummer acht), die Achten; die Ziffer Acht; eine Acht schreiben; eine römische Acht; eine Acht fahren (*Fahrrad; Schlittschuh*); die Zahl Acht; bis zur Acht, *aber* bis acht rechnen, schreiben, zählen; eine Acht im Kartenspiel; mit der Acht fahren (*Straßenbahn, Bus Linie 8*)

8 **beim Rechnen**: bis acht rechnen, zählen; acht und acht ist sechzehn; *Malnehmen mit* **acht**: das Achtfache von acht ist vierundsechzig; acht mal acht ist vierundsechzig; *Teilen durch* **acht**: der achte Teil von vierundsechzig ist acht; vierundsechzig [geteilt] durch acht ist acht

8 **auf der Uhr**: acht Uhr; es ist acht [Uhr]; es schlägt eben acht; es ist schon nach acht; fünf vor acht; fünf nach acht; um viertel acht [Uhr]; [ein, um] Viertel vor acht; drei viertel acht; es ist halb acht; gegen acht; Punkt acht; Schlag acht; der Achtuhrzug, der 8-Uhr-Zug

8. (Ordinalzahl/ Ordnungszahl): der **Achte** (der Reihe nach); er ist Achter (der Leistung nach); das achte Mal, *aber* achtmal, 8-mal; beim, zum achten Mal[e]; der achte Teil; das achte Lebensjahr; der achte Oktober, der 8. Oktober, der 08. 10., *aber* der Achte des Monats, an jedem Achten, am 8. jedes Monats; Heinrich der Achte, *üblicher* Heinrich VIII.

8 1/2 achteinhalb *oder* achtundeinhalb; **8,5**; acht Komma fünf

1/8 **achtel**; ein achtel Kilo, 1/8 kg; ein achtel Zentner; eine Achtelnote; *wenn die Menge gemeint ist*: ein achtel Liter; drei achtel Liter; *wenn das Maß gemeint ist*: ein Achtelliter; drei Achtelliter voll; **das Achtel**: ein Achtel des Geldes, des Weges, vom Zentner; drei Achtel des Geldes *usw.*; im Dreiachteltakt, im 3/8-Takt; **achtzehn, 80, 800, 8000** ⓘ S. 11

achtern (hinten *beim Schiff*);
nach achtern, achteraus (nach hinten)
ächzen, er ächzt, er ächzte, geächzt
der **A|cker**, die Äcker; der Ackerbau;
ackern, ich ackere, geackert;
die Ackerbau treibenden Bewohner *oder*
die ackerbautreibenden Bewohner
a conto (auf Rechnung von), *aber*
die Akontozahlung (Abschlagszahlung)
die **Ac|tion** [*äkschn*] (spannende Handlung),
aber die Aktion
a. d. = an der; Neuhaus a. d. Eger
a. D. = außer Dienst
A. D. = Anno Domini
(im Jahre des Herrn)
ad absurdum führen
(das Widersinnige nachweisen)
der **Adamsapfel**; das Adamskostüm
der **Ad|apter** (Verbindungsstück),
die Adapter; adaptieren, adaptiert;
die Adaption
ad|äquat (angemessen; entsprechend)

addieren (zusammenzählen), sie addiert;
die Addition (das Zusammenzählen);
additiv (hinzufügend)
das **Ade**; ein herzliches Ade zurufen; ade;
Ade sagen, sie sagte Ade, *auch*
ade sagen, sie sagte ade
der **Adel**; adeln, geadelt; ad[e]lig; → Adlige;
die Adelsherrschaft; der Adelstitel
die **Ader**, die Adern; das Äderchen;
zur Ader lassen; der Aderlass
die **Ad|häsion** (Aneinanderhaften
verschiedener fester oder flüssiger Stoffe)
ad hoc (aus dem Augenblick heraus);
die Ad-hoc-Entscheidung
das **Adieu**; jemandem Adieu sagen, *auch*
adieu sagen
das **Adjektiv** ► 277 (Eigenschaftswort),
die Adjektive; adjektivisch
der **Adjutant**, des Adjutanten, die Adjutanten
der **Adler**, die Adler; der Adlerhorst
der **Adlige**, eine Adlige, die Adligen,
aber eine adlige Familie; → Adel

achtzehn, 80, 800, 8000

Die folgenden Groß-, Klein-, Zusammen- und Getrenntschreibungen für **achtzehn, achtzig** *usw. gelten auch für andere Zahlen.*

18 **achtzehn**, die Achtzehn

80 **achtzig**; bis achtzig rechnen, schreiben, zählen, *aber* bis zur Achtzig; knapp achtzig; über achtzig; alle achtzig; achtzigfach, 80fach, 80-fach; das Achtzigfache; achtzigmal, 80-mal; das achtzigste Mal; beim, zum achtzigsten Mal[e]; achtzigtausend; achtzig Millionen; im Jahre achtzig n. Chr.; im Jahre achtzig (eines Jahrhunderts); Jahrgang achtzig; die Achtzigerjahre *und* die achtziger Jahre, die 80er Jahre *und* 80er-Jahre (das neunte Jahrzehnt eines Jahrhunderts); in den achtziger Jahren, in den 80er Jahren; ein achtziger Wein, ein 80er Wein (Wein aus dem Jahre 80 eines Jahrhunderts); die **Achtzig** (Zahl), die Achtzigen; die Zahl Achtzig; eine Achtzig schreiben; bis zur Achtzig rechnen, zählen

das Alter von achtzig Jahren betreffend: nahe an achtzig; fast achtzig; der achtzigste Geburtstag; er ist achtzig geworden; er ist über achtzig; ein Achtzigjähriger, eine Achtzigjährige; ein über Achtzigjähriger, eine über Achtzigjährige; die Achtziger (Lebensjahre zwischen 80 und 90); in den Achtzigern; in den Achtzigerjahren seines Lebens; er ist Mitte der Achtziger (etwa 85), *auch* Mitte [der] achtzig

800 **achthundert**; bis achthundert; über achthundert; alle achthundert; mehr als achthundert; im Jahre achthundert; achthundert Euro in acht Hundertern (acht Hunderteuroscheinen); achthundertfünf; achthundertvierundsechzig; achthunderttausend; die Zahl Achthundert

8000 **achttausend**; bis achttausend; über achttausend; alle achttausend; mehr als achttausend; achttausend Euro in acht Tausendern (in acht Tausendeuroscheinen); achttausendfünf *oder* achttausendundfünf; achttausendvierhundert[und]fünfunddreißig; die Zahl Achttausend; der Achttausender (über 8000 m hoher Berg)

acht Millionen; der achtmillionste Besucher; **acht Milliarden**

auch **acht, 8., achtel**

die **Administration** (Verwaltungsbehörde); administrativ (zur Verwaltung gehörend)
der **Admiral**, die Admirale, *selten* Admiräle
ad|optieren (an Kindes statt annehmen); die Adoption; die Adoptiveltern; das Adoptivkind
die **Adresse** ⟨Adr.⟩, die Adressen; der Adressant (Absender), des Adressanten, die Adressanten; der Adressat (Empfänger), des Adressaten, die Adressaten; adressieren; das Adressbuch; die Adressiermaschine
ad|rett (nett; sauber; hübsch)
die **Ad|ria** (das Adriatische Meer)
der **Advent**; der erste Advent; der Adventskalender; die Adventskerze; der Adventskranz; die Adventszeit
das **Adverb** ► 277 (Umstandswort), die Adverbien; die adverbiale Bestimmung ► 277 (Umstandsbestimmung)
der **Advokat** (*älteres Wort für* Rechtsanwalt), des Advokaten, die Advokaten
das **Aerobic** (eine Form des Körpertrainings); die Aerodynamik (Lehre von der Bewegung strömender Gase); aerodynamisch
die **Affäre** (Vorfall), die Affären
der **Affe**, des Affen, die Affen; das Äffchen; die Affenhitze; der Affenkäfig; affenartig; affig; äffisch
der **Affekt** (starke Erregung), die Affekte; die Affekthandlung; affektiert (geziert, künstlich)
der **Affront** [-~~ng~~] (Beleidigung), die Affronts
Afghanistan (Staat in Vorderasien); der Afghane; afghanisch
Afrika (Erdteil); afrikanisch; der Afrikaner, die Afrikaner; die Afrikanerin, die Afrikanerinnen
der **After**, die After
die **AG** = die Aktiengesellschaft; die Arbeitsgemeinschaft
die **Ägäis** (das Ägäische Meer)
die **Agave** (eine Pflanze), die Agaven
der **Agent** (Geschäftsvermittler; Spion), des Agenten, die Agenten; die Agententätigkeit; die Agentur (Geschäftsstelle), die Agenturen; agieren (handeln), er hat agiert
das **Ag|gregat** (Maschinensatz), die Aggregate; der Aggregatzustand (*Physik* Erscheinungsform eines Stoffes)
die **Ag|gression** (Angriff; Überfall); aggressiv (angreifend; angriffslus|tig); die Aggressivität; der Aggressor (Angreifer), die Aggressoren
die **Ägide** (Schutz; Obhut); unter der Ägide von
agil (flink; beweglich); die Agilität
die **Agitation** (starke politische Werbung); der Agitator, die Agitatoren; agitieren
die **Agonie** (Todeskampf)
die **Agraffe** (Schmuckspange), die Agraffen
die **Agrarwirtschaft** (Landwirtschaft); der Agrarier (Landwirt); agrarisch; die Agrarpolitik; das Agrarprodukt; die Agrarreform; der Agrarstaat
das **Agreement** [*ägriment*] (Übereinkommen), die Agreements; das Agrément [*-ma~~ng~~*] (Zulassung eines diplomatischen Vertreters)
Ägypten; ein Ägypter; ägyptisch
ah!; ah so!; ah was!; aha!; das Aha-Erlebnis *und* Ahaerlebnis
die **Ahle** (nadelartiges Werkzeug), die Ahlen
der **Ahn** (männl. Vorfahre), des Ahn[e]s *und* des Ahnen, die Ahnen; der Ahnherr; die Ahne (weibl. Vorfahre), die Ahnen
ahnden (strafen), geahndet
ähneln, ich ähn[e]le ihm, er ähnelt mir; → ähnlich
ahnen, er ahnt etwas, geahnt; die Ahnung; keine Ahnung; ahnungslos; die Ahnungslosigkeit
ähnlich; die Ähnlichkeit; Ähnliches; und Ähnliches ⟨u. Ä.⟩; oder Ähnliches ⟨o. Ä.⟩; sich ähnlich sehen, *aber* das hat ihm wieder ähnlichgesehen
ahoi! (Gruß in der Seefahrt)
der **Ahorn** (Laubbaum), die Ahorne
die **Ahr** (ein Fluss); → Aar; → Ar
die **Ähre** (Blütenstand des Getreides), die Ähren; → Ehre
das **Aids** [*edß*]; aidskrank; der Aidstest
der **Airbag** [*ärbäg*], die Airbags
der **Airbus** [*är-*], des Airbusses, die Airbusse; der Airport (Flugplatz), die Airports
die **Akademie**, die Akademien; der Akademiker, die Akademiker; akademisch
die **Akazie**, die Akazien
die **Akelei** (eine Pflanze), die Akeleien
die **Ak|klamation** (Zuruf, *z. B.*: Wahlvorschlag durch Akklamation)
sich **ak|klimatisieren** (sich an eine neue Umgebung gewöhnen)
der **Ak|kord** (Zusammenklang), die Akkorde; der Akkord (Stücklohn im Gegensatz zum Stundenlohn); die Akkordarbeit; das Akkordeon (Handharmonika)
ak|kreditieren (*in der Politik* beglaubigen)
die **Ak|kumulation** (Anhäufung); akkumulieren (anhäufen, speichern); der Akkumulator (Stromspeicher), die Akkumulatoren, *kurz* der Akku, die Akkus
ak|kurat (genau; sorgfältig)

der **Ak|kusativ** ► 277 (Wenfall; 4. Fall)
das Akkusativobjekt (Ergänzung im Wenfall, 4. Fall) ► Objekt 280

die **Akne** (Hautausschlag)

die **Akribie** (Genauigkeit; Sorgfalt); akribisch

der **Akrobat** (Turnkünstler), die Akrobaten; die Akrobatik; akrobatisch

der **Akt** (Handlung), die Akte; die Akte (Schriftstück), die Akten; die Aktentasche; das Aktenzeichen ⟨AZ, Az.⟩

die **Aktie** (Wertpapier), die Aktien; die Aktiengesellschaft ⟨AG⟩; der Aktionär (Aktienbesitzer), die Aktionäre

die **Aktion** (Unternehmung; Handlung), *aber* → Action;
der Aktionsradius (Wirkungsbereich);
aktiv (tüchtig; rührig); der Aktive;
das Aktiv ► 277 (Tatform);
aktivieren (in Schwung bringen);
die Aktivität (Tätigkeit)

die **Aktualität** (derzeitige Bedeutung); aktualisieren (zeitgemäß gestalten); aktuell (zeitnah; zeitgemäß)

die **Akupunktur** (eine Heilbehandlung)

die **Akustik** (Lehre vom Schall; Wirkung von Klängen); akustisch

akut (plötzlich auftretend; dringlich); eine akute Gefahr; ein akutes Problem

die **Akzeleration** (Beschleunigung)

der **Akzent** (Betonungszeichen; Betonung; Aussprache), die Akzente; akzentfrei; akzentuieren (betonen), akzentuiert

akzeptabel (annehmbar); die Akzeptanz (Annahme); akzeptieren (annehmen)

akzidentell, akzidentiell (zufällig; unwesentlich)

der **Alabaster** (Abart des Gipses)

der **Alarm**, die Alarme; Alarm schlagen; die Alarmanlage; alarmieren

der **Alaun** (ein Salz); der Alaunstein

die **Alb** (Gebirge), die Alben; die Fränkische Alb; die Schwäbische Alb

der **Alb** (Naturgeist; gespenstisches Wesen), *meist Mehrzahl* die Alben;
der Albdruck *und* Alpdruck;
das Albdrücken *und* Alpdrücken;
der Albtraum *und* Alptraum

Albanien; ein Albaner; albanisch

der **Albatros** (ein Sturmvogel), die Albatrosse

albern, sie ist albern; die Albernheit; albern, ich albere, sie hat gealbert

der **Albino** (Lebewesen mit fehlender Farbstoffbildung), des Albinos, die Albinos

der **Albtraum** *und* **Alptraum** → Alb

das **Album**, des Albums, die Alben

die **Alchimie** (Goldmacherkunst); der Alchimist, die Alchimis|ten; *auch* die Alchemie, der Alchemist

der **Alemanne**, des Alemannen, die Alemannen (germanischer Volksstamm); alemannisch

die **Alge**, die Algen; die Algenpest

die **Algebra** (Buchstabenrechnung); algebraisch

Algerien; ein Algerier; algerisch

der **Algorithmus** (ein Rechenvorgang)

das **Alibi** (Abwesenheitsnachweis), die Alibis

die **Alimente** *Plur.* (Unterhaltsbeiträge)

alkalisch (laugenhaft; basisch)

der **Alkohol** [*alkohol, alkohol*], die Alkohole; die Alkoholika (alkoholische Getränke); alkoholarm; alkoholfrei; alkoholisch; der Alkoholiker; eine Alkoholikerin; der Alkoholismus; der Alkoholmissbrauch; der Alkoholspiegel; die Alkoholvergiftung

der **Alkoven** (Bettnische; kleiner Nebenraum), die Alkoven

all, alle, aller-, alles ℹ S. 14; das All

Allah (Name für Gott im Islam)

alle ℹ S. 14

die **Allee**, die Alleen

die **Allegorie** (Sinnbild; Gleichnis); allegorisch (gleichnishaft)

al|lein, *ugs.* alleine; allein sein, *aber* das Alleinsein; die allein seligmachende *oder* die allein selig machende Kirche; der Alleinherrscher; der Alleinunterhalter; alleinig; die alleinigen Erben;

allein + Verb
allein bleiben, erziehen, gehen, lassen, leben, stehen, wandern, wohnen *u. a.;*
allein gültig *und* alleingültig;
allein erziehend *und* alleinerziehend;
die allein Erziehenden, Alleinerziehenden;
eine alleinstehende Frau,
die Alleinstehende, die Alleinstehenden

aller- ℹ S. 14

die **Allergie** (Überempfindlichkeit), die Allergien; der Allergiker; allergisch

alles ℹ S. 14

das **Allgäu**; die Allgäuer Alpen

allgemein; im Allgemeinen ⟨i. A.⟩ (gewöhnlich; normalerweise); das Allgemeinbefinden; die Allgemeinbildung; die Allgemeingültigkeit; die Allgemeinheit; das Allgemeinwissen; das Allgemeinwohl;
Getrennt *und* **zusammen** *möglich*:
allgemeinbildend *und* allgemein bildend; allgemeingültig *und* allgemein gültig, allgemeinverbindlich *und* allgemein verbindlich; allgemeinverständlich *und* allgemein verständlich

all, alle, aller-, alles

all, alle, aller-, alles

all	all das; all das Gute all seine Habe	das All des Alls	im All ins All
alles **allem**	alles das; das alles; alles Gute alles dies; dieses alles für alles; um alles über alles was alles; wer alles	alles und jedes alles oder nichts alles andere alles Weitere mein Ein und Alles	alles in allem bei allem; in allem trotz allem vor allem zu allem
alle **allen**	alle diese, diese alle; wir alle ich grüße euch alle *(im Brief auch* Euch)	sie kamen alle; alle beide alle Tage; alle Jahre alle (verbraucht; leer)	mit allen von allen allen voran

in Zusammensetzungen

allabendlich
alldem; trotz, zu, bei, nach all[e]dem, *aber* von all dem, was man gelernt hat
allein S. 13
allemal, *aber* ein für alle Mal[e]
allenfalls
allenthalben
allerallerletzte; zuallerallerletzt
allerbeste, am allerbesten;
der allerbeste Torwart, *aber*
heute war er der Allerbeste;
es wäre das Allerbeste
auf das, aufs Allerbeste *und*
auf das, aufs allerbeste
allerdings
allererste; das allererste Mal;
sie war die Allererste, die ankam;
zuallererst
allerhand
Allerheiligen (katholisches Fest)
allerlei
allerlei Farben, *aber*
ein buntes Allerlei
allerletzte; zuallerletzt ⓘ **letzte** S. 136
allerliebste, sein allerliebster Zeitvertreib;
die Allerliebste
allermeiste; die allermeisten/Allermeisten
allernächste;
die allernächsten/Allernächsten
allerneueste, *aber*
das Allerneueste (die neuesten Nachrichten)
allernötigste, *aber*
er nahm nur das Allernötigste mit
allerorten; allerorts
Allerseelen (katholischer Gedächtnistag);
der Allerseelentag
allerseits
allerspätestens
allerwenigste, am allerwenigsten;
das ist das allerwenigste/Allerwenigste
alles
allesamt
der Allesbesserwisser
der Allesbrenner
der Allesfresser
der Alleskleber
allgegenwärtig
allgemein S. 13
das Allheilmittel
alljährlich
die Allmacht; allmächtig;
der Allmächtige (Gott)
allmählich; ganz allmählich
allmonatlich
allmorgendlich
allnächtlich
die Allparteienregierung
der Allradantrieb
allseitig; allseits
allstündlich
der Alltag; alltags; die Alltagssorgen;
alltäglich; etwas ganz Alltägliches
allüberall
allumfassend
allwissend; die Allwissenheit
allzeit; allezeit
allzu bald; allzu früh;
allzu gern; allzu lange; allzu oft;
allzu schwer; allzu sehr; allzu selten;
allzu viel; allzu viele; allzu weit;
allzumal (alle zusammen)

die **Allianz** (Bündnis), die Allianzen;
sich alliieren (sich verbünden), alliiert;
die Alliierten (die Verbündeten)
der **Alligator**, die Alligatoren
die **Allmacht**; allmächtig; der allmächtige
Gott, *aber* Gott, der Allmächtige
allmählich
das **Allotria**
all right! (in Ordnung!)
der **Alltag**, des Alltags; alltags;
die Alltagssorgen; der Alltagstrott;
alltäglich; etwas, nichts Alltägliches
die **Allüren** *Plur.* (das Gehabe)
allzu S. 14
die **Alm** (Bergweide), die Almen
der **Almanach** (Kalender; Jahrbuch),
die Almanache
das **Almosen**, die Almosen
die **Aloe** [*alo|e*] (eine Pflanze), die Aloen
die **Alp** und **Alpe** (Bergweide), die Alpen;
die Alpen (europäisches Gebirge);
das Alpenglühen; das Alpenveilchen;
alpin (das Hochgebirge betreffend);
der Alpinist (alpiner Bergsteiger),
des Alpinisten, die Alpinisten
der **Alpdruck** *und* Albdruck; → Alb;
das Alpdrücken *und* Albdrücken;
der Alptraum *und* Albtraum
das **Alpha** (griechischer Buchstabe: α);
das Alphabet (das Abc), die Alphabete;
alphabetisch;
die Alphastrahlen, *auch* α-Strahlen
als; als dass; als ob; alsbald; alsdann
also; na also!
alt, älter, am ältes|ten; → Alter; ältlich;
er ist immer noch der Alte (derselbe);
wir bleiben die Alten (dieselben);
es bleibt alles beim Alten;
am Alten hängen; beim Alten lassen;
Alt und Jung (jedermann);
der Alte (Greis); die Alte (Greisin);
→ die Alten;
Alte und Junge; Altes und Neues;
das Alte Land (Elbmarsch bei Hamburg);
das Alte Testament ⟨A.T.⟩ (Teil der Bibel);
die Alte Welt (Europa, Afrika und Asien);
altbacken; altbekannt; altdeutsch;
altklug; altmodisch; altsprachlich;
altbewährt; das Altbewährte;
alteingesessen; die Alteingesessenen;
althergebracht; das Althergebrachte;
althochdeutsch; das Althochdeutsche;
der Altbau, die Altbauten; die Altbau-
renovierung; die Altbauwohnung;
der Altbundeskanzler; der Altbundes-
präsident; der Altbundesratspräsident;
das Altmaterial; das Altmetall;
die Altvordern; der Altweibersommer

der **Alt** (Singstimme), des Alts, die Alte
der **Altan** (Balkon), die Altane
der **Altar**, die Altäre
die **Alten** (die alten Menschen);
das Altenheim; die Altenpflege;
die Altenpflegerin; die Altenpflegerinnen;
die Alten (Völker früherer Zeiten), *aber*
die alten Germanen
das **Alter**; die Altersbeschwerden;
altersschwach; die Altersschwäche;
das Altertum; die Altertümer (Gegenstände
aus dem Altertum); altertümlich;
alters; von alters her; seit alters;
altern, ich altere, er ist gealtert
alternativ (als weitere Möglichkeit[en]);
die Alternative (das andere Mögliche),
die Alternativen;
alternieren (wechseln, abwechseln)
der **Altruismus** (Uneigennützigkeit);
altruis|tisch (selbstlos)
das **Aluminium**, des Aluminiums,
kurz das Alu, des Alus; die Alufolie
am (an dem); am bes|ten
das **Amalgam** (Quecksilberlegierung)
die **Amaryllis** (eine Zierpflanze)
der **Amateur** [*-tör*] (nicht berufsmäßiger
Sportler; Nichtfachmann), die Amateure
die **Amazone**, die Amazonen (Frauenvolk der
griechischen Sage)
das **Ambiente** (Umwelt; Atmosphäre)
die **Ambition** (Ehrgeiz), die Ambitionen;
ambitioniert (strebsam);
ambivalent (doppelwertig; zwiespältig);
die Ambivalenz (Doppelwertigkeit)
der **Amboss**, des Ambosses, die Ambosse
ambulant (nicht ortsgebunden);
ambulante Behandlung *(wenn der Kranke
den Arzt aufsucht);* die Ambulanz
(Einrichtung zur ambulanten Behandlung;
Krankentransportwagen), die Ambulanzen
die **Ameise**, die Ameisen; der Ameisenhaufen
amen (es ist wahr; so sei es);
in Ewigkeit, amen; das Amen;
Ja und Amen sagen, *auch*
ja und amen sagen
Amerika; amerikanisch; ein Amerikaner;
die Amerikanerin, die Amerikanerinnen
die **Amme** (Mutter, die ein fremdes Kind
stillt), die Ammen; das Ammenmärchen
das **Ammoniak**, des Ammoniaks;
das Ammonium
der **Ammonit** (Ammonshorn), die Ammoniten
die **Amnesie** (Gedächtnisschwund)
die **Amnestie** (Straferlass), die Amnestien;
amnestieren (die Strafe erlassen)
Amok laufen; der Amokläufer
die **Amöbe** (ein Einzeller), die Amöben
Amor (römischer Liebesgott)

amoralisch (sittenwidrig)
amorph (ungeformt)
die **Amortisation** (planmäßiges Abtragen einer Schuld); amortisieren (tilgen)
die **Ampel**, die Ampeln; die Ampelkoalition
das **Ampere** ⟨A⟩ [*ampär*] (Einheit der elektrischen Stromstärke), die Ampere; das Amperemeter; die Amperesekunde ⟨As⟩; die Amperestunde ⟨Ah⟩
die **Amphibien** (Tiere, die auf dem Lande und im Wasser leben können); amphibisch; das Amphibienfahrzeug
das **Amphitheater** (*im Altertum* Theater unter freiem Himmel)
die **Amphore** (griechische Vase), die Amphoren
die **Ampulle** (Glasröhrchen), die Ampullen
die **Amputation** (Abtrennung eines Gliedes); amputieren, amputiert
die **Amsel**, die Amseln
das **Amt**, die Ämter; von Amts wegen; amtieren; amtlich; die Amtfrau; der Amtmann, die Amtmänner, Amtleute; die Amtmännin, die Amtmänninnen; der Amtsarzt; amtsärztlich; die Amtshandlung; das Amtsgericht; der Amtsrichter; der Amtsschimmel
das **Amulett** (Zaubermittel), die Amulette
amüsant (unterhaltend; vergnüglich); amüsieren, das amüsiert mich; sich amüsieren, sie hat sich amüsiert

an; an und für sich; anbei; anstatt; anhand *und* an Hand; anstelle *und* an Stelle;
an *als Präposition/Verhältniswort mit dem Dativ/Wemfall:* Das Plakat klebt (wo?) am Giebel, an der Wand, am Gebäude.
mit dem Akkusativ/Wenfall: Klebe das Plakat (wohin?) an den Giebel, an die Wand, an das Gebäude!

an + Verb
Trennbare Zusammensetzungen:
anfahren, der Zug fährt an/fuhr an, *aber* wenn er anfährt/anfuhr, er ist angefahren, anzufahren; *entsprechend auch viele andere*

andere, anderer, anderes
(Bei substantivischem Gebrauch ist auch Großschreibung möglich.)

der andere	die andere	das andere	die anderen *und* die andern
jeder andere	jede andere	jedes andere	alle anderen *und* alle andern
ein anderer	eine andere	ein anderes	keine anderen *und* keine andern
kein anderer	keine andere	kein anderes	

alles andere	unter anderem ⟨u. a.⟩	ein andermal
allerlei anderes	und anderes ⟨u. a.⟩	ein anderes Mal
und vieles andere mehr ⟨u. v. a. m.⟩	und anderes mehr ⟨u. a. m.⟩	das andere Mal
und viele andere mehr ⟨u. v. a. m.⟩	und andere mehr ⟨u. a. m.⟩	ein ums andere Mal
		einmal um das / ums andere

etwas anderes, nichts anderes
Das ist etwas anderes.
(ein anderes Thema, das passt nicht hierher)
Das ist nichts anderes als …
(es ist dasselbe wie …)

die Suche nach dem Anderen
(*in der Philosophie:* nach einer neuen Welt)

jemand anders, niemand anders
mit jemand/niemand anders sprechen, reisen …
jemand/niemand anders um Hilfe bitten, nach dem Weg fragen …

Redewendungen
Ein Wort gibt das andere; keinen Stein auf dem anderen lassen; jemanden eines anderen belehren; sich eines anderen besinnen

Die o. a. Formen können auch so geschrieben werden: andrer, andre, andres usw.

anderenfalls *und* andernfalls
anderenorts *und* andernorts
anderentags *und* anderntags
einesteils …, anderenteils *und* andernteils
einerseits …, andererseits *und* andrerseits *und* anderseits

der **Anachronismus** (das nicht Zeitgemäße), die Anachronismen; anachronistisch
die **Anakonda** (Riesenschlange), die Anakondas
anal (den After betreffend)
analog (entsprechend); die Analogie
der **Analphabet** (jemand, der nicht lesen und schreiben kann), des Analphabeten, die Analphabeten; das Analphabetentum
die **Analyse** (Feststellung der Bestandteile), die Analysen; analysieren; analytisch
die **Anamnese** (Vorgeschichte einer Krankheit)
die **Ananas**, die Ananas *und* Ananasse
die **Anarchie** (gesetzloser Zustand); anarchisch; der Anarchismus; der Anarchist, die Anarchisten; anarchistisch
die **Anästhesie** (Schmerzbetäubung); der Anästhesist, die Anästhesistin
die **Anatomie** (Lehre vom Körperbau der Lebewesen); anatomisch
anbahnen, angebahnt; die Anbahnung
anbändeln, ich bänd[e]le an, angebändelt
der **Anbau**, *an Gebäuden* die Anbauten
anbehalten, anzubehalten
anbei
anbelangt; was das Zeugnis anbelangt
anberaumen (zeitlich festlegen); eine Sitzung anberaumen; anberaumt
in **Anbetracht**; in Anbetracht dessen
anbetrifft; was mich anbetrifft
sich **anbiedern**, ich biedere mich an
anbinden ⓘ binden 282; die Anbindung
der **Anblick**; anblicken, angeblickt
anbrechen ⓘ brechen 282; der Anbruch, bei Anbruch der Nacht
anbrennen ⓘ brennen 282
die **Andacht**, die Andachten; andächtig
andauern; andauernd
das **Andenken**, die Andenken
andere, anderer, anderes ⓘ S. 16
sich **ändern**, ich ändere mich, geändert; etwas ändern; zum Ändern bringen; die Änderung; die Änderungsschneiderei;
anders als (*nicht etwa* wie); anders als mein Bruder; jemand anders; niemand anders; mit jemand anders, niemand anders reden; woanders – wo anders → wo; irgendwo anders; andersherum; andersrum; anderswo; anderswoher; anderswohin; andersartig; die Andersartigen; anders denkend *und* andersdenkend; anders lautend *und* anderslautend; andersgläubig; anderssprachig
anderthalb; anderthalb Meter Stoff; anderthalbfach; das Anderthalbfache
anderweitig
andeuten, angedeutet; die Andeutung; andeutungsweise
der **Andrang**; sich andrängen, angedrängt
androhen, angedroht; die Androhung
sich **aneignen**, angeeignet; die Aneignung

anei|nander, anein|ander;

> **aneinander + Verb**
> **Getrennt zu schreiben,**
> *wenn das Verb stärker betont ist:*
> aneinander anfügen,
> aneinander denken,
> sich aneinander gewöhnen,
> aneinander vorbeigehen,
> aneinander vorbeireden *und andere*
> **Trennbare Zusammensetzungen,**
> *wenn* aneinander *stärker betont* ist:
> aneinanderfügen, aneinandergeraten,
> aneinandergrenzen, aneinanderreihen,
> aneinanderstoßen *und andere*

die **Anekdote** (kurze unbeglaubigte Geschichte über eine bekannte Persönlichkeit), die Anekdoten; anekdotenhaft; anekdotisch
die **Anemone**, die Anemonen
das **Anerbieten**
anerkennen, anerkannt; die Anerkennung; anerkanntermaßen; anerkennenswert
anfahren ⓘ fahren 282; die Anfahrt; der Anfahrtsweg; die Anfuhr
der **Anfall**, die Anfälle; anfällig; die Anfälligkeit
der **Anfang**, die Anfänge; Anfang Mai; anfänglich; anfangs; der Anfangsbuchstabe; anfangen ⓘ fangen 282; der Anfänger; der Anfängerkursus
anfassen
anfechten ⓘ fechten 282; anfechtbar; die Anfechtung
anfeinden, angefeindet; die Anfeindung
anfertigen, angefertigt; die Anfertigung
anfeuchten, angefeuchtet
anflehen, angefleht
der **Anflug**, die Anflüge
anfordern, angefordert; die Anforderung
die **Anfrage**; anfragen
sich **anfreunden**, angefreundet
sich **anfühlen**
anführen, angeführt; der Anführer; die Anführungszeichen ⓘ 314
die **Angabe**; angeben ⓘ geben 284; angeblich; der Angeber; angeberisch
angängig (erlaubt; zulässig)
angeboren

das **Angebot**; anbieten ⓘ bieten 282
angebracht; ist das hier angebracht? (passend; erwünscht; üblich)
angegriffen (erschöpft; müde); seine angegriffene Gesundheit
angeheiratet
angehen ⓘ gehen 284; angehend; angängig
angehoben
angehören, angehört; angehörig; ein Angehöriger, die Angehörigen
der **Angeklagte**, die beiden Angeklagten
angeknackst
die **Angel**, die Angeln; die Angelrute; angeln, ich ang[e]le, geangelt; angeln gehen; der Angler
die **Angelegenheit**; angelegentlich
die **Angelsachsen**; angelsächsisch
angemessen; die Angemessenheit
angenehm; auf das, aufs Angenehmste *und* auf das, aufs angenehmste
angepasst
der **Anger**, die Anger; das Angerdorf
angeschmutzt
angesehen; eine angesehene Familie; das Angesicht; angesichts dieser Gefahr
angespannt; eine angespannte Lage
angestellt; ein Angestellter, eine Angestellte, die Angestellten
angestrengt; trotz angestrengter Arbeit
angetan; sie war davon sehr angetan
angewandt – angewendet; die angewandten und angewendeten Mittel; die angewandte *und* angewendete Regel, *aber* die angewandte Kunst, die angewandte Wissenschaft; → anwenden
angewöhnen, angewöhnt; die Angewohnheit
angewurzelt
die **Angina** (Mandelentzündung), die Anginen; die Angina pectoris (Herzkrampf)
der **Angler**, die Angler; → die Angel
angliedern, angegliedert; die Angliederung
anglikanisch; die anglikanische Kirche
der **Anglist** (Kenner der englischen Sprache und Literatur), die Anglisten; die Anglistik
die **Angloamerikaner** *Plur.* (Amerikaner englischer Abstammung)
das **Angorakaninchen**; die Angorawolle
angreifen ⓘ greifen 284; der Angreifer; der Angriff; in Angriff nehmen; angriffslus|tig
angrenzen; angrenzend
die **Angst**, die Ängste; vor Angst; jemandem Angst und Bange machen; Angst einjagen; in tausend Ängsten; der Angst|hase; der Angstschweiß; angsterfüllt; angstfrei; angstvoll; mir ist angst und bange [geworden]; ängs|tigen, geängstigt; zum Ängstigen; ängst|lich; die Ängstlichkeit
sich **angurten**, angegurtet
anhaben, angehabt
der **Anhalt**, die Anhalte; der Anhaltspunkt; anhalten ⓘ halten 284; anhaltende Kälte; der Anhalter
anhand *und* an Hand; anhand, an Hand älterer Dokumente
der **Anhang** ⟨Anh.⟩; das Anhängsel; anhängen (befestigen), er hängte den Wagen an, er hat ihn angehängt; anhängen (sich zugehörig fühlen), er hing keiner Partei an, angehangen; der Anhänger; die Anhängerin; anhänglich; die Anhänglichkeit
anhäufen, angehäuft; die Anhäufung
anheimfallen, anheimgefallen; anheimgeben, anheimgegeben; anheimstellen, anheimgestellt;
anheimelnd
sich **anheischig** machen
anheuern, ich heuere an, angeheuert
auf **Anhieb**
die **Anhöhe**, die Anhöhen
anhören, angehört; die Anhörung
das **Anilin** (Farbengrundlage); die Anilinfarbe
animalisch (tierisch); animieren (anregen; ermuntern)
der **Animateur** [*-tör*] (Helfer bei der Freizeitgestaltung); die Animation; animieren (anregen; mitziehen)
der **Anis** [*anis, anis*]; das Anisplätzchen
der **Anker**, die Anker; vor Anker gehen; ankern, ich ankere, geankert
die **Anklage**; Anklage erheben; der Ankläger; anklagen, angeklagt; der Angeklagte
der **Anklang**; Anklang finden
anknipsen, angeknipst
anknüpfen, angeknüpft; die Anknüpfung; der Anknüpfungspunkt
ankommen ⓘ kommen 284; der Ankömmling; die Ankunft
ankreuzen, angekreuzt
ankündigen, angekündigt; die Ankündigung
die **Ankunft** ⟨Ank.⟩; die Ankunftszeit
die **Anlage**; anlegen, angelegt
der **Anlass**, die Anlässe; anlässlich; anlassen ⓘ lassen 284; der Anlasser
der **Anlauf**, die Anläufe; anlaufen ⓘ laufen 284
anläuten, angeläutet
anlehnen, angelehnt; die Anlehnung; anlehnungsbedürftig

die **Anleihe**, die Anleihen
anlernen, angelernt; die Anlernberufe
das **Anliegen**, die Anliegen; anliegend; der Anlieger; der Anliegerverkehr
anmachen; jemanden anmachen
anmahnen, angemahnt
sich **anmaßen**, du maßt dir an, angemaßt; anmaßend; ein anmaßendes Verhalten; die Anmaßung
anmelden, angemeldet; die Anmeldung; anmeldepflichtig
anmerken, angemerkt; die Anmerkung ⟨Anm.⟩
die **Anmut**; anmutig
annähen, angenäht
sich **annähern**, angenähert; annähernd; die Annäherung; annäherungsweise
die **Annahme**; annehmen ⓘ nehmen 286; annehmbar; allerlei Annehmlichkeiten
die **Annalen** *Plur.* (geschichtliche Jahrbücher)
annektieren (gewaltsam aneignen); die Annexion (gewaltsame Aneignung)
anno *und* **Anno** (im Jahre); anno 1648 *und* Anno 1648; anno dazumal *und* Anno dazumal; Anno Domini ⟨A.D.⟩ (im Jahre des Herrn)
die **Annonce**, die Annoncen; annoncieren
annullieren (für ungültig erklären); die Annullierung
die **Anode** (positive Elektrode), die Anoden
ạnomal (regelwidrig; unregelmäßig); die Anomalie, die Anomalien; → anormal
anonym (ungenannt); die Anonymität
der **Ạnorak**, des Anoraks, die Anoraks
anordnen, angeordnet; die Anordnung
ạnorganisch; die anorganische Chemie
ạnormal (ungewöhnlich; krankhaft); → anomal
anpacken, angepackt
sich **anpassen**, angepasst; die Anpassung; anpassungsfähig; die Anpassungsfähigkeit
anpflanzen, angepflanzt; die Anpflanzung
anprangern, angeprangert
anprobieren, anprobiert; die Anprobe
der **Anrainer** (Grenznachbar), die Anrainer; der Anrainerstaat
anraten ⓘ raten 286; auf Anraten
anrauen, angeraut
das **Anrecht**; ein Anrecht haben
die **Anrede**; anreden, angeredet; der Angeredete; das Anredepronomen
anregen, angeregt; anregend; die Anregung
anreichern, ich reichere es an, angereichert; die Anreicherung
die **Anreise**; anreisen, angereist
anreißen ⓘ reißen 286
der **Anreiz**; anreizen, angereizt
anrempeln, ich remp[e]le ihn an
die **Anrichte**; anrichten, angerichtet
anrüchig; die Anrüchigkeit
anrühren, angerührt
der **Anruf**; der Anrufbeantworter; anrufen ⓘ rufen 286; der Anrufer
ans (an das)
die **Ansage**; ansagen, angesagt; der Ansager; die Ansagerin, die Ansagerinnen
ansammeln, angesammelt; die Ansammlung
ansässig; sich ansässig machen
der **Ansatz**, die Ansätze
anschaffen ⓘ schaffen 286; die Anschaffung
anschauen, angeschaut; anschaulich; die Anschaulichkeit; die Anschauung; das Anschauungsmaterial
der **Anschein**; allem Anschein nach; anscheinend (offensichtlich; offenbar; wie man sieht), *aber* scheinbar (nur so scheinend; vermeintlich; vorgetäuscht)
der **Anschlag**, die Anschläge; anschlagen ⓘ schlagen 286
anschließen ⓘ schließen 288, angeschlossen; anschließend; der Anschluss, die Anschlüsse
anschmiegen, angeschmiegt; anschmiegsam
sich **anschnallen**, angeschnallt; die Anschnallgurte; die Anschnallpflicht
anschnauzen, angeschnauzt
die **Anschrift**; die Anschriftenliste
anschuldigen; die Anschuldigung
anschwärzen, angeschwärzt
anschweißen, angeschweißt
anschwellen ⓘ schwellen 288
ansehen ⓘ sehen 288; das Ansehen; ohne Ansehen der Person; ansehenswert; ansehnlich
an sein; soll das Licht dauernd an sein?, es ist an gewesen, wenn es an ist
die **Ansicht**; meiner Ansicht nach; das ist Ansichtssache; die Ansichtskarte
ansiedeln, sich ansiedeln, angesiedelt; der Ansiedler; die Ansied[e]lung
ansons|ten (im Übrigen; anderenfalls)
anspannen, angespannt; die Anspannung
anspielen; auf etwas anspielen; die Anspielung
der **Ansporn**; anspornen, angespornt
die **Ansprache**; ansprechen ⓘ sprechen 288; ansprechbar; der Ansprechpartner; ansprechend, am ansprechendsten; der Anspruch, die Ansprüche; anspruchslos; die Anspruchslosigkeit
die **Anstalt**, die Anstalten; keine Anstalten machen; Anstalten treffen

der **Anstand** (Platz zum Beobachten von Wild), die Anstände;
auf den Anstand gehen;
der Anstand (passendes Benehmen);
anständig; die Anständigkeit;
anstandshalber; anstandslos
anstatt; anstatt dass; an Kindes statt
sich **anstecken**, angesteckt; ansteckend;
die Ansteckung; die Ansteckungsgefahr
anstelle *und* an Stelle [des/der, von];
anstellen, angestellt; die Anstellung;
anstellig; die Anstelligkeit
der **Anstieg**, die Anstiege
anstiften, angestiftet; der Anstifter
der **Anstoß**, die Anstöße; Anstoß nehmen;
anstoßen ⓘ stoßen 290; anstößig
anstrahlen, angestrahlt
anstreichen ⓘ streichen 290;
der Anstreicher; der Anstrich
sich **anstrengen** (sich sehr bemühen),
angestrengt; anstrengend,
am anstrengends|ten; einen Prozess
anstrengen; die Anstrengung
die **Antarktis** (Südpolgebiet); antarktisch
der **Anteil**; Anteil haben; Anteil nehmen;
die Anteilnahme; anteilig; anteil[s]mäßig
die **Antenne**, die Antennen
die **Anthologie** (Sammlung von Gedichten oder Sprüchen usw.)
der **Anthrazit** (eine sehr harte Steinkohle);
anthrazitfarben, anthrazitfarbig
anti- (gegen-)
der **Antialkoholiker**
antiautoritär
das **Antibiotikum** (Arzneimittel),
die Antibiotika; antibiotisch
das **Antiblockiersystem** ⟨ABS⟩
antifaschis|tisch; der Antifaschismus
antik (altertümlich);
die Antike (das griech.-röm. Altertum und seine Kultur)
die **Antilope**, die Antilopen
die **Antipathie** (Abneigung; Widerwille)
der **Antipode** (auf dem gegenüberliegenden Punkt der Erde wohnender Mensch),
des Antipoden, die Antipoden
der **Antiquar** (Händler mit alten Büchern und alten Karten), die Antiquare;
das Antiquariat, die Antiquariate;
antiquarisch; antiquiert (veraltet); die Antiquität, die Antiquitäten
(Altertümliches, *z. B.* Möbel, Schmuck);
der Antiquitätenhändler
antisemitisch; der Antisemitismus
antiseptisch (keimtötend)
das **Antlitz**, des Antlitzes
der **Antrag**, die Anträge; einen Antrag stellen;
der Antragsteller; antragsgemäß

antreffen ⓘ treffen 290, angetroffen
antreten ⓘ treten 290; der Antritt;
der Antrittsbesuch; die Antrittsrede
der **Antrieb**; die Antriebswelle
antun ⓘ tun 290
die **Antwort**, die Antworten; um Antwort wird gebeten ⟨u. A. w. g. *oder* U. A. w. g.⟩;
antworten, geantwortet; mit Ja antworten
anvertrauen, anvertraut, anzuvertrauen
der **Anverwand|te**, die Anverwandten
anvisieren (nach etwas zielen, peilen)
anwachsen, angewachsen
der **Anwalt**, die Anwälte; die Anwältin;
das Anwaltsbüro; die Anwaltschaft
die **Anwandlung**
anwärmen, angewärmt
der **Anwärter**; die Anwartschaft
anweisen ⓘ weisen 290; die Anweisung
anwenden, er wand|te *und* wendete
die Regel, ein Mittel, eine Vorschrift an;
die Anwendung; → angewandt
das **Anwesen** (Grundstück); anwesend;
die anwesenden Schüler, *aber*
alle Anwesenden; die Anwesenheit;
die Anwesenheitsliste
anwidern, angewidert
der **Anwohner**, eine Anwohnerin,
die Anwohner
die **Anzahl** ⟨Anz.⟩; anzahlen, angezahlt;
die Anzahlung
die **Anzeige**, die Anzeigen;
Anzeige erstatten;
anzeigen, angezeigt; anzeigepflichtig
anzetteln, angezettelt
anziehen ⓘ ziehen 290; anziehend;
die Anziehung; die Anziehungskraft;
der Anzug, die Anzüge; anzüglich
anzünden, angezündet
der **Äon** (unendlicher Zeitraum; Ewigkeit),
die Äonen; äonenhaft
die **Aorta** (Hauptschlagader), die Aorten
apart (geschmackvoll; eigenartig);
die Apart|heit (Rassentrennung);
das Apartment (kleine Wohnung),
die Apartments; → Appartement
die **Apathie** (Teilnahmslosigkeit);
apathisch (teilnahmslos)
die **Apenninenhalbinsel**
der **Aperitif** (alkoholisches Getränk vor dem Essen), die Aperitifs
der **Apfel**, die Äpfel;
der Apfelbaum, die Apfelbäume;
das Apfelmus; der Apfelsaft;
die Apfelsine, die Apfelsinen
die **Apokalypse** (prophetische Schrift über das Weltende); apokalyptisch
der **Apostel**, die Apostel;
die Apostelgeschichte; apos|tolisch

der **Apostroph** ⓘ 310 (Auslassungszeichen), die Apostrophe; apostrophieren
die **Apotheke**, die Apotheken; der Apotheker; die Apothekerin, die Apothekerinnen
der **Apparat**, die Apparate; die Apparatur
das **Appartement** [*apartemang*] (zusammenhängende Zimmer in einem Hotel; komfortable Wohnung), die Appartements
der **Appell** (Aufruf; Mahnung), die Appelle; appellieren
der **Appetit**; appetitlich; appetitanregend
applaudieren; der Applaus
die **Applikation** (aufgenähtes Muster); ap|plizieren, appliziert
apportieren (*Hund* herbeibringen)
die **Apposition** ► 277 (Beisatz; Beistellung)
die **Appretur** (Veredelung von Textilien)
die **Approbation** Zulassung [als Arzt]; ein approbierter (zugelassener) Arzt
die **Aprikose**, die Aprikosen
der **April** ⟨Apr.⟩, des April[s], die Aprile; der Aprilscherz
apropos [*apropo*] (nebenbei bemerkt!)
die **Apsis** (*in Kirchen* Altarnische; Ende des Chorraums), die Apsiden
Aqua- (Wasser-); der Aquädukt *und* das Aquädukt (Brücke als Wasserleitung), die Aquädukte; das Aquaplaning (Reifenrutsch auf Wasser); das Aquarell (Wasserfarbenzeichnung), die Aquarelle; aquarellieren; das Aquarium, die Aquarien
der **Äquator**; die Äquatortaufe; äquatorial
äquivalent (gleichwertig); das Äquivalent (Gegenwert; Ausgleich), die Äquivalente; die Äquivalenz (Gleichwertigkeit)
das **Ar** *und* der Ar ⟨a⟩ (1 a = 100 qm), die Are, *aber* drei Ar; → Aar; → Ahr
die **Ära** (Zeitalter; Zeitrechnung)
der **Araber** [*araber, araber*]; Arabien; arabisch; die arabischen Ziffern, *aber* das Arabische Meer
die **Arbeit**, die Arbeiten; Arbeit suchende Menschen *oder* arbeit[s]suchende Menschen; die Arbeit Suchenden *oder* die Arbeitsuchenden; das Arbeitsamt; der Arbeitgeber; der Arbeitnehmer; die Arbeitsgemeinschaft ⟨AG⟩; die Arbeitsbeschaffungsmaßnahme ⟨ABM⟩; der Arbeitslohn; die Arbeitszeit; arbeitsfähig; die Arbeitsfähigen; die Arbeitsfähigkeit; arbeitsunfähig; arbeitslos; die Arbeitslosen; die Arbeitslosenunterstützung; die Arbeitslosigkeit; der Arbeitsspeicher; → RAM; arbeitswillig; die Arbeitswilligen; arbeiten, sie arbeitet, sie arbeitete, gearbeitet; arbeitsam; der Arbeiter, die Arbeiter; die Arbeiterin, die Arbeiterinnen
archaisch (aus sehr früher Zeit); der Archäologe (Altertumsforscher); die Archäologie; archäologisch
die **Arche**, die Archen; die Arche Noah
der **Archipel** (Inselgruppe), die Archipele
der **Architekt**, des Architekten, die Architekten; architektonisch (baulich); die Architektur (Baukunst; Baustil);
das **Archiv** (Aktensammlung), die Archive; der Archivar, die Archivare; archivieren
die **ARD** = die Arbeitsgemeinschaft der öffentlich-rechtlichen Rundfunkanstalten der Bundesrepublik Deutschland
das **Areal** (Fläche; Bezirk), die Areale
die **Arena** (Kampfplatz), die Arenen
arg, ärger, am ärgs|ten; ohne Arg; es liegt vieles im Argen; nichts Arges denken; das Ärgste verhüten; die Arglist; arglis|tig; die Arglosigkeit; arglos; der Argwohn; argwöhnisch; der Ärger; ärgerlich; das Ärgernis, die Ärgernisse; ärgern, ich ärgere ihn; sich ärgern
das **Argument** (Hinweis mit Überzeugungsabsicht), die Argumente; argumentieren; die Argumentation; argumentativ
die **Argusaugen**; mit Argusaugen
die **Arie** (Gesangstück für eine Stimme mit Instrumentalbegleitung), die Arien
die **Aris|tokratie** (Adel; Oberschicht); der Aristokrat, eine Aristokratin, die Aristokraten; aristokratisch
die **Arithmetik** (Rechnen mit Zahlen); arithmetisch
die **Arkade** (Bogen auf zwei Säulen oder Pfeilern), die Arkaden
die **Arktis** (Nordpolgebiet); arktisch
arm, ärmer, am ärms|ten; arm machen *oder* armmachen; der Arme, ein Armer, die Armen; ich Armer, wir Armen; Arm und Reich (jedermann); bei Arm und Reich (bei allen); Arme und Reiche; die Reichen und die Armen; ärmlich; armselig; → Armut
der **Arm**, die Arme; die Armbanduhr; die Armbrust, die Armbrüs|te *und* Armbrus|te; armdick, *aber* einen Arm dick; armlang; ein, zwei Armvoll *und* Arm voll Zweige; das Ärmchen
die **Armada** (Kriegsflotte), die Armaden *und* Armadas
die **Armaturen** *Plur.*; das Armaturenbrett
die **Armee**, die Armeen; die Armeeeinheit *und* Armee-Einheit

der **Ärmel**, die Ärmel; ärmellos; der Ärmelkanal
ärmlich *zu* arm; ärmlich gekleidet; armselig; die Armseligkeit
die **Armut**; das Armutszeugnis
das **Aroma**, des Aromas, die Aromen *und* Aromas; aromatisch
das **Ar|rangement** [*arangschemang*] (Übereinkunft), die Arrangements; arrangieren
der **Ar|rest** (Haft), die Arreste; der Arres|tant, des Arrestanten, die Arrestanten; arretieren (festlegen; blockieren); die Arretierung
ar|rogant (anmaßend); die Arroganz
die **Art**, die Arten; artverwandt; artenreich; die Artenvielfalt; von der Art (von solcher Art), *aber* er hat sich derart (so) benommen, dass; arten, geartet; artig; die Artigkeit
die **Arterie** (Schlagader), die Arterien; die Arterienverkalkung
artesisch; der artesische Brunnen
die **Arthritis** (Gelenkentzündung); die Arthrose (chronische Gelenkerkrankung)
der **Artikel** ⟨Art.⟩ (Abschnitt; Aufsatz; Ware), *grammatisch* ►277 (Geschlechtswort; Begleiter), die Artikel;
die **Artikulation** (Aussprache); artikulieren
die **Artillerie** (Truppe mit Geschützen); der Artillerist, die Artilleristen
die **Artischoke**, die Artischoken
der **Artist** (Geschicklichkeitskünstler), des Artis|ten, die Artisten; die Artistin, die Artistinnen; die Artistik; artistisch
die **Arznei**, die Arzneien; der Arzt, die Ärzte; die Arzthelferin; die Ärztin, die Ärztinnen; ärzt|lich
der **Asbest** (feuerfestes Mineral); asbestverseucht
die **Asche**, die Aschen; die Aschenbahn; der Aschenbecher; der Aschermittwoch; aschblond; aschfahl; aschgrau
äsen, das Reh äst, geäst; die Äsung
aseptisch (keimfrei)
Asien; der Asiat, des Asiaten, die Asiaten; die Asiatin; asiatisch
die **Askese** (enthaltsame Lebensweise); der Asket, des Asketen, die Asketen; asketisch
asozial (gemeinschaftsschädigend); der Asoziale, eine Asoziale
der **Aspekt** (Gesichtspunkt), die Aspekte
der **As|phalt**; die Asphaltstraße, asphaltieren
der **Aspirant** (Anwärter), des Aspiranten, die Aspiranten
das **Ass** (höchste Karte im Spiel; der Beste), des Asses, die Asse; Pik-Ass *und* Pikass

die **Assel** (ein Krebstier), die Asseln
der **As|ses|sor** (Anwärter auf den höheren Dienst), des Assessors, die Assessoren; die Assessorin, die Assessorinnen
die **As|similation** (Angleichung); assimilieren
der **As|sis|tent** (Helfer), des Assistenten, die Assistenten; die Assistentin, die Assistentinnen; die Assistenz; der Assistenzarzt; assistieren
die **As|soziation** (Zusammenschluss; Gedankenverbindung); sich assoziieren
der **Ast**, die Äste; das Ästchen; die Astgabel; das Astloch; astrein
der **AStA** = der Allgemeine Studentenausschuss, des AStA[s], die AStA[s] *und* ASten
die **As|ter**, die Astern
der **Äs|thet** (Freund des Schönen), des Ästheten, die Ästheten; die Ästhetik; ästhetisch (auf das Schöne bedacht)
das **Asth|ma** (Atemnot), des Asthmas; der Asthmatiker; asthmatisch
der **Astigmatismus** (eine Augenschwäche: Stabsichtigkeit); astigmatisch
Astro- (Stern-); der Astrologe (Sterndeuter); die Astrologie; astrologisch; der Astronaut (Weltraumfahrer), des Astronauten, die Astronauten; die Astronautik (Raumfahrt); astronautisch; der Astronom (Stern-, Himmelsforscher), des Astronomen, die Astronomen; die Astronomie; astronomisch (Stern- und Himmelskunde betreffend; ungeheuer); die Astrophysik; astrophysikalisch
die **ASU** = die Abgassonderuntersuchung
das **Asyl** (Zufluchtsort; Heim), die Asyle; der Asylant, des Asylanten, die Asylanten; der Asylbewerber; das Asylrecht
asymmetrisch (ungleichmäßig)
asynchron (nicht geichzeitig)
A. T. = Altes Testament
das **Atelier** [*atelje*] (Künstlerwerkstatt), die Ateliers; die Atelieraufnahme
der **Atem**; Atem holen, ich hole Atem; beim Atemholen; außer Atem sein; die Atemnot; die Atempause; der Atemzug; atemberaubend; atemlos; → atmen, Atmung
der **Athe|ismus** (Gottesleugnung); der Atheist, des Atheis|ten, die Atheisten; atheistisch
der **Äther** (Betäubungsmittel; Himmel), *in der Chemie auch* Ether; äthe|risch (zart; himmlisch)
Äthiopien (Staat in Ostafrika)
der **Ath|let**, des Athleten, die Athleten; die Athletik; athletisch

der **Atlantik** (der Atlantische Ozean);
die Atlantikcharta [-*karta*] (Vertrag);
atlantisch; die atlantischen Gewässer,
aber der Atlantische Ozean;
der **Atlas** (Kartenwerk), des Atlas *und* Atlasses,
die Atlasse *und* Atlanten
atmen, ich atme, sie atmet, geatmet;
das Atmen; beim, zum Atmen;
die Atmung; atmungsaktiv
die **Atmo|sphäre** (Lufthülle der Erde;
Druckmaß); atmosphärisch
das **Atoll** (ringförmige Koralleninsel),
des Atolls, die Atolle
das **Atom**, die Atome; atomar;
die Atombombe; die Atomenergie;
der Atomkern; das Atomkraftwrk (AKW);
die Atomphysik; der Atomreaktor;
die Atomwaffen; atomwaffenfrei;
der Atomwaffensperrvertrag
atonal (an keine Tonart gebunden)
das **Atrium** (Innenhof), die Atrien
der **Attaché** [-*sche*] (Berater in einer Auslandsgesandtschaft), die Attachés
die **Attacke** (Angriff; Anfall), die Attacken;
attackieren
das **Attentat** (Mordanschlag), die Attentate;
der Attentäter, die Attentäter
das **Attest** (Bescheinigung), die Attes|te;
at|tes|tieren (bescheinigen)
die **Attraktion**; attraktiv (anziehend);
die Attraktivität
die **Attrappe** (Nachbildung), die Attrappen
das **Attribut** ►277 (Beifügung),
die Attribute; attributiv (beifügend)
atü (*alt* Atmosphärenüberdruck)
atypisch (nicht typisch)
ätzen, du ätzt, geätzt; ätzend; die Ätzung
au!; au Backe!; auweh!
die **Au** *und* **Aue** (Wiesengrund), die Auen;
die Auenlandschaft
die **Aubergine** [*ober~~sch~~ine*] (Gemüsepflanze),
die Auberginen
auch; wenn auch; wie auch immer
die **Audienz** (Empfang; Unterredung),
die Audienzen;
die Audiovision (Ton und Bild zugleich);
audiovisuell (hör- und sichtbar);
das Auditorium (Hörsaal; Zuhörerschaft),
die Auditorien
der **Auerhahn**; die Auerhenne; das Auerhuhn;
der Auerochse

auf; auf einmal;
auf und ab; das Auf und Ab;
auf und davon; auf und davon gehen;
auf und nieder; das Auf und Nieder;
auf immer; auf Wiedersehen!;
auf dass; aufgrund, *auch* auf Grund;

auf *als Präposition/Verhältniswort*
mit dem Dativ/Wemfall:
Die Flasche steht (wo?) auf dem Tisch,
auf der Kiste, auf dem Brett.;
mit dem Akkusativ/Wenfall:
Stelle die Flasche (wohin?) auf den
Tisch, auf die Kiste, auf das Brett!

auf + Verb
Trennbare Zusammensetzungen:
aufbewahren, ich bewahre/bewahrte es
auf, *aber* weil ich alles aufbewahre,
ich habe es aufbewahrt, aufzubewahren;
entsprechend auch viele andere;
außerdem auf und ab gehen (ziellos),
aber auf- und absteigen

aufbahren, aufgebahrt; die Aufbahrung
der **Aufbau**, *bei Gebäuden und Schiffen*
die Aufbauten; aufbauen, aufgebaut
sich **aufbäumen**, aufgebäumt
aufbegehren, er hat aufbegehrt
aufbehalten, da er den Hut aufbehält
aufbekommen;
Hausaufgaben aufbekommen
aufbewahren; die Aufbewahrung
aufbinden (i) binden 282
aufbleiben, er ist aufgeblieben
aufblühen, sie ist aufgeblüht
aufbrausen; aufbrausend
aufbrechen (i) brechen 282; der Aufbruch,
die Aufbrüche; die Aufbruch[s]stimmung
aufbürden, aufgebürdet
auf dass (damit; *Konjunktion/Bindewort*)
aufdrängen, aufgedrängt; → aufdringlich
aufdrehen, aufgedreht
aufdringlich; die Aufdringlichkeit

aufei|n|ander; aufeinander folgend *und*
aufeinanderfolgend; die Aufeinanderfolge;

aufeinander + Verb
Getrennt zu schreiben,
wenn das Verb stärker betont ist, z. B.:
aufeinander achten, aufeinander hören,
aufeinander zugehen, aufeinander warten
Trennbare Zusammensetzungen,
wenn aufeinander *stärker betont ist:*
aufeinandertreffen, sie trafen zufällig
aufeinander, aufeinandergetroffen,
aufeinanderzutreffen;
entsprechend auch:
aufeinanderhäufen, aufeinanderhetzen,
aufeinanderlegen, aufeinanderpassen,
aufeinanderplatzen, aufeinanderprallen,
aufeinanderschlagen, aufeinanderstapeln,
die Zähne aufeinanderbeißen
Getrennt *und* **zusammen** *möglich*:
aufeinanderfolgen *und* aufeinander folgen

auf einmal
der **Aufenthalt**; der Aufenthaltsort; der Aufenthaltsraum; die Aufenthaltsgenehmigung
auferstehen, auferstanden; die Auferstehung
auffahren ⓘ fahren 282; der Auffahrunfall; die Auffahrt
auffallen ⓘ fallen 282; auffallend; auffällig; die Auffälligkeit
auffassen; die Auffassung; die Auffassungsgabe
auffla|ckern, aufgeflackert
auffordern, aufgefordert; die Aufforderung
auffressen ⓘ fressen 284
auffrischen, aufgefrischt; die Auffrischung
aufführen, aufgeführt; die Aufführung
die **Aufgabe**; das Aufgabenheft; aufgeben ⓘ geben 284
der **Aufgang**, die Aufgänge
aufgebläht
das **Aufgebot**, die Aufgebote
aufgedunsen
aufgehen ⓘ gehen 284
aufgeklärt
aufgekratzt
aufgepasst! → aufpassen
aufgeräumt
aufgeregt; die Aufgeregtheit
aufgeschlossen; die Aufgeschlossenheit
aufgetakelt
aufgeweckt
aufgießen ⓘ gießen 284; → der Aufguss
aufgliedern, ich gliedere auf, aufgegliedert; die Aufgliederung
aufgrund, *auch* auf Grund
der **Aufguss**, die Aufgüsse
aufhaben, weil ich die Mütze aufhabe, wenn ich keine Hausaufgaben aufhabe, was habt ihr aufgehabt?
aufhalten ⓘ halten 284, du hältst mich auf
aufhängen ⓘ hängen *zielend* 284, sie hängte die Wäsche auf; der Aufhänger; die Aufhängung
aufheben ⓘ heben 284; viel Aufheben[s] von einer Sache machen
aufheitern, ich heitere sie auf, aufgeheitert; die Aufheiterung
aufhetzen, aufgehetzt; die Aufhetzung
aufhören, aufgehört
aufklaren *beim Wetter,* aufgeklart; aufklären, aufgeklärt; die Aufklärung
aufkleben, aufgeklebt; der Aufkleber
aufkommen ⓘ kommen 284; das Aufkommen
aufladen ⓘ laden 284, er lädt auf
die **Auflage**; *bei Büchern* ⟨Aufl.⟩; die Auflagenhöhe; auflagenstark
auflauern, ich lauere ihm auf
der **Auflauf**; auflaufen ⓘ laufen 284
auflegen, aufgelegt
sich **auflehnen**, aufgelehnt; die Auflehnung
sich **aufmachen** (losgehen), aufgemacht, *aber* sich auf und davon machen; aufmachen (öffnen), aufgemacht; die Aufmachung
der **Aufmarsch**, die Aufmärsche
aufmerksam; aufmerksam machen; die Aufmerksamkeit
aufmuntern, ich muntere ihn auf; die Aufmunterung
aufmüpfig
die **Aufnahme**; die Aufnahmeprüfung; aufnehmen ⓘ nehmen 286; aufnahmefähig
sich **aufopfern**, ich opfere mich auf; die Aufopferung; aufopferungsvoll
aufpassen, ich passe auf, du passt auf, aufgepasst; passt auf!; der Aufpasser
der **Aufprall**; aufprallen, aufgeprallt
sich **aufraffen**, aufgerafft
aufräumen; die Aufräum[ungs]arbeiten

aufrecht; der aufrechte Gang;

aufrecht + Verb
Getrennt zu schreiben:
sich aufrecht halten, solange er sich aufrecht hält/hielt, er hat sich aufrecht gehalten, aufrecht zu halten;
entsprechend auch:
den Kopf aufrecht halten; aufrecht sitzen; aufrecht stehen; aufrecht stellen
Trennbare Zusammensetzung:
aufrechterhalten (bestehen lassen; nicht aufgeben), sie erhält/erhielt ihre Behauptung aufrecht, *aber* weil sie ihre Behauptung aufrechterhält/erhielt, sie hat die Behauptung aufrechterhalten, aufrechtzuerhalten

aufregen, aufgeregt; die Aufregung; aufregend; das aufregends|te Erlebnis
aufreiben ⓘ reiben 286; aufreibend
aufreißen ⓘ reißen 286; der Aufriss
aufreizen; aufreizend, am aufreizends|ten
aufrichten, aufgerichtet; aufrichtig; die Aufrichtigkeit
der **Aufruhr**; aufrühren, aufgerührt; der Aufrührer; aufrührerisch
aufrüs|ten, aufgerüstet; die Aufrüstung
aufrütteln, ich rütt[e]le ihn auf
aufs (auf das); aufs Neue (wieder); auf das, aufs Beste *und* auf das, aufs beste

aufsagen, aufgesagt
aufsässig; die Aufsässigkeit
der **Aufsatz**, die Aufsätze;
das Aufsatzthema, die Aufsatzthemen
aufschieben ⓘ schieben 286;
→ Aufschub
der **Aufschlag**, die Aufschläge;
aufschlagen ⓘ schlagen 286
aufschließen ⓘ schließen 288;
der Aufschluss, die Aufschlüsse;
aufschlussreich
aufschnappen, aufgeschnappt
aufschneiden ⓘ schneiden 288;
der Aufschneider; aufschneiderisch;
der Aufschnitt
der **Aufschrei**; aufschreien ⓘ schreien 288
aufschre|cken, aufgeschreckt
aufschreiben ⓘ schreiben 288;
die Aufschrift
der **Aufschub**; Aufschub gewähren
der **Aufschwung**, die Aufschwünge
das **Aufsehen** (Beachtung);
Aufsehen erregen; Aufsehen erregend *und* aufsehenerregend; großes Aufsehen erregend; sehr aufsehenerregende Ereignisse; der Aufseher; die Aufsicht
auf sein (geöffnet sein; nicht im Bett sein), er ist auf, seit er wieder auf ist, er ist auf gewesen, auf zu sein
aufseiten, *auch* auf Seiten
die **Aufsicht**; [die] Aufsicht führen;
der Aufsicht führende Lehrer *und* der aufsichtführende Lehrer;
wer ist der Aufsicht Führende? *und* wer ist der Aufsichtführende?
aufspüren, aufgespürt
der **Aufstand**, die Aufstände; aufständische Stämme, *aber* die Aufständischen;
aufstehen ⓘ stehen 288
aufsteigen ⓘ steigen 288; der Aufstieg;
die Aufstiegsmöglichkeiten
aufstemmen, aufgestemmt
aufstöbern, ich stöbere ihn auf
aufstoßen ⓘ stoßen 290
der **Auftakt** (Beginn; Einleitung)
der **Auftrag**, die Aufträge; auftragsgemäß
auftreten ⓘ treten 290; sein erstes Auftreten; der Auftritt
der **Auftrieb**
auftrumpfen, aufgetrumpft
auftun ⓘ tun 290
aufwachen, aufgewacht
der **Aufwand**, die Aufwände; aufwändig, *auch* aufwendig (*von* aufwenden);
die Aufwandsentschädigung;
→ aufwenden
aufwärts; auf- und abwärts;
die Aufwärtsentwicklung;

> **aufwärts + Verb**
> **Trennbare Zusammensetzungen:**
> aufwärtssteigen,
> da steigt man stundenlang aufwärts,
> aufwärtsgestiegen, aufwärtszusteigen;
> *entsprechend auch:*
> aufwärtsfahren, aufwärtsführen,
> aufwärtsgehen, aufwärtslaufen,
> aufwärtsstreben, *aber (s. Betonung):*
> aufwärts fahren, dann abwärts laufen

aufwecken, aufgeweckt
aufwenden ⓘ wenden 290,
ich wand|te *und* wendete viel Zeit auf;
die aufgewandte *und* aufgewendete Zeit;
aufwendig, *auch* aufwändig;
die Aufwendung
aufwerfen ⓘ werfen 290
aufwerten, aufgewertet; die Aufwertung
auf Wiederhören!
auf Wiedersehen!;
auf Wiedersehen sagen
aufwiegeln, ich wieg[e]le die Leute auf;
der Aufwiegler; aufwieglerisch
aufzählen, aufgezählt; die Aufzählung
aufzeichnen, aufgezeichnet;
die Aufzeichnung
auf Zeit (vorübergehend)
aufziehen ⓘ ziehen 290;
der Aufzug, die Aufzüge
das **Auge**, die Augen; äugen, geäugt;
der Augenblick; augenblicklich;
der Augenarzt; die Augenbraue;
augenfällig; das Augenlid;
augenscheinlich; der Augenzeuge;
das Äuglein
der **August** ⟨Aug.⟩ (Monatsname), des August[e]s *und* des August, die Auguste
die **Auk|tion** (Versteigerung);
der Auktionator (Versteigerer),
die Auktionatoren
die **Aula** (Festsaal), die Aulen *und* Aulas
au pair [*opär*] (ohne Bezahlung, *z. B.* Hilfe im Haushalt gegen Wohnen und Essen);
das Au-pair-Mädchen; die Au-pair-Stelle

aus; von hier aus; von mir aus;
er weiß weder aus noch ein;
bei jemandem aus- und eingehen;
das Aus (Raum außerhalb des Spielfeldes);
ins Aus rollen; sich ins Aus stellen

> **aus + Verb**
> **Trennbare Zusammensetzungen:**
> aussehen, wie sieht/sah das aus?,
> *aber* weil es nicht gut aussieht/aussah,
> so hat es ausgesehen, auszusehen;
> *entsprechend auch viele andere*

ausarbeiten, ausgearbeitet; die Ausarbeitung
ausarten, ausgeartet
ausbaggern, ausgebaggert
der **Ausbau**; ausbauen; ausbaufähig
ausbedingen; sich etwas ausbedingen, sie hat es sich ausbedungen
ausbessern, ich bessere *und* bessre aus, ausgebessert; die Ausbesserung
die **Ausbeute**; ausbeuten, ausgebeutet; der Ausbeuter; die Ausbeutung
ausbilden, ausgebildet; der Ausbilder; die Ausbildung; die Ausbildungsbeihilfe; der Ausbildungsplatz; → Auszubildende
der **Ausblick**
ausbooten, ausgebootet; die Ausbootung
ausbrechen ⓘ brechen 282; der Ausbrecher, die Ausbrecherin; der Ausbruch, die Ausbrüche; der Ausbruchsversuch
ausbreiten, ausgebreitet; die Ausbreitung
ausbrüten, ausgebrütet
die **Ausdauer**; ausdauernd, am ausdauernds|ten
ausdehnen, ausgedehnt; die Ausdehnung
ausdiskutieren, ausdiskutiert
der **Ausdruck**, die Ausdrü|cke; ausdruckslos; ausdrucksvoll; die Ausdrucksweise; ausdrücklich; ausdrücken, ausgedrückt; der Ausdruck *in der Drucktechnik,* die Ausdrucke; ausdrucken, ausgedruckt

ausei|nander, ausein|ander sein; die Auseinandersetzung;

auseinander + Verb
Trennbare Zusammensetzungen:
auseinandergehen, sie gingen auseinander, auseinandergegangen, auseinanderzugehen;
entsprechend auch:
auseinanderbringen, auseinanderbrechen, auseinanderdividieren, auseinanderfallen, auseinanderfalten, auseinanderhalten, auseinanderjagen, auseinanderklaffen, auseinanderklamüsern, auseinanderlaufen, auseinanderleben, auseinanderliegen, auseinandernehmen, auseinanderreißen, auseinanderrücken, auseinandersetzen *und andere,*
aber auseinander hervorgehen

der **Auserwählte**; die Auserwählte
der **Ausfall**, die Ausfälle; ausfallend; ausfällig; die Ausfallstraße; die Ausfall[s]erscheinung
ausfertigen; die Ausfertigung
ausfindig machen
ausflippen *ugs.*, ausgeflippt
die **Ausflucht** (Ausrede), die Ausflüchte
der **Ausflug**, die Ausflüge; der Ausflügler; das Ausflugsziel
ausfransen, ausgefranst
die **Ausfuhr**; ausführen, ausgeführt; ausführlich; Ausführlicheres auf S. ...; die Ausführlichkeit; die Ausführung
die **Ausgabe** ⟨Ausg.⟩; ausgeben ⓘ geben 284
der **Ausgang**, die Ausgänge; → ausgehen; die Ausgangsbasis
ausgedorrt; ausgedörrt
ausgefallen; etwas Ausgefallenes
ausgefranst
ausgehen ⓘ gehen 284; der Ausgehanzug
ausgelassen; die Ausgelassenheit
ausgemergelt
ausgenommen; davon ausgenommen
ausgeprägt
ausgeschlossen
ausgestalten, ausgestaltet; die Ausgestaltung
ausgewachsen
ausgewogen; die Ausgewogenheit
ausgezeichnet
ausgiebig (reichlich), *aber* es gibt
ausgießen ⓘ gießen 284; → der Ausguss
der **Ausgleich**; ausgleichen, ausgeglichen; der Ausgleichssport
ausgraben ⓘ graben 284; die Ausgrabung
ausgrenzen, ausgegrenzt; die Ausgrenzung
der **Ausguck**; der Ausguckposten
der **Ausguss**, die Ausgüsse
aushaben, *Schule* wann habt ihr ausgehabt?
aushalten ⓘ halten 284
aushändigen, ausgehändigt; die Aushändigung
der **Aushang**, die Aushänge; zum Aushang am schwarzen Brett; aushängen, er hängte den Aufruf aus, *aber* der Aufruf hing drei Wochen aus; das Aushängeschild
aushecken, ausgeheckt
aushelfen ⓘ helfen 284; die Aushilfe; die Aushilfskraft, die Aushilfskräfte; aushilfsweise
aushöhlen *zu* hohl, ausgehöhlt
ausholen, er hat weit ausgeholt
der **Aushub**
ausixen, ausgeixt
ausklügeln, ich klüg[e]le etwas aus
ausknipsen, ausgeknipst
das **Auskommen**; sein Auskommen haben; auskommen ⓘ kommen 284; → Auskunft

auskundschaften, ausgekundschaftet
die **Auskunft**, die Auskünfte
auskurieren, auskuriert
auslachen, ausgelacht
das **Ausland**; der Auslandskorrespondent; die Auslandsdeutschen; der Ausländer; die Ausländerin; ausländisch
auslassen ⓘ lassen 284; die Auslassungspunkte; das Auslassungszeichen (der Apostroph)
auslaufen ⓘ laufen 284; der Auslauf; der Ausläufer
ausleeren, ausgeleert
die **Ausleihe**; ausleihen ⓘ leihen 284
ausliefern, ausgeliefert; die Auslieferung
auslosen, ausgelost; die Auslosung
ausmachen, ausgemacht
ausmahlen (in Mühlen), ausgemahlen
ausmalen (mit Farbe), ausgemalt
ausmanövrieren, ausmanövriert
das **Ausmaß**; ausmessen ⓘ messen 286
ausmerzen (beseitigen), du merzt aus
die **Ausnahme**, die Ausnahmen; die Ausnahmegenehmigung; der Ausnahmezustand; ausnahmslos; ausnahmsweise; ausnehmen ⓘ nehmen 286; ausnehmend
ausnüchtern; die Ausnüchterung
ausnutzen, ausgenutzt, die Ausnutzung; ausnützen; die Ausnützung
auspowern (ausnützen, arm machen), ausgepowert; die Auspowerung
auspressen, ausgepresst
ausprobieren, ausprobiert
der **Auspuff**; die Auspuffflamme *und* Auspuff-Flamme; die Auspufffahne *und* Auspuff-Fahne
ausrangieren [~~sch~~-], ausrangiert
ausräuchern, ausgeräuchert
die **Ausrede**; jemanden ausreden lassen
ausreichend; ein knappes Ausreichend; er hat die Note „ausreichend" erhalten; eine Prüfung mit „ausreichend" bestehen
ausreisen (Land verlassen), ausgereist
ausreißen (fliehen) ⓘ reißen 286; der Ausreißer
ausrenken, ausgerenkt
ausrotten, ausgerottet; die Ausrottung
der **Ausruf**; ausrufen ⓘ rufen 286; das Ausrufewort ► die Interjektion 278; das Ausrufezeichen ⓘ 307
ausruhen, ausgeruht
ausrüs|ten; die Ausrüstung
ausrutschen, du rutschst aus; der Ausrutscher
die **Aussaat**; aussäen, ausgesät
die **Aussage**; aussagen, ausgesagt; der Aussagesatz; die Aussageweise ► der Modus 279
der **Aussatz**; aussätzig; der Aussätzige, ein Aussätziger, die Aussätzigen
der **Ausschank**; ausschenken, ausgeschenkt; → Schänke/Schenke
ausschauen; Ausschau halten
ausscheiden ⓘ scheiden 286, ausgeschieden; die Ausscheidung; das Ausscheidungsspiel
ausscheren, ausgeschert
ausschildern; die Ausschilderung
ausschimpfen, ausgeschimpft
der **Ausschlag**, die Ausschläge; ausschlagen ⓘ schlagen 286; ausschlaggebend; das Ausschlaggebende
ausschließen ⓘ schließen 288; ausschließlich ⟨ausschl.⟩; die Ausschließlichkeit; der Ausschluss, die Ausschlüsse
ausschmücken, ausgeschmückt
die **Ausschreitung**, die Ausschreitungen
der **Ausschuss**, die Ausschüsse; die Ausschusssitzung und Ausschuss-Sitzung
ausschweifend; die Ausschweifung
aussehen ⓘ sehen 288; das Aussehen
aus sein, die Schule war längst aus gewesen, als sie endlich aus war
außen; von außen; nach außen hin; von innen und außen; nach innen und außen; der Außen (Flügelmann der Stürmerreihe); die Außenantenne; der Außenminis|ter; die Außenpolitik; außenpolitisch; die Außenstände (unbezahlte Forderungen); ein außen Stehender *und* ein Außenstehender; die Außenwelt;
außer; außer dass, außer wenn; außer wo; niemand außer mir (ich allein); ich bin außer mir (empört); außer Acht lassen; die Außerachtlassung; außer aller Acht lassen; außer Atem; außer Betrieb; außer Dienst ⟨a. D.⟩; außer Fassung geraten; außer Frage stehen; außer Gefahr; außer Haus; außer Hause; außer Kurs setzen; außer Landes gehen; außer Rand und Band; außer der Reihe; außer sich geraten; außerstand *und* außer Stand setzen; außerstande sein *und* außer Stande sein; außer Zweifel stehen; außerdem; außerhalb; außergewöhnlich; außerordentlich; außerplanmäßig ⟨apl.⟩;
äußere; die äußeren Angelegenheiten; der äußere Eindruck; die äußere Wand; das Äußere; Wert aufs Äußere legen; sein Äußeres; ein angenehmes Äußeres; das Äußere eines Hauses; im Äußeren; äußerlich; Äußerlichkeiten; sich äußern, ich äußere mich, geäußert; die Äußerung

äußerst; die äußers|ten Anstrengungen;
das Äußerste (das Höchstmögliche);
das Äußerste tun; das Äußerste wagen;
bis zum Äußersten gehen;
auf das, aufs Äußerste beansprucht *und*
auf das, aufs äußerste beansprucht;
auf das, aufs Äußerste gespannt *und*
auf das, aufs äußerste gespannt;
das Äußerste (das Schlimmste) befürchten;
auf das, aufs Äußerste gefasst;
es zum Äußersten kommen lassen;
es bis zum Äußersten treiben;
äußerstenfalls

die **Aussicht**; in Aussicht nehmen;
in Aussicht stellen; der Aussichtsturm;
aussichtslos; die Aussichtslosigkeit

aussiedeln, ausgesiedelt; der Aussiedler

sich **aussöhnen**, ausgesöhnt; die Aussöhnung

die **Aussprache**; aussprechen ⓘ sprechen 288;
der Ausspruch, die Aussprüche

ausstaffieren; die Ausstaffierung

der **Ausstand** (Streik); ausstehen ⓘ stehen 288

ausstatten, ausgestattet; die Ausstattung

aussteigen ⓘ steigen 288;
der Aussteiger; der Ausstieg

ausstellen, ausgestellt; die Ausstellung

die **Aussteuer**; aussteuern, ausgesteuert

ausstrahlen; die Ausstrahlung

ausströmen, ausgeströmt

austarieren, austariert

der **Austausch**; die Austauschschülerin;
austauschbar; austauschen

die **Aus|ter** (Meeresmuschel), die Austern

Aus|tralien; der Australier; australisch

austreten ⓘ treten 290; der Austritt,
die Austritte; die Austrittserklärung

ausüben; die Ausübung; in Ausübung

der **Ausverkauf**; ausverkaufen, ausverkauft

die **Auswahl**; auswählen, ausgewählt

auswandern, ich wandere aus;
der Auswanderer; die Auswanderung

auswärtig; die auswärtigen Schüler,
aber die Auswärtigen; das Auswärtige
Amt ⟨AA⟩ (ein Ministerium); auswärts;
von auswärts; das Auswärtsspiel

der **Ausweg**; einen Ausweg suchen;
ausweglos; die Ausweglosigkeit

ausweichen ⓘ weichen 290;
das Ausweichmanöver

der **Ausweis**, die Ausweise; sich ausweisen;
die Ausweiskontrolle; die Ausweispapiere;
ausweisen (Aufenthalt im Lande verbieten)
ⓘ weisen 290; die Ausweisung

auswendig lernen, auswendig gelernte
und auswendiggelernte Gedichte;
das Auswendiglernen; auswendig wissen

auswerten, ausgewertet; die Auswertung

auswringen ⓘ wringen 290

der **Auswuchs**, die Auswüchse

auszeichnen, ausgezeichnet;
die Auszeichnung; mit Auszeichnung

der **Auszubildende**, ein Auszubildender,
eine Auszubildende, die Auszubildenden;
die auszubildenden jungen Leute; → Azubis

der **Auszug**, die Auszüge; auszugsweise

autark (wirtschaftlich unabhängig vom
Ausland); die Autarkie

au|thentisch (echt; zuverlässig)

Auto- (Selbst-); auto- (selbst-);
die Autobiografie (Darstellung des eigenen
Lebens); autobiografisch, *auch*
Autobiographie; autobiographisch;
der Autobus, die Autobusse;
der Autodidakt (jemand, der sich selbst
bildet), die Autodidakten; autodidaktisch;
autogen (*eigentlich* selbsttätig);
das Autogramm, die Autogramme;
der Autogrammjäger;
der Autokrat (absoluter Herrscher),
des Autokraten, die Autokraten;
die Autokratie; autokratisch; der Automat,
des Automaten, die Automaten;
automatisch; automatisieren;
das Automobil, die Automobile;
der Automobilklub, *auch* Automobilclub;
autonom (unabhängig); die Autonomie;
die Autonomen *Plur.*

das **Auto** *kurz für* Automobil, des Autos,
die Autos; Auto fahren, ich fahre Auto,
Auto gefahren, Auto zu fahren; das
Autofahren; beim, vom, zum Autofahren;
ich will im Urlaub Auto und Rad fahren;
ich werde Rad und Auto fahren;
die Autobahn, die Autobahnen;
die Autofähre; die Autofahrerin;
der Automechaniker; das Autoradio;
der Autounfall; der Autoschlosser;
die Autowerkstatt, die Autowerkstätten

der **Autor** (Verfasser), des Autors, die Autoren;
die Autorin, die Autorinnen;
autorisiert (berechtigt);
autoritär (Gehorsam fordernd);
die Autorität (Ansehen; bedeutender
Vertreter seines Faches); autoritätsgläubig

autsch!; auweh!

avancieren (in eine höhere Stellung
aufrücken); die Avantgarde [*awang-*]
(die Vorkämpfer für eine Idee);
avantgardistisch

die **Aversion** (Abneigung; Widerwille)

axial (auf eine Achse bezogen)

die **Axt**, die Äxte

AZ, **Az.** = Aktenzeichen; **a. Z.** = auf Zeit

die **Azubis** *ugs.* (die Auszubildenden);
ein Azubi; eine Azubi

der **Azur** (Himmelsblau); azurblau

B

B = Bundesstraße, *z. B.* B 4
BAB = Bundesautobahn
das **Baby** [*bebi*], des Babys, die Babys; das Babyjahr; der Babysitter, die Babysitter; babysitten
der **Bach**, die Bäche; die Bachstelze
die **Bache** (weibl. Wildschwein), die Bachen
das **Backbord** (*Schiff* links); backbord[s]
die **Backe**, die Backen; die Backenbremse; der Backenzahn; die Backpfeife (Ohrfeige)
backen ⓘ 282, backte, gebacken; der Backfisch; das Backobst; der Backofen; der Backsteinbau; das Backwerk; der Bäcker, die Bäcker; die Bäckerei
der **Background** [*bäkgraund*] (Hintergrund; Lebenserfahrung)
das **Back-up** *und* der **Back-up** [*bäkap*], die Back-ups, *auch* Backup (Sicherungskopie)
das **Bad**, die Bäder; baden; baden gehen; die Badeanstalt; der Bademeis|ter; die Badewanne; das Badezimmer
Baden (westl. Teil des Bundeslandes Baden-Württemberg); badisch;
Baden-Würt|temberg; baden-würt|tembergisch
das **Badminton** [*bädminten*] (Federballspiel)
das **BAföG** *und* **Bafög** = das Bundesausbildungsförderungsgesetz
die **Bagatelle** (unbedeutende Kleinigkeit), die Bagatellen; der Bagatellschaden; bagatellisieren
der **Bagger**, die Bagger; baggern, ich baggere
die **Baguette** [*bagät*], die Baguetten; das Baguette, die Baguettes
die **Bahn**, die Bahnen; der Bahnbus; die Bahnfahrt; der Bahnhof ⟨Bf.; Bhf.⟩, die Bahnhöfe; der Bahnsteig; die Bahnstrecke; Bahn fahren; sich einen Weg bahnen; bahnbrechend
die **Bahre**, die Bahren; das Bahrtuch
die **Bai** (Meeresbucht), die Baien
das **Bajonett** (Seitengewehr), die Bajonette; der Bajonettverschluss
die **Bake** (Seezeichen), die Baken
das **Bakschisch** (Almosen), die Bakschische
die **Bakterie** (Spaltpilz), die Bakterien
die **Balalaika** (russisches Zupfinstrument), die Balalaiken *und* Balalaikas
die **Balance**; balancieren
bald, eher, am ehes|ten; bald danach; bald darauf; bald hier, bald dort; in Bälde; allzu bald; baldig; baldigst; so bald als möglich; so bald wie möglich; möglichst bald; baldmöglichst; sobald – so bald → so 205
der **Baldachin** (Überdachung; Stoffdach; Traghimmel), die Baldachine
der **Baldrian** (Heilpflanze)
der **Balg** (Tierhaut), die Bälge; sich balgen, gebalgt; die Balgerei
der **Balkan** (ein Gebirge; *kurz für* die Balkanhalbinsel)
der **Balken**, die Balken; der Balkon [*balko~~ng~~*], die Balkons; der Balkon [*balkon*], die Balkone
der **Ball**, die Bälle; das Bällchen; das Ballspiel; das Ballspielen, *aber* wollen wir Ball spielen?; die Ballbehandlung; der Ballwechsel
der **Ball** (Tanzfest; Tanzvergnügen), die Bälle; das Balllokal *und* Ball-Lokal;
die **Ballade** (Erzählgedicht), die Balladen; der Balladenstoff; balladenhaft
der **Ballast** (unnütze Last); die Ballaststoffe
ballen, geballt; die Faust ballen
der **Ballen**, die Ballen
das **Ballett** (Tanz; Tanzgruppe), die Ballette; die Ballettbühne; die Ballettmusik; die Balletttänzerin *und* Ballett-Tänzerin; die Balletttruppe *und* Ballett-Truppe
ballistisch (Flugbahnen entsprechend)
der **Ballon** [*balo~~ng~~*], die Ballons; der Ballon [*balon*], die Ballone
die **Ballung**; das Ballungsgebiet
der **Balsam**; balsamieren (einsalben)
der **Balte**, die Balten; die Baltin; das Baltikum
die **Balustrade** (Brüstung), die Balustraden
die **Balz**; balzen
der **Bambus**, die Bambusse; das Bambusrohr
banal (nichtssagend; alltäglich); die Banalität, die Banalitäten
die **Banane**, die Bananen
die **Band** [*bänt*] (Musikergruppe), die Bands; der Bandleader [*bäntlider*], die Bandleader
das **Band** (Streifen), die Bänder; das Bändchen; der Bändel *und* das Bändel; das Bandel; am laufenden Band; auf Band sprechen; die Bandbreite; das Bandmaß; die Bandsäge; die Bandscheibe; der Bandwurm; der Bänderriss
der **Band** ⟨Bd.⟩ (Buch), die Bände ⟨Bde.⟩

das **Band** (Fessel), die Bande;
außer Rand und Band;
die Bandage [*bandasche*] (Verband),
die Bandagen; bandagieren;
die Bande (Einfassung),
die Banden; bändigen, gebändigt;
die Bändigung
die **Bande** (*z. B.* Diebesbande), die Banden
die **Banderole** (Steuerstreifen), die Banderolen
der **Bandit**, die Banditen
bang *und* **bange**,
bang[e], banger, am bangs|ten *und*
bang[e], bänger, am bängs|ten;
ihm ist angst und bange; keine Bange;
Bange machen; das Bangemachen;
Bange machen *und* Bangemachen gilt nicht;
bänglich; bangen, gebangt
die **Bank** (Sitzgelegenheit), die Bänke;
die **Bank** (Geldinstitut), die Banken;
der Banker [*-ä-*]; das Bankgeheimnis;
das Bankguthaben; das Bankkonto;
die Bankleitzahl ⟨BLZ⟩; die Banknote;
der Bankier [*bankje*], die Bankiers;
der Bankrott (Zahlungsunfähigkeit),
die Bankrotte; Bankrott machen;
bankrottgehen, *aber* bankrott sein;
das Bankett (Festessen), die Bankette;
das **Bankett** (Straßenrand), die Bankette
der **Bann** (Ausschluss); in Acht und Bann;
die Bannmeile; bannen, gebannt;
das Banner (Fahne), die Banner
bar; in bar; gegen bar; bar bezahlen;
bares Geld; das Bargeld; die Barschaft;
bargeldlos; der Barscheck;
barfuß; barhäuptig
die **Bar** ([Nacht]lokal), die Bars;
der Barhocker; der Barkeeper [*-kiper*]
der **Bär**, des Bären, dem/den Bären, die Bären;
einen Bärendienst erweisen;
bärbeißig; bärenmäßig; bärenstark;
der Große Bär, der Kleine Bär (Sternbilder)
die **Baracke**, die Baracken
der **Barbar** (Rohling), des Barbaren,
die Barbaren; barbarisch (roh); die Barbarei
das **Barbecue** [*babikju*] (Gartenfest mit
Spießbraten), die Barbecues
der **Barbier** (*alt für* Friseur), die Barbiere
der **Barchent** (angerautes Baumwollgewebe)
das **Barett** (Kopfbedeckung), die Barette
barfuß; barfuß gehen, laufen; barhäuptig
der **Bariton** (Singstimme), die Baritone
die **Barke** (kleines Boot), die Barken;
die Barkasse (Beiboot), die Barkassen
der **Bärlapp** (Sporenpflanze)
barmherzig; die Barmherzigkeit
barock (im Stil des Barocks; überladen);
das Barock *und* der Barock (Kunststil);
die Barockkirche
das **Barometer** (Luftdruckmesser)
der **Baron** (Freiherr), die Barone;
die Baronin (Freifrau); die Baroninnen;
die Baroness[e] (Freifräulein),
die Baronessen
das **Barrel** [*-ä-*] (Hohlmaß), die Barrels
der **Barren** (Turngerät; Handelsform der
Metalle in Stangen), die Barren
die **Barriere** [*barjäre*], die Barrieren;
die Barrikade, die Barrikaden
barsch (unfreundlich); in barschem Ton
der **Bart**, die Bärte; das Bärtchen; bärtig;
bartlos; der Bartwuchs
der **Basalt** (Gestein), die Basalte
der **Basar**, die Basare, *auch*
der Bazar [*basar*], die Bazare
die **Base** (Kusine), die Basen
die **Base** (chem. Verbindung), die Basen
der **Baseball** [*beß-*]
basieren; auf etwas basieren (beruhen);
die Basis (Grundlage; die Masse der
Mitglieder), die Basen; die Basisgruppe
die **Basilika** (Bautyp), die Basiliken
die **Basken** (Volk in den westlichen
Pyrenäen); die Baskenmütze
der **Basketball**
bass (sehr); sie war bass erstaunt
der **Bass** (Singstimme), des Basses, die Bässe;
die Bassgeige; der Bassist, die Bassis|ten;
die Bassstimme *und* Bass-Stimme
das **Bassin** [*bassäng*], die Bassins
der **Bast**, die Baste
basta! (genug!; Schluss jetzt!)
der **Bastard** (Mischling), die Bastarde
die **Bastei** (Bollwerk), die Basteien
basteln, ich bast[e]le, gebastelt;
der Bast|ler; die Bas|telei
das **Bataillon** [*bataljon*], die Bataillone
die **Batik** (Färbeverfahren; bedrucktes
Gewebe), die Batiken; batiken, gebatikt
der **Batist** (feines Gewebe), die Batis|te
die **Batterie**, die Batterien; batteriebetrieben
der **Batzen** (alte Münze; Klumpen), die Batzen
der **Bau** (*z. B.* Fuchsbau), die Baue;
der Bau (Gebäude), die Bauten;
die Baugenehmigung; der Bauherr;
der Baukas|ten; der Bauarbeiter;
der Baumeis|ter; der Bauplatz;
der Baustoff; das Bauwerk;
baufällig; wegen Baufälligkeit;
bauen; → bausparen;
→ das Bauer; → der Bauer
der **Bauch**, die Bäuche; das Bäuchlein;
das Bauchkneifen; die Bauchschmerzen;
das Bauchweh; der Bauchnabel; bauchig;
bauchreden; der Bauchredner;
bauchtanzen; die Bauchtänzerin
das **Bauer** (Vogelkäfig), des Bauers, die Bauer

der **Bauer** (Landwirt), des Bauern, die Bauern; die Bäuerin, die Bäuerinnen; der Bauernhof; die Bauernschläue; bäuerlich; bäurisch

der **Baum**, die Bäume; das Bäumchen; der Baumfrevel; die Baumschule; der Baumstamm, die Baumstämme; die Baumwolle; baumwollen (aus Baumwolle); baumstark; sich bäumen

baumeln, ich baum[e]le

in **Bausch** und Bogen; bauschig

bausparen; das Bausparen; der Bausparer; die Bausparkasse; der Bausparvertrag

Bayern; der Bayer, die Bayern; die Bayerin, die Bayerinnen; bay[e]risch; die bay[e]rischen Seen, *aber* der Bayerische Wald, die Bayerischen Alpen; *bez. der Mundart* bairisch; das Bairische

der **Bazar**, *meist* → Basar

der **Bazillus**, die Bazillen

beabsichtigen

beachten, beachtet; die Beachtung; beachtlich; beachtenswert

der **Beamte**, des Beamten, die Beamten; ein Beamter; die Beamtin, die Beamtinnen; das Beamtentum; das Beamtenverhältnis; beamtet

beängstigend

beanspruchen; die Beanspruchung

beanstanden; die Beanstandung

beantragen, er beantragt

beantworten; die Beantwortung

bearbeiten; die Bearbeitung

beargwöhnen, beargwöhnt

der **Beat** [bit] *kurz für* Beatmusik (Musik mit auffälligem Schlagrhythmus); die Beatles [-*i*-]

beatmen; die Beatmung

beaufsichtigen; die Beaufsichtigung

beauftragen, er beauftragt; der Beauftragte

das **Beben**; beben, die Erde bebt, gebebt

der **Becher**, die Becher

das **Becken**, die Becken

beckmessern (kleinlich kritisieren), ich beckmess[e]re; gebeckmessert

Bec|que|rel ⟨Bq⟩ (Einheit der Radioaktivität)

bedacht; darauf bedacht sein; mit Bedacht; bedächtig; bedachtsam

sich **bedanken**, sie bedankt sich

der **Bedarf**; bei Bedarf; nach Bedarf; Artikel des täglichen Bedarfs; im Bedarfsfall; bedarfsgerecht

bedauern, ich bedauere; bedauernswert; mit Bedauern; bedauerlich; bedauerlicherweise

bede|cken, bedeckt; die Bede|ckung

bedenken ⓘ denken 282; → bedacht; die Bedenkzeit; bedenklich; das Bedenken; ohne Bedenken; bedenkenlos

bedeuten; bedeutend; bedeutsam; etwas, nichts Bedeutendes; es hat sich um ein Bedeutendes verändert (sehr verändert); der bedeutends|te Südseeforscher, *aber* das Bedeutendste wurde nicht erkannt; die Bedeutung; bedeutungsvoll; bedeutungslos; die Bedeutungslosigkeit; der Bedeutungsunterschied

bedienen; der Bediens|tete; die Bedienung

bedingen; bedingt (eingeschränkt); die Bedingung; bedingungslos; der Bedingungssatz ► Konditionalsatz 279

bedrängen, bedrängt; in Bedrängnis; die Bedrängung

bedrohen; bedrohlich; die Bedrohung

der **Beduine** (arabischer Nomade), des Beduinen, die Beduinen

bedürfen ⓘ dürfen 282, er bedarf unserer Hilfe, es hat nur eines kleinen Hinweises bedurft; das Bedürfnis, die Bedürfnisse; bedürfnislos; die Bedürfnislosigkeit; bedürftig; die Bedürftigkeit; diese Mittel sollten nur Bedürftigen zukommen

das **Beefsteak** [*bifstek*], die Beefsteaks

beeiden; beeidigen; die Beeidigung

sich **beeilen**

beeindru|cken, beeindruckt; beeindru|ckend

beeinflussen, beeinflusst; die Beeinflussung; beeinflussbar

beeinträchtigen; die Beeinträchtigung

beenden, beendet; die Beendung; beendigen, beendigt; die Beendigung

beerdigen, beerdigt; die Beerdigung

die **Beere**, die Beeren; das Beerenobst

das **Beet** (*z. B.* Blumenbeet), die Beete; → Bete (Gemüsepflanze)

befähigen, befähigt; die Befähigung

befahren ⓘ fahren 282; befahrbar; die Befahrbarkeit

der **Befall**; befallen ⓘ fallen 282

befangen; die Befangenheit

sich **befehden** (bekämpfen)

der **Befehl**, die Befehle; der Befehlshaber; die Befehlsform ► der Imperativ 278; befehlsgemäß; die Befehlsverweigerung; befehlen ⓘ 282, befahl, befohlen, er befiehlt; befehligen, befehligt

sich **befeinden**, befeindet

befestigen, befestigt; die Befestigung

das **Beffchen** (Halsbinde der Amtstracht von Geistlichen), die Beffchen

sich **befinden** ⓘ finden 282; das Befinden; wie ist sein Befinden?; befindlich; die Befindlichkeit
beflaggen, beflaggt; die Beflaggung
sich **befleißigen**, befleißigt; beflissen; die Beflissenheit
befolgen, befolgt; die Befolgung
befördern; die Beförderung
befragen; die Befragung
befreien; der Befreier, die Befreier; die Befreiung; die Befreiungsbewegung
befremden, das befremdet mich; sein Befremden; mit Befremden; befremdlich
sich **befreunden**, befreundet
befriedigen, befriedigt; befriedigend; sie hat die Note „befriedigend" erhalten; die Befriedigung
befris|ten, befristet; die Befristung
befruchten; die Befruchtung
die **Befugnis**, die Befugnisse; befugt
der **Befund**, die Befunde
befürworten; die Befürwortung
begabt; ein Begabter, die Begabten; die Begabtenförderung; die Begabung
sich **begeben** ⓘ geben 284; die Begebenheit
begehen ⓘ gehen 284; begehbar
begegnen; die Begegnung
begehren, begehrt; das Begehren; begehrenswert; begehrlich; die Begehrlichkeit
sich **begeis|tern**; jemanden begeistern; die Begeisterung; begeisterungsfähig
die **Begier** *und* **Begierde**, die Begierden; begierig
der **Beginn**; zu Beginn; von Beginn an; beginnen ⓘ 282, begann, begonnen
beglaubigen, beglaubigt; die Beglaubigung
begleichen ⓘ gleichen 284: eine Rechnung begleichen; die Begleichung
begleiten, begleitet; die Begleitung; der Begleiter, *grammatisch* ► Artikel 277
beglücken, beglückt; der Beglücker; die Beglückung; beglückwünschen
begnadet; begnadigen; die Begnadigung
sich **begnügen**, er hat sich damit begnügt
begraben ⓘ graben 284; das Begräbnis, die Begräbnisse
begradigen, begradigt; die Begradigung
begreifen ⓘ greifen 284, begriffen; begreiflich; begreiflicherweise; der Begriff, die Begriffe; im Begriff[e]; die Begriffsbestimmung; die Begriffsverwirrung; begriffsstutzig; das begriffliche Nomen ► Abstraktum 277
begrenzen *zu* Grenze, begrenzt; die Begrenzung
begründen, begründet; der Begründer; die Begründung; der Begründungssatz ► Kausalsatz 278
begrünen, begrünt; die Begrünung
begrüßen; begrüßenswert; die Begrüßung
begüns|tigen, begünstigt; die Begünstigung
begutachten; die Begutachtung
begütert
behaart *zu* Haar; die Behaarung
behäbig; die Behäbigkeit
behagen, das behagt mir; das Behagen; behaglich; die Behaglichkeit
behalten ⓘ halten 284; der Behälter; das Behältnis, die Behältnisse
behänd *und* **behände** (geschickt; schnell) *zu* Hand; die Behändigkeit;
behandeln, ich behand[e]le; die Behandlung; die Behandlungskosten; behandlungsbedürftig
beharren, sie beharrt darauf; beharrlich; die Beharrlichkeit; die Beharrung; das Beharrungsvermögen
sich **behaupten**; etwas behaupten; die Behauptung
beheben ⓘ heben 284; die Behebung
beheimatet, sie ist in Zittau beheimatet
beheizen; beheizbar; die Beheizung
der **Behelf**, die Behelfe; behelfsmäßig; behelfsweise; sich behelfen ⓘ helfen 284
behelligen; die Behelligung
beherbergen; das Beherbergungsgewerbe
beherrschen, du beherrschst, beherrscht; sich beherrschen; die Beherrschung
beherzigen, beherzigt; die Beherzigung; beherzigenswert; beherzt; die Beherztheit
behilflich
behindern, behindert; die Behinderung; der Behinderte, ein Behinderter, eine Behinderte, die Behinderten
die **Behörde**, die Behörden; behördlich; behördlicherseits
der **Behuf** (Zweck; Erfordernis); behufs (zwecks; zum Zwecke)
behüten, behütet; behüt' dich Gott!; behutsam; die Behutsamkeit

bei; bei sich haben; bei weitem nicht *und* bei Weitem nicht; bei Tage, bei Nacht;

bei + Verb
Trennbare Zusammensetzungen:
beifügen, ich füge/fügte ein Foto bei, *aber* weil ich ein Foto beifüge/beifügte, sie hat es beigefügt, beizufügen; *entsprechend auch viele andere*

beibehalten ⓘ halten 284;
die Beibehaltung
die **Beichte**, die Beichten; beichten;
das Beichtgeheimnis; der Beichtstuhl;
der Beichtvater
beide; alle beide; wir beide; wir beiden
jungen Leute; ihr beide *und* ihr beiden;
die beiden; diese beiden;
einer von beiden; keins von beiden;
beides; alles beides; dieses beides;
beides zugleich;
beidemal, *aber* beide Male;
beiderlei; beiderlei Geschlechts;
beidseitig; beiderseitig;
beiderseits; beiderseits des Flusses;
beidarmig; beidhändig

beiei|nander, beiein|ander;

beieinander + Verb
Getrennt zu schreiben:
beieinander sein (zusammen sein; gesund sein, geistig rege sein),
Trennbare Zusammensetzungen:
beieinanderbleiben, wir bleiben beieinander, beieinandergeblieben, beieinanderzubleiben;
entsprechend auch:
beieinanderhaben, beieinanderliegen, beieinandersitzen, beieinanderstehen

der **Beifahrer**; die Beifahrerin,
die Beifahrerinnen; der Beifahrersitz
der **Beifall**; die Beifallskundgebung; beifällig
beifügen; die Beifügung
► das Attribut 277
beige [b~~esch~~] (sandfarben); das Beige;
beigefarben; beigefarbig
der **Beigeschmack**
das **Beiheft**; beiheften, beigeheftet
die **Beihilfe**; beihilfefähig
das **Beil**, die Beile
die **Beilage**, die Beilagen; → beiliegend
beiläufig; die Beiläufigkeit
beileibe; beileibe nicht
das **Beileid**; das Beileidsschreiben
beiliegend; der beiliegende Prospekt;
beachten Sie bitte Beiliegendes!
beimessen; Bedeutung beimessen
beimischen; die Beimischung
das **Bein**, die Beine; der Beinbruch;
beinern (aus Knochen)
beinah *und* **beinahe**
be|inhalten, es beinhaltet
der **Beipackzettel**
der **Beirat**; die Beiratssitzung
beipflichten, beizupflichten
beirren; sich nicht beirren lassen

beisammen; das Beisammensein;

beisammen + Verb; beisammen sein;
Trennbare Zusammensetzungen:
beisammensitzen, wir sitzen/saßen lange beisammen, *aber* wenn wir beisammensitzen/beisammensaßen, wir haben beisammengesessen, beisammenzusitzen;
entsprechend auch: beisammenbleiben;
beisammenhaben, beisammenstehen

der **Beisatz** ► Apposition 277
das **Beisein**; in seinem Beisein
beiseite; beiseitelegen; beiseiteschaffen;
beiseiteschieben, -stoßen, -treten
beisetzen, beigesetzt; die Beisetzung
das **Beispiel**; zum Beispiel ⟨z. B.⟩;
der Beispielsatz, die Beispielsätze;
beispielhaft; beispiellos; beispielsweise
beißen ⓘ 282, biss, gebissen; die Beißzange
der **Beistand**; Beistand leisten;
beistehen ⓘ stehen 288
der **Beistrich** (das Komma)
der **Beitel** (Holzbearbeitungswerkzeug),
die Beitel
der **Beitrag**, die Beiträge; beitragspflichtig;
beitragen ⓘ tragen 290
beitreten ⓘ treten 290; der Beitritt;
die Beitrittserklärung
das **Beiwort** ► das Adjektiv 277
die **Beize**, die Beizen; beizen, gebeizt
beizeiten
bejahen, ich bejahe, du bejahst,
er hat bejaht; eine bejahende Antwort;
bejahendenfalls; die Bejahung
bekämpfen, bekämpft; die Bekämpfung

bekannt; ein Bekannter, eine Bekannte,
die Bekannten; bekanntlich;
bekanntermaßen; bekannterweise,
aber in bekannter Weise;
die Bekanntgabe; die Bekanntheit;
die Bekanntmachung; der Bekanntenkreis;
die Bekanntschaft;

bekannt + Verb; bekannt sein;
Getrennt *und* **zusammen** *möglich*:
bekannt machen *und* bekanntmachen,
er macht bekannt,
bekannt gemacht *und* bekanntgemacht,
bekannt zu machen *und* bekanntzumachen;
entsprechend auch:
bekannt geben *und* bekanntgeben;
bekannt werden *und* bekanntwerden

bekehren, bekehrt; die Bekehrung
bekennen ⓘ kennen 284; das Bekenntnis,
die Bekenntnisse; bekenntnismäßig
beklagen, beklagt; beklagenswert;
der Beklagte; die Beklagte

B b

bekleckern; beklecksen, bekleckst
bekleiden, bekleidet; die Bekleidung
beklemmend; beklommen; die Beklommenheit
beknien, bekniet
bekommen ⓘ kommen 284; bekömmlich
beköstigen; die Beköstigung
bekräftigen; die Bekräftigung
bekränzen *zu* Kranz, bekränzt
bekümmern, bekümmert; die Bekümmernis, die Bekümmernisse
sich **bekreuzigen**, bekreuzigt
beladen ⓘ laden 284, du belädst, er belädt
der **Belag**, die Beläge; → Belege
belagern; die Belagerer; die Belagerung; der Belagerungszustand
belämmert (übel; schlimm)
der **Belang**, die Belange; von Belang; belanglos; die Belanglosigkeit; belangen
belasten; belastend; die Belastung; belastbar; die Belastbarkeit; belästigen; die Belästigung
der **Beleg** (Quittung; Beweis), die Belege; belegen; die Belegung; die Belegschaft
belehren, belehrt; die Belehrung
beleidigen, beleidigt; er spielt den Beleidigten; die Beleidigung
beleihen ⓘ leihen 284; die Beleihung
beleuchten; die Beleuchtung
beleumdet; gut beleumdet *und* beleumundet; übel beleumdet *und* beleumundet
belfern (keifen; schimpfen), ich belfere
Belgien; der Belgier; belgisch
im **Belieben** jedes Einzelnen; nach Belieben; das steht in Ihrem Belieben; belieben, es beliebte (gefiel) ihm;
beliebig; jeder Beliebige; alles Beliebige; etwas Beliebiges; x-beliebig; jeder x-Beliebige; beliebt; die Beliebtheit
beliefern; die Belieferung
bellen, gebellt; das Gebell
die **Belletristik** (Unterhaltungsliteratur); belletristische Literatur
belobigen, belobigt; die Belobigung
belohnen, belohnt; die Belohnung
Belorus (Weißrussland); belorussisch
der **Belt** (Meerenge), die Belte; der Große Belt; der Kleine Belt
belügen ⓘ lügen 286, er hat mich belogen
sich **belus|tigen**, belustigt; die Belustigung
sich **bemächtigen**, bemächtigt
bemalen, bemalt; die Bemalung
bemängeln, ich bemäng[e]le; die Bemäng[e]lung
bemänteln, ich bemänt[e]le gar nichts
bemerken, bemerkt; mit dem Bemerken; bemerkenswert; die Bemerkung ⟨Bem.⟩; sich bemerkbar machen
bemitleiden; bemitleidenswert; die Bemitleidung
bemoost
sich **bemühen**, bemüht; die Bemühung
bemüßigt, er fühlt sich bemüßigt
benachbart
benachrichtigen; die Benachrichtigung
benachteiligen; die Benachteiligung
das **Benefizkonzert** (Konzert zugunsten eines wohltätigen Zweckes); die Benefizveranstaltung
sich **benehmen** ⓘ nehmen 286; das Benehmen; sich mit jemandem ins Benehmen setzen
beneiden; beneidenswert
die **Beneluxstaaten** und Benelux-Staaten (Belgien, die Niederlande und Luxemburg), *kurz* Benelux
bengalisch; bengalisches Feuer
der **Bengel**, die Bengel
benommen; die Benommenheit
benoten, benotet; die Benotung
benötigen, benötigt
benutzen *und* **benützen**, du benutzt *und* benützt; der Benutzer *und* Benützer; die Benutzung *und* Benützung; die Benutzungsgebühr; benutzbar
das **Benzin**, die Benzine; der Benzinkanis|ter
beob|achten, sie beobachtet; der Beobachter; die Beobachtung; die Beobachtungsgabe
bepflanzen, bepflanzt; die Bepflanzung
bequem; sich bequemen, er bequemt sich; bequemlich; die Bequemlichkeit
beraten ⓘ raten 286, sie berät uns; die Beratung; der Berater; die Beraterin, die Beraterinnen; beratschlagen, wir haben beratschlagt
berauben, beraubt; die Beraubung
die **Berberitze** (ein Zierstrauch)
berechnen, berechnet; berechenbar; berechnend; die Berechnung
berechtigen, berechtigt; der Berechtigte; berechtigterweise; die Berechtigung
bereden; beredsam; die Beredsamkeit; beredt; die Beredtheit
der **Bereich**, die Bereiche
sich **bereichern**; die Bereicherung
bereifen (mit Reifen versehen), bereift; die Bereifung
bereift (mit Reif bedeckt)

bereit; bereitwillig; die Bereitwilligkeit; die Bereitschaft; der Bereitschaftsdienst; bereiten (zubereiten); bereits (schon);

bereit + Verb
Trennbare Zusammensetzungen:
bereitstehen, wir stehen bereit, bereitgestanden, bereitzustehen;
entsprechend auch: bereithaben, sich bereitfinden, [sich] bereithalten, bereitlegen, bereitliegen, bereitstellen
Getrennt *und* **zusammen** *möglich*:
sich bereit erklären *und* sich bereiterklären,
sich bereit machen *und* sich bereitmachen

bereuen, bereut
der **Berg**, die Berge; dass einem die Haare zu Berge stehen; bergab; bergan laufen; bergauf laufen; bergig; die Berg-und-Tal-Bahn; die Bergbahn; der Bergbau; der Bergkristall; die Berglehne; der Bergmann, die Bergleute; bergmännisch; das Bergmassiv; die Bergpredigt; der Bergsteiger; bergsteigen
bergen ⓘ 282, barg, geborgen; die Bergung
der **Bericht**, die Berichte; Bericht erstatten; der Berichterstatter; die Berichterstattung; berichten;
berichtigen; die Berichtigung
beritten (zu Pferde); berittene Polizei
Berlin; der Berliner; eine Berlinerin; der Berliner Bär (Wappen); der Berliner (Pfannkuchen)
der **Bernstein**; die Bernsteinkette; bernsteinfarben
der **Berserker** (wütender Kämpfer)
bersten (auseinanderbrechen) ⓘ 282, barst, geborsten
berüchtigt (in schlechtem Ruf stehend)
berü|ckend
berücksichtigen; die Berücksichtigung
der **Beruf**, die Berufe; beruflich; der Berufsanfänger; die Berufsausbildung; der Berufsberater; die Berufsberatung; die Berufswahl; die Berufsschule, *aber* die berufsbildenden Schulen; eine Berufstätige, die Berufstätigen, *aber* die berufstätigen Frauen; berufserfahren; berufsfremd; berufslos; sich berufen auf ⓘ rufen 286; jemanden berufen (ernennen); die Berufung
beruhen, es beruht auf einem Irrtum; etwas auf sich beruhen lassen;
beruhigen, beruhigt; die Beruhigung
berühmt; die Berühmtheit
berühren, berührt; die Berührung
besaitet; zart besaitet
besänftigen, besänftigt
die **Besatzung**; das Besatzungsstatut
beschädigen, beschädigt; die Beschädigung
beschaffen (besorgen), er beschaffte sich Geld; die Beschaffung; beschaffen (geartet); die Beschaffenheit
beschäftigen, beschäftigt; der Beschäftigte; die Beschäftigung; beschäftigungslos; der Beschäftigungslose
beschämen, beschämt; beschämend
beschaulich; die Beschaulichkeit
der **Bescheid**, die Bescheide; Bescheid geben, sagen, wissen, tun; jemanden bescheiden (ihm Bescheid geben; ihn bestellen) ⓘ scheiden 286;
bescheiden (genügsam); die bescheidens|ten Menschen; die Bescheidenheit
bescheinigen; die Bescheinigung
bescheren, beschert; die Bescherung
beschieden; ihr war kein Erfolg beschieden; er wurde vor Gericht beschieden (bestellt)
beschießen ⓘ schießen 286; → Beschuss
beschildern; die Beschilderung
beschimpfen; die Beschimpfung
der **Beschlag**, die Beschläge; mit Beschlag belegen; in Beschlag nehmen; beschlagen sein; die Beschlagenheit; beschlagnahmen, beschlagnahmt; die Beschlagnahme
beschleunigen; die Beschleunigung
beschließen ⓘ schließen 288; der Beschluss, die Beschlüsse; beschlussfähig; die Beschlussfähigkeit
beschmieren, beschmiert
beschmutzen, du beschmutzt; die Beschmutzung
beschränken (einengen), beschränkt; die Beschränktheit; die Beschränkung;
beschrankt (mit Schranken geschützt)
beschreiben ⓘ schreiben 288; die Beschreibung; beschriften; die Beschriftung
beschuldigen, beschuldigt; der Beschuldigte; die Beschuldigung
beschummeln, beschummelt
der **Beschuss**, die Beschüsse
beschützen, du beschützt
die **Beschwerde**, die Beschwerden; Beschwerde führen; der Beschwerdeführer; sich beschweren, beschwert; beschwerlich; die Beschwerlichkeit; die Beschwernis, die Beschwernisse
beschwichtigen; die Beschwichtigung
beschwingt; die Beschwingtheit

B b

beschwipst
beschwören (i) schwören 288;
die Beschwörung
beseelen, beseelt
beseitigen, beseitigt; die Beseitigung
der **Besen**, die Besen; der Besenbinder;
der Besenstiel; besenrein
besessen; ein Besessener;
besetzen, du besetzt; das Besetztzeichen;
die Besetzung
besichtigen; die Besichtigung
besiedeln, besiedelt; die Besied[e]lung
besiegeln; die Besieg[e]lung
besiegen, besiegt; der Besiegte
sich **besinnen** (i) sinnen 288; → besonnen;
besinnlich; die Besinnlichkeit;
die Besinnung; besinnungslos
der **Besitz**, die Besitze; das besitzanzeigende
Fürwort ► das Possessivpronomen 280;
besitzlos; besitzen (i) sitzen 288;
der Besitzer; die Besitzung;
das Besitztum, die Besitztümer
besohlen, besohlt; die Besohlung
besolden, besoldet; die Besoldeten;
die Besoldung; die Besoldungsgruppe
besondere; ein besonderer Tag;
besonders ⟨bes.⟩; ganz besonders;
im Besonder[e]n, im Besondren;
insbesond[e]re; das Besondere daran;
etwas, nichts Besond[e]res;
die Besonderheit
besonnen *zu* besinnen;
sie hat sich eines Besseren besonnen;
ein besonnener Mensch; die Besonnenheit
besorgen, besorgt; die Besorgung;
die Besorgnis, die Besorgnisse;
Besorgnis erregend *und* besorgniserregend;
die Besorgtheit
bespannen; die Bespannung
bespitzeln; die Bespitz[e]lung
besprechen (i) sprechen 288;
die Besprechung
bespritzen, du bespritzt
besprühen, besprüht
besser; → beste; besser ist besser; es ist das
Bessere (besser), wenn man einlenkt;
die bessere Lösung; der Bessere gewinnt;
der besser Verdienende/Besserverdienende;
etwas, nichts Besseres;
ich habe Besseres zu tun als;
eine Wendung zum Besseren;
eines Besseren belehren;
sich eines Besseren besinnen;
sich bessern, ich bessere mich, gebessert;
die Besserung; die Bessergestellten;
der Besserwisser; besserwisserisch;

---

beste, das Beste (i)

Kleinschreibung

der beste Läufer; das beste Buch;
von drei Büchern das beste kaufen;
am besten; es wäre am besten, ...;
er wurde auf das, aufs beste bewirtet,
auch auf das, aufs Beste bewirtet

Großschreibung

der erste Beste;
der Beste der Klasse (nach Leistung);
du bist doch der Beste!

das Beste in seiner Art;
das Beste vom Besten;
das Beste ist gerade gut genug;
das Beste, was wir tun können;
es wird das Beste sein, wenn ...;
ich halte es für das Beste, wenn ...;
hoffen wir das Beste;
das Beste daraus machen;
er hat stets sein Bestes getan;

zum Besten dienen,
es dient nur zu deinem Besten,
im Brief auch zu Deinem Besten;
zum Besten gereichen;
zum Besten lenken;
zum Besten wenden;
es wird sich alles zum Besten kehren;
das ist nicht zum Besten gelungen;
es steht nicht zum Besten;
zum Besten haben, halten (necken);
zum Besten geben (vorführen),
es wurde ein Konzert zum Besten
der Flutgeschädigten gegeben

besser + Verb
Getrennt zu schreiben:
besser sein; es besser haben;
besser aufpassen; besser schreiben,
es muss doch wieder besser werden;
das müsstest du doch besser wissen;
jetzt kann er wieder besser gehen
Getrennt *und* **zusammen** *möglich*:
es soll ihm jetzt
besser gehen *und* bessergehen
Trennbare Zusammensetzung:
jemand gehaltlich besserstellen

der **Bestand**, die Bestände; der Bestandteil; beständig; die Beständigkeit
bestärken, bestärkt; die Bestärkung
bestätigen; die Bestätigung
bestatten; die Bestattung
bestäuben; die Bestäubung
beste ⓘ S. 36; am besten; bestens; die Bestleistung; die Bestzeit; der Bestseller, die Bestseller; bestenfalls; bestmöglich, *dafür besser* möglichst gut, so gut wie möglich, so gut als möglich; die bestbezahlte *oder* am besten bezahlte Arbeit, *entsprechend auch:* bestgehasst; bestgepflegt; bestinformiert; bestvorbereitet
bestechen ⓘ stechen 288; bestechend; bestechlich; die Bestechlichkeit; die Bestechung; der Bestechungsskandal
das **Besteck**, die Bestecke; der Besteckkasten
bestehen ⓘ stehen 288; seit Bestehen; bestehen bleiben → bleiben; bestehen lassen → lassen
bestehlen ⓘ stehlen 288
bestellen, bestellt; die Bestellung; die Bestellliste *und* Bestell-Liste; die Bestellnummer ⟨Best.-Nr.⟩
besteuern; die Besteuerung
bes|tialisch (unmenschlich); die Bestialität; die Bestie, die Bestien
bestimmen, bestimmt; bestimmbar; mit Bestimmtheit; die Bestimmung; bestimmungsgemäß; der Bestimmungsort
bestrafen; die Bestrafung
bestrahlen, bestrahlt; die Bestrahlung
bestreben, bestrebt; das Bestreben
bestreiken, bestreikt
bestreiten ⓘ streiten 290
der **Bestseller**, die Bestseller
bestürzt (ratlos); mit Bestürzung
der **Besuch**, die Besuche; auf Besuch; zu Besuch; besuchen; der Besucher
das **Beta** (griechischer Buchstabe β); die Betastrahlen, *auch* β-Strahlen

betagt; hochbetagt
sich **betätigen**, betätigt; die Betätigung
betäuben; die Betäubung
die **Bete** (Gemüsepflanze), die Beten; Rote Bete, *auch* Rote Beete
sich **beteiligen**, beteiligt; die Beteiligten; die Beteiligung
beten, gebetet; der Beter
beteuern, ich beteuere; die Beteuerung
der **Beton** [*betong*], die Betons; betonieren, betoniert; die Betonierung
betonen, betont; die Betonung
betören, betörend; die Betörung
betr. = betreffend; betreffs;
Betr. = Betreff
in **Betracht** kommen; in Betracht ziehen; außer Betracht bleiben; beträchtlich; um ein Beträchtliches (bedeutend; sehr); betrachten; der Betrachter; die Betrachtung
der **Betrag**, die Beträge; betragen; sich betragen ⓘ tragen 290; das Betragen
betrauen, mit einer Aufgabe betraut
der **Betreff** ⟨Betr.⟩, die Betreffe; betreffen ⓘ treffen 290; betreffend ⟨betr.⟩; betreffs ⟨betr.⟩; der Betreffende; die Betreffende
betreten ⓘ treten 290; das Betreten; beim Betreten; vor dem Betreten
betreuen; die Betreuung; der Betreuer; die Betreuerin, die Betreuerinnen
der **Betrieb**, die Betriebe; außer Betrieb; in Betrieb; in Betrieb nehmen; die Betriebsangehörigen; der Betriebsrat; betriebsbereit; betriebsblind; betriebseigen; betriebsfähig; betriebsfertig; betriebsfremd; betriebsam; die Betriebsamkeit; betriebssicher; die Betriebssicherheit
betroffen; die Betroffenheit
betrüben, betrübt; die Betrübtheit; betrüblich; betrüblicherweise
der **Betrug**, die Betrügereien; betrügen ⓘ trügen 290, er hat betrogen; der Betrüger; betrügerisch
das **Bett**, die Betten; zu Bett gehen; bettlägerig; die Bettdecke; das Betthupferl; das Bettlaken; die Bettruhe (Ruhezeit im Bett); die Betttruhe *und* Bett-Truhe (kastenförmiges Bett); das Betttuch *und* Bett-Tuch
betteln, ich bett[e]le; bettelarm; die Bettelei; der Bettler; die Bettlerin, die Bettlerinnen
betulich; die Betulichkeit
die **Beuge**; beugen, gebeugt; die Beugung *grammatisch* ► die Flexion 277
die **Beule**, die Beulen; beulen; beulig

beunruhigen; die Beunruhigung
beurkunden; die Beurkundung
beurlauben; die Beurlaubung
beurteilen; die Beurteilung; der Beurteilungsmaßstab
die **Beute**; Beute machen; auf Beute ausgehen; das Beutetier; beutegierig
der **Beutel**, die Beutel; beuteln, gebeutelt
bevölkern, bevölkert; die Bevölkerung; die Bevölkerungsdichte
bevollmächtigen, bevollmächtigt; der Bevollmächtigte; die Bevollmächtigung

bevor; bevorstehend;

bevor + Verb
Trennbare Zusammensetzung:
bevorstehen, das steht/stand uns bevor,
aber was uns bevorsteht/bevorstand,
es hat uns bevorgestanden

Im Folgenden fünf Verben mit der Vorsilbe be-; sie werden in allen Formen zusammengeschrieben.
bevormunden; die Bevormundung
bevorraten; die Bevorratung
bevorrechtigen; die Bevorrechtigung
bevorschussen, bevorschusst
bevorzugen, bevorzugt; die Bevorzugung

bewachen; die Bewachung
bewaffnen, bewaffnet; die Bewaffnung
bewahren (behüten; aufheben), bewahrt; Gott bewahre uns!; die Bewahrung
sich **bewähren**, bewährt; die Bewährung; der Bewährungshelfer; die Bewährungsprobe; sich bewahrheiten, es bewahrheitet sich
bewältigen; die Bewältigung
die **Bewandtnis**, die Bewandtnisse
bewässern, ich bewäss[e]re; die Bewässerung
bewegen (Lage ändern) ⓘ 282, bewegt; beweglich; die Beweglichkeit; die Bewegung; bewegungslos; bewegungsunfähig; bewegen (veranlassen) ⓘ 282, bewog, bewogen; der Beweggrund
beweihräuchern, beweihräuchert
der **Beweis**, die Beweise; die Beweisaufnahme; die Beweisführung; beweisen ⓘ weisen 290; beweisbar; beweiskräftig
bewenden, es dabei bewenden lassen; es soll damit sein Bewenden haben
sich **bewerben** ⓘ werben 290; der Bewerber; die Bewerberin, die Bewerberinnen; die Bewerbung; das Bewerbungsgespräch; das Bewerbungsschreiben

bewerkstelligen, bewerkstelligt
bewerten; die Bewertung
bewilligen; die Bewilligung
bewillkommnen
bewirten, bewirtet; die Bewirtung; bewirtschaften; die Bewirtschaftung
bewohnen, bewohnt; die Bewohner
sich **bewölken**, bewölkt; die Bewölkung
der **Bewuchs**
bewundern; bewundernswert; die Bewunderung; bewunderungswürdig
bewusst; die Bewusstheit; das Bewusstsein; bewusstlos; die Bewusstlosigkeit; bewusstmachen *und* bewusst machen (klarmachen), *aber* [etwas] bewusst machen (mit Absicht tun), diesen Unsinn hat er bewusst gemacht
Bez. = Bezirk; Bezeichnung
bezahlen, bezahlt ⟨bez.; bz; bez⟩; bezahlbar; die Bezahlung
bez. = bezüglich; bezahlt
sich **bezähmen**
bezaubern; bezaubernd, am bezauberndsǀten
bezeichnen; die Bezeichnung ⟨Bez.⟩; bezeichnend; bezeichnenderweise
bezeugen, bezeugt; die Bezeugung
bezichtigen; die Bezichtigung
beziehen ⓘ ziehen 290; der Bezieher; sich beziehen auf; die Beziehung; beziehungslos; beziehungsweise ⟨bzw.⟩
der **Bezirk** ⟨Bez.⟩, die Bezirke; bezirksweise
bezirzen, *auch* becircen
der **Bezug**, die Bezüge; Bezug nehmen auf; Bezug nehmend *und* bezugnehmend auf; unter Bezugnahme auf; mit Bezug auf; in Bezug auf; bezüglich ⟨bez.⟩; das bezügliche Fürwort ► das Relativpronomen 281; bezugsfertig
bezuschussen, bezuschusst
bezweifeln, ich bezweif[e]le
das **BGB** = das Bürgerliche Gesetzbuch
der **Biathlet**, des Biathleten, die Biathleten; das Biathlon (*Wintersport* Skilanglauf mit Scheibenschießen)
die **Bibel**, die Bibeln; bibelfest; bibǀlisch; eine biblische Geschichte (eine Erzählung aus der Bibel)
der **Biber** (Nagetier), die Biber
Bibǀlio- (Buch-, Bücher-); die Bibliografie (Bücherverzeichnis; Bücherkunde); der Bibliograf (Bearbeiter eines Bücherverzeichnisses); bibliografisch (bücherkundlich); *auch* Bibliographie, Bibliograph, bibliographisch; bibliophil (für Bücherliebhaber); die Bibliothek, die Bibliotheken; der Bibliothekar; die Bibliothekarin

die **Bickbeere** (Heidelbeere, Blaubeere)
bieder; das Biedermeier (Kunststil)
biegen ⓘ 282, bog, gebogen; auf Biegen oder Brechen; biegsam; die Biegung
die **Biene**, die Bienen; der Bienenfleiß; bienenfleißig; der Bienenhonig; der Bienenkorb; der Bienenstich; das Bienenvolk
das **Bier**, die Biere; die Bierbrauerei
das **Biest**, die Bies|ter; biestig
bieten ⓘ 282, bot, geboten; sich etwas bieten lassen/bietenlassen
die **Bigamie** (Doppelehe)
die **Bigband**, *auch* Big Band (gr. Jazz- oder Tanzorchester), die Bigbands
der **Bikini** (2-teiliger Badeanzug), die Bikinis
die **Bilanz** (Ergebnis), die Bilanzen
bilateral (zweiseitig)
das **Bild**, die Bilder; im Bilde sein; das Bildnis, die Bildnisse; das Bilderbuch; das Bilderrätsel; der Bildhauer; der Bildschirm; der Bildschirmtext ⟨Btx⟩; bildhaft; bildlich; bildhübsch; bilden; die bildenden/Bildenden Künste; sich bilden, gebildet; die Bildung
das **Bil|lard** [*biljart*]; die Billardkugel
die **Billiarde** (tausend Billionen), die Billiarden (Zahlen mit 15 Nullen); die Billion (eine Million Millionen), die Billionen (Zahlen mit 12 Nullen); das Billionstel, *aber* ein billionstel Meter
billig; recht und billig; billigerweise; billigen, gebilligt; die Billigung
die **Bimmelbahn**; bimmeln, ich bimm[e]le
der **Bimsstein**; bimsen, du bimst
ich **bin** *zu* sein
binar, *auch* binär, binarisch (aus zwei Einheiten bestehend)
die **Binde**, die Binden; binden ⓘ 282, band, gebunden; die Bindung; das Bindeglied; der Bindfaden; der Bindestrich ⓘ 312; das Bindewort ► die Konjunktion 279
binnen; binnen kurzem *und* Kurzem; binnen einem Jahr, binnen eines Jahres; der Binnenhafen; der Binnenhandel; das Binnenmeer; der Binnensee
die **Binse**, die Binsen; die Binsenwahrheit; die Binsenweisheit
Bio- (Leben[s]-); bio- (leben[s]-); die Biochemie (Lehre von den chemischen Vorgängen in Lebewesen); biochemisch; der Biochemiker; die Biografie (Lebensbeschreibung); der Biograf (Verfasser einer Biografie); biografisch (in der Art einer Biografie); *auch* Biographie, Biograph, biographisch; der Bioladen; die Biologie; der Biologe; biologisch; der Biomüll (organischer [Haushalts]abfall); der Biotop *und* das Biotop, die Biotope
bipolar (zweipolig)
die **Birke**, die Birken; der Birkhahn, die Birkhähne; das Birkhuhn, die Birkhühner
die **Birne**, die Birnen; der Birnbaum; birnenförmig
bis; bis hierher; bis auf weiteres/Weiteres; bislang; bisweilen; bisher; bisherig; im Bisherigen (weiter oben im Text); das Bisherige (das bisher Erwähnte)
die **Bisamratte**
der **Bischof**, die Bischöfe; bischöflich; der Bischofssitz; → Bistum
bisexuell (doppelgeschlechtig)
das **Biskuit** *und* der Biskuit, die Biskuits *und* Biskuite
der **Bison** (nordamerik. Büffel), die Bisons
der **Biss**, des Bisses, die Bisse; das bisschen (dieses wenige); ein bisschen; ein klein bisschen; dieses kleine bisschen; kein bisschen; der Bissen; bissig; die Bissigkeit
das **Bis|tro** (kleine Schenke) die Bistros
das **Bis|tum**, die Bistümer
das **Bit** *kurz für* binary digit (Informationseinheit), die Bits; bit = *Zeichen für* Bit; 8 bit
die **Bitte**, die Bitten; Bitte *und* bitte sagen; bitten ⓘ 282, bat, gebeten; bitte schön!; ein höfliches Bitteschön; bitte sehr!; der Bittsteller
bitter; bitterlich; die Bitterkeit; bitterböse; bittersüß; bitterernst, *aber* bitt[e]rer Ernst; es ist bitterkalt; ein bitterkalter Wintertag
das **Bitumen**; bituminös
das **Biwak** (Feldlager), die Biwaks *und* Biwake; biwakieren
bizarr (seltsam; launenhaft)
der **Bizeps** (ein Beugemuskel), die Bizepse
das **Black-out** *und* der Black-out [*bläkaut*] (Aussetzen des Bewusstseins oder der Selbstbeherrschung; *in der Raumfahrt* plötzliche Funkstille), die Black-outs, *auch* Blackout, Blackouts
blähen, gebläht; sich blähen; die Blähung
die **Blamage** [*blama~~sche~~*] (Schande); blamabel; sich blamieren, blamiert
blank, blanker, am blanksten; der Blanke Hans (stürmische Nordsee); **Getrennt** *und* **zusammen** *möglich*: blank polieren *und* blankpolieren, so *auch* blank legen, liegen, machen, putzen, reiben, scheuern
blanko (leer; unausgefüllt); der Blankoscheck; die Blankovollmacht

die **Blase**, die Blasen; das Bläs|chen;
blasen ⓘ 282, blies, geblasen; der Bläser;
das Blasinstrument; die Blasmusik;
der Blasebalg, die Blasebälge
blasiert (hochnäsig); die Blasiertheit
die **Blasphemie** (Gotteslästerung);
blasphemisch
blass, blasser, am blasses|ten *und*
blass, blässer, am blässesten; blassgrün;
die Blässe (Blassheit); → Blesse;
das **Blässhuhn**, die Blässhühner, *auch*
das Blesshuhn, die Blesshühner
das **Blatt**, die Blätter; 3 Blatt (3 Bl.) Papier;
das Blättchen; das Blattgold; das Blattgrün;
die Blattlaus, die Blattläuse;
der Blätterteig; blätt[e]rig;
blättern, ich blättere, geblättert
die **Blattern** *Plur.* (ansteckende Krankheit)
blau, das Blau ⓘ;
blau, blauer, am blau[e]s|ten; die Bläue;
bläuen (blau färben); verbläuen (prügeln);
die Blaubeere; das Blaulicht; die Blau-
helme (UNO-Soldaten); die Blaumeise

blau + Verb
Getrennt *und* **zusammen** *möglich:*
blau färben *und* blaufärben
blau machen *und* blaumachen (färben)
Trennbare Zusammensetzung:
blaumachen (nicht zur Arbeit, nicht zur Schule gehen), er macht heute blau, blaugemacht, blauzumachen

blau, das Blau *Schreibweisen zur sinngemäßen Anwendung auch bei anderen Farben* ⓘ

blau
blaue Farbe; blau in blau; blaue Briefumschläge;
das blaue Meer; ein blauer Fleck;
der blaue Brief (Mahnbrief von der Schule), *auch* der Blaue Brief;
der blaue Montag *ugs.*; sein blaues Wunder erleben *ugs.*;
ins Blaue reden; eine Fahrt ins Blaue; der Blaue Planet (die Erde)

blau + Partizip oder **Adjektiv**
blau gefärbt *und* blaugefärbt, eine blau gefärbte/blaugefärbte Hose, *so auch*
blau gemustert, blau gestreift, blau getönt, blau kariert, blau umrandet *u. a.*

das Blau
die Farbe Blau, *aber* die Farbe der Hose ist Blau *oder* blau; Blau auf Blau;
Stoffe in Blau; das Blaue; in Blau gekleidet; mit Blau bemalt, *aber* es war blau bemalt;
das Blau des Himmels; des Himmels Blau;

Farbtöne
azurblau; blassblau; dunkelblau; hellblau; himmelblau; kobaltblau;
kornblumenblau; lichtblau; marineblau; mattblau; nachtblau;
stahlblau; taubenblau; tiefblau; veilchenblau; wasserblau;

Zusammensetzungen aus gleichrangigen Adjektiven:
die graublaue Jacke; die blaugrüne Bluse; die blaurote Blüte

In zwei Wörtern schreibt man, wenn der erste Bestandteil eine Ableitung auf -ig, -isch, -lich ist: bläulich grün, bläulich rot *u. a.*

Farbwechsel
eine blaugelbe Decke (blaue und gelbe Streifen, Karos, Rauten *usw.*);
das blaugrünorange gemusterte Kissen;

die weißblaue Flagge von Bayern, *aber* die Landesfarben Weiß-Blau;
die blauweißgelbweißrote Flagge von Mecklenburg-Vorpommern, *aber*
die mecklenburg-vorpommerischen Farben Blau-Weiß-Gelb-Weiß-Rot;

Durch Bindestriche kann man das Nebeneinander verschiedener Farben verdeutlichen oder auch unübersichtliche Zusammensetzungen leichter lesbar machen, z. B.:
die weiß-blaue Flagge; das blau-grün-orange gemusterte Kissen

der **Blazer** [*bleser*] (Klubjacke), die Blazer
das **Blech**, die Bleche; die Blechbüchse;
der Blechschaden; blechern
blecken, die Zähne blecken (zeigen)
das **Blei** (Metall); bleiern;
bleifrei; bleihaltig; bleischwer;
das Bleikris|tall; der Bleistiftspitzer

bleiben ⓘ 282, blieb, geblieben;
die Bleibe; das Bleiberecht;

bleiben + anderes **Verb**
bleiben lassen *und* bleibenlassen
bleiben als zweiter Bestandteil:
bestehen, hängen, kleben, liegen,
sitzen, stecken, stehen **bleiben**
Bei übertragener Bedeutung auch Zusammenschreibung möglich, z. B.:
hängenbleiben (im Gedächtnis),
liegenbleiben (Arbeit, Auto),
sitzenbleiben (nicht versetzt werden),
steckenbleiben (im Stau),
stehenbleiben (die Zeit, die Uhr)

bleich; das Bleichgesicht; die Bleiche;
bleichen, es bleichte, gebleicht
der **Bleistift**; der Bleistiftspitzer
die **Blende**, die Blenden; blenden, geblendet;
blendend; blendend weiß;
der Blender; die Blendung;
das Blendwerk
die **Blesse** (weißer Stirnfleck; Tier mit Blesse),
die Blessen; → Blässe;
das Blesshuhn → Blässhuhn
die **Blessur** (Verletzung; Verwundung);
die Blessuren
bleu [*blö*] (blassblau); ein Kleid in Bleu
der **Blick**, die Blicke; das Blickfeld;
der Blickpunkt; der Blickwinkel;
blicken, geblickt;
sich blicken lassen *und* blickenlassen
blind; blindwütig; blindlings;
der Blinde, eine Blinde, die Blinden;
der Blinddarm; der Blindenhund;
der Blindflug; die Blindschleiche;
die Blindheit; blind geboren/blindgeboren;

blind + **Verb**
Getrennt zu schreiben:
blind sein, blind werden,
blind enden, blind gehorchen,
blind machen, blind vertrauen
Trennbare Zusammensetzungen:
blindfliegen, er flog blind,
blindgeflogen, blindzufliegen;
entsprechend auch:
blindschreiben (Text eintippen,
ohne auf die Tasten zu schauen)

blinken; der Blinker; das Blinkfeuer
blinzeln, ich blinz[e]le
der **Blitz**, die Blitze; blitzen, geblitzt; blitzartig;
blitzblank; blitzsauber; blitzschnell;
mit Blitzesschnelle; der Blitzableiter;
das Blitzlicht; der Blitzschlag
der **Bliz|zard** [*blisert*] (Schneesturm in
Nordamerika), die Blizzards
der **Block**, die Blöcke: Fels-, Holz-, Motor-,
Macht-, Militär-, Wirtschaftsblöcke;
der **Block**, die Blöcke *und* Blocks:
Abreiß-, Brief-, Häuser-, Kassen-, Notiz-,
Schreib-, Stenogramm-, Wohn-, Zeichen-
blöcke und -blocks;
das Blockhaus; die Blockflöte;
die Blockschrift; die Blockade; blockieren
blöd *und* **blöde**; blödeln, ich blöd[e]le;
die Blödelei; der Blödsinn; blödsinnig
blöken, geblökt
blond; der Blonde, eine Blonde,
die Blonden; die Blondine; der Blondkopf;
blond gelockt/blondgelockt; blondlockig

bloß (nur); bloß (unbedeckt);
die Blöße, die Blößen; die Bloßstellung;

bloß + **Verb**
Getrennt zu schreiben:
bloß liegen (unbedeckt),
sich bloß strampeln
Getrennt *und* **zusammen** *möglich*:
bloß legen *und* bloßlegen (Mauern),
bloß liegen *und* bloßliegen (Nerven)
Trennbare Zusammensetzungen:
bloßlegen, bloßgelegt (enthüllen),
jemanden bloßstellen (blamieren)

das **Blouson** *und* der Blouson, die Blousons
die **Bluejeans** → Jeans
der **Blues** [*blus*] (Jazzform; Tanz), die Blues
der **Bluff**, die Bluffs; bluffen, geblufft
blühen, es blühte, geblüht; → Blüte
die **Blume**, die Blumen; das Blümchen;
das Blumenbeet; der Blumenkohl;
der Blumenstrauß; der Blumentopf;
blumig
blümerant; das ist mir zu blümerant
die **Bluse**, die Blusen; das Blüs|chen; blusig
das **Blut**; der Blutegel; das Blutgefäß;
die Blutgruppe; der Bluterguss;
der Blutkreislauf; die Blutspende;
der Blutstropfen; die Bluttransfusion;
bluten; blutig; blutarm; blutdürs|tig;
blutjung; blutleer; blutrüns|tig;
blutsverwandt; blutunterlaufen;
bluttriefend, *aber* von Blut triefend;
Getrennt *und* **zusammen** *möglich*:
Blut bildend *und* blutbildend, *so auch*
blutsaugend, blutreinigend, blutstillend

die **Blüte**, die Blüten; der Blütenhonig; der Blütenstaub; blütenweiß; → blühen
BLZ = Bankleitzahl
die **Bö** *und* **Böe** (Windstoß), die Böen; böig
der **Bob**, die Bobs; die Bobbahn
das **Boccia** *und* die Boccia [*botscha*] (Kugelspiel), die Boccias
der **Bock**, die Böcke; das Böckchen; Bock springen; das Bockspringen, ins Bockshorn jagen; der Bocksprung; die Bockwurst; bockbeinig; bockig; bocken
der **Bodden** (seichte Meeresbucht an der deutschen Ostseeküste)
der **Boden**, die Böden; die Bodenschätze; das Bodenturnen; bodenlos; bodenständig
das **Bodybuilding** (Körpertraining)
der **Bofist** → Bovist
der **Bogen**, die Bogen *und* Bögen; in Bausch und Bogen; das Bogenschießen
die **Bohle** (dickes Brett), die Bohlen; → Bowle
Böhmen; böhmisch; böhmische Dörfer
die **Bohne**, die Bohnen; der Bohnenkaffee
bohnern, ich bohnere; das Bohnerwachs
bohren, gebohrt; → geboren; der Bohrer, die Bohrer; die Bohrung; die Bohrinsel; der Bohrturm
der **Boiler** (Warmwasserbereiter), die Boiler
die **Boje** (Seezeichen), die Bojen
der **Bolero** (kurze Jacke; Tanz), die Boleros
das **Bollwerk** (Schutzbau), die Bollwerke
der **Bolschewist**, die Bolschewis|ten; der Bolschewismus; bolschewis|tisch
der **Bolzen**, die Bolzen; bolzen, du bolzt
die **Bombe**, die Bomben; der Bomber; bombardieren; das Bombardement [*-mang*]; bombas|tisch; bombenfest; bombensicher; das Bombengeschäft; die Bombenstimmung
der **Bon** [*bong*] (Gutschein), die Bons
der **Bonbon** *und* das Bonbon, die Bonbons; bonbonfarben; der Bonbongeschmack; die Bonbonniere, die Bonbonnieren, *auch* die Bonboniere, die Bonbonieren; das Bonmot [*bongmo*] (geistreiche Bemerkung, Formulierung), die Bonmots
der **Bonus** (Vergütung; Rabatt), die Bonusse *und* Boni
der **Bonze**, die Bonzen (*verächtlich für* Parteifunktionäre); das Bonzentum
der **Boom** [*bum*] (Wirtschaftsaufschwung), die Booms; boomen, es boomt
das **Boot**, die Boote; das Bötchen; Boot fahren; die Bootsfahrt; der Bootssteg
der **Boot** [*but*] (hoher Schuh), die Boots
an **Bord** (auf dem Schiff; im Flugzeug); an Bord gehen; von Bord gehen; Mann über Bord; der Bordfunker; der Bordmechaniker
das **Bord** (Bücher-, Wandbrett), die Borde; der Bordstein
die **Börde** (fruchtbare Ebene), die Börden
auf **Borg** kaufen; borgen, geborgt
die **Borke**, die Borken; der Borkenkäfer
der **Born** (Quelle; Brunnen), die Borne
borniert (unbelehrbar); die Borniertheit
die **Börse**, die Börsen
die **Borste**, die Borsten; das Borstenvieh; borstig
die **Borte** (Besatz; Zierstreifen), die Borten
die **Böschung**
böse und **bös**, böser, am bösesten; böse sein; böse werden; im Bösen; nichts Böses ahnen; der Böse (der Teufel); das Gute und das Böse; jenseits von Gut und Böse; es hat sich zum Bösen gewendet; bösartig; die Bösartigkeit; boshaft; die Boshaftigkeit; die Bosheit; böswillig; die Böswilligkeit; der Bösewicht, die Bösewichte[r]
Bosnien; der Bosniak, die Bosniaken *und* der Bosnier, die Bosnier; bosnisch
Bosnien-Herzegowina
der **Boss** (Chef), des Bosses, die Bosse
bosseln (kleine Arbeiten machen), ich boss[e]le
der **Boßel** (Kugel), die Boßel, *auch* die Boßel, die Boßeln; boßeln, ich boß[e]le
die **Botanik** (Pflanzenkunde); der Botaniker; botanisch; ein botanischer Garten, *aber* der Botanische Garten in ...
der **Bote**, des Boten, die Boten; die Botschaft; der Botschafter
der **Böttcher** (Büttner, Küfer), die Böttcher; der Bottich, die Bottiche
das **Bouclé** [*bukle*] (frotteeartiger Zwirn); der Bouclé (Gewebe oder Teppich aus Bouclé), die Bouclés, *auch* Buklee, Buklees
die **Bouil|lon** [*buljong*] (Fleischbrühe)
der **Boulevard** [*bulewar*] (Prachtstraße), die Boulevards; die Boulevardpresse (billige Zeitungen)
die **Boutique** [*butik*] (kleiner Laden), die Boutiquen; → Butike
das **Bouquet** → Bukett
der **Bovist** (ein Pilz), die Boviste *und* der Bofist, die Bofiste
der **Bowdenzug** [*bau-*] (Kraftübertragungskabel)
die **Bowle** [*bole*] (Getränk), die Bowlen; → Bohle
das **Bowling** [*bo-*] (Kegelspiel); die Bowlingbahn; bowlen
die **Box**, die Boxen

boxen, du boxt, geboxt; der Boxer; der Boxkampf
der **Boy**, des Boys, die Boys
der **Boykott** (Abbruch von Beziehungen oder Verhandlungen; Weigerung des Warenkaufs oder -verkaufs), die Boykotte; boykottieren
der **BR** = der Bayerische Rundfunk
brach (unbebaut); die Brache (Brachfeld); brachlegen (nicht bebauen), brachgelegt; brachliegen, brachgelegen, brachliegend
brachial (mit roher Körperkraft); mit Brachialgewalt
brackig (mit Salzwasser gemischt); das Brackwasser (Mischung von Süß- und Salzwasser)
die **Branche** [*brangsche*] (Wirtschaftszweig), die Branchen; das Branchentelefonbuch; das Branchenverzeichnis; branchenübergreifend; branchenüblich
der **Brand**, die Brände; in Brand stecken; einen Brand legen; die Brandblase; der Brandherd; das Brandmal; der Brandmeister; die Brandstätte; der Brandstifter; die Brandwunde; der Brandbrief; das Brandschreiben; brandmarken, gebrandmarkt; brandschatzen, gebrandschatzt; brandaktuell; brandneu; brandeilig; branden; die Brandung; → brennen; der Brandy [*brändi*] (Weinbrand); der Branntkalk; der Branntwein
Brandenburg; der Brandenburger; brandenburgisch
der **Braten**, die Braten; die Bratensoße; braten ⓘ 282, briet, gebraten, sie brät; der Bratapfel, die Bratäpfel; das Brathähnchen, *süddeutsch* Brathendl; der Brathering; die Bratkartoffeln; die Bratpfanne; bratfertig
die **Brat|sche** (Streichinstrument), die Bratschen; der Bratschist
der **Brauch**, die Bräuche; das Brauchtum; brauchen, gebraucht; das Brauchwasser; brauchbar; die Brauchbarkeit
die **Braue** (*z. B.* Augenbraue), die Brauen
brauen, ich braue, gebraut; das Brauhaus; der Brauer; die Brauerei
braun ⓘ **blau, das Blau** S. 40; braune Farbe; in Braun; der Braune (braunes Pferd); bräunlich rot; bräunen, gebräunt; die Bräune; die Bräunung; der Braunbär; die Braunkohle; braun färben *und* braunfärben; braun gebrannt *und* braungebrannt
die **braunsche Röhre** (Elektronenröhre), *mit deutlicherem Hinweis auf den Erfinder auch* die Braun'sche Röhre

Braus, in Saus und Braus
die **Brause**, die Brausen; brausen, gebraust; das Brausebad; die Brauselimonade
die **Braut**, die Bräute; bräutlich; der Bräutigam, die Bräutigame; die Brauteltern; das Brautpaar
brav, braver, am bravs|ten; die Bravheit; bravo!; die Bravour, *auch* Bravur (Tapferkeit); bravourös, *auch* bravurös
brechen ⓘ 282, brach, gebrochen; auf Biegen oder Brechen; brechend voll; die Brechbohne; das Brecheisen; der Brechreiz; die Brechstange; der Brecher; die Brechung
die **Bredouille** [*-dulje*] (Verlegenheit; Not); in der Bredouille sein
der **Brei**, die Breie; breiig

breit, breiter, am breitesten; breit gefächert *und* breitgefächert; weit und breit; groß und breit dastehen; des Langen und Breiten (umständlich); breitbeinig; breitrandig; breitschult[e]rig; breitspurig; die Breitseite; auf Breitwand; die Breite; in die Breite gehen; *in der Geographie* nördliche Breite ⟨n.Br.⟩, 52° n. Br.; südliche Breite ⟨s. Br.⟩, 23° s. Br.;

breit + Verb
Getrennt zu schreiben:
breit anlegen (großzügig planen);
breit ausschwärmen
Getrennt *und* **zusammen** *möglich*:
breit machen *und* breitmachen
(etwas breit auslegen; ausbreiten);
breit schlagen *und* breitschlagen
(einen Nagel, ein weiches Metall)
Trennbare Zusammensetzungen:
bei übertragener Bedeutung:
sich breitmachen (mehr Platz einnehmen),
er macht sich aber breit,
wie er sich breitmacht, breitgemacht,
breitzumachen;
entsprechend auch:
jemanden breitschlagen (überreden),
breittreten (überall erzählen)

Bremen; der Bremer; bremisch
die **Bremse**, die Bremsen; bremsen, gebremst; der Bremsbelag, die Bremsbeläge; das Bremslicht; die Bremsspur
brennen ⓘ 282, brannte, gebrannt; das Brennglas; der Brennpunkt; die Brennweite; das Brennelement; das Brennmaterial; der Brennstoff; die Brennnessel *und* Brenn-Nessel; der Brenner; die Brennerei; brennbar; brenzlig; → Brand

die **Bresche** (Lücke), die Breschen; eine Bresche schlagen; in die Bresche springen
das **Brett**, die Bretter; die Brettel[n] *und* Brettl[n] *süddeutsch für* Skier; die Bretterbude; der Bretterzaun; das Brettsegeln; das Brettspiel
das **Brevier** (Gebetbuch; Stellensammlung aus den Werken eines Dichters), die Breviere
die **Brezel**, die Brezeln
das **Bridge** [*bridsch*, britsch] (Kartenspiel)
der **Brief**, die Briefe; der Brieffreund; der Briefkasten; die Briefmarke; die Briefpost; der Briefträger; die Briefwaage; der Briefwechsel
die **Brigade** (Truppeneinheit), die Brigaden
die **Brigg** (Zweimaster), die Briggs
das **Brikett**, die Briketts
die **Brille**, die Brillen; das Brillenetui;
brillant [*briljant*] (glänzend); der Brillant (geschliffener Edelstein), des Brillanten, die Brillanten; die Brillanz (Glanz; Feinheit); brillieren (glänzen)
das **Brimborium** (unnützes Zeug; Geschwätz)
bringen ⓘ 282; brachte, gebracht
brisant (hochexplosiv; sehr aktuell); die Brisanz (Sprengkraft)
die **Brise** (leichter Seewind), die Brisen
britisch, *aber* die Britischen Inseln
der **Brocken**, die Brocken; brocken, gebrockt; bröckeln, es bröckelt; bröck[e]lig
brodeln, es brodelt
der **Brokkoli** (Spargelkohl), die Brokkolis *und* [*meist*] Brokkoli, *auch* Broccoli
die **Brombeere**
die **Bronchie** (Luftröhrenast), die Bronchien; der Bronchialkatarrh *und* Bronchialkatarr; die Bronchitis (Entzündung der Bronchien)
die **Bronze** [*brongße*] (Metallmischung; Kunstwerk aus Bronze), die Bronzen; die Bronzemedaille; die Bronzezeit; bronzefarben; bronzefarbig; bronzen (aus Bronze); bronzieren
die **Brosamen** (Krümel); die Brösel; bröseln (krümeln), ich brös[e]le
die **Brosche**, die Broschen; broschiert ⟨brosch., br.⟩ (geheftet); die Broschüre, die Broschüren
das **Brot**, die Brote; das Brötchen; die Broteinheit ⟨BE⟩; die Brotkrume; die Brotkrus|te; der Brotlaib; die Brotscheibe; die Brotzeit; brotlos
der **Bruch** (Zerbrochenes), die Brüche; zu Bruch gehen; in die Brüche gehen; bruchlanden, er ist bruchgelandet; die Bruchlandung; bruchsicher; das Bruchstück; bruchstückhaft; der Bruchteil; brüchig; die Brüchigkeit; bruchrechnen, er kann gut bruchrechnen, *aber* das Bruchrechnen; der Bruchstrich; die Bruchzahl
der **Bruch**, **Bruch** *und* das Bruch, Bruch (Sumpfland), die Brüche, Brüche
die **Brücke**, die Brücken; das Brückchen; der Brückenbau, die Brückenbauten; das Brückengeländer; der Brückenkopf
der **Bruder**, die Brüder; das Brüderchen; brüderlich; die Brüderlichkeit; die Brüderschaft (brüderl. Verhältnis); die Bruderschaft (Vereinigung)
die **Brühe**, die Brühen; brühen, gebrüht; der Brühwürfel; brühheiß; brühwarm
brüllen, gebrüllt
brummen, gebrummt; der Brummbär; der Brummkreisel; der Brummer; der Brummi (*scherzhaft* schwerer Lkw); brummig; brummeln, ich brumm[e]le
der **Brunch** [*brantsch*] (Frühstück und Mittagessen in einem); brunchen
brünett (braunhaarig; braunhäutig)
die **Brunft** *Jägersprache* → Brunst
der **Brunnen**, die Brunnen; das Brünnlein
die **Brunst**, die Brunstzeit; brüns|tig
brüsk (schroff; barsch); brüs|kieren
die **Brust**, die Brüs|te; die Brustwarze; brustschwimmen *oder* Brust schwimmen, *aber nur* ich schwimme Brust; das Brustschwimmen; sich brüsten, er hat sich gebrüstet; die Brüstung (Schutzmauer; Geländer)
die **Brut**, die Bruten; brüten, gebrütet; der schnelle/Schnelle Brüter (Kernreaktor); der Brutkasten; die Brutstätte; ein brütend heißer Mittag
brutal; auf das Brutalste, *auch* auf das brutalste; die Brutalität
brutto (mit Verpackung; ohne Abzüge); das Bruttogewicht; der Bruttoverdienst; der Bruttoarbeitslohn; die Bruttoraumzahl ⟨BRZ⟩, *früher* Bruttoregistertonne ⟨BRT⟩; das Bruttosozialprodukt ⟨BSP⟩
brutzeln, ich brutz[e]le, gebrutzelt
Btx = Bildschirmtext
der **Bub** *und* **Bube**, des Buben, die Buben; das Bübchen; das Büblein; bübisch
das **Buch**, die Bücher; das Büchlein; Buch führen, ich führe Buch; der Buchdrucker; der Buchhalter; der Buchhändler; die Buchhändlerin; die Buchhandlung; die Bücherei; → buchen; → Buchstabe;

die **Buche** (Laubbaum), die Buchen;
buchen (aus Buchenholz);
das Buchenscheit, die Buchenscheite;
die Buchecker, die Bucheckern;
der Buchfink, die Buchfinken;
der Buchweizen
buchen (Reisevertrag abschließen; eintragen), gebucht; die Buchung
der **Buchs** (Buchsbaum), die Buchse;
die **Buchse** (Gerät zur Aufnahme eines Steckers, einer Achse), die Buchsen;
die **Büchse** (Dose; Gewehr), die Büchsen;
die Büchsenmilch; der Büchsenöffner
der **Buchstabe**, des Buchstabens, die Buchstaben; buchstabieren; buchstäblich
die **Bucht**, die Buchten; buchtig
der **Buckel**, die Buckel; buck[e]lig
sich **bücken**, gebückt
der **Bückling** (Räucherhering), die Bücklinge
die **Buddel** *ugs.* (Flasche), die Buddeln;
das Buddelschiff
buddeln, ich budd[e]le, gebuddelt
der **Bud|dhis|mus** (die Lehre Buddhas);
der Buddhist, die Buddhis|ten;
buddhistisch
die **Bude**, die Buden
das **Budget** [*büd~~sche~~*] (Haushaltsplan), die Budgets
das **Büfett**, die Büfetts *und* Büfette, *auch* das Buffet [*büfe*], die Buffets
der **Büffel**, die Büffel; büffeln, ich büff[e]le
der **Bug** (Schiffsvorderteil), die Buge;
die Bugwelle
der **Bügel**, die Bügel; bügeln, ich büg[e]le;
das Bügelbrett; das Bügeleisen;
die Bügelfalte; bügelfest; bügelfrei
bugsieren (ins Schlepptau nehmen)
buhen (Missfallen äußern), gebuht;
der Buhruf
buhlen (um Gunst oder Zuneigung bemühen), gebuhlt
der **Buhmann**, die Buhmänner
die **Buhne** (Damm zum Uferschutz), die Buhnen
die **Bühne**, die Bühnen; das Bühnenbild;
die Bühnendekoration; bühnenreif
das **Bukett**, die Buketts *und* Bukette, *auch* das Bouquet, die Bouquets
das **Buklee**, der Buklee → Bouclé
die **Bulette**, die Buletten
Bulgarien; der Bulgare; bulgarisch
der **Bulle**, die Bullen; bullig; das Bullauge;
die Bulldogge (Hund), die Bulldoggen;
der Bulldog (Zugmaschine), die Bulldogs;
der Bulldozer (Bagger), die Bulldozer
die **Bulle** (mittelalt. Urkunde), die Bullen
bullern, der Ofen bullert

das **Bulletin** [*bültä~~ng~~*] (amtliche Bekanntmachung; Krankenbericht), die Bulletins
der **Bumerang**, die Bumerange *und* Bumerangs
der **Bummel**; der Bummelant; die Bummelei;
bummeln, ich bumm[e]le; der Bummler;
bumm[e]lig; die Bumm[e]ligkeit
das **Bund** (Gebinde), die Bunde; zwei Bund Stroh; das Bündchen; das Bündel;
bündeln, ich bünd[e]le; bündig; kurz und bündig
der **Bund** (Vereinigung), die Bünde;
das Bundesausbildungsförderungsgesetz ⟨BAföG, Bafög⟩; die Bundesautobahn ⟨BAB⟩;
das Bundesgesetzblatt ⟨BGBl.⟩;
der Bundesgrenzschutz ⟨BGS⟩;
die Bundeshauptstadt; das Bundeskabinett;
der Bundeskanzler; das Bundesland;
die Bundesliga; der Bundespräsident;
der Bundesrat; die Bundesregierung;
die Bundesrepublik Deutschland ⟨BRD⟩;
der Bundesstaat; die Bundesstraße ⟨B⟩;
der Bundestag; die Bundeswehr;
bundeseigen; bundesweit;
das **Bündnis**, des Bündnisses, die Bündnisse;
der Bündnispartner
der **Bungalow** [*bungalo*], die Bungalows
der **Bunker**, die Bunker; bunkern
der **Bunsenbrenner**
bunt, am buntesten; ein bunter Abend;
in Bunt dargestellt; die Buntheit;
das Buntmetall; der Buntsandstein;
der Buntspecht; der Buntstift;
Getrennt *und* **zusammen** *möglich*:
bunt färben *und* buntfärben,
bunt gefärbt *und* buntgefärbt, *so auch:*
bunt gefiedert, bunt gekleidet,
bunt gemischt, bunt gestreift,
bunt schillernd, bunt gescheckt,
aber nur buntscheckig
die **Bürde**, die Bürden
der **Bure**, eine Burin;
die Buren (Volksteil in Südafrika)
die **Burg**, die Burgen; der Burgfried *und* der Bergfried (höchster Turm der Burg);
der Burggraf; die Burgruine;
das Burgverlies, die Burgverliese
der **Bürge**, des Bürgen, die Bürgen;
bürgen, gebürgt; die Bürgschaft
der **Bürger**, die Bürger; die Bürgerin,
die Bürgerinnen; bürgerlich;
die bürgerlichen Ehrenrechte,
aber das Bürgerliche Gesetzbuch ⟨BGB⟩;
die Bürgerinitiative ⟨BI⟩; bürgernah;
die Bürgernähe; der Bürgerkrieg;
der Bürgermeis|ter; die Bürgermeisterin;
die Bürgerschaft; der Bürgersteig

die **Burleske** (Posse; Schwank), die Burlesken; burlesk (possenhaft)
der **Burnus** (Beduinenmantel mit Kapuze), des Burnus *und* Burnusses, die Burnusse
das **Büro**, die Büros; das Bürohaus; der Bürokrat, des Bürokraten, die Bürokraten; die Bürokratie; bürokratisch
der **Bursche**, des Burschen, die Burschen; das Bürschchen; burschikos
die **Bürs|te**, die Bürsten; der Bürstenbinder; der Bürstenschnitt; bürsten, gebürstet
der **Bus**, des Busses, die Busse; wir wollen Bus fahren; der Busbahnhof; der Busfahrer; die Bushaltestelle; die Buslinie
der **Busch**, die Büsche; das Buschland; das Buschmesser; das Buschwindröschen; das Büschel, die Büschel; büschelweise; buschig
der **Busen**, die Busen
der **Bussard** (Greifvogel), die Bussarde
die **Buße**, die Bußen; büßen, du büßt, gebüßt; der Büßer; die Büßerin, die Büßerinnen; das Bußgeld; der Bußprediger; das Bußsakrament; der Bußtag; der Buß- und Bettag
die **Büs|te**, die Büsten; der Büstenhalter ⟨BH⟩
die **Butike** (Kneipe; Lädchen), die Butiken; → Boutique
die **Bütte** (Gefäß), die Bütten, *süddeutsch auch* die Butte, die Butten; das Bütten (Papierart); das Büttenpapier; die Büttenrede; der Büttenredner
die **Butter**; das Butterbrotpapier; die Buttercreme *und* Butterkrem; die Buttermilch; buttern; butterweich
der **Button** [*bạtn*] (Ansteckplakette), die Buttons
b. w. = bitte wenden!
bye-bye! *ugs.* [*baibai*] (auf Wiedersehen!)
der **Bypass** [*bai-*] (Blutgefäßersatz), die Bypässe; die Bypassoperation
das **Byte** (*EDV* Zusammenfassung von 8 Bits), die Byte und Bytes
bzw. = beziehungsweise

C

C = Celsius; *römisch* 100
ca. = circa, zirka (ungefähr)
das **Cabaret** → Kabarett
das **Cabrio** *und* **Kabrio** → Kabriolett
der **Cache** [*käsch, kasch*] (*EDV* Pufferspeicher)
das **Café** (Kaffeehaus, -stube), die Cafés; die Cafeteria, die Cafeterias *und* Cafeterien
der **Calvinismus** (Lehre des Reformators Calvin); der Calvinist, die Calvinisten; calvinis|tisch; *auch* Kalvinismus, Kalvinist, kalvinistisch
CAM (*EDV* Konstruieren mit Computerunterstützung)
die **Campagne** → Kampagne
campen [*kạmpen*] (zelten), gecampt; der Camper, die Camper; das Camping; die Campingausrüstung; der Campingplatz
die **Canaille** → Kanaille
der **Cannabis** (Hanf; Haschisch)
das **Cape** [*kep*] (Umhang), die Capes
der **Caravan** (Wohnwagen), die Caravans
die **Caritas** *kurz für* Deutscher Caritasverband, *aber* karitativ
der **Carport**, die Carports (überdachter Abstellplatz für Autos)
der **Cartoon** *und* das Cartoon [*kartun*] (Witzzeichnung), die Cartoons
catchen [*kätschen*] (im Freistil ringen); der Catcher
cbm = (*veraltete Schreibweise*), *heute* m^3
ccm = (*veraltete Schreibweise*), *heute* cm^3
die **CD** = Compact Disc, *auch* Compact Disk (Kompaktschallplatte); der CD-Spieler; CD-ROM (*EDV* nur lesbare CD für Computer)
die **CDU** = Christlich-Demokratische Union
das **Cello** (ein Streichinstrument), die Cellos *und* Celli; der Cellist; die Cellis|tin
die **Cellulose** → Zellulose
Cẹlsius ⟨C⟩ (Einheit der Grade beim 100-teiligen Thermometer); 25 °C

das **Cembalo** (ein Tasteninstrument), die Cembalos *und* Cembali
der **Cent** ⟨c, ct⟩ (Münze), die Cent[s] ⟨ct, cts⟩; 5 ct *oder* cts, *aber* 5 Cent
das **Center** (Geschäftszentrum; Einkaufsstätte)
die **Chaiselongue** [*schäselo~~ng~~*], die Chaiselonguen *und* Chaiselongues
das **Chamäleon** [ka-], die Chamäleons
chamois [*schamoä*] (bräunlich gelb)
der **Champa|gner** [*schampanjer*] (ein Schaumwein);
der **Champi|gnon** [*schampinjo~~ng~~*] (ein Pilz), die Champignons
der **Champion** [*tschämpjen*] (Meister in einer Sportart), die Champions
die **Chance** [*scha~~ng~~ße*], die Chancen; die Chancengleichheit
der **Change** [*tschend~~sch~~*] (Geldwechsel)
das **Chanson** [*scha~~ng~~ßo~~ng~~*] (eine Liedart), die Chansons; die Chansonnette (Chansonsängerin; kleines Chanson), die Chansonnetten; der Chansonnier [*-je*] (Chansondichter oder -sänger), die Chansonniers, *auch* Chansonette, Chansonier
die **Chanukka** [ch *wie in Dach*] (Einweihung; jüdische Tempelweihe; Lichterfest)
das **Chaos** [*kaos*] (Durcheinander; Auflösung aller Ordnungen); chaotisch; der Chaot, des Chaoten, die Chaoten
der **Charakter** (Wesensart; sittliches Verhalten), die Charaktere; charakterlich; die Charaktereigenschaft; charakterfest; die Charakterstärke; charakterlos; die Charakterlosigkeit; charakterisieren (kennzeichnen);
die **Charakteristik**; das Charakteristikum; charakteristisch (kennzeichnend)
der **Charme** [*scharm*], *auch* der Scharm; charmant [*sch-*], *auch* scharmant
die **Charta** [*karta*] (Urkunde), die Chartas; die Charta der Vereinten Nationen
chartern [*sch-*] (Schiff oder Flugzeug mieten), ich chartere, gechartert; die Charter; das Charterflugzeug
das **Chassis** [*schaßi, schaßi*] (Fahrgestell des Kraftfahrzeugs), die Chassis [*-ß*]
der **Chauffeur** [*schoför*], die Chauffeure
die **Chaussee** [*schoße*], die Chausseen
der **Check** [*tsch-*], Cheque [*sch-*] → Scheck;
checken (nachprüfen), gecheckt; die Checkliste (Kontrollliste)
der **Chef**, die Chefs; die Chefetage; die Chefin, die Chefinnen; der Chefarzt; die Chefärztin; die Chefsekretärin
die **Chemie**; der Chemiker; die Chemikerin; die Chemikalie; chemisch; die chemisch-technische Assistentin
der **Cherub** [*k-*] (Engel; Paradieswächter), die Cherubim *oder* Cherubinen; cherubinisch; *auch* Kerub, kerubinisch
chic → schick
der **Chicorée** *und* die Chicorée (ein Gemüse), *auch* Schikoree
die **Chiffre** [*schifre, schifer*] (Geheimzeichen; Kennnummer in Anzeigen), die Chiffren; chiffrieren (verschlüsseln), chiffriert
China; der Chinese, die Chinesen; die Chinesin; chinesisch; die Chinesische Mauer
der **Chip** [*tschip*] (Spielmarke; Halbleiterplättchen mit elektronischen Schaltelementen), die Chips (*auch für* gebackene Kartoffelscheiben)
die **Chiropraktik** (Handheilverfahren bei Wirbelverrenkungen); der Chiropraktiker
der **Chir|urg**, des Chirurgen, die Chirurgen; die Chirurgie; chirurgisch
das **Chlor** (ein chemischer Grundstoff); chloren (mit Chlor behandeln), gechlort; das Chloroform (Betäubungsmittel); das Chlorophyll (Blattgrün)
der **Choke** (Starthilfe für Kfz), die Chokes
die **Cholera** [*ko-*] (Infektionskrankheit); cholerisch (jähzornig); der Choleriker; das Choles|terin (organische Verbindung)
der **Chor** (Kirchenraum; Singgruppe; Gesang), die Chöre; der Choral, die Choräle; der Chorleiter; die Chorleiterin; der Chorsänger; die Chorsängerin
die **Choreografie** (Entwerfen von Balletttänzen; Einstudieren von Balletten und Opern); der Choreograf; choreografisch; *auch* Choreographie, Choreograph, choreographisch
die **Chose** [*sch-*] (Sache), *auch* Schose
der **Christ**, des Christen, die Christen; christ|lich; die Christenheit; das Christentum; die Christenverfolgung; der Christbaum; das Christkind; christianisieren; die Christianisierung; Christus; Christi Geburt; vor Christo *oder* Christus ⟨v. Chr.⟩; nach Christo *oder* Christus ⟨n. Chr.⟩; die Christlich-Demokratische Union ⟨CDU⟩; die Christlich-Soziale Union ⟨CSU⟩
das **Chrom** [*k-*] (ein Metall); chromatisch (in Halbtönen fortschreitend); das Chromosom (Träger der Erbanlagen), die Chromosomen
die **Chronik** (geschichtliche Aufzeichnungen in zeitlicher Folge), die Chroniken; der Chronist, des Chronisten; chronisch (langsam verlaufend); chronologisch (zeitlich zugeordnet)
die **Chrysantheme** [*krü-*], die Chrysanthemen

ciao! [*tschau*] *und* tschau! *ugs.* (Gruß)
circa → zirka
der **Circus** → Zirkus
die **City** [*ßiti*] (Innenstadt), die Citys
cl = Zentiliter, 1/100 l
der **Clan** [*-ä-*] (Gruppe, die jemand um sich schart), die Clans, *auch* der Klan, die Klans
clever (klug; gewitzt); die Cleverness
der **Clinch** [*-tsch*] (Umklammerung im Boxkampf)
der **Clip** →Klipp
die **Clique** [*klike*] (Klüngel; Freundeskreis), die Cliquen
der **Clou** [*klu*] (das Beste an der Sache)
der **Clown** [*klaun*], die Clowns
der **Club** → Klub
cm = Zentimeter, 1/100 m
der **Coach** [*kotsch*] (Trainer, Betreuer eines Sportlers, einer Mannschaft), die Coachs
das **Cockpit** (Pilotenkabine), die Cockpits
der **Cocktail** [*-tel*], die Cocktails
der **Code** → Kode; der Codex → Kodex
das **Coffe|in**, *auch* das Koffe|in
der **Cognac** (Markenname eines französischen alkoholischen Getränks) → Kognak
die **Collage** [*-a~~sche~~*], die Collagen
das **College** [*koli~~dsch~~*] (Schulform in England und USA), die Colleges
der **Colorfilm** (Farbfilm); → kolorieren
der **Colt** (Revolver), die Colts
das **Come-back**, *auch* Comeback [*kambäck*] (das Wiederauftreten eines Künstlers oder Politikers)
der **Comic** *kurz für* Comicstrip (Bildgeschichte), die Comics; das Comic|heft; der Comicstrip, die Comicstrips
der **Commonsense**, *auch* Common Sense (der gesunde Menschenverstand)
das **Commonwealth** (Gemeinschaft von Staaten des ehemaligen britischen Weltreichs)
die **Compact Disc**, *auch* Compact Disk ⟨CD⟩
der **Computer** [*-pju-*], die Computer; computergesteuert
der **Conférencier** [*ko~~ng~~fer~~ang~~ßie*] (Ansager), die Conférenciers
der **Container**, die Container; das Containerschiff
contra → kontra
cool [*kul*] (ruhig; kaltschnäuzig)
der **Copilot** → Kopilot
das **Copyright** [*kopirait*] (Urheberrecht)
der **Cord** (geripptes Gewebe), *auch* der Kord; der Cordanzug; die Cordhose
das **Cornedbeef**, *auch* Corned Beef [*kondbif*] (gepökeltes Rindfleisch in Büchsen)
die **Cornflakes** [*-fleks*] (Maisflocken)
das **Corps** → Korps
das **Corpus Delicti** (Beweisstück), die Corpora Delicti
das **Cortison** → Kortison
der **CO-Test** (Kohlenmonoxydbestimmung)
die **Couch** [*kautsch*], die Couches *und* Couchen
der **Count-down**, *auch* Countdown (Rückwärtszählung bis zum Startzeitpunkt bei null)
der **Coup** [*ku*] (Schlag; Streich), die Coups; das Coupé (geschlossener zweisitziger Pkw; *früher* Eisenbahnabteil), die Coupés, *auch* das Kupee, die Kupees
der **Coupon** [*kupo~~ng~~*] (Abschnitt), die Coupons, *auch* der Kupon, die Kupons
die **Courage** [*kura~~sche~~*] (Mut); couragiert
der **Cousin** [*kusä~~ng~~*] (Vetter), die Cousins; die Cousine (Base), die Cousinen, *auch* die Kusine, die Kusinen
der **Cowboy** [*kauboi*], die Cowboys
der **Crash** [*kräsch*] (Zusammenstoß, Zusammenbruch), die Crashs
das **Crawl**; crawlen → Kraul, kraulen
das **Credo** → Kredo
die **Creme** [*kräm, krem*], die Cremes, *auch* die Krem, die Krems *und* die Kreme, die Kremes; die Cremetorte; creme [*kräm, krem*] (mattgelb); ein creme Kleid; in Creme; cremefarben, cremefarbig; cremen, gecremt; cremig, *auch* kremig
der **Crêpe** → Krepp
die **Crew** [*kru*] (Mannschaft), die Crews
das **Croissant** [*kroaßa~~ng~~*] (Blätterteighörnchen), die Croissants
die **Crux** → Krux
die **CSU** = Christlich-Soziale Union
der **Cup** [*kap*] (Pokal; Ehrenpreis), die Cups
der **Curry** *und* das Curry [*köri*] (Mischgewürz)
der **Cursor** [*kö(r)ser*] (*EDV* Blinkzeichen auf dem Bildschirm), die Cursors
der **Cut** [*kat*] (Filmschnitt), die Cuts; der Cutter; die Cutterin
der **Cyberspace** [*ßaiber-*] (*EDV* virtueller Raum)

D

D = *römisch* 500
da; da und dort; genau da; von da an;
da sein; das ist noch nie da gewesen,
aber eine nie da gewesene *und* dagewesene Trockenheit;
etwas nie da Gewesenes, Dagewesenes;
da (weil); da ja; da jedoch;

da + Verb
besonders zu beachten:
da bleiben – dableiben,
da liegen – daliegen,
da sitzen – dasitzen,
da stehen – dastehen
Getrennt zu schreiben,
wenn da *durch* dort *ersetzbar ist, also ein bestimmter Platz oder Ort gemeint ist, den man zeigen oder beschreiben könnte:*
da bleiben (dort bleiben), deine Sachen können da bleiben, wo sie jetzt sind;
es wäre gut, wenn der Wegweiser da bliebe;
er ist da geblieben, da zu bleiben;
entsprechend auch:
da lassen (dort lassen), wo es liegt;
da liegen (dort liegen), wo Schatten ist;
da sitzen (dort), hast du da gesessen?;
da stehen, wer da steht, sieht nicht viel;
Trennbare Zusammensetzungen:
dableiben (nicht folgen; zu Hause bleiben);
einer bleibt/blieb da, *aber* weil ich dableibe/dablieb, dageblieben, dazubleiben;
entsprechend auch:
dabehalten; dalassen (zurücklassen);
daliegen (bereitliegen; lässig daliegen);
dasitzen (untätig herumsitzen);
dastehen, in guter Haltung dastehen;
allein dastehen; wie würden wir dastehen!

dabei; dabei sein, dabei gewesen;
die dabei Gewesenen, die Dabeigewesenen;

dabei + Verb
besonders zu beachten:
dabei bleiben – dabeibleiben,
dabei sitzen – dabeisitzen,
dabei stehen – dabeistehen
Getrennt zu schreiben: (*betont ist* da):
dabei bleiben (bei seiner Meinung, bei seinem Entschluss bleiben),
weil ich weiterhin dabei bleibe/blieb,
wenn es dabei bleibt (Zusage, Vereinbarung); sie ist dabei geblieben,
dabei zu bleiben; *entsprechend auch:*
dabei sitzen (etwas im Sitzen tun);
dabei stehen (etwas im Stehen tun);
Trennbare Zusammensetzungen:
dabei = bei den anderen (*betont ist* bei);
dabeibleiben (bei den anderen bleiben; weiterhin zugehören),
ich bleibe/blieb noch einige Zeit dabei,
aber weil ich nicht länger dabeibleibe/dabeiblieb; ich bin dabeigeblieben,
dabeizubleiben; *entsprechend auch:*
dabeisitzen, dabeigesessen; dabeistehen

das **Dach**, die Dächer; die Dachantenne;
der Dachboden; der Dachdecker;
der Dachfirst; das Dachgeschoss;
die Dachluke; die Dachrinne;
die Dachstube; der Dachstuhl
der **Dachs**, des Dachses, die Dachse;
der Dachsbau, die Dachsbaue
der **Dackel**, die Dackel
dadurch; es geschah dadurch, dass …

dafür; nach meinem Dafürhalten;

dafür + Verb
besonders zu beachten:
dafür halten – dafürhalten
Getrennt zu schreiben: dafür sein;
sich dafür bedanken,
weil ich mich dafür bedanke/bedankte, er hat sich dafür bedankt, dafür zu bedanken;
entsprechend auch:
etwas dafür bekommen; dafür belohnen;
dafür bestrafen; dafür einstehen;
dafür halten, das ist kein Theatergebäude, aber man könnte es dafür halten;
dafür loben; dafür sorgen;
sich dafür verbürgen;
Trennbare Zusammensetzungen:
dafürhalten, dass (meinen, dass …),
ich halte/hielt dafür, dass …, *aber*
weil ich dafürhalte/dafürhielt, dass …,
ich habe dafürgehalten, dafürzuhalten;
dafürkönnen, *aber* dafür kann keiner
Getrennt *und* **zusammen** *möglich:*
dafür sprechen *und* dafürsprechen

dagegen;

dagegen + Verb
Getrennt zu schreiben:
dagegen sein
Wenn die Betonung auf dem Verb liegt, wird getrennt geschrieben:
dagegen einwenden,
er wendete manches dagegen ein,
wenn er etwas dagegen einwendet,
er hat nichts dagegen eingewendet,
er hatte nichts dagegen einzuwenden;
entsprechend auch:
sich dagegen auflehnen;
sich dagegen aussprechen;
etwas dagegen tun;
sich dagegen wehren

Trennbare Zusammensetzungen:
dagegenhalten (eine andere Meinung danebenstellen; entgegnen),
ich halte/hielt dagegen, dass, *aber* weil ich die Tatsache dagegenhalte/dagegenhielt, dagegengehalten, dagegenzuhalten;
entsprechend auch:
dagegenreden; dagegensetzen (andere Meinung, anderen Vorschlag vorbringen);
sich dagegenstellen (sich widersetzen);
dagegenstimmen;
dagegenwirken (gegen einen Zustand oder eine Entwicklung angehen, *aber* dagegen wirken deine Mittel nicht)

daheim; bei uns daheim; das Daheim;
ihr Daheim (ihr Zuhause);
daheim sein; daheim gewesen;
daheimbleiben, sie ist daheimgeblieben, daheimzubleiben; die Daheimgebliebenen;
[Ferientage] daheim verbringen

daher;

daher + Verb
besonders zu beachten:
daher kommen – daherkommen
Getrennt zu schreiben:
das wird daher kommen, dass *oder* weil;
er muss von daher kommen (von dorther);
Trennbare Zusammensetzungen:
daherkommen (sich in auffälliger Haltung oder Aufmachung nähern),
so komme/kam ich nicht daher,
wenn er so daherkommt/daherkam,
so ist er dahergekommen,
daherzukommen;
entsprechend auch:
daherlaufen, ein dahergelaufener Kerl;
so ein Dahergelaufener;
daherreden, dahergeredet

dahin; bis dahin;

dahin + Verb
besonders zu beachten:
dahin fahren – dahinfahren,
dahin gehen – dahingehen *u. a.*
Getrennt zu schreiben:
dahin = dorthin (*betont ist die Silbe* da):
dahin fahren, wo der Ponyhof ist,
ich fahre/fuhr dahin, wenn ich dahin fahre; dahin gefahren, dahin zu fahren;
entsprechend auch:
dahin (dorthin) fliegen, gehen, setzen, stellen *u. a.*; sich dahin gehend *und* dahingehend äußern; dahin gehende *und* dahingehende Anweisungen;
er hat es dahin gebracht, dass;
schließlich ist es dahin gekommen, dass ...;
Trennbare Zusammensetzungen:
(*betont ist die Silbe* hin):
dahinleben, er lebt/lebte so dahin, *aber* da er weiter so dahinlebt/dahinlebte,
er hat so dahingelebt, dahinzuleben;
entsprechend auch:
dahinfahren (sterben);
dahingehen (vergehen; absterben);
dahinraffen (töten; vernichten);
dahinscheiden (sterben);
sich dahinschleppen;
dahinsiechen; dahinschwinden;
das soll dahingestellt bleiben;
das will ich dahingestellt sein lassen

dahinten

dahinter; dahinter sein

dahinter + Verb
Trennbare Zusammensetzungen:
dahinterkommen (etwas erkennen, erfahren), wie schnell man dahinterkommt/dahinterkam, er ist dahintergekommen, dahinterzukommen;
entsprechend auch:
sich dahinterklemmen;
sich dahinterknien; dahinterstecken,
was mag dahinterstecken?;
dahinterstehen (etwas bejahen; fördern; unterstützen)

die **Dahlie**, die Dahlien
dalassen – da lassen → da
daliegen – da liegen → da
damals; damalig
der **Damast** (ein Gewebe), die Damaste
die **Dame**, die Damen;
die Damenmannschaft;
die Damenwahl; das Damespiel;
damenhaft

der **Damhirsch**; das Damwild
damit; damit es gelingt; damit habe ich nicht gerechnet; was soll ich damit?
dämlich; die Dämlichkeit
der **Damm**, die Dämme; der Dammbruch; dämmen, gedämmt;
das Dämmmaterial *und* Dämm-Material; der Dämmstoff; die Dämmung
dämmern, gedämmert; dämm[e]rig; das Dämmerlicht; der Dämmerschoppen; die Dämmerstunde; die Dämmerung
das **Damoklesschwert**
der **Dämon** (böser Geist), des Dämons, die Dämonen; dämonisch
der **Dampf**, die Dämpfe; der Dampfkessel; die Dampflokomotive, *kurz* Dampflok; die Dampfmaschine; die Dampfschifffahrt *und* Dampfschiff-Fahrt; die Dampfwalze; dampfen, gedampft; der Dampfer; dämpfen, gedämpft; der Dämpfer

danach; das Danach;

danach + Verb
Getrennt zu schreiben:
danach fragen, sooft ich danach frage, danach gefragt, danach zu fragen;
entsprechend auch:
sich danach drängen, danach erkundigen; danach handeln; sich danach richten; danach streben; danach trachten; ich bezweifle, ob es danach geht; wir werden sehen, was danach kommt

der **Dandy** [-*ä*-] (Mann, der sich auffällig modisch kleidet), die Dandys; dandyhaft
der **Däne** → Dänemark

daneben;

daneben + Verb
Getrennt zu schreiben,
wenn das Verb *stärker* betont ist:
daneben hinsetzen, er hat sich unmittelbar daneben hingesetzt, er wagte nicht, sich daneben hinzusetzen;
entsprechend auch:
sich daneben postieren, sich daneben hinstellen
Trennbare Zusammensetzungen,
wenn daneben *stärker betont ist:*
sich danebenbenehmen, er benimmt sich so oft daneben, weil er sich so oft danebenbenimmt, danebenbenommen, danebenzubenehmen;
entsprechend auch:
danebengehen (*auch für* misslingen), danebengreifen (*auch* das Falsche tun)
danebenliegen (*auch* sich irren), danebenschießen (*auch* sich irren), danebensetzen, sich danebensetzen, danebensitzen, danebenstehen, danebenstellen, sich danebenstellen, *aber*
Getrennt bei folgendem Satzbau:
Daneben gehen die Fackelträger.
Daneben liegen einige Findlinge.
Daneben steht das älteste Haus.
Daneben stellten sich die Touristen.

Dänemark; der Däne, die Dänen; die Dänin; dänisch **deutsch** S. 58
daniederliegen, daniedergelegen, *auch* darniederliegen
dank; dank seinem Eingreifen *und* dank seines Eingreifens; der Dank; vielen Dank!; Gott sei Dank!; hab Dank!, habt Dank!; Dank schulden; das Dankgebet; die Danksagung; das Dankschreiben; die Dankesschuld; die Dankesworte; danken, gedankt; danke!; danke sagen *und* Danke sagen; danke schön!; ich möchte ihr danke schön/Danke schön sagen; er sagt: „Danke schön!“; das Dankeschön; ein herzliches Dankeschön; dankbar; die Dankbarkeit; dankenswert; dankenswerterweise;
Dank sagen – **danksagen**;
ich sage vielen Dank, er sagte Dank, er hat Dank gesagt, Dank zu sagen; danksagen, er danksagte, er hat dankgesagt, dankzusagen
dann; dann und wann; immer dann, wenn
dannen; von dannen gehen, eilen

dar;

dar + Verb
Trennbare Zusammensetzungen:
darbieten, was man darbietet, er hat es dargeboten, darzubieten;
entsprechend auch:
darbringen; darlegen; darreichen; darstellen

da|ran/dar|an, *ugs.* dran;

daran, dran + Verb
Getrennt zu schreiben:
sich daran halten (Weisungen beachten), halte dich daran!,
etwas daran ändern; daran anschließen; daran denken; daran glauben; daran teilhaben; daran teilnehmen; gut daran tun; daran zweifeln; was sollte uns daran liegen?; Fortsetzung →

Trennbare Zusammensetzungen:
darangehen/drangehen
(mit einer Sache Ernst machen; beginnen),
ich gehe/ging heute daran, *aber* wenn ich
erst morgen darangehe/daranginge,
er ist darangegangen, daranzugehen;
entsprechend auch:
dranbleiben; drankommen;
sich daranhalten (anstrengen; beeilen);
sich daranmachen; alles d[a]ransetzen

da|rauf/dar|auf, *ugs.* drauf; daraufhin; am darauffolgenden *und* darauf folgenden Tag;

darauf, drauf + Verb
besonders zu beachten:
darauf losgehen – drauflosgehen;
darauf setzen – draufsetzen
Getrennt zu schreiben,
wenn das Verb stärker betont ist.
Dann wird darauf *selbstständiges Adverb.*
darauf ankommen, darauf ausgehen,
darauf ansprechen, darauf bauen,
darauf dringen, darauf eingehen,
sich darauf einlassen,
darauf folgen, darauf folgt,
darauf fußen, darauf fußend,
darauf hindeuten, darauf hinweisen,
darauf vertrauen, darauf warten
Trennbare Zusammensetzungen,
wenn darauf (*meist* drauf) *betont ist:*
draufkommen, er kommt nicht drauf,
draufgekommen, draufzukommen;
entsprechend auch:
eins draufgeben (schlagen); draufgehen
(verbraucht, vernichtet werden; sterben);
draufhaben (gut können; beherrschen);
draufhalten (Schießgerät auf ein Ziel
richten); draufhauen;
drauflegen (mehr zahlen);
draufsatteln (steigern);
draufschlagen;
draufsetzen (im Stich lassen);
draufstehen, lies, was da draufsteht;
draufzahlen (nachzahlen; Verlust machen);

drauflos + Verb
Trennbare Zusammensetzungen:
drauflosarbeiten, er arbeitet/arbeitete
wild drauflos, *aber* weil er hastig
drauflosarbeitet/drauflosarbeitete, er hat
drauflosgearbeitet, drauflloszuarbeiten;
entsprechend auch:
drauflosgehen (unbesonnen vorgehen);
drauflosreden, drauflosschießen;
drauflosschimpfen; drauflloswirtschaften

da|raus/dar|aus, *ugs.* draus;

daraus + Verb
Getrennt zu schreiben:
daraus ableiten, was er daraus
ableitet/ableitete,
er hat daraus abgeleitet, daraus abzuleiten;
entsprechend auch:
daraus folgen, was daraus folgt;
daraus folgern; daraus lernen;
sich nichts daraus machen;
daraus schließen; was soll daraus werden?

darben, gedarbt
darbieten ⓘ bieten 282; die Darbietung
darbringen ⓘ bringen 282

da|rein/dar|ein, *ugs.* drein, rein;

darein, drein + Verb
sich darein schicken (sich damit abfinden),
da sie sich nicht darein schickt/schickte,
sie hat sich darein geschickt,
darein zu schicken;
entsprechend auch: sich darein ergeben;
Trennbare Zusammensetzungen:
dareinfinden, dreinfinden
(sich mit etwas abfinden), er findet/fand
sich allmählich darein, *aber* da er sich
schließlich dareinfindet/dareinfand, er
hat sich dareingefunden, dareinzufinden;
entsprechend auch:
dareinsetzen, dreinsetzen, obgleich er
seinen ganzen Ehrgeiz dareinsetzte;
dreinblicken; dreinfahren; dreinreden;
dreinschauen; dreinschlagen

da|rin/dar|in, *ugs.* drin;
darinnen; drinnen;

darin, drin + Verb
Getrennt zu schreiben,
wenn das Verb stärker betont ist:
darin arbeiten, drin arbeiten,
darin hausen, drin hausen,
darin leben, drin leben,
darin wohnen, drin wohnen,
Trennbare Zusammensetzungen,
wenn darin (*meist* drin) *stärker betont ist:*
nach 6 Uhr wollen wir drinsitzen,
jeden Abend sitzen wir drin,
dringesessen, drinzusitzen;
entsprechend auch:
drinbleiben, dringeblieben;
drinliegen, dringelegen;
drinstecken, dringesteckt;
drinstehen, dringestanden

darlegen, dargelegt; die Darlegung
das **Darlehen**, die Darlehen
der **Darm**, die Därme; die Darminfektion; die Darmsaite (*z. B. für Musikinstrumente*)
darniederliegen, darniedergelegen, *auch* daniederliegen
darreichen, dargereicht
darstellen, dargestellt; der Darsteller; die Darstellerin, die Darstellerinnen; die Darstellung; die Darstellungskunst
da|rüber/dar|über, *ugs.* drüber; darüber hinaus; darüber hinausgehende *und* darüberhinausgehende Ideen;

darüber, drüber + Verb
Getrennt zu schreiben,
wenn das Verb stärker betont ist:
sich darüber aufregen; sich darüber freuen; sich darüber beschweren; darüber diskutieren; sich darüber hermachen; darüber hingehen: Jahre darüber hingegangen; darüber hinweggehen; darüber hinwegkommen; darüber hinwegsehen; darüber schreiben (über ein Thema); darüber sprechen
Trennbare Zusammensetzungen,
wenn darüber (drüber) *stärker betont ist*:
drüberfahren, die Ramme fährt einfach drüber, da sie einfach drüberfährt, drübergefahren, drüberzufahren;
entsprechend auch:
drübergehen; drüberfallen; drüberspringen; drübersteigen; drüberwerfen

da|rum/dar|um, *ugs.* drum;

darum, drum + Verb
was da alles drum und dran hängt
Getrennt zu schreiben,
wenn das Verb betont ist:
darum bitten; darum beneiden; nicht darum herumkommen; ich würde viel darum geben; es dürfte sich darum handeln; darum, drum herumgehen; darum, drum herumkommen; darum, drum herumlaufen; darum, drum herumreden
Trennbare Zusammensetzungen,
wenn darum (drum) *stärker betont ist*:
darumbinden, binde das Seil darum!, darumgebunden, darumzubinden; darumkommen (nicht bekommen, was einem zusteht, *z. B. ein Finderlohn*), kommt er diesmal wieder darum?; *aber* weil er diesmal wieder darumkommt/darumkam, er ist darumgekommen, darumzukommen;
entsprechend auch:
darumstehen (um etwas herumstehen)

---

das — **Artikel / Geschlechtswort**
Keiner hatte das versteckte Boot im Schilf entdeckt.

Demonstrativpronomen / hinweisendes Fürwort
Das hatte ich nicht erwartet!
Auf das (dieses) Pferd setze ich mich nicht.

Relativpronomen / bezügliches Fürwort
Kennst du ein Tier, das (welches) ein Haus mit sich herumträgt?

dass — **Konjunktionen / Bindewörter**

dass	Ich hoffe, dass das Wetter gut wird. Dass es dann lange schön bleibt, wünschen wir alle.
sodass **so dass**	Die Piste stand unter Wasser, sodass er nicht landen konnte. *oder* Die Piste stand unter Wasser, so dass er nicht landen konnte.
ohne dass	Sie fand die Lösung, ohne dass jemand helfen musste. Ohne dass ihr jemand half, fand sie die richtige Lösung.

da|runter/dar|unter, *ugs.* drunter

darunter, drunter + Verb
Getrennt zu schreiben,
wenn das Verb stärker betont ist:
darunter leiden; etwas darunter verstehen; sich etwas darunter vorstellen;
Trennbare Zusammensetzungen,
wenn darunter *stärker betont ist:*
darunterschieben, schieb[e] es drunter!, druntergeschoben, drunterzuschieben;
entsprechend auch:
darunterstellen, drunterstellen;
daruntergleiten, druntergleiten;
darunternageln, drunternageln;
darunterschreiben, drunterschreiben

das; **das – dass** ⓘ S. 53;
da sein, das Dasein;
die Daseinsberechtigung; der Daseinskampf
da sitzen – **dasitzen** → da + Verb
dasjenige, desjenigen, demjenigen, diejenigen, derjenigen, denjenigen
dass (Konjunktion/Bindewort); auf dass; der Dasssatz *und* Dass-Satz, *auch* dass-Satz; sodass – so dass ⓘ **so** S. 205;
dasselbe, desselben, demselben, dieselben; dasselbe Buch, *aber* das gleiche Buch
da stehen – dastehen → da + Verb
die **Daten** *Plur.*; → Datum;
datieren; die Datierung; bis dato
der **Dativ** ► 277 (Wemfall; 3. Fall);
das Dativobjekt ► Objekt 280
die **Datscha** (Wochenendhaus), die Datschen
die **Dattel**, die Datteln
das **Datum**, die Daten (Zeitpunkte; Angaben); die Datumsangabe; die Datumslinie; Daten verarbeitend/datenverarbeitend; die Datenbank, die Datenbanken; die Datei (Datensammlung), die Dateien; der Datenschutz; der Datenträger; die elektronische Datenverarbeitung ⟨EDV⟩
die **Dauer**; auf die Dauer; der Dauerlauf; der Dauerstress; die Dauerwelle; dauern, gedauert; dauernd; dauerhaft
der **Daumen**, die Daumen;
daumenbreit, *aber* etwa zwei Daumen breit; daumendick; den Daumen drücken; das Däumchen; der Däumling
die **Daune** (Flaumfeder), die Daunen;
das Daunenbett; die Daunendecke; daunenweich

dein, das deine, das deinige ⓘ

	Alle Schreibungen gelten auch in Briefen, bei der Wiedergabe wörtlicher Rede und in Lehrbüchern beim Ansprechen des Benutzers.
	dein Gepäck; deine Fahrausweise; *mit Bezug auf vorher genannte Substantive / Nomen / Hauptwörter*: Alle Koffer sind da, auch deiner (der deine, der deinige). das ist deiner; das ist deine; das ist deins; das sind deine
	deinesgleichen; deinerseits; deinesteils; deinetwegen; um deinetwillen
deine Angehörigen	die deinen *und* die deinigen, *auch* die Deinen *und* die Deinigen Wir sind um die deinen (die deinigen) sehr besorgt. *auch* Wir sind um die Deinen (die Deinigen) sehr besorgt.
dein Besitz	das deine *und* das deinige, *auch* das Deine *und* das Deinige Das ist also das deine (das deinige)? Mehr besitzt du nicht? *auch* Das ist also das Deine (das Deinige)?
deine Pflichten	das deine *und* das deinige, *auch* das Deine *und* das Deinige Hier leistet jeder seinen Beitrag; auch du musst das deine (das deinige) tun. *auch* Du musst hier das Deine (das Deinige) tun. *Aber*: Hier leistet jeder einen Beitrag; auch du wirst den deinigen leisten. (**deinigen** *ist wie ein Adjektiv* [*zu* Beitrag] *gebraucht; in solchen Fällen nur Kleinschreibung*)
im Brief	*Alle obigen Schreibungen gelten auch im Brief.* Ich danke dir/Dir für deinen/Deinen Feriengruß von der Insel Usedom. Es grüßt dich deine … *oder* Es grüßt Dich Deine …

davon; auf und davon;

davon + Verb
Getrennt zu schreiben:
davon abhängen,
weil es davon abhängt/abhing, es hat davon abgehangen, davon abzuhängen;
entsprechend auch:
davon absehen; davon erzählen;
etwas, nichts davon halten;
das kann davon kommen, dass;
davon sprechen; davon träumen;
etwas davon wissen; auf und davon laufen;
Trennbare Zusammensetzungen:
davonbleiben (nicht anfassen, nicht betreten), bleib davon!,
aber dass du mir davonbleibst!, weil er vorsichtigerweise davonbleibt/davonblieb, davongeblieben, davonzubleiben;
entsprechend auch:
davonkommen (überstehen, überleben);
davontragen (wegtragen; erleiden);
viele Verben der Bewegung, z. B.
davoneilen; sich davonmachen;
davonrennen; sich davonstehlen;
davonlaufen, *aber* auf und davon laufen

davor

davor + Verb
Getrennt zu schreiben,
wenn das Verb stärker betont ist:
davor bewahren; sich davor fürchten;
sich davor hüten; davor warnen;
Trennbare Zusammensetzungen,
wenn davor *stärker betont ist:*
sich davorstellen, stell dich davor (und nicht daneben!), davorgestellt, davorzustellen; *entsprechend auch:*
davorhängen; davorlegen; davorliegen;
etwas davorstellen

dawider; dawider sein;

dawider + Verb
dawiderreden (dagegenreden), sie hat dawidergeredet, dawiderzureden, *aber* sie hat mal dafür, mal dawider geredet

dazu; dazugehörig; ohne mein Dazutun;

dazu + Verb
besonders zu beachten:
dazu kommen – dazukommen
Getrennt zu schreiben:
dazu = hierzu (*betont ist* da):
dazu gehören zwei; dazu kommen noch drei andere; etwas dazu sagen; was kann ich dazu tun (dazu beitragen)?

Trennbare Zusammensetzungen:
dazu = hinzu (*betont ist* zu):
dazugeben, gibst du mir noch etwas dazu?,
aber weil du mir noch etwas dazugibst/dazugabst, dazugegeben, dazuzugeben;
entsprechend auch:
dazubekommen; dazufügen;
dazugehören (Familie, Reisegruppe usw.);
sich dazuhalten; dazukommen; dazulegen;
dazukönnen *ugs.* (dafürkönnen);
dazulernen (Kenntnisse vermehren);
dazuschreiben (den Text erweitern);
sich dazusetzen; sich dazustellen;
etwas dazutun

dazwischen; dazwischen sein;

dazwischen + Verb
Getrennt zu schreiben,
wenn das Verb stärker betont ist:
dazwischen essen, dazwischen ausruhen *u. a.*
Trennbare Zusammensetzungen,
wenn dazwischen *stärker betont ist:*
dazwischenrufen (bei einer Rede),
dazwischengerufen, dazwischenzurufen;
entsprechend auch:
dazwischenkommen,
wenn nur nichts dazwischenkommt;
dazwischenreden; dazwischentreten

DB = Deutsche Bahn AG
der **Dealer** (Rauschgifthändler), die Dealer
das **Debakel** (Niederlage), die Debakel
die **Debatte**, die Debatten; debattieren
debil (leicht schwachsinnig); die Debilität
der **Dechant** (höherer kath. Geistlicher)
dechiffrieren [*-sch-*] (entschlüsseln)
das **Deck**, die Decks; die Decke, die Decken; die Deckenbeleuchtung; das Deckengemälde; der Deckel, die Deckel; decken, gedeckt; die Deckung; deckungsgleich (kongruent)
der **Decoder** (*EDV* Datenentschlüssler)
de facto (tatsächlich [bestehend]); die De-facto-Anerkennung
der **Defekt**, die Defekte; das ist defekt
die **Defensive** (Verteidigung); defensiv
die **Definition** (Begriffsbestimmung), die Definitionen; definieren; definitiv
das **Defizit** (Fehlbetrag; Mangel), die Defizite; defizitär
die **Deflation** (Verringerung des Geldumlaufs)
deformieren (verformen)
der **Defroster** (Abtauvorrichtung)
deftig; die Deftigkeit
der **Degen**, die Degen; das Degenfechten

D d

die **Degeneration** (Rückbildung; Entartung); degeneriert (zurückgebildet; entartet)
degradieren (im Rang herabsetzen); die Degradierung
degressiv (abnehmend; vermindernd)
dehnen (spannen, weiten), gedehnt; dehnbar; die Dehnung; die Dehnungsfuge; das Dehnungs-h; → denen
der **Deich**, die Deiche; der Deichbruch; der Deichgraf; die Deichkrone
die **Deichsel**, die Deichseln; deichseln, ich deichs[e]le, gedeichselt
dein, das deine, das deinige ⓘ S. 54
de jure (von Rechts wegen)
Deka- (zehnfach)
die **Dekade** (10 Stück; 10 Tage), die Dekaden
dekadent (entartet); die Dekadenz
der **Dekan** (Geistlicher; Vorsteher einer Fakultät), die Dekane; das Dekanat
die **Deklamation** (künstlerischer Vortrag eines Textes); deklamieren; der Deklamator
die **Deklaration** (offizielle Erklärung); deklarieren (erklären; Wert angeben)
deklassieren (herabsetzen), deklassiert
die **Deklination** ► 277, *grammatisch* die Beugung; deklinieren; deklinierbar
die **Dekontamination** (Entgiftung); dekontaminieren (entgiften; radioaktive Verstrahlung beseitigen)
das **Dekolletee** (tiefer Kleidausschnitt), die Dekolletees, *auch* Dekolleté, Dekolletés
der **Dekor** *und* das Dekor (Verzierung), die Dekors *und* Dekore; dekorieren; die Dekorierung; die Dekoration; der Dekorateur [-*tör*], die Dekorateure
das **Dekret** (Verordnung), die Dekrete
die **Delegation** (Abordnung); delegieren; der Delegierte
der **Delfin** → Delphin
delikat (wohlschmeckend; heikel); die Delikatesse; die Delikatessgurke
das **Delikt** (Vergehen), die Delikte; der Delinquent (Übeltäter), des Delinquenten, die Delinquenten
das **Delirium** (Verwirrung mit Wahnvorstellungen), die Delirien
die **Delle** (Vertiefung), die Dellen
der **Delphin**, die Delphine, *auch* der Delfin, die Delfine; das Delphinarium, *auch* Delfinarium
das **Delta** (dreieckförmige Flussmündung), die Deltas *und* Delten; deltaförmig
dem; dementsprechend; demgegenüber; demgemäß; demjenigen; demnach; demnächst; demselben; demzufolge
der **Demagoge** (Volksverführer), die Demagogen; die Demagogie; demagogisch

die **Demarkation** (Abgrenzung); die Demarkationslinie
demaskieren (entlarven); die Demaskierung
das **Dementi** (Widerruf), die Dementis; dementieren
dementsprechend (dem angemessen)
demgegenüber (andererseits)
demgemäß (in angemessener Weise)
demjenigen
demnach (infolgedessen)
demnächst (bald)
die **Demo** *kurz für* Demonstration *im Sinne von Protestkundgebung,* die Demos
die **Demobilisation** (Abrüstung); demobilisieren; die Demobilisierung
die **Demografie** (Bevölkerungswissenschaft); demografisch (bevölkerungsstatistisch), *auch* Demographie, demographisch
der **Demokrat**, des Demokraten, die Demokraten; die Demokratin; die Demokratie, die Demokratien; demokratisch; die Demokratisierung
demolieren; die Demolierung
die **Demonst|ration** (Beweisführung; Schau; Kundgebung); → Demo; demonstrieren; der Demonstrant, die Demonstranten; das Demonstrativpronomen ► 277 (hinweisendes Fürwort); demonstrativ
die **Demontage** [-*tasche*] (Abbruch; Abbau); demontieren
die **Demoskopie** (Meinungsforschung); demoskopisch; demoskopische Institute
demselben; ich habe immer mit demselben verhandelt; mit ein und demselben
die **Demut**; demütig; demütigen; die Demütigung
demzufolge (deshalb)
den; denjenigen; denselben
denen; einer von denen; → dehnen
dengeln (Sense schärfen), ich deng[e]le
denjenigen
denken ⓘ 282, dachte, gedacht; das Denken; der Denker; der Denkanstoß; die Denkaufgabe; der Denkfehler; das Denkmal, die Denkmäler, *seltener* die Denkmale; der Denkzettel; denkbar; denkfaul; denkwürdig
denn; dennoch [den-noch]
denselben
der **Dentist**, des Dentis|ten, die Dentisten
der **Denunziant**, die Denunzianten; denunzieren (aus Gehässigkeit anzeigen); die Denunziation
das **Deodorant** *und* Des|odorant (Mittel gegen Körpergeruch)
die **Depesche** (Telegramm), die Depeschen

deplatziert (fehl am Platz; unangebracht)
die **Deponie** (zentraler Müllabladeplatz), die Deponien; deponieren; das Depot [*depo*] (Sammelstelle; Lager), die Depots
die **Deportation** (zwangsweise Verschickung); deportieren; die Deportierten
die **Depression** (Niedergeschlagenheit; wirtschaftlicher Niedergang); depressiv (niedergeschlagen); deprimiert (entmutigt)
die **Deputation** (Abordnung); die Deputierten
der; derart; derartig; dereinst; dergestalt; dergleichen; derjenige; derlei; dermaßen; derselbe; derweil, derweile[n]; derzeit
derart (so), *aber* von der Art; derartig (so); Derartiges (solches) findet man selten; etwas Derartiges
derb; die Derbheit
dereinst (später; späterhin; einst)
deren; deren Haus; derenthalben; derentwegen; um derentwillen
dergestalt (derart; so)
dergleichen ⟨dgl.⟩; und dergleichen ⟨u. dgl.⟩; und dergleichen mehr ⟨u. dgl. m.⟩, *aber* ein Stoff der gleichen Qualität
derjenige, desjenigen, demjenigen, denjenigen, diejenigen
derlei (solche; dergleichen)
dermaßen (derart; so sehr)
der **Dermatologe** (Hautarzt)
derselbe, *aber* der gleiche Fall; ein und derselbe; desselben, demselben, denselben, dieselbe, derselben, dieselben
derweil, derweile, derweilen (unterdessen)
derzeit (jetzt; heutzutage); derzeitig (jetzt; augenblicklich)
des; desgleichen; deshalb; desjenigen; desselben; deswegen; des Weiteren
das **Desaster** (Missgeschick), die Desaster
der **Deserteur** [*-tör*] (Fahnenflüchtiger; Überläufer), die Deserteure; desertieren; die Desertion
desgleichen ⟨desgl.⟩ (ebenso; so), *aber* ein Wagen des gleichen Typs
deshalb
das **Design** [*disain*] (Muster; Entwurf; äußere Gestaltung), die Designs; der Designer; die Designerin; designieren [*desi-*] (für ein Amt vorsehen)
des|illusionieren (ernüchtern; enttäuschen)
die **Desinfektion**; desinfizieren (Krankheitserreger abtöten)
das **Desinteresse** (Gleichgültigkeit); desinteressiert (ohne Interesse)
desjenigen

das **Desktoppublishing** ⟨DTP⟩ *und* Desktop-Publishing = Publizieren vom Schreibtisch aus (Herstellung fertiger Druckerzeugnisse mit dem Computer)
desolat (traurig; hoffnungslos; öde)
desorientiert (falsch unterrichtet)
der **Desperado** (der zu Verzweiflungstaten Fähige), die Desperados
der **Despot** (Gewaltherrscher), des Despoten, die Despoten; die Despotie; despotisch
desselben
dessen; dessen ungeachtet; unterdessen; dessentwegen; um dessentwillen; → statt
das **Dessert** [*dässär*] (Nachtisch), die Desserts
das **Dessin** [*dässäng*] (Muster), die Dessins
die **Dessous** [*-uß*] *Plur.* (Damenunterwäsche)
die **Destillation** (Trennung von Bestandteilen einer Flüssigkeit mittels Verdampfen); destillieren; das Destillat
desto besser; desto mehr; desto weniger, *aber* nichtsdestoweniger
destruktiv (zerstörend; zersetzend)
deswegen
das **Detail** [*detaj*] (Einzelheit), die Details; detailgetreu; detailliert darstellen
der **Detektiv**, dem Detektiv, den Detektiv, die Detektive; der Detektivroman; die Detektei (Ermittlungsbüro)
die **Detonation** (Knall); detonieren
deuten; der Deuter; die Deutung; deutbar; deutlich; deutlich machen; die Deutlichkeit; deutlichkeitshalber
deutsch ⓘ S. 58; auf Deutsch; Deutschland; die Bundesrepublik Deutschland; das Deutschlandlied; die Deutschlandfahrt
die **Devise** [*-wi-*] (Wahlspruch), die Devisen; die Devisen *Plur.* (Zahlungsmittel in ausländischer Währung)
devot (unterwürfig); die Devotion; die Devotionalien *Plur.* (Andachtsgegenstände der kath. Kirche)
der **Dezember** ⟨Dez.⟩, des Dezember[s], die Dezember
dezent (zart; gedämpft; unaufdringlich)
dezentral (vom Mittelpunkt entfernt); dezentralisieren; die Dezentralisation *und* Dezentralisierung
das **Dezernat** (Sachgebiet; Geschäftsbereich), die Dezernate; der Dezernent
Dezi- (Zehntel-); das Dezibel ⟨dB⟩ ($^1/_{10}$ Bel; Maßeinheit bei der Lautstärkemessung), die Dezibel; dezimal (auf die Zahl 10 bezogen); der Dezimalbruch; das Dezimalsystem; die Dezimalwaage; die Dezimalzahl; der Dezimeter *und* das Dezimeter ⟨dm⟩; dezimieren (stark vermindern)

D d

DFB = Deutscher Fußball-Bund
dgl. = dergleichen
d. h. = das heißt
das **d'hondtsche System** (Berechnungssystem zur Sitzverteilung nach Parlamentswahlen); *mit deutlicherem Hinweis auf den Erfinder auch* das d'Hondt'sche System (d'Hondt, belgischer Jurist)
d. i. = das ist
dia- (auseinander, entgegengesetzt, durch, *z. B. in* Diaspora, diametral);
das Dia *kurz für* Diapositiv, die Dias
der **Diabetes** (Zuckerkrankheit);
der Diabetiker (Zuckerkranker)
diabolisch (teuflisch)
das **Diadem,** die Diademe
die **Di|ag|no|se** (Erkennung einer Krankheit), die Diagnosen; diagnostizieren
die **Diagonale**, die Diagonalen;
diagonal (schräg laufend)
das **Diagramm** (zeichnerisches Bild mathematischer Werte), die Diagramme
der **Diakon** (Pfarrhelfer; Krankenpfleger), des Diakons *und* Diakonen, die Diakone *und* Diakonen; die Diakonin;
die Diakonie; diakonisch;
die Diakonisse, die Diakonissen;
die Diakonissin, die Diakonissinnen
der **Dialekt** (Mundart), die Dialekte
der **Dialog** (Zwiegespräch), die Dialoge;
dialogbereit
die **Dialyse** (Blutwäsche mittels künstl. Niere)

deutsch

deutsch adjektivisch	die	deutsche Einheit	der	Tag der Deutschen Einheit
	die	deutsche Volksvertretung	der	Deutsche Bundestag
	das	deutsche Volk	die	Deutsche Bahn AG ⟨DB⟩
	die	deutsche Nationalhymne	die	Deutsche Post AG
	die	deutsche Staatsangehörigkeit	der	Deutsche Gewerkschaftsbund ⟨DGB⟩
	die	deutsche Sprache		Deutsche Jugendherberge ⟨DJH⟩
	die	deutsche Geschichte	das	Deutsche Jugendherbergswerk ⟨DJH⟩
	die	deutschen Alpen	die	Deutsche Mark ⟨DM⟩
	die	deutsch-französische Grenze	das	Deutsche Reich
		deutschfreundlich	das	Deutsche Rote Kreuz ⟨DRK⟩

deutsch adverbial
wie wird gesprochen, geschrieben usw.? deutsch;
deutsch sprechen, sie spricht deutsch;
der jetzt deutsch sprechende Reiseleiter (*wie spricht er gerade?*);
sich deutsch unterhalten;
deutsch mit jemandem reden (*auch* ihm die Wahrheit sagen);
der Brief ist deutsch geschrieben; deutsch denken; deutsch fühlen

Deutsch
(Sprache; Unterrichtsfach)
welche Sprache wird gesprochen, gelehrt usw.? Deutsch;
sie kann, lehrt, lernt, spricht, versteht [gut, schlecht, kein, nicht] Deutsch;
gutes Deutsch; auf dem Lehrplan steht auch Deutsch; eine Zwei in Deutsch;
sie unterrichtet Deutsch (das Fach Deutsch); die Deutschlehrerin;
auf Deutsch; auf gut Deutsch; auf Deutsch gesagt;
ein Deutsch sprechender Ausländer (einer, der jederzeit die deutsche Sprache benutzen könnte)

das Deutsch
(Deutsch als Sprache eines Einzelnen, einer Gruppe oder einer Zeit)
mein, dein, sein Deutsch; das Deutsch der Klassiker;
das Deutsch unserer Gastschüler; das heutige Deutsch

das Deutsche
(die deutsche Sprache überhaupt); aus dem Deutschen übersetzt;
ins Deutsche übersetzt; im Deutschen; die Aussprache des Deutschen;
deutschsprachig (in deutscher Sprache; Deutsch sprechend);
deutschsprachlich (die deutsche Sprache betreffend)

der Deutsche
ein Deutscher, eine Deutsche, die Deutschen;
wir Deutsche[n]; die Deutschen im Ausland; alle Deutschen

der **Diamant**, die Diamanten
diametral (entgegengesetzt)
das **Diapositiv**, *kurz* Dia, die Diapositive; der Diaprojektor, die Diaprojektoren
die **Diarrhö** (Durchfall)
die **Diaspora** (religiöse Minderheit und deren Gebiet); die Diasporagemeinde
die **Diät** (Schonkost); Diät halten; jemanden auf Diät setzen; Diät leben; Diät kochen
die **Diäten** *Plur.* (Tagegelder)
dich → du

dicht; dicht an dicht; die Dichte; die Dichtigkeit; dichten (undurchlässig machen); die Dichtung (Abdichtungsmittel);

dicht + Verb
Getrennt zu schreiben:
dicht sein; dicht halten (Schlauch); dicht schließen (z. B. Wasserhahn); dicht aufschließen (Gruppe)
Trennbare Zusammensetzungen *bei übertragener Bedeutung:*
dichthalten (nichts verraten, schweigen), er hielt dicht, da er dichthielt dichtgehalten, dichtzuhalten;
entsprechend auch:
dichtmachen (Laden, Betrieb schließen)
Getrennt *und* **zusammen** *möglich*:
dicht machen *und* dichtmachen (abdichten)
dicht + Adjektiv *oder* **Partizip** ⓘ S. 303
dicht bebaut *und* dichtbebaut;
so auch in Verbindung mit behaart, belaubt, bevölkert, bewölkt, gedrängt

der **Dichter** (Verfasser eines Sprachkunstwerkes); die Dichterin, die Dichterinnen; dichten (ersinnen; verfassen); dichterisch; die Dichtung (Sprachkunstwerk)
dick, dicker, am dicks|ten; der Dicke; durch dick und dünn; dick auftragen; dick machen *und* dickmachen; der Dickhäuter; das Dickicht; die Dickmilch; der Dickschädel; der Dickkopf; dickköpfig; dickfellig
die; diejenige; dieselbe, *aber* die gleiche
der **Dieb**, die Diebe; diebessicher; diebisch; die Diebesbande; das Diebsgesindel; der Diebstahl, die Diebstähle; die Diebstahlversicherung
diejenige, derjenigen, diejenigen, denjenigen
die **Diele**, die Dielen; dielen, gedielt
dienen, gedient; dienlich; der Diener; die Dienerin, die Dienerinnen;

der **Dienst**, die Diens|te; außer Dienst ⟨a. D.⟩; der Dienst tuende *und* diensttuende Arzt; zu Diensten sein; zu Diensten stehen; in Dienst stellen; die Indienststellung; der Dienstherr; die Dienstleistung; der Dienstleistungsbetrieb; dienstlich; dienstbeflissen; dienstbereit; dienstfrei; dienstunfähig; die Dienstunfähigkeit
der **Diens|tag** ⟨Di.⟩, des Dienstag[e]s, die Dienstage; dienstags (an Dienstagen);
Dienstag mit Tageszeiten ⓘ S. 60
dies; dieser, dieses, diesem, diesen, diese; dieses Jahres ⟨d. J.⟩; dieses Monats ⟨d. M.⟩; diesmal, *aber* dies eine Mal; diesbezüglich; diesjährig; diesseitig; diesseits; das Diesseits
der **Diesel** *kurz für* Dieselmotor, Dieselfahrzeug *und* Dieselkraftstoff, die Diesel; das Dieselöl; dieselelektrisch
dieselbe, derselben, dieselben, denselben; ein und dieselbe
diesig; die Diesigkeit
diesjährig; diesmalig; diesseitig; diesseits; das Diesseits
der **Diet|rich** (Nachschlüssel), die Dietriche
die **Diffamierung** (Verleumdung); diffamieren
die **Differenz** (Unterschied; Unstimmigkeit); die Differenzen; der Differenzbetrag; das Differenzial *und* Differential *kurz für* das Differenzial-, Differentialgetriebe; differenzial *und* differential, *auch* differenziell *und* differentiell (einen Unterschied herausstellend, begründend); differieren (verschieden sein)
diffizil (schwierig; heikel)
diffus (verstreut; verschwommen)
digital (mittels Ziffern und Stufenfolgen); der Digitalrechner; die Digitaluhr; digitalisieren (*EDV* analoge Signale wie Schrift, Bild, Ton in computerlesbare umwandeln)
das **Diktaphon**, die Diktaphone, *auch* Diktafon, Diktafone
das **Diktat**, die Diktate; das Diktatheft; diktieren; das Diktiergerät; der Diktator (Herrscher mit unumschränkter Gewalt), des Diktators, die Diktatoren; diktatorisch; die Diktatur, die Diktaturen
das **Dilemma** (Zwangslage), die Dilemmas *und* Dilemmata
der **Dilettant** (Nichtfachmann; Stümper), des Dilettanten, die Dilettanten; dilettantisch; der Dilettantismus
der **Dill** (ein Gewürzkraut)
das **Diluvium** (Eiszeitalter); diluvial
die **Dimension** (Ausdehnung); dimensional
die **Diminutivform** (Verkleinerungsform)
der **Dimmer** (Helligkeitsregler), die Dimmer

D d

DIN = Deutsche Industrie-Norm;
das DIN-Format; DIN A4; ein DIN-A4-Blatt

das **Diner** [*dine*] (Festessen), die Diners;
→ Dinner

das **Ding**, die Dinge, *abschätzig* Dinger;
dinglich; jemanden dingfest machen;
das Dingwort (Substantiv) ►Nomen 279

dingen ⓘ 282, dingte, gedungen

das **Dinner** (engl. Mahlzeit), die Dinners

der **Dinosaurier**

die **Diode** (elektron. Bauelement), die Dioden

das **Diorama** (plastisch wirkendes Schaubild),
die Dioramen

das **Di|oxin** (giftige chemische Verbindung);
das Di|oxyd, *fachsprachlich* Dioxid

die **Diözese** (kirchlicher Verwaltungskreis),
die Diözesen

die **Diph|therie** (Infektionskrankheit)

der **Diphthong** ►277 (Doppellaut),
die Diphthonge

das **Diplom** (Urkunde), die Diplome;
der Diplomingenieur ⟨Dipl.-Ing.⟩;
der Diplomat (Vertreter eines Staates bei einem anderen Staat), des Diplomaten,
dem Diplomaten, die Diplomaten;
die Diplomatie; diplomatisch;
die diplomatischen Vertretungen;
das diplomatische Korps ⟨CD⟩

dir

direkt; die direkte Rede ►277;
der Direktflug; die Direktheit;
die Direktive (Weisung), die Direktiven;
das Direktmandat; die Direktübertragung;

der **Direktor**, des Direktors, die Direktoren;
die Direktorin, die Direktorinnen;
das Direktorat; die Direktion;
die Direktrice, die Direktricen;

der **Dirigent**, des Dirigenten, die Dirigenten;
dirigieren; der Dirigismus (staatliche
Lenkung der Wirtschaft); dirigis|tisch

Dienstag Wochentage und Tageszeit ⓘ

Die hier aufgeführten Schreibungen sind auf alle anderen Wochentage anwendbar, z. B. der Sonntagmorgen, montagnachmittags, mittwochs nachmittags.

der	Dienstagmorgen	am	Dienstagmorgen
der	Dienstagvormittag	am	Dienstagvormittag
der	Dienstagmittag	am	Dienstagmittag
der	Dienstagnachmittag	am	Dienstagnachmittag
der	Dienstagabend	am	Dienstagabend
die	Dienstagnacht*	in der	Dienstagnacht*

* *besser und klarer* die Nacht/in der Nacht von Dienstag auf Mittwoch

groß und zusammen auch nach
ein, dieser, jener, mancher, kein, am nächsten, am letzten *u. a., z. B.*:
Den letzten Dienstagabend erlebten wir auf dem Brocken.
desgleichen in der Mehrzahl nach
die, alle, die meisten, viele, manche, nur wenige, die letzten, die nächsten *u. a., z. B.*:
Die nächsten Dienstagabende halten wir uns frei für den russischen Sprachkurs.

Adverb / Umstandswort
dienstagmorgens
dienstagvormittags
dienstagmittags
dienstagnachmittags
dienstagabends

Das Adverb wird bevorzugt, wenn der genannte Wochentag der nächste oder der letzte ist.

Wir möchten dienstagmorgens in aller Frühe aufbrechen.

adverbiale Bestimmung
dienstags morgens
dienstags vormittags
dienstags mittags
dienstags nachmittags
dienstags abends

Die adverbiale Bestimmung wird bevorzugt, wenn zu der genannten Zeit etwas regelmäßig wiederkehrt.

Zum Volleyballspiel treffen wir uns immer dienstags nachmittags.

das **Dirndl**, die Dirndl; das Dirndlkleid;
die Dirne, die Dirnen
der **Discountladen** [-*kaunt*-]; der Discounter
die **Disharmonie** (Unstimmigkeit);
disharmonisch
die **Diskette**, die Disketten, *kurz* Disk/Disc
der **Diskjockey**, die Diskjockeys *und*
der Discjockey, die Discjockeys;
die Disko, die Diskos *kurz für*
die Diskothek, die Diskotheken,
auch Disco, Discos
der **Diskont** (Zinsabzug)
die **Diskrepanz** (Unstimmigkeit;
Missverhältnis), die Diskrepanzen;
diskrepant
diskret (verschwiegen); die Diskretion
der **Diskus**, des Diskus *und* Diskusses,
die Disken *und* Diskusse; der Diskuswerfer
die **Diskussion**; diskutabel (erwägenswert);
diskutieren; diskutierfreudig
dispensieren (befreien; freistellen)
disponieren (planen; einteilen);
die Disposition (Plan; Einteilung;
körperliche oder seelische Verfassung)
der **Disput** (Wortstreit), disputieren
die **Disqualifikation**, *auch* Disqualifizierung
(Ausschluss; Untauglichkeitserklärung);
disqualifizieren, disqualifiziert
die **Dissertation** (Doktorarbeit)
der **Dissident** (Andersdenkender; Abweichler),
des Dissidenten, die Dissidenten
die **Dissonanz** (Missklang), die Dissonanzen
die **Distanz** (Abstand), die Distanzen;
sich distanzieren, distanziert
die **Distel**, die Disteln; der Distelfink
der **Distrikt** (Bezirk), die Distrikte
die **Dis|ziplin** (Zucht; Ordnung; Fach einer
Wissenschaft), die Disziplinen;
diszipliniert; disziplinlos;
disziplinarisch; das Disziplinarverfahren
divergieren (sich unterscheiden)
diverse (mehrere) Angebote; Diverses
Divi- (Teil-); dividieren;
der Dividend (Zähler), die Dividenden;
der Divisor (Nenner), die Divisoren;
die Division (Teilung; Heeresteil);
die Dividende (Anteil am Aktiengewinn),
die Dividenden
der **Diwan** (Ruhebett), die Diwane
d. J. = dieses Jahres
DJH = Deutsche Jugendherberge
DLRG = Deutsche Lebens-Rettungs-
Gesellschaft
dm = Dezimeter; 1 dm = 10 cm
DM = Deutsche Mark; 17,20 DM; DM 17,20
d. M. = dieses Monats
doch; doch nicht; doch noch;
nicht doch!; gewiss doch!; ja doch!

der **Docht**, die Dochte
das **Dock**, die Docks; auf Dock liegen
die **Dogge**, die Doggen
das **Dogma** (Glaubenssatz), die Dogmen;
die Dogmatik; dogmatisch
die **Dohle**, die Dohlen
do it yourself (mach es selbst);
meine Do-it-yourself-Ausrüstung
der **Doktor** (höchster akademischer Grad;
ugs. für Arzt), die Doktoren; → Dr.;
die Doktorin, die Doktorinnen;
im Brief: Sehr geehrter Herr Doktor!,
aber Sehr geehrter Herr Dr. Müller!;
Sehr geehrte Frau Doktor!,
aber Sehr geehrte Frau Dr. Müller!;
der Doktorand (der sich auf die Doktor-
prüfung vorbereitet), die Doktoranden;
eine Doktorandin
die **Doktrin** (Lehrmeinung), die Doktrinen;
doktrinär (starr festhaltend)
das **Dokument**, die Dokumente;
der Dokumentarfilm; dokumentarisch;
dokumentieren (beurkunden; beweisen);
die Dokumentation
der **Dolch**, die Dolche; der Dolchstoß
die **Dolde**, die Dolden; doldenförmig
doll; es ging ziemlich doll zu
der **Dollar** ⟨$⟩, die Dollars; 100 Dollar
der **Dolmetscher**; dolmetschen,
du dolmetschst
der **Dom** (Bischofskirche), die Dome;
der Domherr; der Dompfaff (Singvogel);
die Domäne (staatl. Landgut; ein
besonders gut beherrschtes Wissensgebiet),
die Domänen;
domes|tizieren (Haustiere und Kultur-
pflanzen aus Wildformen züchten);
dominant (vorherrschend);
die Dominanz; dominieren;
das Domizil (Wohnsitz), die Domizile
der **Dompteur** [-*tör*] (Tierbändiger),
die Dompteure; die Dompteuse [-*töse*]
der **Donner**; donnern, ich donnere;
der Donnerschlag; das Donnerwetter;
der Donnerstag ⟨Do.⟩, des Donnerstag[e]s,
die Donnerstage;
donnerstags (an Donnerstagen);
Wochentag + *Tageszeit* ⓘ **Dienstag** S. 60
doof; die Doofheit
das **Doping** (Steigerung sportlicher Leistung
durch Anregungsmittel); dopen, gedopt
das **Doppel** (Zweitschrift; Doppelspiel);
der Doppeldecker; der Doppelgänger;
der Doppellaut ► der Diphthong 277;
der Doppelpunkt ⓘ 313;
der Doppelzentner ⟨dz⟩; doppelgleisig;
doppelseitig; doppelsinnig; doppelzüngig;
doppelt; doppelt so viel; das Doppelte

D d

das **Dorf**, die Dörfer; der Dörfler; dörflich
der **Dorn**, die Dornen, *in der Technik* Dorne; die Dornenhecke; die Dornenkrone; Dornrös|chen; dornenreich; dornig
dorren (dürr werden), das Gras dorrt; dörren (dürr machen), gedörrt; das Dörrgemüse; das Dörrobst
der **Dorsch** (junger Kabeljau), die Dorsche

dort; von dort aus; dort draußen; dort drin; dort hinten; dort oben; dort unten; dort vorn; dorther; von dorther; dorthin; da- und dorthin; dorthinauf; dorthinaus; bis dorthinaus (maßlos); dorthinein; dorthinunter; dortselbst; dortzulande, *auch* dort zu Lande; dortig;

> **dort, dorther, dorthin + Verb**
> **Getrennt zu schreiben:**
> dort sein; dort leben; dort wohnen, von dorther kommen; dorthin fahren
> **Trennbare Zusammensetzung:**
> dortbleiben, du bleibst also dort, solange du dortbleibst, dortgeblieben, dortzubleiben;
> *entsprechend auch:* dortbehalten

die **Dose** (Behältnis), die Dosen; das Dös|chen; die Dosenmilch; der Dosenöffner; die Dosis *und* Dose (zugemessene Menge), die Dosen; dosieren; die Dosierung
dösen, gedöst; dösig
der **Dotter** *und* das Dotter (Eigelb), die Dotter; dottergelb
das **Dou|ble** [*dubel*] (Ersatzspieler im Film), die Doubles; doubeln
der **Dozent** (Hochschullehrer), des Dozenten, die Dozenten; eine Dozentin; dozieren (Vorlesung halten)
Dr. = Doktor (akademischer Grad), *z. B.* Dr. med. = Doktor der Medizin, Dr. theol. = Doktor der Theologie, *aber* D. theol. *oder* D. = Ehrenwürde der evangelischen Theologie; → Doktor
der **Drache** (Fabeltier), die Drachen; der Drachen (Fluggerät), die Drachen; das Drachenfliegen; der Drachenflieger
das **Dragee**, [*drasche*], die Dragees, *auch* das Dragée, die Dragées
der **Draht**, die Drähte; die Drahtseilbahn; der Drahtzieher; drahtig; drahtlos
die **Drainage** → Dränage
drakonisch; drakonisch (streng) bestraft
der **Drall** (Drehung); drall (derb; stämmig)
das **Drama** (Schauspiel; aufregendes Geschehen), die Dramen; die Dramatik; der Dramatiker; dramatisch; dramatisieren; der Dramaturg (Berater bei Theater, Film, Fernsehen), die Dramaturgen; die Dramaturgie; dramaturgisch
dran *ugs. für* daran; dran sein; drauf und dran; das ganze Drum und Dran; mit allem Drum und Dran;
dran + Verb/Zeitwort → daran
die **Dränage**, *auch* Drainage [*dränasche*]; dränieren, *auch* drainieren
der **Drang**; drangvoll; drangvolle Enge; die Drangsal; drangsalieren; drängeln, ich dräng[e]le; die Drängelei; drängen, gedrängt; gedrängt voll
der **Drapé** (ein Stoff), *auch* Drapee
drastisch (sehr wirksam; derb)
drauf *ugs. für* darauf; drauf und dran; der Draufgänger; draufgängerisch;
drauf, **drauflos** + Verb → S. 52
draus *ugs. für* daraus; draußen; draußen bleiben; draußen stehen
drechseln, ich drechs[e]le; der Drechsler
der **Dreck**; der Dreckfink; dreckig
der **Dreh**; drehen, gedreht; die Drehung; der Dreher; die Drehbank; die Drehorgel; der Drehstuhl; die Drehzahl; drehbar
drei, 3., drittel ⓘ **acht, 8., achtel** S. 10;
13, 30, 300, 3000 ⓘ **achtzehn, 80** *usw.* S. 11;
bis drei zählen, *aber* bis zur Drei; wir sind drei; wir drei; da kommen die drei; keiner von uns dreien; zu dreien; zu dritt; die Drei, die Dreien; eine Drei würfeln; die Note „Drei"; eine Drei in Englisch; dreizehn; dreißig; ein dreißigjähriger Mann, *aber* der Dreißigjährige Krieg; dreihundert; dreitausend; drei Millionen; dreieinhalb, dreiundeinhalb; dreierlei; dreifach; das Dreifache; dreimal, *aber* die ersten drei Male; drei viertel, drei Viertel ⓘ viertel S. 248; dreiarmig; dreiblätt[e]rig; dreijährig; dreimalig; dreistimmig; dreistöckig; der Dreiachser; das Dreieck; die Dreieinigkeit; die Dreifaltigkeit; die Dreifelderwirtschaft; der Dreiklang; der Dreikäsehoch; das Dreikönigsfest; an, zu Dreikönige; das Dreiländereck; der Dreimas|ter; die Dreimeilenzone; der Dreisprung; der Dreivierteltakt; die Dreizimmerwohnung
drein *ugs. für* darein;
drein + Verb/Zeitwort → darein
dreist; die Dreis|tigkeit
drei viertel, drei Viertel ⓘ viertel S. 248
dreschen ⓘ 282, drosch, gedroschen; der Drescher; die Dreschmaschine
der **Dress** (Sportkleidung), des Dress *und* Dresses, die Dresse; dressieren (abrichten); die Dressur;

das **Dressing** (Salatsoße), die Dressings
drib|beln, ich dribb[e]le; das Dribb|ling
die **Drift** (Meeresströmung), die Driften
der **Drill** (harte Übung); drillen, gedrillt; der Drillbohrer; die Drillmaschine
der **Drillich** (Gewebe), die Drilliche;
der **Drilling**, die Drillinge

drin *ugs. für* darin; drin sein

drin + Verb
Trennbare Zusammensetzungen:
z. B. drinbleiben, du bleibst drin/bliebst drin, bleib drin!, da du drinbleibst/drinbliebst, dringeblieben, drinzubleiben

dringen (i) 282, drang, gedrungen; dringend; auf das, aufs Dringendste *und* auf das, aufs dringendste; dringlich; die Dringlichkeit; der Dringlichkeitsantrag
der **Drink**, die Drinks
drinnen *für* darinnen
dritt; wir sind zu dritt;
dritte (i) **acht, achtel** S. 10; das dritte Gebot; der dritte Teil; aus dritter Hand; der dritte Tag des Monats, *aber* heute ist der Dritte; am Dritten; der Dritte von links; er ist der Dritte; er war wieder einmal Dritter; jeder Dritte; von dreien der Dritte; wenn zwei sich streiten, freut sich der Dritte; ein Dritter (ein Unbeteiligter); einem Dritten gegenüber; das braucht kein Dritter zu wissen; das Dritte Reich; die Dritte Welt; Lothar der Dritte, *üblicher* Lothar III.; ein Drittes und Letztes, *aber* drittens und letztens; drittens; die drittgrößte Stadt; der dritthöchste Turm; der drittletzte Ferientag, *aber* der Drittletzte in der Riege; als Drittletzter durchs Ziel laufen
das **Drittel** (i) **acht, achtel** S. 10
DRK = Deutsches Rotes Kreuz
droben (da oben)
die **Droge**, die Drogen; die Drogenberatungsstelle; der Drogenmissbrauch; drogenabhängig; drogensüchtig; die Drogerie; der Drogist, die Drogisten; die Drogistin, die Drogistinnen
drohen; der Drohbrief; die Drohung
die **Drohne** (männliche Biene; Faulenzer), die Drohnen
dröhnen, gedröhnt
drollig; die Drolligkeit
das **Dromedar**, die Dromedare
der **Drops** *und* das Drops, die Drops
die **Droschke**, die Droschken
die **Drossel**, die Drosseln
drosseln (verringern), ich dross[e]le, gedrosselt
drüben; da drüben; drübenbleiben
drüber *ugs. für* darüber;
drüber + Verb/Zeitwort → darüber
der **Druck** *zu* drücken, die Drücke; der Druckknopf; druckempfindlich; drücken, gedrückt; drückend heiß; der Drückeberger; drückebergerisch; drucksen, gedruckst;
der **Druck** *zu* drucken, die Drucke; druckfertig; druckfrisch; druckreif; drucken, gedruckt; der Druckfehler; der Drucker; die Druckerschwärze; die Druckerei
drum *ugs. für* darum; das Drum und Dran; drum herum; das Drumherum; was da noch alles drum und dran hängt!
drum + Verb/Zeitwort → darum
der **Drummer** [-*a*-] (Schlagzeuger); die Drums *Plur.* (das Schlagzeug)
drunten (da unten); drunter *ugs. für* darunter; drunter und drüber; ein Drunter und Drüber
die **Druse** (Gestein mit Kristallen), die Drusen
die **Drüse**, die Drüsen
der **Dschungel**, die Dschungel
dt. = deutsch
Dtzd. = Dutzend
du;
das Personalpronomen/persönliche Fürwort du, deiner, dir, dich *und* *das Reflexivpronomen/rückbezügl. Fürwort* dich (*z. B. du hast* dich *geärgert*) *werden kleingeschrieben, im Brief auch groß*; sie sagten du zueinander; Leute wie du und ich; du *als Substantiv/Nomen gebraucht:* jemanden mit Du anreden; jemandem das Du anbieten; er stand mit ihm auf Du und Du; das traute Du; → duzen; → Sie
der **Dualismus** (Gegensätzlichkeit); das Dualsystem (Zweiersystem für Zahlen)
der **Dübel**, die Dübel; dübeln, ich düb[e]le
dubios (zweifelhaft)
das **Dublee** (Metall mit einer Schicht Edelmetall; bestimmter Billardstoß), *auch* das Doublé; die Dublette (Doppelstück), die Dubletten
sich **ducken**, geduckt; der Duckmäuser
dudeln, ich dud[e]le; der Dudelsack; der Dudelsackpfeifer
das **Duell** (Zweikampf), die Duelle; der Duellant, die Duellanten; sich duellieren
das **Duett** (Musikstück für zwei Stimmen oder zwei Instrumente), die Duette

der **Duft**, die Düfte; duften; duftig
der **Dukaten** (alte Goldmünze), die Dukaten
der **Düker** (Rohrleitung durch den Deich *u. Ä.*)
dulden, geduldet; die Duldung; duldsam; die Duldsamkeit
dumm, dümmer, am dümms|ten; dümmlich; dann sind wir die Dummen; die Dummheit; der Dummkopf; der Dummejungenstreich, *auch* ein Dumme[r]-Jungen-Streich; dummdreist; dummerweise; jdm. dumm kommen/dummkommen
dümpeln (*Schiff, Boot* leicht schlingern)
dumpf; die Dumpfheit; dumpfig
das **Dumping** [*dạm-*] (Warenabsatz im Ausland zu Niedrigpreisen); der Dumpingpreis
die **Düne**, die Dünen
der **Dung**; düngen, gedüngt; der Dünger; der Düngerstreuer; die Düngung
dunkel, dunkler, am dunkels|ten; im Dunkeln (in der Dunkelheit); im Dunkeln lassen (im Unklaren lassen); im Dunkeln tappen (im Unklaren sein); das Dunkel; im Dunkel der Nacht; dunkeläugig; dunkelhaarig; dunkelrot; der Dunkelarrest; die Dunkelheit; die Dunkelkammer; die Dunkelziffer; dunkeln, es dunkelt
der **Dünkel**; dünkelhaft; sich dünken; dünken, mich *oder* mir dünkt, gedünkt

dünn, dünner, am dünns|ten; durch dick und dünn; dünnflüssig; dünnwandig; der Dünndarm;

> **dünn + Verb**
> **Getrennt zu schreiben:**
> dünn sein; dünn werden; dünn auftragen, dünn machen (z. B. Soße)
> **Trennbare Zusammensetzung** *mit übertragener Bedeutung:*
> sich dụnnmachen (weglaufen; verschwinden), er macht sich dụnn, dụnngemacht, dụnnzumachen
> **dünn + Adjektiv** *oder* **Partizip** ⓘ S. 303
> dünn gesät *und* dünngesät; dünn besiedelt *und* dünnbesiedelt; dünn bevölkert *und* dünnbevölkert

der **Dunst**, die Düns|te; dunstig; dünsten
die **Dünung** (Wellengang nach dem Sturm)
das **Duo** (Musikstück für zwei), die Duos
das **Duplikat** (Zweitschrift), die Duplikate
das **Dur** (Tonart); die Durtonleiter, *z. B.* A-Dur; die A-Dur-Tonleiter
durch; durch und durch; durch sein;

> **durch + Verb**
> **Trennbare Zusammensetzungen,** *wenn* durch *betont ist:*
> dụrchschauen, er schaut/schaute die Hefte dụrch, *aber* bevor er die Hefte dụrchschaut/dụrchschaute, er hat sie dụrchgeschaut, kaum Zeit sie dụrchzuschauen; *entsprechend auch andere mit der Betonung auf* durch;
> **Untrennbare Zusammensetzungen,** *wenn* das Verb *betont ist, z. B.:*
> durchschauen (erkennen, worum es geht, was dahinter steckt), sie durchschaute die Sache; da sie den Trick durchschaute, sie hat ihn geich durchschaut, zu durchschauen; *entsprechend auch andere mit der Betonung* auf dem Verb

dụrcharbeiten, durchgearbeitet
durchaus; durchaus nicht
sich **dụrchbeißen**, durchgebissen
dụrchblicken, durchgeblickt; der Durchblick
dụrchbrechen, durchgebrochen; der Durchbruch;
durchbrẹchen, durchbrochen
dụrchdringen, durchgedrungen; durchdringend;
durchdrịngen, durchgedrungen; die Durchdringung

durchei|nander, durchein|ander; das Durcheinander, ein großes Durcheinander;

> **durcheinander + Verb**
> durcheinander sein
> **Trennbare Zusammensetzungen:**
> durcheinạnderwerfen, er wirft alles durcheinạnder, da er alles durcheinạnder wirft, durcheinạndergeworfen, durcheinạnderzuwerfen, *so auch*: durcheinạnderbringen; durcheinạnderlaufen; durcheinạnderreden; durcheinạnderschreien

dụrchfahren, durchgefahren; die Durchfahrt;
durchfahren, es hat mich durchfahren
dụrchfallen, durchgefallen; der Durchfall
durchfọrs|ten, durchforstet; die Durchforstung
dụrchgehen, durchgegangen
dụrchhaben, durchgehabt
dụrchhalten, durchgehalten;

das Durchhaltevermögen
durchlassen, durchgelassen;
der Durchlass, die Durchlässe;
durchlässig; die Durchlässigkeit
durchlaufen, durchgelaufen;
der Durchlauf; der Durchlauferhitzer
durchlaufen, er hat alle Ausbildungsstufen durchlaufen
durchlesen, durchgelesen; das Durchlesen
durchleuchten, durchgeleuchtet
durchleuchten, durchleuchtet;
die Durchleuchtung
durchmachen, durchgemacht
durchnehmen, durchgenommen;
die Durchnahme
durchnummerieren, durchnummeriert
durchqueren, durchquert;
die Durchquerung
durchreichen, durchgereicht;
die Durchreiche
durchrosten, durchgeros|tet
durchs (durch das)
durchsagen, durchgesagt; die Durchsage
durchschießen, durchgeschossen;
der Durchschuss (Zeilenzwischenraum)
durchschießen, durchschossen
durchschlagen, durchgeschlagen;
der Durchschlag, die Durchschläge;
das Durchschlagpapier; durchschlagend;
durchschlagskräftig;
durchschlagen, die Kugel hat die Wand durchschlagen
durchschneiden, durchgeschnitten;
der Durchschnitt; durchschnittlich;
die Durchschnittsleistung;
die Durchschnittsgeschwindigkeit;
durchschneiden, die Fluten durchschneiden, durchschnitten
durchschreiben, durchgeschrieben;
der Durchschreibeblock; die Durchschrift
durchsehen, durchgesehen;
die Durchsicht; durchsichtig
durchsuchen, durchgesucht
durchsuchen, alles durchsucht;
die Durchsuchung
durchtrieben
durchwachsen, durchwachsenes Wetter
durchwählen, durchgewählt;
die Durchwahl
durchweg, durchwegs
durchwollen, er hat da durchgewollt
durchwühlen, durchgewühlt;
durchwühlen, durchwühlt
durchziehen, durchgezogen;
der Durchzug;
durchziehen, das Land durchzogen
dürfen ⓘ 282, er darf, durfte, gedurft,
er hat es nicht gedurft, *aber*
das hätte er nicht tun dürfen;
dürftig; die Dürftigkeit
dürr; die Dürre; die Dürrekatastrophe;
die Dürreperiode
der **Durst**; die Durststrecke; durs|tig;
durstlöschend; durststillend;
dürsten, mich dürstet
die **Dusche**, die Duschen; duschen, du duschst;
das Duschgel; die Duschkabine
die **Düse**, die Düsen; der Düsenantrieb;
das Düsenflugzeug; der Düsenjäger;
die Düsenmaschine; das Düsentriebwerk;
düsen *ugs.* (sausen), er düst, gedüst
der **Dusel** (Glück; Schwindelgefühl); duselig;
duseln *ugs.*, ich dus[e]le; die Duselei;
der Dussel (Dummkopf); die Dusselei;
duss[e]lig; die Duss[e]ligkeit
düster, düsterer; die Düsternis
der **Duty-free-Shop** (Laden mit unverzollter Ware)
das **Dutzend** (12 Stück), die Dutzende, *aber*
zwei Dutzend ⟨2 Dtzd.⟩; die Dutzendware;
dutzendfach; dutzendweise;
Dutzende von Beschwerden, *auch*
dutzende von Beschwerden;
dutzendmal, *aber* ein Dutzend Mal,
ⓘ **Mal** S. 142
duzen (mit Du anreden), du duzt,
er duzte, geduzt; → du; der Duzfreund
die **DVD** = digital versatile disc (einer CD ähnlicher Datenträger), die DVDs; der
DVD-Player; der DVD-Recorder/Rekorder
die **Dynamik** (Kraftentfaltung; Lebendigkeit);
dynamisch; das Dynamit (ein Sprengstoff);
der Dynamo, die Dynamos;
die **Dynas|tie** (Herrscherhaus), die Dynastien;
dynas|tisch
dz = Doppelzentner (100 kg), *z. B.* 30 dz
dz. = derzeit
der **D-Zug**, die D-Züge; der D-Zug-Wagen

D d

E

E = Eilzug; Europastraße
die **Ebbe**; der Ebb[e]strom; ebben, es ebbt
ebd. = ebenda (im gleichen Quellentext);
eben (soeben); es hat eben geklingelt; der eben genannte Politiker;
eben (flach); ebene Flächen; ebenes Land; die Ebene, die Ebenen; ebnen, geebnet; ebenerdig; zu ebener Erde;
eben (gleich); ebenfalls; das Ebenbild; ebenbürtig; die Ebenbürtigkeit; ebenmäßig; das Ebenmaß; ebenerdig; zu ebener Erde;
eben (genau); ebender, ebendie, ebendas; ebendieser, ebendiese, ebendies; ebenderselbe, ebendieselbe, ebendasselbe; ebendeshalb; ebendeswegen; ebenda → ⟨ebd.⟩; ebendort;
eben *als Füllwort* (nun einmal, einfach, halt); das ist eben so; dann eben nicht!; sie ist eben doch ein Ass; na eben!
das **Ebenholz**
ebenso;
ebenso gern; diese Arbeit hätte ich ebenso gern übernommen;
ebenso gut; Lars hätte ebenso gut wieder mitspielen können;
ebenso lang; der Inn ist ebenso lang wie der Main; neben dem bisherigen entsteht ein neuer ebenso langer Tunnel;
ebenso lange; nach Görlitz fährt man ebenso lange wie nach Naumburg;
ebenso oft; unsere Mannschaft hat ebenso oft gewonnen wie eure;
ebenso sehr; euer 3:1-Sieg freut uns ebenso sehr wie euch selbst;
ebenso viel; Sascha versteht vom Briefmarkensammeln ebenso viel wie du;
ebenso viele; hast du ebenso viele Briefmarken wie Markus?;
ebensovielmal *und* ebenso viel Mal;
ebenso weit; Nils ist ebenso weit gefahren wie Kai; nach Ulm ist es eine ebenso weite Fahrt wie nach Kiel;
ebenso wenig; ich habe das ebenso wenig begriffen wie Lisa; sie muss mit ebenso wenigen Büchern auskommen wie du
der **Eber**, die Eber
der **EC** = der Eurocity-Zug, *bei der Deutschen Bahn* EuroCity
die **EC-Karte** *oder* ec-Karte (Eurochequekarte)
das **Echo**, die Echos; das Echolot
die **Echse** (ein Kriechtier), die Echsen
echt; echtes Leder; das Echtsilber; die Echtheit;
echtgolden *und* echt golden; ein echtgoldener Armreif *und* ein echt goldener Armreif; echtsilbern *und* echt silbern; eine echtsilberne Kette *und* eine echt silberne Kette
die **Ecke**, die Ecken; das Eckchen; eckig; der Eckball; der Eckzahn; der Eckzins
edel, edler, am edelsten; der Edelstein; ein edles Metall; das Edelmetall; das Edelgas; der Edelstahl; das Edelweiß; der Edelmut; edelmütig
die **Edition** (Ausgabe, Veröffentlichung), die Editionen; editieren (*EDV* Daten verarbeiten)
die **EDV** = die elektronische Datenverarbeitung; EDV-gestützt
das **EEG** = das Elektroenzephalogramm (Aufzeichnung der Gehirnströme)
der **Efeu**; efeubewachsen
Effeff; aus dem Effeff (sehr gut; gründlich, ohne Vorbereitung)
der **Effekt** (Wirkung; Erfolg), die Effekte; die Effekthascherei; effektvoll; effektiv (wirksam; tatsächlich); die Effektivität (Wirksamkeit);
die **Effizienz** (Wirksamkeit); effizient (wirksam; leistungsfähig)
die **EFTA** = European Free Trade Association (Europäische Freihandelsassoziation)
egal (gleich; gleichgültig); egalisieren (gleichmachen)
egalitär (auf Gleichheit gerichtet)
der **Egel** (ein Wurm), die Egel
die **Egge**, die Eggen; eggen, geeggt
der **Egoismus** (Selbstsucht), die Egoismen; der Egoist, des Egois|ten, die Egoisten; egoistisch; egozentrisch (ichbezogen)
die **Ehe**, die Ehen; die Eheleute; das Ehepaar; die Ehefrau; der Ehemann; der Ehestand; ehelichen; ehelich; ehelos; ehebrechen, er bricht die Ehe; der Ehebrecher; der Ehebruch
ehe, eher, am ehes|ten; seit eh und je; je eher, desto besser; je eher, je lieber; ehestens; ehedem; ehemalig; ehemals
ehern (aus Erz; aus Bronze)

die **Ehre**, die Ehren; → Ähre; das Ehrenmal, die Ehrenmale *und* Ehrenmäler; das Ehrenwort; das Ehrgefühl; der Ehrgeiz; ehrbar; ehrenhaft; ehrenvoll; ehrenwert; ehrerbietig; die Ehrfurcht; Ehrfurcht gebietend *und* ehrfurchtgebietend; ehrfürchtig; ehrgeizig; ehrwürdig; ehren, geehrt; *Anrede im Brief:* Sehr geehrte Damen und Herren!; die Ehrung; ehrlich; die Ehrlichkeit

das **Ei**, die Eier; eineiig; das Eigelb; das Eiweiß; eiweißhaltig; Eier legende *und* eierlegende Tiere

die **Eiche**, die Eichen; der Eichenhain; das Eichenlaub; das Eichhörnchen; eichen (aus Eichenholz); die Eichel, die Eicheln; der Eichelhäher

eichen (Maße und Gewichte prüfen), geeicht; der Eichstrich; die Eichung

der **Eid**, die Eide; der Eidbruch; eidbrüchig; eidesstattlich; an Eides statt; die Eidgenossen (die Bürger der Schweiz)

die **Eidechse**, die Eidechsen

der **Eifer**; die Eifersucht; eifersüchtig; eifrig; eifern, ich eifere; der Eiferer

eigen; sie ist sehr eigen (sorgfältig); das ist ihm eigen (das ist seine Art); mein eig[e]nes Kind, mein eigen Kind; das ist mein Eigen (mein Besitz); zu eigen machen; etwas sein Eigen nennen; die Eigenart; die Eigenartigkeit; der Eigenbrötler; das Eigenheim; das Eigenlob; die Eigenmächtigkeit; der Eigenname; der Eigennutz; das Eigenschaftswort ▸ das Adjektiv 277; der Eigensinn; die Eigensinnigkeit; die Eigenständigkeit; das Eigentor; das Eigentum; der Eigentümer; die Eigenwilligkeit; eigenartig; eigenbrötlerisch; eigenhändig; eigenmächtig; eigennützig; eigensinnig; eigenständig; eigentümlich; eigenverantwortlich; eigenwillig; eigens; eigentlich ⟨eigtl.⟩;

sich **eignen**, ich eigne mich, geeignet; die Eignung; die Eignungsprüfung

das **Eiland** (Insel), die Eilande

die **Eile**; in Eile; eilen, geeilt; per Eilboten; der Eilbrief; der Eilzug ⟨E⟩; eilends; eilfertig; eilig; eiligst

der **Eimer**, die Eimer; eimerweise

ein, einer, eine, eins ⓘ

E
e

ein, einer, eine, eins ⓘ

unbestimmter Artikel
unbestimmtes Geschlechtswort

ein Herr	eine Dame	ein Kind
eines Herrn	einer Dame	eines Kind[e]s
einem Herrn	einer Dame	einem Kind[e]
einen Herrn	eine Dame	ein Kind

ein and[e]rer, eine and[e]re, ein and[e]res; ein jeder, ein jedes

unbestimmtes Pronomen
unbestimmtes Fürwort
(Bei substantivischem Gebrauch ist auch Großschreibung möglich.)

einer, eine, eines; da ist einer, eine, ein[e]s; das ist aber einer!; noch so einer; einer wie der and[e]re; einer sagt so, der and[e]re so; die einen und die and[e]ren; der eine weiß das, der and[e]re jenes; immer eins nach dem and[e]ren; das ist das eine; das tut einem wohl; das kann einem leidtun; das soll einer glauben!; unsereiner, unsereins

Numerale
Zahladjektiv, Zahlwort

ich habe nur ein Buch; ein bis zwei Tage; einer, eine, eins von beiden; in einem fort; ein für alle Mal[e]; einer für alle, alle für einen; mein Ein und Alles; der Eine-Welt-Laden; eine Eins in Deutsch (Zeugnisnote)

eins beim Rechnen: eins und eins ist zwei; rückwärts bis eins zählen, *aber* bis zur Eins; sechs mal eins ist sechs; das kleine Einmaleins

eins auf der Uhr: ein Uhr; es ist eins; gegen eins; um eins; es schlägt eins; Schlag eins; fünf vor eins; fünf nach eins; um viertel eins; um halb eins; um drei viertel eins, *aber* um Viertel vor eins; es hat viertel eins geschlagen, *aber* es hat ein Viertel eins geschlagen

> **ein + Verb**
> **Trennbare Zusammensetzungen:**
> einkaufen, ich kaufe/kaufte ein, *aber* obwohl ich ungern einkaufe/einkaufte, eingekauft, einzukaufen;
> *entsprechend auch viele andere*

ei|nander, ein|ander; einander helfen
einäschern; die Einäscherung
einatmen, eingeatmet; die Einatmung
die **Einbahnstraße**
der **Einband**, die Einbände; einbinden ⓘ binden 282
einbändig (in einem Band)
sich **einbilden**, eingebildet; die Einbildung
einbläuen (durch Strafe beibringen)
einblenden; die Einblendung
einbrechen ⓘ brechen 282; der Einbrecher; der Einbruch; der Einbruch[s]diebstahl; einbruch[s]sicher
einbürgern, eingebürgert; die Einbürgerung
einbüßen, eingebüßt; die Einbuße
einchecken (*vor Flugreisen* abgefertigt werden), eingecheckt
eincremen, eingecremt, *auch* einkremen, eingekremt
eindämmen, eingedämmt
eindeutig; die Eindeutigkeit
eindeutschen, eingedeutscht
eindringen ⓘ dringen 282; eindringlich; auf das, aufs Eindringlichste *und* auf das, aufs eindringlichste; die Eindringlichkeit; der Eindringling
der **Eindruck**, die Eindrücke; eindrucksvoll; eindrücken, eingedrückt; eindrücklich
eineiig; eineiige Zwillinge
eineinhalb; einundeinhalb *und* anderthalb Kilometer, *aber* ein und ein halber Kilometer; nach eineinhalb *und* einundeinhalb *und* anderthalb Jahren, *aber* nach ein und einem halben Jahr; einundeinhalbmal, anderthalbmal so viel
der **Einer** (Sportboot für einen; die Zahl in der Endstelle), die Einer;
einerlei; das ist mir einerlei; das Einerlei des Alltags; einerseits, ander[er]seits *und* andrerseits; einesteils, ander[e]nteils
das **Eineurostück**, das 1-Euro-Stück
einfach; ganz einfach; etwas Einfaches; das Einfachste vom Einfachen, *aber* es wäre das Einfachste (am einfachsten); auf das, aufs Einfachste *und* *– aber nur auf die Frage „Wie?“ –* auf das, aufs einfachste; das Einfache von sechs ist sechs; die Einfachheit; der Einfachheit halber
einfädeln, ich fäd[e]le ein, eingefädelt
einfahren ⓘ fahren 282; die Einfahrt
der **Einfall**, die Einfälle; einfallslos; einfallsreich; der Einfallsreichtum; einfallen ⓘ fallen 282
die **Einfalt**; der Einfaltspinsel; einfältig
das **Einfamilienhaus**, die Einfamilienhäuser
einfassen, eingefasst; die Einfassung
einfließen ⓘ fließen 284; einflößen; der Einfluss, die Einflüsse; die Einflussnahme; einflussreich
der **Einflug**; die Einflugschneise
einfrieden; die Einfriedung; einfriedigen; die Einfriedigung
einfrieren ⓘ frieren 284, eingefroren
die **Einfuhr**; der Einfuhrzoll; einführen; die Einführung; der Einführungspreis
die **Eingabe**; eingeben ⓘ geben 284; die Eingebung
der **Eingang**, die Eingänge; Ein- und Ausgang; eingangs (zu Beginn)
der **Eingeborene**, ein Eingeborener, eine Eingeborene, die Eingeborenen
eingedenk; eingedenk seines Rates
eingehen ⓘ gehen 284; eingehend
eingemeinden; die Eingemeindung
das **Eingeständnis**, die Eingeständnisse; eingestandenermaßen; eingestehen
die **Eingeweide** *Plur.*
sich **eingewöhnen**; die Eingewöhnung
eingravieren [*-w-*]
einhaken, eingehakt
einhalbmal; nur einhalbmal so teuer
Einhalt gebieten
einhändigen, eingehändigt
einheimisch; ein Einheimischer, eine Einheimische, die Einheimischen
einheimsen *ugs.* (gewinnen; erlangen)
die **Einheit**; der Einheitspreis; der Einheitsstaat; einheitlich; die Einheitlichkeit
einhellig; die Einhelligkeit

einher;

> **einher + Verb**
> **Trennbare Zusammensetzungen:**
> einhergehen, das Gewitter geht/ging mit Blitzschlag und Hagel einher, *aber* da es mit Blitzschlag und Hagel einhergeht/einherging, es ist mit viel Unheil einhergegangen, einherzugehen;
> *entsprechend auch die seltenen* einherfahren, einherjagen, einherstolzieren

das **Einhorn**, die Einhörner
einig; einig sein, werden; die Einigkeit; sich einigen, geeinigt; die Einigung;

einige; einige andere; mit einigen anderen; einige mehr; einige wenige; einige Zeit später; einige hundert/Hundert Menschen; einige Mal, einige Male; einigermaßen; einiges; noch einiges mehr; einiges andere
einigeln, ich ig[e]le mich ein, einge|igelt
das **Einjährige** (einjähriges Kind); einjährig
der **Einkauf**, die Einkäufe; einkaufen; das Einkaufszentrum; der Einkäufer
die **Einkehr**; einkehren, eingekehrt
das **Einkommen**; die Einkünfte
einladen ⓘ laden 284, du lädst mich ein, sie lädt dich ein; die Einladung
der **Einlass**; einlassen ⓘ lassen 284
der **Einlauf**; einlaufen ⓘ laufen 284
einmachen, eingemacht; das Eingemachte; das Einmachglas, die Einmachgläser
einmal; auf einmal; nicht einmal; noch einmal; noch einmal so viel; es war einmal; ein- bis zweimal; *wenn* Mal *betont wird*: ein Mal; das eine Mal; mit einem Male; ein Mal über das andere; das große und das kleine Einmaleins; das Einmalhandtuch; die Einmalzahnbürste; einmalig; die Einmaligkeit
der **Einmannbetrieb**
das **Einmarkstück**; das 1-Mark-Stück
das **Einmeterbrett**; das 1-Meter-Brett
einmütig; die Einmütigkeit
die **Einnahme**; einnehmen ⓘ nehmen 286
die **Einöde**; der Einödhof
einordnen, eingeordnet
einpacken, eingepackt
die **Einpartei[en]regierung**
einprägen; einprägsam; die Einprägung
einquartieren; die Einquartierung
einrahmen, eingerahmt; die Einrahmung
einrammen, eingerammt
einräumen, eingeräumt
einreisen, eingereist; die Einreise
einreißen ⓘ reißen 286; der Einriss
einrenken, eingerenkt
einrichten; die Einrichtung
eins ⓘ **ein, einer, eine, eins** S. 67; eins sein; die Eins, die Einsen; der Einser
einsam; die Einsamkeit
der **Einsatz**, die Einsätze; das Einsatzkommando; einsatzbereit; einsatzfähig; einsatzfreudig
einschalten; die Einschaltquote
einschenken, eingeschenkt
die **Einschienenbahn**
einschlafen ⓘ schlafen 286; einschläfernd
der **Einschlag**, die Einschläge; einschlägig; einschlagen ⓘ schlagen 286

einschließen ⓘ schließen 288; einschließlich ⟨einschl.⟩; die Einschließung; der Einschluss; unter Einschluss
einschränken; die Einschränkung
einschreiben ⓘ schreiben 288; das Einschreiben (eingeschriebene Postsendung); der Einschreibebrief
der **Einschub**, die Einschübe
einschüchtern, ich schüchtere ein, eingeschüchtert; die Einschüchterung
einschulen; die Einschulung
einsegnen; die Einsegnung
einsehen ⓘ sehen 288; das Einsehen; ein Einsehen haben; → Einsicht
einseitig; die Einseitigkeit
einsenden ⓘ senden 288; der Einsender; die Einsendung
der **Einser** (der Einer; die Eins)
einsetzen, eingesetzt; die Einsetzung
die **Einsicht**; einsichtslos; einsichtsvoll; einsichtig; die Einsichtigkeit; Einsicht nehmen; die Einsichtnahme
der **Einsiedler**; die Einsiedelei; einsiedlerisch
einsperren, eingesperrt
der **Einspruch**, die Einsprüche; die Einspruchsfrist
einspurig
einst; einstmals; einstweilen; einst und jetzt; das Einst und [das] Jetzt
einstellen, eingestellt; die Einstellung; der Einstellungsbescheid; das Einstellungsgespräch; der Einstellungsstopp
einstellig
einstig; der einstige Wallgraben
einstimmig; die Einstimmigkeit
einstürzen, es stürzt ein, eingestürzt; der Einsturz; die Einsturzgefahr
der **Eintopf**; das Eintopfgericht
die **Eintracht**; einträchtig
der **Eintrag**, die Einträge; eintragen ⓘ tragen 290; die Eintragung; einträglich (gewinnbringend)
eintreten ⓘ treten 290, tritt ein!; der Eintritt; das Eintrittsgeld
ein und aus gehen; er geht dort ein und aus, *aber* ein- und aussteigen
ein und derselbe, dieselbe, dasselbe
das **Einvernehmen**; im Einvernehmen mit; einvernehmlich
einverstanden; das Einverständnis
der **Einwand**, die Einwände; einwandfrei; einwenden ⓘ wenden 290, er wandte *und* wendete ein, eingewandt *und* eingewendet
einwandern, ich wandere ein; der Einwanderer; die Einwanderin, die Einwanderinnen; die Einwanderung

einwärts; stadteinwärts
das **Einweckglas** (Einmachglas); einwecken
die **Einwegflasche**; das Einwegglas
einweihen, eingeweiht; die Einweihung
einwerfen ⓘ werfen 290; der Einwurf
einwilligen; die Einwilligung
der **Einwohner**, die Einwohner; die Einwohnerin, die Einwohnerinnen; das Einwohnermeldeamt
die **Einzahl** ► der Singular 281
einzahlen, eingezahlt; die Einzahlung
einzäunen; die Einzäunung
das **Einzel** (Einzelspiel), die Einzel; die Einzelheit; der Einzelhandel; der, die, das Einzelne; als Einzelner; ein Einzelner, eine Einzelne, ein Einzelnes; jeder Einzelne; alles Einzelne; Einzelne waren anderer Meinung; im Einzelnen; Einzelnes hat mir gefallen; zu weit ins Einzelne gehen; vom Einzelnen ins Ganze gehen; einzeln; ein einzeln stehender Strauch *und* ein einzelnstehender Strauch; ein Einzelstehender (Alleinstehender)
der **Einzeller**, die Einzeller; einzellig
einzig; einzig und allein; einzig schön; der, die, das Einzige; als Einziger; ein Einziger, eine Einzige, ein Einziges; kein Einziger; etwas Einziges; unser Einziger (unser einziger Sohn); einzigartig; etwas Einzigartiges; die Einzigartigkeit
das **Eis**; die Eisbahn; der Eisbär; der Eisberg; die Eisheiligen; das Eishockey; der Eislauf; die Eiszeit; eiszeitlich; eisig; eisfrei; eisgekühlt; eiskalt; eisig kalte Tage; es ist eisig kalt; eislaufen, ich laufe eis, da ich gern eislaufe, ich bin eisgelaufen, eiszulaufen
das **Eisen**, die Eisen; die Eisenbahn; das Eisenerz; eisenhaltig; die Eisen verarbeitende *und* eisenverarbeitende Industrie; eisern; ein eiserner Wille; das Eiserne Kreuz (ein Orden); der eiserne Vorhang (im Theater); der Eiserne Vorhang (zwischen Ost und West nach dem Zweiten Weltkrieg)
eitel; eitle Geschöpfe; die Eitelkeit
der **Eiter**; die Eiterbeule; eit[e]rig; eitern
das **Eiweiß**; die Eiweißvergiftung; eiweißhaltig
die **EKD** = die Evangelische Kirche in Deutschland (ein Kirchenbund)
der **Ekel**; Ekel erregend *und* ekelerregend; ekelhaft; ek[e]lig; ekeln, es ekelt mich/mir, geekelt; sich ekeln, ich ek[e]le mich
das **EKG**, **Ekg** = das Elektrokardiogramm (Aufzeichnung der Herzmuskelströme)

eklatant (aufsehenerregend)
die **Eklipse** (Sonnen- oder Mondfinsternis); die Ek|liptik (die scheinbare Sonnenbahn)
die **Eks|tase** (Verzückung; Begeisterung); ekstatisch
das **Ekzem** (Juckflechte), die Ekzeme
der **Elan** (Schwung; Begeisterung)
elas|tisch; die Elastizität
der **Elch**, die Elche
der **Elefant**, des Elefanten, die Elefanten
elegant; die Eleganz
die **Elegie** (Klagelied), die Elegien
die **Elektrik**; der Elektriker, die Elektriker; die Elektrizität; das Elektrizitätswerk; elektrisch; elektrisieren; elektrifizieren; das Elektro|enzephalogramm ⟨EEG⟩; der Elektroherd; der Elektroingenieur; das Elektrokardiogramm ⟨EKG⟩; das Elektromobil; der Elektromotor
das **Elektron** [*elek-, elek-*] (negativ geladenes Elementarteilchen), die Elektronen; die Elektronik; elektronisch
das **Element** (Grundstoff; Naturgewalt); elementar; die Elementargewalt
das **Elend**; im Elend sein, *aber* elend sein; die Elendsgestalt; das Elendsviertel; elend; sich elend fühlen; elendig; elendiglich
der **Elevator** (Hebe-, Fördervorrichtung), die Elevatoren
elf ⓘ **acht** S. 10; elfmal; elffach; elftens; die Elf (Handball- oder Fußballmannschaft), die Elfen; der Elfmeter (Elfmeterball)
die **Elfe**, die Elfen; elfenhaft; elfisch
das **Elfenbein**; elfenbeinern; elfenbeinfarben
eliminieren (beseitigen); die Eliminierung
die **Elite** (Auslese der Besten), die Eliten; elitär
das **Elixier** (Heil-, Zaubertrank), die Elixiere
die **Elle**, die Ellen; ellenlang; der Ell[en]bogen, die Ell[en]bogen
die **Ellipse**, die Ellipsen; elliptisch; ellipsenförmig
die **E-Lok** *kurz für* elektrische Lokomotive
die **Elster**, die Elstern
die **Eltern**; das Elternpaar; elterlich; der Elternvertreter; die Elternvertreterin; die Elternvertretung
die **E-Mail** [imel] = Electronic Mail (*EDV* elektronische Post)
das **Email** *und* die **Emaille**; emaillieren
die **Emanzipation** (Befreiung von Abhängigkeit; Gleichstellung); emanzipatorisch; sich emanzipieren, emanzipiert
das **Embargo** (Ausfuhrverbot), die Embargos
das **Emblem** (Kennzeichen), die Embleme
die **Embolie** (Verstopfung eines Blutgefäßes), die Embolien

der **Embryo** (Lebewesen vor der Geburt), die Embryos und Embryonen; embryonal
der **Emigrant** (Auswanderer), des Emigranten, die Emigranten; die Emigrantin; die Emigration; emigrieren, emigriert
eminent (hervorragend; herausragend)
die **Emission** (Ausströmen umweltbelastender Gase, Ruße u. Ä; Ausgabe von Wertpapieren)
die **Emotion** (Gemütsbewegung); emotional; emotionslos; emotionsgeladen
der **Emp|fang**, die Empfänge; empfangsberechtigt; der Empfänger; empfangen ⓘ fangen 282; empfänglich; die Empfängnis
emp|fehlen ⓘ 282, empfahl, empfohlen, er empfiehlt; empfehlenswert; die Empfehlung
emp|finden ⓘ finden 282; die Empfindung; empfindlich; die Empfindlichkeit; empfindsam; die Empfindsamkeit

empor; der Emporkömmling; die Empore (erhöhter Sitzraum), die Emporen; → sich empören;

empor + Verb
Trennbare Zusammensetzungen:
emporblicken, er blickt/blickte zur Spitze des Felsens empor, *aber* weil er aufmerksam emporblickt/emporblickte, er hat emporgeblickt, emporzublicken; *entsprechend auch:* sich emporarbeiten; emporfliegen; emporhalten; emporkommen (entstehen; vorankommen; reich werden); emporragen; emporschauen; emporschnellen; emporstreben; emportragen

sich **empören**, empört; empörend; der Empörer (Rebell); die Empörung
emsig; die Emsigkeit
die **Emulation** (*EDV* Nachahmung der Funktionen eines anderen Computers)
die **Emulsion** (feinste Verteilung einer Flüssigkeit in einer anderen; lichtempfindliche Schicht auf fotografischen Filmen und Platten)
das **Ende**, die Enden; Ende März; letzten Endes; zu Ende sein, bringen, gehen, kommen; am Ende sein; im Endeffekt; das Endergebnis; der Endlauf; die Endrunde; der Endspurt; endgültig; endlich; endlos; bis ins Endlose; enden, geendet; die Endung; endungslos
die **Endivie** (eine Salatpflanze)

die **Energie**, die Energien; Energie sparende *und* energiesparende Geräte; die Energieeinsparung; die Energiequelle; energiebewusst; energiegeladen; energielos; energisch; auf das, aufs Energischste *und* auf das, aufs energischste
eng; die Enge; der Engpass, die Engpässe; engherzig; engmaschig; engstirnig;
eng + Partizip ⓘ S. 303
Getrennt *und* **zusammen** *möglich*: eng anliegend; eng bedruckt; eng befreundet; eng begrenzt; eng verbunden; eng verwandt; auf das, aufs Engste befreundet *und* auf das, aufs engste befreundet
sich **engagieren** [~~an~~*ga*~~sch~~-] (sich einsetzen); jemanden engagieren (verpflichten); das Engagement [~~an~~*ga*~~sch~~*ema*~~ng~~]
der **Engel**, die Engel; engelsgleich
der **Engerling** (Maikäferlarve)
England; der Engländer, die Engländer; die Engländerin, die Engländerinnen; englisch; die englische Mannschaft; die englische Sprache; auf Englisch; er spricht Englisch (die englische Sprache); englisch sprechen (in englischer Sprache); Englisch (Sprache; Unterrichtsfach); er spricht, schreibt, lehrt, lernt Englisch; der Englisch sprechende Reiseleiter; das Englische; ins Englische übersetzen; im Englischen ⓘ **deutsch** S. 58
der **Enkel**, die Enkel; die Enkelin, die Enkelinnen
die **Enklave** [-*w*-] (eingeschlossenes Staatsgebiet), die Enklaven
enorm (ungeheuer; erstaunlich)
die **Enquetekommission** [*a*~~ng~~*kät*-] (Kommission des Deutschen Bundestages)
das **Ensem|ble** [*a*~~ng~~*ßa*~~ng~~*bl*] (Künstlergruppe), die Ensembles
sich **entäußern**; die Entäußerung
entbehren; die Entbehrung; entbehrlich
entbinden ⓘ binden 282; die Entbindung
entblößen, entblößt
entdecken; der Entdecker; die Entdeckung
die **Ente**, die Enten; der Enterich, die Enteriche
enteignen, enteignet; die Enteignung
enteisen (vom Eis befreien), enteist
enteisent (ohne Eisen)
entern (Schiff erstürmen), geentert
entfernen, entfernt; die Entfernung; nicht im Entferntesten
entfremden, entfremdet; die Entfremdung
entführen; der Entführer; die Entführung

E e

entgegen; die entgegengesetzte Richtung, *aber* das Entgegengesetzte; das Entgegenkommen; entgegenkommend; entgegenkommenderweise, *aber* in entgegenkommender Weise; entgegnen; die Entgegnung;

entgegen + Verb
Trennbare Zusammensetzungen:
entgegennehmen, sie nimmt/nahm ihr Zeugnis entgegen, *aber* wer sein Zeugnis entgegennimmt/entgegennahm, er hat entgegengenommen, entgegenzunehmen;
entsprechend auch:
entgegenarbeiten; entgegenblicken; entgegenbringen; entgegeneilen; entgegenfahren; entgegengehen; entgegenhalten; entgegenkommen, entgegenkommend: entgegenlaufen; entgegenschicken; entgegensehen; entgegensetzen, entgegengesetzt; entgegenstehen; sich entgegenstellen: sich entgegenstemmen; entgegenstrecken; entgegentreten; entgegenwirken

entgehen ⓘ gehen 284, entgangen
das **Entgelt** (Lohn; Vergütung), die Entgelte; gegen Entgelt; ohne Entgelt; entgelten (ausgleichen; gutmachen) ⓘ gelten 284; entgeltlich (gegen Bezahlung oder anderen Ausgleich)
entgleisen, entgleist; die Entgleisung
sich **enthalten** ⓘ halten 284; die Enthaltung; enthaltsam; die Enthaltsamkeit
enthüllen; die Enthüllung
der **Enthusiasmus** (Begeisterung); der Enthusiast, des Enthusias|ten, die Enthusiasten; enthusiastisch
entkommen ⓘ kommen 284
entkräften; die Entkräftung
entkrampfen, entkrampft

entlang; entlang der Elbe; entlang des Mains; den Fluss entlang; am Bach entlang;

entlang + Verb
Trennbare Zusammensetzungen:
entlanggehen, ihr geht/gingt den Fluss entlang, *aber* da ihr den Fluss entlanggeht/entlanggingt, ihr seid den Fluss entlanggegangen, entlangzugehen;
entsprechend auch:
entlangfahren; entlangführen; entlangkommen; entlanglaufen; entlangwandern, *aber* (*Verben betont*) wollt ihr den Fluss entlang fahren oder laufen?

entlarven, du entlarvst den Heuchler; die Entlarvung
entlassen ⓘ lassen 284; die Entlassung; die Entlassungsfeier
entlas|ten; die Entlastung
entlaufen ⓘ laufen 284
sich **entledigen**; sich einer Pflicht entledigen
entleeren, entleert; die Entleerung
entleihen ⓘ leihen 286; die Entleihung
entmilitarisieren, die Entmilitarisierung
entmündigen, entmündigt; die Entmündigung
entpuppen, entpuppt
enträtseln, enträtselt; die Enträts[e]lung
das **Entree** [*ang*-] (Eingang), die Entrees
sich **entrüs|ten**, entrüstet; die Entrüstung
entsagen; die Entsagung; entsagungsvoll
entschädigen; die Entschädigung
der **Entscheid**; entscheiden ⓘ scheiden 286; entscheidend; die Entscheidung; entschieden; auf das, aufs Entschiedenste *und* auf das, aufs entschiedenste; die Entschiedenheit; mit Entschiedenheit
entschlafen (sterben); der Entschlafene, die Entschlafenen
sich **entschließen** ⓘ schließen 288; die Entschließung; entschlossen; die Entschlossenheit; der Entschluss, die Entschlüsse; entschlusslos; die Entschlusslosigkeit; entschlussfreudig; die Entschlussfreudigkeit
sich **entschuldigen**, entschuldigt; die Entschuldigung; der Entschuldigungszettel
entseelt (tot)
sich **entsetzen**, entsetzt; das Entsetzen; entsetzlich; die Entsetzlichkeit
sich **entsinnen** ⓘ sinnen 288
entsorgen, entsorgt; die Entsorgung
sich **entspannen**, entspannt; die Entspannung; die Entspannungspolitik
entsprechen ⓘ sprechen 288; entsprechend; hier gilt das Entsprechende
entspringen ⓘ springen 288
entstehen ⓘ stehen 288; die Entstehung
entstören, entstört; die Entstörung
enttabuisieren; die Enttabuisierung
enttarnen; die Enttarnung
enttäuschen, enttäuscht; die Enttäuschung
entwaffnen; die Entwaffnung
entwässern, entwässert; die Entwässerung
entweder ... oder; das Entweder-oder
entwenden, entwendet; die Entwendung
entwerfen ⓘ werfen 290; der Entwurf, die Entwürfe
entwerten, entwertet; die Entwertung

entwickeln, ich entwick[e]le, entwickelt; die Entwick[e]lung; der Entwicklungshelfer; die Entwicklungshilfe; die Entwicklungshilfeländer; entwicklungsfähig
entwöhnen; die Entwöhnung
entwürdigend
entziehen ⓘ ziehen 290; die Entziehungskur; der Entzug; die Entzugserscheinung
entziffern, ich entziffere; die Entzifferung
entzücken, das entzückt mich; entzückend; das Entzücken
entzünden; die Entzündung
entzwei; entzwei sein; sich entzweien, entzweit; die Entzweiung;

entzwei + Verb
Trennbare Zusammensetzungen:
entzweischneiden, sie schneidet/schnitt das Band entzwei, *aber* bevor sie es entzweischneidet/entzweischnitt, sie hat entzweigeschnitten, entzweizuschneiden;
entsprechend auch:
entzweibeißen; entzweibrechen; entzweigehen; entzweihauen; entzweimachen; entzweireißen; entzweischlagen

der **Enzian** (Alpenblume), die Enziane
die **Enzyklopädie** (Gesamtheit des Wissens; Nachschlagewerk für alle Wissensgebiete), die Enzyklopädien; enzyklopädisch
die **Epidemie** (Seuche), die Epidemien; epidemisch (als Seuche auftretend)
das **Epidiaskop** (Bildwerfer für Papierbilder und Dias), die Epidiaskope; → Episkop
die **Epik** (erzählende Dichtkunst); episch
die **Epilepsie** (Fallsucht); der Epileptiker; epileptisch
der **Epilog** (Nachwort; Ausklang), die Epiloge
das **Epi|skop** die Episkope; → Epidiaskop
das **Epis|kopat** (die Bischöfe eines Landes)
die **Episode** (nebensächliches Ereignis), die Episoden; episodisch; episodenhaft
die **Epis|tel** (Brief; Lesung), die Episteln
die **Epoche** (Zeitabschnitt), die Epochen; Epoche machend *und* epochemachend; epochal
das **Epos** (erzählende Versdichtung), die Epen
der **Equalizer** [*ikwelaiser*] (Gerät zur Klangverbesserung), die Equalizer
er, seiner, ihm, ihn; ein Er (Mensch oder Tier männlichen Geschlechts); ein Er und eine Sie
sich **erbarmen**; das Erbarmen; erbarmungslos; erbärmlich; die Erbärmlichkeit
erbauen; der Erbauer; sich erbauen; die Erbauung; erbaulich
der **Erbe**, des Erben, die Erben; das Erbe; der Erb|lasser; die Erbpacht; die Erbschaft; das Erbstück; das Erbteil, *im Bürgerlichen Gesetzbuch* der Erbteil; erben, geerbt; erbberechtigt; erb|lich
erbeuten, erbeutet
erbittert; die Erbitterung
er|blassen (bleich werden), erblasst
die **Erbse**, die Erbsen; der Erbs[en]brei
die **Erde**, die Erden; die Erdachse; das Erdbeben; erdbebenträchtig; die Erdbeere; die Erdbevölkerung; das Erdgeschoss; die Erdkrus|te; die Erdkunde; erdkundlich; die Erdnuss, die Erdnüsse; das Erdöl; Erdöl exportierende *und* erdölexportierende Staaten; der Erdrutsch; der Erdteil; erdgebunden; erdig; erdnah; erden, geerdet
erdrücken, erdrückt; erdrückend
sich **ereignen**; das Ereignis, die Ereignisse; ereignisreich
die **Erektion** (Aufrichtung); erigieren
der **Eremit** [*eremit, eremit*] (Einsiedler), des Eremiten, die Eremiten
erfahren ⓘ fahren 282; ein erfahrener Fachmann; die Erfahrung; der Erfahrungsaustausch; erfahrungsgemäß
erfassen, erfasst; erfassbar; die Erfassung; der Erfassungsbogen
erfinden ⓘ finden 282; der Erfinder; die Erfindung; erfinderisch
der **Erfolg**, die Erfolge; Erfolg versprechende *und* erfolgversprechende Pläne; erfolglos; erfolgreich; erfolgen, erfolgt
erfordern; es erfordert Ausdauer; erforderlich; erforderlichenfalls; das Erfordernis, die Erfordernisse
sich **erfreuen**, erfreut; jemanden erfreuen; erfreulich; erfreulicherweise
erfüllen, erfüllt; die Erfüllung
ergänzen, ergänzt; die Ergänzung, *grammat.* ► das Objekt 280; der Ergänzungsstrich ⓘ 311
ergattern, ich ergattere, ergattert
sich **ergeben** (die Waffen strecken); ergeben (zustande kommen, erbringen), das ergibt soundso viel; das Ergebnis, die Ergebnisse; ergebnislos; die Ergebnislosigkeit; ergiebig; die Ergiebigkeit; ergeben (zugetan; untertänig); ein ergebener Diener; die Ergebenheit; ergiebig; die Ergiebigkeit
ergehen ⓘ gehen 284; das Ergehen
sich **ergötzen**; das Ergötzen; ergötzlich
ergreifen ⓘ greifen 284; ergreifend; ergriffen; die Ergriffenheit

erhaben; sich erhaben fühlen; die Erhabenheit
erhalten (bekommen) ⓘ halten 284; der Erhalt; erhältlich; erhalten (bewahren); erhalten bleiben; erhaltenswert; die Erhaltung
erheben ⓘ heben 284; die Erhebung; erhebend; erheblich
erheitern; ein erheiterndes Buch
sich **erholen**, erholt; erholsam; die Erholung; die erholungsuchenden *und* Erholung suchenden Mütter; erholungsbedürftig; der Erholungsurlaub
erhören, erhört
sich **erinnern**, ich erinnere mich; erinnerlich; die Erinnerung
sich **erkälten**, erkältet; die Erkältung
erkennen ⓘ kennen 284; sich erkenntlich zeigen; die Erkenntnis, die Erkenntnisse
der **Erker**, die Erker; das Erkerfens|ter
erklären, erklärt; die Erklärung; erklärlich; erklärlicherweise; erklärterweise
erklecklich; um ein Erkleckliches
erkranken, erkrankt; die Erkrankung
erkunden; die Erkundung; sich erkundigen; die Erkundigung
der **Erlass**, des Erlasses, die Erlasse; erlassen ⓘ lassen 284
erlauben, erlaubt; die Erlaubnis
erläutern, ich erläutere; die Erläuterung
erleben, ich erlebe; das Erlebnis, die Erlebnisse; erlebnisreich
erledigen, erledigt; die Erledigung
erliegen ⓘ liegen 286; zum Erliegen bringen; zum Erliegen kommen
der **Erlös**, die Erlöse; erlösen, erlöst; der Erlöser; die Erlösung
erlöschen ⓘ 282, es erlischt
ermächtigen; die Ermächtigung
ermahnen, ermahnt; die Ermahnung
ermäßigen, ermäßigt; die Ermäßigung
ermessen ⓘ messen 286; nach meinem Ermessen; das liegt im Ermessen jedes Einzelnen; die Ermessensfrage
ermitteln, ich ermitt[e]le; die Ermittlung; das Ermittlungsverfahren
ermöglichen; die Ermöglichung
ermorden, ermordet; die Ermordung
ernähren; der Ernährer; die Ernährerin; die Ernährung; die Ernährungsberaterin
erniedrigen, erniedrigt; die Erniedrigung

ernst; ein ernstes Wort; die Lage ist ernst; die Lage wird ernst; der Ernst; im Ernst; allen Ernstes; aus dem Spiel wurde Ernst; es ist mir Ernst *oder* ernst damit; ernsthaft; die Ernsthaftigkeit;

> **ernst, Ernst + Verb**
> **Getrennt zu schreiben**:
> ernst sein, ernst bleiben, ernst werden;
> es ernst meinen;
> etwas ernst nehmen;
> es soll um sie ernst stehen;
> Ernst machen

> **ernst + Partizip** ⓘ S. 303
> ein ernst gemeinter Vorschlag *und*
> ein ernstgemeinter Vorschlag;
> eine ernst zu nehmende Warnung *und*
> eine ernstzunehmende Warnung

die **Ernte**, die Ernten; das Erntedankfest; ernten, geerntet
ernüchtern, ernüchtert; die Ernüchterung
erobern, ich erobere, erobert; der Eroberer; die Eroberung
eröffnen, eröffnet; die Eröffnung
erörtern, ich erörtere; die Erörterung
die **Erosion** (zerstörende Einflüsse von Wind und Wasser auf das Land)
die **Erotik** (Liebesleben); erotisch
der **Erpel** (Enterich), die Erpel
erpressen, erpresst; der Erpresser; die Erpressung; erpresserisch
erquicken; die Erquickung; erquicklich
erraten ⓘ raten 286, das errätst du nicht
erregen, erregt; der Erreger; die Erregung
erreichen, erreicht; das bisher Erreichte; erreichbar; das Erreichbare
erretten, errettet; die Errettung
errichten, errichtet; die Errichtung
erringen ⓘ ringen 286; die Errungenschaft
erröten, errötet
der **Ersatz**; der Ersatzdienst; ersatzdienstpflichtig; der Ersatzdienstpflichtige; der Ersatzmann; das Ersatzteil; ersatzlos; ersatzweise
ersaufen ⓘ saufen 286; ersäufen, ersäuft
erschießen ⓘ schießen 286
erschließen ⓘ schließen 288; die Erschließung
erschöpfen, erschöpft; die Erschöpfung
erschre|cken (selbst erschrecken) ⓘ 282, erschrak, erschro|cken; erschre|cken (jemanden erschrecken) ⓘ 282; erschreckte, erschreckt; erschreckend
erschüttern, erschüttert; erschütternd; die Erschütterung
erschweren, erschwert; erschwerend; die Erschwernis, die Erschwernisse
die **Ersparnis**, die Ersparnisse
ersprießlich; die Ersprießlichkeit
erst; erst dann; erst einmal; erst mal *ugs.*; eben erst; nicht erst; nun erst recht;

erst jetzt; erst kürzlich; erst wieder;
erste, der Erste ⓘ;
der erstbeste Bus, *aber*
der, die, das Erstbeste;
das erstgeborene Kind, *aber*
der, die, das Erstgeborene; der Erstling;
der erstgenannte Bewerber, *aber*
der, die, das Erstgenannte;
die erstere Möglichkeit, *aber*
der Erstere, die Erstere, das Erstere;
erstens; erstmalig; erstmals;
die Erstaufführung; die Erstbesteigung;
die Erstkommunion
erstatten, erstattet; die Erstattung
erstaunen, erstaunt; großes Erstaunen
ersticken, erstickt
ertappen, du ertappst ihn, ertappt
der **Ertrag**, die Erträge; erträglich;
ertragen ⓘ tragen 290
ertränken; ertrinken ⓘ trinken 290
die **Eruption** (Ausbruch); eruptiv
erwachsen sein; der Erwachsene,
eine Erwachsene, die Erwachsenen
erwägen ⓘ 282, erwog, erwogen;
die Erwägung; in Erwägung ziehen
erwählen, erwählt; die Erwählte
erwähnen, erwähnt; die Erwähnung
erwarten; die Erwartung; erwartungsvoll
erweisen ⓘ weisen 290; erwiesenermaßen
der **Erwerb**; erwerbsfähig; die Erwerbs-
fähigkeit; erwerbslos; der Erwerbslose;
die Erwerbslosigkeit; die Erwerbsquelle;
erwerbs|tätig; der Erwerbstätige
erwidern, ich erwidere; die Erwiderung
erwischen, du erwischst
das **Erz**, die Erze; das Erzgebirge; erzhaltig
erzählen; der Erzähler; die Erzählerin;
die Erzählung
der **Erzbischof**; das Erzbis|tum; der Erzengel
erzeugen; der Erzeuger; die Erzeugung;
das Erzeugnis, die Erzeugnisse

erste, der Erste ⓘ

Kleinschreibung,

wenn **erste** *das Zahladjektiv bei einem genannten Substantiv ist*

der erste Wagen;
der erste von fünf Wagen;
von fünf Wagen der erste;
von den drei Kurven die erste;
von acht Häusern das erste;
die ersten beiden, *aber*
die beiden Ersten

das erste Mal,
beim, zum ersten Male

der erste Mai (ein Kalendertag);
die erste Geige spielen;
die erste heilige Kommunion;
erster Klasse fahren, *aber*
der Erster-Klasse-Wagen;
das erste Programm;
der erste Schultag;
der erste Spatenstich

Großschreibung

Erste, Erster, Erstes *wird oft hauptwörtlich gebraucht, ist dann also nicht Zahladjektiv eines anderen Substantivs.*

der Erste, die Erste, das Erste;
der Erste, der mich besuchte;
das Erste, was ich höre;
wer möchte nicht gern Erster sein?;
als Erster durchs Ziel laufen;
als Erster fertig werden;
die beiden Ersten, *aber*
die ersten beiden;
als Erstes, fürs Erste, zum Ersten
(zuerst; zum Anfang);
der Erste des Monats; vom nächsten Ersten an;
ich kündige zum Ersten

der Erste Mai (Feiertag: Tag der Arbeit);
das Erste Deutsche Fernsehen ⟨ARD⟩;
das Erste Reich (das Heilige Römische Reich
Deutscher Nation, 962–1806);
Lothar der Erste, *üblicher* Lothar I.
der Erste Weltkrieg (1914–1918);
das Erste und das Letzte (Anfang und Ende);
die Ersten werden die Letzten sein *und*
die Letzten werden die Ersten sein

die erste Hilfe *und* die Erste Hilfe; der Erste-Hilfe-Kursus

erziehen ⓘ ziehen 290; der Erzieher; die Erzieherin, die Erzieherinnen; die Erziehung; die Erziehungsbeihilfe; der, die Erziehungsberechtigte; erziehbar; erzieherisch; erziehlich
erzürnen, erzürnt
es, seiner, ihm, es; das unbekannte Es; was gibts *oder* gibt's (gibt es) Neues?
die **Esche**, die Eschen
der **Esel**, die Esel; die Eselin, die Eselinnen; die Eselei; die Eselsbrücke; das Eselsohr
die **Eskalation** (Steigerung); eskalieren
der **Eskimo**, des Eskimo[s], die Eskimo[s]
die **Espe**, die Espen; das Espenlaub
das **Esperanto** (eine künstliche Sprache)
die **Esse** (Schornstein), die Essen
essen ⓘ 282, aß, gegessen, du isst, er isst, iss!, esst!; essen gehen; das Essen; zum Essen; essbar; wir fanden nur wenig Essbares; die Essenszeit; das Essbesteck; der Esslöffel; der Esstisch; das Esszimmer
die **Essenz** (Auszug), die Essenzen; essenziell (wesentlich; *Naturkunde* lebensnotwendig), *auch* essentiell
der **Essig**; die Essigessenz; die Essigsäure
das **Establishment** [*estäblisch-*] (die Schicht der Einflussreichen)
Estland; der Este; die Estin; estnisch; der Estländer; die Estländerin
der **Est|rich** (fugenloser Fußboden)
die **Etage** [*etasche*], die Etagen; die Etagenwohnung
die **Etappe** (Teilstrecke), die Etappen; der Etappensieg; etappenweise
der **Etat** [*eta*] (Haushaltsplan für Staaten, Kommunen, Schulen *usw.*), die Etats; das Etatjahr; der Etattitel; etatmäßig
etc. = et cetera (und so weiter)
die **Ethik** (Sittenlehre); ethisch; das Ethos
ethnisch (das Volkseigentümliche betreffend; volks-); die Ethnographie (Völkerkunde); der Ethnograph; ethnographisch, *auch* Ethnografie, Ethnograf, ethnografisch
das **Etikett** (Schildchen), die Etikette[n] *und* Etiketts; der Etikettenschwindel; etikettieren; die Etikettierung; die Etikette (gesellschaftliche Umgangsformen); der Etikette entsprechend
etliche; etliches; etliche Mal, etliche Male
das **Etui**, die Etuis
etwa; etwaig; etwaige Mängel
etwas; etwas mehr; etwas weniger; noch etwas; etwas Interessantes; etwas Neues; etwas anderes/Anderes ⓘ **andere** S. 16; das Etwas; ein gewisses Etwas
die **EU** = die Europäische Union; die EU-Mitglieder; die EU-Mitgliedschaft

euch, *in Briefen auch groß;*
euer, das eure, das eurige ⓘ S. 77
die **Eule**, die Eulen; die Eulenspiegelei
die **Euphorie** (Hochgefühl); euphorisch
Eurasien (Festland von Europa und Asien)
die **Eurhythmie** (Regelmäßigkeit von Herz- und Pulsschlag; Ausdruck und Bewegung in schöner Ausgeglichenheit), *auch* Eurythmie
Euro- *kurz für* Europa-, europäisch; der Euro (europäische Währungseinheit), die Euro[s] ⟨€⟩; der EuroCity → EC; der Eurodollar; der Eurotunnel; die Eurovision;
Europa; die Europameisterschaft; das Europaparlament; der Europarat; die Europastraße ⟨E, *z. B.* E 22⟩; die Europaunion; der Europäer; die Europäerin; europäisch; die europäischen Ströme; die europäischen Völker, Sprachen *usw., aber* die Europäische Union ⟨EU⟩; das Europäische Währungssystem ⟨EWS⟩; europäisieren; die Europäisierung; europaweit, *aber* EU-weit
das **Euter**, die Euter
evakuieren (aussiedeln); die Evakuierung
das **Evangeliar** (Evangelienbuch), die Evangeliare *und* Evangeliarien; evangelisch ⟨ev.⟩; evangelisch-lutherisch ⟨ev.-luth.⟩; evangelisch-reformiert ⟨ev.-ref.⟩; die evangelische Kirche in Neustadt, *aber* die Evangelische Kirche in Deutschland ⟨EKD⟩ (ein Kirchenbund); der Evangelist, des Evangelisten, die Evangelisten; das Evangelium, die Evangelien
eventuell ⟨evtl.⟩; die Eventualität
evident (offenbar; einleuchtend)
die **Evolution** (allmähliche Entwicklung)
der **Ewer** (kleines Küstenschiff), die Ewer
das **E-Werk** = das Elektrizitätswerk
ewig; das ewige Leben; der ewige Schnee; das ewige/Ewige Licht; die Ewige Stadt (Rom); das ewig gleiche Einerlei; die Ewiggestrigen; das Ewigweibliche; die Ewigkeit; der Ewigkeitssonntag; ewiglich
der **Ex**, die Ex *ugs. für* der Exmann, Exfreund, die Exfrau, Exfreundin; der Exminister
exakt (genau); die Exaktheit
das **Examen** (Prüfung), die Examen *und* Examina; examinieren (prüfen)
exekutieren (vollstrecken); die Exekution; die Exekutive (die vollziehende Gewalt); exekutiv (ausführend)
das **Exempel** (Beispiel; Aufgabe), die Exempel; das Exemplar ⟨Expl.⟩, die Exemplare; exemplarisch (musterhaft; warnend)

euer, das eure, das eurige

In gebeugten Formen von **euer** *kann ein* **e** *wegfallen.*
Die folgenden unterschiedlichen Formen sind überall anwendbar:
mit und ohne Artikel, bei Groß- und Kleinschreibung und in Zusammensetzungen:

euerer,	*meist*	eurer		
euere,	*meist*	eure		
eueres,	*meist*	eures		
euerem,	*meist*	eurem	*und*	euerm
eueren,	*meist*	euren	*und*	euern

Die folgenden Schreibungen so auch in Briefen,
bei der Wiedergabe wörtlicher Rede
und in Lehrbüchern beim Ansprechen des Benutzers:

euer Gepäck; eure Fahrausweise;
mit Bezug auf vorher genannte Substantive / Nomen:
Alle Koffer sind da, nur eurer (der eure, der eurige) nicht.
das ist eurer; das ist eure; das ist eures; das sind eure

euresgleichen, euersgleichen; eurerseits, euerseits;
euretwegen, euertwegen; um euretwillen, um euertwillen

eure Angehörigen – die euren *und* die eurigen, *auch* die Euren *und* die Eurigen
Wir sind um die euren (die eurigen) sehr besorgt.
auch Wir sind um die Euren (die Eurigen) sehr besorgt.

euer Besitz – das eure *und* das eurige, *auch* das Eure *und* das Eurige
Das ist also das eure (das eurige)? Mehr besitzt ihr nicht?
auch Das ist also das Eure (das Eurige)?

eure Pflichten – das eure *und* das eurige, *auch* das Eure *und* das Eurige
Hier leistet jeder seinen Beitrag;
auch ihr müsst das eure (das eurige) tun.
auch Ihr müsst hier das Eure (das Eurige) tun.

aber: Hier leistet jeder einen Beitrag; auch ihr werdet den **eurigen** leisten.
(**eurigen** *ist wie ein Adjektiv* [*zu* Beitrag] *gebraucht;*
in solchen Fällen nur Kleinschreibung)

im Brief – *Alle obigen Schreibungen gelten auch im Brief.*
Wir danken euch/Euch herzlich für euren/Euren Gruß aus Meißen.
Es grüßen euch eure Berliner. *oder* Es grüßen Euch Eure Berliner.

exerzieren (üben *bei der Truppe*)

das **Exil** (Verbannung; Verbannungsort), die Exile; die Exilregierung

die **Existenz** (Dasein; Auskommen), die Existenzen; die Existenzgrundlage; das Existenzminium; existent (vorhanden); existieren (dasein); existenzial, existenziell (das Dasein betreffend); der Existenzialismus; *auch* existential, existentiell; Existentialismus

die **Exklave** (von fremden Staaten umschlossener Landesteil), die Exklaven

exklusiv (vornehm; sich absondernd); exklusive ⟨exkl.⟩ (mit Ausnahme von);

die **Exklusivität**

das **Exkrement** (Ausscheidung), die Exkremente

die **Exkursion** (Lehrfahrt; Ausflug)

der **Exodus** = Auszug (das 2. Buch Mose)

der **Exorzismus** (Beschwörung und Austreibung böser Geister); der Exorzist

die **Exotik** (das Anziehende an Fremd-, besonders Tropenländischem); exotisch (fremdländisch; fremdartig)

der **Expander** (Trainingsgerät), die Expander;
expandieren (ausweiten; ausdehnen);
die Expansion (Ausbreitung; Ausdehnung);
expansiv (auf Ausdehnung gerichtet)

expatriieren (ausbürgern)

expedieren; die Expedition

das **Experiment** (gewagtes Unternehmen; wissenschaftlicher Versuch), die Experimente; experimentell; experimentieren

der **Experte** (Fachmann), die Experten; die Expertise (Gutachten)

explodieren; die Explosion; explosionsartig; explosiv

das **Exponat** (Ausstellungsstück), die Exponate; exponiert (herausgehoben)

der **Export** (Ausfuhr), die Exporte; der Exporteur [*-tör*]; exportieren; exportabhängig; exportintensiv

das **Exposee** (Durchschrift; Bericht; Zusammenfassung; Entwurf), die Exposees, *auch* Exposé, Exposés

das **Expressgut**

der **Expressionismus** (Kunstrichtung); der Expressionist, des Expressionis|ten, die Expressionisten; expressionistisch

exquisit (ausgesucht; auserlesen)

extensiv (ausgedehnt; nach außen wirkend); extensive Wirtschaft (Bodennutzung mit geringem Aufwand)

extern (auswärtig); die Externen (die nicht im Internat wohnenden Schüler)

exterritorial (den Landesgesetzen nicht unterworfen); die Exterritorialität

extra; das wird extra bezahlt; das wird extra (gesondert) geliefert; die Extraausgabe; eine Extrabelohnung; das Extrablatt; die Extratour; ein Extratrinkgeld; eine Extrawurst braten; extrafein; extragroß; extrahart; extravagant (überspannt); die Extravaganz

extrahieren (Auszug machen; herausziehen); der Extrakt (Auszug), die Extrakte; die Extraktion (Auszug; Zahnziehen)

extravertiert (nach außen gerichtet)

extrem (äußerst; übertrieben); das Extrem (höchster Grad), die Extreme; der Extremismus; der Extremist, die Extremisten; extremistisch; die Extremitäten (Gliedmaßen)

extrovertiert → extravertiert

exzellent (hervorragend); Euer Exzellenz (Anrede eines Botschafters oder Gesandten)

exzentrisch (außerhalb des Mittelpunktes liegend; überspannt; verschroben)

der **Exzess** (Ausschreitung; Ausschweifung), die Exzesse; exzessiv (ausschweifend)

F

f. = und folgende Seite; f. = für

die **Fabel**, die Fabeln; das Fabeltier; fabelhaft; fabulieren (fantasievoll, *auch* phantasievoll erzählen; schwindeln)

die **Fabrik**, die Fabriken; fabrikneu; das Fabrikat, die Fabrikate; die Fabrikation; fabrizieren, fabriziert

die **Facette**, die Facetten; *auch* Fassette

das **Fach**, die Fächer; der Facharzt; der Fachmann, die Fachfrau, die Fachleute; das Fachwerk; das Fachwerkhaus; fachkundig; fachlich; fachmännisch; fachsimpeln, ich fachsimp[e]le; der Fächer, die Fächer; fächerförmig; fächeln, ich fäch[e]le; fächern, ich fächere; breit gefächerte/breitgefächerte Angebote

die **Fackel**, die Fackeln; der Fackelzug; fackeln, ich fack[e]le nicht lange

fad *und* **fade** (schal; langweilig)

der **Faden**, die Fäden; das Fädchen; fadendünn; fadenscheinig

das **Fagott** (Holzblasinstrument), die Fagotte

fähig; die Fähigkeit

fahl (blass; bleich); fahlgelb

fahnden, gefahndet; die Fahndung

die **Fahne**, die Fahnen; der Fähnrich

fahren ⓘ 282, du fährst, ich fuhr; Auto fahren, ich fahre Auto; *so auch* Ski fahren, Schlittschuh fahren; Rad fahren, ich fahre Rad, ich fuhr Rad, ich bin Rad gefahren, Rad zu fahren; fahren lassen, fahrenlassen → lassen; der Fahrer; die Fahrerin; der Fahrgast, die Fahrgäste; das Fahrgeld; der Fahrplan, die Fahrpläne; fahrplanmäßig; die Fahrpraxis; das Fahrrad, die Fahrräder; der Fahrstuhl; das Fahrzeug; fahrbar; fahrbereit; fahrig; fahrlässig; die Fahrlässigkeit; die Fahrt, die Fahrten; auf Fahrt gehen; die Fähre; der Fährmann, die Fährmänner *und* Fährleute; das Fährschiff; die Fährte; der Fährtensucher

fair [*fär*] (anständig); die Fairness

der **Fakir** (indischer Zauberer), die Fakire
der **Fakt** *und* das **Faktum** (Tatsache), die Fakten; faktisch; der Faktor, des Faktors, die Faktoren
die **Fakultät** (Hochschulabteilung), die Fakultäten
der **Falke**, des Falken, die Falken; der Falkner
der **Fall**, *grammat.* der Kasus ▶ 278, die Fälle; im Falle(,) dass; für den Fall(,) dass; gesetzt den Fall(,) dass; von Fall zu Fall; auf jeden Fall; auf keinen Fall; auf alle Fälle; für alle Fälle; die Fallstudie; fallweise; → Falle, fallen, fällen, fällig, falls
die **Falle**; in die Falle gehen; jemandem eine Falle stellen; der Fallensteller;
fallen ⓘ 282, fiel, gefallen, er fällt; fallen lassen, fallenlassen → lassen; der Fall (Sturz); die Falläpfel; die Falllinie *und* Fall-Linie; der Fall-out (radioaktiver Niederschlag), die Fall-outs, *auch* Fallout, Fallouts;
fällen, er hat die Bäume gefällt;
fällig; die Fälligkeit;
falls; allenfalls; ander[e]nfalls; äußerstenfalls; bestenfalls; gegebenenfalls; jedenfalls; keinesfalls; möglichenfalls; nötigenfalls
falsch, falscher, am falsches|ten; ohne Falsch; kein Falsch; Falsch und Richtig nicht unterscheiden können; die Falschaussage; das Falschgeld; die Falschheit; die Falschmeldung; die Falschmünzer; der Falschspieler;

falsch + Verb
Getrennt zu schreiben:
falsch liegen (auf dem falschen Platz; in ungesunder Haltung);
etwas falsch machen; falsch rechnen; falsch schreiben; falsch schwören; falsch singen; falsch spielen; falsch einschätzen
Trennbare Zusammensetzungen:
falschliegen (nicht das Richtige treffen), er liegt falsch, da hat er falschgelegen;
entsprechend auch:
falschspielen (betrügerisch spielen);

fälschen, du fälschst; gefälscht; der Fälscher; die Fälschung; fälschlich; fälschlicherweise
die **Falte**, die Falten; falten, du faltest; → Falz
der **Falter** (Schmetterling), die Falter
der **Falz**, die Falze; falzen; gefalzt
die **Familie**, die Familien; der Familienname; die Familienverhältnisse; familiär
famos (prächtig; großartig)
der **Fan** [*fän*], die Fans; der Fanclub/Fanklub;
der **Fanatiker**; fanatisch; der Fanatismus
die **Fanfare** (Blasinstrument), die Fanfaren
der **Fang**, die Fänge; die Fangvorrichtung; fangen ⓘ 282, fing, gefangen, du fängst
die **Fantasie** (Vorstellung; Vorstellungskraft), die Fantasien; fantasielos; fantasieren; der Fantast (Träumer), die Fantasten; fantastisch (großartig), *auch* Phantasie, phantasielos, Phantast, phantastisch
die **Farbe**, die Farben; das Farbband, die Farbbänder; der Farbfernseher; das Farbfoto; farbecht; farbenblind; farbenfreudig; farbenfroh; farbenprächtig; farblos; farbig; der Farbige, eine Farbige, die Farbigen; die Farbigkeit; färben, gefärbt; der Färber; die Färbung
die **Farm**, die Farmen; der Farmer; die Farmersfrau
der **Farn**, die Farne; das Farnkraut
die **Färse** (junge Kuh), die Färsen; → Ferse
der **Fasan**, die Fasane *und* Fasanen
der **Fasching**, die Faschinge *und* Faschings
der **Faschismus**; der Faschist, die Faschisten; faschistisch
faseln, ich fas[e]le; die Faselei; faselig
die **Faser**, die Fasern; fasern; fas[e]rig
das **Fass**, die Fässer; das Fassbier; fassweise
die **Fassade** (Vorderansicht), die Fassaden
fassen, er fasst, er fasste, gefasst; fassbar; fasslich; die Fassung; fassungslos; das Fassungsvermögen
die **Fassette**, die Fassetten, *auch* Facette
fast (beinahe), *aber* er fasst *zu* fassen
fasten, gefastet; das Fasten; die Fasten *Plur.* (Fasttage); die Fastenzeit; die Fastnacht
das **Fastfood**, *auch* Fast Food
die **Fas|zination**; faszinieren, fasziniert; faszinierend
fatal (peinlich; verhängnisvoll)
die **Fata Morgana** (Luftspiegelung), die Fata Morganen *und* Fata Morganas
fauchen, du fauchst
faul; die Faulheit; der Faulpelz; faulenzen, gefaulenzt; der Faulenzer; faulen, gefault; die Fäule; die Fäulnis
die **Fauna** (Tierwelt), die Faunen
die **Faust**, die Fäus|te; das Fäust|chen; der Faustball; der Fausthandschuh; der Fäustling; das Faustrecht; die Faustregel; der Faustschlag; faustdick; faustgroß; faus|ten, gefaustet
der **Favorit**, die Favoriten; die Favoritin; favorisieren, favorisiert
das **Fax** *kurz für* Telefax, die Fax *und* Faxe; faxen, du faxt, gefaxt
die **Faxen** *Plur.* (dumme Späße)

das **Fazit** (Ergebnis; Schlusssumme), die Fazite *und* Fazits

FCKW = Fluorchlorkohlenwasserstoff

die **FDP**, *parteiamtlich* F.D.P. = Freie Demokratische Partei

das **Feature** [*fitscher*] (dokumentarischer Radio- oder Fernsehbericht), die Features

der **Februar** ⟨Febr.⟩, des Februar[s], die Februare

fechten ⓘ 282, focht, gefochten, er ficht; der Fechter; die Fechterin; der Fechtkampf

die **Feder**, die Federn; das Federbett; der Federhalter; das Federvieh; nicht viel Federlesens machen; federführend; federleicht; federn, gefedert; die Federung

die **Fee**, die Feen; feenhaft

das **Feed-back** [*fidbäk*] (Rückmeldung), die Feed-backs , *auch* Feedback, Feedbacks

die **Fehde**, die Fehden; der Fehdehandschuh

fehl; fehl am Platz; er ist ohne Fehl; der Fehlbetrag; die Fehlentscheidung; die Fehlleistung; der Fehlstart; fehlen, du fehlst, sie fehlt, gefehlt; der Fehler, die Fehler; die Fehlerquelle; die Fehlerquote; fehlerhaft; fehlerfrei;

fehl + Verb
Trennbare Zusammensetzungen:
fehlschlagen,
der Versuch schlägt/schlug fehl, *aber*
da er immer wieder fehlschlägt/fehlschlug,
er ist fehlgeschlagen, fehlzuschlagen;
entsprechend auch:
fehlbelegen (*z. B. Sozialwohnungen*);
fehlgehen; fehlgreifen; fehlleiten;
fehlinterpretieren; fehltreten

die **Feier**, die Feiern; der Feierabend; der Feiertag, des Feiertag[e]s, die Feiertage; feiertags (an Feiertagen); feiertäglich; feierlich; die Feierlichkeit; feiern, ich fei[e]re

feig *und* **feige**; die Feigheit; der Feigling

die **Feige**, die Feigen; das Feigenblatt

feil *älter für* verkäuflich; feilbieten, man bot feil, man hat feilgeboten; feilschen, du feilschst, gefeilscht

die **Feile**, die Feilen; feilen, gefeilt

fein; das Feins|te vom Feinen; die Feinheit; das Feingebäck; der Feinmechaniker; der Feinschmecker; das Feinwaschmittel; feinfühlig; sich feinmachen *oder* fein machen;

fein + Adjektiv *oder* **Partizip** ⓘ S. 303
feinfühlend (feinfühlig); feinglied[e]rig; feinkörnig; feinmaschig; feinporig;

Getrennt *und* **zusammen** *möglich*:
fein gemahlen *und* feingemahlen,
so auch fein geädert, fein geschnitten, fein geschwungen, fein gestreift *u. a.*

der **Feind**, die Feinde; sein Feind sein, *aber* jemandem feind sein; die Feindschaft; die Feindseligkeiten; feindlich; feindschaftlich; feindselig

feist, am feis|tes|ten; die Feist|heit

feixen *ugs.*, du feixt, er feixt, gefeixt

das **Feld**, die Felder; die Feldblume; der Feldmarschall; die Feldmaus; der Feldspat; der Feldspieler; der Feldstecher; der Feldverweis

die **Felge**, die Felgen; die Felgenbremse; der Felgaufschwung; der Felgumschwung

das **Fell**, die Felle; die Fellmütze

der **Fels** (festes Gestein); auf Fels stoßen; der Felsblock, die Felsblöcke; felsig; der Felsen, des Felsens, die Felsen; felsenfest; die Felsenwand *und* Felswand; die Felsenschlucht *und* Felsschlucht

die **Feme** (heimliches Gericht), die Femen; das Femegericht; der Fememord

das **Femininum** ► 277 (weibliches Nomen/Hauptwort), die Feminina; der Feminismus; die Feminis|tin; feministisch

der **Fenchel** (Heilkraut); der Fencheltee

das **Fens|ter**, die Fenster; das Fensterbrett; die Fens|ter|ni|sche; der Fensterputzer

die **Ferien** *Plur.;* die großen Ferien

das **Ferkel**, die Ferkel; ferkeln, geferkelt

das **Ferment** (Gärstoff), die Fermente; die Fermentation; fermentieren

fern; fern sein; von fern; von nah und fern; der Ferne Osten (Ostasien); in Fernost; ferner (außerdem); fernerhin; die Ferne, die Fernen; aus der Ferne; die Fernbedienung; das Fernbleiben; der Fernfahrer; das Ferngespräch; das Fernglas; die Fernheizung; der Fernlastzug; das Fernrohr; das Fernschreiben; der Fernschreiber; der Fernseher; der Fernsehapparat; das Fernsehgerät; der Fernsprecher; der Fernunterricht; der Fernverkehr; ferngesteuert; fernmündlich;

fern + Verb
Trennbare Zusammensetzungen:
fernbleiben, sie blieb dem Abschlussfest fern, da sie dem Fest fernblieb, ferngeblieben, fernzubleiben;
entsprechend auch:
sich fernhalten von etwas;

fernliegen, es liegt mir fern,
fernerliegen, nichts soll mir fernerliegen;
fernsehen, ferngesehen;
fernstehen (wenig Beziehung dazu haben);
meist nur im Infinitiv *und* Partizip II:
fernlenken, ferngelenkt;
fernsteuern, ferngesteuert;
fernkopieren, fernkopiert

fern + Adjektiv *oder* **Partizip** ⓘ S. 303
fernliegend,
ein mir fernliegender Gedanke;
fernbeheizt, fernmündlich,
fernschriftlich, fernsichtig

die **Ferse** (Hacke), die Fersen; → Färse

fertig; fertig sein; die Fertigbauweise;
das Fertiggericht; das Fertighaus;
fertigen, gefertigt; die Fertigung;
die Fertigstellung;

fertig + Verb
Getrennt *und* **zusammen** *möglich*:
fertig bekommen *und* fertigbekommen
(eine Arbeit zu Ende bringen);
fertigbringen *und* fertig bringen
(zustande bringen, leisten);
fertig kochen *und* fertigkochen;
fertigkriegen *und* fertig kriegen
(*ugs.* für zustande bringen, leisten);
fertig machen *und* fertigmachen (Arbeit);
sich für etwas fertig machen *und*
fertigmachen;
fertigstellen *und* fertig stellen;
fertig werden *und* fertigwerden
Bei bestimmter Bedeutung
nur trennbare Zusammensetzung:
fertigbekommen (es dahin bringen, dass);
fertigbringen (vollbringen);
fertigmachen (zermürben, besiegen)

der **Fes** (rote Filzkappe), die Fes[e], *auch*
der Fez, die Fez[e]

die **Fessel**, die Fesseln; der Fesselballon;
fesseln, ich fess[e]le; fesselnd;
die Fess[e]lung

das **Fest**, die Fes|te; der Fest|akt;
der Festsaal, die Festsäle;
das Festkomitee, die Festkomitees;
der Festzug, die Festzüge;
der Festtag, des Festtag[e]s, die Festtage;
festtags (an Festtagen); sonn- und festtags;
festtäglich; festlich; die Festlichkeit;
das Fes|tival [*festiwel*], die Festivals

fest, fes|ter, am fes|tes|ten;
fest sein; fest werden;
die Feste (Festung), die Festen;
das Festland; die Festländer; festländisch;
die Feststellung; die Festung;
festigen, gefestigt; die Festigkeit;

fest + Verb
Getrennt zu schreiben,
wenn das Verb *die Betonung trägt:*
fest anbinden; fest anstellen; fest binden
(Buch); fest heften, fest geheftet;
fest klammern; fest knoten;
fest stehen (festen Stand haben);
fest verschließen; fest verschrauben *und*
andere (mit betontem Verb!)

Trennbare Zusammensetzungen,
wenn fest (*und nicht das Verb) die Betonung*
trägt:
festhalten, ich halte mich hier fest, wenn
du dich an dem Griff festhältst,
festgehalten, festzuhalten
entsprechend in Verbindungen von fest *mit*
-beißen, -bleiben, -drehen, -fahren,
-fressen, -frieren, -heften, -klammern,
-kleben, -klemmen, -knoten, -krallen,
-laufen, -legen, -liegen, -machen,
-nehmen, -nageln, -nähen, -saugen,
-schnallen, -schnüren, -schrauben, -setzen,
-sitzen, -stehen, -stecken, -stellen, -treten,
-wachsen, -ziehen, -zurren *u. a.*

fest + Adjektiv *oder* **Partizip** ⓘ S. 303
festgefahren, eine festgefahrene Lage;
festgelegt, die festgelegte Ferienordnung;
festgesetzt, zum festgesetzten Zeitpunkt;
feststehend, die feststehenden Termine;
festverzinsliche Wertpapiere
Getrennt *und* **zusammen** *möglich*:
fest angestellt *und* festangestellt;
fest besoldet *und* festbesoldet;
fest gefügt *und* festgefügt;
fest geschnürt *und* festgeschnürt;
fest umrissen *und* festumrissen;
fest verwurzelt *und* festverwurzelt

die **Fete** *ugs.* (Fest), die Feten
fett, fetter, am fettesten; fett sein;
fett werden; fett essen; fett kochen;
fett gedruckt *und* fettgedruckt;
aber fettarm; fettfrei; fettglänzend;
fettleibig; die Fettleibigkeit; fettreich;
das **Fett**, die Fette; das Fettauge; der Fettfleck;
das Fettnäpfchen; die Fettsäure;
der Fetttropfen *und* Fett-Tropfen

der **Fetzen**, die Fetzen; fetzen, gefetzt
feucht, am feuchtes|ten;
der Feuchtbiotop *und* das Feuchtbiotop;
die Feuchtigkeit; der Feuchtigkeitsgehalt;
feuchtfröhlich; feuchtkalt; feuchtwarm
feudal (vornehm; großartig; *früher* das Lehnswesen betreffend); feudalis|tisch
das **Feuer**, die Feuer; die Feuersbrunst;
die Feuersirene; der Feuerwehrmann,
die Feuerwehrmänner *und* Feuerwehrleute;
das Feuerwerk; das Feuerzeug; feuerfest;
feuergefährlich; feuersicher;
Feuer speiende *und* feuerspeiende Berge;
feurig; feuern, ich feu[e]re, gefeuert
das **Feuilleton** [*föjetong*] (kultureller und unterhaltender Teil der Zeitung)
der **Fez** (heiterer Unsinn; Vergnügen)
der **Fez** (rote Filzkappe) → Fes
ff. = und folgende Seiten
das **Fiasko** (Misserfolg), die Fiaskos
die **Fibel** (erstes Lesebuch), die Fibeln
die **Fiber** (Faser), die Fibern; → Fieber
die **Fichte**, die Fichten; das Fichtelgebirge
fidel (fröhlich; lustig)
der **Fidibus**, die Fidibus *und* die Fidibusse
das **Fieber** (erhöhte Körpertemperatur);
die Fieberkurve; das Fieberthermometer;
fieberfrei; fieberhaft; fieberkrank; fiebrig;
fiebern, ich fieb[e]re, fiebernd; → Fiber
die **Fiedel** (Geige), die Fiedeln;
fiedeln, ich fied[e]le, gefiedelt
die **Figur**, die Figuren; figürlich
die **Fiktion** (Annahme; Erdichtung); fiktiv
das **Filet** [*file*] (Lendenstück), die Filets
das **Filigran** (feine Drahtarbeit)
der **Film**, die Filme; die Filmkamera;
der Filmschauspieler; die Filmschauspielerin; das Filmtheater;
die Filmvorführung; filmen, gefilmt
der **Filou** [filu], die Filous
der **Filter** *und* das Filter; der Filterkaffee;
filtern, ich filt[e]re; filtrieren
der **Filz**; die Filzpantoffeln; der Filzstift; filzig
der **Fimmel**, die Fimmel
das **Finale** (Abschluss; Endspiel), die Finale;
der Finalsatz ►277 (Umstandssatz der Absicht; Umstandssatz des Zwecks)
die **Finanzen** *Plur.*; das Finanzamt; finanziell;
finanzieren
finden ⓘ 282, fand, gefunden; der Finder;
der Finderlohn; findig; der Findling
der **Finger**, die Finger;
fingerfertig; die Fingerfertigkeit;
der Fingerhandschuh; die Fingerkuppe;
das Fingerspitzengefühl; der Fingerzeig;
fingerdick, fingerlang, fingerbreit, *aber*
keinen Finger breit *oder* Fingerbreit
fingieren (vortäuschen), fingiert

das **Finish** (*Sport* Endkampf), die Finishs
die **finite** Verbform ►277
(gebeugte Zeitwortform)
der **Fink**, des Finken, die Finken
Finnland; der Finne, die Finnen;
die Finnin; finnisch ⓘ **deutsch** S. 58
finster; die Finsternis;
im Finstern (in der Dunkelheit);
im Finstern tappen (im Ungewissen sein)
die **Finte**, die Finten
der **Firlefanz**
firm (fest); die Firma, die Firmen;
der Firmenchef; firmieren;
das Firmament (Himmelsgewölbe);
firmen, gefirmt; der Firmling; die Firmung
der **Firn** (Altschnee), die Firne
der **Firnis** (Schutzanstrich), die Firnisse;
firnissen, gefirnisst
der **First** (oberste Dachkante), die Firste
der **Fisch**, die Fische; fischen, du fischst;
der Fischer; das Fischerboot
die **Fisimatenten** *Plur.* (Flausen; Ausflüchte)
der **Fiskus** (Staatskasse); fiskalisch
die **Fistel** (Eitergang), die Fisteln;
die Fistelstimme; fisteln, ich fist[e]le
fit, fitter, am fittes|ten; die Fitness;
das Fitnesscenter; das Fitnesstraining;
das Fitnessstudio *und* Fitness-Studio
der **Fittich** (Flügel), die Fittiche
fix (fest; gewandt), fixer, am fixes|ten;
fix und fertig; das Fixativ; fixieren;
die Fixkosten; der Fixstern;
das Fixum (festes Entgelt), die Fixa
der **Fjord**, die Fjorde
flach; das Flachland, die Flachländer;
die Fläche, die Flächen; flächendeckend;
flächig; flach atmen; flachfallen
(wegfallen); flachliegen (krank sein);
flach drücken/flachdrücken (Teig);
flach klopfen/flachklopfen (Fleisch)
der **Flachs**; das Flachshaar; flachsen (necken)
flackern; flack[e]rig
der **Fladen**, die Fladen; das Fladenbrot
die **Flagge**, die Flaggen; der Flaggenmast;
das Flaggschiff; flaggen, geflaggt
der **Flame** → Flandern
der **Flamingo**, die Flamingos
die **Flamme**, die Flammen; das Flämmchen;
das Flammenmeer; flammen; flämmen
Flandern; der Flame, die Flamen;
die Flamin *und* Flämin; flämisch
der **Flanell** (angerautes Gewebe); flanellen
die **Flanke**, die Flanken; flankieren
der **Flansch**, die Flansche
die **Flasche**, die Flaschen; das Fläschchen;
der Flaschenhals; der Flaschenöffner
flattern; flatt[e]rig; flatterhaft
flau; die Flaute, die Flauten

der **Flaum** (Bauchfeder; erster Bartwuchs); die Flaumfeder; flaumweich; → Pflaume
der **Flausch** (ein Gewebe); der Flauschmantel; die Flausen *Plur.* (törichte Einfälle)
die **Flechte**, die Flechten; das Flechtwerk; flechten ⓘ 282, flocht, geflochten
der **Fleck**, die Fle|cke; das Fleckenwasser; fleckig; flecken, es fleckt, gefleckt; der Flecken (Fleck; Ort), die Flecken
die **Fledermaus**, die Fledermäuse
das **Fleet** (Graben; Kanal), die Fleete
der **Flegel**, die Flegel; die Flegelei; die Flegeljahre; flegelhaft; sich flegeln, ich fleg[e]le mich
flehen, sie fleht, gefleht; flehentlich
das **Fleisch**; Fleisch fressende *und* fleischfressende Pflanzen; die Fleischbrühe; die Fleischklößchen; die Fleischkonserve; der Fleischsalat; fleischfarben, fleischfarbig; fleischig; fleischlich; fleischlos; die Fleischerei; der Fleischermeister
der **Fleiß**; die Fleißarbeit; fleißig
flektieren (*grammat.* beugen); → Flexion
fletschen, du fletschst die Zähne
flexibel (biegsam; beweglich); die Flexibilität; die Flexion ▶ 277 (*grammat.* Beugung); → flektieren
der **Flicken**, die Fli|cken; das Flickwerk; flicken, geflickt
der **Flieder**; der Fliedertee; fliederfarben
die **Fliege**, die Fliegen;
fliegen ⓘ 282, flog, geflogen; der Flieger; die Fliegerin; die Fliegerei; fliegerisch
fliehen ⓘ 282, floh, geflohen, du fliehst; die Fliehburg; die Fliehkraft
die **Fliese**, die Fliesen; der Fliesenleger fliesen (Fliesen legen), du fliest, gefliest
fließen ⓘ 284, floss, geflossen; fließend; das Fließband; das Fließpapier; → Fluss
der **Flimmer**; die Flimmerkiste; flimmern
flink; die Flinkheit
die **Flinte**, die Flinten
der **Flirt** [*flört*], die Flirts; flirten
flitzen, du flitzt; der Flitzer
die **Flo|cke**; das Flöckchen; flockig
der **Floh**, die Flöhe; der Flohmarkt; flöhen, geflöht
der **Flop** (Misserfolg), die Flops; die Floppy Disc (*EDV* als Datenspeicher dienende Magnetplatte), die Floppy Discs, *auch* Floppy Disk, Floppy Disks
der **Flor** (Blütenpracht; Gewebe), die Flore; die Flora (Pflanzenwelt), die Floren; die Floris|tin; florieren (gedeihen)
die **Floskel** (Redensart), die Floskeln
das **Floß**, die Flöße; flößen, geflößt; die Flosse, die Flossen

die **Flöte**, die Flöten; Flöte spielen; flöten; der Flötist, die Flötis|ten; die Flötistin
flott, flotter; flottweg (zügig); → Flotte

flott + Verb
besonders zu beachten:
flott machen – flottmachen
Getrennt zu schreiben:
flott sein, flott machen (etwas zügig und zeitsparend tun; sich beeilen; an Schwung zulegen),
wenn du deine Arbeit so flott machst,
die Arbeit hast du wirklich flott gemacht,
flott zu machen; mach ein bisschen flott!;
entsprechend auch: flott arbeiten;
flott gehen (schnell gehen); ein flott gehendes, *auch* flottgehendes Geschäft;
flott lesen; flott schreiben,
ein flott geschriebener Brief
Trennbare Zusammensetzungen:
flottmachen (Schiff fahrtüchtig machen),
sie machen/machten den Ewer wieder flott, *aber* ehe sie den Ewer flottmachten,
sie haben ihn flottgemacht,
die große Mühe(,) ihn flottzumachen;
entsprechend auch:
flottbekommen (in Gang kriegen)

die **Flotte** (Schiffsverband), die Flotten; die Flottenbasis; der Flottenstützpunkt
das **Flöz** (abbaubare Schicht), die Flöze
der **Fluch**, die Flüche; fluchen, geflucht
die **Flucht**; fluchtartig; fluchtverdächtig; flüchtig; der Flüchtigkeitsfehler; flüchten, geflüchtet; der Flüchtling
der **Flug**, die Flüge; im Fluge; flügge; flugs; das Flugblatt; der Fluggast, die Fluggäste; der Flughafen; der Fluglotse; der Flugzeugführer; der Flugzeugträger; der Flügel, die Flügel; flügellahm
die **Fluktuation** (Wechsel); fluktuieren
die **Flunder**, die Flundern
flunkern, ich flunk[e]re; die Flunkerei
fluoreszierend (unter Strahleneinwirkung leuchtend); die Fluoreszenz
die **Flur** (Feldlandschaft), die Fluren; der Flur (Gang in Häusern), die Flure
der **Fluss**, des Flusses, die Flüsse; flussab; flussabwärts; flussauf; flussaufwärts; das Flüsschen; das Flussbett; die Flussmündung; das Flusspferd; der Flusssand *und* Fluss-Sand; die Flussschifffahrt *und* Fluss-Schiff-Fahrt; die Flussregulierung; das Flussufer;
flüssig; Eisen flüssig machen; Geld flüssigmachen; die Flüssigkeit; das Flüssigkeitsmaß
flüstern, ich flüstere, geflüstert

die **Flut**, die Fluten; das Flutlicht; fluten
der **Föderalismus** (Selbständigkeit von Teilen des Gesamtstaates); föderalis|tisch; die Föderation; föderal; föderativ
das **Fohlen**, die Fohlen
der **Föhn** (warmer Fallwind, elektrischer Haartrockner), die Föhne; föhnen, geföhnt
die **Föhre** (die Kiefer), die Föhren
die **Folie**, die Folien; folienverpackt
die **Folge**, die Folgen; Folge leisten; zur Folge haben; das wird Folgen haben; in der Folge, *aber* infolge; infolgedessen; zufolge; demzufolge; folglich; folgendermaßen; ich rate dir Folgendes; die Folgeerscheinung; die Folgerichtigkeit; der Folgesatz *oder* Umstandssatz der Folge ► Konsekutivsatz 279; folgenschwer; folgerichtig; folgewidrig; folgen, es folgt, gefolgt; **folgend** ⓘ; folgern, ich folgere; die Folgerung
die **Folklore** (Volkstümliches)
die **Folter**, die Foltern; foltern, gefoltert
Fon, -fon → phon
der **Fonds** [*fo~~ng~~*] (Geldvorrat), die Fonds [-*ß*]
das **Fondue** *und* die Fondue [*fo~~ng~~dü*], die Fondues
fonografisch (lautgetreu), *auch* phonographisch
der **Font** (Setzkasten; *EDV* vollständiger Zeichensatz einer Schrift für den Computer/Drucker), die Fonts
die **Fontäne** (Springbrunnen), die Fontänen
foppen (necken), du foppst, gefoppt
forcieren (erzwingen; verstärken), forciert
die **Förde** (schmale Meeresbucht), die Förden
fordern, ich fordere; die Forderung
fördern, ich fördere; der Förderkurs; die Förderstufe; die Förderung; förderungswürdig; förderlich
die **Forelle**, die Forellen
die **Forke**, die Forken
die **Form**, die Formen; das Förmchen; formlos; formschön; formvollendet; formal (der Form nach); die Formalie; die Formalität, die Formalitäten; das Format, die Formate; die Formation; formieren, formiert; formell; formen, geformt; die Formung; förmlich; die Förmlichkeit; das Formular, die Formulare; formulieren; die Formulierung
formatieren (*EDV* Daten anordnen; gemäß einem Datenträger, *z. B.* Festplatte, Diskette, beschreibbar, lesbar machen; Dateien gestalten); die Formatierung
forsch, forscher, am forsches|ten
forschen, du forschst; der Forscher; die Forscherin; die Forschung
der **Forst**, die Fors|te *und* Forsten; der Forstmann, die Forstmänner *und* Forstleute; der Förster; die Försterei
das **Fort** [*for*] (Festungswerk), die Forts

folgend ⓘ

Kleinschreibung,	*wenn* **folgend** *das Adjektiv eines genannten Substantivs ist:* das folgende Kapitel; folgende interessante Berichte; Ich nehme morgen früh den ersten Bus oder den folgenden. Der nächste Zug ist ein Intercity-Zug, die beiden folgenden sind Interregios.
Hinweise in Büchern	S. 33 f. = Seite 33 und folgende Seite S. 88 ff. = Seite 88 und folgende Seiten
Großschreibung	
jemand, der hinter einem anderen herkommt oder hergeht	der Folgende, die Folgende, das Folgende; Der dem Musikzug Folgende ist der neue Schützenkönig. Der Forscher stieg in die Höhle; die ihm Folgenden waren Reporter.
die folgenden Ausführungen, das später Geschehende	das Folgende; aus dem Folgenden; durch das Folgende; mit dem Folgenden; nach dem Folgenden; von dem Folgenden; mit, nach, von Folgendem
für weiter unten im Text	im Folgenden; in Folgendem
Folgendes, was (*nicht* das)	Dazu kommt aber Folgendes, was wir bisher nicht bedacht haben. Ich denke an Folgendes, was nicht übersehen werden darf.

fort; fort sein; fortan; und so fort ⟨usf.⟩;
in einem fort; immerfort (dauernd);
fortlaufend;
der Fortbestand; die Fortbewegung;
der Fortbildungskurs; in Fortfall kommen;
das Fortkommen; die Fortpflanzung;
die Fortsetzung; die Fortgeschrittenen;
der Fortschritt; fortschrittlich;

fort + Verb
Trennbare Zusammensetzungen:
fortfahren (wegfahren; weitermachen),
sie fährt/fuhr gleich fort,
aber ehe sie fortfährt/fortfuhr,
sie ist fortgefahren, fortzufahren;
entsprechend auch viele andere, z. B.:
fortbestehen; fortbewegen; fortbilden;
fortbleiben; fortbringen; fortdauern;
forteilen; fortentwickeln; fortfallen;
fortfliegen; fortführen; fortgeben;
fortgehen; fortjagen; fortkommen;
fortkönnen; fortlassen; fortlaufen;
fortleben; fortmüssen; fortnehmen;
fortpflanzen; fortreisen; fortreißen;
fortrennen; fortschaffen; fortschicken;
fortschreiben (fortlaufend ergänzen);
fortschreiten; fortsetzen; forttragen;
fortwerfen; fortwollen; fortziehen

das **Forum** (Öffentlichkeit; öffentliche Diskussion), die Foren *und* Fora
das **Fossil** (versteinerter Rest eines Lebewesens), die Fossilien;
fossile Brennstoffe (*z. B.* Kohle und Öl)
das **Foto**, die Fotos, fotografieren (*nur mit* f);
alle Folgenden auch mit Ph, ph, *z. B.* Photograph, Photographie;
das Fotoalbum; der Fotoapparat;
das Fotoatelier [*-atlje*]; der Fotograf;
die Fotografin; die Fotografie;
fotografieren; fotografisch; die Fotokopie;
fotokopieren; die Fotomontage [*-tasche*];
der Fotoreporter; die Fotothek (Fotosammlung); fotogen
das **Foul** [*faul*] (Regelverstoß), die Fouls;
foul (regelwidrig)
das **Fo|yer** [*foaje*] (Vorraum), die Foyers
die **Fracht**, die Frachten; der Frachtbrief;
der Frachter (Frachtschiff); das Frachtgut;
der Frachtverkehr
der **Frack**, die Fräcke *und* Fracks
die **Frage**, die Fragen;
infrage kommen, infrage stellen, *auch* in Frage kommen, in Frage stellen;
die Infragestellung;
der Fragesatz (der Interrogativsatz);
das Frage-und-Antwort-Spiel;
das Fragezeichen ⓘ 307; fraglich; fraglos;
fragwürdig; die Fragwürdigkeit;
fragen, du fragst, sie fragt, sie fragte, gefragt; ein gefragter Artikel;
das fragende Fürwort
► das Interrogativpronomen 278
das **Fragment** (Bruchstück), die Fragmente;
fragmentarisch;
die **Fraktion** (Vertretung einer Partei im Parlament); die Fraktionsdisziplin;
die Fraktionsstärke; der, die Fraktionsvorsitzende; der Fraktionszwang;
die Fraktur (eine Schrift; Knochenbruch), die Frakturen
frank; frank und frei;
Franken; der Franke, die Franken;
die Fränkin; fränkisch;
frankieren (freimachen);
franko (portofrei);
Frankreich; der Franzose, die Franzosen;
die Französin, die Französinnen;
französisch; die französische Küste, *aber* die Französische Revolution (1789–1794);
französisch sprechen (in französischer Sprache); auf Französisch;
Französisch (Sprache; Unterrichtsfach);
er spricht, schreibt, lehrt, lernt Französisch;
das Französische; im Französischen;
ins Französische übersetzen;
ⓘ **deutsch** S. 5
die **Franse**, die Fransen; fransen, es franst
der **Frappee** (Stoff), *auch* Frappé;
das Frappee (Getränk), *auch* Frappé
die **Fräse**, die Fräsen; fräsen, gefräst
der **Fraß**; er fraß → fressen
die **Fratze**, die Fratzen; fratzenhaft
die **Frau** ⟨Fr.⟩, die Frauen; fraulich;
das Fräulein ⟨Frl.⟩, die Fräulein
frech; der Frechdachs; die Frechheit

frei, am freis|ten; frei sein; im Freien;
freie Berufe; freie Fahrt; auf freien Fuß setzen; freies Geleit; die freie Marktwirtschaft; freie Wahlen; die Freie Demokratische Partei ⟨FDP, *parteiamtlich* F.D.P.⟩;
die Freie und Hansestadt Hamburg;
die Freie Hansestadt Bremen; der Freihafen;
die Freihandelszone; die Freilichtbühne;
das Freilichtmuseum;
die Freiheit; freiheitlich; freiheitsliebend;
der Freiheitsdrang; der Freiheitskampf;
die Freiheitsliebe; die Freiheitsstatue (*in der Hafeneinfahrt von New York*);
die Freisprechung; der Freispruch;
der Freistaat; der Freistil; der Freistoß;
die Freizeit; freigebig; die Freigebigkeit;
freihändig; freilich; freimütig;
freiwillig; der Freiwillige; die Freiwilligkeit;
freizügig; die Freizügigkeit;

frei + Verb
Getrennt zu schreiben:
sich frei bewegen; frei bleiben, *aber* freibleibend (*kaufm.* ohne Verpflichtung); eine Rede frei halten; frei laufen (Hund); freiheraus sagen; *beim Vortrag* frei sprechen; frei stehen, ein frei stehendes *und* freistehendes Haus
Trennbare Zusammensetzungen:
sich freischwimmen (die Leistung für das Freischwimmerzeugnis erbringen), sie schwimmt sich frei, *aber* ehe sie sich freischwimmt, freigeschwommen, freizuschwimmen; *entsprechend auch:*
freigeben (*z. B. Straße für den Verkehr*); jemanden freihalten (für ihn bezahlen); freihalten (*einen Sitzplatz, die Einfahrt*), den Gehweg von Schnee freihalten; freikommen (*aus Vertrag, Gefahr, Haft*); sich freilaufen (*beim Feldspiel*); freimachen (frankieren); freipressen; freisetzen (*z. B. Energien, Kräfte*); freisprechen (von Schuld; Gesellenbrief überreichen); freistehen (erlaubt sein), weil das doch jedem freisteht; freistellen (erlauben; für andere Aufgaben von der Arbeit befreien)
Getrennt *und* **zusammen** *möglich*:
frei bekommen *und* freibekommen (Geisel); frei haben *und* freihaben (arbeitsfrei); frei halten *und* freihalten (den Rücken); frei kratzen *und* freikratzen (Scheibe); frei lassen *und* freilassen (Gefangene); frei legen *und* freilegen (Wurzel, Mauer); frei machen *und* freimachen (den Weg); frei nehmen *und* freinehmen (arbeitsfrei)

freien (heiraten), gefreit; der Freier
der **Freitag** ⟨Fr.⟩, des Freitag[e]s, die Freitage; freitags (an Freitagen); *in Verbindung mit Tageszeiten* ⓘ **Dienstag** S. 61
fremd; die Fremde; in der Fremde; der Fremde, die Fremden; der Fremdling; der Fremdenverkehr; die Fremdherrschaft; die Fremdsprache; das Fremdwort; fremdsprachig (in einer anderen Sprache gesprochen oder geschrieben); fremdsprachlich (andere Sprachen betreffend)
frenetisch (rasend); frenetischer Beifall
die **Frequenz**, die Frequenzen; frequentieren
die **Freske** *und* das **Fresko** (Wandmalerei), die Fresken
fressen ⓘ 284, fraß, gefressen, er frisst; der Fresser; die Fresserei; der Fressnapf

die **Freude**, die Freuden; in Freud und Leid; das Freudengeheul; freudig; freudlos; freudestrahlend, *aber* vor Freude strahlend
der **Freund**, die Freunde; gut Freund sein; jemandes Freund sein, bleiben, werden; die Freundin, die Freundinnen; freundlich; die Freundlichkeit; die Freundschaft; freundschaftlich
der **Frevel**, die Frevel; frevelhaft; freveln, ich frev[e]le; der Frevler
der **Friede** *und* **Frieden**, des Friedens; die Friedensliebe; der Friedensnobelpreis; die Friedenspolitik: der Friedensschluss; der Frieden[s]störer; der Friedensvertrag; der Friedhof, die Friedhöfe; friedfertig; die Friedfertigkeit; friedlich; die Friedlichkeit; friedliebend; friedlos; friedvoll
frieren ⓘ 284, fror, gefroren
der **Fries** (Zierstreifen), die Friese
Friesland; der Friese, die Friesen; die Friesin; friesisch
die **Frikadelle**, die Frikadellen; das Frikassee
das **Frisbee** [*-bi*] (Wurfscheibe), die Frisbees

frisch, am frischesten; frisch sein; frischweg; auf frischer Tat ertappen; das Frische Haff; die Frische Nehrung; das Frischfleisch; der Frischhaltebeutel; die Frische; in alter Frische; der Frischling (junges Wildschwein);

frisch + Verb
Getrennt zu schreiben:
frisch sein; frisch bleiben; frisch halten; frisch anrichten; frisch streichen; frisch verbinden; frisch verputzen
Getrennt *und* **zusammen** *möglich*:
sich frisch machen *und* frischmachen

frisch + Adjektiv *oder* **Partizip** ⓘ S. 303
frisch-fröhlich;
frisch gebackenes/frischgebackenes Brot, *aber nur* ein frischgebackenes Ehepaar;
frisch gefallener Schnee;
frisch gelegte Eier;
frisch gestrichene/frischgestrichene Zäune;
frisch gewaschene/frischgewaschene Hemden

der **Friseur** [*-sör*], die Friseure, *auch* der Frisör, die Frisöre; die Friseurin *und* Frisörin, *auch* Friseuse [*-söse*], die Friseusen; frisieren; die Frisur, die Frisuren
die **Frist**, die Fris|ten; fristen; frist|los
die **Fritteuse** [*-töse*], die Fritteusen; frittieren

frivol (leichtfertig); die Frivolität
froh, froher, am froh[e]s|ten;
froh gelaunt/frohgelaunt; frohgemut;
die Frohe Botschaft (das Evangelium);
fröhlich; die Fröhlichkeit; der Frohsinn;
frohen Sinnes; frohlocken, frohlockt
fromm, frommer, am fromms|ten *und*
fromm, frömmer, am frömms|ten;
die Frömmigkeit
der **Frondienst** (Arbeit für den Lehnsherrn);
Fronleichnam (katholisches Fest);
frönen (einer Leidenschaft huldigen)
die **Front**, die Fronten; der Frontantrieb;
frontal (von vorn); der Frontalangriff;
der Frontalzusammenstoß
der **Frosch**, die Frösche; der Froschlaich;
aus der Froschperspektive
der **Frost**, die Frös|te; frosten, gefrostet;
frostig; frostbeständig; frostfest; frostfrei;
frostklar; frostklirrend;
die Frostbeule; der Frostschaden;
das Frostschutzmittel; fröst[e]lig;
frösteln, ich fröst[e]le, mich fröstelt
der **Frottee** *und* das Frottee, das Frotteehand-
tuch, *auch* Frotté, Frottéhandtuch;
frottieren; das Frottiertuch
frotzeln, ich frotz[e]le; die Frotzelei
die **Frucht**, die Früchte; der Fruchtsaft;
fruchtbar; die Fruchtbarkeit; fruchtlos;
Frucht bringend *und* fruchtbringend;
Frucht tragende/fruchttragende Bäume;
fruchten, gefruchtet
früh, früher, am früh[e]s|ten; früh[e]stens;
morgen früh/morgen Früh; frühmorgens;
von morgens früh bis abends spät;
früh verstorben *und* frühverstorben;
früh vollendet *und* frühvollendet;
frühzeitig; allzu früh; früher (ehemals);
die Frühe; in der Frühe; in aller Frühe;
der Frühaufsteher; das Frühjahr;
der Frühling; der Frühlingsanfang;
das Frühstück; frühstücken, gefrühstückt
die **Fruktose** (Fruchtzucker), *auch* Fructose
die **Frustration** (Enttäuschung),
kurz der Frust; frustrieren, frustriert
der **Fuchs**, die Füchse; eine Füchsin;
der Fuchsbau, die Fuchsbaue; die
Fuchsjagd; der Fuchsschwanz; fuchsig;
fuchsteufelswild; fuchsen, gefuchst
fuchteln, ich fucht[e]le, gefuchtelt
das **Fuder**, die Fuder; fuderweise
mit **Fug** und Recht; die Fuge (Ritze; Spalte),
die Fugen; fugenlos; fugen, gefugt;
fügen, gefügt; fügsam; die Fügung
die **Fuge** (Musikstück mit besonderem
Aufbau), die Fugen; der Fugenstil
fühlen, gefühlt; fühlbar; der Fühler;
Fühlung nehmen; die Fühlungnahme

die **Fuhre**, die Fuhren; der Fuhrmann,
die Fuhrmänner *und* Fuhrleute;
der Fuhrpark; das Fuhrunternehmen;
das Fuhrwerk; fuhrwerken, gefuhrwerkt;
führen, geführt; Buch führen; der Führer;
die Führerin; führerlos;
den Hund spazieren führen;
der Führerschein; die Führung
füllen, gefüllt; der Füllfederhalter;
der Füller; das Füllsel; die Füllung
das **Füllen** (Fohlen), die Füllen
der **Fulltimejob** *und* Fulltime-Job
fummeln, ich fumm[e]le, gefummelt
der **Fund**, die Funde; das Fundbüro;
die Fundgrube; der Fundort;
die Fundsache; die Fundstätte; fündig
das **Fundament**, die Fundamente; fundieren;
fundamental (grundlegend;
schwerwiegend); der Fundamentalismus
fünf ⓘ **acht, 8.; achtel** S. 10;
bis fünf zählen; wir sind fünf; wir fünf;
da kommen die fünf; einer von uns
fünfen; zu fünfen; zu fünft;
die Fünf, die Fünfen; eine Fünf würfeln;
die Note „Fünf"; eine Fünf in Englisch;
der fünfte Tag; heute ist der Fünfte;
fünftens; fünftel, das Fünftel; fünferlei;
fünffach; das Fünffache; fünfmal;
fünfarmig; fünfjährig; fünfmalig;
fünfstimmig; fünfstöckig;
das Fünfeck; das Fünfmarkstück,
das 5-Mark-Stück; fünfmarkstückgroß;
die Fünfprozentklausel, die 5%-Klausel,
die 5-Prozent-Klausel; die Fünftagewoche;
der Fünftonner, der 5-Tonner; fünfzig;
fünfhundert; fünftausend; fünf Millionen;
fünf Milliarden;
fünfzehn, 50, 500 ⓘ **achtzehn** S. 11
fungieren (tätig sein)
der **Funk**; der Funk|amateur [-*tör*]; der Funker;
der Funkspruch; der Funkstreifenwagen;
der Funkturm; funken, gefunkt;
der Funke *und* Funken, die Funken;
ein Funken sprühendes/funkensprühendes
Feuer; das Fünkchen; der Funkenflug;
funkeln, gefunkelt; funkelnagelneu
die **Funktion** (Tätigkeit; Amt);
funktional, funktionell; funktionieren;
funktionsfähig; funktionstüchtig;
der Funktionär, die Funktionäre
für; für und wider; das Für und Wider
die **Fürbitte**; fürbitten
die **Furche**, die Furchen; furchen, gefurcht;
furchig
die **Furcht**; furchtbar; furchtlos; furchtsam;
Furcht einflößende/furchteinflößende
Filme; Furcht erregende/furchterregende
Töne; fürchten, gefürchtet; fürchterlich

F f

fürei|nander, fürein|ander

füreinander + Verb
Getrennt zu schreiben:
füreinander da sein, füreinander da gewesen, füreinander da zu sein; füreinander einstehen, da sie füreinander einstehen/einstanden, füreinander eingestanden, füreinander einzustehen; füreinander leben, füreinander zu leben

die **Furie** (römische Rachegöttin), die Furien
fürliebnehmen *alt* (vorliebnehmen), solange sie damit fürliebnimmt/-nahm, fürliebgenommen, fürliebzunehmen
das **Furnier**, die Furniere; das Furnierholz; furnieren, furniert
die **Furore** *und* das Furore; Furore machen (Aufsehen erregen; Beachtung finden)
fürs (für das); fürs Erste
die **Fürsorge**; der Fürsorgeempfänger; die Fürsorgerin; fürsorglich; die Fürsorglichkeit
die **Fürsprache**; der Fürsprecher
der **Fürst**, des Fürsten, die Fürsten; die Fürs|tin, die Fürstinnen; fürst|lich; der Fürstbischof, die Fürstbischöfe; das Fürstentum, die Fürstentümer
die **Furt**, die Furten
der **Furunkel** *und* das Furunkel (Geschwür), die Furunkel
das **Fürwort** ► das Pronomen 281, die Fürwörter
der **Fusel** *ugs.* (schlechter Branntwein)
die **Fusion** (Zusammenschluss); fusionieren
die **Fussel** *und* der Fussel (Faserstück; kurzes Stück Faden), die Fusseln; fuss[e]lig
der **Fuß**, die Füße; das Füßchen; Fuß fassen; zu Fuß gehen; zu Fuß laufen; gut zu Fuß; der Fußball; Fußball spielen, *aber* das Fußballspielen; das Fußballspiel; das Fußballländerspiel *und* Fußball-Länderspiel; die Fußballmannschaft; die Fußballmeisterschaft; der Fußballtrainer; der Fußballbundestrainer; die Fußballweltmeisterschaft; der Fußgänger; die Fußgängerampel; der Fußgängerüberweg; die Fußgängerzone; die Fußstapfen; der Fußtritt; fußbreit, *aber* fünf Fuß breit; keinen Fußbreit/Fuß breit hergeben; fußhoch, *aber* vier Fuß hoch; fußlang, *aber* drei Fuß lang; fußtief, *aber* zwei Fuß tief; fußen (beruhen auf; sich herleiten von)
das **Futter**; futtern *ugs.*, ich futtere; füttern (Futter geben), ich füttere; das Futterhäus|chen; der Futtertrog
das **Futter** (Stoffschicht); füttern (Stoffschicht einnähen), gefüttert; das Futteral, die Futterale
das **Futur** ► 278 (*grammatisch* die Zukunft); die Futurologie (Zukunftsforschung)

G

g = Gramm; 250 Gramm ⟨250 g⟩
die **Gabe**, die Gaben
die **Gabel**, die Gabeln; sich gabeln; der Gabelstapler; die Gabelweihe
gackern, gegackert; das Gega|cker
gaffen, gegafft; der Gaffer
der **Gag** [*gäg*] (witziger Einfall), die Gags
die **Gage** [*gasche*] (Gehalt), die Gagen
gähnen, gegähnt; gähnende Leere
galant (höflich, aufmerksam)
die **Galaxie** (großes Sternsystem), die Galaxien; die Galaxis (die Milchstraße; Sternsystem); galaktisch (zu den großen Sternsystemen gehörend)
die **Galeere** (Ruderkriegsschiff), die Galeeren
die **Galerie**, die Galerien; der Galerist
der **Galgen**, die Galgen; die Galgenfrist; der Galgenhumor; der Galgenvogel
die **Galle**, die Gallen; die Gallenblase; Galle spuckend; galle[n]bitter; gallig
die **Gallerte** *und* das Gallert; gallertartig
der **Galopp**; im Galopp; galoppieren
gammeln *ugs.*, ich gamm[e]le; gamm[e]lig; der Gammler; die Gammlerin
die **Gämse**, die Gämsen; der Gämsbock; *Jägersprache* die Gams *und* der Gams, *Plur.* die Gams *und* Gamsen; der Gamsbart *und* der Gämsbart
der **Gang**, die Gänge; gang und gäbe; gangbar; gängig; im Gange sein; in Gang bringen; in Gang halten; in Gang setzen; die Gangart; die Gangschaltung; gängeln, ich gäng[e]le; die Gängelei
der **Gangs|ter** [*gängster*], die Gangster; die Gangsterin; die Gangsterbande; der Gangsterboss; das Gangstertum
die **Gangway** [*gängwe*] (Zugang zu Schiffen und Flugzeugen), die Gangways
der **Ganove** (Gauner, Betrüger), die Ganoven
die **Gans**, die Gänse; das Gänseblümchen; der Gänsebraten; die Gänsefüßchen *Plur.* (Anführungsstriche); die Gänsehaut; der Gänsemarsch; der Ganter (Gänserich)
ganz; ganz groß; etwas ganz machen *und* ganzmachen (reparieren); ganz Deutschland; ganz Europa; das Ganze; im Ganzen; das große Ganze; im großen Ganzen; im Großen und Ganzen; ein Ganzes; ein großes Ganzes; als Ganzes; fürs Ganze; aufs Ganze gehen; es geht ums Ganze; in Gänze; gänzlich; die Ganzheit; ganzheitlich; ganzjährig; ganztägig; die Ganztagsschule
gar (ganz, sehr, sogar); ganz und gar; gar nicht; gar nichts; gar kein; gar sehr; nimm das nicht gar so ernst!; jemandem den Garaus machen;
gar (fertig gekocht); gar gekochtes *und* gargekochtes Fleisch; → garen
die **Garage**, die Garagen
die **Garantie**, die Garantien; garantieren
die **Garbe**, die Garben
die **Garderobe**, die Garderoben
die **Gardine**, die Gardinen
garen, gegart; die Garzeit
gären ⓘ 284, gor, gegoren *und* gären, gärte, gegärt; die Gärung
das **Garn**, die Garne
gar nicht; gar nichts
garnieren, garniert; die Garnierung; die Garnitur, die Garnituren; die Garnison (Militärstandort), die Garnisonen
garstig; die Garstigkeit
der **Garten**, die Gärten; die Gärtnerei; der Gärtner; die Gärtnerin
das **Gas**, die Gase; Gas geben, gib Gas!; die Gasheizung; das Gaspedal; der Gasometer; das Gaswerk; gasförmig
die **Gasse**, die Gassen; das Gässchen
der **Gast**, die Gäs|te; der Gastarbeiter; das Gasthaus, die Gasthäuser; die Gaststätte; der Gastwirt; die Gastwirtschaft; gastfrei; gastlich; die Gastlichkeit; gastfreundlich; die Gastfreundschaft
die **Gastronomie** (feine Kochkunst); der Gastronom; gastronomisch
der **Gatte**, die Gatten; die Gattin; die Gattung
das **Gatter** (Gitter; Zaun), die Gatter
der **GAU** = der größte anzunehmende Unfall
gaukeln, ich gauk[e]le dir was vor; der Gaukler; die Gaukelei
der **Gaul**, die Gäule
der **Gaumen**, die Gaumen; der Gaumenschmaus
der **Gauner**, die Gauner; die Gaunerei; gaunerisch; gaunern, ich gaunere
die **Gaze** [*gase*] (durchsichtiges Gewebe)
die **Gazelle** (Antilopenart), die Gazellen
geb. = geboren *und* geborene, *z. B.* Lina Winter(,) geb. Lenz

das **Gebäck**, die Gebäcke; das Gebackene
das **Gebälk**
die **Gebärde**; sich gebärden; das Gebaren; gebären ⓘ 284, gebar, geboren; die Gebärmutter
das **Gebäude**, die Gebäude; der Gebäudekomplex
geben ⓘ 284, gab, gegeben, es gibt, gib!; gebefreudig; der Geber; die Geberin
das **Gebet**, die Gebete; das Gebetbuch
die **gebeugte** Verbform ► die finite Verbform 277
das **Gebiet**, die Gebiete; der Gebieter; gebieten ⓘ bieten 282; gebieterisch
das **Gebilde**, die Gebilde; gebildet; der Gebildete, die Gebildeten
das **Gebirge**, die Gebirge; gebirgig
das **Gebiss**, des Gebisses, die Gebisse
das **Gebläse**
geboren ⟨geb.⟩; geborene → geb.
das **Gebot**, die Gebote; zu Gebote stehen
der **Gebrauch**; die Gebrauchsanweisung; der Gebrauchsgegenstand; gebrauchsfertig; gebrauchen, gebraucht; der Gebrauchtwagen; gebräuchlich
das **Gebrechen**; gebrechlich
die **Gebrüder** *Plur.* ⟨Gebr.⟩
die **Gebühr**, die Gebühren; gebührenfrei; die Gebührenerhöhung; gebührenpflichtig; gebührend; über Gebühr
die **Geburt**, die Geburten; geburtenschwach; geburtenstark; gebürtig; der Geburtstag; die Geburtstagsparty
das **Gedächtnis**, des Gedächtnisses
der **Gedanke**, des Gedankens, die Gedanken; der Gedankenstrich ⓘ 312; gedankenlos; gedankenvoll; gedanklich
das **Gedeck**, die Gedecke
gedeihen ⓘ 284, gedieh, gediehen; auf Gedeih und Verderb; das Gedeihen; gedeihlich
gedenken ⓘ denken 282; das Gedenken; die Gedenkstätte; der Gedenktag
das **Gedicht**, die Gedichte
gediegen; die Gediegenheit
das **Gedränge**; gedrängt voll
die **Geduld**; die Geduldsprobe; das Geduld[s]spiel; sich gedulden; geduldig
die **Geest** (das weniger fruchtbare Land im Küstengebiet), die Gees|ten
die **Gefahr**, die Gefahren; Gefahr laufen; Gefahr bringend *und* gefahrbringend; die Gefahrenquelle; gefahrlos; gefahrvoll; gefährden, gefährdet; die Gefährdung; gefährlich; die Gefährlichkeit
das **Gefährt**, die Gefährte; der Gefährte, die Gefährten; die Gefährtin
das **Gefälle**; die Gefällstrecke;
gefallen ⓘ fallen 282, das gefällt mir; sich etwas gefallen lassen; das Gefallen; hast du Gefallen daran?; der Gefallen; einen Gefallen tun; gefällig; gefälligst; die Gefälligkeit;
gefallen ⟨gef.⟩ (im Krieg zu Tode gekommen); der Gefallene, die Gefallenen
der **Gefangene**, die Gefangenen; die Gefangennahme; die Gefangenschaft; gefangen halten, der Dieb wurde gefangen gehalten, *aber* der gefangen gehaltene *oder* gefangengehaltene Dieb; *so auch* gefangen nehmen, gefangen setzen; das Gefängnis, die Gefängnisse; die Gefängnisinsassen; die Gefängnisstrafe; die Gefängniszelle
das **Gefäß**, die Gefäße;
gefasst sein; die Gefasstheit
das **Gefecht**, die Gefechte; gefechtsbereit
gefeit (sicher; geschützt)
das **Gefieder**; gefiedert
das **Gefilde** (die Landschaft), die Gefilde
das **Geflecht**, die Geflechte
gefleckt, bunt gefleckt *und* buntgefleckt
geflissentlich
das **Geflügel**; die Geflügelfarm; die Geflügelschere; die Geflügelzucht; geflügelt; ein geflügeltes Wort
das **Geflüster**
das **Gefolge**; die Gefolgschaft
gefräßig; die Gefräßigkeit
gefrieren ⓘ frieren 284; die Gefrierkette; der Gefrierpunkt; der Gefrierschrank; die Gefriertruhe; gefriergetrocknet; das Gefror[e]ne
das **Gefüge**; gefügig; die Gefügigkeit
das **Gefühl**, die Gefühle; gefühlsarm; gefühlsecht; gefühlsmäßig; gefühlvoll; gefühllos; die Gefühllosigkeit
gegeben; es ist das Gegebene (Richtige); gegebenenfalls ⟨ggf.⟩; die Gegebenheit

gegen; gegen eins; gegen Mittag

gegen + Verb
Trennbare Zusammensetzungen:
gegenzeichnen (zweite Unterschrift leisten), ich zeichne/zeichnete gegen, *aber* bevor ich gegenzeichne/gegenzeichnete, gegengezeichnet, gegenzuzeichnen;
entsprechend auch:
gegenbuchen; gegenfragen; gegenlenken; gegenlesen (als Zweiter kontrollieren); gegenrechnen; gegenrudern; gegensprechen; gegensteuern

das **Gegenargument**, die Gegenargumente
der **Gegenbeweis**, die Gegenbeweise
die **Gegend**, die Gegenden

gegenei|nander, gegenein|ander;

gegeneinander + Verb
Getrennt zu schreiben:
gegeneinander abwägen; gegeneinander antreten; gegeneinander kämpfen
Trennbare Zusammensetzungen:
gegeneinanderprallen, sie prallten gegeneinander, gegeneinandergeprallt;
entsprechend auch: gegeneinanderhalten; gegeneinanderpressen; gegeneinanderstoßen

die **Gegenfahrbahn**
gegenläufig
der **Gegensatz**, die Gegensätze; gegensätzlich
gegenseitig; auf Gegenseitigkeit ⟨a. G.⟩
die **Gegensprechanlage**
der **Gegenstand**, die Gegenstände; gegenständlich; das gegenständliche Hauptwort ► das Konkretum 279; gegenstandslos
das **Gegenteil**; im Gegenteil; gegenteilig

gegenüber; gegenüber der Schule; der Schule gegenüber; mein Gegenüber;

gegenüber + Verb
Getrennt zu schreiben:
gegenüber aufstellen; sich gegenüber befinden, gegenüber befindet sich ...; gegenüber erscheint jetzt ...;
Trennbare Zusammensetzungen:
gegenüberliegen, das Weindorf liegt gegenüber, das Dorf, das gegenüberliegt; gegenübergelegen, gegenüberzuliegen, *aber* gegenüber liegt ein Weindorf;
entsprechend auch:
gegenübersitzen, der Herr, der mir gegenübersitzt/gegenübersaß, *aber* mir gegenüber sitzt eine Dame aus Dresden;
gegenüberstehen, die Turnhalle, die der Schule gegenübersteht/gegenüberstand;
gegenüberstellen, gegenübergestellt;
gegenübertreten, gegenübergetreten

der **Gegenverkehr**; der Gegenvorschag
die **Gegenwart**, *grammatisch* ► das Präsens 281; gegenwärtig; gegenwartsnah[e]
der **Gegner**, die Gegner; gegnerisch
das **Gehalt** (Lohn), die Gehälter; der Gehalt (Inhalt), die Gehalte; gehaltvoll
gehandikapt [*gehändikäpt*] (behindert)
gehässig; die Gehässigkeit
das **Gehäuse**, die Gehäuse
gehbehindert; die Gehbehinderten
das **Gehege**, die Gehege

geheim; streng geheim; im Geheimen; die Geheimhaltung; die Geheimnummer; der Geheimtipp; die Geheimtuerei; das Geheimnis, die Geheimnisse; die Geheimnistuerei; geheimnistuerisch; die Geheimniskrämerei; geheimnisvoll;

geheim + Verb
Getrennt zu schreiben:
geheim halten, sie halten ihr Versteck geheim, geheim gehalten, geheim zu halten
entsprechend auch:
geheim bleiben; sich geheim treffen;
Trennbare Zusammensetzung:
geheimtun, sie tun sehr geheim, geheimgetan, geheimzutun

das **Geheiß**; auf Geheiß
gehemmt (schüchtern; unsicher)
gehen ⓘ 284, ging, gegangen; baden gehen; schlafen gehen; nach Hause gehen; → spazieren gehen; jemanden gehen lassen, *aber* sich gehen lassen/gehenlassen ⓘ 284; die Gehhilfe; der Gehsteig; der Gehweg
der **Gehängte** *und* der Gehenkte
geheuer, das ist mir nicht ganz geheuer
der **Gehilfe**, die Gehilfen; die Gehilfin; der Gehilfenbrief; die Gehilfenprüfung
das **Gehirn**; die Gehirnerschütterung
das **Gehöft**, die Gehöfte
das **Gehölz**, die Gehölze
das **Gehör**; der Gehörgang; gehörlos; der Gehörlose, die Gehörlosen; gehörgeschädigt; die Gehörgeschädigten; gehören, gehört; gehörig; gehorchen; gehorsam; der Gehorsam; die Gehorsamkeit
die **Gehrung** (Schrägschnitt in Holz); die Gehrungssäge
der **Geier**, die Geier
die **Geige**, die Geigen; der Geigenbauer; die Geigensaite; geigen, gegeigt
die **Geisel**, die Geiseln; Geiseln nehmen; die Geiselnahme (Gefangennahme zur Durchsetzung von Forderungen); → Geißel
der **Geiser** (springende heiße Quelle), die Geiser, *auch* Geysir, Geysire
die **Geiß** (Ziege), die Geißen; das Geißlein
die **Geißel** (Peitsche; Plage), die Geißeln; geißeln, gegeißelt; → Geisel
der **Geist**, die Geis|ter; die Geisterbahn; der Geisterfahrer; geistesabwesend; geistesgegenwärtig; geistesgestört; geisteskrank; geist|reich; geisttötend; geistvoll; geis|tig (innerlich; gedanklich); geist|lich (religiös; kirchlich); der Geistliche; die Geistlichkeit

G g

der **Geiz**; der Geizhals, die Geizhälse; geizen, du geizt, gegeizt; geizig
gekränkt *zu* kränken
das **Gel** (gallertartige Masse), die Gele/die Gels
das **Gelächter**
gelähmt; die Gelähmten
das **Gelände**; geländegängig; der Geländelauf; der Geländewagen
das **Geländer**, die Geländer
das **Gelass** (Raum), die Gelasse
die **Gelatine** [~~sche~~*latine*]
geläufig; die Geläufigkeit
das **Geläut** *und* **Geläute**
gelb ⓘ **blau** S. 40; gelblich; gelblich rot; die gelbe *oder* Gelbe Karte; das gelbe *oder* Gelbe Trikot; der gelbe Sack; der Gelbe Fluss (in China); Gelbe Rüben; der Gelbling; die Gelbsucht; das Gelb, bei Gelb; das Gelbe vom Ei
das **Geld**, die Gelder; der Geldautomat; der Geldbeutel; die Geldentwertung; der Geldwechsel; der Geldwert; geldgierig; geldlich; → Entgelt, entgeltlich, unentgeltlich
das **Gelee** *und* der Gelee [~~sch~~-], die Gelees
die **Gelegenheit**; gelegentlich
gelehrig; die Gelehrigkeit; gelehrsam; die Gelehrsamkeit; gelehrt; der Gelehrte, die Gelehrten
das **Geleit**; der Geleitschutz; der Geleitzug; geleiten, geleitet
das **Gelenk**, die Gelenke; gelenkig; die Gelenkigkeit
der **Geliebte**; die Geliebte
das **Gelingen**; gelingen ⓘ 284
gell (hell tönend); gellen; gellend
geloben; das Gelöbnis, die Gelöbnisse; das Gelübde, die Gelübde
gelten ⓘ 284, galt, gegolten, es gilt; geltend machen; die Geltung; gelt?
das **Gemach**, die Gemächer; gemächlich
der **Gemahl**, die Gemahle; die Gemahlin
das **Gemälde**, die Gemälde
gemäß; gemäßigt; die gemäßigte Zone
das **Gemäuer**, die Gemäuer
gemein; die Gemeinheit; die Gemeinde, die Gemeinden; das Gemeinwohl; der Gemeinnutz; gemeinnützig; die Gemeinnützigkeit; gemeinsam; die Gemeinsamkeit; gemeinschaftlich; die Gemeinschaft
das **Gemetzel** (grausame Massentötung)
das **Gemisch**; die Gemischtwarenhandlung
das **Gemüse**, die Gemüse; der Gemüse[an]bau; die Gemüsekonserve
das **Gemüt**, die Gemüter; gemütlich; die Gemütlichkeit; gemütsarm; gemütvoll
gen (in Richtung); gen Himmel; gen Süden
das **Gen** (Träger der Erbanlage), die Gene; die Genforschung; die Gentechnik
genannt ⟨gen.⟩
genau; ganz genau; genau nehmen, er hat es genau genommen; genau genommen/genaugenommen 8 Cent; Genaues wusste niemand; nichts Genaues; Genaueres werden wir morgen erfahren; auf das, aufs Genaueste *und* auf das, aufs genaueste; genauso; genauso gut; genauso lange; genauso viel; genauso weit; genauso wenig; → ebenso
der **Gendarm** [~~sch~~-] (Polizist), die Gendarmen; die Gendarmerie
genehm; genehmigen, genehmigt; die Genehmigung; genehmigungspflichtig
der **General**, die Generale *und* Generäle; der Generalinspekteur; die Generalität; der Generaldirektor; das Generalkonsulat; die Generalversammlung; generalisieren (verallgemeinern); die Generalisierung; generalüberholen, generalüberholt; generell (allgemein)
die **Generation**; der Generationenvertrag; der Generationswechsel; der Generator (Energieerzeuger)
generös (großmütig; freigebig)
genesen ⓘ 284, genas, genesen
die **Genetik** (Vererbungslehre); genetisch
genial (sehr begabt; großartig); die Genialität; das Genie [~~sch~~-], die Genies
das **Genick**, die Genicke
sich **genieren** [~~sch~~-], geniert; genierlich
genießen ⓘ 284, genoss, genossen; er genießt; genießbar; genießerisch
die **Genitalien** *Plur.* (Geschlechtsorgane)
der **Genitiv** ► 278 (Wesfall; 2. Fall)
der **Genosse**, die Genossen; die Genossin; die Genossenschaft; genossenschaftlich
der **Gentleman**, die Gentlemen; gentlemanlike
genug; genug und übergenug; zur Genüge; Genüge tun; Genüge leis|ten; genügen; genügend; genügsam; die Genügsamkeit; die Genugtuung
das **Genus** [*genus, genus*] ► 278 (das grammatische Geschlecht), *Plur.* die Genera
der **Genuss**, die Genüsse; die Genussmittel; die Genusssucht *und* Genuss-Sucht; genusssüchtig; genüsslich
die **Geographie** (Erdkunde); der Geograph, die Geographen; geographisch; *auch* Geografie, Geograf, geografisch; die Geologie (Erdgeschichte); der Geologe, die Geologen; geologisch; die Geometrie; geometrisch
das **Gepäck**, die Gepäckstücke; die Gepäckabfertigung; der Gepäckträger

der **Gepard** (eine Großkatze), die Geparde[n]
die **Gepflogenheit**
das **Geplänkel** (leichtes Gefecht; heiteres Wortgefecht; Neckerei)
das **Geplapper**

gerade, *ugs.* grade, *auch in allen Zusammensetzungen;* die Gerade, *ugs.* Grade, die Geraden; zwei Geraden *und* Gerade; geradlinig; gerade[n]wegs; geradezu;

gerade + Verb
gerade = soeben
Getrennt zu schreiben:
ich wollte gerade sagen, dass …;
wir wollten gerade losfahren;
der Bus wollte gerade halten;
gerade = aufrecht, ausgerichtet
Getrennt zu schreiben:
gerade sein; [sich] gerade halten;
[sich] gerade hinlegen; gerade sitzen;
gerade stehen;
Getrennt *und* **zusammen** *möglich*:
gerade biegen *und* geradebiegen,
[was vorher gekrümmt war],
gerade legen *und* geradelegen;
gerade machen *und* gerademachen;
gerade richten *und* geraderichten;
gerade stellen *und* geradestellen
Trennbare Zusammensetzungen:
bei übertragener Bedeutung:
geradestehen (für etwas oder jemanden einstehen), ich stehe/stand dafür gerade, geradegestanden, geradezustehen;
entsprechend auch:
geradebiegen (klären, einrenken);
geradeaus + Verb
Getrennt zu schreiben:
geradeaus fahren; geradeaus gehen;
geradeaus laufen; geradeaus schauen

geradeso – **gerade so**; es hat geradeso gereicht, *aber* die Vorräte reichten gerade so lange, bis Hilfe kam
das **Gerät**, die Geräte; das Geräteturnen; die Gerätschaften; geraten ⓘ raten 286; aufs Geratewohl; für geraten halten; es ist das Geratens|te (am bes|ten)
geraume Zeit; geräumig; die Geräumigkeit
das **Geräusch**, die Geräusche; die Geräuschkulisse; der Geräuschpegel; geräuscharm; geräuschempfindlich; geräuschlos; geräuschvoll
gerben, gegerbt; der Gerber; die Gerberei
gerecht; die Gerechtigkeit; → Gericht
gereizt; die Gereiztheit
das **Gericht**, die Gerichte; gerichtlich; der Gerichtsvollzieher

gering; gegen ein geringes Entgelt; ein Geringes tun (wenig tun); um ein Geringes (wenig) verändern; es ist nichts Geringes; kein Geringerer als Goethe; auch dem Geringsten sein Recht; das Geringste, was zu tun wäre; es geht ihn nicht das Geringste an; das stört ihn nicht im Geringsten; gering achten *und* geringachten; gering schätzen *und* geringschätzen; gering geschätzt (niedrig veranschlagt); geringschätzig; die Geringschätzung; geringstenfalls
gerinnen ⓘ rinnen 286; das Gerinnsel
das **Gerippe**, die Gerippe; gerippt
der **Germane**, die Germanen; germanisch
gern *und* **gerne**, lieber, am liebsten; gar zu gern; allzu gern; ja, gern!; der Gernegroß, die Gernegroße; ein gern gesehener *und* gerngesehener Gast; ein sehr gern gesehener Gast; etwas gern[e] essen; gern[e] haben, *aber* jemanden gernhaben; gern[e] mögen; irgendwo gern[e] sein; etwas gern[e] tun
das **Geröll**; die Geröllhalde; die Gerölllawine und Geröll-Lawine
die **Gerste**; das Gerstenkorn
die **Gerte** (Rute), die Gerten; gertenschlank
der **Geruch**, die Gerüche; der Geruchssinn; der Geruchsverschluss; geruchlos
das **Gerücht**, die Gerüchte; gerüchteweise
geruhsam; die Geruhsamkeit
das **Gerümpel**
das **Gerüst**, die Gerüs|te
gerüttelt voll; ein gerüttelt Maß
gesamt; im Gesamten; insgesamt; die Gesamtheit; die Gesamtnote; die Gesamtschule; die Gesamtsumme
gesandt; der Gesand|te, des Gesandten, die Gesandten; die Gesandtschaft
der **Gesang**, die Gesänge; gesanglich
das **Gesäß**, die Gesäße; die Gesäßtasche
geschädigt; der Geschädigte, die Geschädigten
das **Geschäft**, die Geschäfte; geschäftig; geschäftlich; geschäftstüchtig
geschehen ⓘ 284, geschah, geschehen, es geschieht; das Geschehen; das Geschehnis, die Geschehnisse
gescheit (klug)
das **Geschenk**, die Geschenke
die **Geschichte** (Erzählung), die Geschichten; die Geschichte (die Vergangenheit); das Geschichtsbuch; geschichtlich
das **Geschick**, die Geschicke; geschickt; die Geschicktheit; die Geschicklichkeit
geschieden; die Geschiedenen

G g

das **Geschirr**, die Geschirre;
der Geschirrreiniger und Geschirr-Reiniger;
die Geschirrspülmaschine
das **Geschlecht**, *grammat.* ► das Genus 278,
die Geschlechter; zweigeschlechtig;
geschlechtlich; geschlechtskrank;
das Geschlechtswort ► der Artikel 277
der **Geschmack**, die Geschmäcke;
geschmacklos; die Geschmacklosigkeit;
die Geschmack[s]sache; geschmackvoll
das **Geschmeide** (Schmuck);
geschmeidig; die Geschmeidigkeit
das **Geschöpf**, die Geschöpfe
das **Geschoss**, die Geschosse; eingeschossig
das **Geschrei**
das **Geschütz**, die Geschütze
das **Geschwätz**; geschwätzig
geschweige; geschweige denn(,) dass
geschwind; die Geschwindigkeit;
die Geschwindigkeitsbegrenzung
die **Geschwister** *Plur.*; geschwisterlich
geschwollen *zu* schwellen
der **Geschworene**, die Geschworenen
die **Geschwulst**, die Geschwülste
das **Geschwür**, die Geschwüre
der **Geselle**, des Gesellen, die Gesellen;
der Gesellenbrief; die Gesellenprüfung;
gesellig; die Geselligkeit;
die Gesellschaft; gesellschaftlich
das **Gesetz**, die Gesetze; der Gesetzgeber;
die gesetzgebende Gewalt; gesetzlich;
die Gesetzlichkeit; gesetzlich geschützt
⟨ges. gesch.⟩; gesetzlos; die Gesetzlosigkeit;
gesetzmäßig; die Gesetzmäßigkeit;
gesetzwidrig; die Gesetzwidrigkeit;
gesetzt; gesetzt den Fall(,) dass
das **Gesicht** (Antlitz), die Gesichter;
der Gesichtsausdruck; der Gesichtspunkt;
das Gesicht (Erscheinung), die Gesichte
das **Gesims**, die Gesimse
das **Gesinde**; das Gesindel
die **Gesinnung**; gesinnungslos; gutgesinnt
gesittet; die Gesittung
gesonnen (entschlossen)
das **Gespann**, die Gespanne
das **Gespenst**, die Gespenster; gespensterhaft;
gespenstig *und* gespenstisch
das **Gespinst**, die Gespinste
das **Gespräch**, die Gespräche; der Gesprächs-
partner; gesprächig; gesprächsbereit
gesprenkelt (getupft; klein gefleckt)
das **Gestade** (Ufer), die Gestade
die **Gestalt**, die Gestalten;
gestalten, gestaltet; die Gestaltung
das **Geständnis**, die Geständnisse; geständig
das **Gestänge**
der **Gestank**
gestatten, gestattet

die **Geste** [*gẹste, gẹ̄ste*] (Gebärde), die Gesten;
gestikulieren; die Gestikulation
gestehen ⓘ stehen 288
das **Gestein**, die Gesteine; die Gesteinsprobe
das **Gestell**, die Gestelle
ges|tern; bis gestern; ⓘ **morgen** S. 151;
das Gestern (die Vergangenheit);
gest|rig, mein gestriger Brief
das **Gestirn**, die Gestirne; gestirnt
das **Gestöber**
das **Gesträuch**
gestreift, blau gestreift *und* blaugestreift
das **Gestrüpp**, die Gestrüppe
das **Gestühl**, die Gestühle
das **Gestüt**, die Gestüte
gesund, gesünder, am gesündesten;
die Gesundheit; das Gesundheitsamt;
gesundheitlich; gesundheitsschädlich;
gesunden, gesundet; gesund sein;

gesund + Verb
Getrennt zu schreiben:
gesund sein; gesund werden;
gesund bleiben; gesund leben;
sich gesund fühlen; für gesund erklären
Getrennt *und* **zusammen** *möglich*:
gesund machen *und* gesundmachen;
gesund pflegen *und* gesundpflegen;
Trennbare Zusammensetzungen:
gesundschreiben, der Arzt schreibt/schrieb
mich gesund, *aber* da mich der Arzt
gesundschreibt/gesundschrieb, er hat ihn
gesundgeschrieben, gesundzuschreiben;
entsprechend auch:
gesundschrumpfen; sich gesundstoßen;
gesundbeten

das **Getränk**, die Getränke;
der Getränkeautomat
das **Getreide**, die Getreide
getrennt sein; getrennt leben,
getrennt lebende *und* getrenntlebende
Paare; ein Wort getrennt schreiben, *aber*
ein getrennt geschriebenes *und* ein
getrenntgeschriebenes Wort;
die Getrenntschreibung ⓘ 295 ff.
getreu; der Getreue, die Getreuen
das **Getriebe**; der Getriebeschaden
das **Gẹtto** (abgesondertes Wohnviertel),
die Gettos; gettoisieren (isolieren);
auch Ghetto, Ghettos, ghettoisieren
das **Geviert**; im Geviert; gevierteilt
das **Gewächs**, die Gewächse; das Gewächshaus
gewahr werden; gewahren (erkennen)
die **Gewähr** (Sicherheit); der Gewährsmann;
gewähren, gewährt;
gewährleisten, *auch* Gewähr leisten;
pünktliche Lieferung ist gewährleistet;
dafür wird Gewähr geleistet

der **Gewahrsam** (Haft; Obhut); in Gewahrsam nehmen; das Gewahrsam (Gefängnis)
die **Gewalt**, die Gewalten; der Gewaltakt; die Gewaltherrschaft; die Gewaltenteilung; gewaltig; die Gewaltigkeit; gewaltlos; die Gewaltlosigkeit; gewaltsam; die Gewaltsamkeit; gewalttätig; die Gewalttätigkeit
das **Gewand**, die Gewänder
gewandt; die Gewandtheit
gewärtig; etwas zu gewärtigen haben
das **Gewässer**; der Gewässerschutz; gewässert
das **Gewebe**, die Gewebe
das **Gewehr**, die Gewehre
das **Geweih**, die Geweihe
das **Gewerbe**, die Gewerbe; gewerbetreibend; der Gewerbetreibende; gewerbsmäßig
die **Gewerkschaft**; der Gewerkschafter; die Gewerkschafterin; gewerkschaftlich
das **Gewicht**, die Gewichte; gewichtig
das **Gewinde**, die Gewinde
der **Gewinn**, die Gewinne; Gewinn bringende *und* gewinnbringende Unternehmungen; *aber nur so:* sehr gewinnbringend; gewinnen ⓘ 284, gewann, gewonnen; die Gewinnchance; der Gewinner; die Gewinnnummer *und* Gewinn-Nummer; gewinnend (liebenswürdig)
das **Gewirr**
gewiss, gewisser, am gewissesten; ein gewisses Etwas; ein gewisser Jemand; etwas Gewisses; gewissermaßen
das **Gewissen**; die Gewissensfreiheit; gewissenhaft; die Gewissenhaftigkeit; gewissenlos; Gewissensbisse bekommen
das **Gewitter**; gewittern; gewitt[e]rig
gewöhnen; die Gewöhnung; gewöhnlich; die Gewohnheit; gewohnheitsmäßig;
gewohnt; eine gewohnte Arbeit; in gewohnter Umgebung; das bin ich gewohnt (das kenne ich schon);
gewöhnt; ich habe mich daran gewöhnt; ich bin daran gewöhnt
das **Gewölbe**; gewölbt
das **Gewölk**
das **Gewürz**, die Gewürze; gewürzt
der **Geysir**, die Geysire
gezeichnet ⟨gez.⟩ (unterschrieben)
die **Gezeiten** *Plur.* (Ebbe und Flut)
das **GG** = das Grundgesetz (die Verfassung der Bundesrepublik Deutschland)
die **Gicht**; gichtbrüchig; gichtkrank
der **Giebel**, die Giebel
die **Gier**; gieren; gierig; die Gierigkeit
gießen ⓘ 284, goss, gegossen, er gießt; die Gießerei; die Gießkanne; nach dem Gießkannenprinzip verteilen

das **Gift**, die Gifte; die Giftmülldeponie; giftfrei; giftgrün; giftig
Giga- (das Milliardenfache)
der **Gigant** (Riese), des Giganten, die Giganten; gigantisch (riesenhaft)
die **Gilde** (Vereinigung von Handwerkern oder Kaufleuten), die Gilden; das Gildehaus
es **gilt**, das gilt ⓘ gelten 284
der **Ginkgo**, die Ginkgos, *auch* Ginko, Ginkos
der **Ginster**
der **Gipfel**, die Gipfel; gipfeln; die Gipfelkonferenz; das Gipfelkreuz
der **Gips**, die Gipse; der Gipsverband; gipsen, gegipst
die **Giraffe**, die Giraffen
die **Girlande**, die Girlanden
das **Girokonto** [~~sch~~-], die Girokonten
der **Gischt** *und* die Gischt (Schaum)
die **Gitarre**, die Gitarren; die Gitarrensaite
das **Gitter**, die Gitter; das Gitterbettchen
der **Glanz**; glänzen, du glänzt; glänzend
das **Glas**, die Gläser; das Gläs|chen; glasweise; der Glaser; gläsern; glasig; glasklar; glasieren; die Glasur, die Glasuren

glatt, glatter, am glattes|ten *und* glatt, glätter, am glättesten; das Glatteis; die Glätte; glätten, geglättet; glattweg;

glatt + Verb
Getrennt zu schreiben:
glatt sein, glatt landen (Flugzeug); glatt ablehnen; glatt aufgehen (ohne Rest); glatt verneinen; glatt vergessen
und andere (mit betontem Verb!)
Trennbare Zusammensetzungen
mit übertragener Bedeutung:
glattmachen (Bezahlung erledigen), das mache ich schon glatt, gut, dass du das jetzt glattmachst, glattgemacht, glattzumachen; glattgehen, geht glatt, glattgegangen
Getrennt *und* **zusammen** *möglich*:
glatt machen *und* glattmachen (glätten); glatt hobeln *und* glatthobeln;
so auch in Verbindung mit bügeln, kämmen, rasieren, rühren, schleifen, streichen, ziehen

die **Glatze**, die Glatzen; glatzköpfig
der **Glaube**, *seltener* Glauben, des Glaubens; das Glaubensbekenntnis; gläubig; die Gläubigen; glauben, geglaubt; glaubhaft; glaubwürdig; die Glaubwürdigkeit; der Gläubiger (Forderungsberechtigter)
glazial (Gletscher und Eiszeit betreffend)

G g

gleich (sogleich, sofort); komm gleich!;
gleich (übereinstimmend); gleich sein;
gleich groß; gleich gut; gleich verteilt;
gleich viel (gleichmäßig viel), *aber*
gleichviel (egal), wie es ausgeht;
der Gleiche, die Gleiche, das Gleiche, *aber*
derselbe, dieselbe, dasselbe;
dergleichen, desgleichen;
es läuft, kommt aufs Gleiche hinaus;
Gleich und Gleich gesellt sich gern;
das Gleiche tun (dasselbe machen);
ein Gleiches tun; Gleiches mit Gleichem
vergelten; Gleicher unter Gleichen;
die Gleichheit; das Gleichheitszeichen;
das Gleichnis, die Gleichnisse;
der Gleichstrom; die Gleichung;
gleichartig; gleichbleibende Wörter;
gleichberechtigt; gleichfalls; gleichförmig;
gleichgewichtig; das Gleichgewicht;
gleichgültig; die Gleichgültigkeit;
gleichmäßig; das Gleichmaß;
die Gleichmäßigkeit;
gleichmütig; gleichnamig; gleichsam;
gleichschenk[e]lig; gleichseitig;
gleichwertig; die Gleichwertigkeit;
gleichzeitig; die Gleichzeitigkeit;
Getrennt *und* **zusammen** *möglich*:
gleichbleibend; gleichgeartet;
gleichgesinnt; gleichlautend;

gleich + Verb
besonders zu beachten:
gleich machen – gleichmachen,
gleich setzen – gleichsetzen,
gleich ziehen – gleichziehen *und andere*
Getrennt zu schreiben:
du kannst ja gleich bleiben; der Bus wird
gleich kommen; wollen wir das gleich
machen?; das wirst du gleich sehen;
wir können uns gleich setzen;
das solltest du lieber gleich tun;
Laute, die gleich klingen (Gleichklang);
Wörter, die gleich lauten;
Trennbare Zusammensetzungen:
es jemandem gleichtun (ebenso machen),
sie tut/tat es ihrer Freundin gleich, *aber*
obwohl sie es ihr gleichtut/gleichtat,
sie hat es ihr gleichgetan,
sie war bemüht(,) es ihr gleichzutun;
entsprechend auch:
gleichkommen (ebenso sein; entsprechen);
gleichmachen (ausgleichen; zerstören,
z. B. dem Erdboden gleichmachen);
gleichschalten; sich gleichsehen;
gleichsetzen (als gleich betrachten);
gleichstehen (*bei der Wertung im Sport*);
gleichstellen (auf gleiche Stufe stellen);
gleichziehen;

gleichen ⓘ 284, glich, geglichen
das **Gleis**, die Gleise; der Gleisanschluss
gleiten ⓘ 284, glitt, geglitten;
der Gleitflug; der Gleitschutz
der **Gletscher**, die Gletscher
das **Glied**, die Glieder; die Gliedmaßen *Plur.*;
der Gliedsatz (Nebensatz), die Gliedsätze;
gliedern, ich glied[e]re; die Gliederung
glimmen ⓘ 284, glomm, geglommen *und*
glimmen, glimmte, geglimmt;
der Glimmstängel
glimpflich (ohne Schaden)
glitschen; glitsch[e]rig; glitschig
glitzern, es glitzert; der Glitzer
global (die gesamte Erde betreffend);
der Globetrotter (Weltenbummler);
der Globus, des Globus *und* Globusses,
die Globusse *und* Globen
die **Glocke**, die Glocken; das Glöckchen;
das Glockengeläut[e]; das Glockenspiel;
glockenförmig; glockig; der Glöckner
die **Glosse** (Randbemerkung; spöttischer
Kommentar), die Glossen; glossieren
das **Glück**; viel Glück wünschen; Glück auf!;
ein herzliches Glückauf; das Glückskind;
die Glückssache; der Glückwunsch,
die Glückwünsche; glückstrahlend, *aber*
glückbringende *und* Glück bringende Tage;
glücklich; glücklicherweise; glückselig;
die Glückseligkeit; glücken, es glückte
die **Glucke**, die Glucken; glucken,
das Huhn gluckt; gluckern; glucksen
glühen, es glüht, geglüht; die Glühlampe;
das Glühwürmchen; glühend heißes Eisen;
das Eisen ist glühend heiß;
die Glut, die Gluten; die Gluthitze
die **Glukose** (Traubenzucker), *fachspr.* Glucose
das **Glyzerin**, *in der Chemie* Glycerin
die **GmbH** = die Gesellschaft mit beschränkter
Haftung; *selten* G.m.b.H.
die **Gnade**; von Gottes Gnaden; gnadenlos;
gnädig; gnade dir Gott!
der **Gnom**, des Gnomen, die Gnomen
das **Gnu** (Antilopenart), die Gnus
der **Gobelin** [-*läng*], die Gobelins
der **Gockel** (Hahn); der Gockelhahn
Goethe; die goetheschen Schriften,
auch die Goethe'schen Schriften
das **Gold**; golden; die goldene Hochzeit;
goldene Worte; die goldene Mitte;
der goldene *und* der Goldene Schnitt;
die Goldene Aue (Landschaft in
Thüringen); das Goldene Buch *einer Stadt;*
das Goldene Kalb *des Alten Testaments;*
die Goldmedaille; der Goldschmied;
goldig; goldgelb; goldhaltig; goldrichtig;
echtgolden *und* echt golden, *aber nur*
reingolden, ein reingoldener Ring

der **Golf** (Meeresbucht); der Golfstrom
das **Golf** (Rasenspiel); Golf spielen
die **Gondel**, die Gondeln;
gondeln, ich gond[e]le
der **Gong**, die Gongs; gongen, gegongt
gönnen; der Gönner; gönnerhaft
der **Gorilla**, die Gorillas
das **Gospel** *und* der Gospel, die Gospels
die **Gosse** (Schmutzrinne), die Gossen
die **Gotik** (Kunststil); gotische Dome
der **Gott**, die Götter; um Gottes willen;
in Gottes Namen; Gott sei Dank!; gottlob!;
der Gottesdienst; die Gotteslästerung;
die Gottesmutter; das Gottvertrauen;
gottesfürchtig; gottgegeben; gottgefällig;
gottgewollt; göttlich; gottlos;
die Gottlosen; gottverlassen
der **Götze**, die Götzen; der Götzendienst
der **Gouverneur** [*guwernör*] (Statthalter),
die Gouverneure
das **Grab**, die Gräber; zu Grabe tragen;
das Grabmal, die Grabmäler *und* Grabmale;
die Grabstätte; der Graben, die Gräben;
graben ⓘ 284, grub, gegraben, er gräbt;
die **Gracht** (Wasserweg in holländischen
Städten), die Grachten
der **Grad**, die Grade; zehn Grad ⟨10°⟩; → Grat;
der Gradmesser; graduell (stufenweise)
der **Graf**, des Grafen, die Grafen; die Gräfin;
gräflich; die Grafschaft
der **Graf** (grafische Darstellung) → Graph
der **Gram**; vor lauter Gram; jemandem gram
sein; grämlich; gramvoll; sich grämen
das **Gramm**, die Gramme; 20 Gramm ⟨20 g⟩
die **Grammatik** (Sprachlehre); grammatisch;
grammatische Fachwörter ► 277 ff.
das **Grammophon**, *auch* Grammofon
der **Granat** (kleines Krebstier), die Granate
der **Granat** (Schmuckstein), die Granate;
die Granate (Geschoss), die Granaten
grandios (großartig)
der **Granit**; der Granitblock; graniten
die **Granne** (Ährenborste), die Grannen
das **Granulat** (körniges Material),
die Granulate; granulieren
die **Grapefruit** [*grepfrut*], die Grapefruits
der **Graph**, die Graphen; das Graph (Schrift-
zeichen), die Graphe; die Graphik, die
Graphiken; der Graphiker; die Graphikerin;
graphisch; der Graphit (ein Mineral);
die Graphologie; graphologisch;
alle Obigen auch mit f, *z. B.* Grafik
die **Graphologie**, graphologisch; *auch*
Grafologie, grafologisch
grapschen *ugs.*, *auch* grabschen
das **Gras**, die Gräser; grasen; grasgrün
grassieren (um sich greifen; wüten)
grässlich; die Grässlichkeit

der **Grat** (Bergkamm), die Grate; → Grad
die **Gräte**, die Gräten; grätenlos
gratis (kostenlos); gratis und franko
die **Grätsche**; grätschen, du grätschst
gratulieren; die Gratulation;
der Gratulant; die Gratulantin
grau ⓘ **blau** S. 40; aus grauer Vorzeit;
der graue Star (Augenkrankheit);
graumeliertes *und* grau meliertes Haar;
graublau; grau in grau; gräulich *zu* grau;
der **Gräuel**, die Gräuel *zu* Grauen; die Gräueltat;
das Gräuelmärchen; gräulich (grässlich);
grauen, mir graut [es] vor dir; das Grauen;
[großes] Grauen erregend, *auch*
[sehr] grauenerregend;
grauenhaft; grauenvoll; sich graulen;
grausam; die Grausamkeit; sich grausen,
ich habe mich gegraust, mir graust
gravieren; der Graveur [-*wör*]; die Gravur;
gravierend (schwerwiegend);
die Gravitation (Schwerkraft)
die **Grazie** (Anmut); graziös (anmutig)
grazil (schlank; geschmeidig)
greifen ⓘ 284, griff, gegriffen; greifbar;
der Greifer; der Greifvogel; → der Griff
der **Greis**, die Greise; die Greisin;
im Greisenalter; greisenhaft
grell; grellrot; grellweiß
das **Gremi|um** (beratende Gruppe),
die Gremi|en
die **Grenze**, die Grenzen; der Grenzstein;
grenzen, es grenzt; grenzenlos;
grenzüberschreitender Verkehr
Griechenland; der Grieche; die Griechin;
griechisch; griechisch-orthodox
der **Griesgram**, die Griesgrame; griesgrämig
der **Grieß**; der Grießbrei; das Grießmehl
der **Griff**, die Griffe; das Griffbrett;
griffbereit; griffig; grifffest;
der Griffel, die Griffel; der Griffelkasten
der **Grill**, die Grills; grillen, gegrillt
die **Grille** (Insekt; Laune), die Grillen
die **Grimasse** (Fratze), die Grimassen
der **Grimm**; jemandem grimm sein; grimmig
die **grimmschen Märchen**,
auch die Grimm'schen Märchen
grinsen, du grinst, gegrinst; das Grinsen
die **Grippe**; grippal; ein grippaler Infekt;
grippekrank; die Grippeepidemie
der **Grips** *ugs.* (Verstand)
der **Grislibär**, *auch* Grizzlybär
grob, gröber, am gröbs|ten;
grob gemahlenes/grobgemahlenes Korn;
grob fahrlässig; auf das, aufs Gröbste *und*
auf das, aufs gröbste [beleidigen];
aus dem Gröbs|ten heraus sein;
die Grobheit; gröblich; grobschlächtig;
der Grobi|an, die Grobiane

G g

der **Grog** (Heißgetränk), die Grogs
grölen, gegrölt; die Grölerei
der **Groll**; grollen, er grollt mir, gegrollt
Grönland; der Grönländer; die Grönländerin; grönländisch
das **Gros** (12 Dutzend)
das **Gros** [*gro*] (der überwiegende Teil)
der **Groschen**, die Groschen

groß, größer, am größ|ten; groß sein; das große Einmaleins; die großen Ferien; die große Pause; das große Los; das große Ganze; im Großen und Ganzen; für Groß und Klein; Große und Kleine; die Großen und die Kleinen; im Großen wie im Kleinen; die große *und* Große Koalition; der Große Bär *oder* der Große Wagen; der Große Belt; der Große Teich; der Große *oder* Stille Ozean; Friedrich der Große ⟨d. Gr.⟩; Großbritannien; die Großeltern; die Großmutter; der Großvater; das Großreinemachen; die Großschreibung ⓘ 292 ff.; die Großstadt; der Großstäd|ter; großartig; großflächig; großherzig; großmächtig; großstäd|tisch; großzügig; großenteils; größer[e]nteils; größtenteils; größtmöglich; die Größe; die Größenordnung; der Größenunterschied; der Größenwahn;

groß + Verb
besonders zu beachten:
groß schreiben – großschreiben
Getrennt zu schreiben:
groß schreiben (*getrennt, wenn es bedeutet: in einer großen Schrift schreiben*), auf dem Plakat ganz groß schreiben!; hast du aber groß geschrieben!, nicht nötig(,) so groß zu schreiben; *entsprechend auch:* groß werden
Trennbare Zusammensetzungen:
großschreiben (*der Rechtschreibregel gemäß mit großem Anfangsbuchstaben schreiben*), ich weiß, dass man Namen großschreibt, Nomen werden großgeschrieben, die Anrede Sie ist großzuschreiben; *so auch:* großtun (prahlen); großziehen (aufziehen)

groß + Adjektiv *oder* **Partizip** ⓘ S. 303
großmaßstäblich; großstädtisch; großväterlich
Getrennt *und* **zusammen** *möglich:*
groß angelegt *und* großangelegt; groß gemustert *und* großgemustert; groß gewachsen *und* großgewachsen; groß kariert *und* großkariert

der **Grossist** (Großhändler), die Grossisten
grotesk (seltsam; verzerrt); die Groteske
die **Grotte** (Felsenhöhle), die Grotten
die **Grube**, die Gruben; das Grübchen
grübeln, ich grüb[e]le; die Grübelei; der Grübler; grüblerisch
die **Gruft**, die Grüfte
grün ⓘ **blau** S. 40; die grüne/Grüne Grenze; der grüne/Grüne Punkt; ein grüner Junge; die grüne Hochzeit; die grüne Minna; der grüne Star (Augenkrankheit); am grünen Tisch; die grüne Welle; das Grün; ein helles Grün; frisches Grün; Grün steht ihr nicht; dasselbe in Grün; die Ampel steht auf Grün; bei Grün über die Straße gehen; das Grüne; eine Fahrt ins Grüne; die Grünen; Bündnis 90/die Grünen; grünblau; grünlich blau; bläulich grün; sich grün und blau ärgern; die Grünanlage; der Gründonners|tag; die Grünfläche; der Grünspan; grünen, es grünt
der **Grund**, die Gründe; von Grund auf; auf Grund laufen; im Grunde genommen; aufgrund von *und* auf Grund von; aufgrund dessen *und* auf Grund dessen; zugrunde *und* zu Grunde legen, liegen, gehen, richten; grundanständig; grundehrlich; grundfalsch; grundlegend; grundlos; grundsätzlich; grundverschieden; die Grundfläche; die Grundform, *grammat.* der Infinitiv ►278; das Grundgesetz ⟨GG⟩; der Grundriss, die Grundrisse; der Grundsatz, die Grundsätze; die Grundschule; das Grundstück; die Grundstufe, *grammat.* ►der Positiv 280; die Grundzahl = Kardinalzahl ►278; gründlich; die Gründlichkeit; gründen, gegründet ⟨gegr.⟩; die Gründung
grunzen, du grunzt, gegrunzt
die **Gruppe**, die Gruppen; das Grüppchen; gruppieren; die Gruppierung
der **Grus** (Kohlenstaub; verwittertes Gestein)
gruseln, ich grus[e]le mich; mir *oder* mich gruselt's; grus[e]lig
der **Gruß**, die Grüße; zum Gruß!; grußlos; grüßen, du grüßt, gegrüßt; grüß Gott!
die **Grütze**, die Grützen
gucken, geguckt; das Guckloch; Hans Guckindieluft
die **Gue|ril|las** *Plur.* [*geriljas*] (Untergrundkämpfer)
die **Guil|lotine** [*gijo-*] (Fallbeil)
das **Guinnessbuch** *und* Guinness-Buch der Rekorde
das **Gulasch** *und* der Gulasch

der **Gulden** (Münze), die Gulden
die **Gülle** (flüssiger Stalldünger)
der **Gully** *und* das Gully, die Gullys
gültig; die Gültigkeit
der **Gummi** *und* das Gummi (Rohstoff; Radiergummi), die Gummis; das Gummi[band]; die Gummistiefel; gummieren; die Gummierung
die **Gunst**; zugunsten *und* zu Gunsten unserer Familie, *aber nur* zu ihren Gunsten; güns|tig; günstigenfalls; güns|tigs|tenfalls; der Günst|ling
die **Gurgel**, die Gurgeln; das Gurgelwasser; gurgeln, ich gurg[e]le, gegurgelt
die **Gurke**, die Gurken; das Gürkchen; gurkenförmig
gurren, die Taube gurrt, gegurrt
der **Gurt**, die Gurte; gurten (anschnallen); der Gürtel, die Gürtel; sich gürten
der **Guru** (Lehrer des Hinduismus), die Gurus
GUS = Gemeinschaft Unabhängiger Staaten; die GUS-Republiken
der **Guss**, die Güsse; das Gusseisen; gusseisern; der Gussstahl *und* Guss-Stahl

gut, besser, am bes|ten; gut sein;
gut + Verb → *rechte Spalte*;
gut + Part. oder Adj. → *rechte Spalte*;
gute Noten; die Note „gut" (Zeugnisnote);
sehr gut; so gut wie; so weit, so gut;
gut und gern; auf gut Glück;
ein gut Teil des Geldes, *aber* das Gutteil;
einen guten Abend, einen guten Morgen wünschen, *aber* der Gutenmorgengruß;
Guten Abend, Gute Nacht sagen, *auch* guten Abend, gute Nacht sagen, *aber* der Gutenachtgruß; etwas im Guten sagen;
im Guten wie im Bösen;
jenseits von Gut und Böse sein;
der Gute Hirte (Christus);
das Kap der Guten Hoffnung;
etwas, nichts, viel Gutes;
alles Gute; vom Guten das Beste;
Gutes tun; des Guten zu viel tun;
im Guten versuchen; zum Guten wenden;
das Gutachten; das Guthaben;
das Gutdünken; die Gutgläubigkeit;
die Gutmütigkeit; der Gutschein;
die Gutschrift; die Gutwilligkeit;
das **Gut**, die Güter; sein Hab und Gut; der Gutsbesitzer; der Gutsherr; die Güterabfertigung; der Güterbahnhof; der Güterverkehr; der Güterzug;
die **Güte**; sich in Güte einigen; gütig; gütlich; sich gütlich einigen; sich gütlich tun; die Güteklasse (eines Produkts); das Gütesiegel; das Gütezeichen

gut + Verb
besonders zu beachten:
es gut haben – guthaben,
gut machen – gutmachen,
gut schreiben – gutschreiben
Getrennt zu schreiben:
gut machen (richtig, ordentlich machen),
weil du es so gut machst/machtest,
das hast du sehr gut gemacht,
du bemühst dich(,) es gut zu machen;
entsprechend auch:
gut ankommen; gut aussehen;
gut gehen können, gut laufen können;
gut schreiben (in gut lesbarer Schrift);
gut stehen können; sich gut verstehen
Trennbare Zusammensetzungen:
gutmachen (ein Unrecht gutmachen;
auch [geldlich] gut abschneiden), ich mache/machte das gut, indem ich ...,
aber obgleich ich es gutmache/gutmachte,
ich habe es gutgemacht, gutzumachen;
guthaben (Geldbetrag zu fordern haben),
ich habe/hatte bei dir noch zehn Euro gut,
aber weil ich noch etwas guthabe/guthatte, gutgehabt, gutzuhaben;
entsprechend auch: gutheißen;
gutsagen (für etwas einstehen; bürgen);
gutschreiben (ein Guthaben notieren);
sich gutstehen (wohlhabend sein);
guttun, das hat uns allen gutgetan

Getrennt *und* **zusammen** *möglich*:
sich's gut gehen *und* gutgehen lassen;
gut gehen *und* gutgehen (Verkaufsartikel);
gut stehen *und* gutstehen (Chancen)

gut + Adjektiv *oder* **Partizip** ⓘ S. 303
gutartig; gutbürgerlich; gutgesinnt;
gutgläubig; gutherzig; gutmütig;
gutnachbarlich; gutwillig
Getrennt *und* **zusammen** *möglich*:
ein gut bezahlter *und* gutbezahlter Job,
gut aussehend *und* gutaussehend,
gut dotiert *und* gutdotiert,
gut gekleidet *und* gutgekleidet,
gut gelaunt *und* gutgelaunt,
gut gemeint *und* gutgemeint,
gut situiert *und* gutsituiert,
gut sitzend *und* gutsitzend,
gut unterrichtet *und* gutunterrichtet,
gut verdienend *und* gutverdienend

das **Gymnasium**, die Gymnasi|en; gymnasial; der Gymnasiast, die Gymnasiasten; die Gymnasias|tin, die Gymnasiastinnen; die Gymnastik; gymnastisch; die Gymnastin, die Gymnastinnen

H

ha = Hektar

das **Haar**, die Haare; das Härchen; die Haarbürste; um Haaresbreite; der Haarschnitt; die Haarspalterei; haarig; haarfein; haargenau; haarklein; haarscharf; haarsträubend; haaren, gehaart

die **Habe**; das Hab und Gut; haben ⓘ 284, hatte, gehabt, er hat; der Habenichts, die Habenichtse; habhaft werden; die Habseligkeiten; die Habgier; habgierig; die Habsucht; habsüchtig

der **Habicht**, die Habichte

die **Hachse** (unteres Bein von Kalb oder Schwein), die Hachsen, *süddeutsch* die Haxe, die Haxen

die **Hacke** *und* der **Hacken** (Ferse), die Hacken

die **Hacke** (Hackwerkzeug), die Hacken; hacken, du hackst, gehackt; das Häcksel *und* der Häcksel (Schnittstroh)

der **Hader** (Zank); hadern, ich hadere

der **Hafen** (Lande- und Ruheplatz), die Häfen; die Hafenrundfahrt; die Hafenstadt; der Hafen (Topf), die Häfen; der Hafner

der **Hafer**; der Haferbrei; die Haferflocken

das **Haff** (Küstenbucht hinter einer Landzunge), die Haffs *und* Haffe; das Frische Haff; das Kurische Haff

die **Haft**; der Haftbefehl; der Häftling; haftfähig; die Haftfähigkeit; haften; haftbar; die Haftung; die Haftpflicht; haftpflichtversichert; haften bleiben, *aber* im Gedächtnis haften bleiben *und* haftenbleiben

die **Hagebutte**, die Hagebutten

der **Hagel**; das Hagelkorn, die Hagelkörner; hageln, es hagelt, gehagelt

hager; die Hagerkeit

der **Häher** (ein Vogel), die Häher

der **Hahn**, die Hähne; das Hähnchen

der **Hai**, die Haie; der Haifisch

der **Hain** (Wäldchen), die Haine

der **Haken**, die Haken; das Häkchen; häkeln, ich häk[e]le, gehäkelt

halb; deshalb; meinethalben; halb und halb; halb so viel; halb so viele; mit jemandem halbe-halbe machen; es ist halb; es schlägt halb eins; der Zeiger steht auf halb; ein halb Dutzend, ein halbes Dutzend; ein halber Meter *und* ein halbes Meter; ein halber Liter *und* ein halbes Liter; eine halbe Stunde; anderthalb Stunden, ein und eine halbe Stunde; in ein[und]einhalb Stunden; halbtags; halbwegs; halb links *oder* halblinks spielen; halb rechts *oder* halbrechts spielen; nichts Halbes und nichts Ganzes; ein Halbes, einen Halben trinken, *bairisch* eine Halbe; das Halbfinale; die Halbheit; die Halbinsel; das Halbjahr; der Halbleiter; der Halbmesser (der Radius); der Halbmond; der Halbschuh; die Halbwaise; die Halbwertszeit; der Halbwüchsige; die Halbzeit;

halb + Adjektiv *oder* **Partizip** ⓘ S. 303

Getrennt *und* **zusammen** *möglich*: halb ausgeschlafen *und* halbausgeschlafen, *so auch* halbautomatisch; halbblind; halberwachsen; halbfertig; halbgar; halbleer; halbnackt; halboffen; halbtot; halbverhungert; halbvoll; halbwach;

aber nur zusammen: halbamtlich; halbbitter; halbdunkel; halbfett gedruckt; halbgebildet; halbherzig; halbhoch, halbhohe Zäune; halbjährig (ein halbes Jahr alt; ein halbes Jahr dauernd); halbjährlich (alle halben Jahre); halblang; halblaut; halbmatt; halbmeterdick; halbrund; halbseiden; halbseitig; halbstündig (eine halbe Stunde dauernd); halbstündlich (alle halben Stunden); halbwild; halbwollen; halbwüchsig

halber; gewisser Umstände halber, *aber* umständehalber

halbieren; die Halbierung; die Hälfte

halbmast; halbmast flaggen, hissen; auf halbmast setzen, stehen

die **Halde**, die Halden; auf Halde legen

die **Hälfte**, die Hälften; um die Hälfte kleiner; zur Hälfte

der **Halfter** *und* das Halfter (Zaum), die Halfter

der **Hall**; hallen, es hallt, gehallt; der Halleffekt

die **Halle**, die Hallen; das Hallenbad

halleluja! (lobet den Herrn!); das Halleluja

die **Hallig** (kleine Insel im Watt), die Halligen

der **Hallimasch** (essbarer Pilz)

das **Hallo**; mit großem Hallo; hallo!; Hallo *und* hallo sagen

die **Halluzination** (Sinnestäuschung)
der **Halm**, die Halme; das Hälmchen
der **Hals**, die Hälse; sich den Hals brechen;
der Hals-Nasen-Ohren-Arzt;
das Halstuch, die Halstücher;
halsbrecherisch; halsstarrig
halt; wir müssen es halt versuchen
halten ⓘ 284, hielt, gehalten, du hältst;
der Halt, die Halte *und* Halts;
einen Halt einlegen; Halt finden;
Halt machen *und* haltmachen,
sie hat Halt gemacht *und* haltgemacht;
laut halt rufen *und* laut Halt rufen;
die Haltestelle; das Halt[e]verbot;
haltbar; haltbar machen; die Haltbarkeit;
der Halter; die Halterin; die Halterung;
haltlos; die Haltlosigkeit; die Haltung
der **Halunke** (Schurke), die Halunken
Hamburg; der Hamburger; hamburgisch
die **Häme** (Gehässigkeit);
hämisch (schadenfroh; boshaft)
der **Hammel**, die Hammel *und* Hämmel
der **Hammer**, die Hämmer;
hämmern, ich hämmere
die **Hämorrhoiden**, *auch* Hämorriden
hampeln, ich hamp[e]le;
der Hampelmann, die Hampelmänner
der **Hams|ter**, die Hamster;
hamstern, ich hamstere

die **Hand**, die Hände; zu Händen von;
die Hände schütteln; Händchen halten,
Händchen haltend *und* händchenhaltend;
eine Hand voll *und* eine Handvoll
Erdbeeren; zwei Hände voll Erdbeeren;
linker Hand; rechter Hand;
anhand des Buches; Hand anlegen;
an die Hand gehen; Hand in Hand;
das Hand-in-Hand-Arbeiten;
von Hand; von langer Hand vorbereiten;
die Handarbeit; der Handball;
die Handbremse; die Handfläche;
das Handgemenge; das Handgepäck;
der Handgriff; der Handlanger;
der Handschuh; die Handtasche;
das Handtuch, die Handtücher;
das Handwerk; der Handwerker;
der Handwerksbetrieb; das Handwerkszeug;
allerhand; kurzerhand; vorderhand;
abhandenkommen; überhandnehmen;
vorhanden sein;
handfest; handgemein; handgreiflich;
handschriftliche Anmerkungen;
handbreit; ein handbreiter Spalt, *aber*
ein zwei Hand breiter Spalt; die Handbreit;
eine Hand breit *und* eine Handbreit
Abstand; handgroß; ein handgroßer Fleck;
handlang; ein handlanger Riss

Hand + Verb
Untrennbare Zusammensetzungen:
handhaben, er handhabt/handhabte die Werkzeuge geschickt, sooft er sie handhabt/handhabte, gehandhabt, zu handhaben;
entsprechend auch:
handarbeiten, sie hat gehandarbeitet;
handlangern, er hat gehandlangert;
durch Handaufheben; im Handumdrehen;
Hand + Partizip ⓘ S. 303
handgearbeitete Leuchter; handgedruckte Plakate; handgeschriebene Noten;
handgestrickte Socken; handgewebte Schals; handverlesene Oliven

der **Handel**; handelseinig; handelseins;
handelsüblich; das Handelsabkommen;
Handel treibend *und* handeltreibend;
handeln, ich hand[e]le; der Händler;
die Händlerin; die Handlung;
handlungsfähig; die Handlungsweise;
die **Händel** *Plur.* (Streit); händelsüchtig
das **Handikap** [*händikäp*] (Benachteiligung;
Behinderung), die Handikaps,
auch das Handicap, die Handicaps
das **Handy**, die Handys
hanebüchen (unerhört)
der **Hanf**; der Hänfling (ein Vogel)
der **Hang**, die Hänge; hängen, hängte,
gehängt; hängen ⓘ 284, hing, gehangen;
die Wäsche kann hängen bleiben, *aber*
am Nagel, im Gedächtnis hängen bleiben/
hängenbleiben; die Wäsche hängen lassen,
aber jemanden, sich hängen lassen *und*
hängenlassen; der Hängeschrank
die **Hängematte**
der **Hansdampf**; Hansdampf in allen Gassen
die **Hanse** (mittelalterlicher Städtebund);
der Hanseat, die Hanseaten; hanseatisch;
hansisch; die Hansestadt
hänseln (necken), ich häns[e]le ihn
der **Hanswurst**
die **Hantel**, die Hanteln
hantieren; die Hantierung
hapern, es hapert
der **Happen**, die Happen; das Häppchen;
happig *ugs.* (übertrieben; gierig)
das **Happyend**, *auch* Happy End
das **Hardcover** [*-kawer*] (Buch mit festem
Einband)
die **Hardware** [*hadwär*] (die maschinellen
Teile datenverarbeitender Anlagen)
der **Harem**, die Harems
die **Harfe**, die Harfen; der Harfenist
die **Harke**, die Harken; harken, du harkst
der **Harlekin** (Possenreißer), die Harlekine
der **Harm** (Kummer); sich härmen, gehärmt;
harmlos; die Harmlosigkeit

die **Harmonie** (Einklang; Zusammenpassen), die Harmonien; harmonisch; harmonisieren (in Einklang bringen); die Harmonika, die Harmonikas *und* Harmoniken; das Harmonium, die Harmonien
der **Harn**; die Harnblase; die Harnsäure
der **Harnisch** (Brustpanzer), die Harnische; in Harnisch bringen (wütend machen)
die **Harpune** (pfeilartiges Geschoss zum Fischfang), die Harpunen; harpunieren
harren (warten)
der **Harsch** (hart gefrorener Schnee); harsch
hart, härter, am härtes|ten; hart auf hart; hart sein, hart werden, hart geworden;
Getrennt *und* **zusammen** *möglich*:
hart machen *und* hartmachen;
hart kochen *und* hartkochen,
ein hart gekochtes *und* hartgekochtes Ei,
so auch hart gefroren, hart gebrannt *u. a.*;
hartherzig; hartleibig; hartnäckig; die Härte; härten, gehärtet; die Härtung; der Härtegrad; der Härteausgleich
das **Harz**, die Harze; harzen; harzig
der **Harz** (ein mitteldeutsches Gebirge)
das **Hasardspiel** (Glücksspiel)
das **Haschee** (Hackfleisch)
haschen (fangen), du haschst; Haschen spielen; der Häscher
das **Haschisch** *und* der Haschisch (ein Rauschmittel), *ugs.* das Hasch; haschen (Hasch rauchen), du haschst
der **Hase**, die Hasen; das Häs|chen; die Häsin; ein Hasenfuß (überängstlicher Mensch); die Hasenjagd; das Hasenjunge; das Hasenpanier ergreifen (fliehen)
die **Hasel** (ein Strauch), die Haseln; die Haselnuss, die Haselnüsse; der Haselnussstrauch *und* Haselnuss-Strauch
die **Haspel**, die Haspeln; haspeln, ich hasp[e]le
der **Hass**, des Hasses; hassen, ich hasse, du hasst, er hasst, er hasste, gehasst; hasserfüllt, *aber* von Hass erfüllt; hässlich; die Hässlichkeit
du **hast** *zu* haben; hast du Zeit?, *aber* du hasst *zu* hassen
die **Hast**; has|ten, gehastet; hastig
hätscheln, ich hätsch[e]le
ich **hatte** *zu* haben, ich hätte
die **Haube**, die Hauben; das Häubchen; die Haubenlerche; der Haubentaucher
der **Hauch**; hauchdünn; hauchen
hauen ⓘ 284, haute, gehauen; Haue kriegen; der Hauer; der Haumeis|ter
der **Haufen**, die Haufen; haufenweise; das Häufchen; das Häuflein; sich häufen, gehäuft; die Häufung; häufig; die Häufigkeit

das **Haupt**, die Häupter; um Haupteslänge; der Hauptbahnhof ⟨Hbf.⟩; der Hauptberuf; hauptberuflich; die Hauptsache; hauptsächlich; die Hauptsaison; die Hauptschule; der Hauptschüler; die Hauptschülerin, die Hauptschülerinnen; der Hauptschulabschluß; die Hauptstadt; hauptstäd|tisch; die Hauptstraße; das Hauptwort ▶das Nomen 279; hauptwörtlich gebraucht
der **Häuptling**
das **Haus**, die Häuser; das Häus|chen; zu Haus, zu Hause, wir sind zu Haus[e], *auch* zuhaus[e], *aber* das Zuhause; nach Haus[e], *auch* nachhaus[e] gehen; beim Nachhausegehen; außer Haus, außer [dem] Hause; von Haus aus; von Haus zu Haus; der Hausarzt; die Hausaufgabe; der Hausbesitzer; der Hausbewohner; die Hausfrau; hausfraulich; Haus halten, sie hat Haus gehalten, *auch* haushalten, hausgehalten; der Hausfriedensbruch; der Haushalt; die Haushaltsführung; der Hausherr; die Hausherrin; nach Hausmacherart; der Hausmann; der Hausmeis|ter; die Hausmusik; die Hausordnung; der Hausrat; der Hausschlüssel; der Hausschuh; das Haus|tier; die Hauswirtschaft; der Häuserblock, die Häuserblöcke *und* Häuserblocks; das Häusermeer; hausbacken; hausgemacht; in haushaltsüblichen Mengen; haushoch; häuslich; hausieren; der Hausierer; hausschlachten, hausgeschlachtet
die **Hausse** [*hoß, oß*] (Aufschwung der Wirtschaft), die Haussen
die **Haut**, die Häute; das Häutchen; der Hautausschlag; die Hautcreme *und* die Hautkrem[e]; die Hautfarbe; sich häuten; die Häutung
die **Havarie** (Seeschaden), die Havarien; havarieren; der Havarist, die Havaris|ten
die **Hawaiiinseln** *und* Hawaii-Inseln
die **Haxe** → Hachse
Hbf. = Hauptbahnhof
das **Hea|ring** [*hiring*] (Anhörung verschiedener Ansichten), die Hearings
die **Heb|amme** (Geburtshelferin), die Hebammen;
der **Hebel**, die Hebel; hebeln, ich heb[e]le; heben ⓘ 284, hob, gehoben; die Hebebühne; das Hebewerk
der **Hebräer** (*im Alten Testament* Angehöriger des Volkes Israel), die Hebräer; das Hebräisch[e] (eine Sprache); hebräisch

hecheln, ich hech[e]le, gehechelt
der **Hecht**, die Hechte; der Hechtsprung
das **Heck**, die Hecke *und* Hecks;
der Heckantrieb; der Heckmotor;
die Heckscheibe;
die **Hecke**, *z. B.* Dornenhecke, die Hecken;
die Heckenrose; die Heckenschere
das **Heer**, die Heere; der Heerführer;
das Heerlager; die Heerstraße
die **Hefe**, die Hefen; der Hefeteig
das **Heft**, die Hefte; das Heftpflas|ter;
der Heftrand; die Heftzwecke;
heften, geheftet ⟨geh.⟩
heftig; die Heftigkeit
die **Hege**; hegen, gehegt; der Heger
die **Hegemonie** (Vorherrschaft)
hehlen (Unrecht begünstigen); Hehlen ist schlimmer als Stehlen; kein[en] Hehl daraus machen (nichts verheimlichen);
der Hehler; die Hehlerin
hehr (erhaben; heilig)
der **Heide** (*für* Religionsloser), die Heiden;
die Heidin; das Heidentum; heidnisch;
ein Heidenlärm, ein Heidenspaß *ugs.*
die **Heide** (unbebaute Fläche), die Heiden;
die Lüneburger Heide; das Heidekraut;
die Heidelbeere; die Heidelerche;
das Heide[n]rös|chen; die Heidschnucke
heikel; eine heikle Sache
heil, das Heil; der Heiland;
heilen; die Heilung; heilbar;
heilfroh; heilkräftig; heillos; heilsam;
heilbringende/Heil bringende Worte;
die Heilgymnastin; die Heilkräuter;
der Heilpraktiker; die Heilquelle;
die Heilsarmee; die Heilsgeschichte
der **Heilbutt** (eine Fischart)
heilig ⟨hl. *bzw.* Hl., *Plur.* hll.⟩;
ein Heiliger, eine Heilige, die Heiligen;
Seine Heiligkeit (der Papst);
der heilige Georg; die hl. Elisabeth;
das heilige Abendmahl; die heilige Messe;
die erste heilige Kommunion;
die heilige Taufe;
der Heilige Abend, der Heiligabend;
der Heilige Christ; die Heilige Dreifaltigkeit; die Heiligen Drei Könige;
die Heilige Familie; der Heilige Geist;
das Heilige Grab; das Heilige Land;
die Heilige Jungfrau; die Heilige Nacht;
das Hl. Römische Reich Deutscher Nation;
die Heilige Schrift (die Bibel);
der Heilige Stuhl (päpstliche Regierung);
der Heilige Vater (der Papst);
heilighalten; heiligen, geheiligt;
heiligsprechen, heiliggesprochen;
der Heiligenschein; der Heiligenschrein;
das Heiligtum, die Heiligtümer

heim; das Heim, die Heime; → Heimat;
der Heimcomputer; der Heimgang (Tod);
der Heimgegangene (der Verstorbene);
die Heimkehr; der Heimkehrer;
der Heimleiter; die Heimreise; das Heimspiel; die Heimstatt *und* Heimstätte;
das Heimweh; der Heimwerker;
heimelig (anheimelnd); → heimlich;
heimisch; heimwehkrank; heimwärts;

heim + Verb
Trennbare Zusammensetzungen:
heimgehen, ich gehe/ging heim,
aber bevor ich heimgehe/heimging,
ich bin heimgegangen, heimzugehen;
entsprechend auch:
sich heimbegeben, heimbegleiten,
heimbringen, heimfahren, heimholen,
heimkehren, heimleuchten *und andere*

die **Heimat**, die Heimaten; heimatlich;
die Heimatkunde; heimatkundlich;
die Heimatlosen; heimatlos;
das Heimatmuseum, die Heimatmuseen;
der Heimatort; die Heimatvertriebenen;
heimlich; die Heimlichkeit;
heimlichtun, sie hat heimlichgetan;
das dauernde Heimlichtun, *aber* etwas heimlich tun, sie hat es heimlich getan;
die **Heimtücke**; heimtückisch
das **Heinzelmännchen**
die **Heirat**, die Heiraten; heiraten; der Heiratsantrag; die Heiratsurkunde; heiratslustig
heiser; die Heiserkeit

heiß, heißer, am heißes|ten; heiß sein;
der heiße Draht; ein heißes Eisen;
drückend heißes Wetter;
glühend heiße Tage; der Heißhunger;
das Heißluftgerät; der Heißwasserbereiter;
heißblütig; heißhungrig; heißspornig;

heiß + Verb
Getrennt zu schreiben:
heiß sein, heiß baden, heiß essen, es wird heiß hergehen, heiß laufen (Motor)
Getrennt *und* zusammen möglich:
heiß machen *und* heißmachen
Trennbare Zusammensetzungen
mit übertragener Bedeutung:
jemandem die Hölle heißmachen,
sich die Köpfe heißreden

heiß + Adjektiv/Partizip ⓘ S. 303
heiß begehrt *und* heißbegehrt, *so auch*
heiß ersehnt, heiß geliebt,
heiß umstritten, heiß umkämpft,
ein heiß gelaufener/heißgelaufener Motor

heißen (den Namen tragen; sich nennen; nennen; befehlen) ⓘ 284, hieß, geheißen
heißen (Flagge aufziehen; → hissen), heißt!
heiter; die Heiterkeit
heizen, du heizt; heizbar; das Heizöl; die Heizung; der Heizungsmonteur
das **Hekt|ar** *und* der Hektar (100 Ar), die Hektare, *aber* drei Hektar ⟨3 ha⟩
die **Hektik** (übermäßige Betriebsamkeit); hektisch
Hekto-, **hekto-** (das Hundertfache);
hektografieren (vervielfältigen) *und* hektographieren
der **Hektoliter** *und* das Hektoliter ⟨hl⟩; 1 hl = 100 l
der **Held**, des Helden, die Helden; die Heldin; die Heldentat; das Heldentum; heldenhaft; heldisch
helfen ⓘ 284, half, geholfen, du hilfst; hilf!; → die Hilfe; der Helfer; die Helferin; der Helfershelfer
Helgoland; der Helgoländer
der **Heliko|pter** (Hubschrauber), die Helikopter
das **Helium** (ein Edelgas), des Heliums
hell, heller, am hellsten; hell sein; lange hell bleiben; hell werden; hell leuchten; hell scheinen; hell strahlen; hell machen *und* hellmachen, *z. B. Räume;* ein Helles (ein Glas helles Bier), 2 Helle; die Helle; die Helligkeit; hellsehen; das Hellsehen; der Hellseher; die Hellseherin; die Hellseherei; hellauf begeistert;
hell + Adjektiv *oder* **Partizip** ⓘ S. 303
Getrennt *und* **zusammen** *möglich*: hell leuchtend *und* hellleuchtend, *so auch* hell lodernd, strahlend, *aber nur zusammen:* helläugig; hellblau; hellblond; helldunkel; hellfarbig; hellgrün; hellhäutig; hellhörig; helllicht; helllila; hellrot; hellseherisch; hellsichtig (scharfsinnig); hellwach
die **Hellebarde** (alte Hieb- und Stoßwaffe), die Hellebarden
die **Hellenen** *Plur.* (Griechen); hellenistisch
der **Heller**; auf Heller und Pfennig
der **Helm**, die Helme
helvetisch (die Schweiz betreffend); die Helvetische Republik (die Schweiz)
das **Hemd**, die Hemden; das Hemdchen; die Hemdsärmel *Plur.;* hemd[s]ärm[e]lig
die **Hemi|sphäre** (Erdhalbkugel)
hemmen, gehemmt; das Hemmnis, die Hemmnisse; der Hemmschuh; die Hemmschwelle; die Hemmung; hemmungslos
das **Hendl** (*süddeutsch* Huhn; Brathuhn), die Hendln
der **Hengst**, die Hengs|te
der **Henkel**, die Henkel; zweihenk[e]lig
henken, gehenkt; der Henker; die Henkersmahlzeit
die **Henne**, die Hennen

her

he|rab, her|ab	her|nieder
he|ran, her|an	he|rüber, her|über
he|rauf, her|auf	he|rum, her|um
he|raus, her|aus	he|runter, her|unter
her|bei	her|vor
he|rein, her|ein	her|zu

her, herab, heran, herauf, heraus, herbei, herein, hernieder, herüber, herum, herunter, hervor, herzu + Verb
Nur **trennbare Zusammensetzungen**, *z. B.* hereinkommen, er kommt/kam herein, *aber* wenn er hereinkommt/hereinkam, er ist hereingekommen, hereinzukommen,
aber getrennt zu schreiben alle [sinnvollen] Verbindungen mit sein, *z. B.:* wo kann denn das her sein?, heran sein, herbei sein *und andere*

herausfordernd; der Herausforderer; die Herausforderung
herausgeben ⓘ 284 geben, sie gibt heraus; der Herausgeber *von Büchern* ⟨Hg., Hrsg.⟩; herausgegeben ⟨hg., hrsg.⟩
herb; die Herbe; die Herbheit
das **Herbarium** (Sammlung getrockneter Pflanzen), die Herbarien; das Herbizid (Unkrautbekämpfungsmittel), die Herbizide
die **Herberge**, die Herbergen; der Herbergsaufenthalt; die Herbergseltern; die Herbergsmutter; der Herbergsvater
der **Herbst**, die Herbs|te; die Herbstferien; herbst|lich
der **Herd**, die Herde; das Herdfeuer
die **Herde**, die Herden; das Herdentier; der Herdentrieb; herdenweise
der **Hergang**; den Hergang schildern
der **Hering**, die Heringe; der Heringssalat
das **Herkommen**; herkömmlich; herkömmlicherweise; die Herkunft
das **Hermelin** (großes Wiesel), die Hermeline; der Hermelin (ein Pelz), die Hermeline
hermetisch (luftdicht; wasserdicht)
hernach (nachher)
das **Heroin** (ein Rauschgift); heroinsüchtig;
heroisch (heldenhaft); der Heroismus; der Heroe (Held), die Heroen
der **Herold** (fürstlicher Bote), die Herolde

der **Herr**, des Herrn, dem Herrn, den Herrn; die Herren, der Herren, den Herren; die Herrin, die Herrinnen; das Herrchen; einer Sache Herr werden; aus aller Herren Länder; der Herrgott; in aller Herrgottsfrühe; herrisch; herrlich; die Herrlichkeit; herrschen, du herrschst; herrschend; die Herrschaft; herrschaftlich; der Herrscher; das Herrschergeschlecht; die Herrscherin, die Herrscherinnen; die Herrschsucht; herrschsüchtig

der **Hersteller**; die Herstellung

das **Hertz** ⟨Hz⟩ (Maßeinheit der Frequenz)

hervorragend

das **Herz**, des Herzens, die Herzen; von Herzen kommend; zu Herzen gehend; sich etwas zu Herzen nehmen; die Herzbeschwerden; das Herzeleid; die Herzensangst; die Herzensgüte; nach Herzenslust; der Herzenswunsch; der Herzfehler; der Herzinfarkt; das Herzklopfen; der Herzschlag; der Herzschrittmacher; das Herzversagen; herzallerliebst; herzbeklemmend; herzensgut; herzerfrischend; herzergreifend; herzhaft; herzig; herzkrank; herzlos; herzzerreißend; herzlich; auf das, aufs Herzlichste *und* auf das, aufs herzlichste; herzen, du herzt, geherzt

der **Herzog**, die Herzöge; die Herzogin; das Herzogtum; die Herzogtümer; herzoglich

Hessen; der Hesse; die Hessin; hessisch

hetero- (anders-; fremd-); heterogen (ungleichartig); heterosexuell (geschlechtlich auf das andere Geschlecht bezogen)

die **Hetze**; hetzen, gehetzt; der Hetzer; die Hetzkampagne

das **Heu**; die Heuernte; der Heuschnupfen; der Heuschober; die Heuschrecke; heuen

heucheln, ich heuch[e]le; die Heuchelei; der Heuchler; heuchlerisch

heuer (in diesem Jahr); → heurig

die **Heuer** (Löhnung; Vertrag für Seemannsarbeit), die Heuern; heuern (Seeleute anwerben), geheuert

heulen, geheult; die Heulboje

heurig (diesjährig); der Heurige (Wein aus diesem Jahr)

heute, *ugs.* **heut**; heute früh/heute Früh; heute Morgen; heute Vormittag; heute Mittag; heute Nachmittag; heute Abend; heute Nacht; die Menschen von heute; heutig; heutigentags; heutzutage; das Heute; das Heute und das Morgen

die **Hexe**, die Hexen; der Hexenschuss; hexen, du hext, gehext; die Hexerei

der **Hieb**, die Hiebe; hieb- und stichfest

hier; hier sein; hier und da; hier hinten; hier oben; hier unten; hier vorn; hie|ran, hier|an, *aber* von hier an; hie|raus, hier|aus, *aber* von hier aus; hierbei; hierdurch; hie|rein, hier|ein; hierfür, hiergegen, hierher, hierherauf; hierher gehörend/hierhergehörend; hierher gehörig; hierhe|rum, hierher|um; hierhin; bald hierhin, bald dorthin; hie|rin, hier|in; hiermit; hiernach; hie|rüber, hier|über; hie|rum, hier|um; hie|runter, hier|unter; hiervon; hiervor; hierzu; hierzulande, *auch* hier zu Lande;

hier, hierher, hierhin + Verb
Getrennt zu schreiben:
hier sein, hier leben, hier wohnen
Trennbare Zusammensetzungen
bei deutlicher Betonung im Verbzusatz:
hierbleiben, sie blieb zwei Tage hier, hiergeblieben, hierzubleiben;
entsprechend auch:
hierbehalten, hierlassen *und andere*

hierherfahren *und weitere mit* hierher, *z.B.* -holen, -kommen, -laufen, -legen, -locken, -schauen, -stellen

hierhinschreiben *und weitere mit* hierhin, *z.B.* -setzen, -stellen, -legen

die **Hierarchie** (Rangordnung), die Hierarchien; hierarchisch

die **Hieroglyphe** (Zeichen einer Bilderschrift), die Hieroglyphen

hiesig; ein hiesiger Wein; sie ist eine Hiesige (eine Einheimische)

hieven (heben; hochwinden), gehievt

die **Hi-Fi** [*haifi, haifai*] = High Fidelity (originalgetreue Klangwiedergabe); die Hi-Fi-Anlage; der Hi-Fi-Turm

das **Highlight** [*hailait*] (Höhepunkt), die Highlights

das **Hightech** *und* die Hightech [*haitek*] (Spitzentechnologie); die Hightechindustrie

die **Hilfe**; mit Hilfe *und* mithilfe; zu Hilfe kommen; zu Hilfe eilen; Hilfe leisten; die Hilfeleistung; um Hilfe rufen; der Hilferuf; Hilfe suchen, Hilfe suchend/hilfesuchend; erste/Erste Hilfe; der Erste-Hilfe-Lehrgang; hilflos; die Hilflosigkeit; hilfreich; die Hilfsaktion; das Hilfswerk; hilfsbedürftig; die Hilfsbedürftigen; hilfsbereit; die Hilfsbereitschaft; das Hilfszeitwort ► das Hilfsverb 278

der **Himalaja** [*auch* himalaja] *und* Himalaya (Gebirge in Asien)
die **Himbeere**; der Himbeersaft; himbeerfarben; himbeerfarbig
der **Himmel**, die Himmel; um [des] Himmels willen; der Himmelfahrtstag; die Himmelsgegend; der Himmel[s]stürmer; das Himmelreich; die Himmelsrichtung; der Himmel[s]schlüssel (eine Blume); himmelangst; himmelblau; himmelhoch; himmelschreiend, zum Himmel schreiend; himmelan; himmelwärts; himmelweit; himmlisch

hin; hin sein, hin gewesen; hin und her gehen (ohne Ziel); hin- und herlaufen (zu einem Ziel und zurück); nach langem Hin und Her; hin und wieder (ab und zu); vor sich hin pfeifen, summen;

hi|nab, hin|ab	hi|nein, hin|ein
hi|nan, hin|an	hi|nüber, hin|über
hi|nauf, hin|auf	hi|nunter, hin|unter
hi|naus, hin|aus	hin|weg
hin|durch	hin|zu

hin, **hinab**, **hinan**, **hinauf**, **hinaus**, **hindurch**, **hinein**, **hinüber**, **hinunter**, **hinweg**, **hinzu + Verb**
Nur **trennbare Zusammensetzungen**, *z. B.* hinuntersteigen, er steigt/stieg hinunter, *aber* wenn er hinuntersteigt/hinunterstieg, er ist hinuntergestiegen, hinunterzusteigen,
aber getrennt zu schreiben alle [sinnvollen] Verbindungen mit sein, *z. B.:* hinüber sein; wo kann das hin sein?; hindurch sein

hinbekommen ⓘ kommen 284
im **Hinblick** auf
hindern, ich hindere ihn; hinderlich; das Hindernis, die Hindernisse; das Hindernisrennen; der Hinderungsgrund
der **Hinduismus** (indische Volksreligion)
hindurch + Verb/Zeitwort → hin; hindurchgehen; hindurchmüssen; sich hindurchzwängen
hinein + Verb/Zeitwort → hin; sich hineinfinden; hineingeheimnissen, hineingeheimnisst; hineingeraten; hineinreißen; hineinschauen; hineinschliddern; hineinschreiben
die **Hinfahrt**; die Hin- und Rückfahrt
der **Hinflug**; der Hin- und Rückflug
hingegen
hingerissen (begeistert)
hinken, du hinkst, gehinkt
hinlänglich
von **hinnen** (von hier fort) gehen *alt*
die **Hinreise**; die Hin- und Rückreise
hinrichten; die Hinrichtung
in **Hinsicht** auf; hinsichtlich

hintan; unter Hintansetzung;

hintan + Verb
Trennbare Zusammensetzungen:
hintansetzen, er setzt/setzte seine Gesundheit hintan, da er sie hintansetzte, er hat sie hintangesetzt, hintanzusetzen;
entsprechend auch hintanstellen

hinten; von hinten heran; nach hinten; hintan; hintenan; hintendrauf *ugs.*; hintenherum; hintenhin;

hintenüber;

hintenüber + Verb
Trennbare Zusammensetzungen:
hintenüberfallen, sie fällt/fiel hintenüber, da sie hintenüberfiel, sie ist hintenübergefallen, hintenüberzufallen;
entsprechend auch:
hintenüberkippen; hintenüberstürzen

hinter *als Präposition/Verhältniswort mit dem Dativ/Wemfall:*
Suche den Spaten (wo?) hinter dem Zaun, hinter der Hecke, hinter dem Tor!;
mit dem Akkusativ/Wenfall:
Stelle den Spaten (wohin?) hinter den Zaun, hinter die Hecke, hinter das Tor!;

hinter + Verb
Trennbare Zusammensetzungen, *wenn* hinter *betont ist, z. B.* hintergehen (nach hinten gehen); hinterhaken;
Untrennbare Zusammensetzungen, *wenn das Verb betont ist:*
er hinterbringt/hinterbrachte das Gehörte, weil er das Gehörte gleich hinterbrachte, er hat es hinterbracht, zu hinterbringen;
entsprechend auch:
hintergehen (betrügen); hinterfragen; hinterlassen; hinterlegen; hintertreiben; hinterziehen (unterschlagen)

die **Hinterachse**, die Hinterachsen
der **Hinterausgang**, die Hinterausgänge
der **Hinterbliebene**, die Hinterbliebenen; die Hinterbliebenenrente
hintereinander; hintereinanderher; hintereinanderweg *ugs.* (ohne Pause); die Hintereinanderschaltung;

hintereinander + Verb
Getrennt zu schreiben:
hintereinander antreten,
sich hintereinander aufstellen,
hintereinander hergehend;
Trennbare Zusammensetzungen,
wenn hintereinander *deutlich betont* ist:
hintereinanderlegen, wir legen die Trittsteine hintereinander, hintereinandergelegt hintereinanderzulegen;
entsprechend auch:
hintereinanderfahren, [Zahlen] hintereinanderschreiben (nicht untereinander), hintereinandersetzen, hintereinanderschalten, hintereinanderstellen

der **Hintergrund**, die Hintergründe; die Hintergrundinformation; hintergründig
der **Hinterhalt**; aus dem Hinterhalt; hinterhältig; die Hinterhältigkeit

hinterher + Verb
Getrennt zu schreiben:
sich hinterher beschweren, da er sich erst hinterher beschwert/beschwerte,
er hat sich erst hinterher beschwert,
hinterher zu beschweren;
hinterher sein (sich kümmern; zurückgeblieben sein), sie ist da sehr eifrig hinterher gewesen, hinterher zu sein;
Trennbare Zusammensetzungen:
hinterhergehen (als Letzter gehen),
er geht/ging hinterher, *aber* da er hinterhergeht/hinterherging, er ist hinterhergegangen, hinterherzugehen;
entsprechend auch:
hinterherlaufen (nachlaufen); hinterherkleckern; hinterherrufen; hinterherwerfen

der **Hinterleib** (Körperteil der Insekten)
die **Hinterlist**; hinterlis|tig
hinterrücks
hinüber + Verb/Zeitwort → hin; hinübergelangen; hinüberkönnen; hinüberschicken; hinüberwollen; hinüberwinken; *aber* hinüber sein
hinunter + Verb/Zeitwort → hin; hinunterbegleiten; hinunterblicken, hinunterstürzen
hinweg + Verb/Zeitwort → hin; hinwegfegen; darüber hinweghelfen; sich darüber hinwegsetzen; darüber hinwegtrösten; *aber* darüber hinweg sein
der **Hinweis**, die Hinweise; hinweisen ⓘ weisen 290; er wies uns darauf hin; das hinweisende Fürwort ▶ Demonstrativpronomen 277
hinzu + Verb/Zeitwort → hin; hinzufügen; hinzugesellen; hinzunehmen; hinzutreten; hinzutun; hinzuverdienen; hinzuzählen; hinzuziehen; die Hinzuziehung
das **Hirn** (Gehirn), die Hirne; das Hirnholz; das Hirngespinst; hirnverbrannt *ugs.*; hirnrissig *ugs.*; hirnverletzt
der **Hirsch**, die Hirsche; der Hirschfänger; das Hirschgeweih; der Hirschkäfer; die Hirschkuh; hirschledern
die **Hirse** (Getreideart); der Hirsebrei
der **Hirt** *und* **Hirte**, des Hirten, die Hirten; das Hirtenamt; der Hirtenbrief; das Hirtenvolk; der Gute Hirte (Christus)
hissen (Flagge oder Segel hochziehen), du hisst, gehisst, hisse! *und* hiss!, hisst!, *auch* [die Flagge] heißen, geheißt, heißt!
der **Historiker** (Geschichtsforscher), die Historiker; his|torisch (geschichtlich)
der **Hit** (Verkaufsschlager), die Hits; die Hitliste; die Hitparade
die **Hitze**; der Hitzkopf, die Hitzköpfe; die Hitzeperiode; die Hitzewelle; hitzebeständig; hitzeempfindlich; hitzig; hitzköpfig; hitzefrei; das Hitzefrei; hitzefrei haben, bekommen, *auch* Hitzefrei haben, bekommen; kein Hitzefrei haben, bekommen; Hitze abweisende/hitzeabweisende Teile
hl = Hektoliter; 1 hl = 100 l
das **Hobby** (Liebhaberei), die Hobbys; der Hobbykeller; der Hobbyraum
der **Hobel**, die Hobel; die Hobelbank; der Hobelspan, die Hobelspäne; hobeln, ich hob[e]le, gehobelt

hoch, höher, am höchsten; hoch hinaus; hoch oben; → höchst; → hohe; → höher; das Hoch (hoher Luftdruck), die Hochs; das Hoch (Hochruf); ein dreifach Hoch; die Hochachtung; hochachtungsvoll; das Hochdeutsche; hochdeutsch; die Hochebene; das Hochformat; das Hochgebirge; das Hochhaus; die Hochkonjunktur; der Hochleistungssport; das Hochmoor; der Hochmut; der Hochofen; die Hochrechnung; die Hochsaison; die Hochschule; die Hochsee; die Hochspannungsleitung; die Hochsprache; hochsprachlich; der Hochsprung; der Hochstapler; das Hochwasser; hochwassergefährdet; Eure *und* Euer Hochwürden (Anrede für katholische Geistliche); hochwürdig; die Hochzeit (Feier der Eheschließung); die Hochzeit (Hochstand, Blütezeit, *meist in kulturgeschichtlicher Hinsicht*);

H h

hoch + Verb
besonders zu beachten:
hoch fliegen - hochfliegen,
hoch springen - hochspringen,
hoch tragen - hochtragen *und andere*
Getrennt zu schreiben:
hoch gewinnen,
da er fast immer hoch gewinnt/gewann,
er hat hoch gewonnen, hoch zu gewinnen;
entsprechend auch:
hoch ansetzen; hoch fliegen (in großer) Höhe dahinfliegen);
zu hoch greifen (zu viel wagen);
[ganz] hoch halten (in die Höhe halten);
hoch hergehen; hoch hinauswollen;
hoch liegen; hoch [ein]schätzen;
hoch sein; hoch singen;
hoch spielen (mit hohem Geldeinsatz);
hoch springen (vor Freude), *aber* (im Sport) hochspringen (*nur im Infinitiv*);
den Kopf oder die Nase hoch tragen;
Trennbare Zusammensetzungen:
(hoch *bedeutet hier meistens* nach oben, aufwärts-, hinauf)
sich hocharbeiten, er arbeitet sich hoch,
aber weil er sich mühevoll hocharbeitete,
hochgearbeitet, hochzuarbeiten;
entsprechend auch:
hochachten (*auch* hoch achten);
hochbekommen; hochbinden;
hochbringen; aus dem Schlaf hochfahren;
hochfliegen (aufwärts fliegen);
hochgehen (aufsteigen; wütend werden);
hochhalten (in Ehren halten);
hochheben; hochholen; hochjagen;
hochjubeln (mit übertriebenem Lob bekannt machen); hochklappen;
hochklettern; hochkommen;
hochkrempeln; hochkurbeln;
hochleben, jemanden hochleben lassen;
hochlegen (an eine höhere Stelle legen);
hochnehmen; sich hochrappeln;
hochrechnen (Ergebnis vorausberechnen);
hochschätzen (*auch* hoch schätzen);
hochscheuchen; hochschieben;
hochschlagen; sich hochschrauben;
hochspielen (unnötig übertreiben);
hochspringen *nur Infinitiv* (im Sport);
hochstapeln (vortäuschen);
hochsteigen (aufwärts steigen),
aber dein Drachen kann ganz hoch steigen,
meiner kann noch höher steigen;
hochstellen (hinauf-, hochkant stellen);
hochstilisieren (übertreibend hervorheben); hochtragen (hinauftragen);
hochwerfen; hochwinden; hochwirbeln;
sich hochwölben; hochziehen

hoch + Adjektiv *oder* **Partizip** ⓘ S. 303
Getrennt zu schreiben,
wenn hoch *ganz konkret als Orts- oder Richtungsangabe zu verstehen ist, z. B.*
ein hoch gelegener Stadtteil,
eine noch höher gelegene Burg;
ein [sehr] hoch fliegender Hubschrauber,
aber er hat hochfliegende Pläne;
ein hoch stehendes Denkmal, *aber*
eine hochstehende Persönlichkeit
Zusammenzuschreiben,
wenn der zweite Bestandteil der Verbindung nicht selbständig vorkommt oder hoch *bedeutungsverstärkend gemeint ist:*
hochauflösend, hochbeinig, hochgemut,
hochgestochen, hochgradig, hochmütig,
hochkant, hochkantig, hochkarätig,
hochnäsig, hochprozentig, hochrangig,
hochtourig, hochtrabend, hochwertig *u. a.;*
hochachtungsvoll, hochaktuell,
hochberühmt, hochbetagt, hochbrisant,
hochempfindlich, hocherfreut,
hochexplosiv, hochfein, hochgebildet,
hochgefährlich, hochgezüchtet, hochgiftig,
hochglänzend, hochintelligent,
hochinteressant, hochmodern,
hochmotiviert, hochoffiziell, hochpolitisch,
hochrot, hochschwanger, hochverdient,
hochverehrt, hochwillkommen,
hochwirksam, hochzufrieden *u. a.*
Getrennt *und* **zusammen** *möglich*:
ein hoch bezahlter/hochbezahlter Arbeiter,
aber sehr hoch, höher bezahlte Arbeiter,
so auch hochbegabt *und* hoch begabt,
hochangesehen, hochaufgeschossen,
hochbeglückt, hochbesteuert, hochdosiert,
hochdotiert, hochentwickelt, hochgeehrt,
hochgelobt, hochindustrialisiert,
hochkompliziert, hochkonzentriert,
hochmotiviert, hochqualifiziert,
hochspezialisiert, hochtechnisiert,
hochverehrt, hochverschuldet *u. a.*

höchst; am höchsten; höchstens;
auf das, aufs Höchste erfreut *und*
auf das, aufs höchste erfreut;
nach dem Höchsten streben;
im Höchstfall; die Höchstform;
die Höchstgeschwindigkeit;
die Höchststufe ► der Superlativ 281;
der Höchstwert;
der höchstmögliche Gewinn;
er war höchstpersönlich gekommen, *aber*
es war eine höchst persönliche Ansicht;
eine höchstrichterliche Entscheidung;
er hat es höchstwahrscheinlich getan,
aber es ist höchst wahrscheinlich, dass;
das höchstzulässige Gesamtgewicht

die **Hocke**, die Hocken; hocken, du hockst; der Hocker, die Hocker
der **Höcker** (Buckel), die Höcker; der Höckerschwan; höckerig
das **Hockey** [*hoke, hoki*] (Sportart); der Hockeyschläger; der Hockeyspieler
der **Hoden,** die Hoden
der **Hof**, die Höfe; höfisch; höflich; Hof halten; die Hofhaltung
hoffen; hoffentlich; die Hoffnung; hoffnungslos; die Hoffnungslosigkeit; der Hoffnungsschimmer; der Hoffnungsstrahl; hoffnungsvoll
höflich; die Höflichkeit; der Höflichkeitsbesuch; höflichkeitshalber
hohe *zu* hoch; ein hohes Alter; ein hoher Festtag; auf hoher See; auf hohen Touren; das Hohe Haus (das Parlament); die Hoheit; hoheitlich; das Hoheitsgebiet; die Hoheitsgewässer; das Hoheitszeichen;
die **Höhe**, die Höhen; der Höhepunkt; die Höhenangst; der Höhenflug; die Höhenlinie; der Höhenmesser; der Höhenrücken; das Höhenruder; die Höhensonne; die Höhenstrahlung; der Höhenunterschied; der Höhenzug; höhengleich;
höher *zu* hoch; immer höher; weit höher; höhere Gewalt; eine höhere Schule; Ziele höherstecken; jdn. höherstufen; Preise höherschrauben; höher fliegen; höher heben; höher steigen; höher stehen; höher stehende Gebäude, *aber* höherstehende Persönlichkeiten
hohl; der Hohlkörper; das Hohlmaß; der Hohlspiegel; der Hohlziegel; der Hohlweg; hohläugig, hohlwangig; die Höhle, die Höhlen; der Höhlenbewohner; der Höhlenforscher; die Höhlenmalerei
der **Hohn**; Hohn lachen *und* hohnlachen; Hohn sprechen, das spricht allem Gesetz Hohn, da es allem Gesetz Hohn spricht, *auch* hohnsprechen (*Inf. u. Part.* I), eine jedem Gesetz hohnsprechende Anordnung; das Hohngelächter
hökern *alt,* ich hökere; das Hökerweib
der **Hokuspokus** (Gaukelei)
hold; holdselig; die Holdseligkeit
die **Holding** *kurz für* Holdinggesellschaft (Aktienverwaltung für andere Unternehmen)
holen (heranbringen), ich hole, geholt
Holland; der Holländer; die Holländerin; holländisch ⓘ **deutsch** S. 58
die **Hölle**, die Höllen; die Höllenangst; der Höllenlärm; die Höllenmaschine; die Höllenqual; das Höllenspektakel; der Höllenstein (Ätzmittel); höllisch
die **Hollywoodschaukel**
der **Holm** (Barren-, Leiterstange), die Holme
der **Holocaust** (Massentötung), die Holocausts
holpern, es holpert; holp[e]rig
holterdiepolter
der **Holunder**, *auch* Holder, Holler; der Schwarze Holunder; die Holunderbeere
das **Holz**, die Hölzer; das Hölzchen; die Holz verarbeitende Industrie *und* die holzverarbeitende Industrie; der Holzbock (Zecke), die Holzböcke; der Holzfäller; der Holzhammer; die Holzhammermethode (grobes Lehren); der Holzklotz, die Holzklötze; das Holzhaus; die Holzkohle; die Holzpantine, die Holzpantinen; der Holzpflock, die Holzpflöcke; der Holzspan, die Holzspäne; der Holzstoß, die Holzstöße; der Holzschnitt; auf dem Holzweg; holzfreies Papier; holzverkleidet; hölzern; hölzerne Figuren; eine hölzerne Miene; holzig; holzen, geholzt, du holzt
das **Homebanking** *und* Home-Banking (*EDV* Bankkontenverwaltung von zu Haus aus per Computer und Modem)
der **Hometrainer** *und* Home-Trainer (Gerät für sportliche Übungen im Haus)
homo- (gleich-); homogen (gleichartig)
homonym (gleichlautend bei verschiedener Bedeutung, *z. B.* Flügel – Flügel)
die **Homöopathie** (ein Heilverfahren); in homöopathischen Dosen (in kleinen Mengen)
homophon (mit nur einer führenden Melodiestimme), *auch* homofon; die Homosexualität (gleichgeschlechtliche Liebe); homosexuell
der **Honig**; die Honigwabe; honigsüß; das ist kein Honiglecken
das **Honorar** (Vergütung), die Honorare; honorieren (belohnen; bezahlen)
der **Hopfen**; die Hopfenstange
hopp!; hoppeln, ich hopp[e]le; hoppla!; hopsen, du hopst; hopsa!; der Hopser
horchen, du horchst, gehorcht; der Horcher; der Horchposten
die **Horde**, die Horden; hordenweise
hören, sie hört, sie hörte, gehört; von sich hören lassen; vom Hörensagen; mir ist Hören und Sehen *und* hören und sehen vergangen *ugs;* der Hörer; die Hörerin, die Hörerinnen; der Hörerkreis; die Hörerschaft; das Hörgerät; der Hörfehler; der Hörfunk; die Hörmuschel; der Hörsaal; das Hörspiel; der Hörsturz; in Hörweite; hörbar; hörenswert; hörgeschädigt; hörig (unfrei)

der **Horizont** (Gesichtskreis), die Horizonte; horizontal (waagerecht); die Horizontale (die Waagerechte), die Horizontalen; zwei Horizontale[n]
das **Hormon** (Drüsenstoff), die Hormone
das **Horn**, die Hörner; das Hörnchen; hörnern (aus Horn); hornig; hörnen (das Gehörn abwerfen), gehörnt;
die **Hornisse**, die Hornissen;
der **Hornist** (Hornbläser), die Hornis|ten
das **Horoskop** (astrologische Deutung), die Horoskope
horrend (übermäßig; schrecklich);
der **Horror** (Schauder; Abscheu); der Horrorfilm
der **Horst** (Nest der Greifvögel), die Hors|te
der **Hort**, die Horte; horten, gehortet; die Hortnerin, die Hortnerinnen
die **Hose**, die Hosen; das Hös|chen; der Hosenbund; die Hosennaht; die Hosentasche
hosianna! *von hebräisch* hoschana (hilf uns!); das Hosianna; *ökumenisch*: hosanna!; das Hosanna
das **Hospital** (Krankenhaus), die Hospitale *und* Hospitäler; hospitieren (als Gast zuhören, *meist bei Lehrveranstaltungen*); der Hospitant, die Hospitantin, die Hospitanten; die Hospitation; das Hospiz (Gasthof, Hotel), die Hospize
die **Hostess** [*hosstess, hosstess*] (Betreuerin von Flug- und Fahrgästen; Führerin von Besuchergruppen), die Hostessen
die **Hostie** (Abendmahlsbrot), die Hostien
das **Hotdog** *und* der Hotdog (Würstchen im Brötchen), die Hotdogs, *auch* Hot Dog, Hot Dogs
das **Hotel**, die Hotels; das Hotel garni (Hotel, nur Übernachtung und Frühstück), die Hotels garnis [*hotel garni*]; der Hotelier [*hotelie*], die Hoteliers; die Hotellerie (Gast-, Hotelgewerbe)
die **Hotline** [*hotlain*] = heißer Draht (spezieller Telefon- oder Faxanschluss für Kundenservice), die Hotlines
HR = Hessischer Rundfunk
der **Hub**; die Hubbrücke; die Hubhöhe der Hubraum; der Hubschrauber
hüben; hüben und drüben
hübsch, hübscher, am hübsches|ten
huckepack; huckepack nehmen, tragen; der Huckepackverkehr
der **Huf**, die Hufe; das Hufeisen; hufeisenförmig; der Hufnagel; der Hufschmied; der Huflattich (Wildkraut, Heilpflanze)
die **Hüfte**, die Hüften; das Hüftgelenk; hüfthoch

der **Hügel**, die Hügel; die Hügelkette; das Hügelland; hüg[e]lig
der **Hugenotte** (ausgewanderter französischer Kalvinist), die Hugenotten
das **Huhn**, die Hühner; das Hühnchen; das Hühnerfrikassee
hui!; im Hui; in einem Hui
huldigen; die Huldigung
die **Hülle**, die Hüllen; in Hülle und Fülle
die **Hülse**, die Hülsen; die Hülsenfrüchte
human (menschlich; gesittet); die Humanität; der Humanismus; humanis|tisch; humanitär
der **Humbug** (Schwindel; Unsinn)
die **Hummel**, die Hummeln
der **Hummer** (ein Krebs), die Hummer
der **Humor**; humorig; humorvoll; der Humorist, die Humoris|ten; humoristisch; die Humoreske (heitere Erzählung; heiteres Musikstück)
humpeln, ich hump[e]le
der **Humpen** (Trinkgefäß), die Humpen
der **Humus** (fruchtbarer Mutterboden); der Humusboden; die Humuserde; humusreich
der **Hund**, die Hunde; das Hündchen; die Hündin, die Hündinnen; die Hundehütte; die Hundekälte; die Hunderasse; das Hundewetter; die Hundstage; hundeelend; hundemüde; hundsgemein; hundsmiserabel; hündisch
hundert ⓘ **100** S. 111;
hunderterlei, auf hunderterlei Weise; das Hunderterlei
der **Hunderteuroschein**, 100-Euro-Schein, Hundert-Euro-Schein
hundertfach, 100fach, 100-fach; hundertfach belohnt; ein hundertfacher Widerhall, *aber* das Hundertfache von sechs
hundertfältig
hundertjährig, 100-jährig; ein Hundertjähriger (100-jähriger Mann) der Hundertjährige Kalender (Kalender mit alten Wetteraufzeichnungen)
die **Hundertjahrfeier**
das **Hundertkilometertempo**
hundertmal; einhundertmal; vielhundertmal; viel[e] hundert Male; hundertmal so groß; hundertmal so viel; hundert- bis zweihundertmal; hundertmalig
der **Hundertmarkschein**, 100-Mark-Schein
der **Hundertmeterlauf**, der Hundert-Meter-Lauf, 100-Meter-Lauf, 100-m-Lauf
hundertprozentig, 100-prozentig, 100%ig
der **Hundertsatz** (Prozentsatz)
die **Hundertschaft**

100

hundert, das Hundert

Diese Wörter sind für genau abgezählte Mengen (1. Abschnitt) wie auch für unbestimmte, nur geschätzte Mengen (2. Abschnitt) gebräuchlich.

Abgezählt oder wenn 100 = 100 ist: sehr bestimmte Schreibung

hundert (Zahladjektiv)

bis hundert rechnen, zählen;
Tempo hundert (100 km/h);
von null auf hundert;
hundert Euro (100 €);
hundert Tafeln Schokolade;
dreihundert Gramm (300 g)

das Hundert (Substantiv, Mz.: die Hundert)

genau 100 Stück, z. B. Schrauben, Zaunpfähle, auch eine ausgezählte Menge von Lebewesen:
das erste Hundert, jedes weitere Hundert;
die zwei schon angelieferten Hundert;
ein halbes Hundert;
vier vom Hundert (4 v. H., 4 p. c., 4 %);
der Vomhundertsatz (Hundertsatz, Prozentsatz)

Unbestimmte, nur geschätzte Mengen: wahlweise Schreibung

ein paar hundert Schaulustige, *auch* ein paar Hundert Schaulustige;
mehrere hundert Zuschauer, *auch* mehrere Hundert Zuschauer
einige, viele hundert Bäume, *auch* einige, viele Hundert Bäume

hunderte Menschen, *auch* Hunderte Menschen
hunderte von Neugierigen, *auch* Hunderte von Neugierigen
sie kamen zu hunderten, *auch* sie kamen zu Hunderten

Die Schreibung für unbestimmte Mengen ist sinngemäß anwendbar auf aberhunderte, tausende, abertausende und Dutzende.

die Hundert die Hundert, die Hunderten; die Zahl Hundert; eine Hundert schreiben, drucken; bis zur Hundert rechnen, zählen

Ableitungen und Zusammensetzungen:

hundertste der hundertste Geburtstag; zum hundertsten Male; der hundertste Teil; vom Hundertsten ins Tausendste kommen

hundertstel ein hundertstel Gramm; drei hundertstel Gramm; eine hundertstel Sekunde, eine 100stel Sekunde, eine Hundertstelsekunde, eine 100stel-Sekunde; das Hundertstel; ein Hundertstel von tausend

der Hunderter der Hunderter (Hunderteuroschein; Mann von hundert Jahren; Zahl in der Hunderterreihe), die Hunderter (Scheine; Männer; Zahlen in der Hunderterstelle)

über hundert hunderteins; hundertundeins; einhunderteins; einhundertundeins; hundert[und]ein Vers; in hundert[und]ein Versen; hundert[und]sechzig; hundert[und]einundsechzig *usw.*; zweihundert[und]vier; hunderttausend; hundert Millionen

H h

der **Hüne** (Riese), die Hünen; hünenhaft; das Hünengrab, die Hünengräber

der **Hunger**; die Hungersnot; der Hungerstreik; hungern, ich hungere, mich hungert; hungrig; hungers sterben

die **Hupe**, die Hupen; hupen, du hupst, gehupt; das Hupkonzert

hüpfen, du hüpfst, gehüpft; der Hüpfer; gehupft wie gesprungen (völlig gleich)

die **Hürde**, die Hürden; der Hürdenlauf; das Hürdenrennen

hurra!; hurra schreien, *auch* Hurra schreien; das Hurra; der Hurraruf

der **Hurrikan** (Wirbelsturm in Amerika), die Hurrikane, *auch* der Hurrikan [*hariken*], die Hurrikans

hurtig (flink); die Hurtigkeit

der **Husch**; im Husch; huschen, du huschst

der **Husten**; der Hustenreiz; der Hustensaft; husten, du hustest, gehustet; hüsteln, ich hüst[e]le, gehüstelt

der **Hut**, die Hüte; das Hütchen; das Hütlein; die Hut (Schutz; Aufsicht); auf der Hut; hüten, gehütet; der Hütejunge; der Hüter

die **Hütte** (kleine Behausung; Industrieanlage, *z. B.* Eisenhütte), die Hütten; das Hüttchen; der Hüttenbetrieb; der Hüttenschuh; das Hüttenwerk

die **Hyäne** (ein Raubtier), die Hyänen

die **Hyazinthe** (eine Zwiebelpflanze), die Hyazinthen

hybrid (*EDV* mit verschiedenen Betriebssystemen kompatibel)

der **Hydrant** (Wasserzapfstelle), die Hydranten

hydraulisch (mit Flüssigkeitsdruck); die Hydraulik

die **Hydrokultur** (Pflanzenzucht in Wasser)

die **Hygiene** (Gesundheitslehre, -pflege); hygienisch (der Gesundheit dienend)

das **Hygrometer** (Luftfeuchtigkeitsmesser)

hygroskopisch (wasseranziehend)

die **Hymne** (Lobgesang), die Hymnen; hymnisch

hyper- (über-)

die **Hyperbel** (Kegelschnitt), die Hyperbeln

hypermodern (übertrieben neuzeitlich)

die **Hypnose** (Zwangsschlaf); hypnotisieren

die **Hypotenuse** (*im rechtwinkligen Dreieck* die dem rechten Winkel gegenüberliegende Seite), die Hypotenusen

die **Hypothek** (Pfandrecht an einem Grundstück, Grundschuld), die Hypotheken

die **Hypothese** (Annahme; Vermutung), die Hypothesen; hypothetisch

die **Hysterie** (Nervenkrankheit); der Hysteriker; die Hysterikerin; hysterisch (aufgeregt; überspannt)

Hz = Hertz (Maßeinheit der Frequenz)

I = *römisch* 1; das i-Tüpfelchen

i. A. = im Auftrag[e]

iahen, der Esel iaht

i. Allg. = im Allgemeinen

Iberoamerika (Lateinamerika: die Gebiete von Mexiko an südwärts); iberoamerikanisch

der **IC** = der Intercity, der Intercity-Zug, *bei der Deutschen Bahn* InterCity; der ICE = der Intercity-Expresszug, *bei der Deutschen Bahn* InterCityExpress

ich, meiner, mir, mich; ichbezogen; das Ich; der Ich-Erzähler *und* Icherzähler; die Ichform; die Ichsucht; ichsüchtig

das **Icon** [aiken] = Ikone, Bild (in der *Computertechnik* grafisches Element)

die **Idee**, die Ideen; ideenreich; ideal (vollkommen; der Idee gemäß); das Ideal (Hochziel; Vorbild), die Ideale; der Idealist, die Idealis|ten; ideell (nur gedacht; geistig)

identifizieren (wiedererkennen); identisch (übereinstimmend); die Identität

die **Ideologie** (Weltanschauung; Lehre); der Ideologe, die Ideologen; ideologisch

das **Idiom** (Redewendung; Sprechweise), die Idiome; idiomatisch

der **Idiot**, des Idioten, die Idioten; die Idiotie; idiotisch

das **Idol** (Abgott), die Idole

das **Idyll** (Ort oder Zustand eines friedlichen Daseins), die Idylle; idyllisch

der **Igel**, die Igel; das Igelweibchen

ignorieren (nicht beachten)

ihm (Dativ/Wemfall von *er*); ihn (Akkusativ/Wenfall von *er*); ihnen (Dativ/Wemfall von *sie Plur.*), habt ihr ihnen Bescheid gesagt?

Ihnen (Dativ/Wemfall der Höflichkeitsanrede *Sie; immer groß, nicht nur im Brief*), ich wünsche Ihnen alles Gute

ihr (Personalpronomen/persönliches Fürwort); ihr, euer, euch; ihr (Dativ/Wemfall von *sie*); hilf ihr!

die **ihr** (Possessivpronomen/besitzanzeigendes Fürwort);
ⓘ ihr, das ihre, das ihrige
illegal (gesetzwidrig); die Illegalität;
illegitim (ungesetzlich);
illoyal [*illoajal*] (untreu; gesetzliche Ordnungen missachtend); die Illoyalität
die **Illumination** (festliche Beleuchtung); illuminieren, illuminiert
die **Illusion** (Einbildung; Sinnestäuschung); illusionslos; der Illusionist, des Illusionis|ten, die Illusionisten; illusionis|tisch; illusorisch (trügerisch)
die **Illustration** (Bildschmuck); illustrieren; die Illustrierte, die Illustrierten
der **Iltis**, des Iltisses, die Iltisse
im (in dem); im Allgemeinen ⟨i. Allg.⟩ im Besonderen; im Einzelnen; im Fall[e] (,) dass; im Ganzen; im Großen und Ganzen; im Grunde; im Grunde genommen; im Nu; im Nachhinein; im Übrigen; im Voraus; imstande sein *und* im Stande sein
das **Image** [*imitsch*] (das in der Öffentlichkeit entstandene Bild von jemandem)
imaginär (scheinbar; nur gedacht)
der **Imbiss**, die Imbisse;
der Imbissstand *und* Imbiss-Stand;
die Imbissstube *und* Imbiss-Stube
die **Imitation** (Nachahmung); imitieren
der **Imker**, die Imker; die Imkerei;
die Imme (Biene), die Immen
immens (unermesslich)
immer; immer mehr; immer noch; noch immer; immer so; immer wieder; immerdar; immerfort; immerhin; immerzu; der immerwährende *und* immer während Kalender
der **Immigrant** (Einwanderer), die Immigranten; die Immigration; immigrieren

---

ihr, das ihre, das ihrige (Possessivpronomen/besitzanzeigendes Fürwort) ⓘ

	ihr Gepäck (Utes Gepäck; das Gepäck von Anja und Jan); ihre Fahrausweise (Utes Fahrausweise; die Fahrausweise von Anja und Jan); *mit Bezug auf vorher genannte Substantive/Nomen/Hauptwörter:* Alle Koffer sind da, auch ihrer. Alle Koffer sind da, auch ihre. das ist ihrer; das ist ihre; das ist ihres; das sind ihre ihresgleichen; ihrerseits; ihretwegen; um ihretwillen
ihre Angehörigen	(Ankes Angehörige; die Angehörigen von Stefan und Frank) die ihren *und* die ihrigen, *auch* die Ihren *und* die Ihrigen Sie sind in großer Sorge um die ihren (die ihrigen). *auch* Sie sind in großer Sorge um die Ihren (die Ihrigen).
ihr Besitz	das ihre *und* das ihrige, *auch* das Ihre *und* das Ihrige Das ist das ihre (das ihrige); mehr besitzt sie/besitzen sie nicht. *auch* Das ist das Ihre (das Ihrige); mehr besitzt sie/besitzen sie nicht.
ihre Pflichten	das ihre *und* das ihrige, *auch* das Ihre *und* das Ihrige Hier leistet jeder seinen Beitrag; auch Anke wird das ihre (das ihrige) tun; aber auch Stefan und Frank werden das ihre (das ihrige) tun. *auch* Anke wird das Ihre (das Ihrige) tun; aber auch Stefan und Frank werden das Ihre (das Ihrige) tun. *aber*: Hier leistet jeder einen Beitrag; auch Anke muss den ihrigen leisten. (**ihrigen** *ist wie ein Adjektiv* [*zu* Beitrag] *gebraucht*; *in solchen Fällen nur Kleinschreibung*)
die Höflichkeitsform	**Ihr** *anstelle von* **dein** *und* **euer** *Die Höflichkeitsform wird immer großgeschrieben, nicht nur im Brief.* Hier ist Ihr Koffer, Frau Berger. Bitte Ihre Fahrausweise, meine Herren! das ist Ihrer; das ist Ihre; das ist Ihres; das sind Ihre; Ihresgleichen; Ihrerseits; Ihretwegen; um Ihretwillen

die **Immission** (die Einwirkung von Umweltbelastungen auf Lebewesen)
immobil (unbeweglich); die Immobilien (Grundstücke mit und ohne Gebäude)
immun (unempfindlich gegen Anste|ckungen); die Immunität (Unempfindlichkeit; besonderer Rechtsschutz, *z. B.* für Abgeordnete)
der **Imperativ** ▶ 278 (die Befehlsform); der Imperialismus (Streben nach Macht und Größe); der Imperialist, die Imperialisten; imperialis|tisch; das Imperium (Weltmacht; Kaiserreich), die Imperien
das **Imperfekt** ▶ Präteritum 278 ([erste] Vergangenheit)
impertinent (unverschämt)
impfen, geimpft; der Impfling; der Impfpass; die Impfung
imponieren (Eindruck machen); das Imponiergehabe; imposant
der **Import** (Einfuhr), die Importe; importieren; der Importeur [*-tör*]
impotent (unfähig); die Impotenz
imprägnieren; die Imprägnierung
die **Impression** (Sinneseindruck); der Impressionismus (Kunstrichtung); der Impressionist, des Impressionis|ten, die Impressionisten; impressionis|tisch
die **Improvisation** (Handlung, Leistung ohne Vorbereitung); improvisieren
der **Impuls**, die Impulse; impulsiv
imstande sein, *auch* im Stande sein
in; in Betreff; in Bezug auf; das In-den-Tag-hinein-Leben; → infrage; → instand; → Kraft
inadäquat (nicht passend)
inaktiv (untätig, passiv)
der **Inbegriff**; inbegriffen
die **Inbrunst**; inbrüns|tig
der **Inch** [*intsch*] ⟨in *und* in.⟩ (Längenmaß; 1 in = 2,54 cm), die Inches [*intschis*]; 3 Inch *und* Inches
das **Indefinitpronomen** ▶ 278 (unbestimmtes Fürwort)
indem (dadurch, dass); er machte es bekannt, indem er eine Anzeige aufgab, *aber* das Dorf, in dem ich aufwuchs
indes; indessen
der **Index** (alphabetisches Verzeichnis; Liste verbotener Bücher), die Indexe *und* Indizes *und* Indices; indizieren
der **Indianer**, die Indianer; indianisch
Indien; der Inder; die Inderin; indisch; der Indische Ozean
indifferent (unbestimmt, gleichgültig)
der **Indigo** *und* das Indigo (blauer Farbstoff)
der **Indikativ** ⟨Ind.⟩ ▶ 278 (Wirklichkeitsform)
der **Indio** (mittel- und südamerikanischer Indianer), des Indios, die Indios
indirekt; die indirekte Rede ▶ 278 (nichtwörtliche Rede)
indiskret (nicht verschwiegen); die Indiskretion
indiskutabel (keiner Erörterung wert)
das **Individuum** (Einzelperson), die Individuen; der Individualismus; der Individualist, die Individualis|ten; individualistisch; individuell
das **Indiz** (Anzeichen), die Indizien
die **Indoktrination** (massive Beeinflussung); indoktrinieren
die **Industrie**, die Industrien; industrialisieren; industriell; der Industrielle, die Industriellen
ineffektiv (unwirksam; ohne Nutzen)

inei|nander; inein|ander; ineinander verschlungen;

ineinander + Verb
Getrennt zu schreiben:
ineinander übergehen, sich ineinander verhaken, sich ineinander verknoten, sich ineinander verlieben
Trennbare Zusammensetzungen
bei deutlicher Betonung von ineinander: ineinanderfließen, dort fließen beide Ströme ineinander, ineinandergeflossen;
entsprechend auch:
ineinanderfügen, ineinandergreifen, ineinanderschieben, ineinanderstecken

infam (niederträchtig); die Infamie
die **Infanterie** (Fußtruppe); der Infanterist
der **Infarkt**, die Infarkte
der **Infekt**, die Infekte; die Infektion; infizieren
das **Inferno** (entsetzliches Geschehen); infernalisch (höllisch, teuflisch)
die **infinite** Verbform ▶ 278 (nicht gebeugte Form des Zeitworts); der Infinitiv ▶ 278 (Grundform des Zeitworts)
die **Inflation** (Vermehrung des Geldumlaufs; Geldentwertung); inflationär; inflationis|tisch; inflatorisch
das **Info** *kurz für* Informationsblatt, die Infos; der Informand (der informiert wird), die Informanden; der Informant (der informiert), die Informanten; die Information; die Informatik (Wissenschaft von der Informationsverarbeitung); informativ (aufschlussreich)
infolge; infolgedessen
informieren; informiert sein; → Info

infrage *und* in Frage kommen, stehen, stellen; das Infragestellen; das kommt nicht infrage, in Frage; die infrage, in Frage kommenden Gesetze
infrarot; das Infrarot; der Infrarotstrahler
die **Infusion** (Einlauf von Flüssigkeit in den Körper durch Hohlnadel oder Schlauch)
der **Ingenieur** ⟨Ing.⟩, die Ingenieure
der **Ingrimm**; ingrimmig
der **Ingwer** (Pflanze; Gewürz)
der **Inhaber**, die Inhaber; die Inhaberin
inhaftieren (in Haft nehmen)
inhalieren (einatmen); die Inhalation
der **Inhalt**, die Inhalte; die Inhaltsangabe; das Inhaltsverzeichnis
inhuman (unmenschlich); die Inhumanität
die **Initiale** (größerer, manchmal verzierter Anfangsbuchstabe), die Initialen
die **Initiative** (Entschlusskraft); initiativ; der Initiator, die Initiatoren
die **Injektion** (Einspritzung); injizieren
das **Inkasso** (Geldeinzug), die Inkassos
inklusive ⟨inkl. *und* incl.⟩ (einschließlich)
inkognito (unter anderem Namen)
inkompetent (nicht zuständig)
inkonsequent (widersprüchlich)
inkorrekt (ungenau; unangemessen)
in Kraft treten; das In-Kraft-Treten
das **Inland**; der Inländer; inländisch
das **Inlett**, die Inlette *und* Inletts
inliegend; das Inliegende
der **Inliner** [-*lai*-] (Rollschuh); die Inlineskates [-*skets*] *Mz.*; inlineskaten
inmitten

inne; inne sein;

inne + Verb
Trennbare Zusammensetzungen:
innehalten, sie hält/hielt einen Augenblick inne, *aber* während sie innehält/innehielt, sie hat innegehalten, innezuhalten;
entsprechend auch:
innehaben, innewerden, innewohnen

innen; von innen; nach innen; der Innenarchitekt; die Innenfläche; der Innenminister; die Innenstadt; die Innenpolitik; innenpolitisch;
innere; die inneren Angelegenheiten eines Staates; die innere Medizin; äußere und innere Mission; die Innere Mission (Organisation der ev. Kirche); Innerasien; innerlich; die Innerlichkeit; innerhalb; innerorts; innerstäd|tisch; das Innere; die Innereien; im Inner[e]n; das Ministerium des Innern;
innerste; im innersten Afrika; das Innerste (das tiefste Wesen); im Innersten; bis ins Innerste;
innig; die Innigkeit; inniglich; innigst; auf das, aufs innigste *und* Innigste
die **Innovation** (Erneuerung); innovativ
die **Innung**, die Innungen
inoffiziell (nichtamtlich; privat)
der **Input** *und* das Input (*bei der EDV* Eingabe)
die **Inquisition** (Ketzergericht)
ins (in das); eins ins andere
der **Insasse**, des Insassen, die Insassen
insbesondere
die **Inschrift**, die Inschriften
das **Insekt**, die Insekten; der Insektenfresser
die **Insel**, die Inseln
das **Inserat**, die Inserate; der Inserent (der ein Inserat aufgibt), die Inserenten; inserieren
insgeheim; insgemein; insgesamt
der **Insider** [*inßaider*] (Eingeweihter), die Insider; das Insiderwissen
die **Insignien** *Plur.* (Symbole für Macht/Würde)
insofern
insolvent (zahlungsunfähig); die Insolvenz, die Insolvenzen
insoweit
der **Inspekteur** [-*tör*], die Inspekteure; die Inspektion (Besichtigung; Aufsicht); der Inspektor, die Inspektoren; inspizieren
die **Inspiration** (Eingebung); inspirieren
instabil (unbeständig); die Instabilität
der **Installateur** [-*tör*], die Installateure; die Installation; installieren
instand *und* in Stand halten, setzen; das instand, in Stand zu setzende Gerät; das instandgesetzte *oder* instand gesetzte *oder* in Stand gesetzte Gerät; die Instandhaltung; die Instandsetzung
inständig (eindringlich)
instant (sofort löslich); Kakao instant; das Instantgetränk
die **In|stanz** (Behörde), die Instanzen
der **In|stinkt** (Naturtrieb), die Instinkte; instinktiv; instinktlos
das **In|stitut** (Unternehmen; Bildungsstätte; Forschungsstätte), die Institute; die Institution (öffentliche Einrichtung); institutionalisieren
die **In|struktion** (Anleitung); instruieren; der Instrukteur [-*tör*], die Instrukteure;
das **In|strument**, die Instrumente; instrumental; die Instrumentalmusik; der Instrumentalist; das Instrumentarium, die Instrumentarien
der **Insulaner**, die Insulaner
in|szenieren; die Inszenierung
intakt (funktionsfähig); die Intaktheit
die **Intarsien** *Plur.* (Einlegearbeit)

I i

integer (makellos); integre Charaktere;
die Integrität (Unverletzlichkeit);
die Integration (Eingliederung); integrieren
der **Intellekt** (Verstand); intellektuell;
die Intellektuellen; intelligent;
die Intelligenz
der **Intendant** (Leiter eines Senders oder Theaters), die Intendanten
intensiv; die Intensivstation;
intensivieren; die Intensivierung;
die Intensität
inter- (zwischen-)
der **Intercity**, die Intercitys; der Intercityzug,
bei der Deutschen Bahn InterCity ⟨IC⟩;
der Intercityexpresszug ⟨ICE⟩,
bei der Deutschen Bahn InterCityExpress
das **Interesse**, die Interessen; interessehalber;
interessant; interessanterweise;
sich interessieren, interessiert
das **Interface** [*-feß*] (Verbindungsstelle des Computers mit einem Zusatzgerät)
das **Interim** (Zwischenzustand), die Interims;
die Interimsregelung; interimis|tisch
die **Interjektion** ► 278 (Ausrufewort)
interkontinental (über mehrere Erdteile)
das **Intermezzo** (Zwischenspiel),
die Intermezzos *und* Intermezzi
intern (betr. innere Angelegenheiten);
das Internat (Schule mit Wohnheim;
Wohnheim der Schule), die Internate;
die Internen *Plur.* (Internatsschüler);
internieren (in Gewahrsam nehmen);
die Internierten; das Internierungslager;
der Internist (Arzt für innere Krankheiten),
die Internis|ten
international (zwischenstaatlich);
die internationalen Beziehungen, *aber*
das Internationale Rote Kreuz ⟨IRK⟩, das
Internationale Olympische Komitee ⟨IOK⟩
das **Internet** = International Network
(*EDV* Datenaustauschsystem);
die Internetadresse; das Internetcafé
die **Interpol** *kurz für* Internationale
Kriminalpolizeiliche Organisation
der **Interpret** (der Kunstwerke deutet, auch als ausübender Musiker), die Interpreten;
die Interpretation; interpretieren
die **Interpunktion** (Zeichensetzung) ⓘ 307 ff.
das **Interrogativpronomen** ► 278
(Fragefürwort)
das **Intervall** (Abstand), die Intervalle
intervenieren (vermitteln; Protest
anmelden); die Intervention
das **Interview** [*-wju*], die Interviews;
interviewen; der Interviewer
intim (vertraut); die Intimsphäre;
die Intimität
intolerant (unduldsam); die Intoleranz
das **intransitive** Verb ► 278
die **Intrige** (Ränkespiel), die Intrigen;
das Intrigenspiel; der Intrigant,
die Intriganten; intrigieren
die **Intuition** (Eingebung); intuitiv
der **Invalide** (durch Verwundung oder Unfall
Arbeitsunfähiger), die Invaliden
die **Invasion** (feindliches Eindringen)
das **Inventar** (Einrichtungsgegenstände),
die Inventare; das Inventarverzeichnis;
inventarisieren; die Inventarisierung;
die Inventur (Bestandsaufnahme)
invertieren (*EDV* Bilder umkehren)
investieren (Geld anlegen);
die Inves|tition; das Investment
inwendig; in- und auswendig
inwiefern; inwieweit
die **Inzucht**
inzwischen
der **i-Punkt**, die i-Punkte
der **IR** = der Interregiozug, *DB* InterRegio
der **Irak**; der Iraker; die Irakerin; irakisch
der **Iran**; der Iraner; die Iranerin; iranisch
irden, irdene Töpfe; irdisch
irgend; wenn irgend möglich;
irgend so ein Kerl; irgend so etwas;
irgendetwas; irgendjemand; irgendein,
irgendeine, irgendeiner, irgendeins;
irgendeinmal; irgendwann; irgendwas;
irgendwelcher; irgendwer; irgendwo;
irgendwo anders; irgendwo sonst;
irgendwoher; irgendwohin; irgendworan
die **Iris** (Schwertlilie; Regenbogenhaut im
Auge), die Iris *Plur.*
das **IRK** = das Internationale Rote Kreuz
Irland; der Ire; die Irin; irisch;
der Irländer; die Irländerin; irländisch
die **Ironie** (Spott); ironisch; ironisieren
irr *und* **irre**; irre sein; ein Irrer, die Irren;
Irren *und* irren ist menschlich;
sich irren, geirrt; irrig, irrigerweise;
in die Irre führen, *aber* irreführen;
in die Irre gehen, *aber* irregehen;
die Irrfahrt; der Irrgarten (Labyrinth);
das Irrlicht, die Irrlichter; der Irrsinn;
irrsinnig; das Irrsinnige; der Irrtum,
die Irrtümer; irrtümlich; irrtümlicherweise; der Irrweg; der Irrwisch;

irre + Verb
Trennbare Zusammensetzungen:
irremachen (beirren, ablenken, aus der Fassung bringen), das macht/machte mich irre, *aber* was mich irremacht/irremachte, es hat mich irregemacht, irrezumachen;
entsprechend auch:
irreführen, ein irreführender Wegweiser;
irregehen; irreleiten; irrewerden

irrational (verstandesmäßig nicht fassbar); die Irrationalität
irreal (unwirklich); die Irrealität
irregulär (ungesetzmäßig)
irrelevant (belanglos); die Irrelevanz
irreparabel (nicht wiederherstellbar)
irreversibel (nicht umkehrbar)
die **Irritation** (Reiz, Erregung); irritieren (stören, verwirren)
ISBN = Internationale Standardbuchnummer
der **Is|chias** *und* das Ischias [*is|chias, ischias*], *medizinisch auch* die Ischias (Hüftweh)
ISDN = Integrated Services Digital Network (Dienste integrierendes Netzwerk)
der **Islam** [*islam, islam*] (eine Religion), des Islam[s]; islamisch; der Islamit, die Islamiten; eine Islamitin; islamitisch
Island; der Isländer; isländisch
die **ISO** = International Organization for Standardization (internationale Normierungsorganisation)
die **Isolation** (Absonderung); isolieren, isoliert; das Isolierband; die Isolierung (Abdämmung)
Israel (ein Staat); israelisch; der Israeli (Bürger Israels), die Israelis; eine Israeli; die Israeliten *Plur.* (Nachkommen Jakobs); israelitisch
isst *zu* essen, sie isst gern Schwarzbrot
ist *zu* sein; er ist da; es ist so; der Ist-Bestand *und* Istbestand; die Ist-Stärke *und* Iststärke
der **Isthmus** (Landenge), die Isthmen
Italien; der Italiener, die Italiener; eine Italienerin; italienisch
das **i-Tüpfelchen**
i. V. = in Vertretung; in Vollmacht

J

ja; jaja! *und* ja, ja!; ja doch; jawohl; aber ja; ach ja; na ja; nun ja; das Ja; Ja sagen *und* ja sagen; mit Ja antworten; das Ja und das Nein; zu allem Ja und Amen sagen *und* zu allem ja und amen sagen; der Jasager; das Jawort
die **Jacht** (Sport- oder Vergnügungsboot mit eingedecktem Rumpf), die Jachten, *auch* die Yacht, die Yachten; der Jachtklub
die **Jacke**, die Jacken; das Jäckchen; das Jackett [~~*sch*~~-], die Jacketts; die Jacketttasche *und* Jackett-Tasche
der **Jackpot** [*dschäk-*] (hoher Glücksspielgewinn), die Jackpots
die **Jagd**, die Jagden; der Jagdhund; das Jagdspringen; jagen, er jagt, gejagt; der Jäger, die Jäger; die Jägerei
der **Jaguar**, die Jaguare
das **Jahr**, die Jahre; im Jahr[e] 1492; einige Jährchen; von Jahr zu Jahr; über Jahr und Tag; viel Glück im neuen Jahr; nächsten Jahres [n. J.]; vorigen Jahres [v. J.]; jahraus, jahrein; der Jahrgang, die Jahrgänge; die Jahreszeit; jahreszeitlich; jahrelang, *aber* drei Jahre lang; jährlich (jedes Jahr wiederkehrend); dreijährlich (alle drei Jahre), *aber* dreijährig, 3-jährig (drei Jahre alt; drei Jahre dauernd); eine Dreijährige; eine 3-Jährige; sich jähren, es jährt sich, gejährt; das Jahrhundert ⟨Jh.⟩, die Jahrhunderte; jahrhundertealt; drei Jahrhunderte alt; Jahrhunderte hindurch; jahrhundertelang; das Jahrtausend, die Jahrtausende; jahrtausendealt, *aber* viele Jahrtausende alt; Jahrtausende hindurch; jahrtausendelang; das Jahrzehnt, die Jahrzehnte; jahrzehntelang, *aber* drei Jahrzehnte lang

der **Jak** (tibetanisches Rind), die Jaks, *auch* der Yak, die Yaks
die **Jalousette** [~~sch~~*alu*-], die Jalousetten; die Jalousie, die Jalousien
der **Jammer**; der Jammerlappen; jämmerlich; jammerschade; jammervoll; jammern, ich jamm[e]re
der **Januar** ⟨Jan.⟩, des Januar[s], die Januare; der Jänner, des Jänner[s]
Japan; der Japaner; die Japanerin; das japanische Volk; das Japanische Meer
japsen, du japst, gejapst
der **Jargon** [~~sch~~*argong*] (Sondersprache, *z. B.* einer Berufsgruppe), die Jargons
der **Jasmin** (ein Strauch), die Jasmine
jäten (Unkraut ausreißen), gejätet
die **Jauche**; die Jauche[n]grube; jauchen, gejaucht; jauchig
jauchzen, du jauchzt; der Jauchzer
der **Jazz** [*d*~~sch~~*äß, jatz*] (Musikstil); die Jazzband [*-bänd*]; der Jazzfan [*-fän*]
je; je länger, je lieber; je mehr, desto besser; je kleiner, umso schneller
die **Jeans** [*d*~~sch~~*ins*] *Sing.* (*z. B.* meine neue Jeans ist praktisch), die Jeans *Plur.* (*z. B.* alle meine Jeans sind praktisch); die Jeans *Plur.* (für nur eine Hose, *z. B.* diese Jeans sind meine einzige Hose)
jeder, jedes, jedem, jeden, jede; jeder andere; jeder Beliebige; jeder Einzelne; alles und jedes; jedenfalls, *aber* auf jeden Fall; jedermann, *aber* jeder einzelne Mann; das ist nicht jedermanns Sache; jederzeit (immer), *aber* zu jeder Zeit; jedes Mal, ein jedes Mal
jedoch
der **Jeep** [*d*~~sch~~*ip*] (Geländewagen), die Jeeps
jeglich; ein jeglicher
jeher; von jeher
jemals
jemand, jemandes, jemandem, jemand[en]; irgendjemand; sonst jemand; jemand anders; mit jemand anders *und* anderem; von jemand anders *und* anderem; jemand Fremdes; ein gewisser Jemand
jener, jenes, jenem, jenen, jene; derjenige, diejenige, dasjenige; jenseitig; jenseits; das Jenseits
der **Jesuit**, die Jesuiten; jesuitisch; Jesus, *hebräisch* Jeschua (Gott rettet; Rettung); Jesus Christus; das Jesuskind
der **Jet** [*d*~~sch~~*et*] *ugs.* (Düsenflugzeug), die Jets; jetten (mit dem Jet fliegen)
jetzt; bis jetzt; von jetzt an; das Jetzt (Gegenwart; Neuzeit); jetzig
jeweilig; jeweils

der **Job**, die Jobs; jobben, gejobbt; das Jobsharing [*dschobschäring*] (Aufteilung eines Arbeitsplatzes an mehrere Personen)
das **Joch**, die Joche; das Jochbein
der **Jockei** [*meist d*~~sch~~*oki*] (Rennreiter), die Jockeis, *auch* der Jockey, die Jockeys
das **Jod**; die Jodtinktur; jodhaltig
jodeln, ich jod[e]le; der Jodler; die Jodlerin, die Jodlerinnen
das **Joga** *und* der Joga; → Yoga
joggen [*d*~~sch~~-], er joggt, gejoggt; der Jogger; das Jogging
der **Joghurt**, die Joghurt *und* das Joghurt, *auch* der Jogurt, die Jogurt *und* das Jogurt
die **Johannisbeere**; das Johannisfeuer; der Johanniskäfer; die Johannisnacht; Rote und Schwarze Johannisbeeren
johlen, du johlst, gejohlt
das **Joint Venture** (Gemeinschaftsunternehmen)
das **Jo-Jo**, die Jo-Jos, *auch* Yo-Yo, Yo-Yos
der **Joker** (eine Spielkarte)
die **Jolle** (kleines Einmastboot), die Jollen
der **Jom Kippur** (Tag der Sühne; Versöhnungsfest; höchster jüdischer Feiertag)
der **Jongleur** [~~sch~~*onglör*], die Jongleure; jonglieren
die **Joppe**, die Joppen
das **Joule** [*d*~~sch~~*ul*] (Maßeinheit für die Energie), die Joule
das **Journal** [~~sch~~*urnal*] (Tagebuch in der Buchhaltung; Zeitschrift), die Journale; der Journalismus (Pressewesen; Schriftstellerei für Zeitungen); der Journalist, des Journalisten, die Journalisten; die Journalistin; journalistisch
jovial (leutselig; friedlich)
der **Jubel**; jubeln, ich jub[e]le; alle Jubeljahre; der Jubilar, die Jubilare; die Jubilarin; das Jubiläum, die Jubiläen; jubilieren
juchhe!; juchhei!
jucken, gejuckt; das Jucken; der Juckreiz
der **Jude**, des Juden, die Juden; die Jüdin, die Jüdinnen; das Judentum; jüdisch
die **Judikative** (die richterliche Gewalt)
das **Judo** (Sportart); der Judoka (Judosportler), die Judokas
die **Jugend**; das Jugendamt; die Jugendbegegnung; die Jugendfürsorge; die Jugendgruppe; das Jugendheim; die Jugendherberge ⟨JH⟩; die Jugendliteratur; das Jugendzentrum; jugendfrei; jugendgefährdend, *aber* die Jugend gefährdend; jugendlich; der Jugendliche, ein Jugendlicher, eine Jugendliche, die Jugendlichen; der Jugendstil (eine Kunstrichtung)

juhu!
das **Ju-Jutsu**, *auch* Jiu-Jitsu (Technik der Selbstverteidigung)
der **Juli**, des Juli[s], die Julis; der Julei
der **Jumbo** *kurz für* Jumbojet (Großraumflugzeug)
jun. *und* **jr.** = junior, *z. B.* Otto Berger jun. *und* Otto Berger jr.
jung; von jung auf; jung bleiben; jung sein; jung werden; jungverheiratet (seit kurzem), *aber* jungverheiratet *und* jung verheiratet (in jungen Jahren), *so auch* jungvermählt; jung Gebliebene *und* Junggebliebene; Jung und Alt (jedermann); Junge und Alte; der Junge, die Jungen; jungenhaft; das Junge (Jungtier), die Jungen; jungen (Junge werfen), gejungt; die Jungfer, die Jungfern; die Jungfrau; der Junggeselle; die Junggesellin; der Jüngling; jüngling[s]haft
jünger; der jüngere Bruder; der jüngere von meinen Söhnen; *als Substantiv*: der Jüngere studiert;
jüngst (kürzlich); am jüngsten; die jüngste Vergangenheit; unsere jüngste Tochter; das jüngste von drei Mädchen; *als Substantiv*: unsere Jüngste heißt Ute; er ist nicht mehr der Jüngste; das Jüngste Gericht; am Jüngsten Tag
der **Juni**, des Juni[s], die Junis; der Juno
der **Junior**, die Junioren; der Juniorchef; junior ⟨jun. *und* jr.⟩ (der Jüngere), → jun.
der **Junker**, die Junker
das **Junktim** (Zusammenfassung von Anträgen in Parlamenten; Verbindung von Maßnahmen zur gleichzeitigen Erledigung), die Junktims
die **Junta** [*junta, chunta*] (revolutionärer Regierungsausschuss), die Junten
der **Jupiter** (ein Planet)
die **Jura** (Rechtswissenschaft); der Jurist, die Juris|ten; die Juristin, die Juristinnen; juristisch
die **Jurte** (Nomadenzelt), die Jurten
die **Jury** [~~sch~~*üri*, ~~sch~~*üri*] (Preis- oder Kampfgericht), die Jurys;
just (soeben; gerade); jus|tieren (genau einstellen; einrichten); die Justierung;
der **Justitiar** *und* Justiziar (Bearbeiter von Rechtsangelegenheiten), die Justitiare *und* Justiziare; die Justiz (Rechtspflege); der Justizbeamte; der Justizminister
die **Jute** (Faserpflanze und deren Faser)
das **Juwel** *und* der Juwel, die Juwelen; das Juwel (Hochgeschätztes), die Juwele; der Juwelier, die Juweliere
der **Jux** (Spaß), die Juxe; juxen, du juxt

K

das **Kabarett** (Kleinkunstbühne), die Kabaretts *und* Kabarette; der Kabarettist, die Kabarettis|ten; kabarettistisch
das **Kabel**, die Kabel; der Kabelanschluss; das Kabelfernsehen; die Kabelstränge *Plur.*
der **Kabeljau** (ein Fisch), die Kabeljaue *und* Kabeljaus
die **Kabine**, die Kabinen
das **Kabinett** (Gesamtheit der Minister; Regierung; Raum für wertvolle Sammlungen), die Kabinette; der Kabinettsbeschluss
das **Kabriolett** (Pkw mit zurückklappbarem Verdeck), die Kabrioletts; *kurz* das Kabrio, die Kabrios; *auch* das Cabriolet [*-le*], das Cabrio
die **Kachel**, die Kacheln; der Kachelofen; kacheln, ich kach[e]le, gekachelt
der **Kadaver** (Tierleiche), die Kadaver
der **Kader** (Stammtruppe), die Kader
der **Kadett**, des Kadetten, die Kadetten
der **Kadi** *ugs.* (Richter), die Kadis
der **Käfer**, die Käfer
der **Kaffee**; → Café; kaffeebraun; die Kaffeeernte *und* Kaffee-Ernte; der Kaffeeexport *und* Kaffee-Export; die Kaffeerösterei; das Kaffeeservice;
der **Käfig**, die Käfige

kahl; der Kahlfraß; der Kahlschlag; der Kahlkopf; kahlköpfig;

kahl + Verb
Getrennt zu schreiben:
kahl sein, kahl bleiben, kahl werden
Getrennt *und* **zusammen** *möglich:*
kahl fressen *und* kahlfressen,
kahl gefressen *und* kahlgefressen
kahl scheren *und* kahlscheren
kahl schlagen *und* kahlschlagen
kahl rasieren *und* kahlrasieren

der **Kahn**, die Kähne; Kahn fahren; das Kahnfahren; die Kahnfahrt

der **Kai** (Ufermauer; Ladestraße), die Kais
der **Kaiser**, die Kaiser; die Kaiserkrone; das Kaiserreich; kaiserlich
der **Kajak** *und* das Kajak (Eskimoboot), die Kajaks
die **Kajüte** (Wohnraum auf Schiffen), die Kajüten
der **Kakadu** (ein Papagei), die Kakadus
der **Kakao**; die Kakaobohne; das Kakaopulver
der **Kaki** (gelbbrauner Stoff); das Kaki (Farbe); das Kakihemd; kakifarben; *auch* Khaki, Khakihemd, khakifarben
die **Kaktee** *und* der **Kaktus**, die Kakteen
die **Kalamität** (Notlage; Verlegenheit)
der **Kalauer** (schlechter Witz)
das **Kalb**, die Kälber; das Kälbchen; die Kalbshachse, *süddeutsch* Kalbshaxe; kalben, gekalbt
der **Kalender**, die Kalender; kalendarisch
das **Kali** (*für* Kalisalze)
das **Kaliber** (Rohrdurchmesser), die Kaliber; kalibrieren (*EDV* Werte genau einstellen)
der **Kalif** (alter Herrschertitel im Orient), des Kalifen, die Kalifen
der **Kalk**; kalkhaltig; kalkig; kalken, gekalkt
das **Kalkül** *und* der Kalkül (Berechnung; Schätzung), die Kalkulation; kalkulieren
die **Kalligraphie** (Schönschreibkunst); kalligraphisch; *auch* Kalligrafie, kalligrafisch
die **Kalorie** ⟨cal⟩, die Kalorien; kalorienarm; kalorienreich

kalt, kälter, am kältes|ten; der Kalte Krieg; kaltblütig; die Kaltblütigkeit; kaltherzig; die Kaltherzigkeit; kaltschnäuzig; die Kaltschnäuzigkeit;

kalt + Verb
besonders zu beachten:
kalt stellen – kaltstellen
Getrennt zu schreiben:
kalt sein, kälter werden, kalt bleiben, kalt abreiben, kalt duschen, kalt essen, kalt schlafen, sich kalt waschen
Getrennt *und* **zusammen** *möglich:*
[Getränke] kalt stellen *und* kaltstellen
Trennbare Zusammensetzungen *bei übertragener Bedeutung:*
kaltlassen (nicht beeindrucken), das lässt mich kalt, wie mich das kaltlässt!, kaltgelassen, kaltzulassen;
entsprechend auch:
kaltstellen ([politisch] ausschalten), kaltmachen (*sehr derb für* töten)

kalt + Partizip ⓘ S. 303
kalt lächelnd *und* kaltlächelnd
kalt gepresst *und* kaltgepresst

kalvinistisch, *auch* calvinistisch
das **Kalzium**, *in der Chemie* Calcium
das **Kamel**, die Kamele; das Kamelhaar
die **Kamellen** *Plur.*; olle Kamellen *ugs.*
die **Kamera**, die Kameras; der Kameramann, die Kameramänner *und* Kameraleute; der Kamerarekorder, *auch* Kamerarecorder; das Kamerateam [*-tim*]
der **Kamerad**, des Kameraden, die Kameraden; die Kameradschaft; kameradschaftlich
die **Kamille**; der Kamillentee
der **Kamin**, die Kamine; der Kaminkehrer
der **Kamm**, die Kämme; sich kämmen; der Kammmolch *und* Kamm-Molch
die **Kammer**, die Kammern; das Kämmerchen; die Kammermusik; das Kammerorches|ter; der Kammersänger; der Kämmerer
die **Kampagne** [*-nje*] (Aktion; Haupterntezeit), die Kampagnen, *auch* Campagne
der **Kampf**, die Kämpfe; die Kampfhandlung; der Kampfrichter; das Kampfspiel; der Kampfsport; kampfbereit; kampffähig; kampfunfähig; die Kampfunfähigkeit; kämpfen, du kämpfst, gekämpft; der Kämpfer; die Kämpferin; kämpferisch
kampieren (im Freien lagern)
die **Kanaille** [*kanalje*] (Schurke), die Kanaillen, *auch* Canaille
der **Kanal**, die Kanäle; die Kanalisation; kanalisieren
der **Kanarienvogel**
die **Kandare** (Gebissstange des Pferdes)
der **Kandelaber** (Lampenständer; Kerzenständer), die Kandelaber
der **Kandidat** (Bewerber), des Kandidaten, die Kandidaten; die Kandidatur; kandidieren
kandieren (überzuckern), kandiert; der Kandis *und* der Kandiszucker
das **Känguru**, die Kängurus
das **Kaninchen**, die Kaninchen, *auch* das Karnickel, die Karnickel
der **Kanister** (Blechbehälter), die Kanister
die **Kanne**, die Kannen; das Kännchen
der **Kannibale** (Menschenfresser), die Kannibalen; kannibalisch; der Kannibalismus
die **Kannvorschrift** *und* Kann-Vorschrift
der **Kanon** (eine Art des mehrstimmigen Singens; Auswahl), die Kanons
die **Kanone**, die Kanonen; die Kanonade; der Kanonendonner; der Kanonenschlag
die **Kantate** (Chorwerk), die Kantaten
die **Kante**, die Kanten; das Kantholz; der Kantstein; kanten, gekantet; kantig
die **Kantine**, die Kantinen
der **Kanton** (Bezirk), die Kantone
der **Kantor**, des Kantors, die Kantoren; die Kantorei (evangelischer Kirchenchor)

das **Kanu**, die Kanus
die **Kanüle** (Hohlnadel), die Kanülen
die **Kanzel**, die Kanzeln; die Kanzlei, die Kanzleien; der Kanzler, die Kanzler; die Kanzlerin
das **Kap** (Vorgebirge), die Kaps
die **Kapazität** (Fassungsvermögen; hervorragender Fachmann), die Kapazitäten
die **Kapelle**, die Kapellen; der Kapellmeis|ter
kapern, ich kapere; das Kaperschiff
kapieren *ugs.* (begreifen; verstehen)
das **Kapital**, die Kapitale *und* Kapitalien; kapital (groß; gewaltig); der Kapitalzins; kapitalisieren; der Kapitalismus; der Kapitalist, kapitalistisch
das **Kapitäl** *und* Kapitell; → Kapitell
der **Kapitän**, die Kapitäne; das Kapitänspatent
das **Kapitel** ⟨Kap.⟩ (Abschnitt), die Kapitel;
das **Kapitell** (oberer Pfeilerabschluss), die Kapitelle *und* Kapitäl, Kapitäle
die **Kapitulation** (Übergabe); kapitulieren
der **Kaplan**, die Kapläne
die **Kappe**, die Kappen; das Käppchen; das Käppi, die Käppis
kappen (abschneiden); das Kappmesser
die **Kapriole** (Luftsprung; ausgefallene Idee), die Kapriolen

kaputt *ugs.* (entzwei; matt)

kaputt + Verb; kaputt sein
Trennbare Zusammensetzungen:
kaputtgehen, das geht schnell kaputt weil es so leicht kaputtgeht, kaputtgegangen, kaputtzugehen;
entsprechend auch: sich kaputtlachen, sich kaputtmachen (überanstrengen)
Getrennt *und* **zusammen** *möglich:*
kaputt machen *und* kaputtmachen
kaputt drücken *und* kaputtdrücken
kaputt schlagen *und* kaputtschlagen
kaputt treten *und* kaputttreten

die **Kapuze**, die Kapuzen
der **Karabiner** (kurzes Gewehr), die Karabiner
die **Karaffe** (bauchige Flasche), die Karaffen
der **Karamell** (gebrannter Zucker); der Karamellpudding; karamellisieren; die Karamelle, die Karamellen
das **Karat** (Gewichtseinheit für Gold und Edelsteine), die Karate, *aber* 20 Karat
das **Karate** (Kampfsport; Selbstverteidigung)
die **Karavelle** (mittelalterliches Segelschiff)
die **Karawane**, die Karawanen; die Karawanserei (geschützter Rastplatz für Karawanen)
das **Karbid**; die Karbidlampe; das Karbonat; *in der Chemie* Carbid; Carbonat
der **Kardanantrieb**; die Kardanwelle; kardanisch aufgehängt
die **Kardätsche** (Pferdebürste)
der **Kardinal** (Titel hoher katholischer Würdenträger), die Kardinäle; die Kardinalfrage (Hauptfrage); das Kardinalproblem; die Kardinalzahl ►278 (Grundzahl)
die **Karenz** (Wartezeit, Sperrfrist), die Karenzen
der **Karfreitag**; die Karwoche
karg, karger, am kargs|ten *und* karg, kärger, am kärgs|ten; die Kargheit; kärglich; kargen (geizen), gekargt
kariert; blauweiß karierter Stoff, *aber* rot karierter/rotkarierter Stoff; das Karo
die **Kari|es** (Zahnfäule); kariös
die **Karikatur**, die Karikaturen; karikieren
die **Karitas** (Wohltätigkeit); → Caritas; karitativ (wohltätig)
das **Karmesin** *und* **Karmin** (roter Farbstoff); karmesinrot *und* karminrot
der **Karneval**, die Karnevale *und* Karnevals
das **Karnickel** (Kaninchen), die Karnickel
das **Karo** (Viereck), die Karos; kariert
die **Karosse** (Prunkwagen), die Karossen; die Karosserie, die Karosserien
die **Karotte** (Mohrrübe), die Karotten
der **Karpfen**, die Karpfen; der Karpfenteich
die **Karre** *und* der **Karren**, die Karren; karren, du karrst, gekarrt
die **Karriere** [*-jä-*] (Laufbahn), die Karrieren
der **Karst**, die Kars|te; die Karstlandschaft
die **Karte**, die Karten; Karten spielen; das Kärtchen; die Kartei, die Karteien
das **Kartell** (Interessengemeinschaft in der Industrie), die Kartelle
die **Kartoffel**, die Kartoffeln; die Kartoffelchips *Plur.;* der Kartoffelpuffer; das Kartoffelpüree; die Kartoffelsuppe
die **Kartographie** (Anfertigung von Landkarten und Plänen; Lehre vom Kartenbild); der Kartograph; kartographisch; *auch* Kartografie, Kartograf, kartografisch
der **Karton** [*kartong*], die Kartons, *auch* Karton, Kartons; kartoniert ⟨kart.⟩
die **Kartothek** (Kartei), die Kartotheken
das **Karussell**, die Karussells *und* Karusselle; Karussell fahren
Kasachstan; die Kasachen; kasachisch
der **Käse**, die Käse; käsig
die **Kaserne**, die Kasernen; kasernieren
das **Kasino**, die Kasinos
die **Kaskade**, die Kaskaden
die **Kaskoversicherung** (Fahrzeugversicherung); kaskoversichert
der **Kasper**, die Kasper; der Kasperl, die Kasperln; das Kasperle *und* der Kasperle, die Kasperle; das Kasperletheater *und* Kaspertheater

die **Kasse**, die Kassen; der Kassenarzt; der Kassenbon; Kassensturz machen; kassieren; der Kassierer; die Kassiererin
die **Kassette**, die Kassetten; der Kassettenrekorder, *auch* Kassettenrecorder
die **Kastagnette**, die Kastagnetten
die **Kastanie**, die Kastanien; kastanienbraun
die **Kaste**, die Kasten; der Kastengeist
das **Kastell** (Burg; Schloss), die Kastelle
der **Kasten**, die Kästen; das Käst|chen; kästeln (karieren), ich käst[e]le
der **Kasus** ► 278 (Fall der Deklination)
die **Katakombe** (frühchristliche unterirdische Begräbnisstätte), die Katakomben
der **Katalog**, die Kataloge; katalogisieren
der **Katalysator** (*Kfz* Abgasfilter), die Katalysatoren, *kurz* der Kat, die Kats
das **Katapult** *und* der Katapult (Schleudervorrichtung), die Katapulte; katapultieren
der **Katarakt** (Stromschnelle), die Katarakte
der **Katarrh** *und* der Katarr
der **Kataster** (amtliches Grundstücksverzeichnis), die Kataster; das Katasteramt
die **Katastrophe**, die Katastrophen; der Katastrophenalarm; katastrophal
die **Kate**, die Katen
die **Katechese** (Religionsunterricht); der Katechet, die Katecheten; der Katechismus, die Katechismen
die **Kategorie** (Einteilung), die Kategorien; kategorisch (unbedingt gültig)
der **Kater**, die Kater
kath. = katholisch
das **Ka|theder** *und* der Katheder (Pult), die Katheder; → Katheter
die **Kathedrale** (Bischofskirche), die Kathedralen
die **Kathete** (Dreiecksseite), die Katheten
der **Katheter** (medizinisches Röhrchen), die Katheter; → Katheder
die **Kathode** (Minuspol), die Kathoden, *fachsprachlich* Katode
der **Katholik**, die Katholiken; die Katholikin; katholisch ⟨kath.⟩; der Katholizismus
der **Kattun** (Baumwollstoff), die Kattune
die **Katze**, die Katzen; das Kätzchen; das Katzenauge; katzbalgen, gekatzbalgt; katzbuckeln, gekatzbuckelt
das **Kauderwelsch** (verworrenes Deutsch); Kauderwelsch sprechen (radebrechen)
kauen, gekaut; der Kaugummi
kauern (hocken), ich kau[e]re
der **Kauf**, die Käufe; kaufen, sie kauft; der Käufer; die Käuferin; die Kauffrau; das Kaufhaus; der Kauf|haus|de|tek|tiv; der Kaufmann, die Kaufleute; kaufkräftig; käuflich; kauflustig; kaufmännisch; in Kauf nehmen

die **Kaulquappe**, die Kaulquappen
kausal (ursächlich; begründet); der Kausalsatz ► 278 (Umstandssatz des Grundes)
die **Kaution** (Bürgschaft; Sicherheit)
der **Kautschuk**; der Kautschukbaum
der **Kauz**, die Käuze; das Käuzchen
der **Kavalier**, die Kavaliere
der **Kaviar** (Rogen des Störs)
keck; die Keckheit
der **Kegel**, die Kegel; die Kegelbahn; kegelförmig; kegeln, ich keg[e]le; wollen wir Kegel schieben?, ich schiebe Kegel, ich habe Kegel geschoben, Kegel zu schieben; das Kegelschieben
die **Kehle**, die Kehlen; der Kehlkopf; kehlig; kehlen, gekehlt
die **Kehre** *zu* kehren (wenden), die Kehren; der Kehrreim; die Kehrseite; kehrtmachen, ich mache kehrt, ehe ich kehrtmache, ich habe kehrtgemacht, kehrtzumachen; die Kehrtwendung
kehren (fegen), gekehrt; der Kehrbesen; die Kehrmaschine; die Kehrschaufel; der Kehricht *und* das Kehricht
keifen (schimpfen)
der **Keil**, die Keile; der Keilriemen; keilförmig; keilen (anwerben), gekeilt; der Keiler (Wildeber); die Keilerei
der **Keim**, die Keime; der Keimling; keimfrei; keimen, gekeimt
kein, keines, keinem, keinen, keine, keiner, keins; keinmal; kein einziges Mal; keinerlei; keinesfalls; keineswegs
der **Keks** *und* das Keks, des Keks *und* Kekses, die Keks *und* Kekse
der **Kelch**, die Kelche
die **Kelle**, die Kellen
der **Keller**, die Keller; die Kellerei; der Kellner; die Kellnerin, die Kellnerinnen
die **Kelter**, die Keltern; keltern, ich keltere
kennen ⓘ 284, kannte, gekannt; kennen lernen, ich lernte sie kennen, als ich sie kennen lernte, kennen gelernt, kennen zu lernen, *auch* kennenlernen; die Kennnummer *und* Kenn-Nummer; das Kennzeichen; die Kennzeichnung; kenntlich machen; die Kenntlichmachung; die Kenntnis, die Kenntnisse; Kenntnis nehmen; die Kenntnisnahme; kenntnisreich; der Kenner
kentern, ich kentere
die **Keramik** (Töpferei; Getöpfertes), die Keramiken (getöpferte Gegenstände); der Keramiker; die Keramikerin; keramisch
die **Kerbe**, die Kerben; kerben, gekerbt; das Kerbholz; das Kerbtier; die Kerbung
der **Kerker**, die Kerker
der **Kerl**, die Kerle; das Kerlchen

der **Kern** (*auch für* Atomkern), die Kerne; die Kernenergie; die Kernexplosion; die Kernfrucht; das Kerngehäuse; das Kernkraftwerk ⟨KKW⟩; das Kernobst; die Kernphysik; der Kernreaktor; die Kernspaltung; die Kernwaffen; kerngesund; kernig; kernlos
das **Kerosin** (ein Treibstoff)
der **Kerub** → Cherub
die **Kerze**, die Kerzen; kerzengerade
der **Kescher** (Fangnetz), die Kescher, *auch* der Käscher, die Käscher
kess, kesser, am kesses|ten; kesse Mädchen
der **Kessel**, die Kessel; das Kesseltreiben
der **Ketschup** *und* das Ketschup [*-up, -ap*], die Ketschups, *auch* Ketchup, Ketchups
die **Kette**, die Ketten; das Kettchen; die Kettenreaktion; ketten, gekettet
der **Ketzer**, die Ketzer; die Ketzerei; ketzerisch
keuchen, du keuchst; der Keuchhusten
die **Keule**, die Keulen; keulenförmig
keusch; die Keuschheit
das **Keyboard** [*kibord*] (ein elektronisches Tasteninstrument), die Keyboards
das **Kfz** = das Kraftfahrzeug; die Kfz-Werkstatt
kg = Kilogramm (1000 g); 3,5 kg
der **Khaki** → Kaki
der **Kibbuz** (israelische Gemeinschaftssiedlung), die Kibbuzim *und* Kibbuze
kichern, ich kichere
kicken *ugs.* (Fußball spielen), du kickst; der Kicker, die Kicker *und* Kickers; der Kickstarter (Anlasshebel); der *oder* das Kick-down, *auch* Kickdown; der Kick-off, *auch* Kickoff
der **Kiebitz**, die Kiebitze; kiebitzen
der **Kiefer** (Kieferknochen), die Kiefer
die **Kiefer** (ein Nadelbaum), die Kiefern
der **Kiel** (Federschaft), die Kiele
der **Kiel** (Grundbalken der Schiffe), die Kiele; in Kiellinie fahren; kieloben
die **Kieme**, die Kiemen; der Kiemenatmer
der **Kien** (harzreiches Holz); das Kienholz; der Kienapfel; der Kienspan; kienig
die **Kiepe** (Rückentragekorb), die Kiepen
der **Kies**; die Kiesgrube; der Kiesel, die Kiesel; der Kieselstein
Kilo- (das Tausendfache); das Kilogramm ⟨kg⟩, *kurz* das Kilo, die Kilo *und* Kilos; das Kilohertz ⟨kHz⟩; das Kilojoule ⟨kJ⟩; der Kilometer ⟨km⟩; der Kilometerzähler; kilometerlang, *aber* drei Kilometer lang; kilometerweit, *aber* drei Kilometer weit; das Kilowatt ⟨kW⟩; die Kilowattstunde ⟨kWh⟩
der **Kilt** (Schottenrock), die Kilts
die **Kimm** (Horizontlinie auf See); die Kimme (Kerbe), die Kimmen
der **Kimono** (japan. Gewand), die Kimonos
das **Kind**, die Kinder; von Kind auf; sich lieb Kind machen; an Kindes statt; das Kindchen; die Kinderchen; das Kindlein; die Kinderlein; der Kinderarzt; die Kinderärztin; der Kindergarten; die Kindergärtnerin; der Kinderhort; die Kindertagesstätte; im Kindesalter; die Kindesmisshandlung; die Kindheit; kindgerecht; kinderleicht; kinderlieb; kinderreich; kindgemäß; kindisch; kindlich; die Kindlichkeit
das **Kinn**, die Kinne; der Kinnhaken
das **Kino**, die Kinos
der **Kiosk**, die Kioske
die **Kippe**, die Kippen; kippen; der Kipper; kippeln, ich kipp[e]le; kipp[e]lig
die **Kirche**, die Kirchen; der Kirchenchor; der Kirchgänger; der Kirchhof; der Kirchturm; die Kirchweih; kirchlich
Kirgisien, Kirgisistan, *auch* Kyrgystan (Staat in Mittelasien); die Kirgisen
die **Kirmes**, die Kirmessen
die **Kirsche**, die Kirschen; kirschrot
das **Kissen**, die Kissen; der Kissenbezug
die **Kiste**, die Kisten; das Kist|chen
der **Kitsch**; kitschig
der **Kitt**, die Kitte; kitten, gekittet
der **Kittel**, die Kittel; die Kittelschürze
das **Kitz** (Junges von Reh und Gämse), die Kitze; die Kitze (Kitz), die Kitzen
kitzeln, ich kitz[e]le; der Kitzel; kitzlig
der **Klabautermann** (Kobold in alten Seemannsgeschichten)
der **Klacks** *ugs.* (kleine Menge), die Klackse
die **Kladde**, die Kladden
klaffen, eine klaffende Wunde; kläffen (bellen); der Kläffer
der **Klafter** *und* das Klafter (altes Maß), drei Klafter Holz, *seltener* die Klafter, eine Klafter, die Klaftern
die **Klage**, die Klagen; klagen, geklagt; der Kläger; die Klägerin; kläglich
der **Klamauk** *ugs.*
die **Klamm** (Schlucht), die Klammen; klamm (feucht; fingerkalt); klammheimlich; die Klammer ⓘ 312; sich klammern; klammern, ich klammere; klemmen
die **Klamotte**, die Klamotten
die **Klampfe** (Gitarre), die Klampfen
der **Klan** → Clan
der **Klang**, die Klänge; klanglos; klangvoll
die **Klappe**, die Klappen; der Klappentext; klappen, es klappt, geklappt; das Klappfahrrad; der Klappstuhl; die Klapper, die Klappern; klapp[e]rig; klappern, ich klappere; die Klapperkis|te
der **Klaps**, die Klapse; klapsig

K k

klar; im Klaren sein; ins Klare kommen; ein Klarer (heller Schnaps); die Klarheit; klar denkende/klardenkende Menschen; die Klarsichtfolie; die Klarstellung; klären, geklärt; die Klärung; die Kläranlage; das Klärwerk;

klar + Verb
Getrennt zu schreiben:
kurz und klar berichten, klar denken, klar erkennen, klar sein, klar sprechen, klar werden (Wetter), *aber*
Getrennt *und* **zusammen** *möglich*:
klar werden *und* klarwerden (verständlich), es müsste ihm doch klar geworden *und* klargeworden sein
Trennbare Zusammensetzungen
bei übertragener Bedeutung:
klarstellen (Irrtümer beseitigen), er stellte klar, wie gut, dass er das klarstellte, klargestellt, klarzustellen; *so auch* klargehen (zufriedenstellend ablaufen), klarkommen (zurechtkommen, wissen), klarlegen (erklären), klarmachen (erklären; Schiff zur Ausfahrt fertig machen), klarsehen (verstehen, Bescheid wissen)

die **Klarinette**, die Klarinetten; der Klarinettist; die Klarinettistin
die **Klasse**, die Klassen; die Klassenarbeit; der Klassenkamerad; die Klassenkameradin; der Klassenlehrer; der Klassensprecher; das Klassentreffen; klassenweise; *süddeutsch* Klassarbeit, Klasslehrer, Klasssprecher *und* Klass-Sprecher *u. a.;* klasse, das ist klasse!; -klassig, *z. B.* erstklassig, zweitklassig
die **Klassifizierung**; klassifizieren (einstufen);
die **Klassik** (die herausragende Kunstepoche); der Klassiker; klassisch; der Klassizismus; klassizis|tisch
der **Klatsch**; klatschen, du klatschst; der Klatschmohn; die Klatschsucht; klatschhaft; klatschsüchtig; klatsch[e]nass
klauben (sondern; auflesen), geklaubt
die **Klaue**, die Klauen; klauen, geklaut
die **Klause** (Klosterzelle), die Klausen; die Klausel (Vorbehalt), die Klauseln; die Klausur (räumliche Abgeschlossenheit; Klausurarbeit), die Klausuren
das **Klavier**, die Klaviere; Klavier spielen; das Klavierkonzert; die Klaviatur
kleben, geklebt; kleben bleiben *und* klebenbleiben *ugs.* (nicht versetzt werden), *aber* am Fliegenfänger kleben bleiben; der Kleber; der Klebstoff; klebrig
der **Klecks**, die Kleckse; klecksen, du kleckst; kleckern, ich kleckere, gekleckert
der **Klee**; das Kleeblatt, die Kleeblätter
das **Kleid**, die Kleider; das Kleidchen; die Kleidung; das Kleidungsstück; kleidsam; sich kleiden, gekleidet
die **Kleie** (Schalen, Keime und äußere Schichten der Getreidekörner)
klein; ein klein wenig; von klein auf; bis ins Kleins|te (genau); etwas Kleines; die Kleinen (Kinder); die Kleine; die Großen und die Kleinen; Kleine und Große; Groß und Klein (viele, alle); im Kleinen wie im Großen; der Kleine Bär, der Kleine Wagen (Sternbild); der Kleine Belt (Meerenge); kleinbürgerlich; kleingedruckte *und* klein gedruckte Texte; das Kleingedruckte *oder* das [ganz] klein Gedruckte; kleingewachsen *und* klein gewachsen; kleinwüchsig; kleingläubig; kleinkariertes *und* klein kariertes Papier, *aber* kleinkariert (engherzig; engstirnig), so ein kleinkarierter Zeitgenosse!; klein geschnittenes/kleingeschnittenes Obst; kleinlaut; kleinlich; kleinmütig; die Kleinigkeit; im Kleinkindalter; das Kleinod, die Kleinode (Kostbarkeiten) *und* die Kleinodien (Schmuckstücke); die Kleinschreibung ⓘ 293 ff.; der Kleinstaat; die Kleinstaaterei; die Kleinstadt; kleinstädtisch;

klein + Verb
besonders zu beachten:
klein schreiben – kleinschreiben
Getrennt zu schreiben:
klein sein, klein bleiben, klein anfangen, klein beigeben, kurz und klein schlagen, klein schreiben (*getrennt, wenn es bedeutet*: in einer kleinen Schrift), man sollte auf Plakaten nicht so klein schreiben, sie schreibt/schrieb sehr klein, da sie immer so klein schreibt/schrieb, du hast aber klein geschrieben!, kein Grund, so klein zu schreiben, *aber*
Trennbare Zusammensetzungen:
kleinschreiben (mit kleinem Anfangsbuchstaben schreiben), Artikel schreibe ich klein, *aber* ich weiß, was man kleinschreibt, Artikel werden kleingeschrieben, Artikel sind kleinzuschreiben; kleinkriegen (gefügig machen, aufbrauchen), kleinmachen (Geldschein; Geldmenge), sich kleinmachen (ducken)
Getrennt *und* **zusammen** *möglich*:
klein hacken *und* kleinhacken, klein mahlen *und* kleinmahlen, klein schneiden *und* kleinschneiden

der **Kleister**; kleistern, ich kleistere
die **Klemme**; klemmen, geklemmt;
die Klemmmappe *und* Klemm-Mappe
der **Klempner**; klempnern, ich klempnere
der **Klepper** (ausgemergeltes Pferd)
der **Kleptomane** (Stehlsüchtiger), die Kleptomanen; die Kleptomanin; die Kleptomanie; kleptomanisch
der **Kleriker** (kath. Geistlicher), die Kleriker; der Klerus; klerikal
die **Klette**, die Kletten; der Klettenverschluss *und* Klettverschluss
klettern, ich klettere; der Kletterer; das Klettergerüst; die Kletterpartie
der **Klient** (Auftraggeber, *bes. beim Rechtsanwalt*), die Klienten; die Klientin; die Klientel (die Klienten), die Klientelen
das **Klima**, die Klimas, *fachsprachlich* Klimate; die Klimaanlage; die Klimaveränderung; die Klimazone; klimatisch; klimatisieren; die Klimatisierung
klimmen ⓘ 284, klomm, geklommen *und* klimmen, klimmte, geklimmt; der Klimmzug
klimpern, ich klimpere
die **Klinge**, die Klingen; klingen ⓘ 284, klang, geklungen; die Klingel, die Klingeln; klingeln, ich kling[e]le, geklingelt
die **Klinik**, die Kliniken; klinisch; das Klinikum (Großkrankenhaus); das Klinomobil (Notarztwagen)
die **Klinke**, die Klinken; klinken
der **Klinker** (Hartziegel), die Klinker
klipp und klar
der **Klipp**, die Klipps *und* der Klips, die Klipse, *auch* der Clip, die Clips
die **Klippe**, die Klippen; der Klippfisch
klirren, es klirrt, geklirrt
das **Klischee** (Druckstock; Abklatsch; eingefahrene Vorstellung), die Klischees
das **Klistier** (Einlauf), die Klistiere
klitschig; klitsch[e]nass
die **Kloake** (Abortgrube; Abwasserkanal), die Kloaken
der **Kloben**, die Kloben; klobig
klönen (*norddeutsch für* plaudern), geklönt
klopfen, du klopfst; der Klopfer; der Klöppel, die Klöppel; klöppeln
der **Klops** (Fleischkloß), die Klopse
das **Klosett**, die Klosetts *und* Klosette, *kurz* das Klo, die Klos
der **Kloß**, die Klöße; das Klößchen
das **Kloster**, die Klöster; klösterlich
der **Klotz**, die Klötze; klotzig; klotzen, geklotzt
der **Klub**, die Klubs, *auch* der Club, die Clubs; das Klublokal; der Klubsessel
die **Kluft** (Spalte; Abstand), die Klüfte

klug, klüger, am klügsten; es ist das Klügste (am klügsten); der Klügere gibt nach; die Klugheit; klügeln, ich klüg[e]le, geklügelt;

klug + Verb
Getrennt zu schreiben:
klug sein, klug werden, aus jemandem nicht recht klug werden, klug entscheiden, klug handeln, klug reden (sich verständig äußern), *aber*
Trennbare Zusammensetzung
bei übertragener Bedeutung:
klugreden (besserwisserisch auftreten), du redest mir reichlich klug, wenn du weiter so klugredest, du hast jetzt genug kluggeredet, hör auf klugzureden!
entsprechend auch:
klugschnacken (*norddeutsch für* klugreden)

der **Klumpen**, die Klumpen; das Klümpchen; klumpig; klumpen, die Soße klumpt
der **Klüngel** (Sippschaft), die Klüngel
km/h = Kilometer je Stunde, *auch* Stundenkilometer
knabbern, ich knabbere
der **Knabe**, die Knaben; knabenhaft
der **Knack**, die Knacke; knackig; knacken, du knackst, geknackt; das Knäckebrot; die Knackwurst; der Knacks, die Knackse; knacksen, du knackst, geknackst
der **Knall**, die Knalle; knallen, geknallt; der Knalleffekt; knallig; knallrot

knapp, knapper, am knappsten;

knapp + Verb
Getrennt zu schreiben:
knapp sein, knapp werden, knapp bemessen, knapp schneiden, knapp sitzen, ein knapp sitzender *und* knappsitzender Anzug
Trennbare Zusammensetzung:
jemanden knapphalten (knapp Geld oder Essen geben), da er uns immer knapphält, knappgehalten, knappzuhalten

der **Knappe**, die Knappen; die Knappschaft
knapsen (knausern), du knapst aber!
die **Knarre**, die Knarren; knarren, geknarrt
knattern, ich knattere
der **Knäuel** *und* das Knäuel, die Knäuel
der **Knauf**, die Knäufe
knausern, ich knausere; knaus[e]rig
knautschen, du knautschst, geknautscht; der Knautschlack; die Knautschzone

der **Knebel**, die Knebel; knebeln, ich kneb[e]le
der **Knecht**, die Knechte; die Knechtschaft; knechten, geknechtet
kneifen ⓘ 284, kniff, gekniffen; der Kneifer; die Kneifzange
die **Kneipe** (einfache Gaststätte), die Kneipen
kneip|pen (eine Kneippkur machen)
kneten; die Knete; die Knetmasse; knetbar
der **Knick**, die Knicke; knicken, du knickst, geknickt; knickern (geizen), ich knickere; knick[e]rig; der Knicks, die Knickse
das **Knie**, die Knie; die Kniebeuge; die Kniekehle; die Kniescheibe; kniefällig; kniefrei; knielang; knietief; knien, ich knie, du kniest, gekniet, knie!, kniet!; kniend
der **Kniff**, kniff[e]lig; kniffen, geknifft
der **Knilch**, die Knilche
knipsen, du knipst, geknipst
der **Knirps**, die Knirpse; knirpsig
knirschen, du knirschst, geknirscht
knistern, ich knistere
knittern, knitterfrei; knitt[e]rig
der **Knobel**, die Knobel (Würfel); knobeln, ich knob[e]le
der **Knoblauch**
der **Knochen**, die Knochen; knochig; knöchern; der Knöchel, die Knöchel; das Knöchelchen
knock-out [*nokaut*] *und* knockout ⟨k. o.⟩; jemanden k. o. schlagen; k. o. sein; der Knock-out *und* Knockout ⟨K. o.⟩ (*beim Boxen* Niederschlag; *im übertragenen Sinne* endgültiges Aus), die Knock-outs *und* Knockouts; der Knock-out-Schlag ⟨K.-o.-Schlag⟩ *und* Knockoutschlag ⟨Ko.-Schlag⟩
der **Knödel**, die Knödel
die **Knolle** *und* der Knollen, die Knollen; das Knöllchen; der Knollenblätterpilz; knollig
der **Knopf**, die Knöpfe; das Knöpfchen; das Knopfloch; knöpfen, du knöpfst
der **Knorpel**, die Knorpel; knorp[e]lig
der **Knorren**, die Knorren; knorrig
die **Knospe**, die Knospen; knospen, geknospt
der **Knoten**, die Knoten; knoten; knotig
das **Know-how** [*nohau*] *und* Knowhow (das Wissen, wie man zum Erfolg kommt)
knüllen; der Knüller
knüpfen, du knüpfst, geknüpft
der **Knüppel**, die Knüppel
knurren, geknurrt; knurrig
knuspern, ich knuspere; knusp[e]rig; das Knusperhäuschen
der **Knust** (Brotkanten), die Knuste und Knüste

die **Knute**, die Knuten
k. o. = knock-out; → knock-out
ko-, **kom-**, **kon-** (zusammen-)
der **Koala**, die Koalas; der Koalabär
die **Koalition** (Bündnis); die Koalitionsregierung; koalieren
das **Koaxialkabel**, *kurz* Koaxkabel (gegen Störfelder unempfindliches Kabel)
das **Kobalt** (ein Metall); kobaltblau
der **Koben** (Verschlag), die Koben
der **Kobold**, die Kobolde
Kobolz schießen (Purzelbaum schlagen)
die **Kobra** (Brillenschlange), die Kobras
der **Koch**, die Köche; die Köchin; der Kocher; die Kochnische; kochen; kochfertig; kochend heiß; kochend heißes Wasser
der **Köcher** (Behälter für Pfeile), die Köcher
der **Kode** [*kot*] (Schlüssel für Geheimschrift), die Kodes, *fachsprachlich* Code, Codes; kodieren; die Kodierung
der **Kodex** (Gesetzbuch; Schriftensammlung), die Kodexe *und* Kodizes, *auch* der Codex, die Codices
der **Köder** (Lockmittel); ködern, ich ködere
die **Ko|edukation** (gemeinsame Erziehung von Mädchen und Jungen)
die **Ko|exis|tenz** (friedl. Nebeneinanderleben)
das **Koffe|in**, Coffe|in; koffeinfrei, coffeinfrei
der **Koffer**; das Koffergerät; das Kofferradio
der **Kog**, *niederdeutsch* Koog, die Köge
die **Kogge** (Hanseschiff), die Koggen
der **Kognak** [*konjak*], die Kognaks
der **Kohl**; der Kohlrabi; der Kohlweißling
die **Kohle**, die Kohlen; Kohle führende *und* kohleführende Schichten; kohlehaltig; das Kohlekraftwerk; das Kohlenbergwerk; das Kohlenflöz; das Kohlendioxid; das Kohlenmonoxid, das Kohlenoxid; die Kohlensäure; der Kohlenwasserstoff; die Kohlezeichnung; kohlrabenschwarz; kohlschwarz; der Köhler
die **Koje** (Schlafraum auf Schiffen), die Kojen
das **Koka|in** (Betäubungsmittel; Rauschgift)
die **Kokarde** (Abzeichen), die Kokarden
kokett (gefallsüchtig; eitel); kokettieren
der **Kokon** [*kokong*] (Hülle der Insektenpuppen), die Kokons
die **Kokosnuss**, die Kokosnüsse
der **Koks**; die Koksheizung
der **Kolben**, die Kolben
die **Kolchose** (landw. Produktionsgenossenschaft in östl. Ländern), die Kolchosen, *auch* der Kolchos, die Kolchose
der **Kolibri** (ein Vogel), die Kolibris
die **Kolik** [*kolik, kolik*], die Koliken
der **Kollaborateur** [*-tör*], die Kollaborateure; die Kollaboration (Zusammenarbeit mit dem Feinde); kollaborieren

der **Kollaps**, die Kollapse; kollabieren
das **Kolleg** (Bildungseinrichtung; Vorlesung), die Kollegs *und* Kollegien; der Kollege, die Kollegen; kollegial; die Kollegin, die Kolleginnen; das Kollegium, die Kollegien
die **Kollekte** (Sammlung), die Kollekten; die Kollektion (Mustersammlung); das Kollektiv (Gruppe), die Kollektive; kollektivieren (Privateigentum in Gemeineigentum überführen)
der **Koller** (Wutausbruch)
das **Kollier** [*-lje*] (Halsschmuck), die Kolliers, *auch* das Collier, die Colliers
die **Kollision** (Zusammenstoß); kollidieren
die **Kolonie**, die Kolonien; die Kolonisation; kolonisieren; der Kolonist; die Kolonialmacht; der Kolonialismus
die **Kolonnade** (Säulengang), die Kolonnaden;
die **Kolonne**, die Kolonnen; Kolonne fahren
das **Kolophonium** (ein Harz)
kolorieren (ausmalen; färben); die Kolorierung, *aber* der Colorfilm
der **Koloss**, des Kolosses, die Kolosse; kolossal (riesig; gewaltig)
die **Kolumne** (Druckspalte), die Kolumnen
das **Koma** (tiefe Bewusstlosigkeit); im Koma
der **Kombi** (Fahrzeugart), die Kombis; das Kombinat (Betriebszusammenschluss in östlichen Ländern), die Kombinate; die Kombination; kombinieren; die Kombizange
die **Kombüse** (Schiffsküche), die Kombüsen
der **Komet**, die Kometen; kometenhaft
der **Komfort** [*-for*]; komfortabel
die **Komik**; der Komiker; komisch; komischerweise
das **Komitee** (Ausschuss), die Komitees
das **Komma** ►316, die Kommas *und* Kommata
der **Kommandant**, die Kommandanten; der Kommandeur [*-dör*]; kommandieren; das Kommando, die Kommandos; die Kommanditgesellschaft ⟨KG⟩
kommen ⓘ 284, kam, gekommen; den Arzt kommen lassen, *aber* die Kupplung kommen lassen/kommenlassen; im Kommen; das Kommen und Gehen
der **Kommentar,** die Kommentare; der Kommentator, des Kommentators, die Kommentatoren; kommentieren
der **Kommerz** (Wirtschaft, Handel und Verkehr); kommerziell; kommerzialisieren
der **Kommiss** (*ugs. für* Militär[dienst]); der Kommissstiefel *und* Kommiss-Stiefel
der **Kommissar** (Beauftragter; Dienstbezeichnung bei der Polizei), kommissarisch (auftragsweise); die Kommission
die **Kommode** (Truhe), die Kommoden
die **Kommune** (Gemeinde), die Kommunen; kommunal; die Kommunalverwaltung; die Kommunikation; kommunizieren; die Kommunion (kath. Abendmahlsfeier); der Kommunikant; die Kommunikantin
das **Kommuniqué** [*komünike, komunike*] (Denkschrift, amtliche Mitteilung), die Kommuniqués, *auch* das Kommunikee, die Kommunikees
der **Kommunismus**; der Kommunist, des Kommunisten, die Kommunisten; kommunistisch
die **Komödie** (Lustspiel), die Komödien; der Komödiant, die Komödianten
der **Kompagnon** [*-panjong*] (Mitinhaber), die Kompagnons
kompakt (dicht; fest); die Kompaktanlage; die Kompaktschallplatte (CD)
die **Kompanie**, die Kompanien
komparabel (steigerbar; vergleichbar); die Komparation ►278 (Steigerung); der Komparativ ►279 (Steigerungsstufe); der Komparativsatz ►279 (Vergleichssatz)
der **Kompass**, die Kompasse
kompatibel (zusammenpassend)
die **Kompensation** (Ausgleich); kompensieren
kompetent (zuständig); die Kompetenz
komplementär (ergänzend); die Komplementärfarbe; komplementieren
komplett (vollständig); komplettieren
der **Komplex** (zusammenhängender Bereich; negative Selbsteinschätzung); komplex (vielfältig und doch einheitlich);
die **Komplikation** (Schwierigkeit); komplizieren (erschweren), kompliziert
das **Kompliment** (Höflichkeitsbezeigung)
der **Komplize** (Mittäter), die Komplizen, *auch* der Komplice, die Komplicen
das **Komplott** *und ugs.* der Komplott (Verschwörung), die Komplotte
die **Komponente** (Bestandteil), die Komponenten; komponieren; der Komponist, des Komponisten, die Komponis|ten; die Komposition; das Kompositum ►279 (Wortzusammensetzung), die Komposita
der **Kompost**, die Kompos|te; kompostieren
das **Kompott**, die Kompotte; der Kompottteller *und* Kompott-Teller
die **Kompresse** (feuchter Umschlag); die Kompression (Verdichtung); der Kompressor, die Kompressoren; **komprimieren** (verdichten), komprimiert
der **Kompromiss** (Übereinkunft; Ausgleich); die Kompromisse; die Kompromisslösung; kompromissbereit; kompromisslos; kompromittieren (bloßstellen)

K k

der **Kondensator**, die Kondensatoren; die Kondensation; kondensieren; die Kondensmilch; der Kondensstreifen; das Kondenswasser
die **Kondition** (Bedingung; Zustand); das Konditionstraining; konditionieren; der Konditionalsatz ► 279 (Bedingungssatz)
der **Konditor**, des Konditors, die Konditoren; die Konditorei
die **Kondolenz** (Beileid); das Kondolenzschreiben; jemandem kondolieren
das **Konfekt**, die Konfekte; die Konfektion (Fertigkleidung); das Konfetti; die Konfitüre,
die **Konferenz** (Beratung), die Konferenzen; der Konferenzbeschluss; konferieren
die **Konfession**; konfessionslos; konfessionell
der **Konfirmand**, die Konfirmanden; die Konfirmandin, die Konfirmandinnen; die Konfirmation; konfirmieren
konfis|zieren (beschlagnahmen)
der **Konflikt**, die Konflikte; die Konfliktlösung
die **Konföderation** (Staatenbund); konföderativ; konföderieren, konföderiert
konform (einig; übereinstimmend); konform gehen *und* konformgehen; der Konformismus; konformistisch
die **Konfrontation** (Gegenüberstellung); konfrontieren, konfrontiert
konfus (verwirrt); die Konfusion
das **Konglomerat** (Gemisch; Zusammenballung), die Konglomerate
der **Kongress**, die Kongresse; die Kongressstadt *und* Kongress-Stadt; das Kongresszentrum
kongru|ent (deckungsgleich); die Kongruenz
die **Konifere** (Nadelholzgewächs), die Koniferen
der **König**, die Könige; die Königin, die Königinnen; das Königtum; königlich
konisch (kegelförmig); der Konus
die **Konjugation** ► 279 (Beugung des Verbs); konjugieren (Verbformen bilden; beugen); konjugierbar; die Konjunktion ► 279 (Bindewort); der Konjunktiv ► 279 (Möglichkeitsform);
die **Konjunktur** (Wirtschaftslage); konjunkturell; konjunkturell bedingt; konjunkturbedingt
konkav (nach innen gewölbt)
die **Konkordanz** (Verzeichnis sich entsprechender Texte, *z. B.* Bibelkonkordanz)
das **Konkordat** (Vertrag zw. Staat und Kirche)
konkret (greifbar; gegenständlich); konkretisieren (verdeutlichen); das Konkretum ► 279 (gegenständliches Nomen), die Konkreta
der **Konkurrent**, die Konkurrenten; die Konkurrenz; konkurrenzfähig; konkurrenzlos; konkurrieren; der Konkurs (Zahlungsunfähigkeit), die Konkurse; die Konkursmasse
können ⓘ 284, konnte, gekonnt, du kannst; das Können; der Könner
der **Konrektor**, die Konrektoren; die Konrektorin
der **Konsekutivsatz** ► 279 (Umstandssatz der Folge)
der **Konsens** (Übereinstimmung)
konsequent (folgerichtig); die Konsequenz
konservativ (das Hergebrachte erhaltend); die Konservativen; die Konserve, die Konserven; konservieren; die Konservierung
konsistent (zäh zusammenhaltend); die Konsis|tenz (Beschaffenheit)
die **Konsole** (Wandbrett), die Konsolen; konsolidieren (festigen; sichern)
der **Konsonant** ► 279 (Mitlaut), die Konsonanten
die **Konspiration** (Verschwörung); konspirieren; konspirativ
konstant (stetig; unveränderlich); die Konstante; die Konstanz; konstatieren
die **Konstellation** (Lage der Dinge; Umstände)
konsterniert (bestürzt; betroffen)
konstituieren (gründen, festsetzen); die Konstitution (Zustand; Verfassung); konstitutionell (verfassungsgemäß)
konstruieren; der Konstrukteur [-*tör*], die Konstrukteure; die Konstruktion; konstruktiv (folgerichtig; aufbauend)
der **Konsul** (Interessenvertreter eines Staates in einem anderen Staat), des Konsuls, die Konsuln; das Konsulat, die Konsulate; die Konsultation (Befragung); konsultieren (um Rat befragen)
der **Konsum** (Verbrauch); die Konsumgesellschaft; die Konsumgüterindust|rie; der Konsument, die Konsumenten; konsumieren
der **Kontakt**, die Kontakte; die Kontaktlinse; kontaktarm; kontaktfreudig; kontaktieren (Kontakt aufnehmen)
kontern (schnell erwidern), ich kontere; die Konterrevolution (Gegenrevolution)
der **Kontext** (dazugehöriger anderer Text; Zusammenhang), die Kontexte
der **Kontinent** (Festland; Erdteil), die Kontinente; kontinental; das Kontinentalklima
das **Kontingent** (Anteil; Menge), die Kontingente; kontingentieren (zuteilen)
kontinuierlich (stetig); die Kontinuität

das **Konto** (Kto.), die Konten *und* Kontos *und* Konti; der Kontoauszug; der Kontoinhaber; die Kontonummer; das Kontor, die Kontore
kontra (gegen), *auch* contra; das Kontra; jemandem Kontra geben
der **Kontrakt** (Vertrag), die Kontrakte; der Kontrahent (Vertragspartner; Streitgegner), die Kontrahenten
konträr (gegensätzlich)
der **Kontrast** (Gegensatz), die Kontraste; kontrast|reich; kontrastieren
die **Kontrolle**, die Kontrollen; kontrollieren; der Kontrolleur [*-lör*]; die Kontrolllampe *und* Kontroll-Lampe; die Kontrollliste *und* Kontroll-Liste
kontrovers (entgegengesetzt); die Kontroverse (Meinungsverschiedenheit)
die **Kontur** (Umriss), die Konturen; konturiert
der **Konus** (Kegel), die Konusse; konisch
die **Konvention** (Übereinkunft); die Konventionalstrafe; konventionell (herkömmlich)
die **Konvergenz** (Annäherung, Übereinstimmung); konvergieren
die **Konversation** (Unterhaltung); das Konversationslexikon
die **Konversion** (Umstellung; Glaubenswechsel); konvertieren; der Konvertit, die Konvertiten; konvertierbar *und* konvertibel (tauschbar gegen Geld anderer Währungen)
konvex (nach außen gewölbt)
der **Konvoi** (Geleitzug), die Konvois
konzedieren (zugestehen)
das **Konzentrat**, die Konzentrate; die Konzentration; die Konzentrationsfähigkeit; konzentrieren, konzentriert; konzentrisch (zu einem gemeinsamen Mittelpunkt hin)
das **Konzept** (Entwurf), die Konzepte; die Konzeption (Entwurf; Leitgedanke); → konzipieren
der **Konzern** (wirtschaftlicher Zusammenschluss), die Konzerne
das **Konzert**, die Konzerte; konzertieren; der Konzertsaal; die Konzertsäle
die **Konzession** (Zulassung); konzessioniert; der Konzessivsatz ► 279 (Umstandssatz der Einräumung)
das **Konzil** (Kirchenversammlung), die Konzile *und* Konzilien; konziliant (entgegenkommend; umgänglich)
konzipieren (entwerfen); → Konzept
der **Koog** *niederdeutsch für* Kog, die Köge
die **Ko|operation** (Zusammenarbeit); kooperativ; kooperieren
die **Ko|ordinaten** *Plur.* (math. Begriff); koordinieren (aufeinander abstimmen); die Koordinierung; die Koordination

der **Kopf**, die Köpfe; das Köpfchen; kopfrechnen *nur Inf.*; das Kopfrechnen; das Kopf-an-Kopf-Rennen; den Kopf schütteln, *aber* das Kopfschütteln; kopfschüttelnd; auf dem Kopf stehen, *aber* kopfstehen, sie stehen kopf, wenn alles kopfsteht; sich den Kopf zerbrechen, *aber* das macht mir Kopfzerbrechen; der Kopfhörer; der Kopfschmerz, die Kopfschmerzen; das Kopfweh; kopflas|tig; die Kopflastigkeit; kopflos; die Kopflosigkeit; kopfscheu; kopfüber; köpfen, geköpft
die **Kopie**, die Kopien; kopieren, kopiert; der Kopierer; das Kopiergerät
der **Kopilot** (zweiter Flugzeugführer), des Kopiloten, die Kopiloten; die Kopilotin
die **Koppel** (eingezäunte Weide), die Koppeln; das Koppel (Leibriemen), die Koppel; koppeln (verbinden), ich kopp[e]le; die Kopp[e]lung
die **Kopra** (zerkleinerte Kokosnusskerne)
die **Koralle**, die Korallen; das Korallenriff
der **Koran** (das heilige Buch der Muslime)
der **Korb**, die Körbe; das Körbchen; der Korbball; der Korbblütler
der **Kord** → Cord; die Kordel, die Kordeln
kören (Zuchttiere auswählen)
die **Korinthe** (kleine schwarze Rosine)
der **Kork**; die Korkeiche; die Korksohle; der Korken, die Korken; der Korkenzieher
das **Korn**, die Körner; das Körnchen; körnig; das Korn (Getreide), die Kornarten; die Kornähre; die Kornblume; kornblumenblau; der Kornspeicher
der **Körper**, die Körper; körperlich; der Körperbau; die Körperverletzung; körperbehindert; die Körperbehinderten; körpereigen; körpereigene Abwehrkräfte
das **Korps** [*kor*] (Studentenverbindung; Heeresabteilung), die Korps [*korß*], *auch* das Corps, die Corps; korporativ (als Ganzes)
korpulent (dick); die Korpulenz
korrekt (einwandfrei); die Korrektheit;
der **Korrektor** (jemand, der Schriftsätze auf Fehler überprüft), die Korrektoren; die Korrektur, die Korrekturen; korrigieren, korrigiert
der **Korrespondent** (Berichterstatter), die Korrespondenten; die Korrespondentin; die Korrespondenz (Briefwechsel); korrespondieren
der **Korridor**, die Korridore
korrodieren (sich zersetzen); die Korrosion
korrupt (bestechlich); die Korruption; korrumpieren (bestechen)

K k

das **Korsett**, die Korsetts *und* Korsette
der **Korso** (Schaufahrt; Umzug), die Korsos
der **Kosak**, des Kosaken, die Kosaken
kosen, du kost, gekost; der Kosename
der **Kosinus** ⟨cos⟩ (Winkelfunktion)
die **Kosmetik** (Schönheitspflege); kosmetisch; die Kosmetika *Plur.;* die Kosmetikerin;
der **Kosmos** (Weltall; Weltraum); kosmisch; der Kosmonaut, die Kosmonauten; der Kosmopolit (Weltbürger), die Kosmopoliten; kosmopolitisch
die **Kost**; das Kostgeld; die Kostprobe; kosten (schmecken); kosten (wert sein); die Kosten; auf Kosten von; Kosten deckende/kostendeckende Preise, *so auch* Kosten senkend, Kosten sparend; die Kostenexplosion; kostenlos; kost|bar; die Kostbarkeit; köstlich; die Köstlichkeit; kostspielig; die Kostspieligkeit
das **Kostüm**, die Kostüme; [sich] kostümieren
der **Kot**; der Kotflügel; kotig
das **Kotelett**, die Koteletts
der **Köter**, die Köter
die **Krabbe**, die Krabben; krabbeln, ich krabb[e]le; im Krabbelalter
der **Krach**, die Kräche; krachen, gekracht; krächzen, du krächzt, gekrächzt
kraft (aufgrund); kraft seines Amtes;
die **Kraft**, die Kräfte; außer/in Kraft setzen; in Kraft treten, *aber* das In-Kraft-Treten; die Kraftanstrengung; der Kraftfahrer; das Kraftfahrzeug ⟨Kfz⟩; der Kraftverkehr; der Kraftwagen; das Kraftwerk; kraftlos; die Kraftlosigkeit; kraftvoll; kraftstrotzend, *aber* vor Kraft strotzend; kraftraubende *und* Kraft raubende Jobs; kräfteschonend *und* Kräfte schonend, *aber nur* kräftezehrend; kräftig; kräftigen; die Kräftigung
der **Kragen**, die Kragen, *süddt. auch* Krägen
die **Krähe**; krähen, er kräht, gekräht
der **Krake**, des Kraken, die Kraken
der **Krakeel** (Lärm); krakeelen; der Krakeeler
die **Kralle**; krallen, gekrallt; krallig
der **Kram**; kramen, gekramt; der Krämer
die **Krampe** *und* der Krampen, die Krampen
der **Krampf**, die Krämpfe; krampfhaft
der **Kran**, die Kräne; der Kranführer
der **Kranich**, die Kraniche
krank, kränker, am kränksten; kränklich; der Kranke, die Kranken; krankhaft; die Krankheit; die Krankengymnastik; das Krankenhaus; der Krankenpfleger; die Krankensalbung; die Krankenschwester; krankenversichert; die Krankenversicherung; krankenversicherungspflichtig; kränkeln, ich kränk[e]le; die Kränklichkeit; kränken, gekränkt; die Kränkung;

krank + Verb
besonders zu beachten:
krank machen – krankmachen
Getrennt zu schreiben:
krank sein; krank werden; sich krank fühlen; krank liegen, er hat krank gelegen; sich krank stellen
Trennbare Zusammensetzungen:
krankschreiben (Kranksein bescheinigen), wenn er ihn erneut krankschreibt, krankgeschrieben, krankzuschreiben;
entsprechend auch:
sich krankärgern; krankfeiern (mit Hinweis auf Krankheit der Arbeit fernbleiben); sich kranklachen; sich krankmelden; krankmachen (krankfeiern); krankschießen ([Wild] anschießen)
Getrennt *und* **zusammen** *möglich:*
krank machen *und* krankmachen, der Lärm, der krank macht/krankmacht, das hat uns krank gemacht/krankgemacht, krank zu machen/krankzumachen

der **Kranz**, die Kränze; das Kränzchen
der **Krapfen** (Gebäck), die Krapfen
krass, krasser, am krasses|ten
der **Krater**, die Krater; der Kratersee
die **Krätze** (Hautkrankheit);
kratzen, du kratzt, gekratzt; der Kratzer
das **Kraul** (ein Schwimmstil); kraulen; *älter* das Crawl, crawlen
kraus; der Krauskopf; krausköpfig; die Krause; kräuseln, gekräuselt
das **Kraut**, die Kräuter; der Kräutertee
der **Krawall** (Aufruhr; Lärm), die Krawalle
die **Krawatte** (Schlips), die Krawatten
kraxeln (klettern), ich krax[e]le
kreativ (schöpferisch); die Kreativität; die Kreatur (Geschöpf), die Kreaturen; kre|ieren (schaffen), kreiert
der **Krebs**, die Krebse; Krebs erregend *und* krebserregend; krebskrank; krebsrot; krebsen, er krebst
der **Kredit** [*kredit, kredit*], die Kredite
das **Kredo** (Glaubensbekenntnis), die Kredos, *auch* das Credo, die Credos
die **Kreide**; kreidebleich; kreideweiß
der **Kreis**, die Kreise; der Kreislauf; die Kreissäge; die Kreisstadt; der Kreisverkehr; kreisrund; kreisen, gekreist; der Kreisel; kreiseln, ich kreis[e]le
kreischen, du kreischst, gekreischt
der **Kreißsaal** (Entbindungsraum im Krankenhaus)
das **Krematorium**, die Krematorien
die **Kreme**, **Krem**; kremen; → Creme, cremen; kremig *und* cremig

die **Krempe**; krempeln, ich kremp[e]le
der **Kren** *süddeutsch für* Meerrettich
krepieren *ugs.* (verenden; eingehen)
der **Krepp** (krauses Gewebe), die Krepps *und* Kreppe; das Kreppapier *und* Krepp-Papier; die Kreppsohle; kreppartig;
die Krepp (dünner Eierkuchen), die Krepps *und* Kreppe, *auch* die Crêpe [*kräp*], die Crêpes
das **Kreuz**, die Kreuze; über Kreuz; kreuz und quer; die Kreuzundquerfahrt; die Kreuzotter; das Kreuzworträtsel; der Kreuzzug, die Kreuzzüge; kreuzweise; kreuzen, du kreuzt, gekreuzt; der Kreuzer; die Kreuzung; kreuzungsfrei; kreuzigen, gekreuzigt; die Kreuzigung
kribbeln, gekribbelt; kribb[e]lig
das **Krickett** (ein Ballspiel)
kriechen ⓘ 284 kroch, gekrochen; der Kriecher; kriecherisch; die Kriechspur
der **Krieg**, die Kriege; Kriegsdienst leisten; der Kriegsdienstverweigerer; die Kriegsgräberfürsorge; kriegerisch; Krieg führende/kriegführende Mächte; kriegsgefangen; die Kriegsgefangenen; kriegsversehrt; die Kriegsversehrten
der **Krill** (Kleinsttiere im Wasser; Plankton)
der **Krimi** *kurz für* Kriminalroman *und* Kriminalfilm, die Krimis; der Kriminalist, die Kriminalis|ten; die Kriminalität; die Kriminalpolizei, *kurz* die Kripo; kriminell; der Kriminelle
der **Kringel**; sich kringeln, ich kring[e]le mich
die **Krippe**; das Krippenspiel
die **Krise**, *älter* Krisis, die Krisen
der **Kristall** (ein Naturgebilde), die Kristalle; kristallisieren; die Kristallisation; das Kristall (geschliffenes Glas); der Kristallleuchter *und* Kristall-Leuchter
das **Kriterium** (Merkmal), die Kriterien; die Kritik, die Kritiken; der Kritiker; kritiklos; kritisch; kritisieren
kritteln (tadeln), ich kritt[e]le
kritzeln, ich kritz[e]le; die Kritzelei
Kroatien; der Kroate; kroatisch
der **Krokant**
das **Krokodil**; die Krokodilstränen
der **Krokus**, die Krokus *und* Krokusse
die **Krone**; der Kronzeuge; krönen, gekrönt; die Krönung; die Krönungszeremonie
der **Kropf**, die Kröpfe
kross (knusprig; scharf gebacken)
die **Kröte**; die Krötenwanderung
die **Krücke**; der Krückstock
der **Krug**, die Krüge
die **Kruke** (großer Krug; Tonflasche)
die **Krume**; der Krümel, die Krümel; krüm[e]lig; krümeln, ich krüm[e]le

krumm, krummer, am krumms|ten; krümmen, gekrümmt; die Krümmung;

> **krumm + Verb**
> **Getrennt zu schreiben:**
> krumm sein, krumm sitzen
> **Getrennt** *und* **zusammen** *möglich*:
> krumm biegen *und* krummbiegen, [keinen Finger] krumm machen *und* krummmachen
> **Trennbare Zusammensetzungen** *bei übertragener Bedeutung:*
> sich krummlachen, er lacht sich krumm, krummgelacht, krummzulachen
> *entsprechend auch:*
> sich krummlegen (sehr einschränken), krummnehmen (übelnehmen)

der **Krüppel**, die Krüppel; krüpp[e]lig
die **Krus|te**; das Krustentier; krustig
die **Krux** (Last; Kummer; Schwierigkeit), *auch* die Crux
das **Kruzifix** (Kreuz), die Kruzifixe
die **Krypta** (Gruft), die Krypten
die **KSZE** = die Konferenz für Sicherheit und Zusammenarbeit in Europa
der **Kübel**, die Kübel; der Kübelwagen
das **Kubikmaß**, die Kubikmaße; der Kubikmeter *und* das Kubikmeter ⟨m^3⟩; der Kubus, die Kuben; kubisch
die **Küche**; die Küchenwaage
der **Kuchen**; das Küchelchen; das Küchlein
kucken, *norddeutsch für* gucken, du kuckst, gekuckt
der **Kuckuck**, die Kuckucke; die Kuckucksuhr
der **Kuddelmuddel** *und* das Kuddelmuddel
die **Kufe**; der Küfer (Böttcher)
die **Kugel**, die Kugeln; das Kügelchen; das Kugellager; der Kugelschreiber; das Kugelstoßen; kug[e]lig; kugelförmig; kugelrund; sich kugeln, ich kug[e]le mich
die **Kuh**, die Kühe; der Kuhhandel; der Kuhhirt; der Kuhstall, die Kuhställe
kühl; im Kühlen sitzen; die Kühle; kühlen, gekühlt; der Kühler; Saft kühl stellen/kühlstellen; der Kühlschrank, die Kühlschränke; die Kühltruhe; die Kühlung
die **Kuhle** (Grube), die Kuhlen
kühn; die Kühnheit
das **Küken**, die Küken
kulant (gefällig); die Kulanz
der **Kuli** (Arbeiter in Südostasien), die Kulis
der **Kuli** *ugs.* (Kugelschreiber), die Kulis
kulinarisch (bezüglich der Kochkunst)
die **Kulisse** (Rahmen; Hintergrund; Sichtblende; Sichthindernis), die Kulissen
kullern, ich kullere; die Kulleraugen

K k

der **Kult** *und* **Kultus** (Verehrung; religiöser Brauch), die Kulte; die Kulthandlung; die Kultstätte; kultisch; kultivieren, kultiviert; die Kultivierung; die Kultur, die Kulturen; kulturell; der Kultusminister; das Kultusministerium
der **Kümmel**
der **Kummer**; kummervoll; kümmerlich; sich kümmern, ich kümmere mich
der **Kumpan**, die Kumpane; der Kumpel, die Kumpel
die **Kumulation** (Anhäufung); kumulieren
kund; die Kunde; die Kundgebung; der Kundschafter (jemand, der etwas ausspäht, in Erfahrung bringt); kundig; ein Kundiger;
alt und nur in wenigen Formen gebräuchlich:
kundgeben, *aber* Kunde geben;
kundmachen, kundgemacht;
kundtun, kundgetan, *aber*
etwas kund und zu wissen tun;
der **Kunde** (Käufer); die Kundin; die Kundschaft; der Kundendienst;
kündigen, gekündigt; die Kündigung
künftig; künftighin
die **Kunst**, die Küns|te; der Kunst|erzieher; das Kunstgewerbe; der Kunststoff; Kunststofffabrikate *und* Kunststoff-Fabrikate; die Kunststofffolie *und* Kunststoff-Folie; kunstfertig; die Kunstfertigkeit; kunstgerecht; künstlich; kunstvoll; der Künstler; die Künstlerin; künstlerisch
das **Kunterbunt**; kunterbunt (gemischt)
das **Kupee** → Coupé
das **Kupfer**; kupfern (aus Kupfer); kupferrot
der **Kupon**, die Kupons, *auch* → der Coupon
die **Kuppe**, die Kuppen
die **Kuppel**, die Kuppeln; der Kuppelbau
kuppeln, ich kupp[e]le; die Kupplung
die **Kur**, die Kuren; der Kurgast, die Kurgäs|te; der Kurort; der Kurpfuscher; die Kurtaxe; kuren (eine Kur machen); kurieren
die **Kür** (wahlfreie Übung im Sport), die Küren; küren (wählen), gekürt; [eine] Kür laufen, *aber* beim Kürlaufen; der Kurfürst; das Kurfürstentum
die **Kurbel**, die Kurbeln; kurbeln, ich kurb[e]le
der **Kürbis**, die Kürbisse
die **Kurie** (päpstliche Hauptbehörde)
der **Kurier** (Bote), die Kuriere
kurios (seltsam; sonderbar), die Kuriosität; das Kuriosum, die Kuriosa
der **Kurs** (Reiseroute; Richtung), die Kurse; das Kursbuch; kursieren (umlaufen); der Kurs *und* Kursus (Lehrgang), die Kurse
der **Kürschner** (Pelzverarbeiter)
die **Kurve**, die Kurven; der Kurvenradius; kurvenreich; kurven, du kurvst, gekurvt

kurz, kürzer, am kürzesten; über kurz oder lang; binnen, seit, vor kurzem *oder* Kurzem; den Kürzeren ziehen; die Kurzarbeit; der Kurzschluss; der Kurzstreckenläufer; der Kurzwellensender; die Kurzschrift; kurzschriftlich; die Kurzweil; kurzweilig; kurzerhand; kürzlich; kurzsichtig; kurzum; kurzweg; kürzen, du kürzt, gekürzt; das Kürzel, die Kürzel; die Kürzung;

kurz + Verb
besonders zu beachten:
kurz arbeiten – kurzarbeiten
kurz halten – kurzhalten
Getrennt zu schreiben:
kurz sein; kurz arbeiten (eine kleinere Arbeit in kurzer Zeit erledigen),
kurz halten (einen kurzen Halt einlegen)
Trennbare Zusammensetzungen:
kurzarbeiten (auf Anordnung des Betriebes weniger arbeiten),
er arbeitet/arbeitete einige Zeit kurz,
aber während er kurzarbeitet/kurzarbeitete,
sie haben eine lange Zeit kurzgearbeitet;
entsprechend auch:
kurzfassen; kurzhalten (wenig Geld geben);
kurzschließen (Kurzschluss herbeiführen);
sich mit jemandem kurzschließen (auf direktem Wege Verbindung aufnehmen);
kurztreten, kürzertreten (sich schonen)
Getrennt *und* **zusammen** *möglich:*
kurz machen *und* kurzmachen (kürzen)
kurz schneiden *und* kurzschneiden

kurz + Adjektiv *oder* **Partizip** ⓘ S. 303
kurz gebraten *und* kurzgebraten
kurz gefasst *und* kurzgefasst
kurz geschnitten *und* kurzgeschnitten

sich **kuscheln**, ich kusch[e]le mich, gekuschelt; kusch[e]lig; das Kuscheltier
die **Kusine**, *auch* Cousine, *aber nur* der Cousin
der **Kuss**, die Küsse; das Küsschen; kussecht; küssen, du küsst, geküsst, küsse! *und* küss!
die **Küste**, die Küsten; in Küstennähe
der **Küster** (Kirchendiener), die Küsterin
die **Kutsche**, die Kutschen; die Kutschfahrt; der Kutscher; kutschieren
die **Kutte** (Mönchsgewand), die Kutten
der **Kutter**, die Kutter; der Kutterhafen
das **Kuvert** [*kuwär*] (Briefumschlag), die Kuverts
die **Kybernetik** (Forschung auf dem Gebiet der Steuerungs- und Regeltechnik)
kyrillisch; das Kyrillisch (die Schrift verschiedener slawischer Sprachen)

L

L = *römisch* 50; Landesstraße
labberig *und* **labbrig** *norddt.* (weichlich, breiig; fade)
das **Label** [*lebl*] (Klebeetikett; Markenzeichen), die Labels
sich **laben**; das Labsal, die Labsale
labern *ugs.* (dummes Zeug reden), ich labere
labil (unsicher; veränderlich); die Labilität
das **Labor** *kurz für* Laboratorium, die Labors; der Laborant; die Laborantin; laborieren (sich abmühen mit); das Laboratorium, die Laboratorien
das **Labyrinth** (Irrgarten), die Labyrinthe
die **Lache** (Pfütze), die Lachen
lachen; das Lachen; das ist zum Lachen; lachhaft; lächeln, ich läch[e]le; ein Lächeln; lächerlich; ins Lächerliche ziehen
der **Lachs**, die Lachse; lachsfarben; lachsfarbig
der **Lack**, die La|cke; lacken; lackieren, lackiert; die Lackierung
die **Lade** (Schublade), die Laden
laden ⓘ 284, lud, geladen, er lädt
der **Laden**, die Läden; der Ladenhüter
lädieren (beschädigen), lädiert
die **Lady** [*ledi*] (engl. Adlige), die Ladys; ladylike [*ledilaik*] (vornehm)
die **Lage**, die Lagen; in der Lage sein
das **Lager**, die Lager *und* Läger; etwas auf Lager halten; lagerfähig; lagern, ich lagere, gelagert; der Lagerist; die Lagerung
die **Lagune** (abgetrennter flacher Meeresteil)
lahm; der Lahme; lahmen (lahm gehen); lähmen (lahm machen), gelähmt; lahmlegen, lahm gelegt; die Lähmung
die **Lahnung** (niedriger Damm im Watt)
der **Laib**, die Laibe; ein Laib Brot, Käse
die **Laibung** (Wölbfläche), *auch* Leibung
der **Laich** (Eier von Wassertieren), die Laiche; laichen (Laich ablegen), gelaicht
der **Laie** (Nichtfachmann), die Laien
der **Lakai** (Diener), die Lakaien; lakaienhaft
die **Lake** (Salztunke), die Laken
das **Laken** (Bett-Tuch, Betttuch), die Laken
lakonisch (kurz; treffend)
die **Lakritze**; das *oder* der Lakritzbonbon
lallen, gelallt
das **Lama** (eine Kamelart), die Lamas
die **Lamelle** (dünnes Blättchen), die Lamellen
lamentieren (jammern); das Lamento
das **Lametta** (Christbaumschmuck)
das **Lamm**, die Lämmer; das Lämmchen; lammen; lammfromm
die **Lampe**, die Lampen; das Lampenfieber; das Lampenlicht; das Lämpchen;
der **Lampion** [*lampiong*], die Lampions
lancieren (fördern; bekannt machen)
das **Land**, die Länder; zu Lande und zu Wasser; hier zu Lande, *auch* hierzulande; bei uns zu Lande; außer Landes; die Ländereien *Plur.*; das Länderspiel; das Landesinnere; die Landessprache; die Landschaft; die Landkarte; der Landsknecht; die Landsleute; der Landsmann; landsmännisch; die Landesstraße ⟨L⟩; die Landstraße; der Landtagsabgeordnete; die Landwirtschaft; landauf, landab; landaus, landein; landeinwärts; landesüblich; landesweit; landläufig; ländlich; landwirtschaftlich; landen, gelandet; die Landung

lang, länger, am längs|ten; zu lang; allzu lang; über kurz oder lang; lang ziehen *und* langziehen; meterlang, *aber* zwei Meter lang, *so auch* jahrelang, stundenlang, tagelang; des Langen und Breiten, des Längeren und Breiteren (weitschweifig); langatmig; langbeinig; langfris|tig; langhaarig; langjährig; langlebig; langmütig; länglich; langstäng[e]lig; langstielig; langweilig; langwierig; der Langlauf; die Langspielplatte ⟨LP⟩; die Langzeitwirkung; die Lang[e]weile, *aber* aus langer Weile; sich langweilen, gelangweilt;

lang + Partizip ⓘ S. 303
Getrennt *und* **zusammen** *möglich*:
lang anhaltend *und* langanhaltend, *so auch* lang ersehnt, gehegt, gestreckt, gezogen;

lange; das ist lange her; seit langem *und* Langem; seit, vor längerem *und* Längerem; längst (seit langem); längstens (spätestens); so lange – solange ⓘ **so** S. 205; langen, er langt (greift); es langt (reicht), das hat gelangt;

L

die **Länge**, die Längen; der Länge nach; der Längengrad; das Längenmaß; längs; die Längsachse; längs gestreift/längsgestreift; längsseits
langsam; die Langsamkeit
die **Languste** (ein Speisekrebs), die Langusten
die **Lanze**, die Lanzen; die Lanzette; lanzettförmig
lapidar (kurz und bündig)
der **Lapislazuli** (ein blauer Halbedelstein), die Lapislazuli
die **Lappalie** (Kleinigkeit), die Lappalien
der **Lappen**, die Lappen; lappig
sich **läppern**, es läppert sich zusammen
läppisch (albern, dumm)
der **Lapsus** (kleiner Fehler; Versehen)
der **Laptop** [*läptop*] (tragbarer Computer)
die **Lärche** (ein Nadelbaum); → Lerche
das **Largo** (langsames Musikstück), die Largos
das **Larifari** (Geschwätz)
der **Lärm**; lärmen; der Lärmschutz
die **Larve** (Jugendstadium von Insekten und Lurchen; Maske), die Larven
lasch *ugs.* (schlaff, lässig); die Laschheit
die **Lasche** (Verbindungsstück), die Laschen
der **Laser** [*leser*] (stark gebündelter energiereicher Lichtstrahl); der Laserdrucker
lasieren (mit Lasur versehen), lasiert
lassen ⓘ 284, ließ, gelassen, du lässt;

> **lassen** + anderes **Verb**
> **Getrennt zu schreiben:**
> fallen lassen (Gegenstand); *so auch mit:* bleiben, fahren, gehen, hängen, kommen, laufen, liegen, sitzen, stecken, stehen
> *Bei übertragener Bedeutung auch Zusammenschreibung möglich, z. B.*
> bleibenlassen (nicht tun),
> fahrenlassen (z. B. alle Hoffnung ...),
> fallenlassen (eine Bemerkung),
> hängenlassen (im Stich lassen),
> laufenlassen (abhauen lassen *ugs.*),
> liegenlassen (nicht bearbeiten)

lässig; die Lässigkeit; lässlich (geringfügig)
das **Lasso** (Wurfschlinge), die Lassos
die **Last**, die Lasten; zur Last legen; zu unseren Lasten; zu Lasten *und* zulasten von; der Lastkraftwagen ⟨Lkw, LKW⟩, *kurz* der Laster; das Lasttier; der Lastzug;
lästig; lästig sein; lästig werden; lästig fallen *und* lästigfallen; die Lästigkeit
last, not least [*lastnotlist*] (zuletzt, trotzdem wichtig)
das **Laster,** die Laster; lasterhaft; lästerlich; das Lästermaul; lästern, ich lästere; die Lästerung

die **Lasur** (durchsichtige Lack-, Farbschicht), die Lasuren; lasieren
lasziv (schlüpfrig, anstößig)
das **Latein**; lateinisch ⟨lat.⟩; auf Lateinisch; das Latinum (Prüfung in Latein)
latent (verborgen); die Latenz
die **Laterne**, die Laternen
der **Latex** (Kautschukmilch)
die **Latrine** (Abort), die Latrinen
die **Latsche** (eine Kiefernart), die Latschen
latschen, du latschst; die Latschen
die **Latte**, die Latten; der Lattenzaun
der **Latz**, die Lätze; das Lätzchen
lau, lauer, am lau[e]s|ten; lauwarm
das **Laub**; Laub tragende/laubtragende Bäume; der Laubbaum; der Laubwald
die **Laube**, die Lauben; die Laubenkolonie
der **Lauch** (eine Zwiebelpflanze), die Lauche
die **Laudatio** (Lobrede)
die **Lauer**; auf der Lauer liegen, sein; lauern, ich lauere
der **Lauf**, die Läufe; im Laufe der Zeit; die Laufbahn; die Lauferei; das Lauffeuer; die Laufkundschaft; die Laufmasche; der Laufschritt; der Laufsteg; das Laufwerk;
laufen ⓘ 284, lief, gelaufen, du läufst; die Dinge laufen lassen/laufenlassen, *aber* den Hund laufen lassen; laufen lernen; Schlittschuh, Ski, Stelzen laufen, *aber* eislaufen; Gefahr laufen; zum Auf-und-davon-Laufen; laufend ⟨lfd.⟩; am laufenden Band, *aber* auf dem Laufenden bleiben, halten, sein; der Läufer; die Läuferin; läufig
die **Lauge**, die Laugen; laugen, gelaugt
die **Laune**, die Launen; launenhaft; launig; launisch
die **Laus**, die Läuse; der Lausbub[e]; lausen, du laust; lausig
lauschen, du lauschst; der Lauscher; lauschig, eine lauschige Nacht
laut; zu laut; laut[ge]treu; lauthals; lautlos; lautmalend; lautstark; laut werden/lautwerden (schimpfen); der Laut, die Laute; der Lautsprecher; die Lautschrift; die Lautstärke; lauten, gelautet; wie lautet der Name?; laut Wetterbericht; läuten, es läutet
die **Laute** (ein Saiteninstrument), die Lauten
lauter (rein); die Lauterkeit; läutern; die Läuterung; lauter (nichts als), lauter Nieten
die **Lava** (flüssiges Vulkangestein)
der **Lavendel** (eine Heilpflanze)
lavieren (sich geschickt durch Schwierigkeiten hindurchwinden), laviert
die **Lawine**, die Lawinen; lawinensicher

lax (schlaff, lässig); die Laxheit
das **Lay-out**, *auch* Layout [*leaut*] (Bild-, Textgestaltung), die Lay-outs, Layouts
das **Lazarett** (Militärkrankenhaus), die Lazarette
leasen [*lisen*] (mieten), geleast; das Leasing
leben, gelebt; lebend; lebendig; lebend gebärende/lebendgebärende Tiere; lebensbejahend; lebensgefährlich; lebensnotwendig; lebenslänglich; lebhaft; leblos; das Leben; am Leben sein; mein Leben lang; Leben spendende/lebenspendende Energie; die Lebensbedingungen; das Lebensjahr; der Lebenslauf; die Lebensmittel *Plur.*; der Lebensunterhalt; das Lebewesen; Lebewohl sagen, *aber* „Lebe wohl!" rufen; die Lebhaftigkeit; zu Lebzeiten; das In-den-Tag-hinein-Leben
die **Leber**, die Lebern; der Leberfleck; der Leberkäse; die Leberwurst; die Leberzirrhose
der **Lebkuchen**; das Lebkuchenrezept
lechzen, du lechzt, gelechzt
das **Leck**, die Lecks; leck (undicht) sein; leck [ge]schlagen *und* leck[ge]schlagen
lecken, du leckst, geleckt; lecker; der Leckerbissen; die Leckerei; das Leckermaul
das **Leder**; ledern; die Lederhose; der Lederriemen; die Lederwaren
ledig ⟨led.⟩; der Ledige; lediglich
die **Lee**, *auch* das Lee (dem Wind abgekehrte Seite)
leer; die Leere; das Leere, ins Leere starren; der Leerlauf; die Leertaste; die Leerung; leeren (leer machen); → lehren;

leer + Verb
leer sein; leer ausgehen; leer stehen, *aber:* leer stehende *und* leerstehende Häuser; leerlaufen lassen (Gefäß; Motor); leer essen *und* leeressen, *so auch mit:* fegen, kaufen, machen, räumen, trinken

die **Lefze** (die Lippe bei Tieren), die Lefzen
legal (gesetzlich); legalisieren (gesetzlich machen); die Legalität; → Legislative
die **Legasthenie** (Lese-Rechtschreib-Schwäche ⟨LRS⟩); der Legastheniker
das **Legat** (Vermächtnis), des Legats, die Legate; die Legation (Gesandtschaft)
legato (*Musik* gebunden); das Legato
die **Legende** (fromme Sage), die Legenden; legendär (sagenhaft)
leger [*leschär*] (ungezwungen)
die **Leggings** *und* **Leggins** (Strumpfhosen)

legieren (verschmelzen); die Legierung
die **Legion**, die Legionen; der Legionär
die **Legislative** (gesetzgebende Versammlung, Gewalt); legislativ; legislatorisch (gesetzgeberisch); die Legislaturperiode (Amtsdauer einer Volksvertretung);
legitim (rechtmäßig); die Legitimation (Ausweis; Beglaubigung); sich legitimieren (sich ausweisen)
der **Leguan** (eine Echse), die Leguane
das **Lehen**, die Lehen; das Leh[e]nswesen; das Lehnwort
der **Lehm**, die Lehme; der Lehmboden; lehmig
die **Lehne**, die Lehnen; sich lehnen
die **Lehre**, die Lehren; der Lehrer; die Lehrerin, die Lehrerinnen; das Lehrgeld; das Lehrjahr; der Lehrling; der Lehrsatz; die Lehrstelle; der Lehrstoff; der Lehrstuhl; die Lehrwerkstatt; die Lehrzeit; lehrreich; lehren, gelehrt
der **Leib**, die Leiber; mit Leib und Seele; zu Leibe rücken, *aber* beileibe nicht; aus Leibeskräften; die Leibesübungen; das Leibgericht; die Leibschmerzen; die Leibwache; die Leibwäsche; die Leibeigenschaft; leibeigen; leibhaftig; leiblich; -leibig, *z. B.* fettleibig; wie er leibt und lebt
die **Leibung** → Laibung
die **Leiche**, die Leichen; der Leichnam, die Leichname; leichenblass; die Leichenhalle

leicht; leichtathletisch; leichtfertig; leichtfüßig; leichtgläubig; leichtherzig; leichtlebig; leichtsinnig; leichthin; es ist [mir] ein Leichtes; das ist nichts Leichtes; etwas Leichtes essen; die Leichtathletik; die Leichtfertigkeit; die Leichtigkeit; das Leichtmetall; der Leichtsinn;

leicht + Verb
Getrennt zu schreiben:
leicht sein, leicht lernen, nur leicht gefallen (harmlos gestürzt)
Trennbare Zusammensetzungen:
leichtfallen, das Lernen fällt ihr leicht, weil es ihr leichtfällt, leichtgefallen, leichtzufallen; *entsprechend auch:* leichtnehmen (nicht ernst genug nehmen)
Getrennt *und* **zusammen** *möglich*:
sich leicht machen *und* leichtmachen, sich die Sache leicht machen *und* leichtmachen

L

leicht + Adjektiv *oder* **Partizip** ⓘ S. 303
Getrennt *und* **zusammen** *möglich*:
leicht behindert/leichtbehindert, *so auch*:
leicht bekömmlich; leicht beschwingt;
leicht entzündlich; leicht verdaulich;
leicht verderblich; leicht verletzt;
leicht verständlich; leicht verwundet *u. a.*,
aber nur leicht angezogen, leicht erkältet

das **Leid**; zu Leide tun *und* zuleide tun;
Leid tragen, *aber* leidtragend;
der Leidtragende, die Leidtragenden;
leid sein, ich bin es leid, das ist mir leid;
leidtun, es tut mir leid;
leid werden, das ist mir leid geworden;
zu meinem Leidwesen;
leidgeprüft; leidvoll;
leidig (unangenehm);
leidlich (gerade noch ausreichend);
das Leiden, die Leiden;
leiden ⓘ 284, litt, gelitten;
leidend; die Leidenden; die Leidenschaft;
leidenschaftlich;
die Leideform ► das Passiv 280;
leider; leider Gottes

die **Leier** (Musikinstrument), die Leiern;
leiern, ich leiere; der Leierkasten
leihen ⓘ 284, lieh, geliehen,
du liehst; *aber* du liest *zu* lesen;
die Leihgebühr; leihweise

der **Leim**, die Leime; leimen, geleimt

die **Leine**; das Leinen; leinen (aus Leinen);
der Leinsamen; die Leinwand; → Linnen
leis *und* **leise**; leise sprechen;
nicht im Leisesten (überhaupt nicht);
der Leisetreter

die **Leiste**, die Leisten; der Leistenbruch
leisten, geleistet; der Leisten, die Leisten;
die Leistung; der Leistungsdruck;
leistungsfähig; leistungsorientiert
leiten, geleitet; der Leitartikel;
das Leitbild; der Leitende; der Leiter;
der Leitfaden; der Leitgedanke;
das Leitmotiv; die Leitplanke; das Leitwerk;
die Leitung; das Leitungswasser

die **Leiter**, die Leitern; leiterartig

---

letzte, der Letzte ⓘ

Kleinschreibung

wenn letzte, letzter, letztes
Zahladjektiv eines genannten Nomens ist:
der letzte Wagen,
der letzte von fünf Wagen,
von fünf Wagen der letzte;
von den drei Kurven die letzte;
von acht Häusern das letzte;
die letzten zwei Wochen;
mit letzter Kraft; im letzten Moment;
das letzte Wort haben;
eine Ausgabe letzter Hand (*Buch*)

das letzte Mal;
ein letztes Mal;
beim letzten Mal; zum letzten Mal;
die letzten Male;
letzten Endes; letztendlich; letzthin;
letztlich; letztmalig; letztmals;
letztmöglich; letztens;
der letztgenannte Bewerber;
die zuletzt genannten Bewerber,
letztere [Bewerber] werden benachrichtigt;
sein letzter/Letzter Wille (Testament);
die letztwillige Erklärung;
ihre letzte Stunde; auf ihrem letzten Wege;
zur letzten Ruhe;
ein letzter Gruß

Großschreibung

als Letztes (zuletzt; abschließend);
fürs Letzte (zuletzt; abschließend);
zum Letzten (zuletzt; abschließend);
ein Letztes sagen (abschließen);
bis ins Letzte erklären;
bis zum Letzten ausnutzen; das ist doch das Letzte!
sein Letztes hergeben;
zu guter Letzt
der Reihe, dem Rang, der Leistung nach
(*nicht Zahladjektiv bei einem Substantiv*):
der Letzte, die Letzte, das Letzte:
Er war immer der Letzte.
Wer will schon gern Letzter sein?
als Letzter durchs Ziel laufen;
als Letzter fertig werden;
den Letzten beißen die Hunde;
der Letzte, den ich vorschlagen würde;
der Letzte des Monats,
am Letzten des Monats;
der Letztgenannte;
zum Dritten und Letzten (*bei Versteigerungen*);
Letzterer, Letztere, Letzteres;
der Letztere, die Letztere, das Letztere;
das Erste und das Letzte (Anfang und Ende)
die Ersten werden die Letzten sein und
die Letzten werden die Ersten sein;
das Letzte Gericht

die **Lektion** (Unterricht; Lernschritt; Aufgabe), die Lektionen;
der Lektor (Hochschullehrer; *Verlag* Manuskriptbearbeiter), die Lektoren;
das Lektorat (Amt, Stelle eines Lektors);
die Lektüre (Lesen, Lesestoff), die Lektüren
der **Lemming** (eine Wühlmausart), die Lemminge
die **Lende**, die Lenden; das Lendenstück
lenken, gelenkt; das Lenkrad; die Lenkung
der **Lenz** (Frühling), die Lenze
der **Leopard** (eine Großkatze), die Leoparden
die **Lepra** (Aussatz); leprös
die **Lerche** (ein Vogel), die Lerchen; → Lärche
lernen; laufen lernen; Deutsch lernen;
Rad fahren *und* Radfahren lernen;
lesen lernen; lieben lernen; reiten lernen;
schätzen lernen; schwimmen lernen;
kennen lernen *und* kennenlernen;
beim Lernen; lernbegierig;
der Lerneifer; die Lernmittel
lesbisch (weiblich homosexuell);
die Lesbi|erin
die **Lese** (Weinernte);
lesen ⓘ 286, las, gelesen,
du liest, *aber* du liehst *zu* leihen;
lesbar; lesenswert; leserlich;
das Lesebuch; der Leser; die Leserlichkeit
die **Lethargie** (Teilnahmslosigkeit);
lethargisch
die **Letter** (Druckbuchstabe), die Lettern
Lettland; der Lette; die Lettin; lettisch
letzte, der Letzte ⓘ S. 136;
letztendlich; letzthin; letztlich; letztmöglich
die **Leuchte**, die Leuchten; der Leuchter;
die Leuchtfarbe; der Leuchtturm;
leuchten; leuchtend rote Tomaten
leugnen, geleugnet; der Leugner
die **Leukämie** (Blutkrebs)
der **Leumund** (Ruf); das Leumundszeugnis
die **Leute** *Plur.*; die Leutchen; leutselig
der **Leutnant**, die Leutnants *und* Leutnante
der **Level** (Niveau, Maßstab), die Levels
die **Leviten** lesen (ernste Vorwürfe machen)
das **Lexikon** (allgemeines Nachschlagewerk),
die Lexika *und* Lexiken; lexikalisch
die **Liaison** [*liäsong*] (Liebesverhältnis)
die **Liane** (Schlingpflanze), die Lianen
der **Libanon**; der Libanese; libanesisch
die **Libelle** (Insekt; Teil der Wasserwaage)
liberal (vorurteilslos; freisinnig);
der Liberale, die Liberalen;
liberalisieren (von Bindungen befreien);
der Liberalismus;
der Libero (*Sport* freier Verteidiger)
die **Libido** (geschlechtlicher Antrieb)
das **Libretto** (Text zu Oper oder Operette)
Libyen; der Libyer; libysch

das **Licht**, die Lichter; das Lichtbild;
die Lichtung; das Lichtzeichen;
licht; lichtblau; lichtdurchlässig; lichtecht;
lichtempfindlich; lichterloh; lichtscheu
lichten, der Anker wurde gelichtet
das **Lid** (Augenlid), die Lider; → Lied

lieb, lieber, am liebsten; lieb sein;
dir zuliebe; sich lieb Kind machen;
der liebe Gott; es ist mir das Liebste;
viel Liebes; mein Lieber;
mein lieber Freund; meine Lieben;
lieber haben; lieber sein;
die **Liebe**; die Liebenswürdigkeit;
das Liebespaar; der Liebhaber;
die Liebhaberei; die Lieblichkeit;
der Liebling; der Liebreiz;
die Liebschaft; das Liebste; der Liebste;
die Liebste; das Liebchen; die Liebelei;
liebebedürftig; liebenswert; liebenswürdig;
liebestrunken; liebevoll; lieblich; lieblos;
lieben, geliebt; lieben lernen,
ich habe dies Land lieben gelernt;

lieb + Verb
Getrennt *und* **zusammen** *möglich:*
lieb haben *und* liebhaben,
lieb behalten *und* liebbehalten,
lieb gewinnen *und* liebgewinnen,
lieb gewordene *und* liebgewordene
Gewohnheiten ⓘ S. 303
Untrennbare Zusammensetzungen:
liebäugeln, ich liebäugele
geliebäugelt, weil er schone lange mit
diesem Gedanken geliebäugelt hatte;
entsprechend auch liebkosen, [ge]liebkost

das **Liebstöckel** *und* der Liebstöckel
Liechtenstein; liechtensteinisch
das **Lied** (Gesang), die Lieder; liedhaft; → Lid;
das Liederbuch; der Liedermacher
liederlich; die Liederlichkeit
der **Lieferant** (Zulieferer), die Lieferanten;
liefern, geliefert; lieferbar; die Lieferung;
die Lieferbedingung; der Lieferschein
die **Liege**, die Liegen; der Liegestuhl;
liegen ⓘ 286, lag, gelegen;
im Bett liegen bleiben, liegen geblieben;
etwas liegen lassen (nicht aufheben),
aber die Arbeit liegenlassen/liegen lassen,
sie muss liegenbleiben/liegen bleiben
der **Lift** (Fahrstuhl), die Lifte; liften (anheben)
die **Liga** (Bund), die Ligen
der **Liguster** (eine Heckenpflanze)
sich **li|ieren** (sich verbinden); die Liierung
der **Likör**, die Liköre
lila; das Lila; lilafarben, lilafarbig;
ein lila Kopftuch; lila Sandalen; ⓘ S. 40

L

l

die **Lilie**, die Lilien
der **Liliputaner** (Kleinwüchsiger)
der **Limerick** (Scherzgedicht), die Limericks
der **Limes** (römischer Grenzwall)
das **Limit** (Begrenzung; Preisgrenze), die Limits; limitieren, limitiert
die **Limonade**, die Limonaden, *kurz* die Limo, die Limos; die Limone
die **Limousine** [*-mu-*] (geschlossener Pkw)
lind; lindern, ich lindere; die Linderung
die **Linde**, die Linden; die Lindenallee; die Lindenblüte; lindgrün
das **Lineal**, die Lineale; linear (geradlinig); die Lineatur; die Linie, die Linien; linieren (Linien ziehen) *und* liniieren, liniert *und* liniiert; die Linierung *und* die Liniierung; das Linienblatt; der Linienrichter
die **Linguistik** (Sprachwissenschaft)
link; linker Hand; linkisch; die Linke; zur Linken wie zur Rechten; links; von links; rechts vor links; links blinken; links abbiegende/linksabbiegende Autos; linksherum; linksrum; linksum; nach links herumdrehen, *aber* linksherum drehen; etwas mit links machen (mühelos); der Linksaußen; die Linkskurve; linkshändig; der Linkshänder; linksradikal; der Linksradikale; [politisch] links stehend *und* linksstehend;
das **Linnen** (Leinen); linnen (aus Leinen)
das **Linoleum** (Fußbodenbelag); der Linolschnitt
die **Linse**, die Linsen; linsenförmig
die **Lippe**, die Lippen; der Lippenblütler
liquid *und* **liquide** (flüssig; verfügbar); die Liquidation (Abrechnung von Kosten; Auflösung; Beseitigung); liquidieren; die Liquidität
lispeln, ich lisp[e]le; das Lispeln
die **List**, die Lis|ten; lis|tenreich; lis|tig
die **Liste**, die Lis|ten
die **Litanei** (Gebet; eintöniges Gerede), die Litanei|en
Litauen; der Litauer; litauisch
der **Liter** *und* das Liter ⟨l⟩, die Liter; das Litermaß; literweise
die **Literatur** (Schrifttum); literarisch
die **Lithographie** (Steindruck), *auch* Lithografie
die **Liturgie** (Gottesdienstordnung); liturgisch
die **Litze** (Schnur; Borte), die Litzen
live [*laif*] (direkt übertragen); live senden; die Livesendung *und* Live-Sendung
die **Livree** [*liwre*] (Dieneruniform), die Livre|en; livriert

die **Lizenz** (Genehmigung), die Lizenzen; lizenzieren; der Lizenzvertrag
der **Lkw** *und* **LKW**, die Lkws *und* LKWs (Lastkraftwagen); der Lkw-Fahrer *und* LKW-Fahrer; die Lkw-Maut *und* LKW-Maut
das **Lob**; des Lobes voll; loben; die Lobhudelei; das Loblied; der Lobpreis; lobenswert; löblich; lobhudeln; lobpreisen, er lobpreist, lobgepriesen *und* gelobpreist, zu lobpreisen
die **Lobby** (Interessengruppe, die Einfluss für sich sucht), die Lobbys; der Lobbyist
das **Loch**, die Löcher; lochen, gelocht; löcherig *und* löchrig; löchern, gelöchert; die Lochung
die **Locke**, die Lo|cken; das Löckchen; der Lockenkopf; der Lockenwickler; lockig
locken, gelockt; der Lockruf; das Lockmittel; der Lockvogel

locker; lockern, ich lockere; die Lockerung;

locker + Verb
Getrennt zu schreiben:
locker sein, locker sitzen, locker werden, die Zügel locker lassen, Gürtel, Knoten locker machen, etwas locker sagen
Trennbare Zusammensetzungen:
nicht lockerlassen (zäh nachfragen, hartnäckig bitten, fordern), weil er nicht lockerlässt, er hat nicht lockergelassen, *entsprechend auch*:
lockermachen (Geld bewilligen, hergeben)
Getrennt *und* **zusammen** *möglich*:
locker machen *und* lockermachen (den Boden, eine Verschraubung lockern)

der **Loden** (ein Wollgewebe)
lodern, das Feuer lodert, gelodert
der **Löffel**, die Löffel; löffeln, ich löff[e]le; löffelweise
der **Logarithmus** ⟨log⟩ (math. Größe); die Logarithmentafel; logarithmieren; logarithmisch
das **Logbuch** (Schiffstagebuch)
die **Loge** [*losche*] (Theaterraum; Geheimbund), die Logen;
die **Loggia** [*lodscha*] (offener überdachter Raum);
logieren [*loschieren*] (vorübergehend wohnen); das Logis [*loschi*]
der **Logger** (Fischereifahrzeug), die Logger
die **Logik** (folgerichtiges Denken); logisch; logischerweise; logo *ugs.* (logisch), das ist doch logo!; das Logo (Firmenzeichen), die Logos;

die **Logistik;** logistisch
die **Logopädie** (Sprachheilkunde)
die **Lohe** (Glut; Flamme); lohen
der **Lohn**, die Löhne; sich lohnen; lohnenswert; lohnabhängig; die Lohnsteuer; die Lohnsteuerkarte; löhnen *ugs.* (auszahlen); die Löhnung
die **Loipe** (Skilanglaufbahn)
die **Lok** *kurz für* Lokomotive, die Loks;
das **Lokal**, die Lokale; lokal (örtlich); lokalisieren (den Ort auffinden); die Lokalität; der Lokalsatz ▶279 (Umstandssatz des Ortes);
die **Lokomotive**, *kurz* die Lok, die Lokomotiven;
der **Lokus** *ugs.* (Toilette, Abort), des Lokus *und* Lokusses, die Lokus *und* Lokusse
der **Longdrink** *und* **Long Drink** (alkoholisches Mischgetränk)
die **Longe** [*longsche*] (*Reiten* lange Führungsleine), die Longen; longieren
der **Look** [*luk*] (*Mode* bestimmtes Aussehen), die Looks
der **Looping** *und* das Looping [*luping*] (Kunstflugfigur), die Loopings
der **Lorbeer** (Gewürz), die Lorbeeren; der Lorbeerkranz (Auszeichnung)
die **Lorchel** (ein Pilz), die Lorcheln
der **Lord** (englischer Adliger), die Lords
die **Lore** (Feldbahnwagen), die Loren
das **Los**, die Lose; das große Los; losen (ein Los ziehen), du lost, gelost; die Losung; das Losungswort

los; was ist los?; hier ist nichts los!; lose, eine lose Verbindung; die Loseblattsammlung; lösen, gelöst; lösbar; löslich; die Lösung; das Lösungsmittel;

los + Verb
Getrennt zu schreiben:
los sein, was kann da schon los sein?, es ist nicht viel los gewesen; ich möchte das Gepäck los sein
Trennbare Zusammensetzungen:
losgehen, er geht/ging früher los, *aber* weil er früher losgeht/losging, er ist losgegangen, loszugehen;
entsprechend auch:
losbekommen; losbinden; losbrausen; losbrechen; loseisen; losfahren; etwas loshaben *ugs.* (gut können); sich loskaufen (*aus einem Vertrag o. Ä.*); loskommen; loslassen; loslaufen; loslegen; loslösen; losmachen; losmarschieren; losplatzen (plötzlich etwas sagen; loslachen); lospoltern; [sich] losreißen; losrennen; sich lossagen (nicht mehr zugehören wollen); losschicken; losschießen (plötzlich beginnen); losschlagen; losschrauben; lossprechen; losspringen; [auf ein Ziel] lossteuern; losstürmen; losstürzen; loswerden; losziehen *u. a.*

löschen, du löschst; der Löscher; das Löschblatt; das Löschwasser
der **Löss** *und* **Löß**, die Lösse *und* Löße; der Lössboden *und* Lößboden
das **Lot**, die Lote; im Lot sein; die Lotrechte; lotrecht; loten, gelotet
löten, gelötet; der Lötkolben; das Lötzinn
die **Lotion** [*loschen*] (flüssiges Hautpflegemittel), die Lotions, *auch* die Lotion, die Lotionen
der **Lotos** (eine Seerose), des Lotos, die Lotos
der **Lotse**, die Lotsen; lotsen, gelotst
die **Lotterie** (Glücksspiel), die Lotterien; das Lotto
das **Lotterleben** (faules Leben); die Lotterwirtschaft; lott[e]rig (unordentlich)
der **Löwe**, des Löwen, die Löwen; die Löwin, die Löwinnen; der Löwenzahn
loyal [*lojal*] (gesetzlich; treu); die Loyalität
die **LP** = die Langspielplatte
LRS = Lese-Rechtschreib-Schwäche
lt. = laut, *z. B.* laut Gesetz
der **Luchs**, die Luchse; luchsen (aufpassen)
die **Lücke**, die Lü|cken; der Lückenbüßer; lückenhaft; lückenlos
das **Luder** (Köder; Aas; Scheusal), die Luder
die **Luft**, die Lüfte; das Lüftchen; der Luftballon; der Luftdruck; die Luftfahrt; die Luftfeuchtigkeit; die Luftlinie; die Luftmatratze; der Luftpirat; die Luftpost; die Luftschicht; die Lufttemperatur; die Luftveränderung; die Luftverschmutzung; der Luftzug; lüften, gelüftet; die Lüftung; luftgekühlt; luftdicht; luftdurchlässig; luftgetrocknet; luftig; luftleer; der Luftikus, die Luftikusse
die **Lüge**, die Lügen; Lug und Trug; lügen ⓘ 286, log, gelogen; der Lügner; lügnerisch; der Lügenbold
lugen (sehen; spähen), gelugt
die **Luke** (Öffnung), die Luken
lukrativ (Gewinn bringend)
lukullisch (üppig)
die **Lumme** (ein arktischer Seevogel)
der **Lümmel**, die Lümmel; lümmelhaft; sich lümmeln, ich lümm[e]le mich

L l

der **Lump**, die Lumpen;
der Lumpen, die Lumpen;
sich nicht lumpen lassen; lumpig
lunar (zum Mond gehörig, Mond-)
der **Lunch** [*lantsch*] (kleines Mittagessen)
die **Lunge**, die Lungen;
die Lungenentzündung;
lungenkrank; der Lungenkranke
lungern, ich lungere, gelungert
die **Lunte** (Zündschnur), die Lunten
die **Lupe** (Vergrößerungsglas), die Lupen;
lupenrein
lupfen, gelupft; lüpfen, gelüpft
die **Lupine** (eine Pflanze), die Lupinen
der **Lurch** (eine Amphibie), die Lurche
die **Lust**, die Lüste; Lust haben;
lustbetont; lustfeindlich; lustlos;
lustwandeln, er lustwandelt;
lustig; Schluss mit lustig;
sich lustigmachen über;
das Lustspiel (Komödie)
der **Lüster** (Kronleuchter), die Lüster;
die Lüsterklemme
lüstern; die Lüs|ternheit; der Lüstling
der **Lutheraner**; lutherisch
lutschen, du lutschst; der Lutscher
die **Luv**, *auch* das Luv
(dem Wind zugekehrte Seite)
das **Lux** (Maßeinheit für Beleuchtungsstärke),
des Lux, die Lux
Luxemburg; der Luxemburger;
luxemburgisch
der **Luxus** (Verschwendung; üppiger
Aufwand); der Luxusartikel; luxuriös
die **Luzerne** (eine Futterpflanze)
die **LVA** = die Landesversicherungsanstalt
die **Lymphe** (weiße Körperflüssigkeit);
das Lymphsystem
lynchen (ungesetzlich Volksjustiz ausüben),
gelyncht; die Lynchjustiz
die **Lyrik** (liedmäßige Dichtform);
der Lyriker; die Lyrikerin;
lyrisch (liedartig, gefühlvoll)

M

M = *römisch* 1000; Mega-
m = Meter; Milli-
der **Mäander** (Flusswindung; Ornament);
mäandrieren
das **Maar** (Kratersee), die Maare
der **Maat** (Schiffsmann), die Maate[n]
machen, gemacht; zunichtemachen;
die Machart; machbar;
die Machenschaften; das Machwerk
der **Macho** [*matscho*] (sich übertrieben
männlich Gebender), die Machos
die **Macht**, die Mächte; der Machthaber;
der Machtmissbrauch; die Machtpolitik;
das Machtwort; die Mächtigkeit;
mächtig; machtlos; machtvoll
die **Macke** *ugs.* (Fehler; Tick), die Macken
das **Mädchen**, die Mädchen; mädchenhaft
die **Made**, die Maden; madig;
etwas madigmachen
die **Madonna** (Mariendarstellung),
die Madonnen; madonnenhaft
die **Mafia** *und* **Maffia** (kriminelle Geheim-
organisation); der Mafioso, die Mafiosi
das **Magazin**, die Magazine
die **Magd**, die Mägde
der **Magen**, die Magen *und* Mägen;
die Magenschmerzen;
der Magen-Darm-Katarr[h];
magenfreundlich; magenkrank
mager; die Magerkeit
die **Magie** (Zauberkunst); magisch;
der Magier, die Magier
der **Magister** (Meister), die Magis|ter;
der Magistrat (Stadtverwaltung)
das **Magma** (flüssiges Gestein im Erdinneren),
die Magmen
der **Magnat** (Großindustrieller), die Magnaten
das **Magnesium** (ein chem. Element, Metall),
des Magnesiums
der **Magnet**, des Magnet[e]s *und* Magneten,
die Magnete[n]; magnetisch;
die Magnetaufzeichnung ⟨MAZ⟩
die **Magnolie** (ein Zierbaum)
das **Mahagoni** (ein Tropenholz)

mähen, gemäht; die Mahd;
der Mäher; der Mähdrescher
das **Mahl** (Essen), die Mahle *und* Mähler;
die Mahlzeit; gesegnete Mahlzeit!
mahlen (zerreiben, zerkleinern),
das Korn wird gemahlen; → malen
die **Mähne**, die Mähnen
mahnen, gemahnt; die Mahnung;
die Mahngebühr; das Mahnmal
die **Mähre** (altersschwaches Pferd), die Mähren
der **Mai**, des Mai[e]s, die Maie; der Maikäfer;
der Erste Mai (Feiertag); das Maiglöckchen
der **Main** (ein Fluss); die Mainlinie
der **Mais**; der Maiskolben; maisgelb
die **Maische** (Gemisch für Alkoholherstellung)
die **Majestät** (Titel und Anrede von Kaisern
und Königen), die Majes|täten;
majestätisch (herrlich, erhaben)
die **Majonäse**, *auch* Mayonnaise (kalte Soße),
die Majonäsen
der **Major**, des Majors, die Majore;
die Majorität (Mehrheit), die Majoritäten;
majorisieren (überstimmen; zwingen)
der **Majoran** (eine Gewürzpflanze)
makaber (unheimlich)
der **Makel** (Fehler; Schandfleck), die Makel;
makellos; die Makellosigkeit
makeln (Vermittlergeschäfte machen);
der Makler, die Makler;
mäkeln (nörgeln), ich mäk[e]le, gemäkelt
das **Make-up** [*mekap*] (Gesichtskosmetik)
die **Makkaroni** *nur Plur.* (eine Nudelsorte)
das **Makramee** (Knüpfarbeit)
die **Makrele** (ein Seefisch), die Makrelen
makro-, **Makro-** (groß);
das Makroklima (Groß[raum]klima)
die **Makrone** (ein Gebäck), die Makronen
die **Makulatur** (Fehldruck; Abfall)
das **Mal** (Zeichen), die Male *und* Mäler;
Mal, -mal, -mals ⓘ S. 142;
mal, komm doch mal!;
malnehmen ⓘ nehmen 286
die **Malaise** [*maläs(e)*] (Übelkeit, Unbehagen),
auch Maläse
die **Malaria** (Sumpffieber); malariakrank
malen (*z. B.* ein Bild), gemalt; → mahlen;
der Maler; die Malerei; malerisch
das **Malheur** [*malör*] (Missgeschick),
die Malheure *und* Malheurs
malochen *ugs.* (schuften), malocht
Malta; der Malteser; maltesisch
malträtieren (misshandeln, quälen)
der **Malus** (verschlechternder Abschlag, *z. B. bei Zeugnisnoten*), des Malus *und* Malusses,
die Malus *und* Malusse
die **Malve** (eine Heilpflanze), die Malven
das **Malz**; das Malzbier; mälzen
die **Mama**, die Mamas

die **Mamma** (Brustdrüse, Zitze), die Mammae
der **Mammon** (*abwertend* Geld und Reichtum)
das **Mammut** (ausgestorbene Elefantenart),
die Mammuts *und* Mammute
man, das kann man sich denken
der **Manager** [*mänädscher*], die Manager;
das Management; managen (leiten;
zustande bringen), gemanagt
manch; mancher, manche, manches;
manch einer; manche sagen; manchmal,
aber manches Mal; mancherlei
der **Mandant** (Vollmachtgeber),
die Mandanten; die Mandantin;
das Mandat (Auftrag; Sitz im Parlament)
die **Mandarine**, die Mandarinen
die **Mandel** (eine Frucht; eine Drüse),
die Mandeln; die Mandelentzündung
die **Mandoline** (ein Saiteninstrument),
die Mandolinen
die **Manege** [*manesche*] (Vorführfläche)
das **Mangan** (ein chemisches Element, Metall)
der **Mangel**, die Mängel; mangelhaft;
mangeln, es mangelt an;
mangels Beweisen; die Mangelware
die **Mangel** (Rolle), die Mangeln; mangeln
die **Mango** (tropische Frucht), die Mangos
der **Mangold** (eine Gemüsepflanze)
die **Mangrove** (ein tropischer Laubbaum),
die Mangroven
die **Manie** (zwanghafte Leidenschaft),
die Mani|en; manisch
die **Manier** (Eigenart; Stil),
die Manieren (Umgangsformen); manierlich
manifest (handfest; deutlich);
das Manifest (öffentliche Erklärung);
sich manifes|tieren (offenbar werden);
die **Maniküre** (Handpflege); maniküren;
die **Manipulation** (Handgriff; Machenschaft);
manipulieren, manipuliert; manipulierbar
das **Manko** (Mangel; Fehlbetrag), die Mankos
der **Mann**, die Männer; vier Mann hoch;
alle Mann an Deck; von Mann zu Mann;
seinen Mann stehen; er ist Manns genug;
mannbar; mannhaft; mannshoch;
männlich ⟨m.⟩ *auch grammatisch* maskulin;
das Männchen; die Männlichkeit;
die Mannschaft
das **Mannequin** [*manekäng*], die Mannequins
mannigfach; mannigfaltig
das **Manometer** (Druckmesser), die Manometer
das **Manöver** (Maßnahme; Militärübung),
die Manöver; manövrieren, manövriert;
manövrierunfähig
die **Mansarde** (Dachgeschoss; Dachzimmer),
die Mansarden
manschen, gemanscht; die Manscherei
die **Manschette**, die Manschetten;
der Manschettenknopf

Mal, -mal, -mals

für Dutzend, hundert, tausend *in Verbindung mit* **Mal**, Male *gilt:*
Großschreibung bei genau bestimmbarer Häufigkeit: ein halbes Dutzend Mal;
wahlweise Groß- oder Kleinschreibung bei unbestimmter Häufigkeit:
einige Dutzend Mal[e] *oder* einige dutzend Mal[e]

	abermals
	allemal
ein für	alle Mal[e]
das	allererste Mal
beim/zum	allerersten Mal[e]
das	allerletzte Mal
beim/zum	allerletzten Mal[e]
ein	andermal
ein	and[e]res Mal
ein ums	and[e]re Mal
	anderthalbmal
	beide Mal[e]
	damals
	diesmal
	dieses Mal
	dies[es] eine Mal
	dreimal, drei Mal
	dreimal so viel
das	dritte Mal
beim/zum	dritten Mal[e]
ein	Dutzend Mal
ein halbes	Dutzend Mal
zwei	Dutzend Mal[e]
	Dutzende Mal[e]
	dutzende Mal[e]
einige	Dutzend[e] Mal[e]
einige	dutzend[e] Mal[e]
ein paar	Dutzend Mal[e]
ein paar	dutzend Mal[e]
viele	Dutzend[e] Mal[e]
viele	dutzend[e] Mal[e]
	ehemals
	eineinhalbmal so viel
	einhundertmal
	einmal, ein Mal
auf	einmal
nicht	einmal
noch	einmal so viel
mit	einem Mal[e]
	einige Mal[e]
das	Einmaleins

	einmalig
das	einzige Mal
ein	einziges Mal
kein	einziges Mal
	erst mal
das	erste Mal
beim/zum	ersten Mal[e]
	erstmals
	etliche Mal[e]
	hundert Mal
	hundertmal
	hundertmal so viel
ein halbes	Hundert Mal
viel	hundert Male
viel	Hundert Male
viele	hundert Mal[e]
viele	Hundert Mal[e]
zum	hundertsten Mal[e]
	jedes Mal
	jemals
	keinmal
das	letzte Mal
	letztes Mal
ein	letztes Mal
beim/zum	letzten Mal[e]
die	letzten Male
	letztmals
	Mal für Mal
von	Mal zu Mal
	mal so, mal so
	mal wieder
	manchmal
	manches Mal
	manches liebe Mal
	manch liebes Mal
	mehrere Mal[e]
ein oder	mehrere Male
	mehrmals
ein oder	mehrmals
eine	Million Mal[e]
[einige]	Millionen Mal

	nächstes Mal
das	nächste Mal
beim/zum	nächsten Mal[e]
die	nächsten Male
	niemals
	nochmal, noch mal
	nochmals
	oftmals
	öfter mal
ein	paar Mal[e], ein paarmal
	schon mal
	soundsovielmal
das	soundsovielte Mal
beim/zum	soundsovielten Mal[e]
	sovielmal, so viel[e] Mal[e]
	tausendmal, tausend Mal
	tausend- und abertausendmal
	tausendmal so viel
viele	tausend Mal[e]
viele	Tausend Mal[e]
	unzählige Mal[e]
	verschiedene Male
zu	verschiedenen Malen
	viele Male
	vielmals
	vielhundertmal
	vieltausendmal
das	vorige Mal
	vormals
	wievielmal, wie viel[e] Mal[e]
das	wievielte Mal
zum	wievielten Mal[e]
zu	wiederholten Malen
	x-mal
das	x-te Mal
beim/zum	x-ten Mal[e]
	zigmal
	zigtausendmal
	zweimal, zwei Mal
	zweimal so viel
das	zweite Mal

mal *in weiteren Verbindungen mit Zahlen:*
fünfundzwanzigmal, fünfundzwanzig Mal, 25-mal;
beim, zum fünfundzwanzigsten Mal[e];
ein- bis zweimal, 1- bis 2-mal; drei- bis viermal, 3- bis 4-mal
beim Rechnen: zwei mal acht ist sechzehn; drei mal sechs ist achtzehn

malnehmen ich nehme mal, du nimmst mal, *aber* wenn du malnimmst,
er hat malgenommen, er übt malzunehmen; beim, zum Malnehmen

der **Mantel**, die Mäntel; das Mäntelchen
manu|ell (mit der Hand); die Manufaktur (handwerkliche Herstellung; Fabrik für handwerkliche Produkte);
das Manuskript ⟨Ms.⟩, die Manuskripte
die **Mappe**, die Mappen; das Mäppchen
das **Märchen**, die Märchen; märchenhaft;
die Mär[e] *alt* (Sage; Nachricht), die Mären
der **Marabu** (afrik. Storchenvogel), die Marabus
der **Marathonlauf**, *kurz* der Marathon;
Marathon laufen *oder* marathonlaufen,
aber nur ich laufe Marathon
der **Marder** (ein Raubtier), die Marder
die **Margarine**
die **Marge** [*marsche*] (Spielraum; Spanne zwischen zwei Preisen), die Margen
die **Margerite** (eine Blume), die Margeriten
marginal (am Rand stehend, liegend)
das **Marihuana** (ein Rauschmittel)
die **Marinade**, die Marinaden;
die **Marine** (Seewesen eines Staates; [Kriegs]flotte); maritim
die **Marionette** (Gliederpuppe),
die Marionetten; marionettenhaft
das **Mark** (Knochen-, Stängelinneres); markig
die **Mark** (alte deutsche Währung);
die Deutsche Mark ⟨DM⟩; das Markstück;
das 5-Mark-Stück, das Fünfmarkstück
die **Mark** (Grenzland), die Marken;
der Markgraf; die Mark Brandenburg;
märkisch; der Markstein
markant (bezeichnend; ausgeprägt);
die **Marke**, die Marken; der Markenartikel;
markieren (kennzeichnen; so tun, als ob),
markiert; die Markierung
das **Marketing** (Verkaufsstrategie)
die **Markise** (Sonnenschutz), die Markisen
der **Markt**, die Märkte; der Marktanteil;
der Marktplatz; die Marktwirtschaft;
marktbeherrschend; marktführend
die **Marmelade**, die Marmeladen
der **Marmor** (eine Gesteinsart); marmoriert
marode (erschöpft; angeschlagen)
Marokko; der Marokkaner; marokkanisch
die **Marone** (Esskastanie; Pilz), die Maronen
die **Marotte** (Schrulle), die Marotten
der **Mars** (ein Planet)
der **Marsch**, die Märsche; die Marschmusik;
die Marschroute; marschieren; marschfertig
die **Marsch** (fruchtbares Schwemmland an Küsten, Flussufern), die Marschen
der **Marschall** (Haushofmeister;
militärischer Rang), die Marschälle
die **Marter**, die Martern; martern;
der Marterpfahl; der Märtyrer (wegen seiner Überzeugung Leidender, Getöteter),
die Märtyrer; das Martyrium
martialisch (kriegerisch; grimmig)

der **Marxismus**; der Marxist; marxis|tisch
der **März**, des März[es], die Märze
das **Marzipan**
die **Masche**, die Maschen; der Maschendraht
die **Maschine**, die Maschinen; maschinell;
die Maschinerie; der Maschinist;
Maschine schreiben, ich schreibe Maschine,
ich habe Maschine geschrieben;
ein mit der Maschine geschriebener Brief,
aber ein maschine[n]geschriebener Brief;
das Maschine[n]schreiben
die **Masern** *Plur.* (eine Kinderkrankheit)
die **Maserung** (natürliche Zeichnung im Holz)
die **Maske**, die Masken; die Maskerade;
maskieren; sich maskieren, maskiert
das **Maskottchen** ([angeblich] Glück bringende Figur, Anhänger)
maskulin (*auch grammatisch* männlich);
das Maskulinum ►279
(männliches Hauptwort)
der **Masochismus** ([sexuelle] Abartigkeit,
Lust durch Leiden); masochistisch
das **Maß**, die Maße; in, mit, ohne Maßen;
über alle Maßen; über die Maßen;
die Maßarbeit; die Maßeinheit;
die Maßgabe; die Maßlosigkeit;
die Maßnahme; der Maßstab;
maßgebend; maßgeblich; maßlos;
maßstäblich; maßstab[s]getreu; maßvoll;
mäßig; mäßigen, gemäßigt;
die Mäßigkeit; die Mäßigung;
die **Maß** *und* Mass *bairisch* (Flüssigkeitsmaß);
2 Maß *und* Mass Bier; der Maßkrug;

Maß + Verb
Getrennt zu schreiben:
Maß nehmen, wo sie Maß nimmt/nahm,
Maß genommen, Maß zu nehmen;
beim, zum Maßnehmen
Untrennbare Zusammensetzungen:
maßregeln (tadeln; strafen),
man maßregelte ihn, er wurde gemaßregelt, es ist nötig, ihn zu maßregeln;
maßschneidern, maßgeschneidert
Getrennt *und* **zusammen** *möglich*:
Maß halten *und* maßhalten,
er hielt stets Maß, er hielt stets maß,
Maß gehalten, maßgehalten

die **Massage** [*massasche*]; der Masseur
[*massör*]; die Masseurin; die Masseuse;
massieren
das **Massaker** (Gemetzel), die Massaker;
massakrieren (grausam töten)
die **Masse**, die Massen; massenhaft; massig;
massenweise; die Massenmedien *Plur.*;
massiv (schwer, voll, fest; grob);
das Massiv (Gebirgsstock), die Massive
der **Mast**, die Masten *und* Maste

M m

die **Mast** (Tiermästung); mäs|ten, gemäs|tet
die **Masturbation** (Selbstbefriedigung)
die **Masurka,** *auch* Mazurka (ein Tanz)
der **Matador** (Stierkämpfer; Sieger), die Matadore[n]
das **Match** *und* der Match [*mätsch*], des Match[e]s, die Matchs *und* Matche; der Matchball
das **Material**, die Materiali|en; der Materialfehler; der Materialismus; materialis|tisch; die Materie; materiell
die **Mathematik**; der Mathematiker; der Mathematikunterricht; mathematisch
die **Matinee** (Frühvorstellung), die Matineen
der **Matjeshering** (junger Hering)
die **Matratze**, die Matratzen
das **Matriarchat** (Gesellschaftsform mit Mutterrecht), die Matriarchate;
die **Matrix** (rechteckige Anordnung [*von Zahlen o. Ä.*] in Zeilen und Spalten), die Matrizen *und* Matrizes *und* Matrices
die **Matrize** (Druckvorform zur Vervielfältigung), die Matrizen
die **Matrone** (ältere Frau), die Matronen
der **Matrose**, die Matrosen
der **Matsch**; matschig; das Matschwetter
matt; mattgolden; die Mattigkeit; das Matt; die Mattscheibe; *Schach* mattsetzen *und* matt setzen, *aber nur* jemanden mattsetzen
die **Matte**, die Matten
die **Mätzchen** *Plur.* (unsinnige Handlungen)
die **Mauer**, die Mauern; mauern, ich mauere; der Maurer; der Mau[r]ermeister
das **Maul**, die Mäuler; der Maulesel; der Maulheld; der Maulkorb; das Maultier; der Maulwurf; maulen; maulfaul
die **Maus**, die Mäuse; das Mäus|chen; das Mäuslein; mäus|chenstill; mausetot; mausgrau; mausen; sich mausig machen (frech sein)
mauscheln; die Mauschelei
die **Mauser**; die Mauserung; sich mausern
das **Mausoleum** (Grabmal), die Mausoleen
die **Maut** (Gebühr), die Mauten
m. a. W. = mit ander[e]n Worten
maxi (*Mode* lang);
maximal, Maximal- (sehr groß; höchst); die Maxime (Hauptgrundsatz), die Maximen; das Maximum (Höchstwert, Höchstmaß), die Maxima; maximieren
die **Mayonnaise** [*majonäse*] → Majonäse
die **MAZ** = die Magnetaufzeichnung
Mazedonien; der Mazedonier; mazedonisch
der **Mäzen** (Kunstfreund; Gönner), die Mäzene
die **Mazurka** → Masurka
MB = Megabyte
MC = Musikkassette
MdB, M. d. B. = Mitglied des Bundestages
MdL, M. d. L. = Mitglied des Landtages
der **MDR** = der Mitteldeutsche Rundfunk
m. E. = meines Erachtens
die **Mechanik**; der Mechaniker; mechanisch; der Mechanismus, die Mechanismen
meckern, ich me|ckere, gemeckert
Mecklenburg; mecklenburgisch; die Mecklenburgische Seenplatte; Mecklenburg-Vorpommern
die **Medaille** [*medalje*] (Denk-, Schaumünze), die Medaillen; das Medaillon, die Medaillons
das **Medikament** (Heilmittel); medikamentös
die **Meditation** (tiefes Nachdenken; andächtige Betrachtung); meditieren
mediterran (mittelmeerisch)
das **Medium** (Mittel; Vermittler [von Information]), die Medien *Plur.* [*medi-en*] (Kommunikationsmittel: Presse, Rundfunk, TV, Computer)
die **Medizin** (Heilkunde; Heilmittel); der Mediziner (Arzt); die Medizinerin; medizinisch
das **Medley** [*medli*] (Melodienfolge; Potpourri)
das **Meer**, die Meere; der Meerbusen; die Meerenge; der Meeresspiegel; das Meerwasser;
der **Meerrettich** (eine Gewürzpflanze);
das **Meerschweinchen**
das **Meeting** [*miting*] (Zusammentreffen; Versammlung), die Meetings
Mega- (das Millionenfache, 10^6); das Megabyte ⟨MB⟩ (1 Million Byte); das Megaphon (Schallverstärker), die Megaphone, *auch* Megafon; die Megatonne (1 t mal 1 Million)
das **Mehl**; mehlig; mehlartig; der Mehltau (eine Pflanzenkrankheit); → Meltau
mehr; mehr oder weniger; mehr und mehr; immer mehr; je mehr, desto besser; umso mehr; weit mehr als; mehrere; mehrdeutig; mehrfach; mehrheitlich; mehrheitsfähig; mehrmalig; mehrmals; mehrstellig; mehrstimmig; mehrtägig; ein Mehrfaches; die Mehrheit; die ¾-Mehrheit; der Mehrwert; die Mehrwertsteuer ⟨MwSt., MWSt.⟩; die Mehrzahl ► der Plural 280; mehren, gemehrt; viel mehr – vielmehr ⓘ **viel** S. 246
meiden ⓘ 286, mied, gemieden
die **Meierei**

die **Meile** (ein Längenmaß), die Meilen; meilenweit, *aber* zwei Meilen weit; der Meilenstein
der **Meiler** (Anlage zur Holzverkohlung)
mein, das meine, das meinige ⓘ; meiner, wer erinnert sich meiner?; meines Erachtens ‹m. E.›; meinetwegen; um meinetwillen
der **Mein|eid**, die Meineide; meineidig
meinen, gemeint; die Meinung; die Meinungsfreiheit; die Meinungs-umfrage; meinungsbildend
die **Meise**, die Meisen
der **Meißel**, die Meißel; meißeln, ich meiß[e]le
meist; am meisten; am allermeisten; meistens; das meiste/Meiste ist bekannt; die meisten/Meisten nehmen an, dass ...; meistbietend versteigern, *aber* der Meistbietende; meistenteils
der **Meister**, die Meis|ter; meisterhaft; meisterlich; meistern; die Meisterschaft; der Meistertitel; das Meisterwerk
die **Melancholie** [*melangkoli*] (Trübsinn, Schwermut); melancholisch
melden, gemeldet; die Meldung; der Melder; meldepflichtig
melieren (mischen, sprenkeln); grau meliertes *und* graumeliertes Haar
die **Melisse** (eine Heilpflanze)
melken ⓘ 286, melkte, gemolken; der Melker; die Melkmaschine
die **Melodie**, die Melodien; melodiös; melodisch; die Melodik; das Melodram *und* Melodrama (Schauspiel [mit Musik]); melodramatisch (theatralisch, rührselig)
die **Melone**, die Melonen
der **Meltau** (Blattlaushonig); → Mehltau
die **Membran** *und* **Membrane** (gespanntes Häutchen [zur Übertragung von Schwingungen]), die Membranen
die **Memme** *ugs.* (Feigling), die Memmen
die **Memoiren** *Plur.* [*memoaren*] (Lebenserinnerungen)
das **Memorandum** (Denkschrift), die Memoranden, *kurz* das Memo, die Memos; memorieren
die **Menagerie** [*menascheri*] (Tierschau)
das **Menetekel** (Vorwarnung)
die **Menge**, die Mengen; die Mengenlehre; mengenmäßig; der Mengenrabatt
mengen (mischen), gemengt
der **Meniskus** (Knorpel im Kniegelenk), die Menisken
die **Mennige** (rote [Rostschutz]farbe)
die **Mensa** (Mittagstisch für Studenten), die Mensas *und* Mensen
der **Mensch**, die Menschen; das Menschenalter; seit Menschengedenken; ein Menschenleben; sie hat das/alles Menschenmögliche getan; die Menschenrechte; die Menschenscheu;

mein, das meine, das meinige ⓘ

	mein Gepäck; meine Fahrausweise; *mit Bezug auf vorher genannte Nomen/Hauptwörter:* das ist meiner; das ist meine; das ist meins; das sind meine
	mein und dein verwechseln, *aber* das Mein und das Dein; meinesgleichen; meinerseits; meinesteils; meinetwegen; um meinetwillen
meine Angehörigen	die meinen *und* die meinigen, *auch* die Meinen *und* die Meinigen Wir sind um die meinen (die meinigen) sehr besorgt. *auch* Wir sind um die Meinen (die Meinigen) sehr besorgt.
mein Besitz	das meine *und* das meinige, *auch* das Meine *und* das Meinige Das ist das meine *und* das meinige; mehr besitze ich nicht. *auch* Das ist das Meine und das Meinige.
meine Pflichten	das meine *und* das meinige, *auch* das Meine *und* das Meinige Hier leistet jeder seinen Beitrag; auch ich muss das meine (das meinige) tun. *auch* Ich muss hier das Meine (das Meinige) tun. *aber:* Hier leistet jeder einen Beitrag; auch ich werde den meinigen leisten. (**meinigen** *ist wie ein Adjektiv* [*zu* Beitrag] *gebraucht;* *in solchen Fällen nur Kleinschreibung)*

die Menschheit; die Menschlichkeit; menschenfreundlich; menschenleer; menschenmöglich; er ist menschenscheu; menschenwürdig; menschenverachtende *und* Menschen verachtende Taten; menschlich

die **Menstruation** (Monatsblutung; Regel)

mental (geistig; in Gedanken); die Mentalität (Denkweise; Sinnesart)

das **Menthol** *nur Einzahl* (Bestandteil des Pfefferminzöls)

der **Mentor** (Ratgeber), die Mentoren

das **Menü** (Speisenfolge; *EDV* Befehlsauswahl eines Programms), die Menüs;

das **Menuett** (ein Tanz), die Menuette

der **Mergel**; merg[e]lig; der Mergelboden

der **Meridian** (Längengrad), die Meridiane

merken, gemerkt; merklich; merkwürdig; merkwürdigerweise; die Merkwürdigkeit; das Merkmal, die Merkmale; der Merksatz

der **Merkur** (ein Planet)

der **Mesner** (Kirchendiener), die Mesner, *auch* Messner;

die **Messe** (Gottesdienst; Chorwerk), die Messen; der Messdiener

die **Messe** (Ausstellung; Großmarkt)

messen ⓘ 286, maß, gemessen, du misst; messbar; die Messbarkeit; das Messgerät; das Messinstrument; die Messung

das **Messer**, die Messer; auf des Messers Schneide; messerscharf

der **Messias**, *hebräisch* Maschiach (Gesalbter; Auserwählter Gottes; König; Jesus Christus)

das **Messing**; der Messingdraht

der **Mestize** (Nachkomme von Indios und Weißen), die Mes|tizen

MESZ = mitteleuropäische Sommerzeit

das **Metall**, die Metalle; die metallverarbeitende *und* Metall verarbeitende Industrie; metallen (aus Metall); metallic (metallisch schimmernd lackiert); metallisch (metallartig)

die **Metamorphose** (Gestaltwandel)

die **Metapher** (Ausdruck mit übertragener Bedeutung), die Metaphern

die **Metastase** (Tochtergeschwulst, neues Krebsgeschwür), die Metastasen

der **Meteor** (Sternschnuppe), die Meteore; der Meteorit (Meteorstein), die Meteoriten;

der **Meteorologe** (Wetterfachmann); die Meteorologie; meteorologisch

der **Meter** *und* das Meter ⟨m⟩, die Meter; der laufende Meter ⟨lfd. M.⟩; eine Höhe von 10 Meter[n]; das Metermaß; die Meterware; meterlang, *aber* ein[en] Meter lang, *so auch* meterdick, meterhoch, meterweit; meterweise; metrisch

das **Methan** *nur Einzahl* (brennbares Gas, Grubengas); das Methanol

die **Methode** (planmäßiges Vorgehen; Absicht), die Methoden; die Methodik; methodisch

das **Metier** [*metje*] (Handwerk; Fach; berufliche Aufgabe), die Metiers

die **Metrik** (Verslehre; *Musik* Taktlehre); metrisch; das Metrum (Versmaß; Takt)

die **Metropole** (Weltstadt), die Metropolen

das **Mett** (Hackfleisch); die Mettwurst; der Metzger; die Metzgerei; die Metzelei; metzeln (niedersäbeln)

die **Mette** (nächtlicher Gottesdienst)

der **Meuchelmord**; meucheln; meuchlings

die **Meute** (wilde Horde); die Meuterei; der Meuterer; meutern, gemeutert

MEZ = mitteleuropäische Zeit

miauen, die Katze hat miaut

mich

mickerig *und* **mickrig** (zurückgeblieben)

midi (*Mode* halblang)

MIDI = Musical Instrument Digital Interface (*EDV* digitale Schnittstelle für Musikinstrumente)

die **Midlifecrisis** [*midlaifkraißis*] (Krise in der Lebensmitte), *auch* Midlife-Crisis

das **Mieder**, die Mieder; die Miederwaren

der **Mief** *ugs.*; miefen, es mieft, gemieft; miefig

die **Miene** (Gesichtsausdruck); → Mine

mies *ugs.* (schlecht, übel); miesmachen; der Miesmacher

die **Miesmuschel** (Pfahlmuschel)

die **Miete** (Wohngeld *u. Ä.*), die Mieten; der Mieter; das Mietrecht; das Mietshaus; der Mietvertrag; mietfrei; mieten, gemietet

die **Miete** (frostsichere Grube für [Futter]gemüse), die Mieten

die **Mieze**; die Miezekatze

die **Migräne** (Kopfschmerz), die Migränen

Mikro- ⟨μ⟩ (das Millionstel, 10^{-6}); Mikro- (Klein[st]-); die Mikrobe (Kleinstlebewesen), die Mikroben; der Mikrochip [*mikrotschip*] (winzige elektronische Schalt-, Speichereinheit), die Mikrochips; das Mikrofon, *auch* Mikrophon; das Mikroskop; mikroskopisch; mikroskopieren

der **Milan** (ein Greifvogel), die Milane

die **Milbe** (ein Spinnentier), die Milben

die **Milch**; das Milchgebiss; die Milchflasche; die Milchmädchenrechnung; das Milchmixgetränk; die Milchstraße; milchig; milchweiß

mild *und* **milde**; die Milde; mildern, gemildert; mildernde Umstände; die Milderung; mildtätig; die Mildtätigkeit

das **Milieu** [*miljö*] (nähere Umwelt), die Milieus
militant (kämpferisch); das Militär; militärisch; der Militarismus; der Militarist; militaris|tisch;
die Miliz (Volksheer), die Milizen
Mill., **Mio.** = Million[en];
das **Mille** (Tausend), die Mille;
pro mille ⟨p. m.; ‰⟩ (auf tausend [Stück]; vom Tausend); Milli- (das Tausendstel, 10^{-3});
das Millibar (Maßeinheit für Luftdruck), die Millibars; das Milligramm ⟨mg⟩;
der *und* das Millimeter ⟨mm⟩ (0,001 m), die Millimeter;
die **Milliarde** ⟨Md., Mrd.⟩ (10^9, 1000 Millionen);
die **Million** ⟨Mill., Mio.⟩ (10^6, 1000 mal 1000), die Millionen; drei Millionen;
millionenfach; millionenschwer;
millionenmal *und* Millionen Mal;
ein Millionstel *und* Millionstel der Menge, *aber* ein millionstel *und* milliontel Gramm;
der Millionär, die Millionäre;
der Millionenschaden; die Millionenstadt
die **Milz** (ein Organ), die Milzen;
der Milzbrand (eine Infektionskrankheit)
mimen (so tun, als ob), gemimt;
die Mimik (Gebärden-, Mienenspiel);
die Mimikry (Nachahmung; Schutzanpassung)
die **Mimose** (Pflanzenart), die Mimosen
min, **Min.** = Minute[n]
das **Minarett** (Moscheeturm), die Minarette *und* Minaretts
minder; mehr oder minder; minderbedeutend; minderbemittelt; minderwertig;
minderjährig; die minderjährigen Kinder, *aber* die Minderjährigen;
die Minderjährigkeit; die Minderheit;
die Minderwertigkeit;
mindern, gemindert; die Minderung;
das **Mindeste** *und* mindeste, was er fordert;
nicht das Mindeste *und* mindeste;
nicht im, zum Mindesten *und* mindesten;
mindestens; das Mindestmaß
die **Mine** (Bergwerk; Sprengkörper; Schreibstift), die Minen; → Miene;
das Mineral (Bestandteil der Erdkruste), die Minerale *und* Mineralien; mineralisch;
das Mineralwasser, die Mineralwässer
mini (*Mode* sehr kurz);
mini-, **Mini-** (klein);
die Miniatur (kleines Bild), die Miniaturen;
minimal (niedrigst-, kleinst-, mindest-);
das Minimum (Mindestmaß, Mindestwert; Untergrenze), die Minima; minimieren;
der **Minister**, die Minis|ter; das Ministerium, die Ministerien; der Ministerpräsident;
der Ministrant (Messdiener); ministrieren;
die **Minorität** (Minderheit), die Minoritäten;
minus (weniger); 6 minus 2; minus 10 Grad;
das Minus (Fehlbetrag; Verlust);
im Minus sein;
der Minuspol; das Minuszeichen;
die **Minute** ⟨min, Min.⟩, die Minuten;
in fünf Minuten; minutenlang, *aber* drei Minuten lang;
zehnminütig (zehn Minuten dauernd), *aber* zehnminutlich *oder* zehnminütlich (alle zehn Minuten wieder);
minutiös, *auch* minuziös (peinlich genau)
die **Minze** (eine Heilpflanze)
Mio., **Mill.** = Million[en]
mir; mir nichts, dir nichts
die **Mirabelle** (eine Pflaumenart)
das **Mirakel** (Wunder[liches]), die Mirakel
mischen, du mischst, gemischt;
der Mischer; der Mischling;
der Mischmasch; das Mischpult;
die Mischung; der Mischwald
miserabel (erbärmlich);
die Misere (Notlage, Elend), die Miseren

> **miss- + Verb**
> **Untrennbare Zusammensetzungen:**
> missachten,
> er missachtet/missachtete die Vorschriften, weil er sie so oft missachtet/missachtete;
> er hat die Vorfahrt missachtet,
> es ist nicht gut, sie zu missachten;
> *entsprechend auch*:
> missbilligen; missbrauchen; missfallen; missglücken; missgönnen; misshandeln; misslingen; missraten; misstrauen; missverstehen *u. a.*

die **Missachtung**
das **Missbehagen**
die **Missbildung**; missgebildet
die **Missbilligung**
der **Missbrauch**; missbräuchlich
missen (entbehren, vermissen)
der **Misserfolg**
die **Missernte**
die **Missetat**; der Missetäter
das **Missfallen**
die **Missgeburt**
missgelaunt
das **Missgeschick**
missgestaltet
missglückt, ein missglückter Versuch
der **Missgriff**
die **Missgunst**; missgünstig
die **Misshandlung**; misshandelt
misshellig; die Misshelligkeiten
die **Mission**, die Missionen;
der Missionar; missionieren
der **Missklang**
in **Misskredit** (in schlechten Ruf) bringen

M m

misslich, eine missliche Lage
missliebig; sich missliebig machen
misslingen ⓘ 286, misslang, misslungen; das Misslingen
der **Missmut**; missmutig
der **Miss|stand**, die Missstände
die **Miss|stimmung**; missgestimmt
der **Misston**, die Misstöne; misstönend
das **Misstrauen**; misstrauisch
das **Missvergnügen**; missvergnügt
das **Missverhältnis**
missverständlich; das Missverständnis
die **Misswirtschaft**
der **Mist**; misten, gemistet; mistig
die **Mistel**, die Misteln; der Mistelzweig

mit; mit anderen Worten; mit der Zeit; mit Hilfe *und* mithilfe von; so mit – somit ⓘ **so** S. 205;

mit + **Verb**
Getrennt zu schreiben,
wenn **das Verb** *betont ist*:
mit anrechnen; mit ansehen;
mit arbeiten (gelegentlich);
mit berücksichtigen; sich mit beteiligen, *aber* die mitbeteiligten Kinder;
mit einbeziehen; mit übernehmen *u. a.*;
Trennbare Zusammensetzungen,
wenn **mit** *betont ist. Im Zweifelsfall kann getrennt geschrieben werden.*
mitarbeiten (dauernd Mitarbeiter sein), sie arbeitet/arbeitete in unserer Gruppe mit, *aber* solange sie mitarbeitet/mitarbeitete, sie beschloss mitzuarbeiten;
entsprechend auch:
mitbekommen; mitbenutzen; mitbestimmen; mitbringen; mitdenken; mitfahren; mitfühlen; mitgeben; mitgehen; mithaben; mithalten; mithelfen; mithören; mitkommen; mitkönnen; mitkriegen; mitlaufen; mitliefern; mitmachen; mitnehmen; mitreden; mitreisen; mitreißen; mitschicken; mitschneiden; mitschreiben; mitschwingen; mitsingen; mitsollen; mitspielen; mitsprechen; mitteilen; mitverantworten; mitverdienen; mitwirken; mitwollen; mitzählen; mitziehen *u. a. mit der Betonung auf* mit

die **Mitarbeit**; der Mitarbeiter; die Mitarbeiterin, die Mitarbeiterinnen
die **Mitbestimmung**; das Mitbestimmungsrecht
mitbeteiligt
der **Mitbewerber**
das **Mitbringsel**, die Mitbringsel
der **Mitbürger**, die Mitbürger; die Mitbürgerin
der **Miteigentümer**
miteinander; das Miteinander; miteinander auskommen, leben
der **Mitesser**
der **Mitfahrer**; die Mitfahrerin
mitfühlend; das Mitgefühl
mitgenommen
die **Mitgift** (Aussteuer)
das **Mitglied**, die Mitglieder; die Mitgliedschaft
die **Mithilfe**; mit Hilfe von *und* mithilfe von
mithin
der **Mitinhaber**
der **Mitläufer**
der **Mitlaut** ► der Konsonant 279, die Mitlaute
das **Mitleid**; Mitleid haben; Mitleid erregende *und* mitleiderregende Verhältnisse; in Mitleidenschaft ziehen; mitleidig; mitleid[s]los; mitleid[s]voll
der **Mitmensch**; mitmenschlich; die Mitmenschlichkeit
die **Mitnahme**
mitnichten (keineswegs)
mitsamt (gemeinsam mit)
die **Mitschuld**; mitschuldig, *aber* er hat sich auch mit schuldig gemacht
der **Mitschüler**; die Mitschülerin, die Mitschülerinnen
der **Mitspieler**; die Mitspielerin
die **Mitsprache**; das Mitspracherecht
der **Mittag**, **mittags** ⓘ S. 149; Mittag machen; die Mittagspause; die Mittagszeit; mittäglich
der **Mittäter**; die Mittäterschaft
die **Mitte**; Mitte nächsten Jahres; Mitte Januar; Mitte [der] dreißig; in der Mitte, *aber* inmitten; mitten in
mitteilen; die Mitteilung; mitteilsam
das **Mittel**, die Mittel; sich ins Mittel legen
das **Mittelalter** ⟨MA⟩; mittelalterlich
mittelbar
das **Mittelding**
Mitteleuropa; mitteleuropäische Zeit ⟨MEZ⟩
das **Mittelfeld**
der **Mittelfinger**
mittelfristig
das **Mittelgebirge**
mittelgroß
mittelhochdeutsch ⟨mhd.⟩
die **Mittelklasse**
die **Mittellinie**
mittellos; die Mittellosigkeit
das **Mittelmaß**; mittelmäßig; die Mittelmäßigkeit
das **Mittelmeer**
das **Mittelohr**
der **Mittelpunkt**
mittels Wasserkraft

die **Mittelschule**; der Mittelschüler; die Mittelschülerin
der **Mittelsmann**
der **Mittelstand**; mittelständisch
der **Mittelweg**
der **Mittelwert**
das **Mittelwort** ► das Partizip 280
mitten; mitten im Zimmer; mitten darein; mittendrein; mitten darin; mittendrin; mitten durch den Wald, *aber* es brach mittendurch; mitten hindurch; mitten entzwei; mitten in, *aber* inmitten
die **Mitternacht**; um Mitternacht; mitternachts; mitternächtlich
der **Mittler**; die mittlere Reife; mittlerweile
mittschiffs
der **Mittsommer**; die Mittsommernacht
der **Mittwoch** ⟨Mi.⟩, des Mittwochs, die Mittwoche; mittwochs (an Mittwochen); *Wochentag + Tageszeit* ℹ **Dienstag** S. 60
mitunter (ab und zu)
mitverantwortlich; die Mitverantwortung
das **Mitverschulden**
der **Mitwisser**; die Mitwisserschaft
mixen (mischen), gemixt; der Mixer, die Mixer; die Mixtur; die Mixedpickles *und* Mixed Pickles, *auch* Mixpickles
mm = Millimeter
der **Mob** *nur Einzahl* (Gesindel, Pöbel)
die **Möbel** *Plur.;* möblieren, möbliert; mobil (beweglich); das Mobile, die Mobiles; das Mobiliar (bewegliche Habe); mobilisieren (in Bewegung setzen); die Mobilität (Beweglichkeit); mobilmachen
modal (die Art und Weise bezeichnend); die Modalität (Ausführungsart); der Modalsatz ► 279 (Umstandssatz der Art und Weise); das Modalverb ► 279 (Zeitwort der Aussageweise)
der **Modder** *norddt.* (Morast, Schlamm)
die **Mode**, die Moden; der Modeartikel; modebewusst; modisch; der Model (zu füllende Hohlvorform); das Model (Fotomodell), die Models;
das **Modell** (Vorbild, Muster; Nachbildung; Mannequin), die Modelle; der Modellbau; der Modellfall; modellhaft; modellieren (künstlerisch formen)
das **Modem** (Gerät für digitale Datenübertragung), des Modems, die Modems
der **Moder**; mod[e]rig; modern (faulen)
moderat (gemäßigt); die Moderation (Leitung, Gestaltung einer [Live]sendung); der Moderator, die Moderatoren; moderieren, moderiert
modern; modernisieren; die Moderne
modifizieren (abändern); die Modifikation
das **Modul** (*Elektrotechnik* komplexes Bauteil), die Module; modulieren (abwandeln; Töne, Frequenzen ändern), moduliert; die Modulation
der **Modus** ► 279 (Art und Weise; *grammatisch* Aussageweise), die Modi
das **Mofa** *kurz für* Motorfahrrad, die Mofas
die **Mogelei**; mogeln, ich mog[e]le, gemogelt
mögen ℹ 286, mochte, gemocht, du magst *und* du möchtest,

M m

der Mittag, mittags ℹ

Mittag	der Mittag, des Mittags, die Mittage; es ist Mittag; ein Mittag, eines Mittags; am Mittag; gegen Mittag; über Mittag; diesen Mittag; jeden Mittag; alle Mittage; zu Mittag essen, *aber* das Mittagessen; beim Mittagessen
mittags	mittags, *aber* des Mittags; mittags um eins; spätnachmittags
Adverb + **Mittag**	heute Mittag, morgen Mittag, gestern Mittag, übermorgen Mittag, vorgestern Mittag
Wochentag + **-mittag**	der Sonntagmittag; am Sonntagmittag; ein Sonntagmittag; eines Sonntagmittags; an einem Sonntagmittag; an diesem Sonntagmittag; an jedem Sonntagmittag; Er kommt erst Sonntagmittag. sonntagmittags, sonntags mittags ℹ Dienstag S. 60

sie hat nicht gemocht, *aber*
sie hat es nicht nehmen mögen;
möglich;
so gut als *oder* wie möglich;
so viel als *oder* wie möglich;
möglichenfalls; möglicherweise;
möglichst schnell; möglichst viele;
alles Mögliche tun, versuchen, bedenken;
das Mögliche; etwas, nichts Mögliches;
im Rahmen des Möglichen;
die Möglichkeit; die Möglichkeitsform
► der Konjunktiv 279;
sein Möglichstes tun;
womöglich (vielleicht);
womöglich kommt er nicht,
aber wo möglich (bei jeder Gelegenheit)
das **Mohär**, *auch* Mohair (Wollstoff)
der **Mohn**; die Mohnblume; die Mohnsaat
der **Mohr** *alt für* Afrikaner (Marokkaner),
die Mohren
die **Möhre**, die Möhren; die Mohrrübe
mokant (spöttisch);
sich mokieren (spötteln)
der **Mokassin** (weicher Lederschuh),
die Mokassins
der **Mokka** (starker Kaffee), die Mokkas
der **Molch** (ein Lurch), die Molche
Moldawien; moldawisch
die **Mole** (Hafendamm), die Molen
das **Molekül** (kleinste Einheit einer chemischen
Verbindung), die Moleküle; molekular
die **Molke** (Käsewasser); die Molkerei
das **Moll** (weiche Tonart, mit kleiner Terz);
a-Moll, *aber* A-Dur; die a-Moll-Tonleiter;
der Mollakkord, *aber* die Moll-Tonart;
die Moll-Tonleiter
mollig (behaglich; dicklich; warm)
die **Mollụske** (ein Weichtier), die Mollusken
der **Moloch** (alles verschlingende Macht)
das **Moment** ([ausschlaggebender] Umstand,
Gesichtspunkt), die Momente;
der **Moment** (Augenblick; Zeitpunkt),
die Momente; momentan (augenblicklich)
Monaco; der Monegasse; monegassisch
der **Monarch** (Alleinherrscher); die Monarchie
der **Monat**, die Monate;
monatelang, *aber* viele Monate lang;
-monatig (Monate dauernd),
z.B. dreimonatig, 3-monatig;
monatlich (jeden Monat);
dreimonatlich (alle drei Monate)
der **Mönch**, die Mönche; mönchisch
der **Mond**, die Monde; der Mondschein;
mondförmig; mondhell; mondsüchtig
mondän (betont elegant)
monetär (geldlich)
der **Mongole**; die Mongolin; die Mongolei;
mongolisch; mongolid; mongoloid

monieren (erinnern; mahnen, tadeln);
der **Monitor** (Bildschirm), die Monitoren
mono-, **Mono-** (ein-, allein-);
mono *kurz für* monophon (nicht stereo),
auch monofon; monochrom (einfarbig);
die Monogamie (Einehe); monogam;
das Monogramm (Namenszug);
das Monokel (Einglas, Brille für ein Auge);
die **Monokultur** (Anbau nur einer Pflanzenart);
der Monolith (Steinblock); monolithisch;
der Monolog (Selbstgespräch);
das Monopol (Alleinverkaufsrecht);
der Monotheismus
(Verehrung nur eines Gottes);
monoton (eintönig; gleichförmig;
ermüdend); die Monotonie
das **Monster** (Ungeheuer), die Mons|ter;
das Mons|trum, die Monstren;
monströs (ungeheuer; missgestaltet);
die **Monstranz** (Gefäß zum Zeigen der
geweihten Hostie), die Monstranzen
der **Monsun** (jahreszeitlich wechselnder Wind
in den Tropen), die Monsune;
der Monsunregen
der **Montag** ⟨Mo.⟩, des Montag[e]s,
die Montage;
montags (an Montagen);
Wochentag + Tageszeit **ℹ Dienstag** S. 60
die **Montage** [*montasche*] (Aufstellung, Zusammenbau [einer Maschine]), die Montagen;
der Monteur [*montör*], die Monteure;
montieren, montiert;
die Montur *ugs. für* Arbeitsanzug
das **Monument** (Denkmal), die Monumente;
monumental (denkmalartig; großartig)
das **Moor**, die Moore;
das **Moos**, die Moose;
moosbedeckt; moosgrün; moosig
das **Moped**, die Mopeds
der **Mopp** (Staubbesen), die Mopps
der **Mops** (ein Hund), die Möpse;
mopsen *ugs.* (stehlen)
die **Moral** (Sittenlehre; Sittlichkeit);
moralisch (der Moral gemäß);
moralisieren; der Moralist
die **Moräne** (Gletschergeröll), die Moränen;
→ Muräne
der **Morast** (Sumpfland),
die Moras|te *und* Moräste; moras|tig
das **Moratorium** (Zahlungsaufschub),
die Moratorien
morbid (kränklich; morsch);
die Morbidität
die **Morchel** (ein Pilz), die Morcheln
der **Mord**, die Morde; der Mordanschlag;
morden, gemordet; der Mörder;
mörderisch; mordsmäßig; die Mordtat
die **Morelle** (eine Sauerkirschart), die Morellen

der **Morgen, morgens; morgen** ⓘ; die Morgendämmerung; das Morgengrauen; das Morgenland (der Orient); die Morgenzeitung; morgendlich; der morgige Tag; der Morgen (ein Flächenmaß, 0,25 ha), 4 Morgen Land
die **Moritat** (besungene und illustrierte Schauergeschichte), die Moritaten
das **Morphium** ([schmerzlindernde] Droge)
die **Morphologie** (Formenlehre); morphologisch (die Form betreffend)
morsch (brüchig; mürbe)
das **Morsealphabet**; morsen
der **Mörser**, die Mörser; mörsern
der **Mörtel**
das **Mosa|ik** (aus farbigen Steinchen zusammengesetztes Bildwerk), die Mosaike *und* Mosaiken
mosa|isch (nach Moses benannt, jüdisch)
die **Moschee** (islamisches Bethaus), die Mosche|en
der **Moschus** *nur Einzahl* (Duftstoff)
der **Moskito** (eine Stechmücke), die Moskitos
der **Moslem** (Anhänger des Islam), die Moslems, *auch* Muslim; moslemisch
der **Most** (Fruchtsaft), die Moste; mos|ten, gemostet; der Most|rich (Senf)
das **Motel** (Hotel für Autofahrer), die Motels
das **Motiv** (Beweggrund; Leitgedanke), die Motive; die Motivation; motivieren;
der **Motor**, die Motoren; das Motorboot; das Motorrad; motorisiert; die Motorik (Bewegungslehre; Ablauf der Bewegungen); motorisch
die **Motte**, die Motten; die Mottenkugeln
das **Motto** (Wahlspruch; Kennwort), die Mottos
motzen *ugs.* (überlaut nörgeln)
das **Mountainbike** *und* Mountain-Bike [*mauntenbaik*] (Geländefahrrad)
die **Möwe** (ein Seevogel), die Möwen
Ms. = Manuskript, Mss. = Manuskripte
die **Mücke**, die Mücken; der Mückenstich
der **Mucks**; mucksen; mucksmäus|chenstill
müde; die Müdigkeit
der **Muff** (Handwärmer), die Muffe; die Muffe (Rohrverbindungsteil), die Muffen
der **Muffel** *ugs.* (mürrischer Mensch)
muffig (nach Schimmel riechend)
der **Mufflon** (ein Wildschaf), die Mufflons, *auch* das Muffel, die Muffel
die **Mühe**, die Mühen; mit Müh und Not; mühelos; die Mühelosigkeit; sich mühen; mühevoll; die Mühsal; mühsam; mühselig
muhen, gemuht
die **Mühle**; das Mühl[en]rad; das Mühlespiel
der **Mulatte** (Nachkomme von Schwarzen und Weißen), die Mulatten
der **Mulch** (eine Humusform); mulchen
die **Mulde**, die Mulden; muldenförmig

der Morgen, morgens; morgen ⓘ

Morgen	der Morgen, des Morgens, die Morgen; es ist Morgen; ein Morgen, eines Morgens; am Morgen; gegen Morgen; diesen Morgen; jeden Morgen; alle Morgen; einen guten Morgen wünschen; Sie sagte uns guten Morgen. – Sie sagte freundlich: „Guten Morgen!“
morgens	morgens, *aber* des Morgens; morgens um sieben; frühmorgens
Adverb + Morgen	heute Morgen, gestern Morgen, vorgestern Morgen
Wochentag + -morgen	der Sonntagmorgen; am Sonntagmorgen; ein Sonntagmorgen; eines Sonntagmorgens; an einem Sonntagmorgen; an diesem Sonntagmorgen; an jedem Sonntagmorgen; Er kommt erst Sonntagmorgen. sonntagmorgens, sonntags morgens ⓘ Dienstag S. 60
morgen	(der folgende Tag) morgen früh *und* morgen Früh; morgen Vormittag; morgen Mittag; morgen Nachmittag; morgen Abend; bis morgen!; für morgen; zu morgen
das Morgen	(die Zukunft) das Heute und das Morgen

das **Muli** (Maulesel), die Mulis
der **Mull** (Baumwollgewebe); die Mullbinde
der **Müll**; die Müllabfuhr; der Müllcontainer; die Mülldeponie; die Mülltonne
der **Mullah** (islamischer Gelehrter und Geistlicher), die Mullahs
der **Müller**, die Müller
mulmig *ugs.* (bedenklich; unwohl)
der **Multi** *kurz für* multinationaler Konzern, die Multis; multikulturell; multilateral (mehrseitig), multilaterale Verträge; Multimedia (Zusammenwirken verschiedener Medienarten); multimedial; der Multiplikand (die zu multiplizierende Zahl), die Multiplikanden; die Multiplikation (Vervielfachung); der Multiplikator (der Vervielfachende), die Multiplikatoren; multiplizieren (vervielfachen, malnehmen)
die **Mumie** (einbalsamierte Leiche), die Mumien; mumifizieren (einbalsamieren)
der **Mumm** *ugs.* (Mut)
mummeln; mümmeln, gemümmelt
der **Mummenschanz** *nur Einzahl* (Maskenfest)
der **Mumpitz** *ugs.* (Unsinn)
der **Mumps** *ugs.* (Ziegenpeter, eine Krankheit)
der **Mund**, die Münder; die Mundart; der Mundraub; einen, einige Mundvoll *und* Mund voll, *aber nur* den Mund voll haben; die Mund-zu-Mund-Beatmung; mundartlich; mundfaul; mundgerecht; mündlich; mundtot; munden, gemundet; münden; die Mündung
das **Mündel** *und* der Mündel (Person mit Vormund), die Mündel; mündelsicher; mündig; die Mündigkeit; mündigsprechen, mündig sprechen; mündig sein, werden
die **Munition**
munkeln *ugs.*, gemunkelt
das **Münster** (Dom), die Müns|ter
munter; die Munterkeit; Kaffee soll munter machen/muntermachen
die **Münze**; münzen, gemünzt; der Münzfernsprecher
die **Muräne** (ein Raubfisch); → Moräne
mürb *und* **mürbe**; der Mürbeteig
der **Murks** *ugs.* (Pfusch); murksen
die **Murmel**, die Murmeln
murmeln, ich murm[e]le
das **Murmeltier**
murren, gemurrt; mürrisch
das **Mus**, die Muse; das Müsli
die **Muschel**, die Muscheln; muschelförmig
die **Muse** (griechische Göttin der Künste), die Musen; musisch (künstlerisch); das Museum, die Museen; museumsreif; museal (ins Museum gehörend);
das **Musical** [*mjusikel*], die Musicals;
die **Musik**; musikalisch (musikbegabt); Musik liebende/musikliebende Kinder; der Musikant, die Musikanten; die Musikbox; der Musiker; die Musikerin; das Musikinstrument; die Musikkassette; der Musikus *scherzhaft für* Musiker; musizieren
der **Muskat** (ein Gewürz); die Muskatnuss; der Muskateller (Reb-, Weinsorte)
der **Muskel**, die Muskeln; der Muskelkater; die Muskulatur (Gesamtheit der Muskeln); muskulär; muskulös
das **Müsli** (Getreiderohkost), die Müsli
der **Muslim** → Moslem, die Muslims *und* Muslime; muslimisch
die **Muße** (ruhige Freizeit); müßig; müßiggehen; der Müßiggang
müssen (i) 286, musste, gemusst, du musst, sie hat nicht gemusst, *aber* das hätte sie nicht tun müssen; das Muss (notwendiger Zwang)
das **Muster**, die Muster; der Musterknabe; mustergültig; musterhaft; mustern, ich mustere; die Musterung
der **Mut**; zu Mute *und* zumute; guten Mutes; mit Mut erfüllt, *aber* muterfüllt; die Mutprobe; mutwillig; mutlos; mutig; die Mutmaßung; mutmaßen, du mutmaßt, du hast gemutmaßt; mutmaßlich
die **Mutation** (Veränderung von Erbanlagen), die Mutationen; mutieren
die **Mutter**, die Mütter; die Mutter Gottes *und* Muttergottes; der Mutterboden; die Mutterschaft; die Muttersprache; der Mutterwitz; mütterlich; mütterlicherseits; mutterlos; mutterseelenallein; die Mutter (Gegenhalterung für Gewindeschrauben), die Muttern
die **Mütze**, die Mützen
m. W. = meines Wissens
MwSt. *und* **Mw.-St.** = Mehrwertsteuer
die **Myriaden** *Plur.* (unzählig große Mengen)
die **Myrrhe** (ein Duftharz), die Myrrhen, *auch* die Myrre, die Myrren; die Myrte (ein Strauch), die Myrten
mysteriös (geheimnisvoll; rätselhaft); das Mysterium (Geheimnis); die Mystik (Geheimlehre; Gottsuche); mys|tisch (geheimnisvoll)
mythisch (sagenhaft); die Mythologie (Sagenkunde; Götterlehre); der Mythos (Inhalt und Überlieferung alter Weltbilder); mythologisch
das **Myzel** (Fadengeflecht der Pilze), die Myzeli|en
Mz. = Mehrzahl (der Plural ⟨Plur.⟩)

N

N = Nord[en]
n (*Mathematik etc.* unbestimmte Zahl), *vgl.* → n-te Potenz
na!; na, na!; na ja!; nanu!; na und?
die **Nabe** (Mittelhülse des Rades), die Naben; der Nabel, die Nabel; der Nabelbruch

nach; nach und nach; nach wie vor; nach Christus ⟨n. Chr.⟩, *aber* nach Christi Geburt; nach Haus[e] *und* nachhause; nachdem; nacheinander; nachher;

> **nach + Verb**
> **Trennbare Zusammensetzungen:**
> nacherzählen,
> sie erzählt/erzählte die Geschichte nach,
> *aber* wie sie es nacherzählt/nacherzählte,
> sie hat sie nacherzählt, nachzuerzählen;
> *entsprechend auch*:
> nachäffen; nachahmen; nachbessern; nachbestellen; nachbezahlen; nachbilden; nachdenken; nachdrucken; nachdunkeln; nacheifern; nachempfinden; nacherleben; nachfolgen; nachforschen; nachfragen; nachfühlen; nachfüllen; nachgeben; nachgehen; nachgucken; nachhelfen; nachholen; nachlassen; nachlaufen; nachlegen; nachliefern; nachlösen; nachmachen; nachmessen; nachprüfen; nachrechnen; nachreichen; nachrücken; nachsagen; nachschauen; nachschicken; nachschlagen; nachschreiben; nachsehen; nachsenden; nachsprechen; nachspülen; nachstehen; nachstellen; nachtragen; nachvollziehen; nachweisen; nachwirken; nachzahlen; nachzählen
> *und weitere mit der Betonung auf* nach

nachahmenswert; die Nachahmung
der **Nachbar**, des Nachbarn *und* Nachbars, die Nachbarn; gutnachbarliche Beziehungen; die Nachbarschaft; nachbarschaftlich; die Nachbarschaftshilfe
die **Nachbestellung**
nachdem; nachdem er gegangen war, *aber* nach dem großen Fest; je nachdem
nachdenklich; die Nachdenklichkeit
der **Nachdruck**; mit Nachdruck; nachdrücklich

nacheinander; das Nacheinander;

> **nacheinander + Verb**
> **Getrennt zu schreiben:**
> nacheinander starten,
> dass sie nacheinander starten/starteten,
> sie sind nacheinander gestartet,
> nacheinander zu starten;
> nacheinander drankommen,
> sie kommen/kamen nacheinander dran,
> nacheinander drangekommen,
> nacheinander dranzukommen;
> *entsprechend auch*:
> nacheinander eintreten;
> nacheinander kommen *und andere*

der **Nachen** (Kahn), die Nachen
die **Nacherzählung**; nacherzählen
die **Nachfolge**; das Nachfolgende, Nachfolgendes; im Nachfolgenden; der Nachfolger; nachfolgend
die **Nachforschung**
die **Nachfrage**
die **Nachfüllpackung**
die **Nachgebühr**
die **Nachgeburt**
der **Nachgeschmack**
nachgewiesenermaßen
nachgiebig; die Nachgiebigkeit
nachhaltig; die Nachhaltigkeit
der **Nachhauseweg**; nach Haus[e] *und* nachhause gehen
nachhelfen ⓘ helfen 284; die Nachhilfe
nachher
im **Nachhinein**
der **Nachholbedarf**
der **Nachkomme**, des Nachkommen, die Nachkommen; die Nachkommenschaft; der Nachkömmling
die **Nachkur**
der **Nachlass**, des Nachlasses, die Nachlässe; nachlässig; die Nachlässigkeit
die **Nachlieferung**
der **Nachmittag**; nachmittags ⓘ **Mittag** S. 149
die **Nachnahme**, die Nachnahmen; die Nachnahmesendung; per Nachnahme
der **Nachname** (Familienname)
das **Nachporto**

die **Nachrede**; die üble Nachrede
die **Nachricht**, die Nachrichten;
die Nachrichtenagentur;
der Nachrichtensatellit; nachrichtlich
der **Nachruf**; nachrufen ⓘ rufen 286
der **Nachruhm**; nachrühmen
die **Nachrüstung**
nachsagen, jemandem etwas nachsagen
die **Nachsaison**
der **Nachsatz**
der **Nachschlag**
das **Nachschlagewerk**
der **Nachschlüssel**
die **Nachschrift**, die Nachschriften
der **Nachschub**; der Nachschubweg
nachsehen ⓘ sehen 288;
jemandem etwas nachsehen;
das Nachsehen haben
nachsenden, er sandte *und* sendete nach,
nachgesandt *und* nachgesendet
die **Nachsicht**; nachsichtsvoll; nachsichtig
die **Nachsilbe** ► das Suffix 281
nachsitzen ⓘ sitzen 288
der **Nachspann**
die **Nachspeise**
das **Nachspiel**
nachsprechen ⓘ sprechen 288
nächst; am nächsten;
am nächsten Tag; den nächsten Tag;
nächstes Jahr; Mitte nächsten Jahres;
vom nächsten Ersten an; nächstens;
nächstes Mal; das nächste Mal;
der nächstbeste Zug;
im nächstfolgenden Monat;
der nächstgelegene Bahnhof;
der nächstliegende Gedanke;
das Nächstliegende;
als Nächstes; fürs Nächste;
das Nächste wäre; der Nächste, bitte!;
der Nächste (Mitmensch); der Nächstbeste;
das Nächstliegende; die Nächstenliebe
nachstehen; das Nachstehende,
Nachstehendes (Folgendes);
im Nachstehenden (weiter unten)
die **Nacht**, **nachts** ⓘ S. 155;
die Nachtarbeit; der Nachtdienst;
das Nachthemd; der Nachtfrost;
die Nachtruhe; die Nachtschicht;
der Nacht|tisch; die Nachttischlampe;
die Nachtwache; der Nachtwächter;
nächtelang, *aber* drei Nächte lang;
nachtaktiv; nachtblind; nächtlich;
nächtens; nachtsüber; nächtigen
der **Nachteil**, die Nachteile; nachteilig;
etwas, nichts Nachteiliges
die **Nachtigall**, die Nachtigallen
der **Nach|tisch** (Nachspeise)
der **Nachtrag**, die Nachträge;
jdm. etwas nachtragen ⓘ tragen 290;
nachtragend; nachträglich
nachtrauern
der **Nachttisch**
die **Nachuntersuchung**
nachvollziehen ⓘ ziehen 290;
nachvollziehbar
nachtwandeln, ich nachtwand[e]le,
ich bin, *auch* habe genachtwandelt
der **Nachweis**, die Nachweise;
nachweisen ⓘ weisen 290;
nachweisbar; nachweislich
die **Nachwelt**
die **Nachwirkung**
das **Nachwort**, die Nachworte
der **Nachwuchs**
die **Nachzahlung**; nachzahlen
nachzählen
der **Nachzügler**, die Nachzügler
der **Nacken**, die Nacken
nackt; nackend; die Nacktheit;
der Nackedei *ugs.*; die Nacktschnecke
die **Nadel**, die Nadeln; nadeln;
der Nadelbaum; das Nadelöhr
der **Nagel**, die Nägel; das Nagelbett;
der Nagellack; die Nagelprobe;
nageln, ich nag[e]le, genagelt;
nagelneu; niet- und nagelfest
nagen, genagt; der Nager; das Nagetier

nah *und* **nahe**; nahe daran; → nächst, näher;
von nah und fern; von nahem *und* Nahem;
nahe bekannt, nahe verwandt sein;
nahe Verwandte, *aber* der Nahe Osten;
die Nähe; aus der Nähe; in der Nähe;
aus nächster Nähe;
nahebei, *aber* nahe bei Ulm; nahezu;
nahen, genaht; sich nahen;

nahe + Verb
Getrennt zu schreiben:
nahe sein, nahe herankommen,
nahe herantreten, nahe wohnen,
Trennbare Zusammensetzungen:
nahebringen (Verständnis wecken),
er bringt mir das nahe,
er hat es mir nahegebracht,
er verstand es, uns das nahezubringen;
entsprechend auch:
nahegehen (innerlich ergreifen),
nahekommen (annähern; fast gleichen),
aber zu nahe kommen (beleidigen),
jemandem etwas nahelegen (empfehlen),
naheliegen (verständlich scheinen),
nahestehen (befreundet, verbunden sein),
nahetreten (befreundet werden), *aber:*
zu nahe treten (verletzen, beleidigen)

nahe + Adjektiv/Partizip ⓘ S. 303
ein nahe liegendes/naheliegendes Dorf,
aber ein naheliegender Gedanke;
ein nahe stehendes/nahestehendes Haus,
aber die mir nahestehenden Mitschüler;
nah verwandte/nahverwandte Leute

nähen, du nähst, genäht; die Näherin;
die Nähnadel; das Nähzeug;
die Naht, die Nähte;
nahtlos; die Nahtstelle
näher; immer näher;
des Näher[e]n (genauer);
das Nähere regelt ein Gesetz;
man weiß noch nichts Näheres;
alles Nähere berichte ich dir morgen;
sich nähern, ich nähere mich;
näher gelegene *und* nähergelegene Orte;

näher + Verb
Getrennt zu schreiben:
näher sein, etwas näher bezeichnen,
näher kommen (Termine, Zeugnisse),
näher rücken, näher gerückt
Trennbare Zusammensetzungen:
sich näherkommen (sich verstehen lernen),
sie waren sich schnell nähergekommen,
sie hoffen, sich bald näherzukommen;
entsprechend auch:
näherbringen (verständlich machen),
näherliegen, was liegt da näher?,
sich näherstehen (miteinander vertraut sein),
einer Sache nähertreten (in Angriff nehmen)

Nahost (der Nahe Osten); nahöstlich;
der **Nahverkehr**; das Nahziel
nähren, genährt; der Nährboden;
das Nährmittel; die Nährstoffe *Plur.*;
nährstoffarm; nährstoffreich;
die Nahrung; das Nahrungsmittel;
nahrhaft
naiv (natürlich, unbefangen, kindlich, einfältig); die Naivität
na ja!
der **Name** *und* **Namen,** des Namens,
die Namen; im Namen von; mit Namen;
namens; die Namen[s]gebung;
der Namenstag; das Namenwort (Nomen);
namenlos; namentlich; namhaft machen;
nämlich; der, die, das Nämliche
Nano- (das Milliardstel, 10^{-9})
der **Napf**, die Näpfe; der Napfkuchen
die **Narbe**, die Narben; narbig
die **Narkose** (Betäubung), die Narkosen;
narkotisieren (betäuben); das Narkotikum
der **Narr**, die Narren; die Narrenfreiheit;
narrensicher; närrisch; narren, genarrt
die **Narzisse** (eine Blume), die Narzissen
nasal (die Nase betreffend;
durch die Nase gesprochen, genäselt);
der Nasallaut, *z. B.* [ng]
naschen, du naschst, genascht; naschhaft
die **Nase**, die Nasen; eine Nasenlänge voraus;
das Nasenbluten; der Nasenstüber;
das Naserümpfen; der Naseweis;
das Nashorn;
alle naslang, nase[n]lang; naseweis;
näseln, ich näs[e]le, genäselt

n N

die Nacht, nachts ⓘ

Nacht	die Nacht, die Nächte; es ist Nacht; Tag und Nacht; des Nachts (zur Nachtzeit); bei Nacht, in der Nacht; über Nacht; die ganze Nacht [über]; diese Nacht; jede Nacht; alle Nächte; drei Nächte lang, *aber* nächtelang; Sie wollte gute Nacht sagen. – Sie sagte leise: „Gute Nacht!"; eine gute Nacht wünschen; der Gutenachtkuss; ein Gutenachtlied
nachts	nachts, *aber* des Nachts; nachts um eins; spätnachts; nachtsüber, *aber* die Nacht über
Adverb + **Nacht**	heute Nacht, morgen Nacht, gestern Nacht, vorgestern Nacht
Wochentag + **-nacht**	die Sonntagnacht; in der Sonntagnacht; in einer Sonntagnacht; in dieser Sonntagnacht; in jeder Sonntagnacht; Er kommt erst Sonntagnacht.
	sonntagnachts, sonntags nachts ⓘ Dienstag S. 60

nass, nasser, am nassesten *und*
nass, nässer, am nässesten;
nass geschwitzte/nassgeschwitzte Hemden;
das Nass; der Nass|schnee, Nass-Schnee;
die Nässe; nässen; nasskalt;

> **nass + Verb**
> **Getrennt zu schreiben:**
> nass sein, nass werden, nass wischen
> **Getrennt** *und* **zusammen** *möglich*:
> nass machen *und* nassmachen,
> nass spritzen *und* nassspritzen,
> nass schwitzen *und* nassschwitzen

die **Nation** (Staatsvolk), die Nationen;
national (staatlich; patriotisch);
die Nationalmannschaft; der Nationalpark;
die Nationalität (Staatsangehörigkeit),
die Nationalitäten; die Nationalhymne;
nationalis|tisch (übertrieben patriotisch);
der Nationalsozialist, *kurz* der Nazi
die **NATO**, *auch* Nato = North Atlantic Treaty
Organization (Nordatlantikpakt)
das **Natrium** (chemisches Element);
das Natron, des Natrons
die **Natter**, die Nattern
die **Natur**, die Naturen; das Naturereignis;
das Naturgesetz; die Naturkunde;
die Natürlichkeit; der Naturschutz;
das Naturtalent; die Naturwissenschaften;
naturgemäß; naturgetreu; natürlich;
natürlicherweise; naturrein; in natura;
naturalisieren (einbürgern); die Naturalien
(Landwirtschaftserzeugnisse);
der Naturalismus (Kunstrichtung);
das Naturell (Wesensart)
die **Nautik** (Schifffahrtskunde); nautisch;
die **Navigation** (Schiffs-, Flugzeugführung);
der Navigator; navigieren, navigiert
n. Chr. = nach Christus
der **NDR** = der Norddeutsche Rundfunk
der **Neandertaler** (vorgeschichtl. Mensch)
der **Nebel**, die Nebel; die Nebelbank;
das Nebelhorn; der Nebelscheinwerfer;
die Nebelschlussleuchte; nebelverhangen;
nebelhaft; neb[e]lig; → nebulos

neben; nebenan; nebenbei;
nebenstehend; das Nebenstehende,
Nebenstehendes; im Nebenstehenden;
nebenberuflich; nebensächlich;
die Nebenbeschäftigung; der Nebenerwerb;
die Nebenfigur; der Nebenfluss;
die Nebenkosten; der Nebenmann;
das Nebenprodukt; die Nebenrolle;
die Nebensache; die Nebensächlichkeit;
der Nebensatz; die Nebenstraße;
die Nebenwirkung; das Nebenzimmer;

neben *als Präposition/Verhältniswort*
mit dem Dativ/Wemfall:
Ich stehe (wo?) neben dem Baum,
neben der Tür, neben dem Tor;
mit dem Akkusativ/Wenfall:
Stell dich (wohin?) neben den Baum,
neben die Tür, neben das Tor!

nebeneinander; das Nebeneinander;

> **nebeneinander + Verb**
> **Getrennt zu schreiben:**
> nebeneinander hergehen,
> sie sind nebeneinander hergegangen,
> *aber* nebeneinanderher leben,
> nebeneinanderher nach Hause gehen
> **Trennbare Zusammensetzungen:**
> nebeneinanderlegen, nebeneinander-
> gelegt, nebeneinanderzulegen; *so auch:*
> nebeneinanderliegen, nebeneinandersetzen,
> nebeneinandersitzen, nebeneinanderstehen,
> nebeneinanderstellen

nebenher;

> **nebenher + Verb**
> **Getrennt zu schreiben**:
> nebenher erledigen, nebenher telefonieren
> **Trennbare Zusammensetzung:**
> nebenherlaufen, sein Hund lief nebenher,
> nebenhergelaufen, nebenherzulaufen;
> *entsprechend auch*:
> nebenherfahren, nebenhergehen

nebenhin;
etwas nebenhin sagen (beiläufig sagen)
nebst, Eltern nebst Kindern
nebulos *und* **nebulös** (unklar, verworren)
das **Necessaire** [*neßeßer*] (Behältnis für not-
wendige Kleinigkeiten), die Necessaires,
auch das Nessessär, die Nessessärs
necken; die Neckerei; neckisch
der **Neffe**, die Neffen
die **Negation** (Verneinung[swort]);
negativ (verneinend; ergebnislos; kleiner
als null); das Negativ (Umkehrbild);
negieren (verneinen; bestreiten)
der **Neger** (Schwarzer), die Neger;
die Negerin, die Negerinnen
das **Negligee** [*neglische*] (bequeme Morgen-
kleidung), die Negligees,
auch das Negligé, die Negligés
das **Negrospiritual** *und* der Negrospiritual,
[*nigrospiritschel*] (Lied im Gottesdienst
der Schwarzen in den USA),
des Negrospirituals, die Negrospirituals
nehmen ⓘ 286, nahm, genommen;
vorliebnehmen, überhandnehmen

die **Nehrung** (Landzunge), die Nehrungen
der **Neid**; neiden; der Neider; neiderfüllt; neidisch; neidlos; neidvoll
die **Neige**; zur Neige gehen; neigen, geneigt; sich neigen; die Neigung
nein; ach nein!; o[h] nein!; nein doch!; das Nein; das Ja und das Nein; ein deutliches Nein; Nein sagen, *auch* nein sagen; mit Nein antworten; mit Nein stimmen; der Neinsager; die Neinstimme
der **Nektar** (Blütensaft); die Nektarine
die **Nelke**, die Nelken
das **NE-Metall** (Nichteisenmetall)
nennen ⓘ 286, nannte, genannt; nennenswert; der Nenner; die Nennform (Grundform, der Infinitiv); die Nennung; der Nennwert; das Nennwort (Nomen, Substantiv)
Neo- (Neu-); der Neokolonialismus (Kolonialismus mit neuen Mitteln); der Neofaschismus; der Neonazi
das **Neon** (ein Edelgas); die Neonröhre
der **Nepp** (Übervorteilung); neppen, geneppt
der **Neptun** (ein Planet)
der **Nerv**, die Nerven; das Nervengift; das Nervensys|tem; der Nervenzusammenbruch; nervenaufreibend; nervenberuhigend; nervenkrank; nervenstark; nervlich; nervig; jemanden nerven *ugs.*; nervös (reizbar); die Nervosität
der **Nerz** (ein Pelztier), die Nerze
die **Nessel**, die Nesseln; das Nesseltier
das **Nessessär** → Necessaire
das **Nest**, die Nes|ter; der Nestflüchter; das Nesthäkchen; der Nesthocker; die Nestwärme
nesteln (knüpfen), ich nest[e]le
nett, netter, am nettes|ten; netterweise
netto (nach Abzug von Verpackung und Unkosten); das Nettoeinkommen; das Nettogewicht; der Nettopreis; der Nettoverdienst
das **Netz**, die Netze; der Netzanschluss; das Netzauge (bei Insekten); der Netzball; die Netzhaut; der Netzstecker; das Netzwerk (*EDV* System mehrerer miteinander verbundener Computer); netzartig; netzförmig
neu, neuer, am neu[e]sten; neu[e]stens; seit neuestem/Neuestem; von neuem/Neuem; das neue Jahr; zum neuen Jahr; die neue Zeit; die neuere Kunst; neuerdings; neulich; neuartig; neugierig; neuhochdeutsch ⟨nhd.⟩; neusprachlich; neuwertig; neuzeitlich; aufs Neue; auf ein Neues; alles, etwas, nichts, viel, wenig Neues; gibt es was Neues?; das Alte und das Neue; das Neu[e]ste vom Neuen; das Neue Testament ⟨N. T.⟩; die Neue Welt (Amerika); die Neuanschaffung; die Neuauflage; der Neubau, die Neubauten; der Neubeginn; die Neuentwicklung; die Neueröffnung; die Neuerscheinung; die Neuerung; das Neugeborene; die Neugier; die Neugierde; die Neuheit; die Neuigkeit; das Neuhochdeutsch; das Neujahr; das Neuland; der Neuling; der Neumond; der Neuschnee; der Neuwert; die Neuzeit;

neu + Verb
Getrennt zu schreiben:
neu bauen,
am liebsten würde er neu bauen,
weil er lieber neu baut/baute,
er hat neu gebaut, neu zu bauen;
entsprechend auch:
neu ankommen; neu anschaffen;
neu bearbeiten; neu einrichten;
neu entstehen; neu eröffnen;
neu gestalten; neu hinzukommen;
neu kaufen; neu planen; neu verteilen *u. a.*;

neu + Partizip ⓘ S. 303
neu bearbeitet *und* neubearbeitet,
neu eingerichtet *und* neueingerichtet,
neu eröffnet *und* neueröffnet,
neu gebaut *und* neugebaut,
neu geschaffen *und* neugeschaffen,
neu gestaltet *und* neugestaltet,
neu vermählt (wieder vermählt),
neuvermählt (eben erst vermählt),
die neu Vermählten *und* Neuvermählten;
aber neugeboren, wie neugeboren

neun, 9., neuntel, 90, 900 ⓘ **acht** S. 10; bis neun zählen; neun und eins ist zehn; die ersten neun; wir sind neun; wir neun; da sind die neun; einer von uns neunen; wir sind zu neunen *und* zu neunt; neunerlei; neuntens; neun[und]einhalb; neunzehn; neunundzwanzig; neunzig; neunhundert; neuntausend; neun Millionen; der neunmillionste Besucher; neun zu sechs, 9:6; halb neun; Punkt neun; es ist neun [Uhr]; [ein] Viertel vor neun, *aber* um drei viertel neun ⓘ **viertel** S. 248; alle neun[e]; neunfach, 9fach *oder* 9-fach; das Neunfache; er ist neun;

n N

neunjährig, 9-jährig; die 9-Jährige;
neunprozentig, 9-prozentig, 9%ig;
neunmal, 9-mal; neun Mal ℹ **Mal** S. 142;
neunte, der Neunte ℹ **acht,** achtel S. 10;
neuntel, das Neuntel ℹ **acht,** achtel S. 10;
die Neun, die Neunen;
die Zahl, Ziffer Neun;
mit der Neun (Linie 9) fahren;
neunmalklug; so ein Neunmalkluger!;
neuneckig; neunstellig; neunstündig;
das Neunauge; der Neuntöter

die **Neuralgie** (Nervenschmerz), die Neuralgi|en; der Neurologe (Nervenarzt);
die Neurose (nicht organisch bedingtes Leiden); der Neurotiker; neurotisch

Neuseeland; neuseeländisch

neutral (parteilos, unbeteiligt; keinem Bündnis zugehörig; *grammatisch* sächlich);
neutralisieren (wirkungslos machen);
die Neutralität;
das Neutron (Elementarteilchen im Atom), die Neutronen;
das Neutrum ► 279 (sächliches Hauptwort), die Neutra *und* Neutren

der **Newcomer** [*n(j)ukamer*] (Neuling, Aufsteiger), des Newcomers, die Newcomer

das **Newton** [*njuten*] ⟨N⟩ (Maßeinheit der Kraft)

nibbeln ([Bleche o. Ä.] schneiden), ich nibb[e]le

nicht ℹ; nicht doch!; nicht [ein]mal;
nicht mehr; nicht mehr und nicht weniger;
nicht nur; wenn nicht, dann ...;
nicht zu glauben; nicht wahr?; ja nicht!;
gar nicht; gar nichts; ganz und gar nicht;
überhaupt nicht;
die Nichtachtung; die Nichtbeachtung;
die Nichteinmischung; der Nichtfachmann;
bei Nichtgefallen; das Nichterscheinen;
das Nichtmetall; das Nichtmitglied;
der Nichtraucher; der Nichtschwimmer;
die nichtwörtliche Rede
► indirekte Rede 278;
nichtzielende Verben
► intransitive Verben 278;
nicht Zutreffendes *und* Nichtzutreffendes;
das nicht Zutreffende/Nichtzutreffende;
das nicht Gewünschte/Nichtgewünschte;
der nicht Sesshafte/Nichtsesshafte

---

nicht *in Verbindung mit Adjektiven oder Partizipien* ℹ

z. B.:			
	nicht amtlich	nicht christlich	nicht rostend
	nicht ausgebucht	nicht Krieg führend	nicht selb[st]ständig
	nicht auffällig	nicht leitend *(Physik)*	nicht zielend (intransitiv)
	nicht bekannt	nicht öffentlich	nicht zugelassen
	nicht berufstätig	nicht organisiert	nicht zumutbar

Die meisten mit **nicht** *verneinten Adjektive und Partizipien können*
Attribut *sein:* die nicht ausgebuchte Fähre
oder im **Prädikat** *stehen:* die Fähre war nicht ausgebucht

Getrenntschreibung

Ob Attribut oder Prädikat, Getrenntschreibung ist nie falsch, aber:

freie Wahl:
zusammen
oder
getrennt

Manche Verbindung kann als Zusammensetzung verstanden werden, vor allem, wenn sie als Attribut gebraucht wird.
Dann kann man sie auch zusammenschreiben:
die nichtberufstätigen Frauen
die nichtselb[st]ständigen Gebiete

Auch bei diesen häufig benutzten Wörtern besteht freie Wahl:

nicht amtliche	*und*	nichtamtliche Meldungen
nicht christliche	*und*	nichtchristliche Länder
nicht eheliche	*und*	nichteheliche Kinder
nicht leitende	*und*	nichtleitende Metalle
nicht öffentliche	*und*	nichtöffentliche Sitzungen
nicht rostender	*und*	nichtrostender Stahl
nicht zielende	*und*	nichtzielende Verben

die **Nichte**, die Nichten
nichtig; null und nichtig; die Nichtigkeit
nichts; nichts weniger als; nichtsdestoweniger; nichts Neues; nichts Besonderes; nichts Genaues, *aber* nichts anderes ⓘ **andere** S. 16; alles oder nichts; für nichts; weiter nichts; um nichts [und wieder nichts]; mir nichts, dir nichts (ohne weiteres); gar nichts; ganz und gar nichts; nichtswürdig; sich in nichts unterscheiden; nichts tun, *aber* das Nichtstun; das Nichts; der Nichtskönner; der Nichtsnutz; der Nichtstuer;

> **nichts + Partizip** ⓘ S. 303
> nichts ahnend *und* nichtsahnend, er kam nichts ahnend/nichtsahnend herein, er kam, gar nichts ahnend, zu uns herein; *so auch* nichts sagend

das **Nickel** (ein chemischer Grundstoff)
nicken; das Nickerchen (Schläfchen)
nie; nie mehr; nie und nimmer; nie wieder; nie zuvor
nieder; auf und nieder; das Auf und Nieder; niederbay[e]risch; niederdeutsch; niederdrückend; niedergeschlagen (bedrückt); niederschlagsarm; niederträchtig; Niederbayern; der Niedergang; die Niederkunft; die Niederlage; die 1:2-Niederlage; die Niederlassung; der Niederschlag; die Niederschrift; die Niedertracht;

> **nieder + Verb**
> **Trennbare Zusammensetzungen:**
> niederbrennen, es brennt/brannte schnell nieder, *aber* während es niederbrennt/niederbrannte, niedergebrannt, niederzubrennen; *entsprechend auch*: niederfallen; niedergehen; niederhalten; niederholen; niederkämpfen; niederknien; niederkommen; sich niederlassen; [sich] niederlegen; niederreißen; niederschlagen; niederschmettern; niederschreiben; sich niedersetzen; niedersinken; niederstrecken; niedertreten; niederwerfen; niederzwingen *u. a.*

die **Niederlande**; der Niederländer; niederländisch ⓘ **deutsch** S. 58
Niedersachsen; der Niedersachse; die Niedersächsin; niedersächsisch

die **Niederung**
niedlich; die Niedlichkeit
niedrig, niedriger, am niedrigsten; niedrig gesinnt *und* niedriggesinnt; niedrig stehend *und* niedrigstehend; die Niedriglohnländer; das Niedrigwasser
niemals; niemals wieder
niemand; mit niemand[em] sprechen; ich sehe niemand[en]; niemand Fremdes, *aber* niemand anders; er war ein Niemand; das Niemandsland
die **Niere**, die Nieren; die Nierenentzündung; der Nierenstein; nierenförmig
nieseln, es nieselt; der Nieselregen
niesen, du niest; das Niespulver
der **Nießbrauch** (Nutzungsrecht); der Nießnutz; der Nießnutzer
der **Niet** (Metallbolzen), die Niete; die Niete, die Nieten; nieten, genietet; niet- und nagelfest
die **Niete** (Los ohne Gewinn; Versager)
der **Nightclub** [*naitklab*] (Nachtlokal), des Nightclubs, die Nightclubs
der **Nihilismus** (völlige Verneinung aller Normen); nihilistisch
der **Nikolaus**; der Nikolaustag
das **Nikotin** (Tabakgift), *fachsprachl.* Nicotin; nikotinarm; nikotinfrei; nikotinhaltig
das **Nilpferd** (Flusspferd)
der **Nimbus** (Heiligenschein, [unverdienter] Ruhmesglanz), die Nimbusse
nimmer; nimmermehr; nimmermüde; der Nimmersatt; auf Nimmerwiedersehen
der **Nippel** (Gewinderohrstück), die Nippel
nippen, du nippst, genippt
Nippes *nur Plur.* (kleine Ziergegenstände)
nirgends; nirgend[s]wo; nirgend[s]woher; nirgend[s]wohin
die **Nische**, die Nischen
die **Nisse** (Läuseei), die Nissen
nisten, genistet; der Nistkasten
das **Nitrat**, die Nitrate; das Nitrid (Stickstoffverbindung), des Nitrid[e]s, die Nitride; das Nitrit, die Nitrite
das **Niveau** [*niwo*] (waagerechte Fläche; gleiche Höhe), die Niveaus; niveaulos; niveauvoll; nivellieren (gleichmachen; Höhendifferenz bestimmen)
die **Nixe** (weiblicher Wassergeist), die Nixen
n. J. = nächsten Jahres
n. M. = nächsten Monats
nobel (edel, vornehm; freigebig); die Noblesse [*nobleß(e)*] (Vornehmheit)
der **Nobelpreis**; der Nobelpreisträger
noch; noch einmal, *ugs.* noch mal *und* nochmal; noch einmal so viel; noch nicht; nochmalig; nochmals

der **Nocken**, die Nocken; die Nockenwelle
der **Nomade** (Wanderhirt), die Nomaden
das **Nomen** ► 279 (das Substantiv, Hauptwort, Namenwort), die Nomen *und* Nomina; die Nomenklatur (alle Fachbegriffe eines Spezialgebietes); nominal (zum Nennwert); der Nominalbetrag (Nennbetrag); der Nominativ ► 280 (Werfall, 1. Fall); nominell ([nur] dem Namen nach); nominieren (benennen, ernennen); die Nominierung
die **Nonchalance** [*nongschalangß*] (liebenswürdige Ungezwungenheit); nonchalant
die **Nonne**, die Nonnen; das Nonnenkloster
das **Nonplusultra** *nur Einz.* (Unübertreffliches)
der **Nonsens** (Unsinn)
nonstop (ohne Halt); nonstop fliegen; der Nonstopflug, *auch* Nonstop-Flug
die **Noppe** (Knoten im Gewebe), die Noppen
Nord ⟨N⟩ (Himmelsrichtung); der Wind weht von Nord; Flensburg Nord *und* Flensburg-Nord; der Norden; aus, nach, gen Norden; norddeutsch; Norddeutschland; das Norddeutsche Tiefland; nordisch; nördlich; nördliche Winde; das Nordlicht; der Nordosten ⟨NO⟩; nordöstlich; der Nordpol; nordwärts; die Nordsee; der Nordwest (Wind); der Nordwesten ⟨NW⟩; nordwestlich; **Nordrhein-Westfalen** ⟨NRW⟩; nordrhein-westfälisch
nörgeln, ich nörg[e]le; der Nörgler
die **Norm** (Maß, Regel), die Normen; normal (üblich, durchschnittlich); normalerweise; der Normalfall; normalisieren; die Normalisierung; die Normalität; normativ (maßgebend); normen (einheitlich regeln), genormt; normieren, normiert
Norwegen; der Norweger; norwegisch
die **Nostalgie** (Sehnsucht nach Vergangenem), nostalgisch
die **Not**, die Nöte; aus Not; in Not; ohne Not; zur Not; mit Müh und Not; mit knapper Not; es hat keine Not; seine liebe Not haben; wenn Not am Mann ist; in Not sein, in Nöten sein; der Notleidende *oder* der Not Leidende; der Notarzt; der Notausgang; der Notbehelf; die Notbremse; die Notdurft; der Notfall; die Notlage; die Notlandung; die Notlösung; der Notruf; der Notstand; das Notstromaggregat; die Nottaufe; die Notunterkunft; die Notwehr; die Notzucht; notdürftig; notfalls; notgedrungen; → nötig; → notwendig;

Not, not + Verb
Getrennt zu schreiben:
not sein, eins ist not,
aber vonnöten sein;
Not leiden, sie litten große Not,
Not gelitten, Not zu leiden;
entsprechend auch: Not lindern
Trennbare Zusammensetzung:
nottun (sehr nötig sein), Eile tut not,
tut das not?, das hat notgetan
Untrennbare Zusammensetzungen:
notlanden, ich notlande, wenn ich mal notlande, notgelandet, notzulanden;
notschlachten; nottaufen

Not, not + Partizip ⓘ S. 303
große Not leidend, äußerst notleidend;
Not leidende/notleidende Menschen;
die Notleidenden/Not Leidenden wurden aus der Luft versorgt

der **Notar** (Amtsperson zur Beurkundung von Rechtsgeschäften), die Notare; die Notarin; das Notariat; notariell; notarisch;
die **Notation** (Aufzeichnung)
die **Note**, die Noten; das Notenblatt; die Note „gut", *aber* die Note „Zwei";
das **Notebook** [*notbuk*] („Notizbuch", *EDV* Mini-Computer), die Notebooks;
notieren (aufzeichnen); die Notiz, die Notizen; Notiz nehmen; der Notizblock, die Notizblocks; → Block
nötig; nötig haben; für nötig halten; am nötigsten ist, dass ...; nötigenfalls; das Nötige sagen; es fehlt am Nötigsten; nötigen, genötigt; die Nötigung
notorisch (allbekannt, berüchtigt)
notwendig; notwendigerweise; die Notwendigkeit; sich auf das Notwendigste beschränken; es fehlt am Notwendigsten
das **Nougat** → Nugat
die **Novelle** (Prosaerzählung; Gesetzesneuerung), die Novellen; novellistisch; novellenartig; novellieren (ein Gesetz mit Neuerungen ergänzen)
der **November** ⟨Nov.⟩, des Novembers, die November
die **Novität** (Neuerscheinung)

der **Novize** (Mönch in der Probezeit; Neuling), die Novizen; die Novizin; das Noviziat (Probezeit [im Kloster])
das **Novum**, *auch* Novum (völlig Neues), des Novums, die Nova
Nr. = Nummer, Nrn. = Nummern
N. T. = Neues Testament
die **n-te** Potenz (*Mathematik* unbestimmte Hochzahl, Potenz)
im **Nu**; in einem Nu
die **Nuance** [*nüangße*] (Abstufung; feiner Übergang), die Nuancen; nuancenreich; nuancieren
nüchtern; die Nüchternheit
der **Nuckel**; nuckeln, ich nuck[e]le
die **Nudel**, die Nudeln; nudeldick; nudeln (mästen), ich nud[e]le
der **Nudismus** (Nacktkultur); der Nudist
das **Nugat** *und* der Nugat (eine Süßware), *auch* Nougat
nuklear (den Atomkern betreffend); die Nuklearwaffen (Atomwaffen)
null; null Grad; null Fehler; die Stunde null; bei null anfangen; null Komma drei; drei zu null, 3:0; das Thermometer zeigt null Grad; das Thermometer steht auf null; drei Grad unter null; das ist gleich null; null und nichtig; in null Komma nichts (schnell); nullachtfünfzehn, 08/15 (wie üblich); null Bock *ugs.*; die Null-Bock-Generation; die Null (Ziffer; Nullpunkt; Wertloses), die Nullen; eine Zahl mit drei Nullen; er ist eine Null; die Null-Lage *und* Nulllage (Nullstellung bei Messgeräten); der Null-Leiter *und* Nullleiter; die Null-Lösung *und* Nulllösung; der Nullpunkt; das Nullsummenspiel; der Nulltarif; das Nullwachstum; nullen (neues Jahrzehnt beginnen)
das **Numerale** ► 280 (das Zahlwort), die Numeralien *und* Numeralia; numerisch (zahlenmäßig); der Numerus ► 280 (Zahl; Zahlform des Nomens [Singular/Plural]), die Numeri; der Numerus clausus (Zulassungsbeschränkung [zum Studium])
die **Numismatik** (Münzkunde); der Numismatiker
die **Nummer** ⟨Nr.⟩, die Nummern ⟨Nrn.⟩; auf Nummer sicher gehen; [er ist die] Nummer eins; das Nummernschild; nummerieren (beziffern), nummeriert; die Nummerierung
nun; von nun an; nunmehr
der **Nuntius** (ständiger päpstlicher Botschafter)
nur; nur noch; nur zu!; die Nurhausfrau
nuscheln *ugs.* (undeutlich sprechen)
die **Nuss**, die Nüsse; der Nussknacker; das Nüsseknacken; die Nuss-Schale *und* Nussschale; die Nuss-Schokolade *und* Nussschokolade; nussbraun; nussig
die **Nüster**, die Nüs|tern
die **Nut** *und* **Nute** (Fuge; Furche), die Nuten
nutz; zu nichts nutz *oder* nütze sein; sich etwas zu Nutze machen *und* zunutze machen; nutzbar; nutzbringend; nützlich; nutzlos; nutzen, du nutzt, genutzt, nutze! *und* nützen, du nützt, genützt, nütze!; der Nutzen; es ist von Nutzen; zu Nutz und Frommen; die Nutzanwendung; die Nutzbarmachung; der Nutzeffekt; die Nutzfläche; die Nützlichkeit; der Nutznießer; die Nutzpflanze; das Nutztier; die Nutzung; das Nutzungsrecht; nutznießen; nutznießerisch
das **Nylon** [*nailon*] (künstliche Textilfaser)
die **Nymphe** (griech. Naturgöttin), die Nymphen; nymphenhaft; die Nymphomanie (Mannstollheit); nymphoman; nymphomanisch

O

O = Ost[en]
o ja!; o doch!; o Graus!; o Schreck!; o weh!, *auch* oh ja! *usw.*
die **Oase** (Wasserstelle in Wüsten), die Oasen
ob; als ob; obgleich; obschon; obwohl
die **Obacht**; Obacht geben
das **Obdach**; obdachlos; ein Obdachloser
die **Obduktion** (Leichenöffnung), die Obduktionen; obduzieren
die **O-Beine**; o-beinig *und* O-beinig
der **Obelisk** (freistehende Spitzsäule), des Obelisken, die Obelisken

oben; nach oben; von oben her; oben angeführt ⟨o. a.⟩; oben angegeben ⟨o. a.⟩; obenan; obenauf; obendrauf; obendrein; obendrüber; obenhin (oberflächlich), *aber* nach oben hin; obenherum, *ugs.* obenrum; oben bleiben; oben liegen; oben sein; oben stehen *u. a.*;
oben + Partizip ⓘ S. 303
oben genannt *oder* obengenannt ⟨o. g.⟩, der oben genannte/obengenannte Autor; der Autor wurde oben genannt; der weiter oben genannte Herausgeber; der weiter oben Genannte; das oben Genannte *und* das Obengenannte; oben Genanntes *und* Obengenanntes; im oben Genannten *und* im Obengenannten; *entsprechend auch*: oben angeführt; oben erwähnt; oben stehend; oben zitiert

der **Ober** ([Ober]kellner), des Obers, die Ober
Ober-, ober-; Oberitalien; oberitalienisch; die Oberrheinische Tiefebene
der **Oberarm**
der **Oberbegriff**
der **Oberbürgermeister** ⟨OB⟩
die **Oberfläche**; oberflächlich
die **Obergrenze**
oberhalb; oberhalb der Stadt
die **Oberhand** gewinnen
das **Oberhemd**
oberirdisch
der **Oberkörper**
die **Oberlippe**
der **Oberschenkel**
die **Oberschule**; der Oberschüler; die Oberschülerin; die Oberstufe
die **Oberseite**
der **Oberst**, des Obersten, die Obersten; der Oberstleutnant
oberste; das oberste Stockwerk; dies Buch bitte, das oberste!; das Oberste zuunterst und das Unterste zuoberst kehren
die **Oberstufe**
das **Oberteil**
das **Oberverwaltungsgericht**
die **Oberweite**
obgleich
die **Obhut**; in Obhut nehmen
obig; der Obige; das Obige, die Obigen; Obiges; im Obigen (weiter oben)
das **Objekt** ►280 (Ziel, Gegenstand; *grammatisch* Ergänzung), die Objekte; das Objektiv (Fotolinse), die Objektive; objektiv (tatsächlich; sachlich); die Objektivität (strenge Sachlichkeit)
die **Oblate** (dünnes Gebäck), die Oblaten
obliegen *alt*; es liegt mir ob *und* es obliegt mir
obligat (unentbehrlich); obligatorisch (verbindlich, nötig)
der **Obmann**, die Obmänner *und* Obleute
die **Oboe** (ein Holzblasinstrument), die Oboen; der Oboist
der **Obolus** (kleiner Beitrag), des Obolus, die Obolus *und* Obolusse
die **Obrigkeit**; das Obrigkeitsdenken
obschon
das **Observatorium** ([astronomische] Beobachtungsstation), die Observatorien; observieren (amtlich heimlich beobachten); die Observation
obskur (dunkel; verdächtig)
obsolet (ungebräuchlich, veraltet)
das **Obst**; der Obstler; der Obstsaft; die Obstsorten
obstinat (widerspenstig)
obszön (unanständig, anstößig)
obwohl
der **Ochse**, die Ochsen; die Ochsenschwanzsuppe
der **Ocker** *und* das O|cker (Erdfarbe); ockergelb
OCR = Optical Character Recognition (*EDV* optische Zeichenerkennung [*zum Einscannen von Texten u. a.*])

öd *und* **öde**; die Öde; das Ödland
die **Ode** (feierliches Gedicht), die Oden
der **Odem** *alt für* Atem
das **Ödem** (*Medizin* krankhafte Ansammlung von Wasser im Gewebe), die Ödeme
oder ⟨od.⟩; oder Ähnliche[s] ⟨o. Ä.⟩; entweder ... oder; das Entweder-oder
die **Oder** (ein Strom); das Oderbruch
das **Odium** (Makel; Hass)
die **Odyssee** (Irrfahrt [des Odysseus]), die Odysseen
der **Ofen**, die Öfen; ofenfrisch

offen; ein offener Brief [in der Zeitung]; ein offenes Geheimnis; das offene Meer; auf offener Straße; offene Stellen (freie Arbeitsplätze); Tag der offenen Tür, *aber* eine Offene Handelsgesellschaft ⟨OHG⟩; offenbar; die Offenbarung; die Offenheit; offenherzig; offenkundig; offensichtlich;

offen + Verb
Getrennt zu schreiben:
offen sein, offen aussprechen, offen gesagt, offen gestanden; offen bleiben (z. B. Tor), *aber* offen gebliebene/offengebliebene Tore; offen lassen (Tür); offen stehen, *aber* offen stehende/offenstehende Türen
Trennbare Zusammensetzungen:
offenbleiben (Fragen), da blieb vieles offen, offengeblieben, offenzubleiben
entsprechend auch:
sich etwas offenhalten (sich nicht festlegen), offenlassen (unbeantwortet lassen), etwas offenlegen (aufzeigen, nachweisen), offenstehen (unbezahlt sein)
Untrennbare Zusammensetzungen:
offenbaren, er offenbart, dass ..., er hat offenbart, zu offenbaren; sich offenbaren

offensiv (angreifend, angriffslustig); die Offensive (Angriff), die Offensiven
öffentlich; die öffentliche Meinung, *aber* der öffentliche *und* Öffentliche Dienst; nicht öffentlich *und* nichtöffentlich; öffentlich-rechtlich; die Öffentlichkeit
offerieren (anbieten); die Offerte (Angebot), die Offerten
offiziell (amtlich, verbürgt; förmlich); der Offizier, die Offiziere; das Offizierskorps; offiziös (halbamtlich, nicht verbürgt)
offline [*oflain*] (von der EDV getrennt)
öffnen, geöffnet; der Öffner; die Öffnung
der **Offsetdruck** (Flachdruckverfahren; dessen Erzeugnis)
Offshore- *und* **Off-Shore-** (vor der Küste); die Offshorebohrung/Off-Shore-Bohrung
o-förmig *und* **O-förmig**
oft, öfter, am öftesten; wie oft; öfters, *aber* des Öfteren; oftmals; so oft – sooft ⓘ **so** S. 205
oh!; oh, wie schön!; ein freudiges Oh
der **Oheim** *alt für* Onkel, die Oheime
das **Ohm** ⟨Ω⟩ (Einheit für elektr. Widerstand); das ohmsche Gesetz, *auch* das Ohm'sche Gesetz; der ohmsche/Ohm'sche Widerstand
ohne; ohne dass; ohne weiteres/Weiteres; ohne Zweifel, *aber* zweifelsohne; ohnedies; ohneeinander auskommen, *aber* ohne einander anzusehen; ohnegleichen; ohnehin
die **Ohnmacht**; ohnmächtig
das **Ohr**, die Ohren; zu Ohren kommen; der Ohrenschmaus; der Ohrenzeuge; die Ohrfeige; ohrfeigen, geohrfeigt; das Ohrläppchen; der Ohrring; ohrenbetäubend; -ohrig, *z. B.* einohrig
das **Öhr**, die Öhre; das Nadelöhr
oje!; ojemine!
okay ⟨o. k. *und* O. K.⟩ (in Ordnung)
die **Okklusion** (Sperre, Hemmung; Zusammentreffen von Kalt- und Warmluftfront)
okkult (verborgen); der Okkultismus
die **Okkupation** (Besetzung); okkupieren
öko- (das gemeinsame Haus, die Umwelt betreffend); die Ökologie (Lehre von den Wechselbeziehungen zwischen Einzellebewesen und Gesamtwelt); ökologisch; die Ökonomie (Lehre von der Wirtschaft; Wirtschaftlichkeit, sparsame Lebensführung); ökonomisch
das **Oktaeder** (von acht ebenen Flächen begrenzter Körper), die Oktaeder
das **Oktan** (ein Kohlenwasserstoff); die Oktanzahl (Maßzahl für Qualität von Treibstoff)
die **Oktave** (achter Ton [vom Grundton an]), die Oktaven;
der **Oktober** ⟨Okt.⟩, des Oktober[s], die Oktober;
oktogonal (achteckig)
oktroyieren [*oktroajiren*] (aufzwingen)
das **Okular** (dem Auge zugewandte Seite eines optischen Gerätes), die Okulare;
okulieren (Pflanzen veredeln)
die **Ökumene** (von [christlichen] Menschen bewohnte Welt; Gesamtheit der Christen); ökumenisch
der **Okzident** (Abendland)
das **Öl**, die Öle; der Ölbaum; die Öllampe; die Ölpest; die Ölraffinerie; die Ölsardine; der Öltanker; der Ölwechsel;

ölverschmiert, mit ölverschmierten Händen, *aber* die mit Öl verschmierten Hände; ölverschmutzt, *aber* mit Öl verschmutzt; ölen, geölt; ölig

der **Oldie** [*ouldi*] (beliebter alter Hit), die Oldies

der **Oleander** (ein Zierstrauch)

die **Oligarchie** (Herrschaft einer kleinen [aristokratischen] Gruppe)

oliv (oliv[en]farben, oliv[en]farbig); olivgrün; das Oliv; die Olive (Frucht des Ölbaumes), die Oliven; das Olivenöl

der **Olymp** (Sitz der [griechischen] Götter); die Olympiade (Olympische Spiele); das olympische Feuer

die **Oma**, die Omas; die Omi

das **Omelett**, die Omeletts *und* Omelette

das **Omen** (Vorzeichen, Vorbedeutung), des Omens, die Omen *und* Omina; ominös (bedenklich, unheilvoll)

der **Omnibus**, *kurz* Bus, die Omnibusse

ondulieren ([Haare] wellen)

der **Onkel**, die Onkel; onkelhaft

online [*onlain*] (mit der EDV verbunden); der Online-Dienst (*EDV* kommerzielles [internationales] Dienstleistungssystem)

der **Onyx** (ein Mineral)

der **OP** = der Operationssaal

der **Opa**, die Opas

opak (undurchsichtig, durchscheinend; trübe); die Opazität

der **Opal** (ein Mineral)

die **OPEC** = Organization of the Petroleum Exporting Countries (die Organisation Öl exportierender Länder)

das **Open-Air-Festival**, *kurz* Open Air [*openärfestivel*] (Fest, Konzert im Freien)

die **Oper** ([Gebäude für] Musiktheater), die Opern; die Operette (heiteres musikalisches Bühnenwerk); das Opernhaus

die **Operation**; operativ (durch Operation; planvoll; taktisch); operabel; operieren (in bestimmter Art vorgehen)

das **Opfer**, die Opfer; opfern, ich opfere; opferbereit; die Opferbereitschaft; opferwillig; die Opferung

das **Opium** (ein Rauschgift); das Opiat

das **Opossum** (amerikan. Beutelratte)

der **Opponent** (Gegner), des Opponenten, die Opponenten; opponieren (widersprechen; sich widersetzen); die Opposition (Gegenpartei); oppositionell (gegensätzlich, gegnerisch)

opportun (nützlich, passend, zweckmäßig); der Opportunismus (Anpassen an die jeweils günstige Lage); der Opportunist; opportunistisch; die Opportunität

die **OP-Schwester** *kurz für* Operationsschwester

die **Optik** (Lehre vom Licht; optische Linsen); der Optiker; optisch

optimal (sehr gut, Best-); der Optimismus (Zuversichtlichkeit); der Optimist; optimistisch; optimieren (bestmöglich machen); das Optimum (die beste Bedingung; Bestwert), die Optima

die **Option** (Entscheidungsmöglichkeit, Entscheidungsrecht), die Optionen

opulent (reichlich, üppig)

das **Opus**, *auch* Opus ⟨op.⟩ (Werk, Kunstwerk), des Opus, die Opera

das **Orakel** (Weissagung), die Orakel; der Orakelspruch; orakeln

oral (zum Mund gehörig; mit dem Mund, durch den Mund)

orange [*orangsche*] (goldgelb); ein orange Hemd; orange[n]farben, orange[n]farbig, ein orange[n]farbiges Hemd; die Orange, die Orangen; die Orangeade; das Orangeat; die Orangerie (Gewächshaus)

der **Orang-Utan** (ein Menschenaffe)

das **Oratorium** (Betraum; geistl. Musikwerk), des Oratoriums, die Oratorien

der **Orbit** (Umlaufbahn), die Orbits; orbital

das **Orchester**, die Orchester

die **Orchidee**, die Orchideen

der **Orden** (Vereinigung mit strengen Regeln; Auszeichnung), die Orden;

ordentlich (der Ordnung gemäß); die Order *alt* (Befehl; Auftrag), die Orders *und* Ordern; ordern (bestellen); die Ordinalzahl ►280 (die Ordnungszahl); ordinär (gewöhnlich, unfein);

das **Ordinariat** (Amt eines ordentl. Professors; Lehrstuhl), die Ordinariate;

die **Ordination** (Priesterweihe; Einsetzung ins Amt; ärztliche Verordnung);

ordnen, ich ordne; der Ordner; die Ordnung; der Ordnung halber, *aber* ordnungshalber; ordnungsgemäß; ordnungswidrig; die Ordnungswidrigkeit; die Ordnungszahl ►die Ordinalzahl 280

die **Ordonnanz** (Laufbursche eines Offiziers), die Ordonnanzen, *auch* die Ordonanz

der **Oregano** → Origano

das **Organ** (Sinneswerkzeug, Körperteil; Stimme; Zeitung, Zeitschrift einer Partei *o. Ä.*; Person[engruppe] mit besonderen Aufgaben), die Organe; organisch; die Organtransplantation (Verpflanzung eines Körperteils); der Organismus, die Organismen;

die **Organisation** (planmäßige Gestaltung; Einrichtung; Verband mit bestimmten Zielen);
der Organisator, die Organisatoren;
organisatorisch; organisieren (*ugs. auch* [unredlich] beschaffen),
organisiert (einer Organisation zugehörig);
der **Organist** (Orgelspieler); die Organistin;
die Orgel, die Orgeln; Orgel spielen;
die Orgelmusik; orgeln, ich org[e]le
der **Orgasmus** (sexueller Höhepunkt), die Orgasmen
die **Orgie** [*orgi-e*] (Ausschweifung), die Orgien;
orgiastisch
der **Orient** (Länder [süd]östlich von Europa);
der Vordere Orient;
der Orientale; orientalisch;
sich **orientieren** (sich zurechtfinden);
die Orientierung (Ortsbestimmung);
orientierungslos; die Orientierungsstufe
der **Origano** *und* **Oregano** (ein Gewürzkraut), des Origano[s]
original (ursprünglich, echt);
originalgetreu;
das Original (Urtext, Vorlage; Sonderling);
die Originalität (Ursprünglichkeit, Besonderheit); originell (einzigartig)
der **Orkan** (starker Sturm), die Orkane;
orkanartig; mit Orkanstärke
der **Orkus** (Unterwelt)
das **Ornament** (Verzierung), die Ornamente;
ornamental (zierend)
der **Ornat** *und* das Ornat (feierliche Amtstracht), des Ornat[e]s, die Ornate
die **Ornithologie** (Vogelkunde);
der Ornithologe; ornithologisch
das **Ort** (Ende der Abbaustrecke im Bergwerk), die Örter; vor Ort;
der **Ort**, die Orte; an Ort und Stelle;
von Ort zu Ort; höher[e]n Ort[e]s;
die Örtlichkeit; die Ortschaft;
das Ortsgespräch; die Ortskenntnis;
der Ortskern; die Ortszeit;
örtlich; ortsansässig; ortsfest; ortsfremd;
ortsgebunden, *aber* an den Ort gebunden;
ortskundig; ortsüblich;
orten, geortet; die Ortung
ortho- (richtig, recht-);
orthodox (recht-, strenggläubig);
die Orthographie (Rechtschreibung), *auch* Orthografie;
orthographisch, *auch* orthografisch;
der Orthopäde (Facharzt für Orthopädie);
die Orthopädie (Lehre und Behandlung von Fehlbildungen der Bewegungsorgane)
OS = Operating System (*EDV* Betriebssystem)
die **Öse**, die Ösen
die **Osmose** (Druckausgleich durch Übergang eines Lösungsmittels durch eine Membran);
osmotisch; osmotischer Druck
Ost ⟨O⟩; Ost und West;
Dresden Ost *und* Dresden-Ost;
der Osten; gen Osten;
der Nahe Osten; der Ferne Osten;
Ostasien; Osteuropa; die Ostsee;
die Ostfriesischen Inseln;
ostdeutsch; östlich; ostwärts
ostentativ (betont herausfordernd)
das **Osterfest**; österlich; Ostern; zu Ostern
Österreich; der Österreicher;
die Österreicherin; österreichisch
das **Östrogen** (ein weibl. Geschlechtshormon)
die **Oszillation** (Schwingung); der Oszillator;
oszillieren;
der Oszillograph, *auch* Oszillograf
der **O-Ton** (*Rundfunk, TV* Original-Ton)
der **Otter** (eine Marderart), die Otter
die **Otter** (eine Schlangenart), die Ottern
out [*aut*] (unmodern)
outen [*auten*] (jemanden öffentlich bloßstellen), geoutet
das **Outfit** [*autfit*] (Ausstattung, Äußeres)
der **Output** (Produktion[smenge]; Ergebnisse der EDV), die Outputs
der **Outsider** [*autßaider*] (Außenseiter)
die **Ouvertüre** (Eröffnung; Vorspiel)
oval (eirund); das Oval, die Ovale
die **Ovation** (Beifallskundgebung)
der **Overall** [*ouwerol*] (einteiliger [Arbeits]anzug), die Overalls
der **Overheadprojektor** [*owerhäd-*] (Bildwerfer für transparente Vorlagen), die Overheadprojektoren
der **Oxer** (Weidezaun; *Pferdesport* Hindernis)
das **Oxid** (Sauerstoffverbindung), die Oxide;
die Oxidation; oxidieren (Sauerstoff aufnehmen, verbrennen),
auch Oxyd, Oxydation, oxydieren
der **Ozean** (Teil des Weltmeeres), die Ozeane;
ozeanisch;
die Ozeanographie (Meereskunde), *auch* Ozeanografie
der **Ozelot** (eine amerikanische Raubkatze), des Ozelot[e]s, die Ozelote *und* Ozelots
das **Ozon** *und* der Ozon (giftiges Sauerstoffisotop); die Ozonkonzentration;
das Ozonloch; die Ozonschicht;
ozonhaltig

P

das **Paar; ein paar** ℹ; paaren, gepaart; sich paaren; paarig; die Paarung; paarweise; → das Pärchen
die **Pacht**; pachten; der Pächter
der **Pack** (Bündel), die Packe *und* Päcke, *und* der Packen, die Packen; das Pack *verächtlich für* Gesindel; das Päckchen, *aber* → Paket; die Packung; die 100-g-Packung; packen, gepackt; packend; das Packeis; das Packpapier
der **Pädagoge** (Erzieher), die Pädagogen; die Pädagogin; die Pädagogik; pädagogisch
das **Paddel**, die Paddel; paddeln, ich padd[e]le
paffen, gepafft
der **Page** [*pasche*] (Diener), die Pagen
die **Pagode** ([buddhistischer] Tempel), die Pagoden
das **Paket**, die Pakete, *aber* das Päckchen
der **Pakt** (Vertrag, Bündnis), die Pakte; paktieren
das **Palais** [*palä*] (Schloss), die Palais [*paläß*]; der Palast, die Paläste
das **Paläozoikum** (Erdaltertum)
das **Palaver** (endloses Gerede), die Palaver; palavern, palavert
die **Palette** (Mischbrett für Farben; reiche Auswahl; Transportplatte), die Paletten
die **Palisade** (Befestigungspfahl; Hindernis aus Pfählen), die Palisaden
die **Palme**, die Palmen; der Palmsonntag
die **Pampelmuse**, die Pampelmusen
das **Pamphlet** (Schmähschrift), die Pamphlete
pan- (gesamt-, ganz, all-)
der **Panda** (Kleinbär), die Pandas
das **Paneel** (Holztäfelung), die Paneele
die **Panflöte** *und* **Pansflöte** (Hirtenflöte)
panieren (in Semmelbröseln und Ei wenden), paniert; das Paniermehl
die **Panik** (die Vernunft lähmendes Erschrecken), die Paniken; die Panikmache; panisch
die **Pankreas** (Bauchspeicheldrüse)
die **Panne**, die Pannen; die Pannenhilfe
das **Panoptikum** (Kuriositätenkabinett), die Panoptiken
das **Panorama** (Rundblick), die Panoramen
panschen (planschen; verfälschend mischen), gepanscht; die Panscherei; *auch* pantschen, gepantscht
der **Pansen** (Magenteil bei Wiederkäuern), die Pansen
der **Panther** (schwarzer Leopard), die Panther, *auch* Panter
die **Pantinen** *Plur.* (Holzschuhe)
der **Pantoffel** (Hausschuh), die Pantoffeln
die **Pantomime** (Darstellung nur durch Gebärden), die Pantomimen; der Pantomime (Darsteller einer Pantomime), die Pantomimen; pantomimisch
der **Panzer**, die Panzer; panzern, gepanzert

das Paar, ein paar ℹ

Großschreibung

zwei zusammengehörende Personen, Tiere oder Dinge

das Paar, die Paare, *aber* das Pärchen;
das verlobte Paar; die tanzenden Paare;
ein Paar Strümpfe, Socken, Handschuhe;
ein Paar Schuhe, Stiefel, Pantoffeln

in Zusammensetzungen:
das Brautpaar; das Ehepaar;
das Meisterpaar; das Vogelpaar;
paarweise; paarlaufen

Kleinschreibung

einige, wenige, die jedoch nicht paarweise zusammengehören

ein paar Freunde; ein paar Zuschauer;
ein paar Regenwürmer; ein paar Hühner;
vor ein paar Tagen; mit ein paar Worten;
ein paar Münzen; die paar Pfennige;

ein paar hundert/Hundert Menschen;
ein paar Male; ein paar Mal, *auch* ein paarmal
ein paar Dutzend Mal[e], *auch*
ein paar dutzend Mal[e] ℹ Mal S. 142

der **Papa,** die Papas; der Papi
der **Papagei**, die Papageien
das **Paperback** [*peiperbäk*] (kartoniertes Buch), die Paperbacks
das **Papier**, die Papiere; das Papiergeld; der Papierkorb; das Papiertuch; papieren (aus Papier);
die **Pappe**, die Pappen; der Papp[en]deckel; das Pappmaschee, *auch* Pappmaché; das Papp-Plakat *und* das Pappplakat
die **Pappel**, die Pappeln; die Pappelallee
päppeln *ugs.* (gut füttern), ich päpp[e]le
der **Paprika** (ein Gewürz; ein Gemüse)
der **Papst** (Oberhaupt der katholischen Kirche), die Päpste; päpstlich
der **Papyrus** (Schilfgewächs; Schreibblatt; Schriftstück), die Papyri
par-, **para-** (bei, neben);
die **Parabel** (Gleichnis; Kegelschnittkurve), die Parabeln; parabolisch (parabelförmig); die Parabolantenne („Schüssel")
die **Parade**, die Paraden; das Paradebeispiel
die **Paradentose** *alt für* → Parodontose
das **Paradies**, die Paradiese; paradiesisch
das **Paradigma** (Muster; Beispiel), die Paradigmen; paradigmatisch
paradox ([scheinbar] widersinnig); das Paradox, die Paradoxe, *auch* das Paradoxon, die Paradoxa; die Paradoxie
das **Paraffin,** die Paraffine
der **Paragraph** ⟨§⟩, die Paragraphen ⟨§§⟩, *auch* der Paragraf, die Paragrafen
die **Parallaxe** (*Foto* Unterschied zwischen dem Bildausschnitt im Sucher und auf dem Film);
parallel (gleichlaufend, gleichgerichtet); parallel schalten; parallel laufen, *aber* parallel laufende *und* parallellaufende Linien; die Parallele, die Parallelen; der Parallelismus; die Parallelität; das Parallelogramm; die Parallelschaltung
die **Paralyse** (Lähmung); paralysieren
der **Parameter** (Bestimmungsgröße), die Parameter
paramilitärisch (halbmilitärisch)
die **Paranoia** (seelische Störung durch Wahnvorstellungen); paranoid; der Paranoiker
die **Paranuss**, die Paranüsse
paraphieren (vorläufig unterzeichnen); die Paraphierung
die **Paraphrase** (Umschreibung), die Paraphrasen; paraphrasieren
der **Parasit** (Schmarotzer), die Parasiten; parasitär; parasitisch
parat (bereit, fertig)
parataktisch (nebenordnend); die Parataxe (Nebenordnung [von Sätzen])

das **Pärchen**; → das Paar
der **Parcours** [*parkur*] (Hindernisbahn)
der **Pardon** *und* das Pardon [*pardong*] (Gnade)
die **Parenthese** (Klammer; eingeschobener Satz *bzw.* Satzteil); parenthetisch
der **Parforceritt** [parforß-] (Gewaltritt)
das **Parfüm** (Duftstoff), die Parfüme *und* das Parfum [*parföng*], die Parfums; parfümieren; die Parfümerie
parieren (Hieb abwehren; gehorchen)
die **Parität** (Gleichstellung); paritätisch
der **Park**, die Parks; parkartig
der **Parka** (warme Jacke mit Kapuze), die Parkas
parken, geparkt; die Parklücke; der Parkplatz; die Parkuhr; das Parkverbot; das Park-and-ride-System
das **Parkett**, die Parketts *und* Parkette
das **Parlament** (Volksvertretung), die Parlamente; der Parlamentarier (Abgeordneter); parlamentarisch
der **Parmesan** *kurz für* Parmesankäse
die **Parodie** (scherzhafte Nachahmung), die Parodien; parodieren; parodistisch
die **Parodontose** (Zahnfleischerkrankung), die Parodontosen, *auch alt* Paradentose
die **Parole** (Kennwort, Losung), die Parolen
Paroli bieten (Widerstand leisten)
das **Pars pro Toto** (*Stilfigur* ein Teil [stellvertretend] für das Ganze)
der **Part** (Anteil; Stimme), die Parts;
die **Partei**, die Parteien; parteiisch (nicht neutral, nicht objektiv); parteilich (im Sinne einer Partei)
das **Parterre** [*partär*] (Erdgeschoss), die Parterres; die Parterrewohnung; parterre wohnen
die **Partie** (Ausschnitt, Teil), die Parti|en; partiell (teilweise, anteilig);
die **Partikel,** *auch* Partikel ►280 (*grammatisch* nicht beugbares Wort), die Partikeln; das Partikel, die Partikel (*Physik* Teilchen), *auch* die Partikel, die Partikeln; partikular *und* partikulär (einzeln; nur als Teil [vorhanden])
der **Partisan** ([bewaffneter] Widerstandskämpfer), die Partisanen;
die **Partitur** (Zusammenstellung aller Stimmen einer Tondichtung);
das **Partizip** ►280 (das Mittelwort), die Partizipi|en; das Partizip Präsens ►280 (das Mittelwort der Gegenwart); das Partizip Perfekt ►280 (das Mittelwort der Vergangenheit); die Partizipation (Teilnahme); partizipieren, partizipiert;

der **Partner** (Teilhaber; Mitspieler), die Partner; die Partnerin; die Partnerschaft
partout [*partu*] (unbedingt)
die **Party** [*pati*] (geselliges Beisammensein), die Partys
die **Parzelle** (vermessenes Grundstück), die Parzellen; parzellieren
der **Pascha** (herrischer, bequemer Mann)
der **Pass** (Bergübergang; Ausweis; Ballabgabe), die Pässe; das Passbild; das Passwort; die Pass-Straße *und* die Passstraße; passabel (annehmbar); die Passage [*paßasche*] (Durchfahrt; Teil eines Textes), die Passagen; der Passagier (Fahrgast), die Passagiere; der Passant, die Passanten; der Passat (ein Tropenwind), die Passate
das **Passah**, *hebräisch* Pessach (jüdisches Fest zur Erinnerung an die Befreiung aus der Sklaverei; Vorläufer des christl. Osterfestes); das Passahfest
passee, *auch* passé (vergangen, vorbei)
passen, du passt, gepasst; passieren, passiert; der Passierschein
das **Passepartout** [*paspartu*] (Bildrahmen); der Passepartout (Hauptschlüssel)
die **Passion** (Leiden[sgeschichte]; Leidenschaft), die Passionen; passioniert; passiv (untätig); das Passiv ►280 (*grammat.* die Leideform); die Passiva (Schulden); die Passivität;
passivisch (das Passiv betreffend)
der **Passus** (Rede-, Textstelle), die Passus
die **Paste** *und* **Pasta** (streichbare Masse), die Pasten; pastös;
die **Pastete**, die Pasteten
das **Pastell** (mit Pastellfarben gemaltes Bild), die Pastelle; pastellfarben
pasteurisieren [*pastör-*] (durch Erhitzen haltbar machen), pasteurisiert
die **Pastille** (Kügelchen), die Pastillen
der **Pastor** (Seelsorger), die Pastoren; die Pastorin, die Pastorinnen; pastoral; das Pastorat
der **Pate** (Taufzeuge), die Paten; die Patin; die Patentante; die Patenschaft
patent (geschickt; geeignet); das Patent (Urkunde, Schutzrecht), die Patente; das Patentrezept; patentieren
der **Pater** (katholischer Ordensgeistlicher), die Pater *und* Patres
pathetisch (feierlich); das Pathos
die **Pathologie** (Lehre von den Krankheiten); pathologisch (zur Pathologie gehörend; krankhaft); der Pathologe
der **Patient**, die Patienten; die Patientin, die Patientinnen
die **Patina** (Edelrost auf Kupfer); patinieren

der **Patriarch** (Stammvater); das Patriarchat (Gesellschaftsform mit Vaterrecht); patriarchalisch
der **Patriot** (vaterländisch Gesinnter), die Patrioten; patriotisch; der Patriotismus
der **Patrizier** (vornehmer Bürger)
der **Patron** (Schutzherr), die Patrone; die Patrone (Kleinbehälter für Tinte, Film, Pulverladung), die Patronen
die **Patrouille** [*patrulje*] (Erkundung, Streife), die Patrouillen; patrouillieren
die **Patsche**; in der Patsche sitzen; patschen, du patschst; patsch[e]nass
das **Patt** (unentschiedene Situation, *z.B. beim Schachspiel*), die Patts; patt sein (in ein Patt geraten sein)
der **Patzer** *ugs.* (Fehler); patzig (frech)
die **Pauke**, die Pauken; pauken, gepaukt
pausbackig *und* **pausbäckig**
pauschal (alles zusammen); die Pauschale; der Pauschalpreis; der Pausch[al]betrag
die **Pause** (Ruhezeit), die Pausen; pausenlos; pausieren
die **Pause** (Durchzeichnung), die Pausen; pausen, gepaust; das Pauspapier
der **Pavian** (eine Affenart), die Paviane
der **Pavillon** [*pawiljong*] (Gartenhäuschen), die Pavillons
der **Pazifik**; pazifisch; der Pazifische Ozean; der Pazifist; die Pazifistin; der Pazifismus; pazifistisch (friedlich, gegen Krieg)
der **PC** = Personal Computer (persönlicher, privater Heimcomputer; *im engeren Sinn* IBM-kompatibler Computer)
das **Pech**; die Pechsträhne; der Pechvogel; pechschwarz; pechrabenschwarz
das **Pedal** (Fußhebel), die Pedale; die Pedale, die Pedalen (am Fahrrad)
der **Pedant**, die Pedanten; pedantisch (übertrieben genau)
die **Pediküre** (Fußpflege; Fußpflegerin)
der **Pegel** (Wasserstandsmesser), die Pegel; der Pegelstand
peilen (Richtung, Wassertiefe bestimmen); die Peilung
die **Pein**; peinigen, gepeinigt; der Peiniger; die Peinigung; peinlich; die Peinlichkeit
die **Peitsche**; peitschen, du peitschst
pekuniär (geldlich)
der **Pelikan** (ein Vogel), die Pelikane
die **Pelle**, die Pellen; die Pellkartoffel; pellen, du pellst, gepellt
der **Pelz**, die Pelze; die Pelzmütze; pelzbesetzt; pelzgefüttert; pelzig
das **Pendant** [*pangdang*] (ergänzendes Gegenstück), die Pendants;
das **Pendel**, die Pendel; die Pendeluhr; der Pendler; der Pendelverkehr; pendeln

penetrant (durchdringend; aufdringlich); die Penetranz
penibel (sehr genau, sorgfältig)
der **Penis** (männliches Glied), die Penisse
das **Penizillin** *fachsprachlich* Penicillin (ein Arzneimittel; Antibiotikum)
die **Penne** *ugs.* (Schule); der Pennäler *ugs.* (Schüler [einer höheren Schule])
pennen *ugs.* (schlafen); der Penner *ugs.* (Stadtstreicher)
die **Pension** [*pangsion*] (Ruhestand; Ruhegehalt; Fremdenheim); der Pensionär; das Pensionat (Internat für Mädchen); pensionieren; pensionsberechtigt
das **Pensum** (zugeteilte Arbeit), die Pensen
der **Pep** *nur Einzahl* (Schwung; Temperament)
die **Peperoni** *Plur.* (kleine Paprikaschoten)
per- (durch; mit); per Luftpost
perfekt (vollendet; abgemacht); das Perfekt ►280 (vollendete Gegenwart, zweite Vergangenheit); die Perfektion (Vollkommenheit); perfektionieren (vervollkommnen)
perfid *und* **perfide** (treulos; heimtückisch)
die **Perforation** (Durchbohrung, Durchlöcherung, Lochung [als Trennlinie]); perforieren, perforiert
das **Pergament** (alte Handschrift auf Leder), die Pergamente; das Pergamentpapier
die **Pergola** (Laube[ngang]), die Pergolen
peri- (um, herum)
die **Periode** (Umlauf[zeit], Zeitabschnitt; Menstruation; Satzgefüge), die Perioden; periodisch (regelmäßig wiederkehrend)
peripher (am Rande); die Peripherie (Umfang, Umkreis; Randgebiet), die Peripheri|en
das **Periskop** ([*U-Boot*] Rundblickfernrohr)
die **Perle**, die Perlen; perlen, es perlt; das Perlmutt *und* die Perlmutter
permanent (dauernd, anhaltend); die Permanenz
perplex (verwirrt; bestürzt)
die **Persiflage** [*persiflasche*] (Verspottung), die Persiflagen; persiflieren
die **Person**, die Personen; das Personal; die Personalien; der Personalausweis; personell (das Personal betreffend); die Personifikation (Vermenschlichung); personifizieren; persönlich (in eigener Person; selbst; direkt); die Persönlichkeit; das Personalpronomen ►280 (persönliches Fürwort)
die **Perspektive** (Raumsicht eines Beobachters bzw. deren Darstellung; Aussicht [für die Zukunft]), die Perspektiven; perspektivisch
die **Perücke** (Haarersatz), die Perücken
pervers (abartig; verkehrt); die Perversion; die Perversität; pervertieren
das **Pessar** (Verschluss zur Empfängnisverhütung), die Pessare
der **Pessimismus**; der Pessimist; pessimistisch
die **Pest** (eine Seuche); das Pestizid (Chemiegift gegen Schädlinge)
die **Petersilie** (ein Gewürzkraut)
die **Petition** (Bittschrift; Beschwerde), die Petitionen
das **Petroleum** (ein Erdölprodukt)
das **Petting** (erotisch-sexuelles Spielen)
in **petto** haben (bereithalten)
die **Petunie** (eine Zierpflanze), die Petunien
petzen (verraten), du petzt
Pf. = Pfennig
der **Pfad**, die Pfade; der Pfadfinder
der **Pfaffe** *abwertend für* Priester, die Pfaffen
der **Pfahl**, die Pfähle; der Pfahlbau
die **Pfalz** (Landesteil von Rheinland-Pfalz); der Pfälzer; pfälzisch; die Pfalz (Burganlage), die Pfalzen
das **Pfand**, die Pfänder; pfänden; die Pfändung; der Pfandbrief; die Pfandflasche
die **Pfanne**, die Pfannen; der Pfannkuchen
das **Pfarramt**; die Pfarre; die Pfarrei; der Pfarrer (Geistlicher), die Pfarrer
der **Pfau**, die Pfauen; das Pfauenauge
der **Pfeffer**; der Pfefferkuchen; die Pfefferminze; das Pfefferminz (Süßigkeit); pfeffern, gepfeffert; pfeff[e]rig
die **Pfeife**, die Pfeifen; Pfeife rauchen; der Pfeifenrauch; der Pfeifenraucher; pfeifen ⓘ 286, pfiff, gepfiffen; das Pfeifkonzert; der Pfeifton
der **Pfeil**, die Pfeile; pfeilschnell
der **Pfeiler**, die Pfeiler
der **Pfennig** ⟨Pf.⟩, die Pfennige, *aber* das kostet 50 Pfennig; der Pfennigfuchser; das Pfennigstück; pfenniggroß; pfennigweise
der **Pferch** (eingezäuntes Land), die Pferche; [ein]pferchen
das **Pferd**, die Pferde; zu Pferde; der Pferdefuß; die Pferdestärke ⟨PS⟩
der **Pfiff**, die Pfiffe
der **Pfifferling** (ein Pilz), die Pfifferlinge
pfiffig; die Pfiffigkeit; der Pfiffikus
das **Pfingsten**; das Pfingstfest; pfingstlich
der **Pfirsich**, die Pfirsiche
die **Pflanze**; pflanzen, du pflanzt, gepflanzt; der Pflanzer; pflanzlich; die Pflanzung
das **Pflaster**, die Pflaster; der Pflasterstein; pflastern, ich pflastere; pflastermüde

die **Pflaume**, die Pflaumen;
das Pflaumenmus; pflaumenweich
die **Pflege**; die Pflegeeltern;
pflegen ⓘ 286, pflegte, gepflegt;
pflegebedürftig; pflegeleicht;
der Pfleger; die Pflegerin; pfleglich;
die Pflegeversicherung; die Pflegschaft
die **Pflicht**, die Pflichten; pflichtbewusst;
pflichteifrig; pflichtgemäß;
pflichtschuldig; pflichttreu;
pflichtversichert; pflichtwidrig;
-pflichtig, *z. B.* steuerpflichtig;
die Pflichtversicherung
der **Pflock**, die Pflöcke
pflücken, gepflückt; der Pflücker
der **Pflug**, die Pflüge; die Pflugschar;
pflügen, gepflügt
die **Pforte**, die Pforten; der Pförtner
der **Pfosten**, die Pfosten; der Pfostenschuss
die **Pfote**, die Pfoten; das Pfötchen
der **Pfriem** (ein Werkzeug), die Pfrieme
der **Pfropf**, die Pfropfe; pfropfen;
der Pfropfen, die Pfropfen
die **Pfründe** (Amt mit Einnahmen ohne Gegenleistung)
der **Pfuhl** (schlammiger Teich; Sumpf)
pfui!; pfui *und* Pfui rufen; der Pfuiruf
das **Pfund** ⟨Pfd.⟩, die Pfunde, *aber*
drei Pfund Mehl; pfundig; pfundweise;
-pfündig, *z. B.* achtpfündig, 8-pfündig
der **Pfusch**; der Pfuscher; die Pfuscherei;
pfuschen, du pfuschst
die **Pfütze**, die Pfützen
der **Phallus** (männliches Glied),
die Phalli *und* Phallen, *auch* Phallusse
das **Phänomen** (Erscheinung), die Phänomene;
phänomenal (außerordentlich)
die **Phantasie** → Fantasie; phantastisch;
das Phantom (Trugbild), die Phantome
der **Pharao** (altägyptischer Herrscher),
die Pharaonen
der **Pharisäer**, *hebräisch* Parusch (jüdischer Schriftgelehrter zur Zeit Jesu), die Pharisäer
der **Pharmazeut** (Arzneimittelkundiger),
die Pharmazeuten; pharmazeutisch;
die Pharmazie; die Pharmaindustrie
die **Phase**, die Phasen; -phasig, *z. B.* dreiphasig
phil- (-liebend); die Philatelie (Briefmarkenkunde); der Philatelist;
die Philharmonie; der Philharmoniker;
der Philologe (Sprach-, Literaturforscher),
die Philologen; philologisch;
der Philosoph, die Philosophen;
die Philosophie; philosophisch
das **Phlegma** (Trägheit, Gleichgültigkeit);
der Phlegmatiker; phlegmatisch
der **Phlox** *und* die Phlox (eine Zierpflanze)
die **Phobie** (krankhafte Angst), die Phobien
-phon, *auch* -fon (laut);
stereophon, *auch* stereofon;
das Phon (Maßeinheit für Lautstärke),
auch Fon; die Phonetik (Lautlehre), *auch*
Fonetik; phonetisch, *auch* fonetisch
das **Phosphat** (Salz der Phosphorsäure),
die Phosphate;
der Phosphor (chemischer Grundstoff);
Photo..., photo... → Foto
die **Phrase** (leere Redensart), die Phrasen;
phrasenhaft (nichtssagend)
phrenetisch (wahnsinnig); → frenetisch
der **pH-Wert** (Säuregrad einer Lösung)
die **Physik**; der Physiker; physikalisch;
physisch (natürlich, körperlich);
die Physiognomie (äußere Erscheinung;
Gesichtsausdruck); physiognomisch;
die Physiologie (Lehre von den Lebensvorgängen); physiologisch
der **Pianist** (Klavierspieler); die Pianistin;
das Piano (Klavier), die Pianos;
piano ⟨p⟩ (leise)
die **Picke** (Spitzhacke), die Picken
der **Pickel**, die Pickel; pick[e]lig
picken, gepickt
das **Picknick** (Essen im Freien), die Picknicks;
picknicken, gepicknickt
Pico- *und* **Piko**- (das Billionstel, 10^{-12})
piekfein *ugs.* (sehr fein, gut angezogen)
der **Piep**, *auch* Pieps; piepen, es piept;
piepsen, du piepst; piepsig; der Piepser
der **Pier** *und* die Pier (Landungsbrücke)
piesacken *ugs.* (ärgern, quälen)
die **Pietät** (frommer Respekt); pietätlos
das **Pigment** (Farbkörper), die Pigmente;
pigmentlos; pigmentieren
das **Pik** (Spielkartenfarbe); das Pikass/Pik-Ass;
der Pik (Bergspitze); pikant (scharf, reizvoll);
die Pikanterie (reizvoll Anzügliches)
die **Pike** (Spieß); von der Pike auf;
piken *und* piksen *ugs.* (stechen)
pikieren (Jungpflanzen in größerem Abstand neu pflanzen), pikiert (gekränkt)
Piko- → Pico-
das **Piktogramm** (Bildzeichen)
der **Pilger**, die Pilger;
pilgern, ich pilgere, gepilgert
die **Pille**, die Pillen; pillenförmig
der **Pilot**, die Piloten; die Pilotanlage
das **Pils** *kurz für* Pilsener (eine Biersorte)
der **Pilz**, die Pilze
das **Piment** *und* der Piment (ein Gewürz)
der **Pin**, die Pins; die Pinnwand; pinnen
die **PIN** = personal identification number (persönliche Geheimzahl), die PINs
pingelig *ugs.* (übertrieben genau)
der **Pinguin**, die Pinguine
die **Pinie**, die Pinien; der Pinienkern

pink (rosa); pinkfarben; das Pink; in Pink
pinkeln *ugs.* (urinieren)
die **Pinne** (Stift; Teil des Ruders), die Pinnen
der **Pinsel**, die Pinsel; pinseln, ich pins[e]le
die **Pinzette**, die Pinzetten
der **Pionier** (Vorkämpfer; Soldat der technischen Truppe), die Pioniere
die **Pipeline** [*paiplain*] (Rohrleitung), die Pipelines
die **Pipette** (Saugröhrchen), die Pipetten
der **Pirat** (Seeräuber), die Piraten
der **Pirol** (ein Singvogel), die Pirole
die **Pirouette** [*piruette*] (Drehung [um die eigene Achse]), die Pirouetten
die **Pirsch** (Einzeljagd); pirschen, gepirscht
die **Pistazie** (ein Strauch, Baum der Mittelmeerländer; dessen Frucht), die Pistazien
die **Piste** (Schistrecke; Landebahn), die Pisten
die **Pistole** (eine Schusswaffe), die Pistolen
pitschenass *und* **pitschnass**
pittoresk (malerisch)
der **Pixel** (*EDV* [kleinster] Bildpunkt), die Pixel
die **Pizza**, die Pizzas *und* Pizzen; die Pizzeria, die Pizzerias *und* Pizzerien
der **Pkw** *und* **PKW**, die Pkws *und* PKWs (Personenkraftwagen); der Pkw-Fahrer *und* PKW-Fahrer
das **Placebo** (Medikament ohne Wirkstoff), die Placebos; der Placebo-Effekt
plädieren ([mündlich] verteidigen, eintreten für); das Plädoyer [*plädoaje*], die Plädoyers
die **Plage**, die Plagen; plagen, geplagt
das **Plagiat** (Diebstahl geistigen Eigentums), die Plagiate
das **Plakat**, die Plakate; plakativ; die Plakette, die Plaketten
der **Plan**, die Pläne; planen, geplant; planlos; planmäßig; planvoll; plan (flach, eben); planieren (einebnen); plan schleifen *und* planschleifen
die **Plane** (Decke), die Planen; der Planwagen
der **Planet**, die Planeten; das Planetensystem; planetarisch; der Planetoid (Kleinplanet)
die **Planke** (dickes Brett, Bohle), die Planken
das **Plankton** (Kleinlebewesen im Meer)
das **Planschbecken** *und* **Plantschbecken**; planschen *und* plantschen
die **Plantage** [*plantasche*], die Plantagen
plappern, ich plappere, du plapperst
plärren *ugs.*, du plärrst, geplärrt
das **Plasma** (Zell-, Blutbestandteil; ionisiertes Gas), die Plasmen
das **Plastik** (Kunststoff); die Plastik (Bildhauerwerk), die Plastiken; plastisch (körperlich; anschaulich; knetbar)
die **Platane** (ein Laubbaum), die Platanen
das **Plateau** [*plato*] (Hochfläche), die Plateaus
das **Platin** (ein Edelmetall)
die **Platine** (dünne Platte [für elektronische Schaltungen]), die Platinen
platonisch (von Plato; nicht sinnlich); die platonische Liebe
platschen; platschnass; plätschern
platt; plattdeutsch; das Plattdeutsche; die Plattform; der Plattfuß; plattfüßig; die Platte; der Plattenspieler; plätten; plattmachen (zerstören); platt drücken *und* plattdrücken
die **Plattitüde** (nichtssagende Redensart), *auch* die Platitude
der **Platz**, die Plätze; ein Plätzchen; Platz finden, machen, nehmen; Platz sparende *und* platzsparende Regale;
platzieren (auf einen Platz stellen); sich platzieren (*Sport* einen guten Platz erreichen), platziert; die Platzierung
platzen, du platzt; einen Luftballon platzen lassen, *aber* den Termin platzen lassen/platzenlassen; der Platzregen; die Platzwunde
die **Plauderei**; plaudern, ich plaudere; der Plauderton
der **Plausch** (gemütliches Gespräch); plauschen
plausibel (verständlich; annehmbar)
das **Play-back** [*pleibäk*] (Einmischen, -blenden von vorgefertigten Bild-, Tonaufnahmen), die Play-backs, *auch* Playback, Playbacks
die **Plazenta** (Mutterkuchen), die Plazentas *und* Plazenten
das **Plazet** (Bestätigung, Erlaubnis), die Plazets
das **Plebiszit** (Volksabstimmung), des Plebiszit[e]s, die Plebiszite
pleite; die Pleite; so eine Pleite! (Reinfall);

pleite, Pleite + Verb
Getrennt zu schreiben:
pleite sein, pleite werden, Pleite machen
Trennbare Zusammensetzung:
pleitegehen,
das Geschäft geht/ging pleite,
damit es nicht pleitegeht,
als es pleiteging, es ist pleitegegangen,
es ist in Gefahr pleitezugehen

die **Plenarversammlung** (Vollversammlung); das Plenum (alle Versammelten)
der **Pleuel** (Schubstange), die Pleuel
das **Plissee**, die Plissees; plissieren
die **Plockwurst** (eine Dauerwurst)
die **Plombe**, die Plomben; plombieren
das **Plot** (Handlung [eines Dramas, Romans, Films]), die Plots;
der **Plotter** (*EDV* programmgesteuertes Zeichengerät, Vektordrucker)
die **Plötze** (ein Fisch), die Plötzen
plötzlich; mit einer Plötzlichkeit

p P

plump; die Plumpheit; plumpsen
der **Plunder**; plündern, ich plündere; der Plünd[e]rer; die Plünderung
der **Plural** ⟨Plur.⟩ ►280 (die Mehrzahl), die Plurale; die Pluralbildung; pluralistisch (vielgestaltig); der Pluralismus
plus (und, zuzüglich; positiv); plus 20 Grad; zwei plus drei ist fünf; das Plus (Überschuss, Vorteil); der Pluspol; der Pluspunkt; das Plusquamperfekt ►280 (die vollendete Vergangenheit)
der **Plüsch**; das Plüschsofa; das Plüschtier
plustern; aufgeplustert
der **Pluto** (ein Planet); das Plutonium (giftiges künstliches Element)
PLZ = Postleitzahl
p. m. ⟨‰⟩ = pro mille, Promille
pneumatisch (durch Luft bewirkt)
der **Po** *ugs. kurz für* Popo (Gesäß; Hintern)
der **Pöbel** (Gesindel); pöbelhaft; pöbeln
pochen, gepocht
die **Pocken** *Plur.* (eine Infektionskrankheit); die Pockenimpfung
die **Pocketkamera** (Taschenkamera)
das **Podest** (Treppenabsatz), die Podeste; das Podium (bühnenartige Erhöhung), die Podi|en
die **Poesie** (Dichtung, Dichtkunst), die Poesi|en; der Poet, die Poeten; die Poetik; poetisch (dichterisch)
der **Pogrom** *und* das Pogrom (gewalttätige Verfolgung von Minderheiten), die Pogrome
die **Pointe** [*poängte*] (springender Punkt), die Pointen; pointieren (betonen)
der **Pokal** (Trinkgefäß; Siegespreis), die Pokale; das Pokalspiel
das **Pökelfleisch**; pökeln (einsalzen)
das **Poker** (ein Kartenglücksspiel); pokern
der **Pol** (Drehpunkt; Bezugspunkt), die Pole; polar; das Polargebiet; der Polarkreis; die Polarisation (deutliches Hervortreten von Gegensätzen); polarisieren
der **Polder** (eingedeichtes Land), die Polder
die **Polemik** (unsachlicher geistiger Angriff), die Polemiken; polemisch; polemisieren
Polen; der Pole; die Polin; polnisch
die **Police** [*polißе*] (Versicherungsschein), die Policen; die Versicherungspolice
der **Polier** (Bauführer), die Poliere;
polieren (glätten; glänzend machen); die Politur
die **Poliklinik** (Krankenhaus[abteilung] zur ambulanten Behandlung)
die **Polio** *kurz für* Poliomyelitis (Kinderlähmung)
die **Politesse** (Hilfspolizistin), die Politessen;
die **Politik**; der Politiker; die Politikerin; politisch; das Politikum (Vorgang von öffentlicher Bedeutung); die Politisierung;
die **Polizei**; polizeilich; die Polizeibeamten; der Polizist; die Polizistin
der **Pollen** (Blütenstaub), die Pollen
die **Polka** (ein Tanz), die Polkas
die **Polonäse** (ein [Eröffnungs]tanz), die Polonäsen, *auch* die Polonaise
das **Polster**, die Polster; polstern; die Polsterung
der **Polterabend**; poltern, ich poltere; poltrig
poly- (viel-); das Polyäthylen, *fachsprachlich* Polyethylen ⟨PE⟩; der Polyp (Meerestier; Geschwulst), die Polypen; polyglott (vielsprachig); polyphon (mehrstimmig), *auch* polyfon; polytechnisch (viele Zweige der Technik umfassend)
die **Pomade** (Frisier-, Haarfett), die Pomaden; pomadig
die **Pomeranze** (eine Zitrusfrucht)
die **Pommes frites** *Plur.* [*pomfrit*]
der **Pomp** (Prunk; großartiges Auftreten); pompös
der **Ponton** [*pongtong*] (schwimmende Brücke)
das **Pony** (kleinwüchsiges Pferd), die Ponys; der Pony (Teil einer Frisur)
der **Pool** [*pul*] *kurz für* Swimmingpool, die Pools
der **Pop** *kurz für* Popmusik, Pop-Art; die Pop-Art (moderne Kunstrichtung); poppig (auffallend bunt)
der **Popanz** (Vogelscheuche; vom Willen anderer Abhängiger), die Popanze
popelig *und* **poplig** *ugs.* (armselig)
popeln, ich pop[e]le *ugs.*
poppig (auffallend [bunt]); poppige Farben
populär (beliebt, allgemein verständlich); die Popularität
die **Pore**, die Poren; porentief; porös
der **Porno** *kurz für* pornografischer, pornographischer, unzüchtiger Film, Roman, die Pornos; die Pornografie, *auch* Pornographie
der **Porree** (Lauch)
der **Portabel**, *auch* das Portable [*potabel*] (tragbares Fernsehgerät), die Portabels
das **Portal** (Haupteingang, prunkvolles Tor), die Portale
der **Portier** [*portje*] (Pförtner), die Portiers
die **Portion** [*porzjon*], die Portionen; portionieren, portioniert
das **Portmonee** (Geldbörse), die Portmonees, *auch* das Portemonnaie, die Portemonnaies
das **Porto**, die Portos *und* Porti; portopflichtig
das **Porträt** [*porträ*], die Porträts; der Porträtmaler; porträtieren

Portugal; der Portugiese; portugiesisch
der **Portwein** (ein Süßwein)
das **Porzellan**, die Porzellane
die **Posaune**, die Posaunen; posaunen, posaunt; der Posaunist
die **Pose** (gekünstelte Haltung), die Posen; posieren; die Positur (Haltung, Stellung);
die **Position** (Stellung, Lage), die Positionen; **positiv** (bejahend, zutreffend, gewiss); das Positiv (seitenrichtiges Foto), die Positive; der Positiv ► 280 (Grundstufe, nicht gesteigerte Form des Adjektivs);
die **Positur** (Haltung, Stellung), die Posituren
die **Posse** (derbkomisches Bühnenstück), die Possen; possierlich
possessiv (besitzanzeigend); das Possessivpronomen ► 280 (besitzanzeigendes Fürwort)
die **Post**; das Postamt, die Postämter; das Postgirokonto; die Postleitzahl ⟨PLZ⟩; postlagernd; postwendend; postalisch (die Post betreffend);
der **Posten**, die Pos|ten; Posten stehen; das Pöst|chen; postieren
der **Poster** *und* das Poster [*poster*], die Poster
posthum *und* **postum** (nach dem Tode)
das **Postskript** ⟨PS⟩ (Nachtrag unter einem Brief, einem Schreiben), die Postskripte *und* das Postskriptum, die Postskripta
das **Postulat** (Forderung), die Postulate; postulieren
potent (mächtig, vermögend); das Potenzial, die Potenziale, *auch* das Potential, die Potentiale; potenziell, *auch* potentiell (möglich); die Potenz (Leistungs-, Zeugungsfähigkeit; Produkt aus gleichen Faktoren), die Potenzen; potenzieren
das **Potpourri** (kunterbunte Zusammenstellung), die Potpourris
der **Pott** (*ugs.* Topf, Schiff), die Pötte
potthässlich *ugs.*
der **Pottwal**, die Pottwale
die **Poularde** [*pularde*] (Masthuhn)
die **Power** [*pauer*] (Kraft, Elan; Lautstärke)
PR = Public Relations (Werbung)
prä- (vor-)
die **Präambel** (Einleitung, Vorwort), die Präambeln
die **Pracht**; das Prachtstück; prächtig; prachtvoll
die **Prädestination** (Vorherbestimmung); prädestiniert (vorherbestimmt; wie geschaffen [für etwas])
das **Prädikat** ► 280 (Auszeichnung; *grammatisch* Satzaussage), die Prädikate; das Prädikatsnomen ► 280; prädikativ
die **Präferenz** (Vorliebe; Vorrang)
das **Präfix** ► 281 (die Vorsilbe), die Präfixe
prägen, geprägt; die Prägung
pragmatisch (auf die Sache bezogen); die Pragmatik; der Pragmatiker
prägnant (kurz und gut [gesagt]); die Prägnanz
prähistorisch (vorgeschichtlich)
prahlen; die Prahlerei; prahlerisch
die **Praktik** (Handhabung, Verfahren), die Praktiken; der Praktikant (praktisch Auszubildender), die Praktikanten; die Praktikantin; der Praktiker; das Praktikum (praktische Übungen für den späteren Beruf), die Praktika; praktisch; praktikabel (zweckmäßig; brauchbar); praktizieren (tätig sein)
die **Praline**, die Pralinen, *auch* das Praliné
prall; prallen, geprallt; prallvoll
das **Präludium** (*Musik* Vorspiel), die Präludien
die **Prämie**, die Prämien; prämienbegünstigt; prämieren (auszeichnen), prämiert, *auch* prämiieren, prämiiert
die **Prämisse** (Voraussetzung), die Prämissen
prangen
der **Pranger**; an den Pranger stellen
die **Pranke** (Tatze eines Raubtieres)
das **Präparat**, die Präparate; präparieren
die **Präposition** ► 281 (das Verhältniswort), die Präpositionen; das Präpositionalobjekt ► 281
die **Prärie** (Grassteppe), die Prärien
das **Präsens** ► 281 (*grammatisch* die Gegenwart); präsent (anwesend, gegenwärtig); die Präsenz (Anwesenheit);
das **Präsent** (Geschenk), die Präsente; präsentieren; präsentabel
das **Präservativ** (Verhütungsmittel), *kurz* der Präser
der **Präsident**, des Präsidenten, die Präsidenten; das Präsidium, die Präsidien; präsidial; präsidieren
prasseln, es prasselt
prassen, er prasst; die Prasserei
prätentiös (anspruchsvoll, anmaßend)
das **Präteritum** ► 281 (*grammatisch* die Vergangenheit)
die **Prävention** (Zuvorkommen; *Strafrecht* Vorbeugung); präventiv (vorbeugend, verhütend)
die **Praxis**, die Praxen; praxisfremd; praxisgerecht; praxisnah; praxisverbunden
der **Präzedenzfall** (beispielgebender Fall)
präzis *und* **präzise** (genau, pünktlich); präzisieren; die Präzision
predigen, gepredigt; der Prediger; die Predigt, die Predigten

P

der **Preis**, die Preise; das Preisausschreiben;
die Preislage; der Preisträger;
das Preis-Leistungs-Verhältnis;
preisen ⓘ 286, pries, gepriesen, du preist;
preisbewusst; preisgebunden; preisgekrönt;
preisgünstig; preislich; preiswert
die **Preiselbeere**
die **Preisgabe**; preisgeben (aufgeben),
du gibst preis, was du preisgibst,
preisgegeben, preiszugeben
prekär (bedenklich, misslich)
sich **prellen**, geprellt; die Prellung;
der Prellball; prellen (betrügen)
das **Prélude** [*prelüd*] *frz. für* → Präludium
die **Premiere** (Erstaufführung), die Premieren;
der Premierminister [*premje-*],
kurz der Premier
der **Presbyter** (Gemeindeältester; Priester;
Angehöriger des Kirchenvorstands),
die Presbyter; das Presbyterium
die **Presse** (Pressgerät; Zeitungswesen),
die Pressen; die Presseagentur;
pressen, er presst; die Pressluft;
pressieren (eilig sein), es pressiert
das **Prestige** [*prestisch*] (Geltung, Ansehen)
Preußen; der Preuße; preußisch
preziös *alt* (kostbar), *auch* pretiös
prickeln; prickelnd
der **Priel** (Wasserablauf im Watt), die Priele
der **Priester**, die Priester; priesterlich
prima (sehr gut); der Primaner;
primär (ursprünglich, die Grundlage
bildend); die Primärenergie; der Primat
die **Primel** (eine Blume), die Primeln
primitiv (urtümlich, einfach, dürftig);
die Primitivität
die **Primzahl** (nur durch 1 oder sich selbst
teilbare Zahl)
der **Prinz**, die Prinzen;
die Prinzessin, die Prinzessinnen;
das **Prinzip** (Grundlage, Grundsatz), die
Prinzipi|en; prinzipiell (grundsätzlich)
der **Prior** ([Kloster]oberer); die Priorität
(Vorrang, Vorrecht), die Prioritäten
die **Prise** (kleine Menge), die Prisen
das **Prisma**, die Prismen
die **Pritsche** (hölzerne Liege), die Pritschen
privat; privatisieren; privatrechtlich;
privatwirtschaftlich; sich privat versichern,
ich bin privat versichert, *aber* privat
versicherte *und* privatversicherte Patienten;
Privat- und öffentliche Mittel, *aber*
öffentliche und Privatmittel;
die Privatadresse; das Privateigentum;
das Privatleben; die Privatperson;
die Privatversicherung; die Privatisierung
das **Privileg** (Vor-, Sonderrecht),
die Privilegien; privilegieren, privilegiert

pro, Pro- (für, vor-); pro Kopf; pro Stück;
das Pro und Kontra; der Pro-Kopf-Verbrauch
der **Proband** (Versuchsperson), die Probanden
probat (bewährt, erprobt), probate Mittel
die **Probe**, die Proben; die Probefahrt;
Probe fahren; proben, geprobt;
probeweise; probieren, probiert;
probieren geht über studieren *oder*
Probieren geht über Studieren
das **Problem**, die Probleme;
die Problemlösung; die Problematik;
problematisch; problemlos
das **Procedere** (Vorgehensweise) *nur Einzahl*,
auch Prozedere
das **Produkt** (Erzeugnis, Ergebnis),
die Produkte; die Produktion (Herstellung);
produktiv (ergiebig; schöpferisch);
die Produktivität; der Produzent
(Hersteller); produzieren;
sich produzieren (sich darstellen)
profan (weltlich; alltäglich)
professionell (berufsmäßig);
die Professionalität; der Professor ⟨Prof.⟩;
die Professorin, *aber* Frau Professor;
professoral; die Professur;
der Profi *kurz für* Professional, die Profis;
das Profigeschäft; profihaft
das **Profil** (Seitenansicht), die Profile;
sich profilieren, profiliert; profillos
der **Profit** (Gewinn, Nutzen), die Profite;
Profit bringende *und* profitbringende Jobs;
die Profitgier; das Profitstreben;
profitieren (Vorteil haben); profitabel
pro forma (der Form wegen, zum Schein);
die Pro-forma-Abstimmung
profund (gründlich), profunde Kenntnisse
die **Prognose** (Vorhersage), die Prognosen;
prognostisch; prognostizieren
das **Programm** (Plan; Software für Computer),
die Programme; programmatisch
(programmgemäß; vorbildlich);
programmieren; programmierbar;
programmgesteuert; der Programmierer
die **Progression**; progressiv (stufenweise
fortschreitend; fortschrittlich)
das **Projekt** (Entwurf, Vorhaben), die Projekte;
projektieren; das Projektil (Geschoss);
die Projektion (Übertragung eines Bildes
[auf eine Bildfläche]), die Projektionen;
der Projektor; projizieren
die **Proklamation** (Bekanntmachung; Aufruf),
die Proklamationen; proklamieren
der **Pro-Kopf-Verbrauch**
die **Prokura** (Handlungsvollmacht), die
Prokuren; der Prokurist, die Prokuristen
der **Prolet**, die Proleten; das Proletariat
(die Besitzlosen, Unselbständigen, Ab-
hängigen); der Proletarier; proletarisch

der **Prolog** (Vorwort; Vorspiel), die Prologe
die **Promenade** (Spaziergang, Spazierweg), die Promenaden; promenieren
pro mille ⟨v. T.; p. m.; ‰⟩ (vom Tausend); das Promille, die Promille; 0,8 Promille
prominent (hervorragend, bedeutend, berühmt); der Prominente; die Prominenz
promovieren (den Doktortitel erlangen); die Promotion (Verleihung der Doktorwürde); die Promotion [*promoschen*] (Verkaufsförderung)
prompt (sofort, unverzüglich)
das **Pronomen** ►281 (das Fürwort), die Pronomen *und* Pronomina; pronominal
die **Propaganda** (Beeinflussung); propagandistisch; propagieren (für etwas werben; etwas befürworten)
das **Propangas**
der **Propeller**, die Propeller
proper (sauber und ordentlich)
der **Prophet** (Weissager), die Propheten; prophetisch (voraussehend); prophezeien (weissagen, voraussagen); die Prophezeiung
prophylaktisch (vorbeugend, verhütend); die Prophylaxe (Vorbeugung; Verhütung [von Krankheiten])
die **Proportion** ([Größen]verhältnis; Ebenmaß), die Proportionen; proportional (verhältnismäßig, im gleichen Verhältnis stehend); proportioniert; gut proportioniert; der Proporz (proportionale Verteilung von Ämtern *u. Ä.*)
proppenvoll *ugs. für* sehr voll, übervoll
der **Propst**, die Pröpste; die Propstei
die **Prosa** (Sprache in ungebundener Form); die Prosadichtung; der Prosatext; prosaisch (sachlich nüchtern)
prosit! (wohl bekomms!); das Prosit (Zutrunk); prost!
der **Prospekt**, die Prospekte; prospektiv
prosperieren (gut gedeihen); die Prosperität (Wohlstand)
die **Prostata** (Vorsteherdrüse), die Prostatae
sich **prostituieren** (sich sexuell verkaufen, für Geld preisgeben); die Prostituierte; die Prostitution
der **Protagonist** (Vorkämpfer), die Protagonisten; protagonistisch
der **Protegé** [*protesche*] (Günstling), des Protegés, die Protegés; protegieren (schützen, begünstigen)
das **Protein** (Eiweißstoff), die Proteine
die **Protektion** (Schutz, Begünstigung, Förderung); protektionistisch; das Protektorat (Schutzherrschaft; Schutzgebiet); der Protektor

der **Protest**, die Proteste; protestieren (Einspruch erheben); der Protestant, die Protestanten; protestantisch
die **Prothese** (künstliches [Ersatz]glied; Zahnersatz), die Prothesen; prothetisch
das **Protokoll** (Bericht, Beurkundung von Aussagen), die Protokolle; der Protokollant; protokollarisch ([durch Protokoll] festgelegt); protokollieren (ein Protokoll aufnehmen)
das **Proton** (positiv geladenes Elementarteilchen [im Atom]), die Protonen
der **Prototyp** (Urbild, Muster), die Prototypen
protzen, du protzt; protzig
die **Provenienz** (Herkunft), die Provenienzen
der **Proviant** (Verpflegung, Wegzehrung)
die **Provinz** (Landesteil; rückständige Gegend), die Provinzen; die Provinzstadt; provinziell
die **Provision** (Vergütung), die Provisionen;
provisorisch (vorläufig, behelfsmäßig); das Provisorium, die Provisorien
provokant (herausfordernd); provokativ *und* provokatorisch; der Provokateur [*provokatör*]; die Provokation ([aufwiegelnde] Herausforderung), die Provokationen; provozieren
das **Prozedere** → Procedere
die **Prozedur** ([schwieriges] Verfahren), die Prozeduren
das **Prozent** ⟨%; v. H.; p. c.⟩ (vom Hundert; Hundertstel), die Prozente, *aber* 8 Prozent; eine achtprozentige, 8-prozentige, 8%ige, 8%-Anleihe; der Prozentsatz; der Prozentwert; prozentual, *auch* prozentuell
der **Prozess** (Verlauf; Gerichtsverfahren), die Prozesse; prozessieren (einen Prozess führen); prozessbevollmächtigt; die Prozession (kirchlicher Umzug), die Prozessionen; der Prozessor (*EDV* Zentralchip im Computer), die Prozessoren
prüde ([erotisch, sexuell] zimperlich); die Prüderie
prüfen; der Prüfer; der Prüfling; die Prüfung; die Prüfungsangst; die Prüfungskommission
der **Prügel** (Stock), die Prügel; die Prügel *ugs. Plur.* (Schläge); die Prügelei; der Prügelknabe; prügeln, ich prüg[e]le, geprügelt
der **Prunk**; prunken, geprunkt; prunkvoll
prusten, geprustet
PS = Pferdestärke; Postskriptum
der **Psalm** (geistliches Lied), die Psalmen; der Psalter (Buch der Psalmen im A. T.)

pseudo-, **Pseudo-** (falsch, unecht, Schein-); pseudonym (unter Decknamen [verfasst]); das Pseudonym, die Pseudonyme
die **Psyche** (Seele), die Psychen; psychisch; der Psychiater (Seelenarzt); die Psychiatrie; die Psychoanalyse (Untersuchung, Behandlung seelischer Störungen); die Psychologie (Seelenkunde); psychopathisch (seelisch krank); psychosomatisch; die Psychotherapie (seelische Heilbehandlung)
die **Pubertät** (Zeit der eintretenden Geschlechtsreife); pubertär; pubertieren
die **Publicity** [*pablissiti*] (Bekanntsein in der Öffentlichkeit; Reklame); die Public Relations ⟨PR⟩ [*pablikrileschns*] (Öffentlichkeitsarbeit); publik (allgemein bekannt); publik machen *und* publikmachen; die Publikation (Veröffentlichung); publizieren (veröffentlichen); der Publizist (Journalist); die Publizistik
das **Publikum** (Zuhörer-, Zuschauerschaft); der Publikumserfolg; publikumswirksam
der **Puck** (*Eishockey* Spielball), die Pucks
der **Pudding** (eine Süßspeise), die Puddings; das Puddingpulver
der **Pudel**, die Pudel; pudelnass; pudelwohl
der **Puder**, die Puder; der Puderzucker; pudern, gepudert
der **Puff** (Stoß), die Püffe; der Puffmais; der Puffer (Vorrichtung zur Stoßminderung; Pfannkuchen); die Pufferzone; puffern, gepuffert
der **Pulk** (Anhäufung, Schwarm), die Pulks
der **Pulli** *kurz für* Pullover, die Pullis; der Pullover, die Pullover
die **Pulpa** (weicher Teil des Zahns), die Pulpae
der **Puls** (Aderschlag; Pulsader); pulsen; pulsieren; der Pulsschlag
das **Pult**, die Pulte
das **Pulver**, die Pulver; das Pülverchen; das Pulverfass; pulverig *und* pulvrig; pulvertrocken; pulverfein; pulverisieren
der **Puma** (eine Großkatze), die Pumas
pummelig *und* **pummlig**
der **Pump**; auf Pump leben
die **Pumpe**, die Pumpen; pumpen, du pumpst
der **Pumpernickel** (westfälische Brotsorte)
die **Pumps** *Plur.* [pömps] (Damenschuhe ohne Verschluss)
der **Punker** [*panker*] (durch sein Aussehen protestierender Jugendlicher)
der **Punkt** ⓘ 308 f. ⟨Pkt.⟩, die Punkte; Punkt acht Uhr; das Pünktchen; der i-Punkt; das Punkt[e]spiel; die Punktwertung; punktgenau; punktgleich; punktschweißen; punktieren; die Punktur; punktuell; **pünktlich**; die Pünktlichkeit
der **Punsch** (ein alkoholisches Getränk)
die **Pupille** (Sehöffnung im Auge), die Pupillen
die **Puppe**, die Puppen; das Püppchen
pur (rein, unvermischt); die pure Neugier; Wodka pur;
das **Püree** (Brei), die Pürees; pürieren (zu Brei machen), püriert
das **Purim** (jüdisches Freudenfest zur Erinnerung an die Rettung durch Ester)
der **Puritaner** (übertrieben sittenstrenger Mensch); puritanisch
der **Purpur** (roter [Farb]stoff); purpurfarben *und* purpurfarbig; purpurn; purpurrot
purzeln, ich purzele; der Purzelbaum
pusseln (herumbasteln; sich mit Kleinigkeiten aufhalten), ich puss[e]le; puss[e]lig
die **Puste**; aus der Puste (außer Atem); pusten, er pustet, gepustet
die **Pustel** (Eiterbläschen), die Pusteln
die **Puszta** [*pusta*] (Grassteppe in Ungarn)
die **Pute** (Truthenne); der Puter (Truthahn); puterrot
der **Putsch** (politischer Handstreich, Umsturz), die Putsche; putschen; der Putschist
die **Putte** (kleine Engelsfigur), die Putten
der **Putz**; putzen, du putzt; der Putzlappen; putzsüchtig; putzmunter *ugs.*
putzig (drollig)
puzzeln (mühsam Teile zusammensetzen); das Puzzle [*pasl, pusl*], die Puzzles
das **PVC** = Polyvinylchlorid (ein umweltschädlicher Kunststoff)
der **Pygmäe** (Angehöriger zwergwüchsiger Rassen in Afrika und Asien), die Pygmäen
der **Pyjama** [*pü[d]~~sch~~ama*] (Schlafanzug), die Pyjamas
die **Pyramide**, die Pyramiden
die **Pyrenäen** (Gebirge zwischen Frankreich und Spanien)
pyro-, **Pyro-** (feuer-, Feuer-); die Pyromanie (krankhafter Trieb zur Brandstiftung); pyroman; der Pyromane; der Pyrotechniker (Feuerwerker)
der **Pythagoras** (Lehrsatz in der Geometrie)
der **Python** (eine Riesenschlange), die Pythons

Q

der **Quacksalber** (Kurpfuscher), die Quacksalber
die **Quaddel** (juckende Anschwellung), die Quaddeln
der **Quader**, die Quader; der Quadrant (Viertelkreis), die Quadranten; das Quadrat, die Quadrate; quadratisch; der Quadratmeter ⟨m²⟩, die Quadratmeter; die Quadratwurzel; die Quadratur; quadrieren (*mathem.* [eine Zahl] in die 2. Potenz erheben); quadro- (vier[fach]); quadrophon, *auch* quadrofon
quaken; quäken; eine quäkige Stimme
die **Qual**, die Qualen; quälen; die Quälerei; der Quälgeist; qualvoll
die **Qualifikation** (Befähigung[snachweis]); qualifizieren (befähigen, bezeichnen); sich qualifizieren (sich als geeignet erweisen); qualifiziert (befähigt);
die **Qualität** (Beschaffenheit; Güte); qualitätsbewusst; qualitativ
die **Qualle** (ein Nesseltier), die Quallen
der **Qualm**; qualmen, gequalmt; qualmig
das **Quant** (*Physik* Teilchen), die Quanten; das Quäntchen (kleine Menge);
die **Quantität** (Menge, Masse, Größe); quantitativ (mengenmäßig); das Quantum (Menge, Maß, Größe, Anteil), die Quanten; quantifizieren
die **Quarantäne** [*karantäne*] (räumliche Absonderung Ansteckungsverdächtiger; Beobachtungszeit), die Quarantänen
der **Quark** (Weißkäse; *ugs.* Unsinn)
die **Quart** *und* **Quarte** (4. Ton [vom Grundton an]), die Quarten; das Quartal (Vierteljahr), die Quartale; quartal[s]weise; das Quartett (vier Musiker oder deren Musikstück; Kartenspiel), die Quartette; das Quartier ([Stadt]viertel; Aufenthaltsort, Unterkunft), die Quartiere
der **Quarz** (ein Mineral), die Quarze; der Quarzkristall; die Quarzuhr; quarzgesteuert; quarzhaltig
quasi (gleichsam, sozusagen)
die **Quasselei;** quasseln, ich quass[e]le
der **Quast** (breiter Pinsel), die Quaste; die Quaste (Troddel), die Quasten
der **Quatsch;** quatschen, du quatschst
die **Quecke** (ein Unkraut), die Quecken;
das **Quecksilber**; quecksilberhaltig; quecksilbern; quecksilb[e]rig
die **Quelle**, die Quellen; der Quellentext; der Quellfluss; quellfrisch; quellen ⓘ 286, quoll, gequollen; die Quellbewölkung; der Queller (eine Strandpflanze)
quengeln, ich queng[e]le; der Quengler; queng[e]lig

quer; querdurch (mitten hindurch): das Holz brach querdurch; quer durch (nicht längs): der Riss lief quer durch das Holz; kreuz und quer; querbeet; querfeldein gehen; queren; in die Kreuz und [in die] Quer[e]; jemandem in die Quere kommen; querköpfig; querschnitt[s]gelähmt; der Querbalken; der Querdenker; der Querfeldeinlauf; die Querflöte; das Querformat; der Querkopf; die Querlatte; der Querpass; der Querschläger; der Querschnitt; die Querstraße; der Querstrich; die Quersumme; der Quertreiber; die Querverbindung; der Querverweis;

quer + Verb
Getrennt zu schreiben:
quer legen (nicht gerade hinlegen),
quer stellen (*z. B.* Möbel)
Trennbare Zusammensetzungen:
mit übertragener Bedeutung:
quergehen (missglücken), ihm geht alles quer, da ihm so vieles quergeht, quergegangen, querzugehen,
entsprechend auch:
sich querlegen (dagegen sein),
sich querstellen (nicht mitmachen),
querschießen (etwas verhindern wollen)
Getrennt *und* **zusammen** *möglich*:
quer gestreifte *und* quergestreifte Tücher

die **Querelen** *Plur.* (Ärger; Streitigkeiten); der Querulant (Nörgler), die Querulanten
quetschen, du quetschst; die Quetschung; die Quetschverbindung; die Quetschwunde

das **Queue** [kö] (Billardstock), *auch* der Queue, die Queues
quicklebendig
quieken *und* **quieksen**, du quiekst
quietschen, du quietschst; quietschfidel; quietschvergnügt
die **Quint** *und* **Quinte** (5. Ton [vom Grundton an]), die Quinten; die Quintessenz (Hauptgedanke); das Quintett, die Quintette
der **Quirl**, die Quirle; quirlen; quirlig
quitt (ausgeglichen, fertig); quittieren ([Empfang] bestätigen; Amt niederlegen); die Quittung
die **Quitte**; quittegelb, quittengelb
das **Quiz** [*kwiß*] (Frage-und-Antwort-Spiel), die Quiz; die Quizfrage; der Quizmaster
das **Quodlibet** (bunte Mischung; für jeden etwas)
das **Quorum** (zur Abstimmung nötige Zahl von Mitgliedern), des Quorums
die **Quote** (verhältnismäßiger Anteil); die Quotenfrau; die Quotenregelung; der Quotient, die Quotienten

R

R, r = Radius
r. = rechts
der **Rabatt** (Abzug vom Preis), die Rabatte
die **Rabatte** ([Rand]beet), die Rabatten
der **Rabatz** *nur Einzahl ugs.* (Unfug; Tumult)
der **Rabauke** *ugs.*; rabaukenhaft
der **Rabbi** (mein Lehrer; jüdischer Geistlicher und Gemeindeleiter), des Rabbi[s], die Rabbis *und* Rabbinen; der Rabbiner (jüdischer Schriftgelehrter und Geistlicher), die Rabbiner
der **Rabe,** des Raben, die Raben; die Rabeneltern; rabenschwarz
rabiat (wütend; grob)
der **Rabulist** (spitzfindiger Mensch; Wortverdreher); die Rabulistik; rabulistisch
die **Rache;** der Racheakt; sich rächen; der Rächer; die Rachsucht; rachsüchtig
der **Rachen,** die Rachen; der Rachenkatarr[h]
die **Rachitis** (eine Mangelkrankheit); rachitisch
das **Racket** [*räkit*] (Tennisschläger), die Rackets
das **Rad**, des Rad[e]s, die Räder;
Rad fahren, ich fahre Rad, weil ich gern Rad fahre; ich bin Rad gefahren, mit dem Rad gefahren; ich habe vor, öfter Rad zu fahren, mit dem Rad zu fahren;
das Radfahren; beim, vom, zum Radfahren;
Rad fahrende/radfahrende Kinder;
Rad und Auto fahren;
Auto und Rad fahren;
Rad schlagen, ich schlage Rad, wenn ich Rad schlage, Rad geschlagen, Rad zu schlagen;
der Radfahrer; der Radler; der Radweg;
radeln, ich rad[e]le; rädern, gerädert;
-räd[e]rig, *z. B.* vierräd[e]rig
das **Radar** = radio detection and ranging (Flugleitsystem); die Radarstation
der **Radau** (unsinniger Lärm); Radau machen
radebrechen, du radebrechst, geradebrecht
der **Rädelsführer** (Anstifter, Anführer)

radial (von einem Mittelpunkt ausgehend); → Radius
radieren, radiert; der Radiergummi; die Radierung (Ätzdruckzeichnung)
das **Radies|chen**
radikal (rücksichtslos, gründlich); der Radikale, die Radikalen; der Radikalismus, die Radikalismen; der Radikalist; die Radikalität; radikalisieren
das **Radio,** die Radios; die Radiosendung; radioaktiv (atomare Strahlung aussendend); die Radioaktivität; der Radiologe; radiologisch; das Radium (chemischer Grundstoff)
der **Radius** ⟨r, R⟩ (Kreishalbmesser), des Radius, die Radi|en
raffen; die Raffgier; raffgierig
die **Raffinade** (gereinigter Naturzucker); die Raffinerie (Anlage zum Cracken, Reinigen von Rohstoffen), die Raffinerien; die Raffinesse (Überfeinerung; Durchtriebenheit); raffinieren, raffiniert
die **Rage** [*rasche*] (Wut, Raserei); in Rage sein
ragen, es ragt aus dem Wasser
das **Ragout** [*ragu*] (Mischgericht), die Ragouts
die **Rah** *und* **Rahe** (Querstange am Mast), die Rahen
der **Rahm** (Sahne), des Rahms; die Rahmsoße
rahmen, gerahmt; der Rahmen, die Rahmen
der **Rain** (Ackergrenze), die Raine
sich **räkeln,** ich räk[e]le mich, *auch* rekeln
die **Rakete,** die Raketen
die **Rallye** [*rali, räli*] (Sternfahrt), die Rallyes
das **RAM** = Random Access Memory (*EDV* Speicher mit wahlfreiem Zugriff)
der **Ramadan** (Fastenmonat des Islam)
die **Ramme;** der Rammbock; rammen, gerammt
die **Rampe,** die Rampen; das Rampenlicht
ramponieren (stark beschädigen)
der **Ramsch** (Ausschussware); ramschen

ran *ugs. für* → heran;

ran + Verb *ugs.*
Trennbare Zusammensetzungen:
rangehen (mit großem Eifer tätig werden; *im Sport* angreifen), du gehst aber ran!, *aber* obwohl du so rangehst/rangingst, er ist rangegangen, ranzugehen;
entsprechend auch:
sich ranhalten; ranklotzen; rankommen; jemanden rankriegen; ranlassen; ranmüssen *u. a.*

die **Ranch** [*räntsch*], die Ranch[e]s
der **Rand,** die Ränder; außer Rand und Band; die Randnotiz; randvoll; zu Rande kommen *und* zurande kommen; -randig *und* -ränd[e]rig, *z. B.* breitrandig *und* breitränd[e]rig; rändeln (riffeln); die Rändelschraube
die **Randale;** randalieren (Lärm machen)
der **Rang,** die Ränge; ranggleich; erstrangig; der Ranghöchste; die Rangordnung
die **Rangelei;** rangeln, ich rang[e]le
rangieren [*rangschiren*], rangiert
rank; rank und schlank
die **Ranke,** die Ranken; sich ranken
die **Ränke** *Plur.* (listige Machenschaften); Ränke schmieden; der Ränkeschmied
der **Ranzen,** die Ranzen
ranzig; ranziges (ungenießbares) Fett
der **Rap** [*räp*] (*Popmusik* Sprechgesang); rappen
rapid *und* **rapide** (reißend schnell)
der **Rappe** (schwarzes Pferd), die Rappen
der **Rappel** *ugs.*; rapp[e]lig
der **Raps** (eine Ölpflanze)
die **Rapunze** *und* **Rapunzel** (Feldsalat)
rar (selten); die Rarität, die Raritäten; sich rarmachen
rasant (schnittig; schnell); die Rasanz
rasch; raschlebig; raschwüchsig
rascheln, ich rasch[e]le; raschelnd
rasen (sehr schnell sein; wüten), gerast; rasend; rasend schnell; die Raserei
der **Rasen,** die Rasen; rasenbewachsen, *aber* mit Rasen bewachsen
rasieren, rasiert; der Rasierapparat; die Rasur, die Rasuren
die **Räson** [*räsong*]; zur Räson bringen
die **Raspel;** raspeln, ich rasp[e]le
die **Rasse;** rassig; rassisch; rasserein; der Rassismus; rassistisch
die **Rassel,** die Rasseln; die Rasselbande; rasseln, ich rass[e]le
die **Rast;** rasten; rastlos; die Raststätte
der **Raster** (Liniennetz zum Zergliedern eines Bildes in einzelne Punkte *o. Ä.*), die Raster; das Raster (aus Zeilen und [Licht]punkten zusammengesetztes [Fernseh]bild), die Raster; rastern, ich rastere
der **Rat**, die Ratschläge; mit Rat und Tat; Rat geben; Rat halten; Rat suchen, Rat suchend *und* ratsuchend; der Rat Suchende *und* der Ratsuchende; sich Rat holen; um Rat fragen; mit sich zu Rate gehen *und* zurate gehen; zu Rate ziehen *und* zurate ziehen; der Ratgeber; der Ratschlag; ratschlagen; ratlos; ratsam;
raten (Rat geben) ⓘ 286, riet, geraten; der Rat (Ratsherr; Gemeinderat), die Räte; das Rathaus; der Ratsherr

r R

raten (erraten) ⓘ 286, du rätst; → Rätsel
die **Rate** ([An]teil; Teilbetrag), die Raten; die Ratenzahlung; ratenweise
die **Ratifikation** (Anerkennung, Bestätigung); ratifizieren; die Ratifizierung
die **Ratio** (Vernunft); rational (vernünftig); rationell (zweckmäßig)
die **Ration** (zugeteiltes Maß, Anteil), die Rationen; rationenweise; rationieren, rationiert; rationalisieren (auf ein bezwecktes Maß verringern; vereinheitlichen)
die **Ratsche,** die Ratschen; ratschen, du ratschst, geratscht
das **Rätsel,** die Rätsel; Rätsel raten; das große Rätselraten; rätselhaft; rätseln, ich räts[e]le, gerätselt
die **Ratte,** die Ratten; der Rattenfänger
rattern, ich rattere, ratternd
ratzekahl *ugs. für* völlig leer, kahl
rau, rauer, am rau[e]sten; das Raubein; die Rau|heit; die Raufasertapete; der Raureif; rau|haarig; rauen (rau machen)
der **Raub**; der Raubbau; das Raubtier; der Raubüberfall; rauben, geraubt; der Räuber; räuberisch; räubern
der **Rauch**; rauchen; der Raucher; rauchgeschwärzt; rauchfarben, rauchfarbig; rauchfrei; räuchern; räuch[e]rig; rauchig; das Rauchverbot
die **Rauchwaren** *Plur.* (Pelzwaren; Tabakwaren)
die **Räude** (Krätze); räudig

rauf *ugs. für* → herauf, hinauf;

rauf + Verb *ugs.*
Trennbare Zusammensetzungen:
raufkommen, komm doch rauf!, *aber* wenn du raufkommst,
er ist raufgekommen, raufzukommen;
entsprechend auch:
raufdürfen; raufgehen; raufklettern; rauflassen; raufsetzen; raufsteigen; raufziehen *und viele andere*

die **Raufe** (Futterkrippe), die Raufen;
raufen, gerauft; der Raufbold; die Rauferei; rauflustig
der **Raum,** die Räume; die Raumfahrt; der Rauminhalt; das Raumschiff; räumlich; die Räumlichkeit; raumsparend *und* Raum sparend; raumgreifend; räumen, geräumt; die Räumung
raunen (flüstern); das Raunen
die **Raupe,** die Raupen; der Raupenfraß; die Raupenkette; der Raupenschlepper

raus *ugs. für* → heraus, hinaus;

raus + Verb *ugs.*
Trennbare Zusammensetzungen:
rauskommen, komm raus!,
aber wenn du rauskommst,
er ist rausgekommen, rauszukommen;
entsprechend auch:
rausekeln; rausfliegen; rauskriegen; rausrücken; rausschmeißen; rauswerfen *u. a.*

der **Rausch,** die Räusche; rauschen; das Rauschgift; rauschgiftsüchtig
sich **räuspern,** ich räuspere mich
die **Raute,** die Rauten; rautenförmig
die **Ravioli** *Plur.* (ital. Nudelgericht)
die **Razzia** (Polizeifahndung), die Razzien
RB = Radio Bremen
das **Reagens** *und* **Reagenz**, die Reagenzien; das Reagenzglas (Prüfglas für Versuche); reagieren (aufeinander einwirken);
die **Reaktion** (Rückwirkung; Rückschritt); reaktionär (Gegenwirkung erstrebend, ausführend); reaktionsfähig; reaktionsschnell; reaktionsträge; der Reaktionär; reaktiv; reaktivieren; der Reaktor (Vorrichtung, in der chemische, atomare Reaktionen ablaufen), die Reaktoren; der Reaktorunfall
real (wirklich, tatsächlich; dinglich); realisieren (verwirklichen); realisierbar; der Realismus (Wirklichkeitssinn); realistisch; der Realist; die Realität (Wirklichkeit); realitätsbezogen; realitätsfern; die Realschule; der Realschüler; die Realschülerin, die Realschülerinnen
die **Rebe,** die Reben; der Rebstock
der **Rebell** (Aufständischer), die Rebellen; rebellieren; die Rebellion; rebellisch
das **Rebhuhn,** die Rebhühner
der **Receiver** [*rißiwer*] (*Radio, TV* Empfänger), die Receiver
rechen (harken); der Rechen, die Rechen
die **Rechenschaft**; der Rechenschaftsbericht
die **Recherche** [*reschersche*] (Nachforschung), die Recherchen; recherchieren
rechnen; hochrechnen; der Rechner; die Rechenaufgabe; das Rechenbuch; der Rechenfehler; die Rechnung; das Rechnungswesen; rechnerisch; die Rechenschaft

recht; es ist recht und billig; das ist mir recht; es geschieht ihm recht; so ist es recht; jetzt erst recht; der Rechte, die Rechten; die Rechte;

an den Rechten kommen;
du bist mir der Rechte;
nichts Rechtes können;
das Rechteck; rechteckig; rechtwink[e]lig;
rechtfertigen; die Rechtfertigung;
die Rechthaberei; rechthaberisch;
rechtschaffen; die Rechtschaffenheit;
rechtschreiblich; die Rechtschreibung;
rechtzeitig;

das **Recht**, die Rechte; mit Recht; ohne Recht;
was Recht ist, muss Recht bleiben;
zu Recht bestehen; von Rechts wegen;
die Rechtmäßigkeit; der Rechtsanwalt;
die Recht|sprechung; der Rechtsschutz;
die Rechts|sicherheit; der Rechtsstreit;
der Rechtstitel; der Rechtsweg;
das Rechtswesen;
rechtlich; rechtlos; rechtmäßig;
rechtserfahren; rechtsgültig;
rechtskräftig; rechtsstaatlich;
rechtsverbindlich; rechtswidrig;
rechtswirksam;
es ist rechtens, er wurde rechtens verurteilt;
rechten, gerechtet;

recht, Recht + Verb
Getrennt zu schreiben:
recht sein, mir soll's recht sein,
alles, was recht ist,
was dem einen recht ist,
du kommst mir gerade recht,
es jemandem recht machen,
sich recht verhalten,
sich recht benehmen,
nach dem Rechten sehen,
aber Recht sprechen (ein Urteil fällen),
im Recht sein, ein Recht haben,
Recht suchen, Recht finden,
Recht verlangen
Groß- *und* **Kleinschreibung** *möglich*:
recht behalten *und* Recht behalten,
recht bekommen *und* Recht bekommen,
recht geben *und* Recht geben,
recht haben *und* Recht haben, *aber nur*
du hast ja recht!, wie recht du hast!,
er hat recht *und* Recht daran getan
Untrennbare Zusammensetzungen:
rechtfertigen, er rechtfertigte sich,
er hat sich gerechtfertigt, zu rechtfertigen;
rechtschreiben (*nur Infinitiv*; schreiben entsprechend den Empfehlungen des Rats für deutsche Rechtschreibung von 2006);
aber er kann nicht recht schreiben (er ist ungeübt im Schreiben)

die **Rechte** (rechte Hand, Seite), die Rechten;
zu meiner Rechten; zur Rechten;
rechter Hand (rechts);

rechts ⟨r.⟩; rechts außen; rechts vor links;
von rechts nach links;
nach rechts, gegen rechts; von rechts;
nach rechts herumdrehen, *aber*
rechtsherum drehen; rechtsdrehend;
rechts abbiegende/rechtsabbiegende Autos;
rechts fahren; rechts gehen; rechts stehen;
[politisch] rechts stehend *und* rechtsstehend;
rechtsbündig; rechtsextrem;
rechtsextremistisch; rechtshändig;
rechtsläufig; rechtsradikal; rechtsrheinisch;
rechtsseitig; rechtsum;
der Rechtsabbieger; der Rechtsaußen;
der Rechtsdrall; der Rechtshänder

das **Reck** (ein Turngerät), die Recke *und* Recks

der **Recke** *alt für* Held, die Recken

sich **recken,** gereckt

der **Recorder,** die Recorder *und*
der Rekorder, die Rekorder

das **Recycling** [*rißaikling*] (Wiederverwertung);
recyceln, ich recycele, ich habe recycelt
und recyclen, ich recycle, ich habe recyclet

der **Redakteur** [*redaktör*] (Schriftleiter);
die Redakteurin; die Redaktion;
redaktionell;
redigieren (bearbeiten, druckfertig machen)

die **Rede,** die Reden; zur Rede stellen;
Rede und Antwort stehen;
das ist nicht der Rede wert;
nicht viel Redens [davon] machen;
die Redensart; die Rederei (Gerede);
die Redewendung; der Redner;
redegewandt; redselig;
reden; er hat gut reden;
die indirekte Rede ► 278
(die abhängige, nichtwörtliche Rede)
redlich; die Redlichkeit

die **Reduktion;** reduzieren (zurückführen;
verkleinern; einschränken)
redundant (überreichlich, weitschweifig);
die Redundanz

die **Reede** (Ankerplatz);
der Reeder (Schiffseigner); die Reederei
re|ell (zuverlässig, ehrlich)

das **Reet** (Schilf, Ried); das Reetdach

das **Referat** (Bericht, Vortrag), die Referate;
der Referendar (Anwärter auf die höhere Beamtenlaufbahn); das Referendum (Volksabstimmung), die Referenden;
der Referent (Berichterstatter; Sachbearbeiter), die Referenten; referieren;
die Referenz (Beziehung; Empfehlung)
reflektieren (zurückstrahlen; nachdenken; Absichten haben auf etwas);
der Reflex (Rückstrahlung; unwillkürliches Ansprechen auf einen Reiz), die Reflexe;
die Reflexbewegung; die Reflexion (Rückstrahlung; Betrachtung);

r
R

reflexiv (rückbezüglich);
das Reflexivpronomen ► 281
(rückbezügliches Fürwort)
die **Reform** (Umgestaltung; Neuordnung);
die Reformpolitik; reformbedürftig;
der Reformator, die Reformatoren;
der Reformer (Erneuerer, Verbesserer);
die Reformation;
reformieren, reformiert
der **Refrain** [*refräng*] (Kehrreim), die Refrains
das **Refugium** (Zufluchtsort), die Refugi|en
das **Regal,** die Regale
die **Regatta** (Bootswettkampf), die Regatten
rege; rege sein, werden; sich regen;
reglos; regsam; regungslos; die Regung
die **Regel,** die Regeln; die Regelmäßigkeit;
die Reg[e]lung; der Regler;
regelbar; regellos; regelmäßig; regelrecht;
regelwidrig; regeln, ich reg[e]le
der **Regen;** der Regenbogen; der Regenmantel;
der Regenschirm; der Regentropfen;
der Regenwurm;
regenarm; regenschwer; reg|nerisch;
regenbogenfarben *und* regenbogenfarbig;
regnen, es regnet
die **Re|generation** (Neubildung von
Gewebe); [sich] regenerieren
der **Regent** (Herrscher), die Regenten;
regieren; der Regierende Bürgermeister;
die Regierung; die Regierungszeit;
das Regime [*reschim*] (Herrschaft),
die Regime[s]; das Regiment (Herrschaft),
die Regimente; das Regiment
(Truppeneinheit), die Regimenter
der **Reggae** [*rege*] (ein Stil in der Rockmusik)
die **Regie** [*reschi*] (Spielleitung);
der Regisseur [*reschissör*] (Spielleiter);
die **Region** (Gegend; Bereich), die Regionen;
regional (gebietsmäßig);
das **Register** (Verzeichnis; Liste; Stimmenzug
der Orgel), die Register; registrieren
(eintragen; bewusst wahrnehmen)
das **Reglement** [*reglemang*] ([Dienst]vorschrift;
Geschäftsordnung), die Reglements;
reglementieren (durch Vorschriften regeln)
der **Regress** (Rückgriff; Ersatzanspruch),
die Regresse; regresspflichtig;
die **Regression** (Rückbewegung); regressiv
regulär (der Regel gemäß, vorschrifts-
mäßig); regulieren (regeln, ordnen;
einstellen); die Regulierung
das **Reh**, die Rehe; der Rehbock; das Rehkitz
die **Rehabilitation** (Wiedereingliederung in
die Gesellschaft);
die Rehabilitationsklinik *kurz* die Reha;
sich rehabilitieren
reiben ⓘ 286, rieb, gerieben; die Reibe;
die Reibung; reibungslos

reich; reich sein; reichhaltig; reichlich;
der Reiche, die Reichen;
Arm[e] und Reich[e];
der Reichtum, die Reichtümer;
das Reich, die Reiche; das Deutsche Reich;

> **reich + Partizip** ⓘ S. 303
> **Getrennt** *und* **zusammen** *möglich:*
> ein reich gedeckter/reichgedeckter Tisch,
> *aber nur* der Tisch ist reich gedeckt;
> *so auch mit* geschmückt, verziert *u. a.*

reichen (geben; genügen); die Reichweite
reif; reif sein, reif werden; reifen, gereift;
die Reife; die mittlere Reife;
die Reifeprüfung; das Reifezeugnis; reiflich;
die Reifung; der Reifungsprozess
der **Reif** (gefrorener Tau); reifglatt;
die Reifglätte
der **Reif** *alt für* Ring, die Reife;
der **Reifen**, die Reifen; die Reifenpanne
der **Reigen** (Tanz), die Reigen
die **Reihe,** die Reihen; in Reih und Glied;
der Reihe nach; außer der Reihe; in Reihe;
an die Reihe kommen; er ist an der Reihe;
reihen; die Reihenfolge; reihenweise;
reihum
der **Reiher** (ein Storchenvogel), die Reiher
der **Reim,** die Reime; reimen; sich reimen

rein *ugs. für* → herein, hinein; der Reinfall;

> **rein** (herein, hinein) + **Verb** *ugs.*
> **Trennbare Zusammensetzungen:**
> reinfallen, er fällt/fiel dabei rein, *aber*
> er ist reingefallen, reinzufallen;
> *entsprechend auch*:
> reinbeißen; reinbuttern (viel Geld investieren);
> sich reinhängen (mithelfen; sich einmischen);
> sich reinknien; reinkommen; reinkönnen;
> reinkriegen; reinlassen; reinlegen; reinreißen;
> reinreiten (Nachteile bescheren); reinwollen

rein (sauber); rein Schiff!; reinen Sinnes;
reinen Tisch machen; reinlich; reinrassig;
reinigen; im Reinen sein;
ins Reine bringen, kommen, schreiben;
das Rein[e]machen; der Rein|ertrag;
der Reingewinn; die Reinheit; die Reinigung;
die Reinlichkeit;

> **rein** (sauber) + **Verb**
> **Getrennt zu schreiben:**
> rein sein, rein halten (sauber halten)
> **Trennbare Zusammensetzung:**
> [sich] reinwaschen (Unschuld beweisen),
> reingewaschen, reinzuwaschen
> **Getrennt** *und* **zusammen** *möglich*:
> rein machen *und* reinmachen (säubern)

rein *ugs. für* ganz und gar; rein gar nichts; rein[e]weg, er war reineweg von Sinnen,

> **rein** (ganz und gar) + **Adjektiv** ⓘ S. 303
> reingolden, eine reingoldene Kette;
> reinleinen, ein reinleinenes Tuch;
> reinseiden, eine reinseidene Bluse;
> reinsilbern, ein reinsilberner Kelch;
> reinwollen, ein reinwollener Schal

das **Reis** (Zweig), die Reiser; das Reisig
der **Reis** (eine Getreideart); das Reiskorn
die **Reise,** die Reisen; reisen, du reist; der Reisende, die Reisenden; das Reisebüro; das Reisefieber; das Reisegepäck; der Reisepass; das Reiseziel; reisefertig; reiselustig
reißen ⓘ 286, riss, gerissen, du reißt; reißend; reißender Absatz; Reißaus nehmen; das Reißbrett; der Reißverschluss; die Reißzwecke
reiten ⓘ 286, ritt, geritten, du rittst; der Reiter; die Reiterin; das Reitpferd
der **Reiz,** die Reize; reizbar; die Reizbarkeit; reizen, gereizt; die Reizung; reizend; reizlos; reizvoll
rekapitulieren (wiederholen)
sich **rekeln,** ich rek[e]le mich, *auch* räkeln
die **Reklamation** (Beanstandung); reklamieren (beanstanden; zurückfordern); die Reklame (Werbung), die Reklamen
rekonstruieren (wiederherstellen; nachbilden); die Rekonstruktion
der **Rekonvaleszent** (Gesundender), die Rekonvaleszenten; die Rekonvaleszenz
der **Rekord** (Best-, Höchstleistung); in Rekordzeit
der **Rekorder**, die Rekorder *und* der Recorder, die Recorder
der **Rekrut,** die Rekruten; rekrutieren
der **Rektor** (Leiter einer [Hoch]schule), die Rektoren; die Rektorin; das Rektorat
rekultivieren (unfruchtbaren Boden wieder nutzbar machen)
das **Relais** [*relä*] (elektrisch gesteuerter Schalter), die Relais [*reläß*]
die **Relation** (Beziehung; Verhältnis); relational (in Beziehung stehend); relativ (bezüglich; verhältnismäßig; vergleichsweise; bedingt); relativieren; die Relativität (Bedingtheit); das Relativpronomen ►281 (bezügliches Fürwort); der Relativsatz ►281
relaxen [*riläksen*] (sich entspannen)
relevant (erheblich, von Bedeutung); die Relevanz (Wichtigkeit, Bedeutung)
das **Relief** (aus der Fläche hervortretende plastische Darstellung), die Reliefs
die **Religion**, die Religionen; religionslos; religiös (fromm); die Religiosität
das **Relikt** (Überbleibsel), die Relikte
die **Reling** (Schiffsgeländer), die Relings
die **Reliquie** (kostbares Andenken [an Heilige]), die Reliquien
das **Remake** [*rimek*] (*bes. Film* Wiederholung, Neufassung), die Remakes
die **Reminiszenz** (Erinnerung; Anklang [an früher Erfahrenes])
das **Remis** [*remi*] (unentschiedenes Spiel), die Remis [*remiß*]; remis spielen
die **Remoulade,** die Remouladen
rempeln *ugs.*, ich remp[e]le; die Rempelei
das **Ren** [*ren, ren*] (Haustier der Lappen), die Rene und Rens, *auch* das Rentier
die **Renaissance** [*renäßangß*] (Wiedergeburt; europäische Epoche vom 14. bis 16. Jh.)
renaturieren (in naturähnlichen Zustand zurückverwandeln)
das **Rendezvous** [*rangdewu*] (Verabredung; Begegnung), die Rendezvous [*rangdewuß*]
die **Rendite** (Verzinsung, Ertrag), die Renditen
renitent (widerspenstig); die Renitenz *nur Einzahl*
rennen ⓘ 286, rannte, gerannt; das Rennen; der Renner; die Rennbahn; der Rennfahrer; das Rennpferd
das **Renommee** (guter Ruf), die Renommees; renommieren (prahlen); renommiert (angesehen, namhaft)
renovieren (erneuern; instand setzen); die Renovierung
rentabel (einträglich, lohnend); die Rentabilität; sich rentieren (sich lohnen);
die **Rente** (Altersversorgung; regelmäßiges Einkommen), die Renten; der Rentner, die Rentnerin, die Rentnerinnen; das Rentenalter; rentenpflichtig
reorganisieren (neu ordnen, gestalten)
reparabel (wiederherstellbar); die Reparation (Wiederherstellung), die Reparationen (Kriegsentschädigung); die Reparatur (Ausbesserung); reparieren; reparaturanfällig; reparaturbedürftig
das **Repertoire** [*repertoar*] (Stoffsammlung; Vorrat an Vortragsstoff), die Repertoires
repetieren (wiederholen); der Repetitor
die **Replik** (Erwiderung), die Repliken
der **Report** (Bericht), die Reporte; die Reportage [*reportasche*] (aktueller Bericht), die Reportagen; der Reporter (Berichterstatter); die Reporterin
der **Repräsentant** (Vertreter; Abgeordneter), die Repräsentanten; die Repräsentanz; repräsentativ (vertretend; würdig); die Repräsentation; repräsentieren

die **Repressalie** (Druckmittel; Vergeltungsmaßnahme), die Repressalien; die Repression (Unterdrückung); repressiv
der **Reprint** (Nachdruck), die Reprints
die **Reproduktion** (Nachbildung; gedruckte Wiedergabe, Vervielfältigung), die Reproduktionen, *kurz* die Repro *und* das Repro, die Repros; reproduzieren
das **Reptil** (Kriechtier), die Reptilien
die **Republik,** die Republiken; republikanisch
die **Reputation** *nur Einzahl* (Ansehen, Ruf)
das **Requiem** (Totenmesse), die Requiems
requirieren ([*Militär*] beschlagnahmen)
das **Requisit** (Theatergerät; Zubehör, Werkzeug), die Requisiten
das **Reservat** (Sonderrecht; großes Freigehege), die Reservate; die Reserve (Vorrat); reservieren (aufbewahren; vorbestellen; Platz belegen); reserviert (zurückhaltend); der Reservist (Reservesoldat); das Reservoir [*reservoar*] (Speicher)
die **Residenz** (Wohnsitz eines Staatsoberhauptes; Hauptstadt), die Residenzen; residieren
die **Resignation;** resignieren (aufgeben)
resistent (widerstandsfähig); die Resistenz
resolut (entschlossen, tatkräftig); die Resolution (Entschließung, Beschluss), die Resolutionen
die **Resonanz** (Mittönen; Zustimmung)
resorbieren (aufnehmen, einsaugen); die Resorption
resozialisieren (Haftentlassene wieder in die Gesellschaft eingliedern)
der **Respekt** (Rücksicht, Achtung); respektabel (ansehnlich); respektieren (achten); respektive ⟨resp.⟩ (beziehungsweise); respektlos; die Respektlosigkeit; respektvoll; Respekt einflößende *und* respekteinflößende Leistungen
das **Ressentiment** [*reßangtimang*] (gefühlsmäßige Ablehnung), die Ressentiments
das **Ressort** [*ressor*] (Amts-, Geschäftsbereich), die Ressorts
die **Ressourcen** *Plur.* [*ressurßen*] (Hilfsmittel; Rohstoffvorräte)
der **Rest,** die Reste; der Restbestand; restlich; restlos
das **Restaurant** [*restorang*] (Speisegaststätte), die Restaurants; die Restauration (Wiederherstellung von Kunstgegenständen, alten Ordnungen); restaurieren (wiederherstellen, ausbessern); der Restaurator; die Restaurierung
die **Restriktion** (Ein-, Beschränkung), die Restriktionen; restriktiv
das **Resultat** (Ergebnis), die Resultate; resultieren (sich als Resultat ergeben)

das **Resümee** (Zusammenfassung), die Resümees; resümieren
die **Retorte** (Destillationsgefäß), die Retorten
retour [*retur*] (zurück)
die **Retrospektive** (Rückschau), die Retrospektiven; retrospektiv
retten; der Retter; die Rettung; das Rettungsboot; rettungslos
der **Rettich,** die Rettiche
die **Retusche** (nachträgliche Änderung eines Originals, *z.B.* Fotos), die Retuschen; retuschieren
die **Reue;** reuen, es reut mich; reuevoll; reuig; reumütig
die **Reuse** (Korb zum Fischfang), die Reusen
die **Revanche** [*rewangsche*] (Vergeltung; Rache); sich revanchieren (etwas vergelten; sich rächen)
die **Reverenz** (Ehrerbietung), die Reverenzen
das **Revers** [*rewär*] (Aufschlag, Umschlag an Kleidungsstücken), die Revers; der Revers (schriftliche Erklärung rechtlichen Inhalts), die Reverse;
reversibel (umkehrbar; *Medizin* heilbar)
revidieren (nachsehen, überprüfen); die Revision (Überprüfung [eines Urteils])
das **Revier** (Bezirk, Gebiet), die Reviere
die **Revision** (Prüfung; Änderung)
die **Revolte** (Aufruhr), die Revolten; revoltieren (sich widersetzen, sich auflehnen); die Revolution (Umschwung; gewaltsamer Umsturz), die Revolutionen; revolutionär (umwälzend); revolutionieren; der Revoluzzer *abwertend für* Revolutionär, die Revoluzzer
der **Revolver,** die Revolver
die **Revue** [*rewü*], die Revuen
der **Rezensent;** rezensieren (*Bücher, Filme usw.* kritisch besprechen, beurteilen)
rezent (noch bestehend, lebend)
das **Rezept** (Arznei-, Kochvorschrift); rezeptpflichtig; die Rezeptur;
die **Rezeption** (Annahme, Aufnahme); rezeptiv (aufnehmend, empfänglich)
die **Rezession** (Rückgang in der Wirtschaft)
reziprok (wechselseitig, aufeinander bezüglich); die Reziprozität
die **Rezitation** (Vortrag von Dichtung), die Rezitationen; rezitieren
der **Rhabarber**
die **Rhapsodie** (balladenhaftes Musikstück), die Rhapsodi|en
der **Rhein;** der Rheinländer; rheinländisch; rheinisch; das Rheinische Schiefergebirge; **Rheinland-Pfalz;** rheinland-pfälzisch
der **Rhesusaffe**; der Rhesusfaktor
die **Rhetorik** (Redekunst); rhetorisch

das **Rheuma** *kurz für* Rheumatismus; rheumatisch; der Rheumatismus (eine Krankheit)
das **Rhinozeros** (Nashorn), des Rhinozeros *und* Rhinozerosses, die Rhinozerosse
der **Rhododendron** (ein Zierstrauch)
der **Rhombus** (Raute), die Rhomben; rhombisch
die **Rhön** (ein deutsches Mittelgebirge)
der **Rhythmus** (Zeitmaß, taktmäßige Gliederung), die Rhythmen; rhythmisch
richten; sich richten; der Richter; die Richterin; das Richtfest; die Richtlinie; der Richtpreis; die Richtschnur; die Richtung; richtunggebend; richtung[s]weisend;

richtig; eine richtig gehende *und* richtiggehende Uhr, *aber nur* ein richtiggehender (wirklicher) Betrug; genau das Richtige für Sie; das einzig Richtige; er hält es für das Richtigste; das Richtige finden, treffen, tun; du bist mir der Richtige!; die Richtigkeit; die Richtigstellung;

richtig + Verb
Getrennt zu schreiben:
richtig sein, richtig denken,
richtig rechnen, richtig schreiben,
richtig gehen (sich richtig bewegen; Uhr),
etwas richtig machen,
richtig sehen, wenn ich es richtig sehe, ...
richtig liegen (am richtigen Platz)
Trennbare Zusammensetzungen:
richtigliegen (mit einer Vermutung, Feststellung), er liegt da nicht ganz richtig, richtiggelegen, richtigzuliegen;
richtigstellen (eine Darstellung berichtigen)
Getrennt *und* **zusammen** *möglich*:
richtig stellen *und* richtigstellen (Uhrzeiger)

die **Ricke** (weibliches Reh), die Ricken
riechen ⓘ 286, roch, gerochen; der Riecher
das **Ried** (Schilf, Röhricht), die Riede
die **Riege** (*Sport* Abteilung), die Riegen
der **Riegel,** die Riegel
der **Riemen** (Lederstreifen; Gurt), die Riemen
der **Riemen** (Ruder), die Riemen
der **Riese,** die Riesen; riesenhaft; riesengroß; riesig; riesig groß
der **Riesling** (eine Reb- und Weinsorte)
rieseln, es rieselt
das **Riff** (Klippe; Sandbank), die Riffe
riffeln, ich riff[e]le; die Riffelung
rigid *und* **rigide** (streng; starr); die Rigidität
rigoros (sehr streng; rücksichtslos)
die **Rille,** die Rillen; rillen, gerillt
das **Rind,** die Rinder; der Rinderbraten; das Rindvieh; rind[s]ledern
die **Rinde,** die Rinden
der **Ring**, die Ringe; der Ringfinger; ringförmig; ringsherum; ringsum, *aber* rings um den Tisch; ringsumher; sich ringeln, ich ring[e]le mich; die Ringelnatter
ringen ⓘ 286, rang, gerungen; der Ringkampf; der Ringer
die **Rinne,** die Rinnen;
rinnen ⓘ 286, rann, geronnen; das Rinnsal
die **Rippe,** die Rippen; rippen, gerippt
das **Risiko,** die Risikos *und* Risiken; risikoreich; riskant; riskieren
der **Risotto** (italien. Reisgericht), die Risottos
die **Rispe** (Blütenstand), die Rispen
der **Riss**, des Risses, die Risse; rissig
der **Rist** (Fußrücken, Handrücken), die Ris|te
der **Ritt,** die Ritte; rittlings; der Ritter, die Ritter; ritterlich
das **Ritual** (religiöser Brauch), die Rituale; rituell; der Ritus (religiöse Handlung), die Riten
der **Ritz,** die Ritze; die Ritze, die Ritzen; ritzen, geritzt
der **Rivale** (Mitbewerber), die Rivalen; die Rivalin; rivalisieren; die Rivalität
das **Rizinus|öl** (pflanzliches Abführmittel)
das **Roast|beef** [*roßtbif*] (Rinderbraten)
die **Robbe;** robben, gerobbt
die **Robe** (langes Kleid; Amtstracht), die Roben
die **Robinie** (Scheinakazie, ein Laubbaum), die Robinien
der **Roboter,** die Roboter
robust (stark; derb; unempfindlich); die Robustheit
die **Rochade** [*rochade und roschade*] (*Schach* Doppelzug; *Sport* Stellungswechsel), die Rochaden; rochieren
röcheln, ich röch[e]le; das Röcheln
der **Rochen** (ein Meeresfisch), die Rochen
der **Rock,** die Röcke; das Röckchen
der **Rock** *kurz für* Rock 'n' Roll *und* Rock and Roll; das Rockkonzert; der Rock-'n'-Roll-Musiker *und* Rock-and-Roll-Musiker; die Rockmusik; der Rocker; die Rockgruppe; rocken
rodeln, ich rod[e]le; der Rodelschlitten
roden, gerodet; die Rodung
der **Rogen** (Fischeier), die Rogen
der **Roggen;** das Roggenbrot
roh; roh bearbeitet; rohstoffreich; der Roh|bau; die Roh|heit;

r R

die Rohkost; der Roh|ling; das Rohöl;
die Rohseide; die Rohstoffe
das **Rohr,** die Rohre; der Rohrzucker;
das Röhrchen; die Röhre, die Röhren;
das Röhricht; röhren
das **Rokoko** (europäische Epoche im 18. Jh.)
die **Rolle**, die Rollen; das Rollenspiel;
rollen; der Roller; rollern;
der Roll-Laden *und* Rollladen,
die Roll-Läden *und* Rollläden;
das Rollfeld; der Rollkragen;
der Rollmops; die Rollschuhe;
der Rollstuhl; die Rolltreppe;
das Rollo, die Rollos
ROM = Read-Only Memory
(*EDV* Nur-Lese-Speicher; Festwertspeicher)
der **Roman,** die Romane; romanhaft;
der Romancier [*romangßje*]
(Romanschriftsteller);
die **Romanik** (europäische Kulturepoche);
romanisch;
die Romanistik (Wissenschaft der
romanischen Sprachen und Literaturen)
die **Romantik** (europäische Kulturepoche);
romantisch (zur Romantik gehörend;
gefühlsbetont);
die Romanze, die Romanzen
der **Römer,** die Römer; die römischen Kaiser;
das römische Recht; das Römerreich;
das Römische Reich;
römisch-katholisch ⟨r.-k., röm.-kath.⟩;
die römisch-katholische Kirche
das **Rommee,** *auch* Rommé *nur Einzahl*
(ein Kartenspiel)
das **Rondell** (rundes Beet; runder Platz),
die Rondelle
röntgen (durchleuchten), geröntgt;
das Röntgenbild
das **Rooming-in** [*ruming-*] *nur Einzahl,*
auch Roomingin
rosa; rosafarben; rosarot; das Rosa;
die **Rose**, die Rosen; das Röschen;
der Rosenduft; der Rosenkohl;
der Rosenkranz; der Rosenmontag;
rosé [*rose*] (zartrosa); rosig;
der Rosé (eine Weinsorte); der Roséwein;
die Rosette (Verzierung in Rosenform)
der **Rosch Ha-Schana** (Jahresanfang;
jüdisches Neujahrsfest [im September])
die **Rosine** (getrocknete Weinbeere)
der **Rosmarin** (eine Gewürzpflanze)
das **Ross** (Pferd), des Rosses, die Rosse;
das Rosshaar; die Rosskur
der **Rost** (Gitter), die Ros|te;
rösten, gerös|tet; die Rösterei; röstfrisch
der **Rost** (Zersetzungsschicht auf Eisen);
der Rostschutz;
rost|frei; ros|tig; rostrot; rosten

rot, röter, am rötesten, *auch*
rot, roter, am rotesten; ⓘ **blau** S. 40;
rotsehen (*ugs. für* wütend werden);
sich die Augen rot weinen/rotweinen,
rot geweinte *und* rotgeweinte Augen;
rot glühendes *und* rotglühendes Metall;
die rote Rübe, *aber* die Rote Be[e]te;
die Rote Liste; der Rote Planet (Mars);
der rote Faden; die rote/Rote Karte;
das Rot; bei Rot; in Rot; Alarmstufe Rot;
die Ampel steht auf Rot;
das Rote Kreuz; die Rote-Kreuz-Schwester
und die Rotkreuzschwester; das Rote Meer;
der Rote Milan; rotbackig *und* rotbäckig;
die Röte; die Röteln;
röten; sich röten, gerötet; die Rötung;
der Rotbarsch; die Rotglut; der Rotdorn;
das Rotkehlchen; der Rotkohl;
der Rotwein; das Rotwild;
rotgrünblind; rothaarig; rötlich braun;
die **Röteln** *Plur.* (eine Infektionskrankheit)
der **Rotor** (sich drehender Maschinenteil),
die Rotoren; rotieren; die Rotation
die **Rotte** (Schar; Abteilung; Rudel)
der **Rotz** *ugs.*; der Rotzbengel; die Rotznase
das **Rouge** [*rusch*] (Schminke), die Rouges
die **Roulade** [*rulade*] (Fleisch-, Gemüserolle),
die Rouladen
das **Roulett** *und* **Roulette** [*rulet*] (Glücksspiel)
die **Route** [*rute*] (Reiseweg), die Routen;
die Routine (Übung, Gewohnheit);
die Routinekontrolle; routinemäßig;
der Routinier [*rutinje*] (geübter Mensch);
routiniert (gewandt, geübt)
der **Rowdy** [*raudi*] (gewalttätiger Mensch),
die Rowdys; das Rowdytum
royalistisch [*roajal-*] (königstreu)
rubbeln *norddt.* (reiben), ich rubb[e]le
die **Rübe,** die Rüben; das Rübenmus

rüber *ugs. für* → herüber, hinüber;

rüber + Verb *ugs.*
Trennbare Zusammensetzungen:
rüberkommen, komm doch mal rüber!,
aber wenn du rüberkommst,
er ist rübergekommen, rüberzukommen;
so auch rüberbringen *u. a.*

der **Rubin** (ein Edelstein), die Rubine; rubinrot
die **Rubrik** (Abteilung, Spalte), die Rubriken;
rubrizieren
ruchbar (durch Gerücht bekannt); ruchlos
der **Ruck**, die Rucke; ruckartig; rucken; rücken;
der **Rücken**, die Rücken; die Rückendeckung;
das Rückenmark; der Rückenwind;
rückenschwimmen/Rücken schwimmen,
aber nur ich schwimme Rücken;
der Rucksack, die Rucksäcke;

rück-; Rück-;
das rückbezügliche Fürwort
►das Reflexivpronomen 281;
rückdrehend; rückgebildet; rückfällig;
rückgängig, rückgängig machen;
rückhaltlos; rückläufig; rücklings;
rückschrittlich; rücksichtslos; rücksichtsvoll;
rückständig; rückstandsfrei; rückwärtig;
rückwirkend; rückzahlbar;
die Rückblende; der Rückblick;
die Rückfahrt; die Rückfahrkarte;
die Rückfrage; die Rückgabe; der Rückgang;
das Rückgrat; der Rückgriff; der Rückhalt;
die Rückhand; die Rück|kehr;
die Rückkopp[e]lung; die Rücklage;
das Rücklicht; die Rückmeldung;
die Rückreise; der Rückruf; die Rückschau;
der Rückschluss; der Rückschritt;
der Rückschlag; die Rückseite;
die Rücksicht; ohne, mit Rücksicht auf;
Rücksicht nehmen; die Rücksichtnahme;
die Rücksichtslosigkeit; der Rücksitz;
der Rückspiegel; die Rücksprache;
der Rückstand; der Rückstoß;
der Rücktritt; die Rückvergütung;
die Rückversicherung; die Rückwand;
der Rückweg; die Rückwirkung;
der Rückzieher; der Rückzug;

rück- + Verb
Zusammenzuschreiben:
rückbilden, rückgebildet;
rückblenden, rückgeblendet;
rückbuchen, rückgebucht;
rückdatieren, rückdatiert;
rückerstatten, rückerstattet;
rückfragen, rückgefragt;
rückkehren, rückgekehrt;
rückkoppeln, ich rückkopp[e]le,
rückgekoppelt;
rückübersetzen, rückübersetzt;
rückvergüten, rückvergütet;
rückversichern, rückversichert;

rückwärts; rückwärtsgewandt;
der Rückwärtsgang;

rückwärts + Verb
Getrennt zu schreiben:
rückwärts einparken, rückwärts abrollen
Trennbare Zusammensetzungen:
rückwärtsfahren, er fährt ungern rückwärts,
rückwärtsgefahren, rückwärtszufahren;
entsprechend auch:
rückwärtsgehen, rückwärtslaufen,
rückwärtsfallen, rückwärtsblättern,
rückwärtslesen, rückwärtsrutschen

rüde (grob, ungesittet)
der **Rüde** (männlicher Hund), die Rüden
das **Rudel,** die Rudel; rudelweise
das **Ruder,** die Ruder; das Ruderboot;
die Ruder|regatta; rudern, ich rudere
das **Rudiment** (Überbleibsel), die Rudimente;
rudimentär (verkümmert)
der **Ruf**, die Rufe; der Rufname;
die Rufnummer;
rufen ⓘ 286, rief, gerufen
der **Rüffel** (Verweis), die Rüffel;
rüffeln, ich rüff[e]le
die **Rüge,** die Rügen; rügen, gerügt
die **Ruhe**; die Ruhestörung; der Ruhetag;
ruhebedürftig; ruhelos; ruhestörend;
ruhen; jemanden ruhen lassen, *aber*
ein Verfahren ruhen lassen/ruhenlassen;
ruhig; ruhig bleiben; jemanden ruhigstellen;
ein Gelenk ruhig stellen *und* ruhigstellen
der **Ruhm;** rühmen, gerühmt; rühmenswert;
rühmlich; ruhmlos; ruhmreich
die **Ruhr** (eine Darmkrankheit)
rühren, gerührt; sich rühren; das Rühr|ei;
rührend; rührig; rührselig
der **Ruin** (Verfall, Zusammenbruch, Untergang);
die Ruine (zerfallen[d]es Gebäude);
ruinieren (zerstören); ruinös
rülpsen, gerülpst

rum *ugs. für* → herum;

rum + Verb *ugs.*
Trennbare Zusammensetzungen:
rumlaufen, wie läuft/lief er bloß rum!,
aber wie er wieder rumläuft/rumlief!,
er ist rumgelaufen, rumzulaufen;
entsprechend auch:
rumgammeln; rumhängen; rumkriegen;
rumlungern; rumsausen *und andere*

der **Rum** (Branntwein aus Zuckerrohr),
die Rums; die Rumsorten
Rumänien; der Rumäne; rumänisch
die **Rumba** (ein Tanz), die Rumbas
der **Rummel;** der Rummelplatz
rumoren (lärmen)
die **Rumpelkammer;** rumpeln, ich rump[e]le
der **Rumpf,** die Rümpfe
rümpfen, die Nase rümpfen
rums!; rumsen *ugs.* (krachen)
das **Rumpsteak** [*rampstek*], die Rumpsteaks
der **Run** [*ran*] (Ansturm auf etwas Begehrtes)
rund; rund um den See; rund ⟨rd.⟩ (zirka);
rundheraus; rundherum; rundlich;
rundum; rundumher; rundweg;
das Rund; die Runde; in der Runde;
die Rundfahrt; der Rundfunk;
die Rundschau; die Rundung;
runden; runderneuern; rundgehen *ugs.*

r R

die **Rune** (germanisches Schriftzeichen)
die **Runkelrübe**

runter *ugs. für* → herunter, hinunter;

> **runter + Verb**
> **Trennbare Zusammensetzungen:**
> runterkommen, komm runter!,
> *aber* wenn du runterkommst,
> er ist runtergekommen, runterzukommen;
> *entsprechend auch*:
> runterfallen; runterfliegen;
> jemandem eine runterhauen; runterholen;
> runterlassen; runterputzen;
> runterrutschen; runtersausen;
> runterschlucken *u. a.*

die **Runzel**, die Runzeln; runz[e]lig;
runzeln, ich runz[e]le die Stirn
der **Rüpel**, die Rüpel; rüpelhaft
rupfen, gerupft
ruppig; die Ruppigkeit
die **Rüsche** (gefalteter Stoffbesatz)
die **Rushhour** [*rasch-auer*] (Hauptverkehrszeit)
der **Ruß**, des Rußes; rußen; rußig;
rußgeschwärzt
der **Rüssel,** die Rüssel
Russland; der Russe, die Russen;
die Russin, die Russinnen; russisch;
die russisch-orthodoxe Kirche;
die russische Sprache; auf Russisch;
wie spricht er? er spricht russisch, *aber Russisch als Sprache, Unterrichtsfach*:
er spricht, schreibt, lehrt, lernt Russisch;
die russisch sprechende Dolmetscherin *und*
die Russisch sprechende Dolmetscherin;
das Russische; ins Russische übersetzen;
im Russischen; ⓘ **deutsch** S. 58
rüsten, gerüstet; rüstig; das Rüstzeug;
die Rüstung; die Rüstungsindustrie
die **Rüster** (Ulme), die Rüstern;
das Rüsterholz
rustikal (ländlich, bäuerlich)
die **Rute,** die Ruten
die **Rutsche**;
einen guten Rutsch [ins neue Jahr]!;
die Rutschgefahr; die Rutschpartie;
rutschen, du rutschst, gerutscht; rutschig
rütteln, gerüttelt

S

S = Süd[en]
S. = Seite
s = Sekunde
s. = siehe
der **Saal**, die Säle
das **Saarland**; saarländisch
die **Saat**, die Saaten; das Saatgut
der **Sabbat**, *hebräisch* Schabbat (jüdischer Ruhetag, Feiertag), die Sabbate
sabbern *ugs.*, ich sabbere
der **Säbel**, die Säbel; das Säbelrasseln;
säbelrasselnd; säbeln, ich säb[e]le
die **Sabotage** [*sabotasche*] (planmäßige Beschädigung), die Sabotagen;
der Saboteur [*sabotör*], die Saboteure;
sabotieren
die **Sache**, die Sachen; der Sachbearbeiter;
die Sachbeschädigung; das Sachgebiet;
die Sachkenntnis; die Sachlage;
der Sachschaden; der Sachverhalt;
der Sachverstand; der Sachverständige;
sachdienlich; sachgemäß; sachgerecht;
sachkundig; sachlich;
sächlich *grammatisch* neutral
Sachsen ⟨Sa.⟩; sächsisch;
der Sachse, die Sachsen; die Sächsin;
Sachsen-Anhalt; sachsen-anhaltisch *und*
sachsen-anhaltinisch
sacht *und* **sachte**
der **Sack**, die Sä|cke; 5 Sack Mehl;
das Säckchen; mit Sack und Pack;
die Sackgasse; das Sackhüpfen;
sackförmig; sackweise; säckeweise
sacken (sinken; sich senken)
der **Sadismus** ([sexuelle] Abartigkeit, [Freude an] Grausamkeit);
der Sadist, die Sadisten; sadistisch
säen, er sät, du sätest, gesät *zu* Saat
die **Safari** (Gruppenreise in Afrika), die Safaris
der **Safe** [*sef*] (Geldschrank), die Safes
der **Saffian** (feines Ziegenleder)
der **Safran** (ein Gewürz); safrangelb
der **Saft**, die Säfte; saftig; saftlos

die **Sage**; die Sagengestalt;
sagenhaft; sagenumwoben;
sagen, gesagt; gesagt, getan;
Bescheid sagen; sage und schreibe
die **Säge**; sägen, gesägt; die Sägespäne *Plur.*
der **Sago** (Speisestärkekörner aus Palmenmark)
die **Sahara** [*sahara, sahara*] (große nordafrikanische Wüste)
die **Sahne**; sahnig
die **Saison** [*säsong*] (Hauptgeschäfts-, -reisezeit, Theaterspielzeit), die Saisons;
saisonbedingt
die **Saite** (*z. B.* Geigensaite), die Saiten;
das Saiteninstrument; → Seite
der **Sakko** *und* das Sakko (Herrenjackett), die Sakkos
sakral (heilig; Gottesdienst betreffend);
das Sakrament (kirchliche Handlung);
das Sakrileg (Vergehen gegen Heiliges, Gotteslästerung), die Sakrilege;
die Sakris|tei (Kirchenraum für Geistliche), die Sakristeien;
sakrosankt (heilig, unantastbar)
säkularisieren ([kirchlichen Besitz] verweltlichen); die Säkularisierung
der **Salamander** (ein Lurch), die Salamander
die **Salami** (eine Dauerwurst), die Salamis
der **Salat**, die Salate; das Salatöl
die **Salbe**, die Salben; salben, gesalbt;
die Salbung
der **Salbei** (eine Gewürz- und Heilpflanze)
der **Saldo** (Unterschied zwischen Soll und Haben eines Kontos), die Salden *und* Saldi *und* Saldos; saldieren
die **Säle** *Plur. von* Saal
die **Saline** (Anlage zur Salzgewinnung), die Salinen
der **Salmiak** *und* das Salmiak
die **Salmonellen** *Plur.* (Darmkrankheiten bewirkende Bakterien)
der **Salon** [*salong*], die Salons; salonfähig
salopp (ungezwungen; nachlässig)
der **Salpeter** (Salze der Salpetersäure)
der **Salto** (freier Überschlag), die Saltos *und* Salti; der Salto mortale
der **Salut** (militärischer Ehrengruß), die Salute
die **Salve** (gleichzeitiges Schießen mehrerer Waffen), die Salven
das **Salz**, die Salze; der Salzhering;
die Salzkartoffel; das Salzwasser;
salzen, gesalzt *und* gesalzen;
salzarm; salzhaltig; salzig
der **Samariter** (freiwilliger Krankenhelfer), die Samariter
der **Same** *und* der **Samen**, des Samens, die Samen; die Sämereien *Plur.*;
der Sämling
sämig (dickflüssig)
sammeln, ich samm[e]le, gesammelt;
gesammelte Werke; das Sammelsurium;
der Sammler; die Sammlung
der **Samstag** 〈Sa.〉, des Sams|tag[e]s, die Samstage; samstags (an Samstagen);
Wochentag + Tageszeit **ℹ Dienstag** S. 60;
→ Sonnabend
samt (mit); samt Familie; sämtlich
der **Samt**, die Samte; samten (aus Samt);
samtig (samtartig); samtweich
das **Sanatorium** (Heilanstalt), die Sanatorien
der **Sand**, die Sande; die Sandbank;
der Sanddorn; das Sandpapier;
der Sandsack; der Sandstein;
der Sandstrand;
sandfarben *und* sandfarbig; sandig;
sandstrahlen, sandgestrahlt, *auch* gesandstrahlt
die **Sandale** (offener Schuh), die Sandalen;
die Sandalette, die Sandaletten
das **Sandwich** *und* der Sandwich [*sändwitsch*], die Sandwich[e]s
sanft, sanfter, am sanftes|ten;
die Sanftmut; sanftmütig; die Sänfte
der **Sänger**; die Sängerin; sang- und klanglos
sanieren, saniert; sanierungsbedürftig;
sich sanieren (sich gesundstoßen);
die Sanierung; sanitär (gesundheitlich);
die Sanitäranlagen;
der Sanitäter (Krankenpfleger)
Sankt 〈St.〉 (heilig);
Sankt Nikolaus, St. Nikolaus;
die Sankt-Nikolaus-Kirche,
die St.-Nikolaus-Kirche, *aber*
die Nikolauskirche; Sankt Andreasberg;
die St.-Andreasberger Bergwerke *und*
die St. Andreasberger Bergwerke;
das Sankt-Elms-Feuer, St.-Elms-Feuer;
die **Sanktion** (Bestätigung, Erteilung der Gesetzeskraft), die Sanktionen (Zwangsmaßnahmen); sanktionieren (gutheißen, bestätigen); die Sanktionierung
der **Saphir** (ein Edelstein), die Saphire
die **Sardelle** (ein Fisch), die Sardellen;
die Sardine (ein Fisch), die Sardinen
der **Sarg**, des Sarges, die Särge
der **Sarkasmus** (beißender Spott), die Sarkasmen; sarkas|tisch
der **Sarkophag** ([Stein]sarg), die Sarkophage
der **Satan** (Widersacher; Teufel); satanisch
der **Satellit**, die Satelliten
der **Satin** [*satäng*] (Gewebeart), die Satins
die **Satire** (witzige Darstellung menschlicher Schwächen), die Satiren; satirisch
die **Satisfaktion** (Genugtuung)
satt; ich bin satt; ich habe/bin es satt;
sattblau; sattgrün; sattsam;
sättigen, gesättigt; die Sättigung;

S

satt + Verb
Getrennt zu schreiben:
satt sein, satt werden, sich satt essen,
die hungrigen Kinder satt bekommen
Trennbare Zusammensetzungen:
etwas sattbekommen (die Lust verlieren),
das bekomme ich allmählich satt,
etwas satthaben, sich sattsehen
Getrennt *und* **zusammen** *möglich*:
satt machen *und* sattmachen

der **Sattel**, die Sättel; der Sattelschlepper; satteln, ich satt[e]le; sattelfest; der Sattler; die Sattlerei
der **Saturn** (ein Planet)
der **Satz**, die Sätze; der Satzbau (die Syntax); die Satzaussage, der Satzkern, *grammatisch* ► das Prädikat 280; das Satzgefüge; der Satzgegenstand, *grammatisch* ► das Subjekt 281; der Satzteil; die Satzverbindung; das Satzzeichen; die Satzung; satzungsgemäß; satzweise
die **Sau**, die Säue *und* Sauen; *alles ugs.*: die Sauerei; der Saustall; das Sauwetter; saudumm; säuisch; saumäßig

sauber, saub[e]rer, am saubersten; die Sauberkeit; säuberlich; säubern, ich säubere; die Säuberung;

sauber + Verb
Getrennt zu schreiben:
sauber sein, sauber werden,
sauber arbeiten, sauber halten,
sauber schreiben, sauber trennen,
sauber unterscheiden
Getrennt *und* **zusammen** *möglich*:
sauber machen *und* saubermachen,
sauber reiben *und* sauberreiben

die **Sauce** [*soße*], die Saucen; → Soße; die Sauciere, die Saucieren
sauer, saurer, am sauersten; der Sauerampfer; der Sauerbraten; die Sauerkirsche; das Sauerkraut; die Sauermilch; der Sauerstoff; die Sauerstoff-Flasche *und* die Sauerstoffflasche; der Sauerteig; säuern, gesäuert; säuerlich; sauertöpfisch; → die Säure
saufen ⓘ 286, soff, gesoffen, du säufst; der Säufer; die Sauferei
saugen ⓘ 286, sog *und* saugte, gesogen *und* gesaugt; säugen, gesäugt; der Sauger; der Säuger; das Säugetier; der Säugling
die **Säule**, die Säulen; säulenförmig

der **Saum**, die Säume; säumen
säumen (zögern); säumig; saumselig
die **Sauna**, die Saunas *und* Saunen; saunen
die **Säure**, die Säuren; säurebeständig
der **Saurier**, die Saurier
sausen; das Rad sausen lassen, *aber* sausen lassen/sausenlassen (verzichten); in Saus und Braus leben; säuseln, ich säus[e]le
die **Savanne** (tropische Steppe), die Savannen
das **Saxophon** (ein Blasinstrument), die Saxophone, *auch* Saxofon
SB = Selbstbedienung
die **S-Bahn** (Stadtbahn, Schnellbahn); der S-Bahn-Wagen, *aber* der S-Bahnhof
der **Scanner** [*ßkäner*] (elektronisches Lesegerät); scannen, gescannt
der **Scart**-Stecker (Norm-Stecker für Video und Audio)
die **Scene** [*ßin*] (Milieu außerhalb des bürgerlich Normalen); → Szene
die **Schabe** (ein Insekt), die Schaben
schaben, geschabt; der Schaber
der **Schabernack** (übermütiger Streich), die Schaberna|cke
schäbig; die Schäbigkeit
die **Schablone** (Muster; ausgeschnittene Vorlage; herkömmliche Form), die Schablonen
das **Schach** (ein Brettspiel), die Schachs; Schach spielen; in Schach halten; das Schachbrett; die Schachfigur; die Schachpartie; der Schachzug; schachmatt
schachern (feilschen), ich schachere
der **Schacht**, die Schächte; schachten
die **Schachtel**, die Schachteln
schade; o wie schade!; schade, dass ...; es ist schade um ...; jammerschade
der **Schädel**, die Schädel; der Schädelbruch
der **Schaden**, die Schäden; Schaden nehmen; zu Schaden kommen; die Schadenfreude; der Schaden[s]ersatz; der Schadstoff; schadstofffrei; schadenfroh; schadhaft; schadlos; sich schadlos halten; schaden;
schädigen, geschädigt; die Schädigung; schädlich; der Schädling
das **Schaf**, die Schafe; der Schafbock; sein Schäfchen ins Trockene bringen; der Schäfer; das Schaffell; der Schaf[s]käse
schaffen (vollbringen) ⓘ 286, schaffte, geschafft; schaffen (erschaffen) ⓘ 286, schuf, geschaffen; das Schaffen; frohes Schaffen; der Schaffner
das **Schafott** (Gerüst für Hinrichtungen), die Schafotte
der **Schaft**, die Schäfte

der **Schakal** (ein Raubtier), die Schakale
schäkern (sich necken), ich schäkere
schal (fade; abgestanden)
der **Schal**, die Schals *und* Schale
die **Schale**, die Schalen; das Schälchen; schälen, geschält; → Schalung
der **Schalk**, die Schalke *und* Schälke; schalkhaft
der **Schall**, die Schalle *und* Schälle; die Schalldämmung; die Schallplatte; die Schallwelle; schalldämmend; schallen, es schallt; schallendes Gelächter
die **Schalmei** (ein Holzblasinstrument), die Schalmeien
die **Schalotte** (Zwiebelart), die Schalotten
schalten, geschaltet; der Schalter; der Schalthebel; das Schaltjahr; der Schalttag; die Schaltuhr; die Schaltung
die **Schalung** (Bretterverkleidung)
die **Schaluppe** (Beiboot), die Schaluppen
die **Scham**; das Schamgefühl; die Schamlippen; die Schamlosigkeit; die Schamröte; schamhaft; schamlos; schamrot; sich schämen
der **Schamott** *ugs.* (wertloser Kram)
die **Schamotte** (feuerfester Ton)
die **Schande**; zu Schanden *und* zuschanden machen, werden; der Schandfleck; die Schandtat; schänden, geschändet; schändlich
die **Schänke** *und* Schenke (Gastwirtschaft)
die **Schanze**, die Schanzen; schanzen, geschanzt
die **Schar**, die Scharen; scharenweise; sich scharen
die **Scharade** (ein Silbenrätsel), die Scharaden
die **Schäre** (kleine Felsinsel), die Schären
scharf, schärfer, am schärfsten; scharf schießen; scharf sehen; scharfmachen (aufhetzen), *aber* scharf machen/scharfmachen (schärfen); scharfkantig; scharfsichtig; scharfsinnig; der Scharfrichter; der Scharfsinn; die Schärfe; schärfen, geschärft
der **Scharlach** (rote Farbe; eine Infektionskrankheit); scharlachrot
der **Scharlatan** (Schwätzer; sich als Fachmann ausgebender Betrüger), die Scharlatane
der **Scharm** → Charme
das **Scharmützel** (Geplänkel), die Scharmützel
das **Scharnier** (Drehgelenk), die Scharniere
die **Schärpe** (breites Band um Schulter oder Hüfte), die Schärpen
scharren, gescharrt
die **Scharte**, die Scharten; schartig
scharwenzeln *ugs.* (übertrieben eifrig sein)
der **Schaschlik** *und* das Schaschlik (Fleischspieß), die Schaschliks

der **Schatten**, die Schatten; die Schattenseite; Schatten spendend *und* schattenspendend; schattenhaft; schattig; schattieren
die **Schatulle** (Schmuck-, Geldkästchen), die Schatullen
der **Schatz**, die Schätze; das Schätzchen; der Schatzmeister; die Schätzung; schätzen, geschätzt; schätzen lernen; schätzenswert; schätzungsweise
die **Schau**; [sich] zur Schau stellen; das Schaufenster; der Schaulustige; der Schauplatz; das Schauspiel; der Schauspieler; die Schauspielerei; die Schauspielerin; der Schausteller; schaulustig; schauspielerisch; schauen; schauspielern, geschauspielert
der **Schauder**; schauderhaft; schaudern, es schaudert mir *oder* mich
der **Schauer** (kurzer Regenguss; Schreck), die Schauer; die Schauergeschichte; schauerartig; schauerlich; schauern, mich *oder* mir schauert
die **Schaufel**, die Schaufeln; schaufeln, ich schauf[e]le
die **Schaukel**, die Schaukeln; schaukeln, ich schauk[e]le
der **Schaum**, die Schäume; der Schaumstoff; schäumen, geschäumt; schaumig; schaumbedeckt, *aber* mit Schaum bedeckt
schaurig *zu* Schauer
Schawuot (Wochen; jüdisches Wochenfest, zur Erinnerung an den Empfang der 10 Gebote; Vorläufer des christl. Pfingstfests)
der **Scheck** (Zahlungsanweisung), die Schecks; das Scheckheft; die Scheckkarte
der **Schecke**, die Schecke (scheckiges Pferd, Rind), die Schecken; scheckig (gefleckt); scheckig braun; braun gescheckt
scheel *ugs.* (schief; misstrauisch); scheel blicken
scheffeln (zusammenraffen)
die **Scheibe**, die Scheiben; das Scheibchen; scheibchenweise; der Scheibenwischer
der **Scheich** (arabischer Herrscher), die Scheiche *und* Scheichs; das Scheichtum
die **Scheide**, die Scheiden; die Scheidung;
scheiden ⓘ 286, schied, geschieden
der **Schein**; der Scheintod; scheinbar (nur dem Scheine nach), *aber* anscheinend (wahrscheinlich);
scheinen ⓘ 286, schien, geschienen; scheinheilig; scheintot
das **Scheit**, die Scheite; der Scheiterhaufen;
der **Scheitel**, die Scheitel; der Scheitelpunkt; scheiteln, gescheitelt
scheitern, gescheitert; das Scheitern
der **Schelf** *und* das Schelf (Flachmeer entlang der Küste), die Schelfe

S

die **Schelle**, die Schellen; schellen, es schellt
der **Schellfisch**
der **Schelm**, die Schelme; schelmisch
die **Schelte** (Tadel), die Schelten;
schelten ⓘ 286, schalt, gescholten,
du schiltst
das **Schema** (Muster; Entwurf; Plan),
die Schemas *und* Schemata *und* Schemen;
schematisch
der **Schemel**, die Schemel
der **Schemen** (Schatten[bild]), die Schemen;
schemenhaft
die **Schenke** *und* → Schänke
der **Schenkel**, die Schenkel
schenken, geschenkt; die Schenkung
scheppern (klappern), ich scheppere
die **Scherbe**, die Scherben
die **Schere**, die Scheren; das Schermesser;
scheren ⓘ 286, schor, geschoren;
die **Schererei**, die Scherereien
sich **scheren** *ugs.* (sich um etwas kümmern;
sich fortmachen), scherte, geschert
das **Scherflein** (kleiner Geldbeitrag)
der **Scherge** (Befehlsvollstrecker),
die Schergen
der **Scherz**, die Scherze; der Scherzbold;
scherzhaft; scherzen, du scherzt
scheu, scheuer, am scheu[e]s|ten;
scheu sein, werden;
[die Pferde] scheu machen/scheumachen;
die Scheu; scheuen; sich scheuen;
die **Scheuche**; scheuchen
die **Scheuer** (Scheune), die Scheuern
scheuern, ich scheuere
die **Scheune**, die Scheunen; das Scheunentor
das **Scheusal**, die Scheusale;
scheußlich; die Scheußlichkeit
der **Schi**, die Schi *und* Schier; → Ski
die **Schicht**, die Schichten; der Schichtdienst;
der Schichtwechsel; die Schichtung;
schicht[en]weise; -schichtig, *z. B.*
zweischichtig; schichten, geschichtet
schick, *auch* chic; ein schi|ckes Kleid;
die Schickeria; der Schickimicki
(modischer Kleinkram);
sich schi|cken, es schickt sich; schicklich
schicken, geschickt;
das **Schicksal**, die Schicksale;
schicksalhaft; schicksal[s]ergeben
schieben ⓘ 286, schob, geschoben;
der Schieber; die Schiebetür;
die Schiebkarre; die Schiebung
der **Schiedsrichter**; der Schiedsspruch
schief, schiefer, am schiefsten;
die schiefe Ebene; ein schiefer Vergleich;
in ein schiefes Licht geraten;
der Schiefe Turm von Pisa;
schiefwinklig;

schief + Verb
Getrennt zu schreiben: schief sein,
schief ansehen, schief gehen (Haltung),
schief sitzen, schief stehen, schief werden,
schief gewickelt sein (*z. B.* Bänder), *aber*
schief gewickelte/schiefgewickelte Bänder
Trennbare Zusammensetzungen:
schiefgehen (misslingen), das geht schief,
schiefgegangen, schiefzugehen, *so auch:*
sich schieflachen, schiefliegen (sich irren)
Getrennt *und* **zusammen** *möglich:*
schief treten *und* schieftreten (Schuhe)
schief ziehen *und* schiefziehen (Mund)

der **Schiefer**; das Schieferdach; schief[e]rig
schielen, geschielt; schieläugig
die **Schiene**; schienen, geschient;
das Schienbein; der Schienenweg;
schienengebunden
schier (rein; beinahe)
der **Schierling** (eine Giftpflanze)
schießen ⓘ 286, schoss, geschossen,
du schießt; das Schießen; die Schießerei;
der Schießstand
das **Schiff**, die Schiffe; der Schiffer;
der Schiff[s]bau; der Schiffbauer;
der Schiffbruch; der Schiffbrüchige;
die Schiff-Fahrt *und* die Schifffahrt;
die Schiff-Fahrts-Straße *und*
die Schifffahrtsstraße; der Schiffseigner;
die Schiffstaufe; die Schiffswerft;
schiffbar; schiffbrüchig
die **Schikane**, die Schikanen;
schikanieren; schikanös
der **Schikoree** → Chicorée
das **Schild** (Hinweistafel *u. Ä.*), die Schilder;
der Schildbürger; der Schildbürgerstreich;
schildern, geschildert; die Schilderung;
der **Schild** (Schutz), die Schilde;
die Schilddrüse; die Schildkröte
das **Schilf**; das Schilfrohr
schillern, es schillert; schillernd
schilpen → tschilpen
die **Schimäre** (Trugbild, Hirngespinst),
die Schimären , *auch* Chimäre
der **Schimmel** (Pilz); schimm[e]lig;
schimmeln; der Schimmel (weißes Pferd)
der **Schimmer**; schimmern
der **Schimpanse**, die Schimpansen
der **Schimpf**; mit Schimpf und Schande;
das Schimpfwort; schimpflich;
schimpfen
die **Schindel**, die Schindeln; das Schindeldach
schinden ⓘ 286, schund, geschunden;
der Schinder; die Schinderei;
mit jemandem Schindluder treiben
der **Schinken**, die Schinken
die **Schippe**, die Schippen; schippen

der **Schirm**, die Schirme; die Schirmherrschaft
der **Schirokko** (ein warmer Mittelmeerwind)
das **Schisma** ([Kirchen]spaltung), die Schismen *und* Schismata
die **Schizophrenie** (eine Geisteskrankheit); schizophren
schlabberig *und* **schlabbrig**; schlabbern, ich schlabb[e]re
die **Schlacht**, die Schlachten; das Schlachtvieh; der Schlachtenbummler *ugs.*; der Schlachter; der Schlächter; die Schlachterei; das Schlachthaus; schlachten, geschlachtet
die **Schlacke**, die Schlacken
schlackern
der **Schlaf**; das Schläfchen; der Schlafanzug; die Schlafenszeit; die Schlaflosigkeit; das Schlafmittel; die Schlafmütze; die Schlaftablette; der Schläfer; schläfrig; schlaflos; schlaftrunken; schlafwandlerisch;
schlafen ⓘ 286, schlief, geschlafen; schlafen gehen; Zeit zum Schlafengehen; schlafwandeln, ich schlafwand[e]le, er hat *und* ist geschlafwandelt;
die **Schläfe**, die Schläfen
am **Schlafittchen** nehmen, kriegen, packen *ugs. für* zu fassen bekommen
schlaff; die Schlaffheit
der **Schlag**, die Schläge; Schlag acht [Uhr]; die Schlagader; der Schlaganfall; der Schlagbaum; die Schlagsahne; die Schlagseite; das Schlagwort; die Schlagzeile; das Schlagzeug; schlagartig; schlagfertig; schlagkräftig; schlaglichtartig;
schlagen ⓘ 286, schlug, geschlagen; der Schlägel (Schlagwerkzeug); der Schlager; der Schläger; die Schlägerei
schlaksig *ugs.* (lang aufgeschossen)
der **Schlamassel** *und* das Schlamassel
der **Schlamm**; schlammig; schlämmen
die **Schlamperei**; schlampig; schlampen
die **Schlange**, die Schlangen; Schlange stehen; die Schlangenlinie; sich schlängeln
schlank, schlanker, am schlanksten; schlankweg (ohne weiteres)
schlapp, schlapper, am schlappsten; die Hitze hat uns schlapp gemacht *und* schlappgemacht, *aber nur* wir haben schlappgemacht (aufgegeben); die Schlappheit; der Schlappschwanz; die Schlappe (Niederlage)
das **Schlaraffenland**
schlau, schlauer, am schlau[e]sten; die Schlauheit; der Schlauberger; der Schlaumeier; die Schläue; sich schlaumachen *ugs.*
der **Schlauch**, die Schläuche; schlauchlos
die **Schlaufe** (Schleife), die Schlaufen
der **Schlawiner** (durchtriebener Mensch)
schlecht, schlechter, am schlechtesten; schlechte Zeiten; etwas, nichts Schlechtes; schlechthin; schlechterdings (ganz und gar); die Schlechtheit; die Schlechtigkeit; das Schlechtwetter;

schlecht + Verb
Getrennt zu schreiben: schlecht sein, schlecht werden, schlecht [zu Fuß] gehen, schlecht machen (unordentlich), schlecht schreiben, schlecht verdienen
Trennbare Zusammensetzung: jemanden schlechtmachen (herabsetzen)
Getrennt *und* **zusammen** *möglich*: schlecht gehen/schlechtgehen (arm, krank), schlecht stehen/schlechtstehen (Chancen)

schlecht + Adjektiv *oder* **Partizip** ⓘ S. 303
schlecht beraten *und* schlechtberaten, schlecht bezahlt *und* schlechtbezahlt, schlecht gelaunt *und* schlechtgelaunt, schlecht sitzende/schlechtsitzende Anzüge

schlecken; die Schle|ckerei
der **Schlegel** ([Reh]keule), die Schlegel
die **Schlehe**, die Schlehen
der **Schlei**, die Schleie *und* die Schleie, die Schleien (ein Fisch)
schleichen ⓘ 286, schlich, geschlichen; der Schleichweg; die Schleichwerbung
der **Schleier**, die Schleier; schleierhaft
die **Schleife**, die Schleifen;
schleifen (schärfen) ⓘ 288, schliff, geschliffen; der Schleifstein; schleifen (über den Boden ziehen) ⓘ 288, schleifte, geschleift
der **Schleim**; schleimlösende Mittel; die Schleimhaut; schleimig
schlemmen; der Schlemmer
schlendern, ich schlend[e]re; der Schlendrian
der **Schlenker**; schlenkern, ich schlenk[e]re
schlenzen (*Sport*: *Ball, Puck* schieben)
schleppen; schleppend; im Schlepp haben, fahren; die Schleppe; das Schleppnetz; der Schlepper; die Schlepperei
Schlesien; der Schlesier; schlesisch
Schleswig-Holstein; schleswig-holsteinisch
die **Schleuder**; schleudern, ich schleudere; der Schleuderpreis; die Schleuderware (Ramsch)

S

schleunig; schleunigst
die **Schleuse**; schleusen; der Schleusenwärter
der **Schlich** *ugs.* (Kniff), die Schliche
schlicht; schlichten; die Schlichtheit; die Schlichtung; schlichtweg
der **Schlick** (Schlamm); schlickig
die **Schliere** (Streifen), die Schlieren; schlierig
schließen ⓘ 288, schloss, geschlossen; der Schließer; das Schließfach; schließlich
der **Schliff**, die Schliffe

schlimm, schlimmer, am schlimmsten; eine schlimme Situation; sich zum Schlimmen wenden; etwas, wenig, nichts Schlimmes; am schlimmsten dran sein; im schlimmsten Fall, *aber* schlimmstenfalls; das Schlimmste; auf das, aufs Schlimmste gefasst sein; auf das, aufs Schlimmste *und* schlimmste betrogen werden, enttäuscht sein;

schlimm + Verb
schlimm sein; schlimm werden; schlimm kommen; schlimm stehen, es steht schlimm um ihn

die **Schlinge**, die Schlingen;
schlingen ⓘ 288, schlang, geschlungen;
der **Schlingel**;
schlingern, ich schlingere
der **Schlips**, die Schlipse
der **Schlitten**, die Schlitten; Schlitten fahren; die Schlittenfahrt; das Schlittenfahren; der Schlittschuh; Schlittschuh laufen; schlittern, ich schlittere, geschlittert
der **Schlitz**, die Schlitze; das Schlitzohr; schlitzäugig; schlitzen, geschlitzt
schlohweiß
das **Schloss**, des Schlosses, die Schlösser; das Schlösschen;
der **Schlosser**; schlossern, ich schloss[e]re
der **Schlot**, die Schlote
schlottern, ich schlottere; schlott[e]rig
die **Schlucht**, die Schluchten
schluchzen, du schluchzt; der Schluchzer;
der **Schluck**, die Schlucke; schluckweise; der Schluckauf; das Schlückchen; der arme Schlucker; schlucken, du schluckst, geschluckt
schluderig *und* **schludrig**; schludern, ich schludere
der **Schlummer**; schlummern, ich schlummere
der **Schlund**, die Schlünde
schlüpfen, geschlüpft; der Schlüpfer; schlupfen; das Schlupfloch; schlüpfrig
schlurfen (laut, schleppend gehen); schlürfen (laut trinken)

der **Schluss**, des Schlusses, die Schlüsse; die Schlussfolgerung; das Schlusslicht; der Schluss-Strich *und* der Schlussstrich; das Schlusswort; schlussfolgern; schlüssig;
der **Schlüssel**; das Schlüsselloch; schlüsselfertig
die **Schmach** (Schande); schmachvoll
schmachten; schmächtig
schmackhaft; die Schmackhaftigkeit
schmähen, geschmäht; schmählich; die Schmähung; die Schmähschrift
schmal, schmaler am schmalsten *und* schmal, schmäler, am schmälsten; schmalspurig; der Schmalfilm; schmälern
das **Schmalz**; schmalzig
der **Schmant** (Sahne)
schmarotzen (auf Kosten anderer leben), du schmarotzt; der Schmarotzer
der **Schmarren** *ugs.* (Unsinn)
der **Schmatz**, die Schmatze; schmatzen
schmauchen (qualmen)
der **Schmaus**, die Schmäuse; schmausen
schmecken, es schmeckt
die **Schmeichelei**; der Schmeichler; schmeichelhaft; schmeichlerisch; schmeicheln, ich schmeich[e]le
schmeißen ⓘ 288, schmiss, geschmissen
der **Schmelz** (Glasur; Glanz), die Schmelze; die Schmelze (Geschmolzenes), die Schmelzen; der Schmelzpunkt; das Schmelzwasser;
schmelzen ⓘ 288, schmolz, geschmolzen, es schmilzt
der **Schmer** *und* das Schmer (Fett); der Schmerbauch
der **Schmerz**, die Schmerzen; das Schmerzensgeld; schmerzempfindlich; schmerzerfüllt; schmerzfrei; schmerzhaft; schmerzlich; schmerzlindernd; schmerzstillend, *aber* den Schmerz stillend; schmerzen, es schmerzt
der **Schmetterling**, die Schmetterlinge
schmettern, ich schmettere; der Schmetterball
der **Schmied**, die Schmiede; die Schmiede; schmiedeeisern; schmieden, geschmiedet
sich **schmiegen**; schmiegsam; die Schmiegsamkeit
die **Schmiere**; Schmiere stehen;
schmieren; wie geschmiert; schmierig; jemanden schmieren; das Schmiergeld; der Schmierfink; der Schmierzettel
die **Schminke**; schminken; sich schminken
der **Schmirgel**; das Schmirgelpapier; schmirgeln, ich schmirg[e]le
der **Schmiss** (Schwung); schmissig
der **Schmöker** *ugs.* (spannendes Buch); schmökern (lesen), ich schmökere

schmollen; der Schmollmund
schmoren (zugedeckt braten)
der **Schmu** *ugs.* (leichter Betrug)
schmuck (hübsch); schmucklos;
der Schmuck; der Schmuckkasten;
der Schmuckstein; das Schmuckstück;
schmü|cken; sich schmücken, geschmückt
schmuddelig *und* **schmuddlig** *ugs.*;
das Schmuddelwetter
der **Schmuggel**; der Schmuggler;
schmuggeln, ich schmugg[e]le
schmunzeln, ich schmunz[e]le;
zum Schmunzeln
der **Schmus** *ugs.* (einschmeichelndes Gerede);
schmusen; die Schmuserei
der **Schmutz**; Schmutz abweisende *und*
schmutzabweisende Stoffe;
der Schmutzfink; die Schmutzschicht;
schmutzen; schmutzig; schmutzig grau
der **Schnabel**, die Schnäbel; schnäbeln
der **Schnack** (Plauderei); schnacken
die **Schnake** (eine Mücke)
die **Schnalle**; schnallen, geschnallt
schnalzen, du schnalzt
der **Schnäpper** *und* **Schnepper** (ein Vogel);
schnappen, geschnappt;
der Schnappschuss; das Schnäppchen
der **Schnaps**, des Schnapses, die Schnäpse;
das Schnäps|chen; die Schnapsidee *ugs.*
schnarchen; der Schnarcher
schnarren
schnattern, geschnattert
schnauben, schnaubte, geschnaubt;
schnaufen, geschnauft
die **Schnauze**; der Schnauzbart; der Schnauzer;
das Schnäuzchen; schnauzen;
sich schnäuzen
die **Schnecke**; das Schneckentempo;
der Schneckengang; schneckenförmig
der **Schnee**, des Schnees; der Schneeball;
die Schneeflocke; das Schneegestöber;
die Schneeketten; der Schneematsch;
die Schneeschmelze; der Schneesturm;
die Schneeverwehung; die Schneewechte;
die Schneewehe; Schneewittchen;
schneebedeckt; schneefrei; schneeweiß;
schneien, es schneit
der **Schneid** (Mut); schneidig;
die **Schneide** (Klinge); der Schneidezahn;
schneiden ⓘ 288, schnitt, geschnitten;
der Schneider; die Schneiderin;
die Schneiderei; schneidern
die **Schneise**
schnell, schneller, am schnellsten;
auf die Schnelle; schnelllebig;
schnellstens; schnellstmöglich;
die Schnellbahn; das Schnellboot;
die Schnelligkeit; der Schnellimbiss;
der Schnell-Läufer *und* der Schnellläufer;
schnell laufen; schnell wirkend;
die Schnelle; schnellen
die **Schnepfe** (ein Vogel)
schnetzeln (klein schneiden)
der **Schnickschnack** (wertloses Zubehör)
schniefen
schniegeln, geschniegelt
das **Schnippchen**; jemandem ein Schnippchen
schlagen *ugs.* (austricksen);
der **Schnippel**; schnippeln, ich schnipp[e]le;
schnippen; der Schnipsel *und* das Schnipsel;
schnipsen, du schnipst
schnippisch
der **Schnitt**, die Schnitte; der Schnittlauch;
das Schnittmuster; der Schnittpunkt;
die Schnittstelle (*EDV* Verbindungsstelle
zweier Systeme); die Schnittwunde;
die Schnitte, die Schnitten; schnittfest;
schnittig;
das **Schnitzel**; schnitzeln; schnitzen;
der Schnitzer; die Schnitzerei
schnöd *und* **schnöde** (niederträchtig)
schnodderig *und* **schnoddrig** *ugs.*;
die Schnodd[e]rigkeit
der **Schnorchel**, die Schnorchel; schnorcheln
der **Schnörkel**, die Schnörkel; schnörk[e]lig
schnorren *ugs.* (betteln); der Schnorrer
der **Schnösel** *ugs.* (dummdreister Angeber)
die **Schnucke** *kurz für* die Heidschnucke;
schnuck[e]lig *ugs.* (nett)
schnüffeln, ich schnüff[e]le;
die Schnüffelei; der Schnüffler
der **Schnuller**, die Schnuller
die **Schnulze**, die Schnulzen; schnulzig
schnupfen, du schnupfst;
der Schnupfen; das Schnupftuch;
schnuppern, ich schnuppere
die **Schnur**, die Schnüre; wie am Schnürchen;
der Schnürsenkel; die Schnürstiefel;
schnüren;
schnurgerade; schnurstracks
der **Schnurrbart**; schnurrbärtig; schnurren;
die Schnurre; schnurrig
schnurz *ugs.* (gleichgültig, egal)
die **Schnute** *ugs.*, die Schnuten
der **Schober**, die Schober
das **Schock** *alt für* 60 Stück; 2 Schock Eier
der **Schock** (plötzliche Nervenerschütterung),
die Schocks;
schockgefrieren; schockgefrostet;
scho|cken; scho|ckieren
schofel (niederträchtig), *auch* schof[e]lig
der **Schöffe**, die Schöffen; das Schöffengericht
die **Schokolade**; schokolade[n]braun
die **Scholastik** (mittelalterliche Philosophie)
die **Scholle**, die Schollen
schon; schon gut!; schon wieder

S

schön, schöner, am schönsten;
schön ist anders; schön dumm;
eines schönen Tages; die schöne Literatur;
aufs Schönste *und* schönste geschmückt;
etwas Schönes; das Schöne und das Gute;
nichts Schöneres;
die Schöne (schöne Frau);
nach dem Schönsten trachten; von mehreren Kleidern das schönste aussuchen;
die Schönheit; der Schönheitsfehler;
der Schönling; die Schönschrift;
das Schönschreiben;
schönen (allzu schön darstellen);

schön + Verb
besonders zu beachten:
schön schreiben – schönschreiben
schön färben – schönfärben
schön machen – schönmachen
schön reden – schönreden
Getrennt zu schreiben:
schön sein, schön bleiben, schön werden;
schön schreiben (gut und leserlich),
schön geschrieben, schön zu schreiben;
etwas besonders schön machen;
sich schön anziehen; schön kleiden;
schön färben (Haar, Stoff);
schön reden (gefällig vortragen),
der hat schön reden!
Trennbare Zusammensetzungen:
schönschreiben (Schönschrift), *nur Infinitiv*;
schönfärben (zu günstig darstellen);
schönmachen (*Hund* Männchen machen);
schönreden (etwas beschönigen);
schöntun (schmeicheln, heucheln)
Getrennt *und* **zusammen** *möglich*:
sich schön machen *und* sich schönmachen

sich **schonen**; jemanden, etwas schonen;
die Schonkost; die Schonzeit;
die Schonung;
schonungsbedürftig; schonungslos
der **Schoner** (mehrmastiges Segelschiff)
der **Schopf**, die Schöpfe
schöpfen, du schöpfst; die Schöpfkelle
der **Schöpfer**; schöpferisch; die Schöpfung
der **Schoppen** (Flüssigkeitsmaß), die Schoppen
der **Schorf**, die Schorfe; schorfig
die **Schorle**, die Schorlen
der **Schornstein**; der Schornsteinfeger
der **Schoß** (Leibesmitte), des Schoßes,
die Schöße; das Schoßhündchen
der **Schoss** (Pflanzentrieb), die Schosse;
der Schössling
die **Schose** *ugs.* (Sache, Angelegenheit),
die Schosen, *auch* die Chose
die **Schote**, die Schoten
das **Schott** (Schiffsquerwand), die Schotten
der **Schotter**; die Schotterdecke
Schottland; der Schotte; schottisch
schraffen, schraffieren; die Schraffierung;
die Schraffur
schräg, schräger, am schrägsten;
schräg gegenüber; etwas schräg halten;
schräg laufende *und* schräglaufende Linien;
[Möbel] schräg stellen *und* schrägstellen;
die Schräge; der Schrägstrich ⓘ 313
die **Schramme**, die Schrammen; schrammen
der **Schrank**, die Schränke; die Schrankwand;
die **Schranke**, die Schranken; schrankenlos
schrappen *ugs.* (kratzen, abkratzen)
die **Schraube**, die Schrauben;
das Schräubchen;
der Schraubendreher; der Schraubenzieher;
der Schraubstock; die Schraubzwinge;
der Schraubverschluss;
schrauben, geschraubt
der **Schrebergarten**; der Schrebergärtner
der **Schreck**; der Schre|cken, die Schrecken;
die Schreckensnachricht; schrecken;
schreckensbleich; schreckhaft; schrecklich;
auf das, aufs Schrecklichste gefasst sein;
auf das, aufs schrecklichste *und*
Schrecklichste betrogen werden;
schreckenerregende/Schrecken erregende Tat
der **Schredder**, die Schredder; schreddern
der **Schrei**, die Schreie; der Schreihals;
schreien ⓘ 288, schrie, geschrien
schreiben ⓘ 288, schrieb, geschrieben;
schreibfaul; schreibgewandt;
das Schreiben; der Schreiber;
der Schreibfehler; die Schreibmaschine;
das Schreibpapier; der Schreibtisch;
der Schreibtischtäter; die Schreibweise
der **Schrein**, die Schreine; der Schreiner;
die Schreinerei; schreinern
schreiten ⓘ 288, schritt, geschritten
der **Schrieb** *ugs. abschätzig für* Brief;
die **Schrift**, die Schriften; das Schriftbild;
die Schriftsprache; der Schriftsteller;
das Schriftstück; der Schriftwechsel;
schriftlich; etwas Schriftliches
schrill; schrillen, es schrillt
der **Schritt**, die Schritte; auf Schritt und Tritt;
Schritt für Schritt; Schritt fahren;
der Schrittmacher; das Schritt-Tempo *und*
das Schritttempo; schrittweise
schroff; die Schroffheit
schröpfen (Blut, Geld abnehmen)
der **Schrot** *und* das Schrot; das Schrotbrot;
die Schrotflinte; schroten;
der **Schrott**; der Schrottwert; schrottreif
schrubben *ugs.* (kräftig bürsten),
geschrubbt; der Schrubber
die **Schrulle** (launiger Einfall); schrullig

schrumpelig *und* **schrumplig**;
schrumpeln;
schrumpfen; die Schrumpfung
die **Schrunde** (Riss, Spalte), die Schrunden
schruppen *ugs.* (grob hobeln, feilen)
der **Schub**, die Schübe; das Schubfach;
die Schubkarre; die Schubkraft;
die Schublehre; schubweise;
der Schubs, die Schubse; → Schups;
schubsen, du schubst; → schupsen
schüchtern; die Schüchternheit
der **Schuft**, die Schufte; schuftig;
schuften; die Schufterei
der **Schuh**, die Schuhe; die Schuhcreme;
die Schuhgröße; die Schuhsohle
der **Schukostecker** *kurz für* Schutzkontakt-stecker

schuld; wer ist schuld?; er ist schuld;
schuldbewusst; schuldhaft; schuldig;
schuldlos; schuldenfrei; etwas schulden;
die Schuld, die Schulden; Schuld tragen;
meine Schuld!; jemandem die Schuld geben; sich seiner Schuld bewusst sein;
Schulden haben; frei von Schulden;
sich etwas zu Schulden *und* zuschulden kommen lassen;
schuldig; schuldigsprechen *und* schuldig sprechen; der Schuldige; die Schuldigkeit;
der Schuldner; der Schuldspruch;

Schuld, schuld + Verb
Getrennt zu schreiben:
schuld sein, schuld gewesen,
wer ist schuld?, er ist schuld, *aber*
Schuld geben, weil er mir Schuld gibt,
Schuld gegeben, Schuld zu geben;
entsprechend auch die Schuld geben;
[an etwas] Schuld haben; Schuld tragen

die **Schule**, die Schulen; der Schulanfänger;
die Schulbildung; der Schulbus;
der Schüler; die Schülerin; das Schuljahr;
die Schulklasse; der Schulleiter;
die Schulleiterin; die Schulreife;
das Schulzentrum; das Schulzeugnis;
schulfrei *oder* Schulfrei bekommen, haben,
aber kein Schulfrei haben; schulpflichtig;
schulen; schulmeistern; schulisch
die **Schulter**, die Schultern; schulterfrei;
schultern
schummeln (mogeln), ich schumm[e]le
schummerig *und* **schummrig**
der **Schund** (Wertloses); die Schundliteratur
schunkeln, ich schunk[e]le
die **Schuppe**, die Schuppen;
schuppen; schuppig
der **Schuppen**, die Schuppen
der **Schups** *süddeutsch*, die Schupse; → Schubs;
schupsen *süddeutsch*, geschupst
die **Schur** *zu* scheren; die Schurwolle
schüren; der Schürhaken
schürfen; das Schürfrecht; die Schürfung
schurigeln *ugs.* (schikanieren, quälen)
der **Schurke**, die Schurken; schurkisch
der **Schurz**, die Schurze; die Schürze; schürzen
der **Schuss**, des Schusses, die Schüsse;
die Schusslinie; die Schusswaffe
die **Schüssel**, die Schüsseln
schusselig *und* **schusslig**
der **Schuster**; die Schusterwerkstatt;
schustern, ich schustere
die **Schute** (Schleppkahn), die Schuten
der **Schutt**; die Schutthalde; der Schutthaufen;
schütten; die Schütte;
schütteln, ich schütt[e]le; der Schüttelfrost
schütter (lose, dünn)
der **Schutz**, des Schutzes; das Schutzblech;
die Schutzbrille; die Schutzfarbe;
der Schutzmann, die Schutzmänner *und*
Schutzleute; schutzbedürftig; schutzlos;
schutzimpfen, schutzgeimpft;
schützen; sich schützen; der Schützling
der **Schütze**, des Schützen, die Schützen;
die Schützenhilfe; der Schützenverein
schwabbelig *und* **schwabblig**;
schwabbeln, es schwabbelt
Schwaben; der Schwabe; die Schwäbin;
schwäbisch; schwäbische Spätzle, *aber*
die Schwäbische Alb; schwäbeln

schwach, schwächer, am schwächsten;
das schwache Verb;
schwachbrüstig; schwachköpfig;
schwachsichtig; schwachsinnig;
die Schwachheit; der Schwachpunkt;
der Schwachsinn; der Schwachstrom;
die Schwachen; die Schwäche;
der Schwächling; schwächlich; schwächen;
schwach machen/schwachmachen (Körper);
schwach, schwächer werden (kraftlos), *aber*
schwach werden/schwachwerden (nachgeben)
schwach + Partizip ⓘ S. 303
Getrennt *und* **zusammen** *möglich*:
ein schwach begabtes/schwachbegabtes
Kind, *aber* das Kind ist schwach begabt;
so auch schwach betont, bevölkert, bewegt

der **Schwaden** (Dunst), die Schwaden
schwadronieren (prahlerisch schwatzen)
die **Schwafelei**; schwafeln, ich schwaf[e]le
der **Schwager**, des Schwagers, die Schwäger;
die Schwägerin, die Schwägerinnen
die **Schwalbe**, die Schwalben;
das Schwalbennest; der Schwalbenschwanz
der **Schwall** (*z. B.* Wasserschwall), die Schwalle
der **Schwamm**, die Schwämme; schwammig

der **Schwan**, die Schwäne; der Schwanenhals
schwanen, mir schwant (ich ahne)
im **Schwange** sein (sehr gebräuchlich sein)
schwanger; die Schwangere; die Schwangerschaft; schwängern
der **Schwank**, die Schwänke
schwanken; die Schwankung
der **Schwanz**, die Schwänze; das Schwänzchen; die Schwanzfeder; schwänzeln; schwänzen
schwappen
der **Schwarm**, die Schwärme; schwärmen; der Schwärmer; schwärmerisch
die **Schwarte** (Haut; [dickes] Buch; Brett), die Schwarten
schwarz, schwärzer, am schwärzesten; ℹ **blau** S. 40; schwarz auf weiß, *aber* aus Schwarz Weiß machen; der schwarze Humor; die schwarze Liste; das schwarze Schaf; ein schwarzer Tag; der schwarze Tee; das Schwarz (Farbe); das Schwarze; ins Schwarze treffen; ein Kleid in Schwarz; in Schwarz gehen; Schwarz ausspielen; der Schwarze (Afrikaner); die Schwarze; der Schwarze Erdteil; das Schwarze Meer; die Schwarze Johannisbeere; das schwarze *oder* Schwarze Brett; das schwarze *oder* Schwarze Gold (Erdöl); der schwarze *oder* Schwarze Peter, *aber* jemandem den schwarzen Peter zuschieben; die Schwarzarbeit; Schwarzafrika; der Schwarzhändler; der Schwarzmarkt; die Schwarzwurzel; der Schwarzweißfilm/Schwarz-Weiß-Film; die Schwärze; schwärzen, du schwärzt; schwärzlich braun; schwarzhaarig; schwarzrotgolden *und* schwarz-rot-golden; die schwarzrotgold[e]ne *und* schwarz-rot-gold[e]ne Fahne; die Fahne Schwarzrotgold *und* Schwarz-Rot-Gold;

schwarz + Verb
Getrennt zu schreiben:
schwarz sein, schwarz werden, [sich] schwarz anmalen, schwarz einfärben
Getrennt *und* **zusammen** *möglich*:
schwarz färben *und* schwarzfärben; hier können wir warten, bis wir schwarz werden *und* schwarzwerden
Trennbare Zusammensetzungen
bei übertragener Bedeutung:
sich schwarzärgern, er ärgert sich schwarz, weil er sich darüber schwarzärgert, schwarzgeärgert, schwarzzuärgern, *entsprechend auch* schwarzarbeiten, schwarzfahren, schwarzkopieren, schwarzhören, schwarzsehen

schwarz + Partizip ℹ S. 303
schwarz verziertes/schwarzverziertes Papier, *aber* das Papier ist schwarz verziert; *so auch* schwarz gefärbt, gerändert, gestreift; schwarzweiß *und* schwarz-weiß gestreift, schwarz und weiß gestreift

der **Schwatz**; die Schwatzbase; der Schwätzer; das Schwätzchen; die Schwatzhaftigkeit; schwatzen; schwätzen; schwatzhaft
die **Schwebe**; in der Schwebe; schweben
Schweden; der Schwede; die Schwedin; schwedisch ℹ **deutsch** S. 58
der **Schwefel**; schwefelgelb; schwef[e]lig; schwefeln, geschwefelt
der **Schweif**; schweifen; schweifwedelnd
schweigen ℹ 288, schwieg, geschwiegen; das Schweigen; das Schweigegeld; die Schweigeminute; die Schweigepflicht; schweigsam; die Schweigsamkeit
das **Schwein**, die Schweine; das Schweinchen; das Schweinefleisch; der Schweinehund; die Schweinerei; schweinisch; das Schweinsleder; schweinsledern
der **Schweiß**, des Schweißes; der Schweißausbruch; die Schweißdrüse; schweißgebadet; schweißnass; schweißtreibend; schweißüberströmt
schweißen; der Schweißer; der Schweißbrenner
die **Schweiz**; der Schweizer; die Schweizerin; schweizerisch; der Schweizer Käse
schwelen; der Schwelbrand
schwelgen; schwelgerisch
die **Schwelle**; die Schwellenangst
schwellen (größer werden) ℹ 288, schwoll, geschwollen; die Schwellung; schwellen (größer machen) ℹ 288, schwellte, geschwellt
die **Schwemme**; schwemmen; das Schwemmland
der **Schwengel**, die Schwengel;
schwenken; schwenkbar; der Schwenk; der Schwenkkran; die Schwenkung

schwer, schwerer, am schwers|ten; schwerlich; auf das, aufs Schwerste *und* schwerste beleidigen; ein schwerer Schlag; schwere Musik; schweres Geschütz; schweres Wasser; ein schwerer Junge; schwerreiche Leute; schwerfällig; schwerhörig; schwermütig; der Schwerarbeiter; der Schwerathlet; der Schwerbehinderte; der Schwerenöter; das Schwergewicht; die Schwerindustrie; die Schwerkraft; der Schwerkranke; die Schwermut; der Schwerpunkt; die Schwerstarbeit; der Schwerverbrecher; viel Schweres; die Schwere; schwerelos;

schwer + Verb
Getrennt zu schreiben:
schwer sein; es schwer haben;
schwer arbeiten; schwer aufpassen *ugs.*;
schwer begreifen; schwer bestrafen;
schwer erkranken; schwer stürzen;
schwer fallen (folgenreich stürzen)
Trennbare Zusammensetzungen:
schwerfallen (Arbeit, Aufgabe),
schwergefallen, schwerzufallen;
entsprechend auch:
etwas schwernehmen; sich schwertun
Getrennt *und* **zusammen** *möglich*:
[sich das Leben] schwer machen *und*
schwermachen

schwer + Adjektiv *oder* **Partizip** ⓘ S. 303
schwer behindert *und* schwerbehindert,
so auch mit beladen, beleidigt,
beschädigt, bewaffnet, erziehbar, krank,
löslich, verdaulich, verletzt, verständlich,
verträglich, verwundet, wiegend,
aber schwerreich (*nur so!*)

das **Schwert**, die Schwerter; die Schwertlilie
die **Schwester**, die Schwes|tern;
schwes|terlich; die Schwes|ternhelferin
die **Schwiegereltern**; die Schwiegermutter;
der Schwiegervater; der Schwiegersohn;
die Schwiegertochter
die **Schwiele**, die Schwielen; schwielig
schwierig; die Schwierigkeit
schwimmen ⓘ 288, schwamm,
geschwommen; schwimmen gehen;
zum Schwimmen gehen;
das Schwimmbad; die Schwimmblase;
der Schwimmer; die Schwimmerin;
die Schwimmflosse; der Schwimm-Meister
und Schwimmmeister; der Schwimmsport
der **Schwindel**; Schwindel erregend *und*
schwindelerregend hoch;
schwindelfrei; schwind[e]lig;
die Schwindelei; der Schwindler;
schwindeln, ich schwind[e]le;
schwinden ⓘ 288, schwand, geschwunden;
die **Schwindsucht**; schwindsüchtig
die **Schwinge**, die Schwingen;
die Schwingung;
schwingen ⓘ 288, schwang, geschwungen
der **Schwips**, die Schwipse
schwirren
schwitzen, du schwitzt; schwitzig
der **Schwof** *ugs.* (Tanzvergnügen); schwofen
schwören ⓘ 288, schwor, geschworen;
→ Schwur

schwül; die Schwüle;
schwul (homosexuell)
der **Schwulst**, die Schwüls|te; schwuls|tig;
schwülstig (geschwollen, überladen)
der **Schwund** *zu* → schwinden
der **Schwung**, die Schwünge;
in Schwung kommen; die Schwungkraft;
schwunghaft; schwungvoll
der **Schwur**, die Schwüre; das Schwurgericht
die **Sciencefiction** [*ßaienßfikschen*] *und*
Science-Fiction (utopische Literatur);
der Sciencefictionfilm *und*
Science-Fiction-Film
der **Score** [*skor*] (*Sport, EDV* Spielstand, Punkte)
das **Scrabble** [*ßkräbl*]; scrabbeln
s. d. = siehe dort
SDR = Süddeutscher Rundfunk
das **Seal** *und* der Seal [*sil*] (Fell der Pelzrobbe)
sechs, **6.**, **sechstel**, **16**, **60**, **600**
ⓘ **acht**, **achtel** S. 10; bis sechs zählen;
sechs und fünf ist elf; die ersten sechs;
wir sind sechs; wir sechs; da sind die sechs;
wir sind zu sechsen *und* zu sechst;
sechserlei; sechs|tens; sechs[und]einhalb;
sechzehn; sechsundzwanzig; sechshundert;
sechstausend; sechs Millionen;
der sechsmillionste Besucher;
drei zu sechs, 3:6; halb sechs; Punkt sechs;
es ist sechs [Uhr], [um] Viertel vor sechs,
aber um drei viertel sechs ⓘ **viertel** S. 248;
sechsfach, 6fach *und* 6-fach; das Sechsfache;
er ist sechs; sechsjährig, 6-jährig;
sechsprozentig, 6-prozentig, 6%ig;
sechsmal, 6-mal; sechs Mal ⓘ **Mal** S. 142;
sechs|te, der Sechste ⓘ **acht**, **achtel** S. 10;
sechstel, das Sechstel ⓘ **acht**, **achtel** S. 10;
die Sechs, die Sechsen; eine Sechs würfeln;
die Zahl, Ziffer Sechs;
eine Sechs in Englisch; die Note „Sechs“;
mit der Sechs (Linie 6) fahren;
sechseckig; sechsstellig; sechsstündig;
am sechsten Mai; heute ist der Sechste;
der sechste Sinn;
das Sechseck; das Sechstagerennen;
der Sechserpack; der Sechskantschlüssel
der **Secondhandshop** [*ßäkendhändschop*]
(Laden für gebrauchte Artikel)
das **Sediment** (Ablagerung), die Sedimente
der **See** (Binnensee), die Seen;
die See (Meer), die Seen;
der See-Aal *und* der Seeaal;
der See-Elefant *und* der Seeelefant;
der See-Igel *und* der Seeigel;
das See-Ufer *und* das Seeufer;
die Seefahrt; der Seegang; der Seehund;
die Seeluft; der Seemann, die Seeleute;
die Seemeile ⟨sm⟩; die Seenot; die Seereise;
seeklar; seekrank; seetüchtig

die **Seele**, die Seelen; die Seelsorge;
seelenlos; seelenruhig; seelenverwandt;
seelisch; → selig

das **Segel**, die Segel; das Segelboot;
der Segelsport; segeln, ich seg[e]le;
segelfliegen *nur Infinitiv/Grundform*

der **Segen**; der Segenswunsch; eine Segen
bringende *und* segenbringende Zeit,
so auch Segen spendend/segenspendend;
segensreich; segnen, gesegnet

das **Segment** (Abschnitt), die Segmente

sehen ⓘ 288, sah, gesehen, du siehst;
er hat sich bei uns sehen lassen, *aber*
das kann sich sehen lassen/sehenlassen;
jemanden vom Sehen kennen;
sehbehindert; sehenswert; sehenswürdig;
der Sehfehler; die Sehkraft;
die Sehenswürdigkeit

die **Sehne**, die Sehnen; die Sehnenzerrung;
sehnig

sich **sehnen**; sehnlich; sehnlichst; sehnsüchtig;
sehnsuchtsvoll; die Sehnsucht

sehr; sehr fein ⟨ff⟩; sehr viele;
sehr vieles; zu sehr; → allzu sehr;
so sehr – sosehr ⓘ **so** S. 205

seicht; die Seichtheit; die Seichtigkeit

sei *zu* sein; es sei!; sei nicht blöd!

seid *zu* sein; ihr seid

die **Seide**, die Seiden; der Seidenfaden;
seiden; seidenweich; seidig

das **Seidel** (Gefäß, Flüssigkeitsmaß), die Seidel

der **Seidelbast** (ein Strauch)

die **Seife**, die Seifen; die Seifenblase;
die Seifenlauge; seifig

seihen, du seihst

das **Seil**, die Seile; der Seiler; die Seilbahn;
die Seilschaft; die Seilwinde; der Seiltänzer;
nur infinite/ungebeugte Formen:
seilhüpfen, seilgehüpft, *aber* mit dem Seil
hüpfen; *so auch* seilspringen, seiltanzen

sein ⓘ 288, ich bin, du bist, er ist,
wir sind, ihr seid, du warst, bist gewesen;
das Sein; Sein oder Nichtsein;
Sein und Schein

sein, das seine, das seinige ⓘ;

seiner; seinerzeit (damals); seinetwegen

sein lassen *und* seinlassen *ugs.*
(unterlassen), lass das sein!;
er hat es sein [ge]lassen *und* sein[ge]lassen

der **Seismograph** (Gerät zur Aufzeichnung
von Erdbeben); die Seismographie;
seismographisch, *auch* der Seismograf;
die Seismografie; seismografisch; seismisch

seit; seit alters; seit gestern; seit heute;
seit kurzem/Kurzem; seit langem/Langem;
seitdem; seitdem ist er gesund;
seit[dem] er hier ist, *aber* seit dem 7. Mai;
seither; seitherig;

die **Seite**, die Seiten;
jemandem zur Seite stehen;

sein, das seine, das seinige ⓘ

	sein Gepäck; seine Fahrausweise; *mit Bezug auf vorher genannte Nomen / Hauptwörter:* Alle Koffer sind da, auch seiner (der seine, der seinige). das ist seiner; das ist seine; das ist seins; das sind seine
	seinesgleichen; seinerseits; seinetwegen; um seinetwillen; seinerzeit ⟨s. Z.⟩ (damals), *aber* zu seiner Zeit; alles zu seiner Zeit
seine Angehörigen	die seinen *und* die seinigen, *auch* die Seinen *und* die Seinigen; die Seine (seine Frau) Er war um die seinen (die seinigen) sehr besorgt. *auch* Er war um die Seinen (die Seinigen) sehr besorgt.
sein Besitz	das seine *und* das seinige, *auch* das Seine *und* das Seinige Das ist das seine *und* das seinige; mehr besitzt er nicht. *auch* Das ist das Seine *und* das Seinige. – jedem das Seine *und* das seine
seine Pflichten	das seine *und* das seinige, *auch* das Seine *und* das Seinige Hier leistet jeder seinen Beitrag; auch er muss das seine (das seinige) tun. *auch* Er muss hier das Seine (das Seinige) tun. *aber:* Hier leistet jeder einen Beitrag; auch er wird den seinigen leisten. (**seinigen** *ist wie ein Adjektiv* [*zu* Beitrag] *gebraucht;* *in solchen Fällen nur Kleinschreibung)*

auf Seiten *und* aufseiten der Armen stehen;
von Seiten *und* vonseiten des Staates;
der Seitenblick; der Seitenhieb;
der Seitensprung; der Seitenwind;
seitab; seitwärts; seitens;
seitenlang; seitenverkehrt; seitlich;
-seitig, *z. B.* zweiseitig, 2-seitig;
abseits; allerseits; deinerseits; meinerseits;
beiseitelegen; → Saite

Sek. = Sekunde

die **Sekante** (Gerade, die eine Kurve schneidet)

das **Sekret** (Absonderung), die Sekrete;

der **Sekretär** (Schreibschrank; Beamter; Vogel); die Sekretärin, die Sekretärinnen; das Sekretariat (Geschäftsstelle)

der **Sekt** (Schaumwein), die Sekte

die **Sekte** (Glaubensgemeinschaft), die Sekten; die Sektion (Abteilung), die Sektionen; der Sektor (Bezirk; [Kreis]ausschnitt), die Sektoren

der **Sekundant** (Beistand, Betreuer), die Sekundanten; sekundieren

sekundär (in zweiter Linie [in Betracht kommend]); die Sekundärliteratur; die Sekundarstufe;

die **Sekunde** ⟨Sek., s⟩, die Sekunden; sekündlich *und* sekundlich; sekundenlang, *aber* zehn Sekunden lang

selb-; selber; selber machen; → derselbe;
selbst; selbst wenn; von selbst;
selbst|ständig *und* selbständig;
selbstgefällig; selbstgerecht; selbstherrlich;
selbstkritisch; selbstlos; selbstmörderisch;
selbstredend; selbstsicher; selbstsüchtig;
selbsttätig; selbstverständlich;
selbstzerstörerisch; selbstzufrieden;
das Selbst;
der Selbstständige *und* der Selbständige;
die Selbstständige *und* Selbständige;
die Selbstständigkeit *und* Selbständigkeit;
die Selbstbedienung; die Selbstbehauptung;
das Selbstbildnis; die Selbstdisziplin;
die Selbsterhaltung; das Selbstgespräch;
der Selbstkostenpreis; die Selbstkritik;
der Selbstlaut ▸ der Vokal 281;
der Selbstmord; die Selbstverständlichkeit;
das Selbstverständnis; das Selbstvertrauen;
die Selbstverwaltung; der Selbstzweck;

selbst + Partizip ⓘ S. 303
selbstbewusst; selbstklebend; selbstredend;
selbstsicher; selbstvergessen;
die Kekse hat er selbst gebacken, *aber* selbst gebackene/selbstgebackene Kekse, *so auch* selbst ernannt, gebaut, gebraut, gedreht, gemacht, genäht, geschneidert, geschrieben, gestrickt, verdient *u. a.*

selektieren (aussortieren); die Selektion; selektiv

der **Selfmademan** [*selfmedmän*] (jemand, der sich aus eigener Kraft hochgearbeitet hat)

selig; selig sein; seligpreisen; seligsprechen; selig machen/seligmachen (beglücken); der Selige, die Selige, die Seligen; die Seligkeit

der **Sellerie** *und* die Sellerie

selten; die Seltenheit; der Seltenheitswert; seltsam; seltsamerweise

die **Semantik** (Lehre von der Bedeutung sprachlicher Zeichen); semantisch

das **Semester** (Studienhalbjahr), die Semester;

semi- (halb-);

das **Semikolon** ⓘ 311 (Strichpunkt), die Semikolons *und* Semikola

das **Seminar** ([Übungskurs im] Hochschulinstitut), die Seminare

die **Semmel**, die Semmeln; die Semmelbrösel

der **Senat** (Regierungsbehörde), die Senate; der Senator (Ratsherr), die Senatoren

senden ⓘ 288, sandte *und* sendete, gesandt *und* gesendet; die Sendepause; der Sender; die Sendung

der **Senf**; die Senfgurke; das Senfkorn

sengen, gesengt; seng[e]rig *ugs.* (brenzlig)

senil (altersschwach); die Senilität; der Senior (Ältester; Altmeister; älterer Sportler), die Senioren; der Seniorchef; senior ⟨sen.⟩ (*hinter Namen* der Ältere); die Seniorin; das Seniorenheim

die **Senke**, die Senken; senken; die Senkung; senkrecht; die Senkrechte;

der **Senkel**, die Senkel; die Schnürsenkel

der **Senn** (Almhirt), die Senne, *auch* der Senne, die Sennen; die Sennerin; die Sennhütte

die **Sensation**, die Sensationen; sensationell

die **Sense**, die Sensen

sensibel (feinfühlig, empfindlich); sensitiv (sehr empfindlich); der Sensor (elektronischer Messfühler), die Sensoren; sentimental (empfindsam; rührselig); die Sentimentalität

die **Sentenz** (allgemein gültiger Ausspruch), die Sentenzen

separat (abgesondert, einzeln);

das **Séparée** (abgesonderter Raum für Heimlichkeiten), die Séparées, *auch* Separee

die **Sepsis** (Blutvergiftung), die Sepsen; septisch

der **September** ⟨Sept.⟩, des September[s], die September;

die **Septime** (*Musik* siebenter Ton; Intervall von sieben Tönen); der Sept[imen]akkord

die **Sequenz** (Aufeinanderfolge), die Sequenzen; sequenziell *und* sequentiell

S

die **Serafim** *und* Seraphim *Plur.* (Engel)
die **Serenade** (Abendmusik), die Serenaden
die **Serie** (Reihe, Folge; Gruppe gleichartiger Dinge), die Serien; seriell; serienmäßig; serienreif; serienweise; die Serienproduktion; die Serienschaltung
seriös (ernsthaft, glaubwürdig)
der **Sermon** *ugs.* (langweiliges Gerede)
die **Serpentine** (Straßenkehrschleife), die Serpentinen
das **Serum** (Blutwasser; Impfstoff), die Seren *und* Sera
die **Servelatwurst** → Zervelatwurst
der **Server** [*ßöwer*] (*engl.* Diener; *EDV* zentrale Einheit im Netzwerk);
das **Service** [*serviß*] (Tafelgeschirr), die Service; der Service [*ßörwiss*] (Kundendienst), die Services;
servieren (auftragen); die Serviererin; die Serviette (Mundtuch); servil (unterwürfig); die Servolenkung
der **Sesam** (Pflanze mit ölhaltigen Samen)
der **Sessel**, die Sessel; der Sessellift; sesshaft; die Sesshaftigkeit
das **Set** *und* der Set (Satz; Zusammengehörendes; Platzdeckchen), die Sets
sich **setzen**; etwas setzen, gesetzt; der Setzer; die Setzerei; der Setzling
die **Seuche**, die Seuchen; die Seuchengefahr
seufzen, du seufzt; der Seufzer
sexuell; sexual-; das Sexualhormon; das Sexualverbrechen; die Sexualität; der Sex; sexy; der Sexappeal *und* Sex-Appeal [*ßeksepil*];
die **Sexte** (*Musik* sechster Ton; Intervall von sechs Tönen); das Sextett; der Sextant (Winkelmessgerät)
sezieren (ab-, auftrennen, zerschneiden)
s-förmig *und* **S-förmig**
der **Shake** [*schek*] (ein Mischgetränk), die Shakes; der Milchshake
das **Shampoo** [*schampu*], die Shampoos
das **Shanty** [*schänti*] (Seemannslied), die Shantys
der **Sherry** [*schäri*] (spanische Weinsorte)
das **Shirt** [*schört*] (kurzes Hemd), die Shirts
der **Shop**, die Shops; das Shoppingcenter, die Shoppingcenter, *auch* Shopping-Center
die **Shorts** *Plur.* (kurze Hose)
die **Shortstory** [*schortßtori*] (novellenartige Kurzgeschichte), die Shortstorys *und* die Short Story, die Short Storys
die **Show** [*scho*] (Unterhaltungsprogramm; unglaubwürdige Selbstdarstellung), die Shows; der Showmaster, die Showmaster
Sibirien; sibirisch
sich; für sich; jeder für sich
die **Sichel**, die Sicheln; sichelförmig
sicher; sicher sein; sicher wirkende *und* sicherwirkende Mittel, *aber nur* ein absolut sicher wirkendes Mittel; die sichergestellte Beute; im Sichern (geborgen) sein; es ist das Sicherste (am sichersten), zu bleiben; es ist das Sicherste, was du tun kannst; auf Nummer sicher gehen; sicherheitshalber; sicherlich; die Sicherheit; der Sicherheitsgurt; die Sicherheitsnadel; das Sicherheitsschloss; die Sicherung; sichern, gesichert;

sicher + Verb
besonders zu beachten:
sicher gehen – sichergehen
Getrennt zu schreiben:
sicher sein; sicher werden;
sicher aufbewahren; sicher auftreten;
sich sicher fühlen;
sicher gehen (sich sicher bewegen);
sicher heimkehren; sicher leben;
sicher ruhen; sicher urteilen;
sicher wohnen
Trennbare Zusammensetzungen
mit übertragener Bedeutung:
sichergehen (Gewissheit haben, kein Risiko eingehen), er geht da ganz sicher, sichergegangen, sicherzugehen,
entsprechend auch:
sicherstellen (dafür sorgen, dass; [Beweismaterial] beschlagnahmen)
Getrennt *und* **zusammen** *möglich*:
sicher machen *und* sichermachen

die **Sicht**; außer Sicht; auf lange Sicht; in Sicht kommen; die Sichtverhältnisse; die Sichtweise; die Sichtweite; die Sichtung; sichtbar; sichtlich; sichten (erblicken; [aus]sortieren)
sickern; das Sickerwasser
sie, ihrer, ihr, sie (3. Pers. Singular);
sie, ihrer, ihnen, sie (3. Pers. Plural);
ein Er und eine Sie;
Sie, Ihnen *als höfliche Anrede*;
das Sie; siezen (mit Sie anreden);
die Höflichkeitsanrede **Sie**, Ihnen *wird immer großgeschrieben, nicht nur im Brief:* Wir wollten Sie überraschen und Ihnen gratulieren; Können Sie sich daran erinnern?; Kommen Sie bitte alle herein!
das **Sieb**, die Siebe; sieben, gesiebt
sieben, **7.**, **sieb[en]tel**, **17**, **70**, **700**
ⓘ **acht, achtel** S. 10; bis sieben zählen;

sieben und drei ist zehn; die ersten sieben;
wir sind sieben; wir sieben;
da sind die sieben;
wir sind zu sieben *und* zu siebt;
siebenerlei; siebentens *und* siebtens;
sieben[und]einhalb; siebzehn; siebenundzwanzig; siebzig; siebenhundert;
siebentausend; sieben Millionen;
der siebenmillionste Besucher;
sieben zu acht, 7:8;
halb sieben; Punkt sieben;
es ist sieben [Uhr], [um] Viertel vor sieben,
aber um drei viertel sieben ⓘ **viertel** S. 248;
siebentel, siebtel, das Siebtel
ⓘ **acht**, achtel S. 10;
siebenfach, 7fach/7-fach; das Siebenfache;
er ist sieben; siebenjährig, 7-jährig;
siebenprozentig, 7-prozentig, 7%ig;
siebenmal, 7-mal; sieben Mal ⓘ **Mal** S. 142;
siebente, siebte, der Siebte
ⓘ **acht**, achtel S. 10;
ein Buch mit sieben Siegeln;
sieben auf einen Streich;
die sieben Todsünden;
die sieben Weltwunder;
ein siebenarmiger Leuchter;
eine siebenstündige Konferenz;
eine siebenjährige Dürre;
die Sieben, die Sieben[en];
die Zahl, Ziffer Sieben;
mit der Sieben (Linie 7) fahren;
die Sieben Schwaben; Siebenbürgen;
der Siebenjährige Krieg; das Siebengebirge;
das Siebengestirn; die Siebenmeilenstiefel;
das Siebenmonatskind; die Siebensachen;
der Siebenschläfer (Nagetier; 27. Juni)

siech (krank); siechen; das Siechtum

siedeln, ich sied[e]le; der Siedler;
die Siedlung

sieden ⓘ 288, siedete *und* sott,
gesiedet *und* gesotten;
siedend heiß; der Siedepunkt

der **Sieg**, die Siege; der 4:3-Sieg; der Sieger;
die Siegerin; die Siegerehrung;
der Siegeszug;
siegesbewusst; siegesgewiss; siegessicher;
siegestrunken; sieggewohnt; sieglos;
siegreich; siegen, gesiegt

das **Siegel**, die Siegel; siegeln; → Sigel;
der Siegellack; der Siegelring

siehe! ⟨s.⟩; siehe da!; siehe dort ⟨s. d.⟩;
siehe nächsten Absatz; siehe oben! ⟨s. o.⟩;
siehe unten! ⟨s. u.⟩; siehe Seite ⟨s. S.⟩

der **Siel** *und* das Siel, die Siele

die **Siesta** (Mittagsruhe), die Siesten *und*
Siestas

siezen *ugs.* (mit Sie anreden), du siezt

das **Sigel** (Abkürzungszeichen), die Sigel

das **Signal** ([Warn]zeichen), die Signale;
signalisieren; die Signatur (Namenszug,
Kennzeichnung); signieren;
das Signum ([Kenn]zeichen; Kürzel [in
Unterschriften]), des Signums, die Signa
signifikant (bedeutsam, kennzeichnend);
die Signifikanz

die **Silbe**, die Silben; die Silbentrennung;
-silbig, *z. B.* einsilbig, mehrsilbig

das **Silber**; der Silberblick; das Silbergeld;
die Silbermedaille; die Silberhochzeit,
aber die silberne Hochzeit;
silbern; silb[e]rig; silbergrau

die **Silhouette** [*siluätte*] (Umriss-, Schattenbild), die Silhouetten

das **Silikat** (Salz der Kieselsäure), die Silikate,
fachsprachlich das Silicat, die Silicate;
das Silikon (ein Kunststoff), *fachspr.* Silicon;
das Silizium, *auch* Silicium (chem. Element)

der **Silo** *und* das Silo (Großspeicher), die Silos

der **Silvester**, *auch* das Silvester (letzter Tag im
Jahr); der Silvesterabend

simpel (einfach; einfältig); die Simplizität;
simplifizieren (vereinfachen)

der **Sims** *und* das Sims, die Simse

simsen *ugs.* (SMS senden), gesimst

der **Simulant** (jemand, der [eine Krankheit]
vortäuscht), die Simulanten;
simulieren (so tun, als ob; üben);
simultan (gleichzeitig)

sind, wir sind, sie sind *zu* sein

die **Sinfonie** (Musikwerk), die Sinfonien;
sinfonisch, *auch* die Symphonie,
die Symphonien; symphonisch

Sing. = Singular

singen ⓘ 288, sang, gesungen, du singst;
das Singen; beim Singen; der Singsang;
die Singstimme; der Singvogel

das **Single** [*ßingel*] (Einzelspiel), die Singles;
die Single (kleine Schallplatte), die Singles;
der Single (Alleinstehender), die Singles;

der **Singular** ▸ 281 ⟨Sing.⟩
(*grammatisch* die Einzahl), die Singulare;
singulär

sinken ⓘ 288, sank, gesunken, du sinkst;
die Sinkstoffe

der **Sinn**, des Sinn[e]s, die Sinne;
bei Sinnen; von Sinnen; das Sinnbild;
das Sinnesorgan; die Sinnestäuschung;
sinnbildlich; sinnenfroh; sinnentstellend;
sinnfällig; sinngemäß; sinnig; sinnlich;
sinnlos; sinnvoll; sinnwidrig;
sinnverwandte Wörter (Synonyme)

sinnen ⓘ 288, sann, gesonnen;
gesinnt, gutgesinnt; sinnieren

der **Sinter** (Mineralablagerungen aus Quellen),
die Sinter; sintern, gesintert

die **Sintflut**, *auch* Sündflut; sintflutartig

der **Sinus** ⟨sin⟩ (Winkelfunktion), die Sinus *und* Sinusse
der **Siphon** [*sifong*] (Geruchverschluss; Druckbehälter für Getränke), die Siphons
die **Sippe**, die Sippen; die Sippschaft
die **Sirene** (Nebelhorn, Warngerät), die Sirenen
sirren (hell klingen), es sirrt
der **Sirup** (dickflüssiger Fruchtsaft), die Sirupe
der **Sisal**, des Sisals; die Sisalmatte
die **Sisyphusarbeit** (völlig vergebliche Arbeit)
das **Sit-in** (Sitzstreik), *auch* Sitin
die **Sitte**, die Sitten; das Sittlichkeitsvergehen; sittenlos; sittenwidrig; sittlich; sittsam
der **Sittich** (eine Papageienart), die Sittiche
die **Situation**, die Situationen; situationsbedingt;
situiert (in bestimmten Verhältnissen lebend); gut situiert sein
der **Sitz**, die Sitze; das Sitzbad; die Sitzecke; der Sitzplatz; die Sitzung; der Sitzungssaal;
sitzen ⓘ 288, saß, gesessen, du sitzt; sitzen bleiben (nicht aufstehen), *aber* sitzenbleiben *und* sitzen bleiben (nicht versetzt werden); sitzen lassen (auf einem Platz), *aber* sitzenlassen/sitzen lassen (im Stich lassen)
die **Skala** (Maßeinteilung), die Skalen; skalieren (*EDV* Größe [proportional] verändern); skalierbar
der **Skalp** (abgetrennte Kopfhaut), die Skalpe; skalpieren; das Skalpell (chirurgisches Messer), die Skalpelle
der **Skandal** (öffentliches Aufsehen), die Skandale; skandalös
Skandinavien; der Skandinavier; die Skandinavierin; skandinavisch
der **Skat** (ein Kartenspiel)
das **Skateboard** [*ßketbord*], die Skateboards
das **Skelett** (Knochengerüst), die Skelette
die **Skepsis** (Zweifel, Bedenken); der Skeptiker; skeptisch
der **Sketch** (kurze Bühnenszene), die Sketche, *auch* der Sketsch, die Sketsche
der **Ski** [*schi*], die Skier, *auch* → Schi; Ski laufen, ich laufe Ski, wenn ich Ski laufe, ich bin Ski gelaufen, Ski zu laufen; Ski und eislaufen; eis- und Ski laufen; *so auch* Schi *oder* Ski fahren
die **Skizze** (flüchtiger, erster Entwurf), die Skizzen; skizzenhaft; skizzieren
der **Sklave**, die Sklaven; die Sklavin; sklavisch
der **Skonto** *und* das Skonto (Zahlungsabzug), die Skontos *und* Skonti
der **Skooter** [*ßkuter*], die Skooter
der **Skorbut** (eine Mangelkrankheit)
der **Skorpion** (ein Spinnentier), die Skorpione
das **Skript** (Drehbuch; *EDV* Teil eines Programms), die Skripts
der **Skrupel** (Bedenken; moralische Hemmung), die Skrupel; skrupellos
die **Skulptur** (plastisches Bildwerk), die Skulpturen
skurril (verschroben; eigenwillig)
die **S-Kurve**
der **Slalom** (*Sport* Torlauf; Zickzackfahrt), die Slaloms; der Slalomlauf
der **Slang** [*ßläng*] (Umgangssprache)
der **Slapstick** [*ßläpßtik*] (grotesk-komischer Gag [im Stummfilm]), die Slapsticks
der **s-Laut** (s, ss, ß)
der **Slawe**, die Slawen; die Slawin; slawisch
der **Slip** (kurzer Schlüpfer), die Slips;
der **Slipper** (ungeschnürter Schuh), die Slipper
der **Slogan** [*ßlogen*] (Schlagwort), die Slogans
die **Slowakei**; der Slowake; slowakisch; die Slowakische Republik
Slowenien; der Slowene; slowenisch
die **Slums** *Plur.* [*ßlams*] (Elendsviertel)
der **Small Talk** *und* **Smalltalk**
der **Smaragd** (ein Edelstein), die Smaragde
smart (pfiffig)
der **Smog** (Rauchnebel durch Abgase)
der **Smoking** (Gesellschaftsanzug)
die **SMS** (Textnachricht per Handy), die SMS
der **Snack** [*snäk*] (Imbiss), die Snacks; die Snackbar, die Snackbars
der **Snob** (vornehm tuender Mensch), die Snobs; der Snobismus; snobis|tisch
s. o. = siehe oben
so ⓘ S. 205; so hoch; so viel; soso!; sodass *und* so dass; so oder so; nein, so!; so etwas; nein, so etwas!; irgend so etwas; irgend so einer; so einer; so mancher; so ziemlich; so gut wie; so gut wie möglich; so gut wie sicher; so gut ich kann; so leid es mir tut; so wahr ich hier stehe; etwas so und so tun; so tun(,) als ob; so bleiben; so sein; so werden;
so bald – sobald ⓘ **so** S. 205; wie so – wieso ⓘ **wie** S. 261
die **Socke**, *auch* der Socken, die Socken;
der **Sockel**, die Sockel
sodann (dann, danach)
das **Soda** *kurz für* Sodawasser
so dass – sodass ⓘ **so** S. 205
das **Sodbrennen**
so eben – soeben ⓘ **so** S. 205
das **Sofa**, die Sofas; das Sofakissen
so fern – sofern ⓘ **so** S. 205
so fort – sofort ⓘ **so** S. 205; die Sofortmaßnahme
das **Softeis** (weiches Speiseeis)
die **Software** [*softwär*] (nichtmaschinelles Zubehör, Programme für elektronische Geräte)
der **Sog**, die Soge

so

	Getrenntschreibung		Zusammenschreibung
so bald	Der kommt so bald nicht wieder! so bald wie *oder* als möglich	**sobald**	Sobald er kommt, essen wir.
		sodann	(dann; danach)
so eben	gerade so eben am Ziel vorbei; Das Land ist so eben wie ein Tisch.	**soeben**	Er hat soeben angerufen.
so fern	Das liegt mir so fern, dass ...	**sofern**	Sofern er nichts anderes plant, ...
so fort	Das setzt er stundenlang so fort.	**sofort**	Ich komme sofort!
so gar	Ich habe so gar keine Lust.	**sogar**	Er war sogar schon im Fernsehen.
so gleich	Die Zwillinge sind sich so gleich, dass ...	**sogleich**	Er wird sogleich (sofort) beginnen.
so lange	Sie blieb so lange, dass ... Ihr habt so lange nicht geschrieben! so lange wie möglich; dreimal so lange ebenso lange; genauso lange	**solange**	Solange es regnet, bleibe ich hier. Alle bleiben draußen, solange Pause ist.
so mit	Ich nehme das so mit (ohne Verpackung).	**somit**	Somit wäre alles erledigt!
so oft	Das hast du schon so oft gesagt. fünfmal so oft; ebenso oft; genauso oft	**sooft**	Sooft ich daran denke, ...
so sehr	Das freut mich so sehr, dass ... So sehr er sich auch bemüht, ... ebenso sehr	**sosehr**	Sosehr ich dir den Spaß gönne, so sehr ...
so viel	Du hast doch so viel Zeit! so viel für heute; so viel wie möglich; achtmal so viel; so viel Mal; ebenso viel; genauso viel	**soviel**	Soviel ich weiß, lebt er jetzt hier. sovielmal
so weit	Wirf den Ball so weit wie möglich! Ich bin so weit. Ich bin so weit fertig. Uns geht es so weit ganz gut. so weit, so gut; ebenso weit	**soweit**	Soweit uns das möglich ist, ... Sie kommt erst morgen, soweit ich weiß.
so wenig	Er verdient so wenig wie vorher. Ich habe so wenig wie du. ebenso wenig; genauso wenig	**sowenig**	Sowenig ich das glauben kann, so wenig ...
so wie	Mach es doch einfach so wie ich! So wie das aussieht, ...	**sowie**	Sowie (sobald) er fertig ist, ... sonntags sowie feiertags
		sowieso	Das kann ich sowieso schon!
so wohl	Sie fühlt sich so wohl, dass ... ebenso wohl	**sowohl**	sowohl die Eltern als *oder* wie auch die Kinder
so zu sagen	Versuch es so zu sagen, dass dich jeder versteht!	**sozusagen**	Es war sozusagen (gewissermaßen) eine Überraschung.

Getrennt *oder* **zusammen** *möglich:*

so dass – sodass	Er mischt Gelb und Blau, so dass *oder* sodass Grün entsteht. *aber nur so:* Er mischt Gelb und Blau so, dass ein helles Grün entsteht.
so genannt – sogenannt	die so genannten *oder* sogenannten Eisheiligen. *aber nur so:* Er wird von allen so genannt.

S

so gar – sogar ⓘ **so** S. 205
so genannt – sogenannt ⟨sog.⟩ ⓘ **so** S. 205
so gleich – sogleich ⓘ **so** S. 205
die **Sohle**, die Sohlen; → Sole
der **Sohn**, die Söhne; das Söhnchen
die **Soiree** [*ßoare*] (Abendgesellschaft, Abendveranstaltung), die Soireen
die **Soja** (eine Nutzpflanze); die Sojabohne
so lange – solange ⓘ **so** S. 205
solar- (Sonnen-); die Solarenergie; die Solartechnik; die Solarzelle
solch; solche, solcher, solches; solch eine, solch einer, solch eins, eines; eine solche, ein solcher, ein solches; solcherart Dinge, *aber* Dinge solcher Art; solcherweise, *aber* in solcher Weise; solcherlei; solchermaßen
der **Sold**; der Soldat, die Soldaten; der Söldner
die **Sole** (Salzwasser), die Solen; → Sohle
solid *und* **solide** (fest, haltbar, zuverlässig); solidarisch (eng verbunden, übereinstimmend); die Solidarität (Zusammengehörigkeit[sgefühl])
der **Solist** (Einzelsänger, Einzelspieler), die Solisten; die Solistin; → solo
das **Soll**, die Soll *und* Solls; Soll und Haben; das Soll erfüllen; die Sollzinsen/Soll-Zinsen
sollen ⓘ 288, sollte, gesollt, du sollst; das hat er doch gesollt!, *aber* das hätte er nicht tun sollen!
der **Söller** (offener Raum), die Söller
solo (allein); solo spielen, tanzen; das Solo (Einzelvortrag, -spiel, -tanz), die Solos *und* Soli; ein Solo singen
solvent ([zahlungs]fähig); die Solvenz
somatisch (*Medizin* körperlich)
so mit – somit ⓘ **so** S. 205
der **Sommer**, die Sommer; einen Sommer lang; der Sommerfahrplan; die Sommerferien; das Sommerkleid; die Sommersprosse; die Sommer[s]zeit; sommerlich; sommers
die **Sonate** (Musikstück), die Sonaten
die **Sonde**, die Sonden; sondieren
sonder; sonderbar; sondergleichen; sonderlich; sondern; samt und sonders; in Sonderheit; das Sonderangebot; die Sonderfahrt; der Sonderfall; der Sonderling; der Sondermüll; die Sonderschule; die Sonderstellung
das **Sonett** (eine Gedichtform), die Sonette
der **Song** (eine Liedform), die Songs
der **Sonnabend** ⟨Sa.⟩, des Sonnabends, die Sonnabende; sonnabends (an Sonnabenden); *Wochentag* + *Tageszeit* ⓘ **Dienstag** S. 60; → Samstag;

die **Sonne**, die Sonnen; der Sonnenaufgang; das Sonnenbad; die Sonnenblume; der Sonnenbrand; die Sonnenfinsternis; das Sonnenlicht; der Sonnenschein; der Sonnenuntergang; die Sonnenwende; sonnendurchflutet; sonnenklar; sonnenverbrannt; sonnig; sich sonnen; sonnenbaden
der **Sonntag** ⟨So.⟩, des Sonntags, die Sonntage; sonntags (an Sonntagen); sonn- und feiertags; an Sonn- und Feiertagen; *Wochentag* + *Tageszeit* ⓘ **Dienstag** S. 60; der Sonntagsfahrer; das Sonntagskind
sonor (*Stimme* volltönend)
sonst; sonst ein; sonst etwas; sonst was; sonst jemand; sonst wer; sonst wie; sonst wo; sonst wohin; sonstig; sonstige; Sonstiges; das Sonstige; alles Sonstige
so oft – sooft ⓘ **so** S. 205
der **Sopran** (hohe Frauenstimme, Sängerin), die Soprane
der **Sorbe**; die Sorbin; die Sorben; sorbisch
das **Sorbet** *und* der Sorbet (eisgekühltes Getränk; Halbgefrorenes), die Sorbets, *auch* das Sorbett, die Sorbette
die **Sorge**; Sorge tragen; sich Sorgen machen; das Sorgenkind; das Sorgerecht; die Sorgfalt; die Sorglosigkeit; die Sorgsamkeit; sorgenfrei; sorgenvoll; sorgfältig; sorglos; sorgsam; sorgen; sich sorgen
die **Sorte** (Art; Wert), die Sorten; sortieren (auslesen, sichten), sortiert; das Sortiment (Warenangebot, -auswahl)
das **SOS** (Notrufsignal); der SOS-Ruf
so sehr – sosehr ⓘ **so** S. 205
die **Soße**, die Soßen, *fachsprachlich* Sauce; der Soßenlöffel; die Soßenkelle
das **Soufflé** [*sufle*] (Eierauflauf), die Soufflés, *auch* Soufflee, Soufflees
der **Souffleur** [*suflör*], die Souffleure; die Souffleuse; soufflieren (einflüstern)
der **Soul** [*ßol*] (seelenvoller Jazz, Beat)
der **Sound** [*ßaund*] (*Musik* Klangart, -wirkung); der Soundtrack [*-träk*] (*Film* Musik, Tonspur), die Soundtracks
soundso; soundso viel; am soundsovielten Oktober; zum soundsovielten Mal[e]; Herr Soundso
das **Souper** [*ßupe*] (festliches Abendessen), die Soupers; soupieren
die **Soutane** (Gewand katholischer Geistlicher), die Soutanen *und* die Sutane, die Sutanen
das **Souvenir** [*ßuwenir*] (Andenken), die Souvenirs

souverän (selb[st]ständig; überlegen);
die Souveränität
so viel – soviel ⓘ **so** S. 205
so weit – soweit ⓘ **so** S. 205
so wenig – sowenig ⓘ **so** S. 205
so wie – sowie ⓘ **so** S. 205
sowieso *ugs.;* sowieso nicht; das sowieso!;
Herr Sowieso
der **Sowjet** (Rat[sversammlung]); sowjetisch
so wohl – sowohl ⓘ **so** S. 205;
sowohl ... als auch;
das Sowohl-als-auch
sozial (die Gesellschaft, Gemeinschaft
betreffend; gemeinnützig);
sozial verträglich/sozialverträglich;
die Sozialarbeit; der Sozialdemokrat
(Anhänger, Mitglied einer sozialdemokratischen Partei); die Sozialhilfe;
die Sozialisation (Eingliederung des
Einzelnen in die Gesellschaft); sozialisieren
(vergesellschaften; verstaatlichen);
der Sozialist; die Sozialis|tin; sozialistisch;
die Soziologie (Gesellschaftslehre);
soziologisch;
der Sozius (Teilhaber; Beifahrer)
sozusagen – so zu sagen ⓘ **so** S. 205
der **Spachtel**, die Spachtel, *auch*
die Spachtel, die Spachteln; → Spatel;
spachteln, ich spacht[e]le, gespachtelt
der **Spagat** *und* das Spagat, die Spagate
die **Spaghetti**, *auch* Spagetti *Plur.*
spähen; der Späher
das **Spalier**, die Spaliere; das Spalierobst
der **Spalt**, die Spalte; die Spalte, die Spalten;
spaltenlang; spaltbar; spaltbreit;
die Tür einen Spaltbreit/Spalt breit öffnen,
spalten, gespalten/gespaltet; die Spaltung
der **Span**, die Späne; das Spanferkel
die **Spange**, die Spangen
Spanien; der Spanier;
spanisch ⓘ **deutsch** S. 58
der **Spann**, die Spanne;
die Spanne, die Spannen;
spannen, gespannt; spannend;
die Spannung; spannungsführend
die **Spanten** *Plur.* (Schiffswandverstärkung)
sparen; der Sparer; spärlich; sparsam;
das Sparbuch; die Spardose
der **Spargel** (eine Gemüsepflanze)
der **Sparren**, die Sparren
das **Sparring** (Boxtraining), die Sparrings
spartanisch (streng, bedürfnislos)
die **Sparte** (Abteilung; Fach; Spalte),
die Sparten
spasmisch (krampfhaft; krampfartig);
der Spasmus (Krampf), die Spasmen;
spastisch; der Spastiker
der **Spaß**, die Späße; das Späßchen;
der Spaßmacher; der Spaßvogel;
spaßeshalber; spaßhaft; spaßig; spaßen
spät, später, am spätesten; spätestens;
von früh bis spät; bis später!;
spätabends; spätherbstlich;
der Spätherbst; die Spätlese;
der Spätnachmittag; die Spätschicht
der **Spatel**, die Spatel, *auch* der Spachtel;
der **Spaten**, die Spaten; der Spatenstich
der **Spatz**, des Spatzen, die Spatzen;
das Spätzchen; die Spätzin; die Spätzle
spazieren; spazieren gehen,
ich gehe spazieren, spazieren gegangen,
so auch spazieren fahren;
der Spaziergang; der Spaziergänger
die **SPD** = Sozialdemokratische Partei Deutschlands
der **Specht**, die Spechte
der **Speck**; spe|ckig; die Speckschwarte
der **Spediteur** (Transportunternehmer);
die Spedition, die Speditionen
der **Speer**, die Speere; das Speerwerfen
die **Speiche**, die Speichen
der **Speichel**; die Speicheldrüse
der **Speicher**, die Speicher; die Speicherung;
die Speicherkapazität;
speichern, ich speichere
speien ⓘ 288, spie, gespien; speiübel
der **Speis** *und* die **Speise** (Mörtel);
die **Speise**, die Speisen; die Speisekammer;
die Speise[n]karte; speisen, gespeist
das **Spektakel** (Schauspiel); spektakulär;
der Spektakel (Krach)
spektral; die Spektralfarben;
das Spektrum, die Spektren
der **Spekulant** (waghalsiger Unternehmer),
die Spekulanten; spekulieren; spekulativ
der **Spekulatius** (ein Gebäck)
die **Spelunke** (verrufene Kneipe),
die Spelunken
die **Spelze** (Teil der Ähre), die Spelzen
spendabel (freigebig);
die **Spende**, die Spenden; der Spender;
spenden, gespendet; spendieren, spendiert
der **Spengler** (Klempner), die Spengler
der **Sperber** (ein Greifvogel), die Sperber
die **Sperenzchen** *und* **Sperenzien** (unnötig
umständliche Schwierigkeiten)
der **Sperling** (Spatz), die Sperlinge
das **Sperma** (Samenflüssigkeit),
die Spermen *und* Spermata
die **Sperre**, die Sperren; sperren, gesperrt;
sperrangelweit; sperrig; der Sperrmüll
die **Spesen** *Plur.* (Unkosten, Auslagen)
spezial- (besonders);
spezialisieren (unterscheiden; gliedern);
die Spezialisierung;
der Spezialist (Fachmann);

die Spezialität (Besonderheit; Fachgebiet);
speziell (eigentümlich, besonders; eigens);
im Speziellen;
die Spezi|es (besondere Art);
spezifisch (eigentümlich; kennzeichnend);
spezifizieren; die Spezifikation
die **Sphäre**, die Sphären;
sphärisch (kugelförmig)
die **Sphinx** (Sinnbild des Rätselhaften)
spicken, gespickt; der Spickzettel
der **Spiegel**, die Spiegel; das Spiegelbild;
das Spiegelei; die Spiegelfechterei;
die Spiegelreflexkamera; die Spiegelschrift;
die Spieg[e]lung;
spiegelblank; spiegelbildlich; spiegelglatt;
spiegelverkehrt;
spiegeln, ich spieg[e]le; sich spiegeln
das **Spiel**, die Spiele; die Spielart; der Spieler;
die Spielerei; die Spielerin; das Spielfeld;
der Spielfilm; der Spielkamerad;
der Spielplatz; der Spielraum;
die Spielregel; die Spielsachen *Plur.*;
der Spielverderber; das Spielzeug;
spielentscheidend; spielerisch; spielstark;
spielen, gespielt; beim Spielen;
spielend; spielend leicht;
die Kinder spielen lassen, *aber*
Muskeln spielen lassen/spielenlassen;
Fußball, Karten, Klavier spielen
der **Spieß**, die Spieße; der Spießbraten;
das Spießrutenlaufen; der Spießbürger;
der Spießer; spießig; spießbürgerlich
die **Spikes** *Plur.* [*ßpaikß*]
der **Spinat** (eine Gemüsepflanze)
der **Spind** *und* das Spind (Schrank), die Spinde
die **Spindel**, die Spindeln; spindeldürr
das **Spinett** (Tasteninstrument), die Spinette
die **Spinne**, die Spinnen; das Spinnennetz;
der Spinner; das Spinnrad; spinnefeind;
spinnen ⓘ 288, spann, gesponnen
spintisieren *ugs.* (grübeln)
der **Spion** (heimlicher Kundschafter),
die Spione; die Spionage; spionieren
die **Spirale**, die Spiralen; spiralförmig; spiralig
das **Spiritual** *und* der Spiritual [*ßpiritjel*],
die Spirituals;
der **Spiritus** (Alkohol); die Spirituosen *Plur.*
(alkoholische Getränke);
der Spiritismus (Glaube an [negative]
Geister)
das **Spital** (Kranken-, Armenhaus), die Spitäler
spitz, spitzer, am spitzesten;
spitzbübisch; spitzfindig; spitzwink[e]lig;
die Spitze, *aber* das ist spitze!;
die Spitzenleistung; der Spitzbube;
die Spitzfindigkeit; der Spitzname;
der Spitz; der Spitzel; spitzen, du spitzt;

spitz + Verb
Getrennt zu schreiben:
spitz sein, spitz zulaufen
Trennbare Zusammensetzungen
mit übertragener Bedeutung:
spitzkriegen *ugs.* (herausfinden, merken,
dahinterkommen), das kriegte sie spitz,
sie hat es spitzgekriegt, spitzzukriegen;
entsprechend auch spitzbekommen
Getrennt *und* **zusammen** *möglich*:
spitz feilen *und* spitzfeilen,
spitz schleifen *und* spitzschleifen

der **Spleen** [*schplin*] (Verschrobenheit, Tick),
die Spleene *und* Spleens; spleenig
spleißen, spliss, gesplissen (fein spalten;
Taue verflechten)
der **Splint** ([Holz]stift), die Splinte
der **Splitt** (*Straßenbau* kleine Steine);
splitten (gleichmäßig aufteilen,
verrechnen), gesplittet; das Splitting
(Aufspalten [nach Steuergruppen *u. a.*]);
der **Splitter**, die Splitter; splitt[e]rig; splittern;
splitternackt; splitterfasernackt
der **Spoiler** (Luftleitblech), die Spoiler
der **Sponsor** (Geldgeber, Förderer [für
Reklame]), die Sponsoren; das Sponsoring;
sponsern, gesponsert
spontan; die Spontaneität [*ßpontane-ität*]
sporadisch (verstreut, vereinzelt);
die **Spore**, die Sporen;
Sporen bildende/sporenbildende Pflanzen
der **Sporn**, die Sporen *und* Sporne
der **Sport**; die Sportart; der Sportler;
die Sportlerin; der Sportverein;
sportbegeistert; sportlich;
Sport treibend *und* sporttreibend
der **Spot** (kurzer Werbetext, -film), die Spots,
auch kurz für Spotlight (Punktlicht)
der **Spott**; spotten; der Spötter; die Spöttelei;
spötteln, ich spött[e]le;
spöttisch; spottbillig
die **Sprache**, die Sprachen; der Sprachfehler;
die Sprachlehre; die Sprachlosigkeit;
die Sprachwissenschaft;
sprachbegabt; sprachgewandt; sprachlos;
sprachlich; -sprachig, *z. B.* zweisprachig
der **Spray** *und* das Spray, die Sprays; sprayen
sprechen ⓘ 288, sprach, gesprochen,
du sprichst; sprechen lernen;
den Redner sprechen lassen, *aber*
Blumen sprechen lassen/sprechenlassen;
der Sprecher; der Sprechfunk;
die Sprechstunde; → Sprichwort
spreizen, gespreizt; spreizbeinig
der **Sprengel** (Pfarrbezirk), die Sprengel;
sprengen; die Sprengladung;
der Sprengstoff; die Sprengung

der **Sprenkel** ([Farb]tupfen); sprenkeln
die **Spreu**
das **Sprichwort**, die Sprichwörter;
sprichwörtlich; → Spruch
sprießen ⓘ 288, spross, gesprossen,
es sprießt
springen ⓘ 288, sprang, gesprungen;
das Pferd springen lassen, *aber*
Geld springen lassen/springenlassen;
der Springbrunnen; der Springer;
die Springflut; springlebendig
der **Sprinkler** (Berieselungs-, Löschgerät)
der **Sprint** (Kurzstreckenlauf), die Sprints;
der Sprinter; die Sprinterin; sprinten
der **Sprit** *ugs.* (Treibstoff; Alkohol)
die **Spritze**, die Spritzen;
spritzen, es spritzt, du spritzt, gespritzt;
der Spritzer; spritzig; die Spritztour
spröd *und* **spröde**; die Sprödigkeit
der **Spross** (Pflanzentrieb; Nachkomme),
des Sprosses, die Sprosse; der Sprössling;
sprossen, gesprosst;
die **Sprosse**, die Sprossen
die **Sprotte**, die Sprotten
der **Spruch**, die Sprüche; spruchreif
der **Sprudel**; sprudeln, ich sprud[e]le
sprühen, es sprüht; der Sprühregen
der **Sprung**, die Sprünge;
auf dem Sprung sein;
das Sprungbrett; die Sprungschanze;
das Sprungtuch; der Sprungturm;
sprungbereit; sprunghaft
die **Spucke**; spucken, er spuckt
der **Spuk**; die Spukgeschichte; spuken, es spukt
die **Spule**, die Spulen; spulen
die **Spüle**, die Spülen; die Spülmaschine;
das Spülmittel; die Spülung;
spülen; spülmaschinenfest
der **Spund** (Fassverschluss), die Spunde *und*
Spünde; das Spundloch; die Spundwand
die **Spur**, die Spuren; spurlos; spurenlos;
-spurig, *z. B.* vierspurig; großspurig; spuren;
spüren; spürbar; der Spürsinn
der **Spurt** (Beschleunigung), die Spurts; spurten
sich **sputen** (sich beeilen)
SR = Saarländischer Rundfunk
der **Staat**, die Staaten; mit etwas Staat machen;
von Staats wegen; Staaten bildende *und*
staatenbildende Insekten;
die Staatsangehörigkeit; der Staatsanwalt;
der Staatsbürger; das Staatsexamen;
die Staatsgrenze; der Staatsmann;
staatsmännisch; staatenlos; staatlich
der **Stab**, die Stäbe; der Stabhochsprung
stabil (haltbar); stabilisieren (festigen);
die Stabilisierung;
die Stabilität ([Stand]festigkeit)
staccato → stakkato

der **Stachel**, die Stacheln; die Stachelbeere;
der Stacheldraht; stach[e]lig
der **Stadel** (Scheune, Schober), die Stadel
das **Stadion** (Sportfeld), die Stadien;
das **Stadium** (Zustand, Entwicklungsstufe),
die Stadien
die **Stadt**, die Städte; das Städtchen;
der Städter; die Städterin;
der Stadtdirektor; der Städtebau;
der Stadtplan; der Stadtrand; der Stadtrat;
der Stadtstaat; der Stadtteil; das Stadttor;
die Stadtverwaltung; das Stadtviertel;
städtisch; stadtbekannt
die **Stafette**; der Stafettenlauf
die **Staffage** [*stafasche*] (Beiwerk, Ausstattung)
die **Staffel**, die Staffeln; der Staffellauf;
staffeln (abstufen), gestaffelt;
die **Staffelei** (Gestell für Gemälde)
die **Stagnation** (Stillstand); stagnieren
der **Stahl**, die Stähle; die Stahl verarbeitende
und stahlverarbeitende Industrie;
der Stahlbeton; stahlhart; stählern;
stählen; sich stählen
staken; staksen
das **Staket** (Lattenzaun), die Stakete
stakkato (*Musik* kurz gestoßen[e Töne]);
das Stakkato, die Stakkati, *auch* Staccato
staksen; staken
der **Stalagmit** (Tropfstein, von unten
wachsend), die Stalagmiten;
der Stalaktit (Tropfstein, von oben
wachsend), die Stalaktiten
der **Stall**, die Ställe; die Stallung
der **Stamm**, die Stämme; der Stammbaum;
die Stammform; der Stammgast;
der Stammhalter; der Stammtisch;
der Stammvater;
stammverwandt; stammesbewusst;
stämmig; stammen
stammeln, ich stamm[e]le; der Stammler
stampfen; der Stampfer
der **Stand**, die Stände; das Ständchen;
standhalten, er hält stand, standgehalten,
aber in Stand halten *und* instand halten;
im Stande sein *und* imstande sein;
außer Stande sein *und* außerstande sein;
zu Stande *und* zustande bringen, kommen;
das Standbild; der Ständer;
das Standesamt; die Standhaftigkeit;
das Standlicht; der Standort;
die Standpauke; der Standpunkt;
die Standspur; die Standuhr;
standesamtlich; standesgemäß;
standfest; standhaft; ständig; ständisch
der **Standard** (Norm[almaß]), die Standards;
das Standardwerk;
standardisieren (normen);
die **Standarte** (Zeichen, Fahne)

S

das **Stand-by** *und* **Standby** [*ßtändbai*] (*Elektronik* Bereitschaftsschaltung)
der **Stander** ([Dienst]flagge), die Stander
die **Stange**, die Stangen; die Stangenbohne
der **Stängel**, die Stängel
stänkern *ugs.* (zanken), ich stänkere
die **Stanze**; stanzen, gestanzt
der **Stapel**, die Stapel; der Stapellauf; stapelweise; stapeln, ich stap[e]le
stapfen, gestapft; die Stapfen;
der **Star** (ein Vogel), die Stare; der Star (eine Augenkrankheit), die Stare; der Star (Filmberühmtheit), die Stars; das Starlett (Nachwuchsschauspielerin)
stark, stärker, am stärksten; stark sein; stark werden; sich für etwas starkmachen *ugs.*; stark bewachte/starkbewachte Türen; stark verdünnter/starkverdünnter Tee; der Starkstrom; der Stärkere; die Stärke; die Stärkung; stärken, gestärkt
starr; starrköpfig; starrsinnig; der Starrkrampf; der Starrsinn; die Starre; vor sich hin starren; vor Schmutz starren
der **Start**, die Starts; der Startschuss; startbereit; startklar; starten; der Starter
das **Statement** [*ßtetment*] (Verlautbarung), die Statements
die **Statik** (Lehre von den Kräften im Gleichgewicht); statisch (stillstehend);
die **Station** (Haltepunkt; Krankenhausabteilung); stationär (ortsfest); der Stationsarzt; die Stationsschwester; stationieren, stationiert
der **Statist** (*Theater, Film* stumme Figur);
die **Statistik** (zahlenmäßige Erfassung von Massenerscheinungen), die Statistiken; statistisch; der Statistiker
das **Stativ** (Ständer für Apparate), die Stative
statt; statt dessen – stattdessen: statt dessen Fragen zu beantworten, gab er dem Kunden einen Prospekt, *aber* seine Fragen wurden nicht beantwortet, stattdessen bekam er einen Prospekt; statt deren; statt seiner; statt dass; an meiner statt; an Kindes statt; an Eides statt; statthaft; → anstatt; der Statthalter;

> **statt- + Verb**
> **Trennbare Zusammensetzungen:**
> stattfinden,
> es findet/fand am Mittwoch statt, *aber* weil es am Mittwoch stattfindet/stattfand, es hat stattgefunden, stattzufinden;
> stattgeben (bewilligen), stattgegeben;
> statthaben *alt* (stattfinden), stattgehabt

die **Stätte**, die Stätten
stattlich; die Stattlichkeit
die **Statue** (Standbild), die Statuen; die Statuette (kleine Statue), die Statuetten; statuieren; ein Exempel statuieren; die Statur (Gestalt), die Staturen;
der **Status** (Zustand); das Statussymbol; der Status quo (gegenwärtiger Zustand); das Statut (Satzung), die Statuten; statutenwidrig
der **Stau**, die Staus *und* Staue; der Staudamm; der Stauer; stauen; sich stauen
der **Staub**; von Staub bedeckt; staubbedeckt; Staub abweisend *und* staubabweisend; Staub saugen, sie saugt Staub, sie hat Staub gesaugt, *auch* staubsaugen, sie hat staubgesaugt; der Staubsauger; der Staubbeutel; das Staubgefäß; die Staubwolke; staubig; staubfrei; staubtrocken; stauben, es staubt; stäuben
stauchen, gestaucht
die **Staude**, die Stauden
staunen; das Staunen; staunenswert
die **Staupe** (eine Tierkrankheit)
das **Steak** [*ßtek*], die Steaks
das **Stearin** (Rohstoff für Kerzen)
stechen ⓘ 288, stach, gestochen, du stichst; das Stechen; die Stechmücke; die Stechuhr;
stecken, steckte, *alt* stak, gesteckt; im Schlamm stecken bleiben, *aber* steckenbleiben/stecken bleiben (stocken); den Schlüssel stecken lassen, *aber* das Geld steckenlassen/stecken lassen; der Steckbrief; steckbrieflich gesucht; die Steckdose; das Steckenpferd; der Stecker; der Steckling; die Stecknadel; stecknadelkopfgroß
der **Stecken** (Stock), die Stecken
der **Steg**, die Stege; aus dem Stegreif (unvorbereitet)
stehen ⓘ 288, stand, gestanden; das kann dich teuer zu stehen kommen; zum Stehen bringen; zu Diensten stehen; am Wegrand stehen bleiben, *aber* stehenbleiben/stehen bleiben (Uhr); das Glas stehen lassen, *aber* stehenlassen/stehen lassen (nicht beachten); alles in meiner Macht Stehende; das Stehaufmännchen; das Stehvermögen
stehlen ⓘ 288, stahl, gestohlen, du stiehlst
steif; steif sein; steif werden; steifbeinig; die Ohren steifhalten; Sahne steifschlagen *und* steif schlagen
der **Steig**, die Steige; die Steige, die Steigen; der Steigbügel; der Steiger; die Steigung;
steigen ⓘ 288, stieg, gestiegen; den Drachen steigen lassen;

steigern, gesteigert; steigerungsfähig; die Steigerung ► die Komparation 278; die Steigerungsstufe ► der Komparativ 279
steil; der Steilhang; die Steilküste
der **Stein**, die Steine; der Steinbruch; das Steingut; der Steinmetz; die Steinkohle; der Steinpilz; die Steinzeit; das Steinzeug; steinalt; steinern; steinhart; steinig; steinreich; steinigen
der **Steiß**, die Steiße; das Steißbein
die **Stele** (Grabsäule, Grabtafel), die Stelen
die **Stellage** [*ßtelasche*] (Gestell, Ständer)
das **Stelldichein** (Verabredung);
die **Stelle**, die Stellen; an Stelle von *und* anstelle von; an erster Stelle; zur Stelle sein; das Stellenangebot; der Stellenwert; die Stellung; die Stellungnahme; der Stellvertreter; das Stellwerk; stellenweise; stellungslos; stellvertretend; stellen, gestellt; -stellig, *z. B.* dreistellig
die **Stelze**, die Stelzen; Stelzen laufen; stelzen, du stelzt
stemmen; sich gegen etwas stemmen
der **Stempel**, die Stempel; das Stempelgeld; stempeln, ich stemp[e]le
steno- (kurz); die Stenografie (Kurzschrift), *auch* Stenographie, *kurz* Steno; der Stenoblock, die Stenoblocks; stenografieren, *auch* stenographieren
der **Stepp** (ein Tanz); steppen
die **Steppdecke**; steppen, gesteppt
die **Steppe**, die Steppen
sterben ⓘ 288, starb, gestorben, du stirbst; jemanden sterben lassen, *aber* ein Projekt sterben lassen/sterbenlassen; das Sterben; im Sterben liegen; sterbenselend; sterbenskrank; sterbenslangweilig; die Sterbe|urkunde; sterblich; die Sterblichkeit
stereo- (körperlich, räumlich); die Stereoanlage; der Stereoempfang; stereophon, *auch* stereofon; stereotyp (ständig wiederkehrend)
steril (keimfrei; unfruchtbar); die Sterilität; die Sterilisation; sterilisieren, sterilisiert
der **Stern**, die Sterne; das Sternbild; der Stern[en]himmel; die Sternschnuppe; die Sternstunde; das Sternsystem; stern[en]hell; stern[en]klar; sternenlos; sternförmig; sternhagelvoll
der **Sterz** (Schwanz[ende]), die Sterze
stetig; die Stetigkeit; stets
das **Steuer** (Fahrzeuglenkung), die Steuer; das Steuerbord (*Schiff* rechts); der Steuermann; das Steuerrad; die Steuerung; steuerbar; steuerlos; steuern, gesteuert;
die **Steuer** (Abgaben an Staat, Gemeinden, Kirchen), die Steuern; der Steuerbescheid; die Steuererklärung; die Steuerveranlagung; die Steuervergütung; der Steuerzahler; steuerbegünstigt; steuerfrei; steuerlich; steuerpflichtig
der **Steven** (*Schiff* Begrenzungsbalken an Bug und Heck), die Steven
der **Steward** [*ßtjuerd*] (Bedienung an Bord von Schiffen, Flugzeugen), die Stewards; die Stewardess, die Stewardessen
stibitzen *ugs.* (stehlen), du stibitzt
der **Stich**, die Stiche; im Stich lassen; die Stichflamme; das Stichjahr; die Stichprobe; der Stichtag; das Stichwort; stichig (sauer); -stichig, *z. B.* gelbstichig, wurmstichig; stichhaltig; stichprobenweise; stichwortartig; sticheln, ich stich[e]le
der **Stichling** (ein Fisch), die Stichlinge
sticken, du stickst; die Stickerei;
der **Stickstoff**; stickstofffrei; stickig
stieben ⓘ 288, stob, gestoben, es stiebt
der **Stiefel**, die Stiefel; stiefeln
die **Stiefeltern**; das Stiefkind; die Stiefmutter; stiefmütterlich; der Stiefbruder; die Stiefschwester; der Stiefvater
die **Stiege** (Treppe; Kiste), die Stiegen
der **Stieglitz** (Distelfink), die Stieglitze
der **Stiel** (Griff; Stängel); → Stil
stier (starr); stieren (starr blicken)
der **Stier**, die Stiere; stiernackig
der **Stiesel** (ungeschickter, dummer Mensch); stieselig *und* stieslig *und* stieß[e]lig *ugs.*
der **Stift** (Nagel; Schreibwerkzeug; *ugs.* Lehrling), die Stifte
das **Stift** (Kloster; Altersheim), die Stifte; der Stifter; die Stiftung; stiften; stiften gehen *ugs.*
das **Stigma** ([Wund-, Brand]mal, Zeichen), die Stigmen *und* Stigmata; stigmatisieren (brandmarken, zeichnen)
der **Stil** (Darstellungsart), die Stile; → Stiel; die Stilblüte; der Stilbruch; das Stilmittel; stillos; stilvoll; stilisieren; stilis|tisch
das **Stilett** (kleiner Dolch), die Stilette
still; im Stillen (unbemerkt); der Stille Ozean (Pazifik); der Stille Freitag (Karfreitag); die Stille; in aller Stille; das Still-Leben *und* Stillleben; die Still-Legung *und* Stilllegung; das Stillschweigen; der Stillstand; stillgestanden!; stillschweigend; stillvergnügt; stillen, gestillt;

still + Verb
besonders zu beachten:
still stehen – stillstehen
still halten – stillhalten
still liegen – stillliegen
still sitzen – stillsitzen
Getrennt zu schreiben:
still sein; still werden;
still stehen (ruhig, unbeweglich),
weil sie ganz still steht/stand,
sie hat ganz still gestanden,
still zu stehen; *entsprechend auch:*
still bleiben; still halten (ruhig halten);
still liegen (ruhig liegen);
still sitzen (ruhig sitzen)
Trennbare Zusammensetzungen:
stillstehen (zum Stillstand gekommen),
die Maschine steht/stand schon lange still,
aber weil sie stillsteht/stillstand,
sie hat stillgestanden, stillzustehen;
entsprechend auch:
stillhalten (erdulden);
stilllegen (außer Betrieb setzen);
stillliegen (außer Betrieb sein);
stillschweigen, stillgeschwiegen;
stillsitzen, *auch* still sitzen (nicht beschäftigt sein, konzentriert sein)

die **Stimme**, die Stimmen; das Stimmband; der Stimmbruch; die Stimmenthaltung; die Stimmlage; die Stimmgabel; die Stimmung; stimmungsvoll; stimmberechtigt; stimmhaft; stimmlos; stimmig; -stimmig, *z. B.* zweistimmig; stimmen, es stimmt; er stimmt das Klavier
das **Stimulans** (anregendes Mittel), die Stimulanzien;
die Stimulanz (Anreiz, Antrieb), die Stimulanzen;
stimulieren (anregen, reizen)
stinken ⓘ 288, stank, gestunken; stinkbesoffen; stinkfaul; stinkig; stinklangweilig; stinksauer; stinkvornehm; das Stinktier; die Stinkwut
das **Stipendium** (Geldbeihilfe für Studenten), die Stipendien
stippen; die Stippvisite (kurzer Besuch)
die **Stirn**, die Stirnen; die Stirn runzeln; das Stirnrunzeln; stirnrunzelnd
stöbern, ich stöbere
stochern, ich stochere
der **Stock** (Stab), die Stö|cke; das Stöckchen; der Stock (Stockwerk), die Stockwerke; zwei Stock hoch; -stöckig, *z. B.* zweistöckig; der Stockfleck; stockfleckig; stockig; stockdunkel; stocksauer; stocktaub; stocken; ins Stocken geraten, kommen
der **Stoff**, die Stoffe; der Stoffwechsel; der Stoff-Fetzen *und* Stofffetzen; stofflich
stöhnen; das Stöhnen
stoisch (unerschütterlich; gleichmütig)
die **Stola** (langes Gewand; Umhang), die Stolen
die **Stolle** *und* der **Stollen** (ein Gebäck);
der **Stollen** (Schacht; Zapfen am Schuh), die Stollen
stolpern, ich stolpere; der Stolperstein
stolz; der Stolz; stolzgeschwellt; stolzieren
STOP (*auf Verkehrsschildern* halt!); der Stop-and-go-Verkehr, *aber* der Stopp (Halt), die Stopps; stoppen (anhalten; mit der Stoppuhr messen), gestoppt, stopp!; das Stoppschild; die Stoppstraße
stopfen, du stopfst, gestopft; der Stopfen
die **Stoppel**, die Stoppeln; stopp[e]lig; stoppeln, ich stopp[e]le
der **Stöpsel**, die Stöpsel; stöpseln
der **Stör** (ein Fisch), die Störe
der **Storch**, die Störche; die Störchin; das Storch[en]nest; storchbeinig
der **Store** [*ßtor*] (Vorhang), die Stores
stören, gestört; störend; störanfällig; störungsfrei; die Störung; der Störenfried
stornieren (Fehler berichtigen, löschen); der Storno *und* das Storno, die Storni
störrisch
die **Story** [*ßtori*] ([Kurz]geschichte; Handlung), die Storys
der **Stoß**, die Stöße; der Stoßdämpfer; das Stoßgebet; der Stoßseufzer; die Stoßstange; der Stoßtrupp; die Stoßzeit; stoßempfindlich; stoßweise;
stoßen ⓘ 290, stieß, gestoßen, du stößt; der Stößel, die Stößel
stottern, ich stottere; ins Stottern geraten; auf Stottern kaufen (auf Raten); der Stotterer; stott[e]rig
das **Stövchen**
stracks (geradeaus; sofort); schnurstracks
die **Strafe**, die Strafen; der Strafgefangene; das Strafgesetzbuch; der Sträfling; das Strafmandat; die Strafpredigt; der Strafprozess; der Strafstoß; die Straftat; das Strafverfahren; der Strafverteidiger; der Strafzettel;
strafbar; straffällig; sträflich; strafmildernd; strafmündig; strafrechtlich;
strafen, gestraft; strafversetzen
straff; straffen
der **Strahl**, die Strahlen; strahlenförmig; strahlen, strahlend; strahlend hell; die Strahlung
die **Strähne**, die Strähnen; strähnig

stramm, strammer, am stramms|ten;

stramm + Verb
Getrennt zu schreiben:
stramm sein; stramm sitzen (Kleidung), weil die Hose zu stramm sitzt;
stramm laufen; stramm marschieren
Trennbare Zusammensetzungen:
strammstehen (in strammer Haltung), er steht/stand stramm, *aber* wenn er strammsteht/strammstand, er hat strammgestanden, strammzustehen
Getrennt *und* **zusammen** *möglich*:
stramm ziehen *und* strammziehen (Gurt, Hosenboden)

strampeln, ich stramp[e]le; das Strampelhöschen
der **Strand**, die Strände; das Strandgut; stranden
der **Strang**, die Stränge; strangulieren
die **Strapaze** (besondere Anstrengung), die Strapazen; strapazieren; strapazierbar; strapazierfähig; strapaziös
die **Straße** ⟨Str.⟩, die Straßen; die Straßenbahn; die Straßenecke; der Straßengraben; die Straßenkreuzung; der Straßenverkehr
die **Strategie** (weit vorausschauender Plan), die Strategien; strategisch
die **Stratosphäre** (Schicht der Atmosphäre)
sich **sträuben**; da hilft kein Sträuben
der **Strauch**, die Sträucher; strauchartig; **straucheln**, ich strauch[e]le, gestrauchelt
der **Strauß** (Vogel), die Strauße
der **Strauß** (Blumenstrauß), die Sträuße; das Sträußchen
die **Strebe**, die Streben; streben; das Streben; strebsam; die Strebsamkeit; der Streber; streberhaft; das Strebertum
die **Strecke**, die Strecken; zur Strecke bringen; streckenweise; strecken; sich strecken
der **Streich**, die Streiche; einen Streich spielen; das Streichholz; das Streichinstrument; der Streichkäse; das Streichorchester; das Streichquartett; die Streichung; **streichen** ⓘ 290, strich, gestrichen; streichfähig; streichfertig; **streicheln**, ich streich[e]le
der **Streifen**, die Streifen, *auch* der Streif, die Streife; die Streife, die Streifen; das Streiflicht; der Streifzug; streifen, gestreift; streifig
der **Streik**, die Streiks; streiken; der Streikende, die Streikenden
der **Streit**, die Streite; die Streitfrage; die Streitigkeiten; die Streiterei; etwas streitig machen, *aber* strittig; streitbar; streitlustig; streitsüchtig;
streiten ⓘ 290, stritt, gestritten
streng, strenger, am strengsten; strengstens verboten; auf das, aufs Strengste verboten *und* auf das, aufs strengste verboten; die Strenge; mit aller Strenge; strenggläubig; streng geheim;

streng + Verb
Getrennt zu schreiben:
streng sein; streng nehmen (genau), er hat es sehr streng genommen; streng bestrafen; streng beurteilen; streng durchgreifen; streng einhalten; streng erziehen; streng untersagen; streng urteilen; streng verbieten *u. a.*

streng + Partizip ⓘ S. 303
streng genommen *und* strenggenommen; streng genommen/strenggenommen hätte er eine Gebühr bezahlen müssen

der **Stress**, des Stresses, die Stresse; die Stress-Situation *und* die Stresssituation; stressig; stressen, gestresst
der **Stretch** [*ßtrętsch*] (elastisches Gewebe)
die **Streu**; die Streusiedlung; der Streusel; der Streuselkuchen; die Streuung; streuen, gestreut
streunen (sich herumtreiben); der Streuner
der **Strich**, die Striche; der Strichpunkt ► das Semikolon ⓘ 311; strichweise; stricheln, ich strich[e]le
der **Strick**, die Stri|cke; die Strickleiter; das Strickgarn; das Strickmuster; stri|cken
der **Striegel**, die Striegel; striegeln, ich strieg[e]le
der **Striemen**, *auch* die Strieme, die Striemen
der **Striezel** (ein Gebäck), die Striezel
strikt, *auch* strikte (streng, genau)
stringent (bündig, zwingend)
der **Strip** (Streifen [Verbandsmaterial]), die Strips, *auch kurz für* Striptease [*ßtriptis*] (Entkleidungsshow); strippen (Striptease aufführen)
die **Strippe** *ugs.* (Schnur), die Strippen
strittig, eine strittige Frage
das **Stroboskop** (optisches Gerät [zur Drehzahlmessung])
das **Stroh**; das Strohfeuer; der Strohhalm; der Strohmann; der Strohwitwer; strohdumm; strohblond; strohig
der **Strolch**, die Strolche; strolchen
der **Strom**, die Ströme; es regnet in Strömen; stromab; stromabwärts; stromaufwärts; der Stromkreis; die Strömung; strömen; Strom sparende/stromsparende Geräte

der **Stromer**; stromern, ich stromere
die **Strophe**, die Strophen;
strophisch, *aber* -strophig, *z. B.* dreistrophig
strotzen; er strotzt vor Kraft
strubbelig *und* **strubblig** *ugs.*;
der Strubbelkopf
der **Strudel**, die Strudel; strudeln
die **Struktur** ([Auf]bau, Gefüge, innere Gliederung), die Strukturen; strukturell; strukturieren, strukturiert
der **Strumpf**, die Strümpfe; die Strumpfhose
der **Strunk**, die Strünke
struppig
der **Struwwelpeter**
der **Stubben** (Baumstumpf), die Stubben
die **Stube**, die Stuben; das Stübchen; stubenrein
der **Stuck** (Decken-, Wandornament aus Gips); der Stuckateur
das **Stück**, die Stücke, *aber* zwei Stück Zucker; das Stückchen; das Stückgut; der Stücklohn; das Stückwerk; die Stückzahl; stückweise; stückeln, ich stück[e]le
der **Student** ⟨stud.⟩ (Hochschüler), die Studenten; die Studentin, die Studentinnen; studentisch; studieren;
die **Studie** (Entwurf; Vorarbeit); studienhalber;
das Studio (Arbeitsraum), die Studios;
das Studium (geistige Arbeit), die Studien
die **Stufe**, die Stufen;
stufenförmig; stufenlos; stufenweise; stufen, gestuft; stufig; -stufig, *z. B.* elfstufig
der **Stuhl**, die Stühle; das Stuhlbein
die **Stulle**, die Stullen
die **Stulpe**, die Stulpen; stülpen
stumm; der Stumme; der Stummfilm
der **Stummel**, die Stummel; der Stumpen;
stümpern, ich stümpere; der Stümper; die Stümperei; stümperhaft;
stumpf; stumpfsinnig; stumpfwink[e]lig; der Stumpfsinn; der Stumpf, die Stümpfe
die **Stunde** ⟨Std.; h⟩, die Stunden;
der Stundenkilometer ⟨km/h⟩;
der Stundenlohn; der Stundenplan;
eine viertel Stunde/Viertelstunde → S. 248;
eine halbe Stunde; stundenweise;
stundenlang, *aber* eine Stunde lang;
-stündig, *z. B.* zweistündig (zwei Stunden lang); stündlich (jede Stunde);
zweistündlich, 2-stündlich;
stunden; die Stundung
der **Stunk** *ugs.* (Ärger, Zank); Stunk machen
der **Stuntman** [*ßtantmän*] (*Film* Ersatzdarsteller für gefährliche Szenen), die Stuntmen
stupid *und* **stupide** (dumm, stumpfsinnig)
der **Stups**; stupsen; die Stupsnase
stur; die Sturheit

der **Sturm**, die Stürme; Sturm laufen, läuten; die Sturmbö[e]; stürmisch; sturmgepeitscht; stürmen; der Stürmer
der **Sturz**, die Stürze; der Sturzflug; der Sturzhelm; stürzen, du stürzt
der **Stuss** *ugs.* (Unsinn), Stuss reden
die **Stute**, die Stuten
die **Stütze**, die Stützen; der Stützpfeiler; der Stützpunkt; stützen, du stützt;
stutzen; der Stutzen; der Stutzer; stutzig
stylen [*ßtailen*] (gestalten), gestylt
das **Styropor**
subaltern (untergeordnet)
das **Subjekt** ► 281 (*grammatisch* der Satzgegenstand), die Subjekte;
subjektiv (von einer Person aus gesehen)
der **Subkontinent** (Teil eines Kontinents)
sublim (fein, erhaben); sublimieren
die **Subordination** (*Sprache* Unterordnung)
die **Subskription** (*Bücher* Vorausbestellung)
das **Substantiv** ► 281 (das Nomen, das Hauptwort, das Namenwort), die Substantive;
substantivieren; substantivisch
die **Substanz** (Stoff, Bestandteil), die Substanzen; substanziell, *auch* substantiell
das **Substitut** (Ersatz), die Substitute
das **Substrat** (Grundlage; überlagerte Grundschicht), die Substrate
subsumieren ([zusammenfassend] unterordnen); subsumtiv
subtil (fein, schwierig)
der **Subtrahend** (abzuziehende Zahl), die Subtrahenden;
subtrahieren (*Mathematik* abziehen);
die Subtraktion
subtropisch (den Tropen nahe)
die **Subvention** (öffentlicher Zuschuss), die Subventionen; subventionieren
subversiv (umstürzlerisch); die Subversion
die **Suche**; auf die Suche gehen; suchen
die **Sucht**, die Süchte; süchtig; der Süchtige
der **Sud**, die Sude *zu* sieden
Süd ⟨S⟩ (Himmelsrichtung); der Süden;
München Süd *und* München-Süd;
die Südfrucht; der Südpol; die Südsee;
Südost ⟨SO⟩ (Himmelsrichtung);
der Südost (Wind); der Südosten (Gegend);
Südwest ⟨SW⟩; der Südwest; der Südwesten;
südlich; die südliche Breite ⟨s. Br.⟩;
südöstlich; südwärts; süddeutsch
der **Suff** *ugs.*; süffig *zu* saufen
die **Süffisanz** (Selbstgefälligkeit, Spott); süffisant
das **Suffix** [*sufiks, sufiks*] ► 281 (die Nachsilbe), die Suffixe
suggerieren (seelisch beeinflussen; etwas einreden); die Suggestion; suggestiv

die **Suhle** (nasse Bodensenke); sich suhlen
die **Sühne**; sühnen, gesühnt
die **Suite** [*ßwite*], die Suiten
der **Suizid** (Selbstmord), die Suizide
das **Sujet** [*ßüsche*] (künstlerisches Thema)
die **Sukkade** (kandierte Fruchtschale)
Sukkot (Hütten; Laubhüttenfest; jüdisches [Ernte]dankfest)
sukzessiv (nach und nach); sukzessive
das **Sulfat** (Salz der Schwefelsäure), die Sulfate; das Sulfid (Salz der Schwefelwasserstoffsäure), die Sulfide; das Sulfit (Salz der schwefligen Säure), die Sulfite
der **Sultan** (moslemischer Herrscher), des Sultans, die Sultane; das Sultanat; die Sultanine (kernlose Rosine)
die **Sülze**, die Sülzen; sülzen
der **Summand** (hinzuzuzählende Zahl), die Summanden; summarisch;
die **Summe**, die Summen; summieren; das Sümmchen
summen; der Summer; der Sums *ugs.*
der **Sumpf**, die Sümpfe; sumpfen; sumpfig
der **Sund** (Meerenge), die Sunde
die **Sünde**, die Sünden; der Sündenbock; der Sünder; sündhaft; sündig; sündigen
die **Sündflut** → Sintflut
super (großartig);
super- (über-); superklug; superleicht;
süperb (vorzüglich);
der **Superlativ** ► 281 (*grammatisch* Höchststufe, zweite Steigerungsstufe), die Superlative
der **Supermarkt**
die **Suppe**, die Suppen; das Suppengrün; das Süppchen; suppig
das **Supplement** (*Bücher* Ergänzung[sband])
supra- (über[mäßig]); supraleitend; supranational
surfen; das Surfing (Wellenreiten); das Surfbrett
der **Surrealismus** (Kunstrichtung)
surren
das **Surrogat** (Ersatz), die Surrogate
suspekt (verdächtig)
suspendieren (zeitweilig aufheben; entlassen); die Suspension (Absetzung; zeitweilige Aufhebung)
süß, süßer, am süßesten; süßlich; süßsauer; die Süße; die Süßigkeit; die Süßspeise; das Süßwasser; Süßholz raspeln; süßen, du süßt, gesüßt
die **Sutane** *und* → Soutane
SWF = Südwestfunk
das **Sweatshirt** [*ßwetschöt*] (weiter Baumwollpulli), die Sweatshirts
der **Swimmingpool**
der **Swing** (ein Tanz; Kreditgrenze); swingen

sym- (mit, zusammen);
die **Symbiose** (Zusammenleben ungleicher Lebewesen zu gegenseitigem Nutzen), die Symbiosen; symbiotisch
das **Symbol** (Zeichen, Sinnbild), die Symbole; symbolhaft; die Symbolik; symbolisieren; symbolisch
die **Symmetrie** (Gleichmaß), die Symmetrien; symmetrisch
die **Sympathie** (Mitgefühl, Zuneigung), die Sympathien; sympathisch; sympathisieren; der Sympathisant
die **Symphonie**; symphonisch; → Sinfonie
das **Symposion** (Zusammenkunft, Tagung), die Symposien
das **Symptom** (Anzeichen, Merkmal, Vorbote), die Symptome; symptomatisch
syn- (mit, zusammen)
die **Synagoge** (jüdisches Gemeindehaus), die Synagogen
die **Synapse** (*Biologie* Verbindungsstelle zwischen Zellen zur Reizübertragung), die Synapsen
synchron (gleichzeitig, gleichlaufend); synchronisieren, synchronisiert
das **Syndikat** (Verkaufskartell), die Syndikate
das **Syndrom** (Gesamtbild einer Krankheit)
die **Synergie** (Zusammenwirken); synergetisch; der Synergieeffekt
die **Synkope** (*Musik* Betonung eines unbetonten Taktwerts; *Sprache* Weglassung eines unbetonten Vokals), die Synkopen
die **Synode** (Kirchenversammlung), die Synoden; synodal; der Synodale (Mitglied der Synode)
synonym (sinnverwandt); das Synonym, die Synonyme, *auch* die Synonyma; das Synonym[en]wörterbuch
die **Synopse** (vergleichende Übersicht, Nebeneinanderstellung, *z. B. der vier Evangelientexte*), die Synopsen; synoptisch
die **Syntax** ([Lehre vom] Satzbau); syntaktisch
die **Synthese** (Zusammenfügung zu einem neuen Ganzen), die Synthesen; der Synthesizer [*ßünteßaiser*] (elektronisches Gerät zur Klangerzeugung); synthetisch (künstlich hergestellt); die Synthetics *Plur.* (Textilien aus Kunstfasern)
die **Syphilis** (eine Geschlechtskrankheit)
Syrien; der Syrer *und* Syrier; syrisch
das **System**, die Systeme; der Systemfehler; systemimmanent; systemlos; die Systematik; systematisch; systematisieren
die **Szene**, die Szenen; szenisch; die Szenerie; das Szenario

T

T = Tera- (das Billionenfache)
t = Tonne
der **Tab** *kurz für* → Tabulator
der **Tabak**, die Tabake; die Tabakwaren
die **Tabelle** (Übersicht), die Tabellen;
tabellarisch (in Form einer Übersicht);
der Tabulator (*Schreibmaschine, EDV* Spaltensteller), die Tabulatoren
das **Tablett** (Auftragebrett), die Tabletts;
die Tablette (Arzneiform), die Tabletten
tabu (unantastbar, verboten); das ist tabu;
das Tabu, die Tabus; tabu[is]ieren
Tabula rasa (reinen Tisch) machen
der **Tachometer** (Geschwindigkeitsmesser), die Tachometer, *kurz* der Tacho, die Tachos
der **Tadel**, die Tadel; tadellos; tadelnswert;
tadeln, ich tad[e]le
die **Tafel**, die Tafeln; tafeln (speisen);
tafelfertig;
täfeln, ich täf[e]le; die Täf[e]lung
der **Taft** (ein Seidenstoff), die Tafte
der **Tag, tags** ⓘ; tageweise; taghell; täglich;
zu Tage bringen, fördern, kommen, treten *und* zutage bringen, fördern *usw.*;
der Tagebau; das Tagebuch; der Tagedieb;
der Tagesanbruch; der Tageslauf;
das Tageslicht; die Tagesordnung;
die Tageszeit; die Tageszeitung;
die Tagung; die Tagundnachtgleiche *und* die Tag-und-Nacht-Gleiche;
tagen, es tagt; der Vorstand tagt
der **Taifun** (Wirbelsturm in Asien), die Taifune
die **Taiga** (sibirischer Waldgürtel)
die **Taille** [*talje*] (schmalste Stelle des Rumpfes), die Taillen; die Taillenweite; tailliert
die **Takelage** [*takelasche*] (Segelausrüstung eines Schiffes), die Takelagen
der **Takt** (Zeitmaß; Feingefühl), die Takte;
taktlos; die Taktlosigkeit; taktvoll;
die **Taktik**, die Taktiken; der Taktiker;
taktisch; taktieren
das **Tal**, die Täler; zu Tal[e]; tal[ab]wärts;
die Talfahrt; die Talsohle
der **Talar** (langes Amtskleid), die Talare
das **Talent** (Begabung, Fähigkeit), die Talente;
talentiert; talentvoll
der **Taler** (alte Münze), die Taler
der **Talg** (starres Fett), die Talge; talgig

der Tag, tags ⓘ

Großschreibung

der Tag, die Tage; es ist Tag;
Tag für Tag; von Tag zu Tag;
jeder Tag; alle Tage; dieser Tage;
am Tage; bei Tage; Tag und Nacht;
Guten Tag sagen, *auch* guten Tag sagen;
Er sagte höflich: „Guten Tag!"

eines Tag[e]s; eines schönen Tag[e]s;
im Laufe des heutigen Tag[e]s;
unter Tags (den Tag über);
vor Tag, vor Tage, vor Tags;

fünf Tage, *aber* die Fünftagewoche;
in acht Tagen; heute über acht Tage;
in vierzehn Tagen;

im Bergbau über Tage; unter Tage;
im Tagebau; im Untertagebau

Kleinschreibung

tags (bei Tage),	*aber*	des Tages
tags darauf,	*aber*	nächsten Tages
tags zuvor,	*aber*	des Tags zuvor
tagsüber,	*aber*	den Tag über
heutigentags, heutzutage	*aber*	des heutigen Tag[e]s
tagaus, tagein,	*aber*	Tag für Tag
tagelang,	*aber*	fünf Tage lang

täglich; tagtäglich;

-tägig,	*z. B.*	fünftägig, 5-tägig (fünf Tage dauernd)
-täglich,	*z. B.*	vierzehntäglich, 14-täglich (alle vierzehn Tage)

zutage bringen, fördern, kommen, treten
und zu Tage bringen, fördern, kommen, treten

der **Talisman** (Glücksbringer), die Talismane
der **Talk** (ein Mineral)
der **Talkmaster** [*tokmaster*] (Moderator einer Talkshow), die Talkmaster;
die Talkshow, die Talkshows
das **Talmi** (vergoldete Legierung; Unechtes)
der **Talmud** (Lehre; Sammlung von Thoraauslegungen und Kommentaren)
der **Tambour** [*tambur*] (Trommler), die Tamboure;
das Tamburin [*tamburin, tamburin*] (kleine Handschellentrommel), die Tamburine
der **Tampon** [*tampong*] (Mull-, Wattebausch), die Tampons
das **Tamtam** *ugs.* ([lautes, aufwendiges] Getue)
der **Tand** (Wertloses); die Tändelei;
tändeln, ich tänd[e]le
das **Tandem** (Fahrrad für zwei Fahrer), die Tandems
der **Tang** (Braunalgen), die Tange
der **Tangens** ⟨tan⟩ (eine Winkelfunktion);
die **Tangente** (Gerade, die eine gekrümmte Linie berührt); tangential;
tangieren (berühren);
der **Tango** (ein Tanz), die Tangos
der **Tank**, die Tanks; tanken, getankt;
der Tanker (Ölfrachter), die Tanker
die **Tanne**, die Tannen; der Tannenbaum
die **Tante**, die Tanten; der Tante-Emma-Laden
die **Tantieme** (Gewinnanteil), die Tantiemen
der **Tanz**, die Tänze; der Tänzer; die Tänzerin;
tanzen, du tanzt; Walzer tanzen;
tänzeln, ich tänz[e]le; tänzerisch
das **Tapedeck** [*tepdek*] (Tonbandgerät ohne Verstärker und Lautsprecher), die Tapedecks
das **Tapet**; etwas aufs Tapet bringen
die **Tapete**, die Tapeten; tapezieren
tapfer; die Tapferkeit
tappen; täppisch; tapsen; tapsig
die **Tara** (Verpackungsgewicht), die Taren;
tarieren (Gewicht bestimmen, angleichen)
die **Tarantel** (giftige Spinne), die Taranteln
der **Tarif**, die Tarife; der Tariflohn; tariflich
tarnen; sich tarnen, getarnt; die Tarnung
die **Tasche**; das Taschenbuch; das Taschentuch;
der Taschenrechner; das Täschchen
die **Tasse**, die Tassen; das Tässchen
die **Tastatur**, die Tastaturen;
die **Taste**, die Tasten; tasten, getastet
die **Tat**, die Taten; in der Tat; der Tatbestand;
der Tatendrang; die Tatkraft; die Tatsache;
der Tatverdacht; der Tatverdächtige;
die Tatform ► das Aktiv 277;
der Täter; die Tätlichkeiten; tätlich;
tatendurstig; tatenlos; tatkräftig;
tatsächlich; tatverdächtig;
tätig; tätigen; die Tätigkeit;
das Tätigkeitswort ► das Verb 281

das **Tatar** (rohes, geschabtes Rindfleisch)
tätowieren (Zeichnungen mit Farbe in die Haut einritzen); die Tätowierung
tätscheln, ich tätsch[e]le
tatterig *und* **tattrig** *ugs. für* zitt[e]rig
die **Tatze**, die Tatzen
das **Tau** (Seil), die Taue; das Tauziehen
der **Tau** (Niederschlag); der Tautropfen;
taufrisch
taub; der Taube (tauber Mensch);
taubstumm; der Taubstumme;
die Taubstumme; die Taubheit;
die Taubnessel;
die **Taube**, die Tauben; das Täubchen;
der Taubenschlag; der Täuberich:
taubenblau; taubengrau
tauchen; der Taucher; der Taucheranzug
tauen, es taut; das Tauwetter
die **Taufe**; taufen; der Täufer; der Täufling
taugen; der Taugenichts; tauglich
der **Taumel**; taum[e]lig; taumeln, ich taum[e]le
der **Tausch**; tauschen, du tauschst;
täuschen, du täuschst; täuschend ähnlich;
die Täuschung
tausend, **1000.**, **tausendstel**
ⓘ **hundert** S. 111; tausend[und]eins;
tausendfach, 1000fach, 1000-fach;
tausenderlei; tausend[e] und abertausend[e]
und Tausende und Abertausende;
tausendjährig, ein tausendjähriger Baum,
aber das Tausendjährige Reich;
das Tausend ⟨Tsd.⟩; von Tausend ⟨‰⟩;
der Tausender;
die Tausend, die Tausenden;
der Tausendfüß[l]er; die Tausendjahrfeier;
der Tausendmarkschein; der Tausendsassa;
Märchen aus Tausendundeiner Nacht;
vom Hundertsten ins Tausendste kommen
die **Tautologie** (*Stilfigur* doppelt Gesagtes)
die **Taverne** (Weinschenke), die Tavernen
die **Taxe** (festgesetzter Preis), die Taxen;
das Taxi, die Taxis;
taxieren (abschätzen, den Wert ermitteln)
Tb, **Tbc** = Tuberkulose;
Tb-krank, Tbc-krank
das **Team** (Arbeitsgruppe; Mannschaft);
das Teamwork [*timwök*]
(Gemeinschaftsarbeit)
die **Technik**, die Techniken; der Techniker;
die Technikerin;
das Technikum (technische Fachschule),
die Technika *und* Techniken; technisch;
die Technologie, die Technologien
das **Techtelmechtel** (Liebelei)
der **Teckel** (Dackel), die Teckel
der **Teddy** (Stoffbär), die Teddys; der Teddybär
das **Tedeum** (Dich, Gott [loben wir];
Hymnus der lateinischen Liturgie)

der **Tee**, die Tees; die Teekanne; der Teelöffel; das Tee-Ei *und* Teeei; die Tee-Ernte *und* Teeernte; teelöffelweise
der **Teen**, die Teens; der Teenie, die Teenies *und* der Teeny, die Teenys *alle kurz für* der Teenager, die Teenager
der **Teer**, die Teere; teeren, geteert
der **Teich**, die Teiche
der **Teig**, die Teige; teigig

der **Teil** *und* das Teil, die Teile; ein gut Teil; er hat sein Teil; ich für mein Teil; zum Teil ⟨z. T.⟩; teils ..., teils ...; -teils; eines großen Teils, *aber* großenteils; des größten Teils, *aber* größtenteils; ander[e]nteils; einesteils; meinesteils; meistenteils; zuteil werden; das Teilchen; der Teiler; der Teilhaber; die Teilkaskoversicherung; die Teilnahme; der Teilnehmer; die Teilung; die Teilzahlung; die Teilzeit; die Teilzeitarbeit; Teilzeit arbeiten; teilbar; teilhaftig; teilnahmeberechtigt; teilnahmslos; teilnahmsvoll; teilweise; teilen, geteilt;

teil + Verb
Trennbare Zusammensetzungen:
teilnehmen, sie nimmt/nahm teil, wenn sie daran teilnimmt/teilnahm, sie hat teilgenommen, teilzunehmen; *entsprechend auch* teilhaben

der **Teint** [*täng*] (Hautfarbe), die Teints
die **Tektonik** (Lehre vom Bau der Erdkruste); tektonisch
tele- (fern-); das Telefon ⟨Tel.⟩; das Telefonat; telefonieren; telefonisch; die Telegrafie, *auch* Telegraphie; telegrafieren, *auch* telegraphieren; telegrafisch, *auch* telegraphisch; das Telefax (Fernkopiersystem); telefaxen; das Telegramm, die Telegramme; die Telekommunikation; das Teleobjektiv; das Teleskop (Fernrohr); die Television ⟨TV⟩ (Fernsehen); das Telex (Fernschreiben), die Telex *und* Telexe; telexen, du telext
die **Teleologie** (Lehre von Zweck und Zweckmäßigkeit); teleologisch
der **Teller**, die Teller; der Tellerrand; tellerfertig
der **Tempel**, die Tempel
das **Temperament** (Wesensart; Lebhaftigkeit), die Temperamente; temperamentvoll
die **Temperatur**, die Temperaturen; temperaturabhängig; temperieren (Temperatur regeln), temperiert
das **Tempo**, die Tempos *und Musik* die Tempi; das Tempolimit (Geschwindigkeitsbegrenzung); temporal (zeitlich); der Temporalsatz ► 281 (Umstandssatz der Zeit); temporär (zeitlich begrenzt);
das **Tempus** ► 281 (Zeitform des Verbs), die Tempora
die **Tendenz** (Streben nach bestimmtem Ziel); tendenziell; tendenziös; tendieren
der **Tender** (*Schiff* Hilfsfahrzeug, Begleitschiff)
die **Tenne**, die Tennen
das **Tennis**; Tennis spielen; das Tennismatch; der Tennispartner; das Tennisspiel
der **Tenor** (Inhalt, Sinn; Wortlaut) *ohne Plur.*; der Tenor (hohe Männerstimme; Tenorsänger), die Tenöre
das **Tensid** (waschaktiver Stoff), die Tenside
der **Tentakel** *und* das Tentakel (Fangarm)
der **Teppich**, die Teppiche; der Teppichboden; Teppich klopfen, ich klopfe Teppich
Tera- (das Billionenfache, 10^{12})
der **Termin** (Frist, Zeitpunkt), die Termine; termingemäß; termingerecht; terminlich; terminieren (zeitlich festsetzen);
das **Terminal** [*törminel*] (*EDV* mit Zentrale verbundenes Datensichtgerät), die Terminals; der Terminal *und* das Terminal (Abfertigungshalle im Flughafen), die Terminals;
die **Terminologie** (Fachwortschatz); der Terminus (Fachwort), die Termini; der Terminus technicus (Fachausdruck)
die **Termite** (eine Ameisenart), die Termiten
das **Terpentin** (ein Harz), die Terpentine
das **Terrain** [*teräng*] (Gebiet; Gelände; Grundstück), die Terrains; das Terrarium, die Terrarien;
die **Terrasse**, die Terrassen; terrassenförmig; der Terrier (Jagdhundrasse), die Terrier; die Terrine, die Terrinen;
territorial (ein Gebiet betreffend); das Territorium (Gebiet), die Territorien
der **Terror**; terrorisieren; der Terrorismus; der Terrorist; terroris|tisch
tertiär (an dritter Stelle); das Tertiär (geologische Formation);
die **Terz** (dritter Ton [vom Grundton aus]), die Terzen
der **Test**, die Tests; die Teststrecke; testen
das **Testament** (Bund Gottes mit den Menschen; letztwillige Verfügung); Altes Testament ⟨A. T.⟩; Neues Testament ⟨N. T.⟩; testamentarisch; das Testat (Zeugnis, Bescheinigung); testieren
der **Tetanus** (Wundstarrkrampf), des Tetanus
das **Tête-à-tête**, *auch* Tete-a-tete [*tätatät*] (Kopf an Kopf; zärtliches Beisammensein)

teuer, teurer, am teuers|ten; das kommt mir *oder* mich teuer zu stehen; die Teuerung; die Teuerungsrate

der **Teufel**, die Teufel; teuflisch

der **Text** (Wortlaut; Beschriftung), die Texte; textgemäß; textlich; textkritisch; texten (einen Text gestalten); der Texter;

die **Textilien** *Plur.*; textil; die Textilfaser; die Textur (Gewebe; Verbindung)

T-förmig

die **TH** = die technische Hochschule

das **Theater**, die Theater; theatralisch

die **Theke** (Schanktisch), die Theken

das **Thema**, die Themen *und* Themata; die Thematik; thematisch; thematisieren

der **Theologe**; die Theologin; theologisch; die Theologie (Religionswissenschaft)

der **Theoretiker**; theoretisch; die Theorie (Gedankengebäude; Lehrmeinung), die Theorien

der **Therapeut** (Heilkundiger), die Therapeuten; die Therapeutin; therapeutisch; die Therapie, die Therapien

therm- (warm-); thermal (warme Quellen betreffend); das Thermalbad, die Thermalbäder; die Therme (warme Quelle), die Thermen; die Thermik (Aufsteigen warmer Luft); das Thermometer; die Thermosflasche; der Thermos|tat (Regler für gleichbleibende Temperatur), die Thermostaten; thermisch; thermoelektrisch

der **Thesaurus** (Schatz, Wortschatz; *EDV* Synonymenwörterbuch), die Thesauren

die **These** (Leitsatz, Behauptung), die Thesen; thesenartig

das **Thing** (germanische Volksversammlung)

die **Thora** [*tora, tora*] (Weisung, Gesetz; die 5 Bücher Mosis)

der **Thorax** (Brustkorb), des Thorax[es], die Thoraxe

der **Thriller** [*~~th~~riler*] (auf Sensationseffekte abzielender Roman oder Film)

die **Thrombose** (Adernverstopfung durch Blutgerinnsel), die Thrombosen

der **Thron**, die Throne; thronen, gethront

die **Thuja** (Lebensbaum), die Thujen

der **Thunfisch**, *auch* Tunfisch

Thüringen; der Thüringer; thüringisch

das **THW** = das Technische Hilfswerk

der **Thymian** (eine Gewürz- und Heilpflanze)

die **Tiara** (päpstliche Dreifachkrone)

der **Tick** (wunderliche Art, Fimmel), die Ticks

ticken; die Uhr tickt

das **Ticket** (Flug-, Fahrkarte), die Tickets

die **Tide** ([Ebbe und] Flut), die Tiden; der Tide[n]hub

tief; auf das, aufs Tiefste *und* auf das, aufs tiefste beklagen; zutiefst; tiefblau; tiefrot; tiefschwarz; tiefsinnig; tiefernst; tiefgründig; tiefschürfend; tiefsinnig; tieftraurig; das Tief; die Tiefe, die Tiefen; der Tiefbau; der Tiefdruck; die Tiefebene; der Tiefflug; der Tiefgang; der Tiefpunkt;

tief + Verb
Getrennt zu schreiben: tief sein; tief atmen; [ziemlich] tief bohren; sich tief bücken; tief fliegen (Vögel); tief graben; tief liegen (Bodenschätze); tief seufzen; zu tief sitzen; tief stehen (Sonne)
Zusammenzuschreiben: tiefbohren (bis in große Tiefe bohren), hier wird mit modernsten Maschinen tiefgebohrt, *so auch* tieffliegen (mit Flugzeug erdnah fliegen); tiefgefrieren, tiefgefroren; tiefkühlen, tiefgekühlt; tiefstapeln (eigene Fähigkeiten und Erfolge als gering darstellen)

tief + Adjektiv *oder* **Partizip** ⓘ S. 303
das Land ist tief verschneit, *aber* das tief verschneite/tiefverschneite Land; *so auch* tief bewegt *und* tiefbewegt; tief empfunden *und* tiefempfunden; tief erschüttert *und* tieferschüttert; tief gefühlt *und* tiefgefühlt; tief greifend *und* tiefgreifend; tief liegend *und* tiefliegend; tief stehend *und* tiefstehend *u. a.*

der **Tiegel**, die Tiegel

das **Tier**, die Tiere; die Tierart; der Tierarzt; die Tierquälerei; der Tierschutz; die Tierwelt; die Tierkunde (Zoologie); tierisch; tierlieb

der **Tiger**, die Tiger; getigert

die **Tilde** (Aussprachezeichen; Wiederholungszeichen ~), die Tilden

tilgen, getilgt; die Tilgung

das **Timbre** [tä~~ng~~bre] (Klangfarbe der [Gesangs]stimme), die Timbres

timen [*taimen*] (zeitlich abstimmen); das Timing

tingeln; das *und* der Tingeltangel

die **Tinktur** (Kräuterauszug), die Tinkturen

der **Tinnef** *ugs.* (dummes Zeug, Schund)

die **Tinte**; der Tintenfisch; der Tintenklecks

der **Tipp** (Hinweis), die Tipps; **tippen** (wetten; Maschine schreiben); der Tippfehler; der Tippzettel

tippeln, ich tipp[e]le; der Tippelbruder

tipptopp *ugs.* (tadellos)

t T

die **Tirade** (Wortschwall), die Tiraden
tirilieren ([*Vögel*] pfeifen, singen)
der **Tisch**, die Tische; bei Tisch; zu Tisch; die Tischdecke; das Tischleindeckdich; die Tischmanieren; das Tischtuch; der Tischler; die Tischlerei
der **Titan** (riesenhafter Mensch), die Titanen; das Titan (chemischer Grundstoff)
der **Titel** ⟨Tit.⟩, die Titel; die Titelseite; titeln, ich tit[e]le; titulieren (Titel geben, benennen)
der **Toast** [*tost*] (geröstete Brotscheibe; Trinkspruch), die Toasts; der Toaster; toas|ten, getoastet
toben; die Tobsucht; tobsüchtig
die **Tochter**, die Töchter; das Töchterchen
der **Tod**; mehrere Tode sterben; zu Tode fallen; [sich] zu Tode erschrecken; zu Tode hetzen; die Todesangst; die Todesanzeige; der Todesfall; das Todesopfer; die Todesstrafe; der Todfeind; die Todsünde; todbringend; todelend; todernst; todesmutig; todgeweiht; todfeind; todkrank; todlangweilig; tödlich; todmüde; todschick; todsicher; todtraurig; todunglücklich; → tot
das **Tohuwabohu** (Durcheinander, Wirrwarr)
die **Toilette** [*toalette*] (feine Kleidung; Abort und Waschraum), die Toiletten
tolerant (duldsam; weitherzig); die Toleranz (Duldsamkeit; zulässige Abweichung), die Toleranzen; tolerieren (dulden, gewähren lassen)
toll; tolldreist; tollkühn; tollwütig; tollen; die Tollheit; die Tollkirsche; die Tollwut; der Tollpatsch, die Tollpatsche; tollpatschig
der **Tölpel**, die Tölpel; tölpelhaft
der **Tomahawk** [*tomahak*] (Indianerstreitaxt), die Tomahawks
die **Tomate**, die Tomaten; das Tomatenmark; das *und* der Tomatenketschup, *auch* Tomatenketchup; die Tomatencremesuppe
die **Tombola** (Verlosung), die Tombolas
der **Ton** (Erdart), die Tone; tönern (aus Ton);
der **Ton** (Laut, Klang), die Töne; die Tonart; das Tonband; der Tonfall; tonangebend; tonlos; tönen; tonal (auf einen Grundton bezogen); die Tonika (Grundton; darauf aufgebauter Dreiklang), die Toniken
das **Tonikum** (stärkendes Mittel), die Tonika
die **Tonnage** [*tonasche*] (Schiffs-, Frachtraum);
die **Tonne** (Gefäß; Maßeinheit ⟨t⟩ = 1000 kg), die Tonnen; tonnenweise
die **Tönung** (farbliche Abstufung); getönt
das **Top** ([ärmelloses] Oberteil), die Tops
der **TOP** *kurz für* Tagesordnungspunkt
der **Topas** (ein Schmuckstein), die Topase; topasfarben *und* topasfarbig
der **Topf**, die Töpfe; der Töpfer; töpfern; das Töpfchen; der Topfen (Quark)
topfit (in sehr guter Verfassung); die Topform; in Topform sein
die **Topographie** (Orts-, Lagebeschreibung und -darstellung), *auch* Topografie;
der **Topos** (*Sprache* feste Wendung), die Topoi
der **Topp** (Mastspitze), die Toppe[n] *und* Topps
topsecret [*topsikrit*] (streng geheim)
der **Tor** (Dummkopf), des Toren, die Toren; die Torheit; töricht; törichterweise
das **Tor** (große Tür), des Tor[e]s, die Tore; das Torverhältnis; der Torwart; torlos
der **Torf**; Torf stechen; das Torfmoor; torfig
torkeln, ich tork[e]le
der **Tornado** (Wirbelsturm), die Tornados
der **Tornister**, die Tornister
der **Torpedo** (Unterwassergeschoss), die Torpedos; torpedieren
der **Torso** (Rumpf einer Statue), die Torsos *und* Torsi
die **Torte**, die Torten; das Törtchen
die **Tortur** (Qual, Folter), die Torturen
tosen, es tost, getost

tot; der tote Punkt, *aber* das Tote Meer; der Tote, die Tote, die Toten; der Totgeglaubte; der Totgesagte; zum Totlachen; totenähnlich; totenblass; totenstill; der Totensonntag; die Totenstille; der Totschlag; töten; die Tötung; → Tod;

tot + Verb
Getrennt zu schreiben:
tot sein; tot daliegen; sich tot stellen; tot umfallen
Trennbare Zusammensetzungen:
sich totarbeiten, er arbeitet sich tot, *aber* wobei er sich totarbeitet, er hat sich totgearbeitet, totzuarbeiten;
entsprechend auch:
sich totärgern; [sich] totfahren; totkriegen *ugs.*, er ist nicht totzukriegen; sich totlachen; sich totlaufen *ugs.* (von selbst zu Ende gehen); sich totmachen *ugs.*; totsagen; totschießen; totschlagen; totschweigen; tottrampeln; tottreten *u. a.*

tot + Partizip ⓘ S. 303
das Kind wurde tot geboren, *aber* ein tot geborenes *und* totgeborenes Kind; *so auch* tot geglaubt

total (völlig, ganz, gesamt-);
die Totale (*Film* das Ganze);
totalitär (ganzheitlich; alles erfassend);
die Totalität (Gesamtheit; Ganzheit);
der Totalschaden
das **Totem** (Stammeszeichen), die Totems
das **Toto** (ein Glücksspiel)
der **Touch** [*tatsch*] (Anstrich; Hauch);
touchieren [*tuschieren*]
(*Sport* [nur leicht] berühren)
das **Toupet** [*tupe*] (Haarersatz), die Toupets
die **Tour** [*tur*], die Touren; der Tourismus;
der Tourist; die Touristin; die Touristik;
die Tournee (Gastspielreise), die Tourneen
der **Tower** [*tauer*] (Flughafenkontrollturm),
die Tower
toxisch (giftig); toxikologisch
der **Trab**; Trab laufen, reiten, rennen;
traben; der Traber; das Trabrennen
der **Trabant** (Begleiter; Mond; Satellit),
die Trabanten; die Trabantenstadt
(Randsiedlung einer Großstadt)
die **Trachee** (Atemröhre), die Tracheen
die **Tracht**, die Trachten
trachten; sein Sinnen und Trachten
trächtig
tradieren (überliefern), tradiert;
die **Tradition**; traditionsbewusst;
traditionell (herkömmlich)
der **Trafo** *kurz für* Transformator, die Trafos
träg *und* **träge**; die Trägheit
tragen ⓘ 290, trug, getragen, du trägst;
zum Tragen kommen;
die Trage, die Tragen; die Tragbahre;
die Tragfläche; die Tragweite; der Träger;
trägerlos; tragbar; tragfähig
die **Tragik** (verhängnisvolles Schicksal);
tragisch (erschütternd);
die Tragödie (Schicksalsschlag;
Trauerspiel), die Tragödien;
die Tragikomödie
der **Trailer** [*treler*] (Anhänger *z. B. für Boote*;
Filmausschnitt als Werbespot), die Trailer
der **Trainer** [*träner, trener*] (Ausbilder),
die Trainer; trainieren (ausbilden; üben),
trainiert; das Training; der Trainingsanzug
der **Trakt** (Gebäudeteil; Strang), die Trakte;
das Traktat *und* der Traktat (Abhandlung),
die Traktate; traktieren (plagen);
der **Traktor** (Zugmaschine), die Traktoren
trällern, ich trällere
die **Tram** (Straßenbahn), die Trams
der **Tramp** [*trämp*] (Landstreicher), die Tramps;
trampen (per Anhalter fahren);
der Tramper, die Tramper
trampeln, ich tramp[e]le;
der Trampelpfad; das Trampeltier
das **Trampolin** (Sprunggerät), die Trampoline

der **Tran** (Wal-, Fischöl); tranig
die **Trance** [*trangße*] (schlafähnlicher Zustand),
die Trancen
tranchieren → transchieren
die **Träne**, die Tränen; tränenreich;
tränenerstickt; tränenüberströmt; tränen
der **Trank** (Getränk), die Tränke;
die Tränke, die Tränken;
tränken; → trinken
trans- (jenseits, über – hinaus, hindurch)
die **Transaktion** (finanzielles Unternehmen)
transatlantisch (jenseits des Atlantiks)
transchieren [*trangschiren*] (Fleisch
zerlegen), *auch* tranchieren
der **Transfer** (Zahlung fremder Währung ins
Ausland; Weitertransport), die Transfers;
transferieren
die **Transformation** (Umformung, Umwand-
lung); der Transformator (Spannungs-
wandler), die Transformatoren;
transformieren
die **Transfusion** ([Blut]übertragung)
der **Transistor** (elektronisches Bauteil mit
Schaltfunktion), die Transistoren
der **Transit** (Durchfuhr), die Transite;
transitiv ►281
(*grammatisch* zielend, passivfähig);
das transitive Verb (zielendes Zeitwort)
transkontinental
(quer durch einen Erdteil)
die **Transkription** (Umschrift)
die **Transmission** (Übertragung[svorrichtung])
transparent (durchsichtig);
das Transparent (durchscheinendes Bild;
Spruchband); die Transparenz
die **Transpiration** (Schweißbildung)
die **Transplantation** (Organverpflanzung)
der **Transport**; transportabel; transportfähig;
transportieren
transversal (quer verlaufend)
transzendent (jenseits der Erfahrung;
übernatürlich); die Transzendenz
das **Trapez**, die Trapeze; trapezförmig
der **Trapper** (Fallensteller, Pelzjäger)
trapsen *ugs.* (laut auftreten), du trapst
die **Trasse** (Linienführung eines Verkehrswegs)
der **Tratsch** (Klatsch, Gerede);
tratschen, du tratschst, er tratscht
die **Traube**, die Trauben; der Traubenzucker
trauen, er traut ihm nicht;
sie sind getraut worden; → Trauung;
sich trauen, er traut sich nicht
die **Trauer**; der Trauerfall; das Trauerspiel;
trauern, ich trauere; traurig
die **Traufe**; träufeln, ich träuf[e]le
der **Traum**, die Träume; träumen;
der Träumer; die Träumerei;
träumerisch; traumhaft

das **Trauma** (seelische, körperliche Verletzung), die Traumen *und* Traumata; traumatisch
traurig; die Traurigkeit
traut, ein trautes Heim
die **Trauung**; der Trauring; der Trauzeuge
travers (quer); die Traverse (Querbalken, -verbinder, -bau, -gang), die Traversen
die **Travestie** (satirische Umdichtung)
der **Trawler** [*troler*] (Fischdampfer), die Trawler
der **Treck** (Zug, Auszug), die Trecks; trecken; der Trecker (Zugmaschine)
der **Treff**; der Treffpunkt; das Treffen; der Treffer;
treffen ⓘ 290, traf, getroffen; treffend; trefflich; treffsicher
treiben ⓘ 290, trieb, getrieben; sich vom Wind treiben lassen; das Treiben; der Treiber; das Treibhaus; die Treibjagd; der Treibriemen; der Treibstoff
das **Trema** (diakritisches Zeichen, Trennpunkte, *z. B. in frz.* Noël), die Tremas *und* Tremata
das **Tremolo** (*Musik* trillerartiges Zittern, Beben), die Tremolos *und* Tremoli
der **Trend** (Grundrichtung einer Entwicklung), die Trends; der Trendsetter; die Trendwende
trennen; sich trennen; trennbar; die Trennung; der Trennungsstrich
die **Trense** (leichter Pferdezaum)
die **Treppe**, die Treppen; treppauf, treppab
der **Tresen** (Laden-, Schanktisch)
der **Tresor** (Panzerschrank), die Tresore
die **Tresse** (Borte), die Tressen
treten ⓘ 290, trat, getreten, du trittst

treu, treuer, am treu[e]s|ten; zu treuen Händen übergeben; treudoof; treuherzig; treulich; treulos; die Treue; auf Treu und Glauben; der Treuhänder; treuhänderisch;

treu + Verb
Getrennt zu schreiben:
treu sein; [sich] treu bleiben; treu dienen

treu + Adjektiv *oder* **Partizip** ⓘ S. 303
er ist ihr treu ergeben, *aber* der treu ergebene *und* treuergebene Freund;
so auch treu gesinnt, treu sorgend

tri- (drei-);
der **Tri|angel** (ein Musikinstrument)
die **Trias** (Dreiheit, Dreizahl; geologische Formation)
das **Tribunal** (Gerichtshof), die Tribunale
die **Tribüne** (Redner-, Zuschauer-, Zuhörerbühne), die Tribünen
der **Tribut** (Opfer; Steuer), die Tribute
die **Trichine** (schmarotzender Fadenwurm)
der **Trichter**; trichterförmig; trichtern, ich trichtere
der **Trick** (Kunstgriff; Kniff), die Tricks; trickreich; tricky *ugs.*; tricksen *ugs.*
der **Trieb**, die Triebe; die Triebfeder; der Triebkopf; das Triebwerk; triebhaft
triefen, triefte *und* troff, getrieft; triefäugig; triefnass; triefend nass
triezen *ugs.* (drängen; quälen), du triezt
die **Trift** *und* Drift (Meeresströmung), die Triften; die Trift (Viehauftrieb; Weide; Holzflößen), die Triften;
triftig (treffend, zutreffend)
die **Trigonometrie** (Dreiecksmessung, -berechnung); der trigonometrische Punkt ⟨TP⟩
die **Trikolore** (dreifarbige [franz.] Fahne)
das **Trikot** [*triko, triko*], die Trikots; die Trikotage [trikotasche] (Wirkware)
der **Triller**; trillern, ich trillere; die Trillerpfeife
die **Trilogie** (Folge von drei zusammengehörenden Werken), die Trilogien
das **Trimester** (Drittel eines Studienjahres), die Trimester
trimmen; sich trimmen, trimm dich!; der Trimm-dich-Pfad
die **Trinität** (Dreieinigkeit, Dreifaltigkeit); Trinitatis (Sonntag nach Pfingsten)
trinken ⓘ 290, trank, getrunken; trinkbar; trinkfest; der Trinker; das Trinkgeld; das Trinkwasser; → Trank; → Trunk
das **Trio** (Musikstück für drei Instrumente; drei Musiker; drei Personen), die Trios; die Triole (Gruppe von drei Noten im Taktwert von zweien bzw. vier), die Triolen
der **Trip** (Ausflug; Drogendosis, -rausch), die Trips
trippeln, ich tripp[e]le
der **Tripper** (eine Geschlechtskrankheit)
trist (traurig, trostlos)
der **Tritt**, die Tritte; die Trittleiter; trittfest; trittsicher
der **Triumph**, die Triumphe; der Triumphzug; triumphal (herrlich); triumphieren (als Sieger einziehen; jubeln)
trivial (allgemein bekannt; abgedroschen); die Trivialliteratur; die Trivialität

trocken; trockenes Brot essen; auf dem Trock[e]nen; im Trock[e]nen; auf dem Trockenen sein, sitzen; ins Trockene bringen; sein Schäfchen im Trock[e]nen haben (sich abgesichert haben); die Trockenheit; trocknen; der Trockner;

trocken + Verb
besonders zu beachten:
trocken sitzen – trockensitzen
trocken stehen – trockenstehen
Getrennt zu schreiben: trocken sein;
trocken bleiben; trocken werden;
Brot trocken essen (ohne Aufstrich);
trocken liegen (z. B. Vorräte);
trocken rasieren (elektrisch);
trocken sitzen, trocken stehen
(vor Nässe geschützt)
Trennbare Zusammensetzungen:
trockenlegen (Feuchtgebiete entwässern),
damals legte man viele Moore trocken,
einige wurden 1850 trockengelegt,
wenig Interesse, Moore trockenzulegen;
trockenlegen (ein Kleinkind);
trockensitzen *ugs.* (ohne ein Getränk);
trockenstehen (keine Milch geben)
Getrennt *und* **zusammen** *möglich*:
trocken bügeln *und* trockenbügeln;
trocken föhnen *und* trockenföhnen;
trocken reiben *und* trockenreiben;
trocken schleudern *und* trockenschleudern;
trocken wischen *und* trockenwischen

die **Troddel** (Quaste), die Troddeln
der **Trödel**; trödeln, ich tröd[e]le; der Trödler
der **Trog**, die Tröge
die **Troika** (russ. Dreigespann), die Troikas
sich **trollen** (davonmachen), troll dich!
die **Trommel**, die Trommeln; das Trommelfell; trommeln, ich tromm[e]le; der Trommler
die **Trompete**, die Trompeten; trompeten
die **Tropen** (heiße Zone der Erde); tropisch; tropisch heiß; tropentauglich
der **Tropf** (armer Einfältiger), die Tröpfe; der Tropf (Infusionsgerät), die Tropfe;
der **Tropfen**; die Tropfsteinhöhle; tropfenweise; tropfnass; tropfen; tröpfeln
die **Trophäe** (Jagdbeute), die Trophäen
der **Tross** (Gefolge), die Trosse; die Trosse (Tau, Seil), die Trossen
der **Trost**; der Trostpreis; trös|ten; tröstlich; trostlos
der **Trott**; der Trottel; trotteln; trotten
trotz; trotz allem; trotz all[e]dem; trotz|dem; trotz dem Regen; trotz des Regens; trotz Regen und Sturm; der Trotz; aus Trotz; zum Trotz; das Trotzalter; der Trotzkopf; trotzen, du trotzt; trotzig; trotzköpfig
trüb *und* **trübe**; im Trüben fischen; trüben; sich trüben; die Trübung; trübselig; trübsinnig; die Trübsal; der Trübsinn

der **Trubel**
trudeln (drehend abstürzen), ich trud[e]le
die **Trüffel** (eine Pilzart), die Trüffeln
der **Trug**; Lug und Trug; das Trugbild; der Trugschluss; trügerisch; trügen ⓘ 290, es trog, es hat getrogen
die **Truhe**, die Truhen
die **Trümmer** (Bruchstücke); der Trümmerhaufen
der **Trumpf**, die Trümpfe; die Trumpfkarte
der **Trunk**; die Trunkenheit; die Trunksucht; trunken; trunksüchtig; → trinken
der **Trupp**, die Trupps; truppweise; die Truppe, die Truppen; der Truppenabbau
der **Trust** [*trast*] (Konzern), die Trusts
der **Truthahn**; die Truthenne
das **Tsatsiki** *und* der Tsatsiki → Zaziki
die **Tschechische Republik**, *kurz* Tschechien; der Tscheche; die Tschechin; tschechisch
tschilpen (*Spatz* zwitschern), *auch* schilpen
tschüs!, *auch* tschüss!; tschüs[s] sagen, *auch* Tschüs[s] sagen
die **Tsetsefliege** (eine Stechfliege)
das **T-Shirt** (Trikothemd), die T-Shirts
der **T-Träger** (T-förmige Metallstrebe)
die **TU** = die technische Universität
die **Tuba** (Blechblasinstrument), die Tuben;
die **Tube** (röhrenförmiger Behälter; Eileiter; Teil des Ohrs), die Tuben; der Tubus (Röhre; Zwischenring), die Tuben *und* Tubusse
die **Tuberkulose** ⟨Tb, Tbc⟩ (Schwindsucht); tuberkulös; tuberkulosekrank
das **Tuch** (Stoff), die Tuche; auf Tuchfühlung; das Tuch (ein Stück Stoff), die Tücher
tüchtig; die Tüchtigkeit
die **Tücke**, die Tücken; tückisch
tuckern; das Herz, der Motor tuckert
der **Tuff** (ein Vulkangestein), die Tuffe
tüfteln, ich tüft[e]le; der Tüftler
die **Tugend**, die Tugenden; tugendhaft
der **Tüll** (eine Gewebeart); die Tüllgardine
die **Tülle** (Ausgussröhrchen), die Tüllen
die **Tulpe**, die Tulpen
sich **tummeln**; der Tummelplatz;
der **Tümmler** (Delphin; Taube), die Tümmler
der **Tumor** (Geschwulst), die Tumoren
der **Tümpel**, die Tümpel
der **Tumult** (Lärm; Aufruhr), die Tumulte
tun ⓘ 290, tat, getan, du tust, sie tut; das Tun; tunlich; tunlichst
die **Tünche**; tünchen, du tünchst
die **Tundra** (baumlose Kältesteppe), die Tundren
tunen [*tjunen*] (einstellen, abstimmen; trimmen); der Tuner (*Radio, TV* Empfänger ohne Verstärker), des Tuners, die Tuner

t T

Tunesien; der Tunesier; tunesisch
der **Tunfisch** → Thunfisch
der **Tunichtgut**, die Tunichtgute
die **Tunke**, die Tunken; tunken
der **Tunnel**, die Tunnel *und* Tunnels, *süddeutsch auch* das Tunell, die Tunelle
der **Tupfen**, die Tupfen; das i-Tüpfelchen; der Tupfer, die Tupfer; tupfen
die **Tür**, die Türen; die Türangel; der Türdrücker; die Türklinke; das Türschloss; die Türschwelle
der **Turban** (Kopfbedeckung), die Turbane
die **Turbine** (Kraftmaschine), die Turbinen; der Turbo *Kfz. kurz für* Turbolader; die Turbo-Prop-Maschine;
turbulent (stürmisch; ungestüm); die Turbulenz (Wirbelströmung)
die **Türkei**; der Türke; die Türkin; türkisch;
der **Türkis** (blaugrüner Schmuckstein); türkis; türkisfarben *und* türkisfarbig
der **Turm**, die Türme; das Türmchen; das Turmspringen; turmhoch; türmen
turnen, geturnt; der Turner, die Turner; die Turnerin, die Turnerinnen; die Turnhalle; der Turnschuh; das Turnzeug; der Turnverein ⟨TV⟩; das Turnier (Wettkampf), die Turniere;
der **Turnus** (Reihenfolge; Wechsel; Umlauf), die Turnusse; im Turnus; turnusgemäß; turnusmäßig
turteln; die Turteltaube
der **Tusch**; einen Tusch blasen
die **Tusche**, die Tuschen; tuschen, du tuschst
tuscheln, ich tusch[e]le; die Tuschelei
die **Tüte**, die Tüten
tuten, du tutest, getutet; von Tuten und Blasen keine Ahnung haben
tutti (*Musik* alle)
der **TÜV** = der Technische Überwachungs-Verein
das **Tuwort** (das Verb)
TV = Television, Fernsehen
der **Twen** (junger Mensch um die zwanzig), die Twens
das **Twinset** *und* der Twinset (Pullover und Jacke aus gleichem, gleichfarbigem Material)
der **Twist** (Baumwollgarn; ein Tanz)
der **Typ** (Bauart; *abfällig für* Mensch), die Typen; die Type (Letter), die Typen; typisch (kennzeichnend; ausgeprägt); die Typografie *und* Typographie (Buchdruckerkunst); der Typus, die Typen
der **Typhus** (eine Infektionskrankheit)
der **Tyrann** (Gewaltherrscher; Unterdrücker), die Tyrannen; die Tyrannei; tyrannisch; tyrannisieren

U

U = Umleitung
u. = und ⟨&⟩
u. a. = und and[e]re, und and[e]res; unter and[e]rem, unter and[e]ren
u. Ä. = und Ähnliche[s]
die **U-Bahn** (Untergrundbahn); die U-Bahn-Station, *aber* der U-Bahnhof

übel, übler, am übelsten; üble Nachrede; das Übel, die Übel; er hat nichts Übles getan; es ist von, vom Übel; die Übelkeit; der Übeltäter;

übel + Verb
Getrennt zu schreiben:
übel sein, mir ist übel;
übel werden, mir wird übel;
jemandem übel mitspielen;
übel riechen; übel vermerken
Trennbare Zusammensetzungen:
jemandem übelwollen
Getrennt *und* **zusammen** *möglich*:
übel nehmen *und* übelnehmen
das nimmt er ihm übel, er hat ihm das übel genommen, übelgenommen, übel zu nehmen, übelzunehmen

übel + Adjektiv *oder* **Partizip** ⓘ S. 303
übelwollend; übel zugerichtet *ugs.*
Getrennt *und* **zusammen** *möglich*:
übel beraten *und* übelberaten;
übel gelaunt *und* übelgelaunt;
übel gesinnt *und* übelgesinnt;
übel riechend *und* übelriechend

üben, geübt; die Übung

über; über und über; über alles; über allem; über kurz oder lang; über Kreuz, *aber* übereck; über Nacht; den Tag über, *aber* tagsüber; er ist über dreißig [Jahre alt];

die über Dreißigjährigen;
über Gebühr;
→ überm; → übern; → übers;
über *als Präposition/Verhältniswort*
mit dem Dativ/Wemfall:
Der Name steht (wo?) über dem Eingang, über der Tür, über dem Portal.;
mit dem Akkusativ/Wenfall:
Hänge das Schild (wohin?) über den Eingang, über die Tür, über das Portal!;

über + Verb ℹ S. 226

über + Partizip
überaltert; überbeansprucht; überbelastet; überbelegt; überbelichtet; überbevölkert; überbewertet; übereilt; überfragt; überfremdet; übergeordnet; übergeschnappt; überkandidelt; überlastet; überprivilegiert; überragend; überrepräsentiert; überschuldet; überspannt; überspitzt; übersteigert; überstürzt; übertrainiert; überversichert; übervölkert; überwiegend; überzeugend; überzüchtet;
über im Adjektiv
überängstlich; überbetrieblich; überbreit; überbrückbar; überdeutlich; überdimensional; überdurchschnittlich; übereilig; übererregbar; übereifrig; überfällig; überflüssig; übergenau; übergenug; übergewichtig; überglücklich; überheblich; überirdisch; überkonfessionell; überlang; überlastig; überlaut; übermächtig; übermäßig; übermenschlich; übermütig; übernatürlich; überproportional; überregional; überreich; überschwer; überseeisch; übersinnlich; überstaatlich; übertariflich; übertragbar; übervoll; übervorsichtig; überweit; überzählig *u. a.*

überall; überallher, *aber* von überall her; überallhin, *aber* überall hinlaufen
das **Über|an|gebot**
überantworten, er wurde überantwortet
über|aus
über|be|an|spruchen, überbeansprucht
die **Überbevölkerung**; → übervölkern
überbezahlen, überbezahlt
das **Überbleibsel**, die Überbleibsel
überblenden; die Überblendung
der **Überblick**; überblicken, überblickt
der **Überbringer**
überdachen, überdacht; die Überdachung
überdehnen, überdehnt
überdies
überdimensional (übergroß); überdimensioniert

die **Überdosis**, die Überdosen
der **Überdruck**
der **Überdruss**; überdrüssig
übereck stellen
der **Übereifer**; übereifrig
übereignen, jemandem etwas übereignen

über|ein;

überein + Verb
Trennbare Zusammensetzungen:
übereinkommen,
wir kommen/kamen überein, *aber* so dass wir übereinkommen/übereinkamen,
wir sind übereingekommen,
wir haben uns bemüht übereinzukommen;
entsprechend auch:
übereinstimmen, übereinstimmend;
übereintreffen

über|ein|ander;

übereinander + Verb
Getrennt zu schreiben:
sich übereinander ärgern;
übereinander herfallen;
übereinander lachen; übereinander reden
Trennbare Zusammensetzungen:
übereinanderlegen,
wir legen die Mappen übereinander,
übereinandergelegt, übereinanderzulegen;
entsprechend auch: übereinanderschichten;
übereinanderschlagen, mit übereinandergeschlagenen Beinen; übereinanderstapeln;
übereinanderstellen; übereinanderwerfen

das **Übereinkommen**; die Übereinkunft
die **Übereinstimmung**
überempfindlich;
die Überempfindlichkeit
überfahren, übergefahren; die Überfahrt;
überfahren, er wurde überfahren
der **Überfall**, die Überfälle; überfallen
der **Überfluss**; überflüssig; überflüssigerweise
überfremden, überfremdet
überführen (einer Schuld), überführt;
überführen (an einen anderen Ort),
übergeführt *und* überführt; die Überführung
überfüllen, überfüllt
die **Übergabe**
der **Übergang**; die Übergangszeit
das **Übergewicht**
übergroß; die Übergröße
überhandnehmen, es nimmt überhand,
es hat überhandgenommen
der **Überhang**;
überhängen, die Last hat übergehangen;
er hat sich die Jacke übergehängt
überhaupt

über + Verb

besonders zu beachten: überfahren – überfahren, übergehen – übergehen, überholen – überholen, überlassen – überlassen, übersetzen – übersetzen, überspringen – überspringen, überstehen – überstehen, übertreten – übertreten *u.a.*

Trennbare Zusammensetzungen, *wenn* **über** *betont ist:*
(*Aber diese Betonungsregel gilt nicht für Fremdwörter wie z.B.* überreagieren *und Präfix-Verben wie z.B.* über-**be**-werten – *s.u.* Zusammenzuschreiben 2. + 3. –, *wohl aber für ugs.* über-**be**-halten *z.B.)*

übergehen (überwechseln; weitergehen), er geht / ging zum nächsten Thema über, *aber* bevor er dazu übergeht / überging, er ist dazu übergegangen, es war Zeit, dazu überzugehen; *entsprechend auch:*

überbehalten *ugs.*	überkochen	überquellen	überstreifen
überbekommen *ugs.*	überkriegen *ugs.*	überschnappen	überströmen
überbleiben *ugs.*	überlassen *ugs.*	überschwappen	überstülpen
überfahren	überlaufen	übersetzen	übertreten
übergreifen	überlegen	übersiedeln	überwechseln
überhaben *ugs.*	überleiten	überspringen	überwerfen
überhängen	überordnen	übersprudeln	überziehen
überholen, *Seemannsspr.*	überpinseln	überstehen	*u.a.*

Untrennbare Zusammensetzungen,

1. *wenn das Verb betont ist:*
übergehen (unbeachtet lassen, nicht berücksichtigen), er übergeht / überging diese Frage, weil er sie übergeht / überging, er hat sie übergangen, es war unhöflich, sie zu übergehen; *entsprechend auch:*

sich überanstrengen	überhöhen	überreden	überspringen
[sich] überarbeiten	überholen	überreichen	überstehen
überbacken	überhören	überrennen	übersteigen
überbieten	überkleben	überrollen	übersteigern
überblicken	überklettern	überrumpeln	übersteuern
überbringen	überkronen	überrunden	überstimmen
überbrücken	überladen	übersäen	überstürzen
überdauern	überlagern	übersättigen	übertölpeln
überdecken	überlassen	überschatten	übertönen
überdenken	überlasten	überschätzen	übertragen
überdüngen	überleben	überschauen	übertreffen
überfahren	überlegen	überschlafen	übertreiben
überfallen	überlesen	überschlagen	übertreten
überfischen	überliefern	überschneiden	übertrumpfen
überfliegen	überlisten	überschreiben	überwachen
überflügeln	übermalen	überschreiten	überwältigen
überfluten	übermannen	überschwemmen	überweisen
überfordern	übermitteln	überschütten	überwiegen
überfrieren	übernachten	übersehen	überwinden
überführen	übernehmen	übersenden	überwintern
übergeben	überprüfen	übersetzen	überwuchern
übergießen	überqueren	überspannen	überzeichnen
überhäufen	überragen	überspielen	überzeugen
überhitzen	überraschen	überspitzen	überziehen *u. a.*

2. *wenn das Verb von einem Fremdwort abstammt und auf* **-ieren** *endet* (**über** = zu sehr, zu viel):
überdosieren; überreagieren; überkompensieren; überstrapazieren

3. *wenn zwischen* **über** *und Verb noch eine Vorsilbe/ein Präfix steht* (**über** = zu sehr):
überbeanspruchen; überbelasten; überbelegen; überbelichten; überbetonen; überbewerten; überbezahlen; übererfüllen

überheblich; die Überheblichkeit
überholen, überholt; das Überholverbot; die Überholung; überholungsbedürftig; überholen, das Schiff holt über, es hat übergeholt
die **Überkapazität**
über Kreuz; überkreuzen, überkreuzt
die **Überlandleitung**
überlassen, das bleibt ihm überlassen; überlassen *ugs.* (übrig lassen), übergelassen
überlasten, überlas|tet; die Überlas|tung
der **Überlauf**; überlaufen; der Überläufer
überleben; der Überlebende; überlebensgroß
überlegen, er hat überlegt; die Überlegung; er ist überlegen; die Überlegenheit
überliefern, überliefert; die Überlieferung
überm *ugs. für* über dem
die **Übermacht**; übermächtig
das **Übermaß**; übermäßig
übermitteln, ich übermitt[e]le; die Übermittlung
übermorgen; übermorgen Abend, ⓘ **Morgen** S. 151
übermüdet sein; die Übermüdung
der **Übermut**; übermütig
übern *ugs. für* über den
im **übernächsten** Monat
übernachten; die Übernachtung
die **Übernahme**; übernehmen, übernommen
die **Überproduktion**
überprüfen, überprüft; die Überprüfung
überraschen, überrascht; überraschend; überraschenderweise; die Überraschung
der **Überrest**, die Überreste
überrumpeln; die Überrump[e]lung
übers *ugs. für* über das
der **Überschall**
die **Überschau**; überschauen; überschaubar
der **Überschlag**, die Überschläge
die **Überschrift**, die Überschriften
der **Überschuss**, die Überschüsse; überschüssig
der **Überschwang**; überschwänglich
überschwemmen; die Überschwemmung
überseeisch; aus, für, nach, von Übersee
übersenden, übersandt
übersetzen, er setzt ans andere Ufer über, er ist übergesetzt, er hat jemanden übergesetzt; übersetzen, er übersetzt vom Englischen ins Deutsche, er hat übersetzt; die Übersetzung
die **Übersicht**
überspringen, der Funke ist übergesprungen; überspringen, er hat die Hürde übersprungen
überstehen, das Brett hat übergestanden; überstehen, wir haben alles überstanden
die **Überstunde**, die Überstunden
der **Übertrag**, die Überträge; übertragen; übertragbar; die Übertragung
übertreffen, übertroffen
übertreiben, übertrieben; die Übertreibung
übertreten, er hat das Gesetz übertreten; die Übertretung; übertreten, er ist übergetreten; der Übertritt
übervölkern, über[be]völkert; die Übervölkerung; die Überbevölkerung
überwachen, überwacht; die Überwachung
überweisen, überwiesen; die Überweisung
überwiegend
überwerfen, er warf sich den Mantel über, er hat sich den Mantel übergeworfen; sich mit jemandem überwerfen, sie haben sich überworfen
überwinden, überwunden; die Überwindung
überzahlen, überzahlt; überzählig; in der Überzahl
überzeugen, überzeugt; die Überzeugung
überziehen, er hat den Mantel übergezogen; überziehen, er hat sein Konto überzogen; mit Farbe überzogen; der Überzug
überzuckern, überzuckert
üblich; wie üblich; das Übliche
das **U-Boot** (Unterseeboot), die U-Boote

übrig; die übrigen Gäste; die übrige Zeit; das Übrige, die Übrigen; alle Übrigen; alles Übrige; ein Übriges tun; im Übrigen; übrigens;

übrig + Verb
Getrennt zu schreiben: übrig behalten; übrig sein, haben, lassen, bleiben (*z. B.* Geld), *aber* übrig gebliebenes/übriggebliebenes Geld
Trennbare Zusammensetzungen: für jemanden etwas übrighaben (mögen)
Getrennt *und* **zusammen** *möglich:* ihr wird nichts anderes übrig bleiben *und* übrigbleiben, als …, er wird ihr nichts anderes übrig lassen *und* übriglassen, als …

die **Übung**, die Übungen
u. dgl. = und dergleichen; u. dgl. m. = und dergleichen mehr
u. E. = unseres Erachtens
das **Ufer**, die Ufer; uferlos; seine Pläne gehen ins Uferlose (allzu weit)
u. ff. = und folgende [Seiten]

um + Verb

besonders zu beachten: ụmbauen – umbauen; ụmfahren – umfahren; ụmgehen – umgehen; ụmkleiden – umkleiden; ụmreißen – umreißen; ụmschreiben – umschreiben; ụmstellen – umstẹllen *u. a.*

Getrennt zu schreiben:
um sein, die Stunde ist um, wenn die Stunde um ist, sie ist um gewesen;

Trennbare Zusammensetzungen, *wenn* **um** *betont ist:*
ụmbauen, er baut / baute das Regal um, *aber* bevor er es ụmbaut / ụmbaute, er hat es ụmgebaut, er hat vor(,) es ụmzubauen; *entsprechend auch:*

ụmändern
ụmarbeiten
ụmbenennen
ụmbesetzen
ụmbiegen
ụmbilden
ụmbinden
ụmblasen
ụmblättern
sich ụmblicken
ụmbrechen
ụmbringen
ụmbuchen
ụmdenken
ụmdirigieren
ụmdisponieren
ụmdrehen
ụmfahren
ụmfallen
ụmfärben
ụmfassen
ụmformen
ụmformulieren
ụmfragen
ụmfüllen
ụmfunktionieren
ụmgehen
ụmgestalten
ụmgraben
sich ụmgucken
ụmhaben
ụmhängen
ụmhauen
sich ụmhören
ụmkippen
ụmklappen
ụmkleiden
ụmknicken
ụmkommen
ụmkrempeln
ụmladen
ụmlaufen
ụmlegen
ụmleiten
ụmlenken
ụmlernen
ụmmelden
ụmmodeln
ụmorganisieren
ụmpacken
ụmpflanzen
ụmpflügen
ụmpolen
ụmprogrammieren
ụmquartieren
ụmräumen
ụmrechnen
ụmreißen
ụmrennen
ụmrühren
ụmrüsten
ụmsägen
ụmsatteln
ụmschalten
ụmschauen
ụmschichten
ụmschlagen
ụmschnallen
ụmschreiben
ụmschubsen
ụmschulen
ụmschütten
ụmschwenken
sich ụmsehen
ụmsetzen
ụmsiedeln
ụmsinken
ụmspannen
ụmspulen
ụmstecken
ụmsteigen
ụmstellen
ụmstimmen
ụmstoßen
ụmstrukturieren
ụmstülpen
ụmstürzen
ụmtaufen
ụmtauschen
ụmtopfen
sich ụmtun
ụmverteilen
ụmwandeln
ụmwechseln
ụmwehen
ụmwenden
ụmwerfen
ụmwühlen
ụmziehen
u. a.

Untrennbare Zusammensetzungen, *wenn das Verb betont ist:*
umbauen (umschließen; rundum bebauen), man umbaut / umbaute den See, weil man ihn umbaut / umbaute, man hat ihn umbaut, man hat vor, ihn zu umbauen; *entsprechend auch:*

umạrmen
umbrausen
umdrängen
umfahren
umfạssen
umfließen
umfrieden
umgeben
umgehen
umhụllen
umjubeln
umkạ̈mpfen
umklạmmern
umkreisen
umlagern
ummauern
umrahmen
umrạnden
umrạnken
umreißen
umrịngen
umrụnden
umsäumen
umschịffen
umschließen
umschreiben
umschwạ̈rmen
umschwịrren
umsegeln
umsọrgen
umspạnnen
umspielen
umspülen
umstehen
umstẹllen
umwẹrben
umwịckeln
umzäunen
umzịngeln
u. a.

u-förmig *und* **U-förmig**
ugs. = umgangssprachlich
die **U-Haft** *kurz für* Untersuchungshaft
die **Uhr**, die Uhren; zwölf Uhr mittags; der Uhrmacher; im Uhrzeigersinn; die Uhrzeit; → Urzeit
der **Uhu**, die Uhus
die **Ukraine**; der Ukrainer; ukrainisch
UKW = Ultrakurzwelle; der UKW-Sender
der **Ulk**, die Ulke; ulken, geulkt; ulkig
die **Ulme** (ein Laubbaum), die Ulmen
ultimativ (nachdrücklich fordernd); das Ultimatum (letzte äußerste Aufforderung), die Ultimaten; der Ultimo (der Letzte [des Monats]); die Ultima ratio (letztes Mittel);
ultra- (jenseits; über das Normale hinaus); ultrakurz; die Ultrakurzwelle ⟨UKW⟩; der Ultraschall (Frequenz oberhalb der menschlichen Hörfähigkeit); ultraviolett ⟨UV⟩ (im Spektrum über sichtbarem Licht)

um; um zwölf [Uhr]; um des Friedens willen; um und um; um zu; umso mehr, umso weniger, umso größer, umso lieber; je ..., umso ...; → ums;

um + Verb ℹ S. 228

umarmen, umarmt; die Umarmung
der **Umbau**, die Umbaue *und* Umbauten
der **Umbruch**
sich **umdrehen**, umgedreht; die Umdrehung
umeinander; umeinanderlaufen, *aber* umeinander herumlaufen; sich umeinander kümmern, sorgen
umfahren, er fuhr das Schild um, er hat es umgefahren; umfahren, er umfuhr das Hindernis, es hat es umfahren
der **Umfang**, die Umfänge; umfänglich; umfangreich
umfassen, umfasst; umfassend
das **Umfeld**, das familiäre Umfeld
die **Umfrage**
der **Umgang**; umgänglich; die Umgangssprache; umgangssprachlich ⟨ugs.⟩
umgeben; die Umgebung
die **Umgegend**
umgehen mit; umgehend; umgehen; die Umgehung
umgekehrt
umhaben, er hat seine neue Uhr um
der **Umhang**, die Umhänge; sich etwas umhängen

umher;

umher + Verb
Trennbare Zusammensetzungen:
umherblicken; umherfahren; umherflattern; umhergehen; umhergeistern; umherirren; umherjagen; umherlaufen; umherliegen; umherreisen; umherschauen; umherschleichen; umherwandern; umherziehen *u.a.*

umhinkönnen, er kann nicht umhin, weil er nicht umhinkonnte, er hat nicht umhingekonnt; umhinkommen
U/min = Umdrehungen pro Minute
umkehren; die Umkehr; umkehrbar; die Umkehrung
der **Umkreis**; im Umkreis von zwei Metern
die **Umlage**
das **Umland**
der **Umlauf**; die Umlaufbahn
der **Umlaut**, die Umlaute (ä, ö, ü)
umleiten; die Umleitung
die **umliegenden** Ortschaften
umnachtet
umrahmen; die Umrahmung
umreißen ⓘ reißen 286, klar umrissen; der Umriss, die Umrisse; umreißen, er riss das Tor um, umgerissen
ums = um das
der **Umsatz**, die Umsätze; die Umsatzsteuer
umschichten; umschichtig
der **Umschlag**, die Umschläge; umschlagen
umschreiben, er umschrieb es mit anderen Worten; die Umschreibung; umschreiben, er schrieb den Text um
umschulen; die Umschulung
ohne **Umschweife** (geradeheraus)
der **Umschwung**
um sein, wenn die Stunde um ist, sie ist um gewesen
umseitig
die **Umsicht**; umsichtig
umsiedeln; der Umsiedler
umso besser; umso größer; umso höher; umso mehr; umso weniger
umsonst
der **Um|stand**, die Umstände; umstandshalber; umständehalber, *aber* der Umstände halber; umständlich; die Umstandsbestimmung ► die adverbiale Bestimmung 277; das Umstandswort ► das Adverb 277
die **Umstehenden**; umstehend weitere Daten

U

umstellen, er stellt die Möbel um, er hat sie umgestellt; die Umstellung; umstellen, sie umstellten das Haus, umstellt
umstritten
umstrukturieren; die Umstrukturierung
der **Um|sturz**, die Umstürze; umstürzlerisch
der **Umtausch**; umtauschen, umgetauscht
der **Umtrunk**
sich **umtun**, er tut sich um, hat sich umgetan
die **U-Musik** (Unterhaltungsmusik)
umwälzen, umwälzend; die Umwälzpumpe
die **Umwand[e]lung**
der **Umweg**, die Umwege
die **Umwelt**; der Umweltschutz; umweltschädlich; umweltschonend
umwerfen; umwerfend
umziehen (i) ziehen 290; der Umzug, die Umzüge; umzugshalber
umzingeln; die Umzing[e]lung
un|ab|änderlich
unabdingbar
unabhängig; die Unabhängigkeit
unabkömmlich
unablässig
unabsehbar; ins Unabsehbare
unabsichtlich
unabwendbar
unachtsam; die Unachtsamkeit
un|an|fechtbar
un|an|ge|bracht
unangemeldet
unangemessen; die Unangemessenheit
unangenehm
unannehmbar; die Unannehmlichkeit
unansehnlich
unanständig; die Unanständigkeit
unantastbar; die Unantastbarkeit
unappetitlich
die **Unart**, die Unarten; unartig
un|auf|dringlich
unauffällig
unauffindbar
unaufgefordert
unaufhaltsam; die Unaufhaltsamkeit
unaufhörlich
unauflöslich
unaufmerksam; die Unaufmerksamkeit
unaufrichtig; die Unaufrichtigkeit
un|aus|bleiblich
unausführbar
unausgefüllt; die Unausgefülltheit
unausgeglichen; die Unausgeglichenheit
unausgegoren
unausgesprochen
unauslöschlich
unaussprechlich
unausstehlich; die Unausstehlichkeit
unausweichlich
unbändig
unbar (bargeldlos)
unbarmherzig; die Unbarmherzigkeit
un|be|absichtigt
unbeachtet
unbeanstandet
unbedacht
unbedarft
unbedenklich
unbedeutend
unbedingt
unbeeindruckt
unbefahrbar
unbefangen
unbefriedigend; unbefriedigt
unbefristet
unbefugt; Betreten für Unbefugte verboten
unbegabt
unbegreiflich; die Unbegreiflichkeit
unbegrenzt
unbegründet
das **Unbehagen**; unbehaglich
unbehelligt
unbeherrscht; die Unbeherrschtheit
unbehindert
unbeholfen; die Unbeholfenheit
unbeirrbar; die Unbeirrbarkeit; unbeirrt
unbekannt; ein unbekannter Mann; das Grab des Unbekannten Soldaten; nach unbekannt verzogen; eine Anzeige gegen unbekannt; ein Unbekannter; der große Unbekannte; eine Gleichung mit zwei Unbekannten
unbekümmert; die Unbekümmertheit
unbelehrbar; die Unbelehrbarkeit
unbeleuchtet
unbeliebt; die Unbeliebtheit
unbemerkt
unbeobachtet
unbequem; die Unbequemlichkeit
unberechenbar; die Unberechenbarkeit
unberechtigt; unberechtigterweise
unberücksichtigt
unberührt; die Unberührtheit
unbeschadet
unbeschädigt
unbescheiden
unbescholten
unbeschrankt; unbeschränkt
unbeschreiblich
unbeschwert; die Unbeschwertheit
unbesehen
unbesonnen; die Unbesonnenheit
unbesorgt
unbeständig; die Unbeständigkeit
unbestätigt
unbestechlich; die Unbestechlichkeit

unbestimmbar; unbestimmt;
das unbestimmte Fürwort
► das Indefinitpronomen 278
unbestreitbar; unbestritten
unbeteiligt; unbeteiligte Zuschauer
unbeugsam
unbetont
unbewaffnet
unbeweglich; die Unbeweglichkeit;
unbewegt
unbewusst; das Unbewusste
unbezahlbar
unbezwingbar; unbezwinglich
die **Unbilden**; die Unbill
unbrauchbar; die Unbrauchbarkeit
unbürokratisch
unchristlich
und ⟨u.⟩ ⟨&⟩; und Ähnliche[s] ⟨u. Ä.⟩;
und andere[s] ⟨u. a.⟩;
und dergleichen ⟨u. dgl.⟩;
und dergleichen mehr ⟨u. dgl. m.⟩;
und folgende [Seiten] ⟨u. ff.⟩;
und so fort ⟨usf.⟩; und so weiter ⟨usw.⟩;
und zwar ⟨u. zw.⟩
der **Undank**; undankbar; die Undankbarkeit
undefinierbar (nicht genau bestimmbar)
undenkbar
der **Underground** [*ạndergraund*] (Untergrund;
künstlerische Protestbewegung)
das **Understatement** [*anderstẹtment*] (beschei-
denes Untertreiben), die Understatements
undeutlich; die Undeutlichkeit
undicht
undifferenziert
das **Unding** (Unmögliches; Unsinniges)
undiplomatisch
undiszipliniert (nicht ordentlich [genug])
undogmatisch
unduldsam
un|durch|dringlich
undurchführbar
undurchlässig
undurchschaubar
undurchsichtig
unecht
uneben; die Unebenheit
unehelich
unehrlich; die Unehrlichkeit
uneigennützig; die Uneigennützigkeit
un|ein|geschränkt
uneinheitlich
uneinig; die Uneinigkeit; uneins sein
uneinsichtig
unempfindlich
un|end|lich; der unendliche Raum;
unendlich weit; das Unendliche;
bis ins Unendliche (bis in die Ewigkeit);
die Unendlichkeit

un|ent|behrlich
unentgeltlich (gratis)
unentschieden; das Unentschieden
unentschlossen
unentwegt
un|er|bittlich
unerfahren
unerfindlich;
aus unerfindlichen Gründen
unerfreulich
unergiebig
unerheblich
unerhört; das ist unerhört!
unerklärlich
unerlässlich
unerlaubt
unerledigt
unermesslich; die Unermesslichkeit
unermüdlich; die Unermüdlichkeit
unerreichbar
unersättlich; die Unersättlichkeit
unerschöpflich
unerschrocken; die Unerschrockenheit
unerschütterlich
unerschwinglich
unersetzlich; unersetzbar
unerträglich; die Unerträglichkeit
unerwartet
unerwünscht
unfähig; die Unfähigkeit
unfair [*unfär*] (unsportlich)
der **Unfall**, die Unfälle; die Unfallflucht;
unfallfrei; unfallgeschädigt
unfassbar; unfasslich
unfehlbar; die Unfehlbarkeit
unfein
unfertig
der **Unflat**; unflätig
unflektiert;
das unflektierbare Wort ► die Partikel 280
unförmig (missgestaltet)
unfrankiert
unfrei
unfreiwillig
unfreundlich
unfruchtbar
der **Unfug**
Ungarn; der Ungar; die Ungarin;
ungarisch ⓘ **deutsch** S. 58
un|ge|achtet seiner Bitte;
ungeachtet dessen, dessen ungeachtet
ungeahnt
ungebärdig
ein **ungebetener** Gast
ungeboren; das Ungeborene
ungebräuchlich
ungebührend; ungebührlich
ungebunden; die Ungebundenheit

ungedeckt; ein ungedeckter Scheck
die **Ungeduld**; ungeduldig
ungeeignet
ungefähr; nicht von ungefähr
ungefährdet; ungefährlich
ungefragt
ungehalten; er war sehr ungehalten
das **Ungeheuer**; ungeheuerlich; ungeheuer; eine ungeheure Anstrengung; ins Ungeheure steigern
ungehindert
ungehörig; ungehorsam; der Ungehorsam
ungeklärt
ungekürzt
ungelegen; die Ungelegenheiten
ungelernt; ein ungelernter Arbeiter
ungelöst
ungemein (sehr)
ungemütlich
ungenannt
ungenau; die Ungenauigkeit
ungeniert [*unschenirt*]
ungenießbar
ungenügend
ungepflegt
ungeprüft
ungerade; eine ungerade Zahl
ungerecht; die Ungerechtigkeit; ungerechtfertigt
ungereimt; die Ungereimtheiten
ungern
ungerührt
ungesalzen
ungeschehen machen
das **Ungeschick**; die Ungeschicklichkeit; ungeschickt
ungeschlacht (plump, grob)
ungeschminkt; die ungeschminkte Wahrheit
ungeschützt
ungesetzlich
ungestört
ungestraft
ungestüm; das Ungestüm
ungesund
das **Ungetüm**, die Ungetüme
ungeübt
ungewiss; das bleibt ungewiss; im Ungewissen bleiben, lassen, sein; ins Ungewisse steigern
ungewöhnlich; ungewohnt
ungewollt
ungezählt; Ungezählte waren gekommen
das **Ungeziefer**
ungezogen; die Ungezogenheit
ungezuckert
ungezügelt
ungezwungen; die Ungezwungenheit

ungiftig
ungläubig; unglaublich; unglaubwürdig
ungleich; ungleichartig; ungleichmäßig; die Ungleichheit
das **Unglück**; der Unglücksfall; unglücklich; unglücklicherweise
die **Ungnade**; in Ungnade fallen; ungnädig
ungültig; die Ungültigkeit
die **Ungunst**; zu meinen Unguns|ten; zu Ungunsten *und* zuungunsten des Kunden; ungünstig
ungut; nichts für ungut!
unhaltbar; unhaltbare Zustände
unhandlich
das **Unheil**; Unheil bringend, [ver]kündend *und* unheilbringend, unheil[ver]kündend; unheildrohend; unheilschwanger; unheilvoll; unheilbar; die Unheilbarkeit
unheimlich
unhöflich; die Unhöflichkeit
der **Unhold**, die Unholde
unhygienisch
uni [*üni*] (einfarbig ungemustert); uni gefärbter *und* unigefärbter Stoff;
die **Uni** *kurz für* Universität;
uni- (ein-);
uniform (einförmig, gleichförmig); die Uniform (einheitliche Dienstkleidung); das Unikat (einziges Exemplar), die Unikate; das Unikum (in seiner Art Einziges); die Union (Vereinigung; Bund); unisono (alle einstimmig)
un|interessant; uninteressiert
uni|versal (allgemein, gesamt; weltumfassend); universell; die Universität (Hochschule); das Universum (Weltall)
unkameradschaftlich
die **Unke**, die Unken; der Unkenruf; unken
unkenntlich; die Unkenntnis
unklar; im Unklaren bleiben, lassen, sein
unklug
unkollegial
unkompliziert
unkontrollierbar; unkontrolliert
unkonventionell (anders als bisher üblich)
unkonzentriert
unkorrekt
die **Unkosten**; der Unkostenbeitrag
das **Unkraut**
unkritisch
unkultiviert; die Unkultur
unkündbar
unlängst
unlauter; unlauterer Wettbewerb
unleidlich
unleserlich
unleugbar

unlieb; unliebsam
unliniert *und* unliniiert
unlogisch
unlösbar
die **Unlust**; unlus|tig
das **Unmaß**; unmaßgeblich; unmäßig
die **Unmasse**; Unmassen von Papier
die **Unmenge**; Unmengen von Müll
unmenschlich; die Unmenschlichkeit
unmerklich
unmissverständlich
unmittelbar; die Unmittelbarkeit
unmodern
unmöglich; ganz unmöglich; Unmögliches verlangen; die Unmöglichkeit
unmoralisch
unmotiviert
unmündig; die Unmündigkeit
unmusikalisch
der **Unmut**; unmutig
un|nach|ahmlich
unnachgiebig; die Unnachgiebigkeit
unnachsichtig
unnahbar
unnatürlich
unnötig; unnötigerweise; allerlei Unnötiges
unnütz; unnützerweise
die **UNO, Uno** = United Nations Organization (die Organisation der Vereinten Nationen)
unordentlich; die Unordnung
unorthodox
unparteiisch; der Unparteiische; unparteilich
unpassend; unpässlich (unwohl)
unpassierbar
unpersönlich; die Unperson
unpolitisch
unpopulär (unbeliebt)

unser, das unsere, das unsrige

In gebeugten Formen von **unser** *kann ein* **e** *wegfallen.*
Die folgenden unterschiedlichen Formen sind überall anwendbar: mit und ohne Artikel, bei Groß- und Kleinschreibung und in Zusammensetzungen:

unserer	*und*	unsrer		
unsere	*und*	unsre		
unsreres	*und*	unsres		
unserem	*und*	unsrem	*und*	unserm
unseren	*und*	unsren	*und*	unsern

unser Gepäck; unsere Fahrausweise;
mit Bezug auf vorher genannte Nomen/ Hauptwörter:
Alle Koffer sind da, auch unserer (der unsere, der unsrige).
das ist unserer; das ist unsere; das ist unseres; das sind unsere

unsereiner; unsereins; unseresgleichen; unsererseits; unseresteils; unserethalben; unseretwegen; um unseretwillen

unsere Angehörigen
die unseren *und* die unsrigen, *auch* die Unseren *und* die Unsrigen
Wie mag es jetzt den unseren (den unsrigen) gehen?
auch Wie mag es jetzt den Unseren (den Unsrigen) gehen?

unser Besitz
das unsere *und* das unsrige, *auch* das Unsere *und* das Unsrige
Das ist das unsere (das unsrige); mehr besitzen wir nicht.
auch Das ist das Unsere (das Unsrige); mehr besitzen wir nicht.

unsere Pflichten
das unsere *und* das unsrige, *auch* das Unsere *und* das Unsrige
Hier leistet jeder seinen Beitrag;
auch wir müssen das unsere (das unsrige) tun.
auch Wir müssen hier das Unsere (das Unsrige) tun.

aber: Hier leistet jeder einen Beitrag; auch wir werden den **unsrigen** leisten.
(**unsrigen** *ist wie ein Adjektiv* [*zu* Beitrag] *gebraucht; in solchen Fällen nur Kleinschreibung*)

u U

unpraktisch
unproblematisch
unproduktiv
unproportioniert
(in unschönem Verhältnis)
unpünktlich; die Unpünktlichkeit
unqualifiziert (nicht sachkundig)
die **Unrast**
der **Unrat**
unrealistisch
unrecht (falsch); sich unrecht aufführen; unrecht bleiben; unrecht handeln; es ist unrecht, das zu tun; unrechtmäßig;
das **Unrecht**; im Unrecht sein; zu Unrecht; zu Unrecht bestehen; ein Unrecht begehen; ins Unrecht setzen; [ein] Unrecht [er]leiden; ihm geschieht [ein] Unrecht; jemandem ein Unrecht [an]tun; Unrecht *oder* unrecht bekommen; jemandem Unrecht *oder* unrecht geben; Unrecht *oder* unrecht behalten, haben; an den Unrechten kommen
unregelmäßig; die Unregelmäßigkeit
unreif; die Unreife
unrein; ins Unreine schreiben; unreinlich; die Unreinlichkeit
unrentabel
unrichtig
die **Unruhe**; unruhig
uns
unsachgemäß; unsachlich
unsagbar; unsäglich
unsauber; die Unsauberkeit
unschädlich; die Unschädlichkeit
unscheinbar; die Unscheinbarkeit
unschicklich; die Unschicklichkeit
unschlagbar
unschlüssig
unschön
die **Unschuld**; unschuldig; der Unschuldige
un|selbst|ständig *und* **unselbständig**
unselig
unser, das unsere, das unsrige ⓘ S. 233; unseres Erachtens ⟨u. E.⟩; unseres Wissens ⟨u. W.⟩; *im Gebet* „Vater unser", *aber* das Vaterunser
unseriös
unsicher; die Unsicherheit; im Unsicheren sein (zweifeln)
unsichtbar
der **Unsinn**; unsinnig; unsinnigerweise
die **Unsitte**; unsittlich; die Unsittlichkeit
unsolide
unsozial
unstatthaft
un|stet (ruhelos); die Unstetigkeit
unstimmig; die Unstimmigkeiten
unstreitig; unstrittig
die **Unsumme**; Unsummen von Geldern
un|sym|pathisch
unsystematisch
untadelig
die **Untat**
untätig; die Untätigkeit
untauglich; die Untauglichkeit
unteilbar; die Unteilbarkeit

unten; unten bleiben, liegen, stehen, sein; bis unten; nach unten; nach unten hin; von unten; von unten her; weiter unten; nicht wissen, was unten und was oben ist; untenan, *aber* fangt weiter unten an!; unten drunter; unten durch sein *ugs.*;
unten + Partizip ⓘ S. 303
Getrennt *und* **zusammen** *möglich:*
unten stehende *und* untenstehende Zitate; das unten Stehende, *auch* Untenstehende, im unten Stehenden (weiter unten im Text), *auch* im Untenstehenden;
entsprechend auch:
unten erwähnt; unten genannt; unten liegend; unten zitiert

unter; unter anderem, unter anderm ⟨u. a.⟩, unter ander[e]n ⟨u. a.⟩; unter Wasser; unter null (*z. B.* 10° unter null = –10°); unter achtzehn sein; unter Tage (*Bergbau* unterirdisch); unter Berücksichtigung von; unter Umständen ⟨u. U.⟩; unter Vorbehalt; unterdes, unterdessen; unter der Hand (im Stillen, heimlich); → unterm; → untern; → unters;
unter *als Präposition/Verhältniswort mit dem Dativ/Wemfall:*
Das Kabel liegt (wo?) unter dem Weg, unter der Straße, unter dem Pflaster.;
mit dem Akkusativ/Wenfall:
Legt das Kabel (wohin?) unter den Weg, unter die Straße, unter das Pflaster!;

unter + Verb ⓘ S. 235

der **Unterarm**
unter|belichtet; die Unterbelichtung
unterbewusst; das Unterbewusstsein
unterbezahlt
der **Unterbodenschutz**
unterbrechen; die Unterbrechung
unterbringen; die Unterbringung
unterdessen
der **Unterdruck**; unterdrücken; die Unterdrückung
unterdurchschnittlich
untere; die unteren Stockwerke;

unter|ein|ander; unter|ei|nander

untereinander + Verb
Trennbare Zusammensetzungen,
wenn untereinander *die Betonung trägt und bedeutet*: eins unter dem anderen.
untereinanderliegen, wo die Schichten dicht untereinanderliegen/-lagen, untereinanderliegende Schichten, sie haben untereinandergelegen, untereinanderzuliegen;
entsprechend auch:
untereinanderhängen;
untereinanderlegen;
untereinanderschreiben, untereinandergeschriebene Zahlen;
untereinanderstehen, untereinanderstehende Wörter;

Getrennt zu schreiben,
wenn das Verb die Betonung trägt und untereinander *bedeutet:*
unter sich, gegenseitig, miteinander.
untereinander regeln;
untereinander tauschen, austauschen;
untereinander teilen;
untereinander vereinbaren, ausmachen;
untereinander verbinden (*z. B. Kabel*)

unter|ent|wickelt
unterernährt; die Unterernährung
das **Unterfangen**
die **Unterführung**
der **Untergang**
der **Untergebene**
untergeordnet

unter + Verb

besonders zu beachten: unterhalten – unterhalten; unterlegen – unterlegen; unterschlagen – unterschlagen; unterstellen – unterstellen

Trennbare Zusammensetzungen, *wenn* **unter** *betont ist:*
unterstellen (unter etwas, geschützt), ich stelle / stellte mein Fahrrad hier unter, *aber* wenn ich es unterstelle / unterstellte, ich habe es hier untergestellt, es ist besser, es unterzustellen;
entsprechend auch:

unterbelichten	unterhaben *ugs.*	unterlegen	unterschlagen
unterbringen	unterhaken	untermengen	unterschlüpfen
unterbuttern *ugs.*	unterhalten	untermischen	untertauchen
unterducken	unterjubeln *ugs.*	unterordnen	untervermieten
unterfassen	unterkommen	unterpflügen	unterversichern
untergehen	unterkriechen	unterrühren	unterziehen
untergraben	unterkriegen	unterschieben	*u. a.*

Untrennbare Zusammensetzungen, *wenn das Verb betont ist:*
unterstellen *(z. B. ein Ressort; böse Absicht)*, er unterstellt / unterstellte mir die Absicht, weil er sie mir unterstellt / unterstellte, er hat sie mir unterstellt, es ist nicht richtig, mir das zu unterstellen;
entsprechend auch:

unterbieten	[sich] unterhalten	unterminieren	unterstreichen
unterbinden	unterhandeln	unternehmen	unterstützen
unterbleiben	unterhöhlen	untersagen	untersuchen
unterbrechen	unterjochen	unterschätzen	unterteilen
unterbreiten	unterkellern	unterscheiden	untertreiben
unterdrücken	unterkühlen	unterschlagen	untertunneln
unterfahren	unterlassen	unterschneiden	unterwandern
unterfliegen	unterlaufen	unterschreiben	unterweisen
unterfordern	unterlegen	unterschreiten	unterwerfen
unterfüttern	unterliegen	unterspülen	unterzeichnen
untergliedern	untermalen	unterstehen	sich [einer Aufgabe] unterziehen
untergraben	untermauern	unterstellen	*u. a.*

das **Untergewicht**; untergewichtig
untergraben, er gräbt Mist unter, er hat ihn untergegraben; untergraben, das untergräbt das Vertrauen, es wird untergraben
die **Untergrenze**
der **Untergrund**
unterhalb
der **Unterhalt**; unterhaltspflichtig; [sich] unterhalten (i) halten 284; unterhaltsam; die Unterhaltung; die Unterhaltungssendung
der **Unterhändler**
die **Unterhose**
unterirdisch
der **Unterkiefer**
unterkommen; die Unterkunft
die **Unterlage**
ohne **Unterlass**; die Unterlassung
der **Unterlauf**
unterlegen, er legt Papier unter, untergelegt; unterlegen, farbig unterlegt; unterlegen sein; die Unterlegenheit
der **Unterleib**
die **Unterlippe**
unterm *ugs. für* unter dem
die **Untermiete**; der Untermieter
untern *ugs. für* unter den
unternehmen (i) nehmen 286; das Unternehmen; der Unternehmer; unternehmerisch; die Unternehmung; unternehmungslustig
unterordnen, untergeordnet; die Unterordnung
unterprivilegiert (benachteiligt)
der **Unterricht**; unterrichtsfrei; unterrichten; das Unterrichtsfach; die Unterrichtung
unters *ugs. für* unter das
unterscheiden (i) scheiden 286; die Unterscheidung; der Unterschied; unterschiedlich; unterschiedslos
der **Unterschenkel**
unterschlagen (i) schlagen 286; die Unterschlagung
unterschreiben (i) schreiben 288; die Unterschrift; unterschriftsreif
der **Unterschlupf**; unterschlüpfen
unterschwellig
die **Unterseite**
untersetzt, eine untersetzte Figur; der Untersetzer; die Untersetzung
unterst; die obersten Stockwerke und die untersten; das Unterste zuoberst und das Oberste zuunterst kehren
unterstellen; der Unterstand; unterstellen; die Unterstellung
die **Unterstufe**
unterstützen; die Unterstützung
untersuchen; die Untersuchung; die Untersuchungshaft ⟨U-Haft⟩
der **Untertagebau**
der **Untertan**, die Untertanen; ein Untertan sein, *aber* jemandem untertan sein; untertänig, untertänigst
das **Unterteil** *und* der Unterteil; unterteilen; die Unterteilung
der **Untertitel**
untertourig
die **Unterwäsche**
unterwegs
die **Unterwelt**
unterwerfen (i) werfen 290; die Unterwerfung; unterwürfig
unterzeichnen; der Unterzeichnete
unterziehen, er zieht sich den Pulli unter, er hat ihn untergezogen; unterziehen, er unterzieht sich dem Test, er hat sich ihm unterzogen
untief; die Untiefe
das **Untier** (Ungeheuer), die Untiere
untragbar
untrennbar
untreu; die Untreue
untröstlich
untrüglich; untrügliche Beweise
die **Untugend**
untypisch
un|über|legt; die Unüberlegtheit
unüberschaubar
unübersehbar
unübersichtlich; die Unübersichtlichkeit
unübertrefflich; unübertroffen
unüberwindlich; die Unüberwindlichkeit
unüblich
un|um|gänglich
unumschränkt
unumstößlich
unumstritten
unumwunden
un|unter|brochen
un|ver|änderlich; unverändert
unverantwortlich; die Unverantwortlichkeit
unverbesserlich
unverbindlich; die Unverbindlichkeit
unverblümt; unverblümt die Meinung sagen
unverdächtig
unverdaulich; unverdaut
unverdient
unverdrossen; die Unverdrossenheit
unverdünnt
unvereinbar; die Unvereinbarkeit
unverfälscht
unverfänglich; die Unverfänglichkeit

unverfroren (frech); die Unverfrorenheit
unvergänglich
unvergessen; unvergesslich
unvergleichlich
unverhältnismäßig; die Unverhältnismäßigkeit
unverheiratet
unverhofft
unverhohlen (offen)
unverhüllt
unverkäuflich
unverkennbar
unvermeidbar; unvermeidlich
unvermindert
unvermittelt
das **Unvermögen**
unvermutet
die **Unvernunft**; unvernünftig
unveröffentlicht
unverrichteter Dinge
unverschämt; die Unverschämtheit
unverschuldet
unversehens
unversehrt; die Unversehrtheit
unversöhnlich
der **Unverstand**; unverständig (unklug), *aber* unverständlich (unbegreiflich); das Unverständnis
unverträglich; die Unverträglichkeit
unverwandt (ohne den Blick abzuwenden)
unverwechselbar
unverwüstlich
unverzeihlich
unverzichtbar
unverzüglich
un|voll|endet
unvollkommen
unvollständig; die Unvollständigkeit
un|vor|bereitet
unvoreingenommen; die Unvoreingenommenheit
unvorhergesehen
unvorschriftsmäßig
unvorsichtig; die Unvorsichtigkeit
unvorstellbar
unvorteilhaft
unwahr; die Unwahrheit; unwahrhaftig; unwahrscheinlich
unwegsam
unweigerlich
unweit; unweit der Fundstelle
das **Unwesen**; sein Unwesen treiben;
unwesentlich
das **Unwetter**, die Unwetter
unwichtig
un|wider|legbar; unwiderleglich
unwiderruflich; die Unwiderruflichkeit
unwidersprochen
unwiderstehlich; die Unwiderstehlichkeit
un|wieder|bringlich
der **Unwille** *und* **Unwillen**; unwillig; unwillkürlich
unwirklich
unwirksam; die Unwirksamkeit
unwirsch (unfreundlich)
unwissend; die Unwissenheit; unwissentlich
unwohl sein; mir ist unwohl; das Unwohlsein
die **Unwucht**
unwürdig
die **Unzahl**; unzählbar; unzählige Mal[e], *aber* Unzählige (sehr viele) sind gekommen
die **Unze** (Gewicht), die Unzen
die **Unzeit**; zur Unzeit; unzeitgemäß
un|zer|brechlich
unzerreißbar
unzertrennlich
unziemend; unziemlich (ungehörig)
die **Unzucht**; unzüchtig; die Unzüchtigkeit
un|zu|frieden; die Unzufriedenheit
unzugänglich; die Unzugänglichkeit
unzulänglich; die Unzulänglichkeit
unzulässig; die Unzulässigkeit
unzumutbar
unzurechnungsfähig
unzureichend
unzusammenhängend
unzuträglich
unzutreffend
unzuverlässig; die Unzuverlässigkeit
unzweckmäßig; die Unzweckmäßigkeit
unzweideutig
üppig; die Üppigkeit
up to date [*aptudet*] (zeitgemäß); das Update [*apdet*] (*EDV* Aktualisierung; aktualisierte Version eines Programms *o. Ä.*)
der **Ur** (Auerochse), die Ure
die **Urabstimmung**
der **Urahn** *und* **Urahne** (Vorfahr; Urgroßvater), des Urahns *und* des Urahnen, die Urahnen; die Urahne (Urgroßmutter)
uralt
das **Uran** (chemischer Grundstoff); uranhaltig; Uran-238-haltig; der Uranus (ein Planet)
uraufführen; die Uraufführung
urban (städtisch; gebildet)
urbar machen; die Urbarmachung
ureigen; ureigene Interessen
der **Ureinwohner**, die Ureinwohner
der **Urenkel**; die Urenkelin, die Urenkelinnen
urgemütlich
die **Urgroßeltern**; die Urgroßmutter; der Urgroßvater

u U

der **Urheber**, die Urheber; das Urheberrecht
der **Urin** (Harn); urinieren
urkomisch
die **Urkunde**, die Urkunden; urkundlich
der **Urlaub**; Urlaub haben, machen; im, in Urlaub; der Urlauber; die Urlaubszeit; urlaubsreif
die **Urne**, die Urnen
der **Urologe** (Arzt für Krankheiten der Harnorgane); urologisch
urplötzlich
die **Ursache**; ursächlich
die **Urschrift**; urschriftlich
der **Ursprung**, die Ursprünge; ursprünglich
das **Urteil**, die Urteile; das Urteilsvermögen; urteilen, geurteilt
der **Urtext**
urtümlich; die Urtümlichkeit
der **Urwald**, die Urwälder
urwüchsig; die Urwüchsigkeit
die **Urzeit** (älteste Zeit; Vorzeit); → Uhrzeit; seit Urzeiten (so lange man denken kann)
die **USA** = United States of America (die Vereinigten Staaten von Amerika), *verkürzt auch* die US
die **Usance** [*üsangß*] (Brauch im Geschäftsverkehr), die Usancen
USB = Universal Serial Bus (universeller Anschluss für Computer); das USB-Kabel
der **User** [*juser*] (Benutzer [von Computern oder Drogen]; Anwender), die User; der Usus (Brauch, Sitte); usuell (üblich); das Utensil *meist Plur.* ([notwendiger] Gebrauchsgegenstand), die Utensilien
usurpieren (gewaltsam an sich reißen)
usw. = und so weiter
der **Uterus** (Gebärmutter), die Uteri
die **Utopie** ([noch] nicht zu verwirklichende Idee), die Utopi|en; utopisch
u. U. = unter Umständen
u. v. a. = und viele[s] andere;
u. v. a. m. = und viele[s] andere mehr
die **UV-Strahlung** (ultraviolette Strahlung); der UV-Filter; UV-Strahlen-gefährdet, *aber* strahlengefährdet; UV-bestrahlt
u. W. = unseres Wissens
der **Ü-Wagen** (Übertragungswagen)
uzen (necken), du uzt
u. zw. = und zwar

V

V = *römisch* 5; Volt
Vabanque, *auch* va banque [*wabangk*] spielen (alles einsetzen, wagen); das Vabanquespiel
vag *und* **vage** (ungewiss);
der **Vagabund** (Landstreicher), die Vagabunden; vagabundieren
die **Vagina** [*vagina, vagina*] (Scheide), die Vaginen; vaginal
vakant (frei, offen); die Vakanz; das Vakuum (fast luftleerer Raum), die Vakua *und* Vakuen; vakuumverpackt
die **Valenz** [*walenz*] (Wertigkeit von chemischen Elementen, von Verben), die Valenzen;
die **Valuta** (ausländisches Geld), die Valuten
der **Vamp** [*wämp*] (berechnend verführerische Frau), die Vamps; der Vampir (Fledermaus; Blut saugendes Fabelwesen), die Vampire
der **Vandalismus** *und* → Wandalismus
die **Vanille** (ein Gewürz); der Vanillepudding
variabel (veränderlich); die Variable (veränderliche Größe), die Variablen;
die **Variante** (Abwandlung, Abart; abweichende Lesart), die Varianten; variantenreich; die Variation (Veränderung, Abwandlung); variieren (abwandeln; verschieden sein); das Varietee, die Varietees, *auch* das Varieté, die Varietés
der **Vasall** (Untertan), die Vasallen
die **Vase**, die Vasen; das Väs|chen
das **Vaselin** *und* die **Vaseline** (mineral. Fett)
der **Vater**, die Väter; die Vaterschaft; das Vaterunser; väterlich; väterlicherseits; vaterlos
der **Vatikan** (Residenz des Papstes)
v. Chr. = vor Christus
der **Vegetarier** (Pflanzenkostesser); vegetarisch; die Vegetation (Pflanzenwelt, -wuchs); vegetativ (pflanzenartig; unbewusst); vegetieren (kärglich leben)
vehement (heftig); die Vehemenz

das **Vehikel** (altmodisches Fahrzeug), die Vehikel
das **Veilchen**; veilchenblau
der **Vektor** (durch Zahl und Richtung bestimmte mathematisch-physikalische Größe), die Vektoren; die Vektorgrafik
der **Velours** [*welur*] (samtiges Gewebe)
die **Vene** (Ader [zum Herzen hin]), die Venen; venös; intravenös
das **Ventil** (Absperrvorrichtung), die Ventile; die Ventilation (Luftwechsel); der Ventilator (Lüfter), die Ventilatoren; ventilieren
die **Venus** (ein Planet)
ver|ab|reden; die Verabredung
verabscheuen; verabscheuenswert; verabscheuungswürdig
verabschieden; die Verabschiedung
verabsolutieren (etwas als alleingültig hinstellen)
verachten; verächtlich; die Verachtung
verallgemeinern; die Verallgemeinerung
veralten, veraltet
die **Veranda** (überdachter Vorbau), die Veranden
sich **verändern**; verändern, ich verändere; die Veränderung; veränderlich; die Veränderliche (mathematische Größe, x, y)
verängstigen, verängstigt
verankern, ich verankere; die Verankerung
die **Ver|an|lagung**
veranlassen, veranlasst; die Veranlassung
veranschaulichen; die Veranschaulichung
veranschlagen
veranstalten; die Veranstaltung
ver|antworten; verantwortlich; die Verantwortung; verantwortungsbewusst; verantwortungslos
veräppeln *ugs.*, ich veräpp[e]le
verarbeiten; die Verarbeitung
verärgern, ich verärgere, verärgert; die Verärgerung
verarmen, verarmt; die Verarmung
die **Verästelung**
verätzen, verätzt; die Verätzung
sich **ver|aus|gaben**
verauslagen
veräußern
das **Verb** (Zeit-, Tätigkeitswort), die Verben; verbal (als Verb gebraucht; mit Worten)
verballhornen ([ein Wort] durch Verbessern [unabsichtlich] verschlechtern)
der **Verband**, die Verbände; → verbinden; der Verband[s]kasten; das Verbandszeug
verbannen, verbannt; die Verbannung
verbarrikadieren (versperren, -schanzen)
verbergen ⓘ bergen 282
verbessern, ich verbessere; die Verbesserung; verbesserungsbedürftig
sich **verbeugen**; die Verbeugung
verbiegen ⓘ biegen 282
verbieten ⓘ bieten 282; → Verbot
verbilligen
verbinden ⓘ binden 282; verbindlich; die Verbindung; → Verbund
verbissen; die Verbissenheit
verbitten ⓘ bitten 282; sich etwas verbitten
verbittern, verbittert; die Verbitterung
verblassen, verblasst
verbläuen, verbläut
verblenden, verblendet; die Verblendung
der **Verbleib**; verbleiben ⓘ bleiben 282
verblichen
verblüffen; verblüffend; die Verblüffung
verblühen, verblüht
verbluten
verbohrt *ugs.* (starrsinnig)
verborgen; das Verborgene; im Verborgenen (unbemerkt)
das **Verbot**; verboten; verbotswidrig; das Verbotsschild
verbrämen, verbrämt; die Verbrämung
der **Verbrauch**; verbrauchen, verbraucht; der Verbraucher, die Verbraucher
das **Verbrechen**; etwas verbrechen; der Verbrecher; verbrecherisch
verbreiten; die Verbreitung; verbreitern, ich verbreitere; die Verbreiterung
verbrennen ⓘ brennen 282; die Verbrennung
verbringen ⓘ bringen 282
sich **verbrüdern**; die Verbrüderung
verbrühen; die Verbrühung
verbuchen
verbummeln
der **Verbund**; die Verbundenheit; sich verbünden; der Verbündete
sich **verbürgen**, verbürgt
verbüßen, verbüßt; die Verbüßung
verchromt
der **Verdacht**; Verdacht schöpfen; verdächtig; verdächtigen
verdammen, verdammt; die Verdammnis
verdampfen, verdampft; die Verdampfung
verdanken, verdankt
verdattert *ugs.* (verwirrt)
verdauen; verdaulich; die Verdauung
das **Verdeck**, die Verdecke; verdecken
verdenken ⓘ denken 282
der **Verderb**; auf Gedeih und Verderb; das Verderben; ins Verderben rennen; Verderben bringend/verderbenbringend; verderblich;

verderben ⓘ 290, verdarb, verdorben
verdeutlichen, verdeutlicht
verdichten, verdichtet; die Verdichtung
die **Verdickung**
verdienen, verdient; der Verdiener; der Verdienst (Lohn, Gewinn); das Verdienst (Anspruch auf Dank); verdienstvoll; verdientermaßen
sich **verdingen**, verdungen, *auch* verdingt
das **Verdịkt** (Urteil), die Verdikte
verdoppeln, ich verdopp[e]le; die Verdopp[e]lung
verdorben; die Verdorbenheit
verdorren, verdorrt
verdrängen; die Verdrängung
verdrehen, verdreht; die Verdrehung
verdreschen *ugs.*, verdroschen
verdrießen ⓘ 290, verdross, verdrossen; verdrießlich; der Verdruss, des Verdrusses
verdrücken *ugs.*, verdrückt
verdummen, verdummt; die Verdummung
verdunkeln, verdunkelt
verdünnen; die Verdünnung
verdunsten; die Verduns|tung
verdursten, verdurs|tet
verdutzt (verwirrt)
veredeln, veredelt; die Vered[e]lung
verehren; die Verehrung; verehrungswürdig
vereidigen, vereidigt; die Vereidigung
der **Ver|ein**, die Vereine; im Verein mit
vereinbaren; die Vereinbarung; vereinbarungsgemäß
vereinen, vereint; mit vereinten Kräften; die Vereinten Nationen ⟨UN⟩; vereinigen; die Vereinigten Staaten; die Vereinigung
vereinfachen; die Vereinfachung
vereinheitlichen, vereinheitlicht
vereinnahmen, vereinnahmt
vereinsamen, vereinsamt; die Vereinsamung
vereinzelt; Vereinzelte standen herum
vereisen, ver|eist; *aber* ver|reist *zu* reisen
vereiteln, ich vereit[e]le, vereitelt; die Vereit[e]lung
vereitern, vereitert; die Vereiterung
verelenden; die Verelendung
verenden
verengen, verengt; die Verengung
vererben; vererblich; die Vererbung
verewigen, verewigt
das **Verfahren**; verfahrensrechtlich; [sich] verfahren ⓘ fahren 282;
der **Verfall**; das Verfallsdatum; der Verfall[s]tag;
verfallen ⓘ fallen 282
verfälschen, verfälscht; die Verfälschung
verfänglich; eine verfängliche Frage
die **Verfärbung**; [sich] verfärben
verfassen; der Verfasser; die Verfassung; verfassungsgemäß; verfassungsmäßig; verfassungswidrig
verfaulen, verfault
verfechten, verfochten; der Verfechter
verfehlen, verfehlt; die Verfehlung
verfeindet
verfeinern; die Verfeinerung
verfemt
verfilmen; die Verfilmung
verfilzt; die Verfilzung
verfinstern; die Verfinsterung
verflechten, verflochten; die Verflechtung
verfliegen ⓘ fliegen 282
verflixt *ugs.*
verflossen *ugs.*; die verfloss[e]ne Liebe
verfluchen, verflucht; die Verfluchung
sich **verflüchtigen**, verflüchtigt
verfolgen; der Verfolger; der Verfolgte, die Verfolgten; die Verfolgung
sich **verformen**; die Verformung
sich **verfranzen** *ugs.* (sich verirren)
verfremden; die Verfremdung
verfrüht
verfugen, verfugt
verfügen; verfügbar; die Verfügung; verfügungsberechtigt
verführen; der Verführer; verführerisch; die Verführung
vergällen, sie hat ihm den Spaß vergällt
vergammeln *ugs.*, vergammelt
die **Vergangenheit** *grammatisch* ► das Präteritum 281; vergänglich; die Vergänglichkeit
vergasen; der Vergaser; die Vergasung
vergattern, vergattert; die Vergatterung
vergeben ⓘ geben 284; die Vergabe; vergebens; vergeblich; die Vergeblichkeit; die Vergebung
vergegenwärtigen
das **Vergehen**; sich vergehen ⓘ gehen 284
vergelten ⓘ gelten 284; die Vergeltung
vergessen ⓘ 290, vergaß, vergessen, du vergisst; in Vergessenheit geraten; vergesslich; die Vergesslichkeit
vergeuden; die Vergeudung
vergewaltigen; die Vergewaltigung
sich **vergewissern**, ich vergewiss[e]re mich
vergießen ⓘ gießen 284
vergiften, vergiftet; die Vergiftung
vergilbt
das **Vergissmeinnicht** (eine Blume)
vergittert
verglasen; die Verglasung

der **Vergleich**; vergleichbar; vergleiche ⟨vgl.⟩; vergleichen ⓘ gleichen 284; vergleichsweise; die Vergleichsstufe ►der Komparativ 279; der Vergleichssatz ►der Komparativsatz 279
verglimmen ⓘ glimmen 284
sich **vergnügen**; das Vergnügen; vergnüglich; vergnügt; die Vergnügung
vergolden, vergoldet
vergönnen, vergönnt
vergöttern, ich vergöttere dich
vergraben ⓘ graben 284
sich **vergreifen** an jemandem, an etwas; vergriffen (nicht mehr lieferbar[es Buch])
vergröbern, vergröbert; die Vergröberung
vergrößern, ich vergrößere; die Vergrößerung
die **Vergünstigung**
vergüten; die Vergütung
verh. = verheiratet
verhaften, verhaftet; der Verhaftete, die Verhafteten; die Verhaftung
sich **verhalten** (sich benehmen); das Verhalten; verhaltensgestört; die Verhaltensweise; verhalten (stehen bleiben; zurückhalten); verhalten (gezügelt);
das **Verhältnis**, die Verhältnisse; verhältnismäßig; die Verhältnisergänzung ►das Präpositionalobjekt 281; das Verhältniswort ►die Präposition 281
verhandeln, ich verhand[e]le; verhandlungsbereit; die Verhandlung; der Verhandlungspartner
verhangen; verhängen; das Verhängnis; verhängnisvoll
verharmlosen; die Verharmlosung
verharren
verharschen, verharscht (verkrustet)
verhärten, verhärtet
verhasst *zu* hassen
verhätscheln *ugs.*, ich verhätsch[e]le
der **Verhau** *und* das Verhau, die Verhaue; verhauen *ugs.*, verhaute, hat verhauen
sich **verheddern** *ugs.*, ich verheddere mich
verheeren; verheerend; die Verheerung
verhehlen, verhehlt; → verhohlen
verheimlichen; die Verheimlichung
verheilen, verheilt
verheiraten, verheiratet ⟨verh.⟩; die Verheirateten
verheißen ⓘ heißen 284; die Verheißung; verheißungsvoll
verhelfen ⓘ helfen 284
verherrlichen; die Verherrlichung
verhexen, verhext
verhindern, ich verhindere
verhohlen (verborgen); mit kaum verhohlener Schadenfreude
verhöhnen; die Verhöhnung
das **Verhör**; verhören
verhüllen
verhungern, ich verhungere
verhunzen *ugs.*, verhunzt
verhüten; die Verhütung; das Verhütungsmittel
verhütten; die Verhüttung
verifizieren (nachprüfen; beglaubigen); verifizierbar (nachprüfbar); die Verifikation
verinnerlichen, verinnerlicht
sich **verirren**, verirrt; die Verirrung
verjähren; die Verjährung
verjubeln *ugs.*, ich verjub[e]le
verjüngen, verjüngt; die Verjüngung
verkabeln; die Verkabelung
verkalkt; die Verkalkung
sich **verkalkulieren** (sich verrechnen)
verkannt, ein verkannter Prophet
verkappt, ein verkappter Gauner
der **Verkauf**; verkaufsoffen; verkaufen; der Verkäufer; die Verkäuferin; verkäuflich
der **Verkehr**; verkehrsberuhigt; verkehrsgünstig; verkehrsreich; verkehrssicher; verkehrswidrig; die Verkehrsampel; das Verkehrschaos; die Verkehrsregel; der Verkehrsunfall; das Verkehrszeichen; verkehren; die Verkehrung;
verkehrt, die Antwort war verkehrt
verkennen ⓘ kennen 284
die **Verkettung**
verklagen, er wurde verklagt
verklappen, verklappt; die Verklappung
verklären, verklärt; die Verklärung
verklausulieren (durch Spitzfindigkeiten unverständlich machen)
sich **verkleiden**; die Verkleidung
verkleinern, ich verkleinere; die Verkleinerung; die Verkleinerungsform (*grammatisch* der Diminutiv)
verklemmen, verklemmt
verknappen, verknappt; die Verknappung
verkneifen, sich etwas verkneifen *ugs.*, verkniffen; die Verkniffenheit
verknöchert
verknoten, verknotet
verknüpfen, verknüpft; die Verknüpfung
verkommen, ein verkommener Mensch
verkorken; verkorksen *ugs.* (verpfuschen)
verkörpern; die Verkörperung
verkracht *ugs.*, eine verkrachte Existenz; sich verkrachen *ugs.*
sich **verkrampfen**, verkrampft
sich **verkriechen** ⓘ kriechen 284
verkrümmen; die Verkrümmung
verkrüppeln, verkrüppelt; die Verkrüpp[e]lung

verkümmern, verkümmert
verkünden; die Verkündung; verkündigen; die Verkündigung
verkürzen; die Verkürzung
verladen; die Verladerampe
der **Verlag**, die Verlage; → verlegen
verlagern, ich verlagere; die Verlagerung
verlangen; das Verlangen
verlängern, ich verlängere; die Verlängerung; das Verlängerungskabel
verlangsamen
sich **verlassen** auf ⓘ lassen 284; der Verlass, es ist kein Verlass auf ihn; verlässlich;
verlassen (allein)
mit **Verlaub**
der **Verlauf**; verlaufen; sich verlaufen
verlauten; verlautbaren; die Verlautbarung
verleben, verlebt
verlegen; der Verleger; verlegerisch; der Verlag; verlegen (an eine falsche Stelle legen); verlegen sein; die Verlegenheit
verleiden, jemandem etwas verleiden
verleihen ⓘ leihen 284; der Verleih; der Verleiher; die Verleihung
verleiten
verlernen, verlernt
verletzen, verletzend, verletzt; verletzbar; verletzlich; die Verletzten; die Verletzung
verleugnen; die Verleugnung
verleumden; verleumderisch; die Verleumdung
sich **verlieben**, verliebt; die Verliebten; die Verliebtheit
verlieren ⓘ 290, verlor, verloren; der Verlierer; → Verlust;
das **Verlies** (Kerker), die Verliese
sich **verloben**; die Verlobten; die Verlobung
verlocken; verlockend; die Verlockung
verlogen; die Verlogenheit
verloren; verloren sein, verloren gewesen; verloren gehen, verloren gegangen *und* verlorengehen, verlorengegangen; *so auch* verloren geben, verlorengeben
verlöschen
verlosen; die Verlosung
der **Verlust**, die Verlus|te; verlustreich; → verlieren
vermachen; das Vermächtnis, die Vermächtnisse
sich **vermählen**; die Vermählten; die Vermählung
vermarkten, vermarktet; die Vermarktung
vermasseln *ugs.*, vermasselt
vermehren; die Vermehrung
vermeiden ⓘ meiden 286; vermeidbar
vermeintlich
der **Vermerk**; vermerken
vermessen ⓘ messen 286; die Vermessung; die Vermessenheit
vermiesen *ugs.*, vermiest
vermieten; der Vermieter; die Vermietung
vermindern, ich vermindere, vermindert
verminen, vermint
vermischen, du vermischst, vermischt
vermissen, vermisst; der Vermisste; Takt vermissen lassen/vermissenlassen
vermitteln, ich vermitt[e]le; der Vermittler; die Vermittlung
vermodern, vermodert *zu* modern
das **Vermögen**; die Vermögen[s]steuer; vermögen ⓘ mögen 286; vermögend; vermögenswirksam
vermummen, vermummt
vermuten; vermutlich; die Vermutung
vernachlässigen; die Vernachlässigung
vernarben, vernarbt
vernarrt, in etwas vernarrt sein
vernehmen ⓘ nehmen 286; vernehmlich; dem Vernehmen nach; die Vernehmung; vernehmungsfähig
sich **verneigen**; die Verneigung
verneinen, verneint; die Verneinung
vernetzen, vernetzt; die Vernetzung
vernichten; die Vernichtung
verniedlichen; die Verniedlichung
die **Vernissage** [*wernißa~~sche~~*] (Ausstellungseröffnung), die Vernissagen
die **Vernunft**; vernünftig; vernünftigerweise; vernunftgemäß; vernunftwidrig
veröden; die Verödung
veröffentlichen; die Veröffentlichung
verordnen; die Verordnung
verpachten; die Verpachtung
verpacken; gut verpackt; die Verpackung
verpassen, verpasst
verpatzen *ugs.*, das hat er verpatzt
verpesten, verpestet
verpetzen *ugs.*, er hat sie verpetzt
verpfänden, verpfändet
verpflanzen; die Verpflanzung
verpflegen; die Verpflegung
sich **verpflichten**; die Verpflichtung
verpfuschen *ugs.*, du verpfuschst
sich **verplappern** *ugs.*, ich verplappere mich
verplempern *ugs.* (vergeuden)
verplomben, verplombt
verpönt (fast strafbar, unerwünscht)
verprassen, verprasst
verprügeln, ich verprüg[e]le
verpuffen; die Verpuffungsgefahr
verpulvern *ugs.* (vergeuden), verpulvert
sich **verpuppen**; die Verpuppung
der **Verputz**; verputzen
verquer; verquergehen (misslingen)

verquicken; die Verquickung
verquollen ⓘ quellen 286
verramschen *ugs.* (verschleudern)
verraten ⓘ raten 286;
der Verrat; der Verräter; verräterisch
verräuchern, verräuchert
sich **verrechnen**; etwas verrechnen;
die Verrechnung; der Verrechnungsscheck
verregnen, verregnet
verreiben ⓘ reiben 286
verreisen, ver|reist, *aber* ver|eist *zu* Eis
verreißen ⓘ reißen 286; der Verriss
verrenken, verrenkt; die Verrenkung
verrichten; die Verrichtung
verriegeln, ich verrieg[e]le;
die Verrieg[e]lung
verringern, ich verringere;
die Verringerung
verrinnen ⓘ rinnen 286
verrohen, verroht; die Verrohung
verrosten, verros|tet
verrotten; die Verrottung
verrucht; die Verruchtheit
verrückt; verrückt sein; verrückt werden;
der Verrückte; ein Verrückter;
die Verrücktheit; zum Verrücktwerden
in **Verruf** bringen; verrufen sein
verrußen, verrußt
verrutschen
der **Vers** ⟨V.⟩ (Gedichtzeile; Liedstrophe;
Bibelabsatz), die Verse; die Verslehre
versagen; das Versagen; der Versager;
jemandem etwas versagen
der **Versal** [*wersal*] (großer [Anfangs]buch-
stabe), die Versalien [*wersaliën*]
sich **versammeln**; die Versammlung
der **Versand**; versandfertig; das Versandhaus;
die Versandkosten; versandt → versenden
versäumen; das Versäumnis
verschaffen ⓘ schaffen 286
verschalen (mit Holz verkleiden)
verschämt
verschandeln, verschandelt
verschanzen, verschanzt
verschärfen; die Verschärfung
verscharren, verscharrt
sich **verschätzen**
verscheiden (sterben), sie ist verschieden
verschenken
verscherbeln *ugs.*, verscherbelt
verscherzen, verscherzt
verscheuchen
verschicken, verschickt; die Verschickung
verschieben ⓘ schieben 286;
verschiebbar
verschieden; verschieden groß;
verschiedene Male; verschiedene Mal;
Verschiedene (manche);
Verschiedenes (manches),
etwas Verschiedenes; Verschiedenstes;
die Verschiedenheit; verschiedenartig;
verschiedenfarbig; verschiedentlich
verschiffen, verschifft; die Verschiffung
verschimmeln, verschimmelt
verschlafen, er sieht verschlafen aus
der **Verschlag**, die Verschläge;
verschlagen; die Verschlagenheit
verschlechtern; die Verschlechterung
verschleiern, ich verschleiere;
die Verschleierung
der **Verschleiß**; verschleißfest;
verschleißen ⓘ 290,
verschliss, verschlissen
verschleppen; die Verschleppung
verschleudern, verschleudert
verschließen ⓘ schließen 288;
der Verschluss, die Verschlüsse;
die Verschluss-Sache *und* Verschlusssache
verschlimmern; die Verschlimmerung
verschlingen ⓘ schlingen 288
verschlossen; die Verschlossenheit
verschlucken; sich verschlucken
verschlüsseln; die Verschlüss[e]lung
verschmähen; die Verschmähung
verschmelzen ⓘ schmelzen 288
verschmerzen
verschmitzt, verschmitzt lächeln
verschmutzen; die Verschmutzung
verschnaufen; die Verschnaufpause
verschneien, verschneit
verschnörkelt; die Verschnörkelung
verschnupft
verschollen (vermisst, unauffindbar)
verschonen, verschont bleiben
verschönen; verschönern;
die Verschönerung
verschossen
verschränken, verschränkt
verschrauben; die Verschraubung
verschreiben ⓘ schreiben 288;
verschreibungspflichtig
verschroben (seltsam, wunderlich)
verschrotten
verschrumpeln, verschrumpelt
verschüchtert
sich **verschulden**, verschuldet;
das Verschulden
verschütten;
verschüttgehen *ugs. für* verlorengehen
verschwägert
verschweigen ⓘ schweigen 288;
verschwiegen; die Verschwiegenheit
verschwenden; der Verschwender;
verschwenderisch; die Verschwendung
verschwimmen ⓘ schwimmen 288
verschwinden ⓘ schwinden 288

V

verschwitzt
verschwommen, eine verschwommene Idee
sich **verschwören**, verschworen; der Verschwörer; die Verschwörung
versehen, ein Amt versehen; sich versehen (sich irren); das Versehen; aus Versehen; versehentlich
versehrt; die Versehrten
sich **verselbständigen** *und* **verselbstständigen**
versenden ⓘ senden 288, versandt *und* versendet
versengen, versengt
versenken, versenkt; die Versenkung
versessen; die Versessenheit
versetzen; die Versetzung
verseuchen, verseucht; die Verseuchung
versichern, ich versichere; der Versicherte; die Versicherung; die Versicherungspflicht; versicherungspflichtig; die Versicherungspolice
versickern
versiegen, die Quelle ist versiegt
versiegeln; die Versieg[e]lung
versiert [*wer-*] (geübt, gewandt, erfahren)
versilbern, versilbert
versinken ⓘ sinken 288, versunken
versinnbildlichen; die Versinnbildlichung
die **Version** (Fassung; Lesart), die Versionen
die **Verslehre**; das Versmaß; → Vers
sich **versöhnen**; versöhnlich; die Versöhnung
versonnen (träumerisch)
versorgen; die Versorgung
sich **verspäten**, verspätet; die Verspätung
versperren
verspielen, verspielt; die Verspieltheit
versponnen
verspotten; die Verspottung
versprechen ⓘ sprechen 288; sich versprechen; das Versprechen
versprühen
verspüren
verstaatlichen; die Verstaatlichung
verstädtern; die Verstädterung
der **Verstand**; verständig; sich verständigen; die Verständigung; verständlich; die Verständlichkeit; das Verständnis; verständnislos; verständnisvoll
verstärken; der Verstärker; die Verstärkung
verstauben, verstaubt
verstauchen, verstaucht; die Verstauchung
verstauen
das **Versteck**, die Verstecke; verstecken; sich verstecken; das Versteckspiel; Versteck[en] spielen
verstehen ⓘ stehen 288; zu verstehen geben
sich **versteifen**, er versteift sich auf etwas
versteigern, ich versteigere; die Versteigerung
die **Versteinerung**; versteinert
verstellen (umstellen); verstellbar; sich verstellen (heucheln); die Verstellung
versteppen (zu Steppe werden)
versterben ⓘ sterben 288, verstorben; der Verstorbene, ein Verstorbener, eine Verstorbene, die Verstorbenen
versteuern, ich versteuere; die Versteuerung
verstimmen, verstimmt; die Verstimmung
verstockt (störrisch)
verstohlen (heimlich)
verstopfen, verstopft; die Verstopfung
verstören, verstört; die Verstörtheit
der **Verstoß**, die Verstöße; verstoßen gegen; jemanden verstoßen ⓘ stoßen 290
verstreichen ⓘ streichen 290
verstreuen, verstreut
verstricken, verstrickt; die Verstrickung
verstümmeln, verstümmelt; die Verstümm[e]lung
verstummen
der **Versuch**; versuchen; versuchsweise; das Versuchskaninchen; die Versuchung
sich **versündigen**
versüßen, versüßt
versunken; die Versunkenheit
vertäfeln; die Vertäfelung
vertagen (aufschieben); die Vertagung
vertäuen *zu* Tau (Seil)
vertauschen; die Vertauschung
verteidigen; der Verteidiger; die Verteidigung; verteidigungsbereit
verteilen; der Verteiler; die Verteilung
verteuern; die Verteuerung
verteufeln, ich verteuf[e]le, verteufelt; die Verteuf[e]lung
vertiefen; die Vertiefung
vertikal (senkrecht); die Vertikale
das **Vertiko** [*wertiko*] (Zierschränkchen)
vertikutieren ([Rasen] entfilzen, lüften)
vertilgen; das Vertilgungsmittel
sich **vertippen** *ugs.*
vertonen; die Vertonung
vertrackt *ugs.* (schwierig)
der **Vertrag**, die Verträge; vertragen; sich vertragen ⓘ tragen 290; vertraglich; vertragsgemäß; vertragswidrig;
verträglich; die Verträglichkeit
vertrauen; das Vertrauen; im Vertrauen; Vertrauen erweckend/vertrauenerweckend; vertrauensbildend; vertrauensselig; vertrauensvoll; vertrauenswürdig;

vertraulich; die Vertraulichkeit; vertraut; die Vertrautheit; der Vertraute; die Vertraute

verträumt; die Verträumtheit

vertreiben ⓘ treiben 290; die Vertreibung; der Vertriebene, ein Vertriebener, die Vertriebenen; der Vertrieb

vertreten ⓘ treten 290; vertretbar; der Vertreter; die Vertretung; in Vertretung ⟨i. V.⟩; vertretungsweise

vertrocknen, vertrocknet

vertrödeln *ugs.*, ich vertröd[e]le

vertrösten; die Vertröstung

vertrotteln, vertrottelt

vertun ⓘ tun 290, er vertut seine Zeit; vertane Zeit; da gibt es kein Vertun

vertuschen; die Vertuschung

verübeln (jemandem etwas übelnehmen)

verunglimpfen; die Verunglimpfung

verunglücken; der Verunglückte

verunreinigen; die Verunreinigung

verunsichern; die Verunsicherung

verunstalten; die Verunstaltung

veruntreuen; die Veruntreuung

verursachen; der Verursacher

verurteilen; der Verurteilte; die Verurteilung

die **Verve** [*wẹrwe*] (Schwung, Begeisterung)

vervielfachen; vervielfältigen; die Vervielfältigung

vervollkommnen; die Vervollkommnung

vervollständigen; die Vervollständigung

verwachsen; die Verwachsung

verwackeln, das Bild ist verwackelt

in **Verwahr** geben, nehmen; verwahren; die Verwahrung; verwahrlosen, verwahrlost; die Verwahrlosung

verwaist (elternlos)

verwalten; der Verwalter; die Verwaltung

verwandeln, ich verwand[e]le; die Verwandlung

verwandt; der Verwand|te, die Verwandten; die Verwandt|schaft; verwandtschaftlich

die **Verwarnung**

verwechseln, ich verwechs[e]le; zum Verwechseln ähnlich; die Verwechs[e]lung

verwegen; die Verwegenheit

verwehen, verweht; die Verwehung

verwehren

verweichlichen, verweichlicht

verweigern, ich verweigere; die Verweigerung

verweilen

der **Verweis**; verweisen ⓘ weisen 290

verwelken, verwelkt

verwenden ⓘ wenden 290; die Verwendung; verwendungsfähig; verwendbar; die Verwendbarkeit

verwerfen ⓘ werfen 290; verwerflich; die Verwerfung

verwerten; die Verwertung

verwesen; die Verwesung

verwickeln, ich verwick[e]le, verwickelt; die Verwick[e]lung

verwildern; die Verwilderung

verwinden ⓘ winden 290

verwirken, sein Leben verwirken

verwirklichen; die Verwirklichung

verwirren, verwirrt; verwirrend; die Verwirrtheit; die Verwirrung

verwischen, verwischt

verwittern; die Verwitterung

verwitwet ⟨verw. ⟩

verwöhnen, verwöhnt

verworren (durcheinander)

verwunden, verwundet; verwundbar; der Verwundete; die Verwundung

sich **verwundern**; verwunderlich; die Verwunderung

verwünschen; verwunschen (verzaubert)

verwurzelt; die Verwurzelung

verwüsten; die Verwüs|tung

verzagen, verzagt; die Verzagtheit

sich **verzählen**

verzahnen, verzahnt; die Verzahnung

verzaubern, ich verzaubere, verzaubert; die Verzauberung

der **Verzehr**; verzehren

verzeichnen; das Verzeichnis, die Verzeichnisse

verzeihen ⓘ 290, verzieh, verziehen, du verzeihst; verzeihlich; jemanden um Verzeihung bitten

verzerren, verzerrt; die Verzerrung

sich **verzetteln**, ich verzett[e]le mich

der **Verzicht**; verzichten

sich **verziehen** ⓘ ziehen 290

verzieren, verziert; die Verzierung

verzinsen; verzinslich; die Verzinsung

verzögern; die Verzögerung

verzollen

verzückt; die Verzü|ckung

der **Verzug**; im Verzug sein; in Verzug kommen; ohne Verzug; die Verzugszinsen

verzweifeln, ich verzweif[e]le, verzweifelt; es ist zum Verzweifeln; die Verzweiflung

sich **verzweigen**; die Verzweigung

verzwickt *ugs.*, eine verzwickte Sache

die **Vesper**, die Vespern; vespern, ich vespere

das **Vestibül** [*westibül*] (Vorhalle), die Vestibüle

der **Veteran** (im Dienst Bewährter; altgedienter Soldat), die Veteranen

der **Veterinär** (Tierarzt), die Veterinäre
das **Veto** (Einspruch[srecht]), die Vetos
der **Vetter** (Cousin), die Vettern
v-förmig *und* **V-förmig**
vgl. = vergleiche
via ([auf dem Weg] über);
der Viadukt *und* das Viadukt (Brücke, Überführung), die Viadukte
die **Vibration** (Schwingung, Erschütterung), die Vibrationen; vibrieren;
das Vibraphon (ein elektronisches Musikinstrument), *auch* das Vibrafon

viel

viel — Das ist viel. – Das ist sehr viel. – Davon habe ich viel.
viel größer; viel zu groß; viel teurer; viel zu teuer;
viel weniger; viel zu wenig; viel zu viel; viel zu viele; allzu viel;
soundso viel; am soundsovielten Januar

Er hat viel erlebt. – Er hat vieles erlebt.
viel Leute, *auch* viele Leute;
viel Gutes, *auch* vieles Gute; mit viel Gutem, *auch* mit vielem Guten;
viel gute Beispiele, *auch* viele gute Beispiele;
viel guter Dünger; mit vielem guten Dünger;

Nach **viel** *werden für sich stehende Adjektive / Eigenschaftswörter und Partizipien/ Mittelwörter großgeschrieben*:
viel Neues; viel Unangenehmes; nicht viel Überzeugendes

viele — viele Male; viel[e] Leute; viel[e] gute Beispiele

so viel — noch einmal so viel; halb so viel; doppelt so viel [wie];
so viel wie möglich; so viel für heute; so viel Arbeit;
Rede nicht so viel! – Nimm dir davon, so viel [wie] du möchtest!

soviel — Soviel ich weiß, wohnt Lars jetzt in Görlitz.

zu viel — zu viel Lärm; viel zu viel; Zu viel ist zu viel!
Was zu viel ist, ist zu viel! – zu viel Salz in der Suppe;
zu viel des Guten; – Er hat mir zu viel berechnet.
Sie weiß viel, ja zu viel davon. – Er verdient viel, aber nicht zu viel.

vielmal — sovielmal; wievielmal *und andere* ⓘ Mal S. 142

viel mehr — (erheblich mehr; eine Menge mehr);
Er weiß viel mehr als ich.
Es waren viel mehr Leute gekommen, als man erwartet hatte.

vielmehr — (sogar; im Gegenteil; eher);
Ich ziehe nicht weg, ich denke vielmehr daran, hier ein Haus zu bauen.
Sie ist nicht etwa dumm, sie weiß vielmehr fast alles.

Im Folgenden ist bei substantivischem Gebrauch auch Großschreibung möglich:

viele, Viele — Es kamen sehr viele. – Ich kenne sehr viele von ihnen. – Viele blieben bis zum Abend.
bei so vielen; unter vielen; unter so vielen; das viele, in vielem, mit vielem;
und viele and[e]re ⟨u. v. a.⟩; und viele and[e]re mehr ⟨u. v. a. m.⟩

vieles, Vieles — Es war noch vieles zu erledigen. – Sehr vieles ist anders geworden. – Er hat vieles erlebt.
um vieles; um noch so vieles; vieles Gute, *auch* viel Gutes;
und vieles andere ⟨u. v. a.⟩; und vieles andere mehr ⟨u. v. a. m.⟩

die **vielen, Vielen** — die vielen, die in Armut leben; ... unter den vielen, die zum Fest strömten ...
wenn nicht eine bestimmte Gruppe, sondern die so genannte „breite Masse" der Bevölkerung gemeint ist: die vielen, *auch* die Vielen,
z. B. die Meinung der Vielen (der breiten Masse)

das **Viel** — Viele Wenig machen ein Viel.

das **Video** (magnetisch aufgezeichneter Film), die Videos;
der Videoclip (kurzes Video zu Popmusik), die Videoclips; der Videorecorder *und* Videorekorder; die Videothek
das **Vieh**; das Viehfutter; die Viehzucht; viehisch; das Viech *ugs.* (*abfällig für* Tier)

viel ⓘ, mehr, am meisten;
viele, vieles;
in vielem; mit vielem; um vieles;
gleich viel (genau gleich), *aber*
gleichviel, ob, wann, wo das geschieht;
vielfach; das Vielfache; um ein Vielfaches;
vielmals; wievielmal, *aber* wie viele Male;
vielhundertmal, *aber* viele hundert Male;
vieltausendmal, *aber* viele tausend Male;
die Meinung der vielen, *auch* der Vielen;
die Vieldeutigkeit; das Vieleck; die Vielfalt;
die Vielfältigkeit; das Vielfache;
der Vielfraß; die Vielgötterei; die Vielheit;
die Vielseitigkeit; der Vielvölkerstaat;
die Vielzahl;
viel mehr – vielmehr ⓘ **viel** S. 246;
so viel – soviel ⓘ **so** S. 205;
wie viel, wie viele ⓘ **wie** S. 261;
viel + Partizip ⓘ S. 303
Getrennt *und* **zusammen** *möglich*:
vielbeschäftigt *und* viel beschäftigt, *aber*
ein vielbeschäftigter Mann,
der Mann ist [sehr] viel beschäftigt;
so auch viel befahren; viel besprochen;
viel diskutiert; viel erörtert; viel gebraucht;
viel gefragt; viel gekauft; viel gelesen;
viel genannt; viel gepriesen; viel gereist;
viel geschmäht; viel umworben;
viel versprechend; viel sagend;
viel im Adjektiv
vieldeutig; vieleckig; vielfach; vielfältig;
vielgestaltig; vielköpfig; vielmalig;
vielschichtig; vielseitig; vielsprachig;
vielstimmig; vielstrophig;

vielerlei;
vielerorts;
vielfach; das Vielfache; um das Vielfache;
um ein Vielfaches;
vielleicht;
vielmals ⓘ **Mal** S. 142;
viel versprechend *und* vielversprechend
vier, **4.**, **40**, **400** ⓘ **acht** S. 10;
bis vier zählen; vier und vier;
die ersten vier; wir sind vier; wir vier;
da sind die vier; einer von uns vieren;
wir sind zu vieren *und* zu viert;
vier zu fünf, 4:5; halb vier; Punkt vier;
es ist vier [Uhr], Viertel vor vier;
vier[und]einhalb; vierzehn; vierundzwanzig; vierzig; vierhundert; viertausend;
vier Millionen; viermillionste; viertens;
vierzehntägig (vierzehn Tage lang);
vierzehntäglich (alle vierzehn Tage wieder);
vierfach, 4fach, 4-fach; vierjährig, 4-jährig;
vierprozentig, 4-prozentig, 4%ig;
viermal, 4-mal; vier Mal ⓘ **Mal** S. 142;
vierte, der Vierte ⓘ **acht**, achtel S. 10;
alle viere von sich strecken;
auf allen vieren laufen; unter vier Augen;
die Vier, die Vieren; die Zahl, Ziffer Vier;
eine Vier in Englisch; die Note „Vier";
eine Vier würfeln; der Vierer;
mit der Vier (Linie 4) fahren;
vierbeinig; vierblättrig; vierdimensional;
viereckig; vierhändig; viersilbig; vierspurig;
vierstellig; vierstimmig; vierstündig;
vierstündlich; vierteilig; viertürig;
vierzeilig; vierteilen, gevierteilt;
das Viereck; der Vierfarbendruck;
der Viertaktmotor; der Vierzylindermotor;
die Vierzigstundenwoche,
die 40-Stunden-Woche;
die Vierzimmerwohnung,
die 4-Zimmer-Wohnung;
viertel, das Viertel ⓘ S. 248;
das Viertelfinale; das Vierteljahr;
die Viertelstunde, eine Viertelstunde *und*
die viertel Stunde, eine viertel Stunde;
vierteln, geviertelt
die **Vignette** [*winjette*] (kleine Verzierung [in Büchern]), die Vignetten
der **Vikar** (Hilfsgeistlicher), die Vikare; die Vikarin, die Vikarinnen; das Vikariat
die **Villa**, die Villen; das Villenviertel
violett; das Violett
die **Violine** (Geige), die Violinen;
der Violinschlüssel;
die Viola (Bratsche), die Violen;
das Violoncello [*wiolontschello*],
die Violoncellos *und* Violoncelli
VIP = very important person[s] (sehr wichtige Person[en])
die **Viper** (eine Schlange), die Vipern
virtuell (der Möglichkeit nach [vorhanden], scheinbar);
virtuos (meisterhaft); der Virtuose;
die Virtuosität
der **Virus** *oder* das Virus (Krankheitserreger), die Viren; die Virusinfektion;
virulent (ansteckend)
die **Visage** [*wisasche*] (*abfällig für* Gesicht);
vis-a-vis *und* vis-à-vis [*wisawi*] (gegenüber);
das Visier (Zielvorrichtung);
visieren (aufs Korn nehmen);
die **Vision** (Erscheinung; inneres Bild; Zukunftsentwurf); visionär;
die Visite (Krankenbesuch des Arztes);
visuell (das Sehen betreffend);

V

das **Visum** (Sichtvermerk im Pass), die Visa *und* Visen; visumfrei
viskos, *auch* viskös (zähflüssig)
vital (lebenskräftig, lebenswichtig); die Vitalität (Lebenskraft, Lebendigkeit);
das **Vitamin**; vitaminreich; vitaminhaltig; Vitamin-C-haltig; der Vitamin-C-Mangel
die **Vitrine** (Glasschrank), die Vitrinen
vivace [*wiwatsche*] (*Musik* lebhaft)
Vize- (stellvertretend); der Vizemeister; der Vizepräsident
das **Vlies** ([Schaf]fell), die Vliese
v. M. = vorigen Monats
v. o. = von oben
der **Vogel**, die Vögel; das Vogelnest; die Vogelperspektive; die Vogel-Strauß-Politik; vogelfrei
der **Vogt** (Verwalter), die Vögte; die Vogtei
die **Vokabel** (einzelnes Wort), die Vokabeln; das Vokabular (Wörterverzeichnis)
vokal, **Vokal-** (die Stimme betreffend); der Vokal ►281 (Selbstlaut), die Vokale
die **Voliere** [*woljere*] (Vogelhaus), die Volieren
das **Volk**, die Völker; das Völkerrecht; die Völkerwanderung; die Volkshochschule ⟨VHS⟩; das Volkslied; der Volksmund; der Volksstamm; die Volksvertretung; eine Völker verbindende/völkerverbindende Politik; volkstümlich

voll; voll mit; voll von; voll und ganz; halb voll; voll bis oben[hin]; brechend voll; übervoll; ein volles Glas, ein Glas voll; eine Handvoll/Hand voll; voll[er] Menschen, voll von Menschen; zehn Minuten nach voll klingelt es; vollauf; vollends; aus dem Vollen schöpfen; ins Volle greifen; das Vollbad; Vollgas geben; die Vollkaskoversicherung; die Vollmacht; das Vollkornbrot; der Vollmond; die Vollnarkose; die Vollpension; die Vollsperrung; der Volltreffer; die Vollwaise; die Vollversammlung; der Vollzug; vollmast flaggen; Flaggen auf vollmast setzen;
voll + Adjektiv *oder* **Partizip** ⓘ S. 303
Getrennt *und* **zusammen** *möglich*: ein voll besetzter *und* ein vollbesetzter Bus, *so auch* vollautomatisiert, vollbeladen, vollentwickelt, vollklimatisiert *u. a.*, *aber zur zusammen:* vollautomatisch; vollbeschäftigt; vollblütig; vollelektronisch; vollgültig; volljährig; vollkommen; vollmundig; vollreif; vollschlank; vollständig; volltönend; volltrunken; vollwertig; vollzählig; vollendet, die vollendete Gegenwart ►das Perfekt 280; die vollendete Vergangenheit ►das Plusquamperfekt 280;

viertel, das Viertel

ⓘ

	1/4	3/4
	das erste Viertel das Viertelfinale, die Viertelnote	drei Viertel der Bevölkerung die Dreiviertelmehrheit; der Dreivierteltakt
Uhrzeit	um viertel sechs; es ist [ein] Viertel vor sechs [ein] Viertel nach sechs es hat [ein] Viertel sechs geschlagen	um drei viertel zwölf; es ist drei viertel zwölf [Uhr] es ist fünf Minuten vor drei Viertel
Zeitraum	eine viertel Stunde, *auch* eine Viertelstunde; fünf Viertelstunden; ein Vierteljahr; ein Vierteljahrhundert	eine Dreiviertelstunde in, nach, vor drei viertel Stunden, *auch* in, nach, vor drei Viertelstunden; in, nach, vor drei viertel Jahren, *auch* in, nach, vor drei Vierteljahren
Maß, Menge, Gewicht	ein Viertel vom Ganzen; ein Viertel des Weges; ein viertel Liter (Menge), *aber* ein Viertelliter (Maß); ein viertel Meter; ein viertel Zentner (Menge), *aber* ein Viertelzentner (Maß)	in drei viertel Höhe; drei Viertel der Höhe; drei viertel Liter (Menge), *aber* drei Viertelliter (Maß); drei viertel Meter (Menge), *aber* drei Viertelzentner (Maß); dreiviertellang

voll + Verb
Getrennt zu schreiben:
voll sein; voll werden;
voll aufdrehen; voll begreifen;
voll bezahlen; voll dahinterstehen;
[den Kopf] voll haben;
den Mund recht voll nehmen;
jemanden nicht für voll nehmen;
voll zufrieden stellen, zufriedenstellen
Trennbare Zusammensetzungen:
volltanken,
ich tanke gern voll,
wenn ich heute volltanke,
vollgetankt, vollzutanken
Bei Erweiterung mit
ganz, sehr, ziemlich, zu *u. a.*
Getrenntschreibung (ganz voll tanken);
entsprechend auch:
vollfüllen, *aber* ganz voll füllen;
vollgießen, *aber* ziemlich voll gießen;
vollladen, *aber* ziemlich voll geladen;
volllaufen; vollmachen; vollpacken;
vollpfropfen; vollpumpen;
vollschmieren; vollschreiben;
vollspritzen; vollstopfen
Untrennbare Zusammensetzungen,
wenn das Verb betont ist:
vollbringen,
er vollbringt/vollbrachte große Leistungen,
was er auch vollbracht hat, zu vollbringen;
entsprechend auch:
vollenden, vollendet;
vollführen, vollführt;
vollstrecken, vollstreckt;
vollziehen, vollzogen

volley [*woli*] (*Sport* aus der Luft);
der Volleyball
völlig; das Völlegefühl; die Völlerei
der **Volontär** [*wolo~~ng~~tär*] (zur Ausbildung Arbeitender); die Volontärin; volontieren
das **Volt** ⟨V⟩ (Einheit der elektrischen Spannung); 230 Volt; Voltampere ⟨VA⟩ (Watt)
voltigieren [*wolti~~sch~~iren*] (auf dem [galoppierenden] Pferd üben)
das **Volumen** (Rauminhalt), die Volumen *und* Volumina; das Volum[en]prozent ⟨Vol.-%⟩;
voluminös (umfangreich)
vom ⟨v.⟩ (von dem)
von ⟨v.⟩; von alters her; von Grund auf;
von klein auf; von vorn[e];
von vornherein; von neuem *und* Neuem;
von weitem *und* Weitem;
vonnöten sein; von Nutzen; von wegen!;
vonseiten *und* von Seiten der Eltern;
vonstattengehen;
von Hundert ⟨%, v. H.⟩ (Prozent);
von Tausend ⟨‰, v. T.⟩ (Promille);
von oben ⟨v. o.⟩; von unten ⟨v. u.⟩
von|ein|ander;
voneinander abschreiben, lernen, *aber* voneinandergehen

vor; nicht vor Abend, *aber* am Vorabend;
vor allem; vor allen Dingen; vor Angst;
vor Freude; nach wie vor; vor sich gehen;
vor Christus ⟨v. Chr.⟩, vor Christi Geburt;
vor der Zeit (früher als vorgesehen);
vorzeiten, *aber* vor langen Zeiten;
vor *als Präposition/Verhältniswort*
mit dem Dativ/Wemfall:
Wir treffen uns (wo?) vor dem Bahnhof,
vor der Schule, vor dem Rathaus.;
mit dem Akkusativ/Wenfall:
Wir gehen (wohin?) vor den Bahnhof,
vor die Schule, vor das Rathaus.;

vor + Verb
Trennbare Zusammensetzungen:
vorlesen, sie liest/las uns etwas vor, *aber*
weil sie uns gern etwas vorliest/vorlas,
sie hat vorgelesen, vorzulesen;
entsprechend auch:
vorbehandeln; vorbestellen; vorbringen;
vordatieren; vorhalten; vorherrschen;
vormerken; vorpreschen;
vorprogrammieren; vorrechnen;
vorrücken; vorschieben; vorschießen;
vorschreiben; vorschweben; vorsehen;
vorsetzen; vorsingen; vorspiegeln;
vorspielen; vorsprechen; vorstoßen;
vortanzen; vorturnen; vorverlegen;
vorverurteilen; sich vorwagen;
vorwarnen *u. a.*
Getrennt zu schreiben:
vor sich gehen (ablaufen, geschehen);
vor sich hin brummen, pfeifen, summen *u. a.*

vorab
der **Vor|abend**
die **Vor|ab|information**
die **Vorahnung**

vo|r|an; vorangehend; das Vorangehende;
Vorangehendes; im Vorangehenden;

voran + Verb
Trennbare Zusammensetzungen:
vorangehen, er geht/ging voran, *aber*
weil er nicht gern vorangeht/voranging,
er ist vorangegangen, voranzugehen;
entsprechend auch:
vorankommen; voranstellen; vorantreiben,
aber voranmelden (= vor + anmelden)

die **Vor|an|kündigung**

V

der **Voranschlag**, die Voranschläge
der **Vorarbeiter**
vorauf; voraufgehen

voraus; im Voraus, zum Voraus;
voraus sein, sie war ihrer Zeit voraus;
vorausgehend; das Vorausgehende,
Vorausgehendes; im Vorausgehenden;
vorausschauend; voraussichtlich;
vorausgesetzt, dass ...;
die Voraussage; die Voraussetzung;
die Voraussicht, aller Voraussicht nach;
die Vorauszahlung;

voraus + Verb
Trennbare Zusammensetzungen:
vorausahnen, ich ahne/ahnte es voraus,
weil ich so etwas vorausahne/vorausahnte,
ich hatte es vorausgeahnt, vorauszuahnen;
entsprechend auch:
vorausbedenken; vorausberechnen;
vorausbestimmen; vorausbezahlen, *aber*
im Voraus bezahlen; vorausdatieren;
vorauseilen; vorausfahren; vorausgehen;
jemandem etwas voraushaben;
vorauslaufen; vorausreiten; voraussagen;
vorausschauen; vorausschicken;
voraussehen; voraussetzen;
vorauswissen; vorauszahlen, *aber*
im Voraus zahlen

der **Vorbau**, die Vorbauten; vorbauen
mit **Vor|be|dacht**
die **Vorbedingung**
der **Vorbehalt**; unter Vorbehalt;
vorbehalten ⓘ halten 284,
ich behalte es mir vor, den Vertrag
abzulehnen; mit, ohne, unter Vorbehalt;
vorbehaltlich; vorbehaltlos

vorbei; vorbei sein, es ist vorbei;

vorbei + Verb
Trennbare Zusammensetzungen:
vorbeigehen, er geht/ging vorbei, *aber*
wenn er vorbeigeht/vorbeiging,
er ist vorbeigegangen, vorbeizugehen;
entsprechend auch:
sich vorbeibenehmen; vorbeibringen;
vorbeidürfen; vorbeieilen; vorbeifahren;
vorbeifliegen; vorbeiflitzen; vorbeiführen;
vorbeikommen; vorbeikönnen;
vorbeilassen; vorbeilaufen;
vorbeimüssen; aneinander vorbeireden;
vorbeischauen *u. a.*

vorbelastet; die Vorbelastung
die **Vorbemerkung**
vorbereiten; die Vorbereitung
der **Vorbesitzer**; die Vorbesitzerin
die **Vorbesprechung**
vorbestellen; die Vorbestellung
vorbestraft; der Vorbestrafte
vorbeugen; die Vorbeugung;
Vorbeugen ist besser als Heilen *und*
vorbeugen ist besser als heilen
das **Vorbild**; vorbildlich; die Vorbildung
der **Vorbote**
vorbringen ⓘ bringen 282
vor Christi Geburt; vorchristlich;
vor Christus ⟨v. Chr.⟩
vordere; der vordere Wagen, *aber*
der Vordere Orient; der vorderste Mann,
aber er will immer der Vorderste sein;
Vorderasien; die Vorderachse;
der Vorderausgang; der Vordergrund;
vordergründig; der Vordermann;
das Vorderrad; die Vorderseite;
das *und* der Vorderteil; die Vorderhand
vorderhand (einstweilen)
sich **vordrängen**; vordrängeln;
vordringen; vordringlich
der **Vordruck**, die Vordru|cke
vorehelich
voreilig; die Voreiligkeit
vor|ein|ander (einer vor dem anderen);
voreinander fliehen; voreinander
herlaufen; sich voreinander fürchten;
voreingenommen;
die Voreingenommenheit
vor|ent|halten
der **Vorentscheid**; die Vorentscheidung
vorerst
das **Vorexamen**
der **Vorfahr** *und* **Vorfahre**, des Vorfahren,
die Vorfahren; die Vorfahrin;
vorfahren ⓘ fahren 282;
die Vorfahrt; vorfahrt[s]berechtigt;
die Vorfahrtsstraße; das Vorfahrt[s]zeichen
der **Vorfall**, die Vorfälle;
vorfallen ⓘ fallen 282
das **Vorfeld**; im Vorfeld
vorfinanzieren; die Vorfinanzierung
vorfinden ⓘ finden 282
die **Vorfreude**
der **Vorfrühling**
vorführen; die Vorführung
die **Vorgabe**
der **Vorgang**; der Vorgänger
vorgeben (so tun, als ob) ⓘ geben 284;
vorgeblich
vorgefasst, eine vorgefasste Meinung
vorgehen ⓘ gehen 284; das Vorgehen
vorgelagert, der Küste vorgelagerte Inseln
die **Vorgeschichte**; vorgeschichtlich
der **Vorgeschmack**
der **Vorgesetzte**; die Vorgesetzte
das **Vorgespräch**

vorgestern; vorgestrig
vorgreifen ⓘ greifen 284;
der Vorgriff; im Vorgriff auf
vorhaben, er hat etwas vor; das Vorhaben
der **Vorhalt**; die Vorhaltung, die Vorhaltungen;
vorhalten ⓘ halten 284
vorhanden sein; das Vorhandensein
der **Vorhang**, die Vorhänge;
das Vorhängeschloss; vorhängen
die **Vorhaut**

vorher; kurz, lange vorher; am Tag vorher;
vorhergehend; am vorhergehenden Tage;
das Vorhergehende; im Vorhergehenden;
vorherbestimmt; vorherig; die Vorhersage;
vorhersehbar;

vorher + Verb
besonders zu beachten:
vorher gehen – vorhergehen,
vorher sagen – vorhersagen
Getrennt zu schreiben:
(vorher = früher) **vor-** ist betont:
vorher gehen (vor der Zeit weggehen),
weil er oft zehn Minuten vorher
geht/ging,
er ist vorher gegangen, vorher zu gehen;
entsprechend auch:
vorher erledigen;
vorher (früher, rechtzeitig) sagen
und andere mit der Betonung auf **vor-**
Trennbare Zusammensetzungen:
(vorher = voraus) **-her** *ist betont*:
vorhersehen (im Voraus kennen, wissen),
er sieht/sah das vorher, *aber*
weil er es vorhersieht/vorhersah,
er hat es vorhergesehen, vorherzusehen;
entsprechend auch:
vorherbestimmen; vorhersagen;
vorhergehen *u. a.*

die **Vorherrschaft**; vorherrschen
vorhin
im **Vorhinein**
vorige; das vorige Mal; voriges Mal;
im Februar vorigen Jahres ⟨v. J.⟩;
am 11. vorigen Monats ⟨v. M.⟩;
vorige Woche;
der, die, das Vorige (der Reihenfolge nach);
im Vorigen (weiter oben im Text);
das Vorige (das in der Vergangenheit)
die **Vorinformation**
das **Vorjahr**
der **Vorkämpfer**
die **Vorkehrung**
die **Vorkenntnis**, die Vorkenntnisse
das **Vorkommen**; das kann vorkommen;
das Vorkommnis, die Vorkommnisse

vorladen ⓘ laden 284; die Vorladung
die **Vorlage**
vorlassen ⓘ lassen 284
der **Vorlauf**; der Vorläufer; vorläufig
vorlaut
das **Vorleben**
vorlegen; der Vorleger
die **Vorleistung**
vorlesen ⓘ lesen 286;
die Vorlesung; vorlesungsfrei
vorletzte; der vorletzte Ferientag;
er kam als Vorletzter an;
er war Vorletzter *oder* der Vorletzte,
er ist der Vorletzte (dem Rang nach)
die **Vorliebe**;
vorliebnehmen, nimm damit vorlieb!,
wenn ich damit vorliebnehme,
ich habe vorliebgenommen
vorliegen ⓘ liegen 286; vorliegend
vorm *ugs.* (vor dem)
vormachen, jemandem etwas vormachen
die **Vormacht**; die Vormachtstellung
vormalig; vormals
der **Vormittag**, vormittags ⓘ **Mittag** S. 149;
heute, gestern, morgen Vormittag
der **Vormund**, die Vormunde *und* Vormünder;
die Vormundschaft
vorn *und* **vorne**; von vorn[e];
von vorn[e] an; nach vorn[e]; weit vorn[e];
von vorn[e]herein
der **Vorname**
vornehm; die Vornehmheit; vornehmlich
vornehmen ⓘ nehmen 286;
sich etwas vornehmen
vorneweg *und* **vornweg**
von **vorn[e]herein** (von Anfang an)

vornüber *und* **vorne|über**;

vornüber + Verb
Trennbare Zusammensetzungen:
vornüberkippen,
er kippt/kippte vornüber,
er ist vornübergekippt,
vornüberzukippen;
entsprechend auch:
sich vornüberbeugen, vornübergebeugt;
vornüberfallen; vornüberstürzen *u. a.*

der **Vorort**, die Vororte; der Vorort[s]zug
die **Vorplanung**
der **Vorposten**
der **Vorrang**; vorrangig
der **Vorrat**, die Vorräte; vorrätig
der **Vorraum**
die **Vorrichtung**
die **Vorrunde**
vors *ugs.* (vor das)
vorsagen

die **Vorsaison**
der **Vorsatz**; vorsätzlich
die **Vorschau**
zum **Vorschein** bringen, kommen
der **Vorschlag**; etwas vorschlagen
vorschnell, vorschnell urteilen
vorschreiben ⓘ schreiben 288;
die Vorschrift; vorschriftsmäßig
Vorschub leisten
die **Vorschule**
der **Vorschuss**, die Vorschüsse
sich **vorsehen** ⓘ sehen 288; sieh dich vor!;
die Vorsicht; vorsichtig; vorsichtshalber
die **Vorsilbe** ► das Präfix 281
vorsintflutlich, vorsündflutlich
der **Vorsitz**; der Vorsitzende; die Vorsitzende
die **Vorsorge**; die Vorsorgeuntersuchung;
vorsorgen; vorsorglich
der **Vorspann**, die Vorspanne
die **Vorspeise**
das **Vorspiel**
der **Vorsprung**, die Vorsprünge
die **Vorstadt**
der **Vorstand**, die Vorstände;
vorstehen ⓘ stehen 288;
jemandem vorstehen; vorstehend;
der Vorsteher
vorstellen; vorstellbar; vorstellig werden;
sich [etwas] vorstellen; die Vorstellung;
das Vorstellungsvermögen
der **Vorstopper**
der **Vorstoß**
die **Vorstrafe**; vorbestraft
vorstrecken
die **Vorstufe**
der **Vortag**; am Vortag
vortäuschen; die Vortäuschung
der **Vorteil**; vorteilhaft
der **Vortrag**, die Vorträge;
vortragen ⓘ tragen 290;
der Vortragende; die Vortragende
vortrefflich
vortreten ⓘ treten 290;
den Vortritt lassen
vorturnen; der Vorturner

vorüber; vorübergehend;
etwas Vorübergehendes; vorüber sein;

vorüber + Verb
Trennbare Zusammensetzungen:
vorübergehen,
das Gewitter geht/ging vorüber, *aber*
weil es schnell vorübergeht/vorüberging,
es ist vorübergegangen, vorüberzugehen;
entsprechend auch:
vorüberfahren; vorübergleiten;
vorüberziehen *und andere*

die **Vor|über|legung**
die **Vorübung**
die **Vor|unter|suchung**
das **Vorurteil**; vorurteilsfrei; vorurteilslos
der **Vor|ver|kauf**
der **Vorvertrag**
die **Vorwahl**; vorwählen
der **Vorwand**, die Vorwände
die **Vorwarnung**

vorwärts; vorwärts!; vor- und rückwärts;

vorwärts + Verb
Trennbare Zusammensetzungen:
vorwärtskommen (dem Ziel näherkommen; beruflichen Erfolg haben),
ich komme nur langsam vorwärts,
wenn ich nicht bald vorwärtskomme,
vorwärtsgekommen, vorwärtszukommen;
entsprechend auch:
vorwärtsblicken; vorwärtsbringen;
vorwärtsdrängen; vorwärtsgehen,
damit es endlich vorwärtsgeht;
sich vorwärtstasten; vorwärtstreiben *u. a.*

vorweg; die Vorwegnahme;
vorwegnehmen, er nimmt es vorweg,
was er vorwegnimmt,
vorweggenommen
der **Vorwegweiser**
die **Vorweihnachtszeit**; vorweihnachtlich
vorweisen ⓘ weisen 290
vorwerfen, jemandem etwas vorwerfen
vorwiegend
vorwitzig
die **Vorwoche**
das **Vorwort**, die Vorworte
der **Vorwurf**, die Vorwürfe; vorwurfsvoll
das **Vorzeichen**
vorzeichnen
vorzeigen
die **Vorzeit**; vorzeiten (vor langer Zeit);
vorzeitig (zu früh);
vorzeitlich (aus der Vorzeit)
vorzensieren; die Vorzensur
vorziehen ⓘ ziehen 290;
der Vorzug, die Vorzüge;
vorzüglich; vorzugsweise
das **Vorzimmer**; die Vorzimmerdame
das **Votivbild** (geweihtes Bild)
das **Votum** (Urteil; Stimmabgabe), die Voten;
votieren (abstimmen, wählen)
der **Voyeur** [*woajör*] (sexuell Abartiger, der Lust [nur] durch Zuschauen erfährt)
vulgär (gewöhnlich, unfein)
der **Vulkan**, die Vulkane; vulkanisch
v. v. = vice versa ([und] umgekehrt)

W

W = West[en]; Watt

die **Waage**, die Waagen; waag[e]recht sein; die Waag[e]rechte, zwei Waag[e]rechte[n]

wabbelig *und* **wabblig** *ugs.* (wacklig weich)

wabern (flackern), gewabert

die **Wabe**, die Waben; der Wabenhonig

wach; wachhabend; wachsam; wachen; der Wachdienst; die Wache, die Wachen; Wache halten, stehen; ein Wache stehender *und* wachestehender Posten; der Wachhund; der Wach[t]posten; der Wächter; der Wachmann, die Wachleute *und* Wachmänner; der Wachtmeister; der Wach|traum; der Wachtturm *und* Wachturm; die Wach- und Schließgesellschaft;

> **wach + Verb**
> **Getrennt zu schreiben:**
> wach sein; wach werden (aufwachen); wach bleiben; sich wach halten
> **Trennbare Zusammensetzungen:**
> wachrütteln (aufrütteln, anspornen), das rüttelte ihn endlich wach, das war es, was ihn wachrüttelte, das hat ihn wachgerüttelt, das allein vermochte ihn wachzurütteln;
> *entsprechend auch:*
> wachhalten, die Erinnerung wachhalten; wachrufen, seinen Ehrgeiz wachrufen
> **Getrennt** *und* **zusammen** *möglich*:
> wach liegen *und* wachliegen; wach rütteln *und* wachrütteln (wecken); wach werden *und* wachwerden (wenn Erinnerungen wach werden/wachwerden)

der **Wacholder**, die Wacholder

das **Wachs**, die Wachse; die Wachsbohne; wachsen (mit Wachs behandeln), er wachs|te, gewachst; wachsweich; wächsern; die Wachskerze

wachsam; die Wachsamkeit

wachsen ⓘ 290, wuchs, gewachsen, er wächst; das Wachstum; wachstumsfördernd; der Wuchs

die **Wacht**; Wacht halten

die **Wachtel** (ein Vogel), die Wachteln

der **Wächter**

wacker (redlich; tapfer)

wacklig *und* **wackelig**; wacklig stehen; der Wackelkontakt; wackeln, ich wack[e]le

die **Wade**, die Waden; der Wadenkrampf

die **Waffe**, die Waffen; der Waffenschein; die Waffenruhe; der Waffenstillstand; waffenstarrend

die **Waffel**, die Waffeln; das Waffeleisen

wagen, gewagt; wag[e]halsig; wagemutig; der Wagemut; das Wagnis, die Wagnisse

der **Wagen**, die Wagen; das Wägelchen; der Wagenheber

wägen ⓘ 290, wog, gewogen

der **Waggon** [*wagong*], die Waggons, *auch* der Wagon, die Wagons; waggonweise, *auch* wagonweise

die **Wahl**; die Wahl haben; zweite Wahl; das Wahlergebnis; das Wahlfach; das Wahllokal; der Wahlspruch; die Wahlurne; wahlberechtigt; wahlfrei; wahllos; wahlweise; wählen; der Wähler; wählbar; wählerisch

der **Wahn**; der Wahnsinn; die Wahnvorstellung; wahnsinnig; wahnwitzig; wähnen (vermuten)

wahr; nicht wahr?, *aber* es war einmal; wahrhaft; wahrhaftig; wahrheitsgemäß; wahrheitsgetreu; wahrlich; wahrnehmbar; wahrscheinlich; das ist nicht das Wahre (nicht gut); das einzig Wahre; es ist etwas Wahres daran; die Wahrheit; die Wahrnehmung; die Wahrsagerin; die Wahrsagung; die Wahrscheinlichkeit; das Wahrzeichen;

> **wahr + Verb**
> **Getrennt zu schreiben:**
> wahr sein; wahr werden; wahr bleiben; für wahr halten,
> *aber* nicht wahrhaben wollen; für wahr nehmen (glauben); wahr gesprochen!
> **Getrennt** *und* **zusammen** *möglich*:
> wahr machen *und* wahrmachen (Versprechungen, Drohungen)
> **Trennbare Zusammensetzungen:**
> (*nächste Seite*)

wahr + Verb
(Fortsetzung von der Vorseite)
Trennbare Zusammensetzungen:
wahrnehmen (nutzen, gewahren),
ich nehme die Gelegenheit wahr,
ob er sie auch wahrnimmt?,
er hat sie nicht wahrgenommen,
keine Zeit, sie wahrzunehmen;
entsprechend auch:
wahrsagen (voraussagen, vorhersagen),
sie sagte wahr *oder* sie wahrsagte,
sie hat wahrgesagt *oder* gewahrsagt

wahren, gewahrt; sein Recht wahren; die Wahrung der Interessen;
währen (dauern); was lange währt, ...
während; währenddem; währenddes[sen] (inzwischen), *aber* während des Spiels
die **Währung**; die Währungseinheit
waidgerecht *und* → weidgerecht
die **Waise** (elternloses Kind), die Waisen; das Waisenkind; → Weise
der **Wal** (Meeressäugetier), die Wale
der **Wald**, die Wälder; das Wäldchen; der Wald[es]rand; das Waldsterben; der Waldweg; die Waldung; waldarm; waldig; waldreich
walken (durchkneten), gewalkt
das **Walkie-Talkie** [*wokitoki*] (Hand-Funksprechgerät), die Walkie-Talkies;
der **Walkman** [*wokmen*] (kleiner Radiorekorder), des Walkmans, die Walkmans *und* Walkmen
der **Wall**, die Wälle; der Wallgraben
der **Wallach** (verschnittener Hengst), die Wallache
wallen (sprudeln, fließen)
wallfahren *und* **wallfahrten**; die Wallfahrt
Wallonien; der Wallone; wallonisch
der **Walm** (Dachfläche), die Walme; das Walmdach
die **Walnuss**, die Walnüsse; der Walnussbaum
das **Walross** (Robbe), die Walrosse
walten; seines Amtes walten; das walte Gott!; das Walten der Natur
die **Walze**; walzen, du walzt, gewalzt; wälzen, du wälzt, er wälzte, gewälzt; der Wälzer *ugs.* (dickes Buch);
der **Walzer** (Tanz), Walzer tanzen
das **Wams** (Jacke), die Wämser
die **Wand**, die Wände; die Wandtafel
der **Wandalismus** (Zerstörungswut) *und* Vandalismus
der **Wandel**; wandeln (gehen), ich wand[e]le; sich wandeln (sich ändern); die Wandlung
der **Wanderer** *und* **Wandrer**; die Wanderin *und* Wandrerin; die Wanderschaft; die Wanderung; wandern, ich wandere
die **Wange**, die Wangen
der **Wankelmut**; wankelmütig; wanken, gewankt; ins Wanken geraten
wann; dann und wann; wann immer; von wann bis wann?
die **Wanne**, die Wannen; das Wannenbad
der **Wanst** (Bauch), die Wäns|te
die **Wanze**, die Wanzen
das **Wappen**; sich wappnen (sich bewaffnen)
war, sie war *zu* sein, *aber* → wahr
die **Ware**, die Waren; das Warenangebot; das Warenlager; die Warenprobe; das Warenzeichen ®
die **Warf** *und* **Warft** (künstlicher Siedlungshügel an der Nordseeküste)
warm, wärmer, am wärmsten; wärmstens; auf warm und kalt reagieren; warmherzig; warmblütig; der Warmblüter; die Wärme; wärmen; sich wärmen; wärmedämmend; wärmeisolierend; wärmetechnisch;

warm + Verb
Getrennt zu schreiben:
warm sein; warm bleiben;
warm werden (Temperaturanstieg);
warm halten (Getränk); warm anziehen;
sich warm laufen, warm machen (Sport);
warm laufen lassen (Motor)
Trennbare Zusammensetzung:
sich jemanden warmhalten
(in vorteilhafter Verbindung bleiben)
Getrennt *und* **zusammen** *möglich*:
warm machen *und* warmmachen (Essen);
warm stellen *und* warmstellen (Essen);
mit jmd. warm werden *und* warmwerden
(in [freundschaftlichen] Kontakt kommen)

warnen; die Warnblinkanlage; das Warndreieck; der Warnstreik; das Warnzeichen; die Warnung
die **Warte** (Beobachtungsort), die Warten
warten, gewartet; der Wartesaal; das Wartezimmer; der Wärter; die Wartung; wartungsfrei
warum; warum denn?; warum nicht?
die **Warze**, die Warzen
was; was ist los?; was für ein[er]; was anderes *ugs.* (etwas anderes); was Neues *ugs.* (etwas Neues); irgendwas; na so was!; manches, nichts, vieles, was ich kenne, *aber* das Buch, das du meinst; es geht um das Was, nicht um das Wie

waschen ⓘ 290, wusch, gewaschen, du wäschst; waschbar; waschecht; das Waschbecken; die Wäsche; die Wäscherei; die Waschmaschine; waschmaschinenfest; das Waschmittel; die Waschschüssel; das Waschwasser; die Waschung; der Waschzettel

das **Wasser**, die Wasser, *aber* die Abwässer, Mineralwässer; Wasser abweisend/wasserabweisend; der Wasserdampf; der Wasserfall; der Wasserhahn; die Wasserkraft; die Wasserleitung; die Wassermühle; der Wassersport; der Wasserstand; der Wasserstoff; die Wasserstraße; der Wassertropfen; die Wasserwaage; das Wasserzeichen; wasserarm; wasserdicht; wasserfest; wassergekühlt; wasserlöslich; wasserscheu; wäss[e]rig, eine wässrige Lösung; wassern (auf dem Wasser niedergehen), ich wass[e]re; zu Wasser lassen; wässern (bewässern), ich wäss[e]re

waten, gewatet

die **Watsche** *und* **Watschen** *süddt.* (Ohrfeige)

watscheln, gewatschelt

das **Watt** ⟨W⟩ (Einheit der Leistung); 100 Watt; die 100-W-Birne

das **Watt** (bei Ebbe wasserloser Küstenstreifen), die Watten; das Wattenmeer

die **Watte**; der Wattebausch; wattiert (mit Watte gefüllt)

das **WC** = das Wasserklosett

der **WDR** = der Westdeutsche Rundfunk

weben, webte *und* wob, gewebt *und* gewoben; der Weber; die Weberei; der Webfehler; der Webstuhl

der **Wechsel**; das Wechselgeld; der Wechselkurs; der Wechselstrom; die Wechselwirkung; wechselhaft; wechselseitig; wechselvoll; wechselwarm; wechselweise; wechseln, ich wechs[e]le

die **Wechte** (überhängende Schneemasse)

der **Weck**, die Wecke *süddt.* (Brötchen), die Wecke *und* der Wecken, die Wecken

wecken, geweckt; der We|cker

das **Weckglas**, die Weckgläser

der **Wedel**, die Wedel; wedeln, ich wed[e]le

weder; weder sie noch er hat *oder* haben das geahnt; das Weder-noch

weg; weg da!; weg sein, er war schon weg; sie war ganz weg (begeistert); die Wegwerfgesellschaft;

> **weg + Verb**
> **Trennbare Zusammensetzungen:**
> wegfahren, sie fährt/fuhr weg, *aber* obwohl sie nicht gern wegfährt/wegfuhr, sie ist weggefahren, wegzufahren;
> *entsprechend auch:*
> wegblasen, wie weggeblasen; wegbleiben; wegbringen; wegdrängen; wegdrücken; wegdürfen; wegessen; wegfallen; wegfegen; wegfliegen; wegfressen; wegfuttern; weggehen; weggucken; weghängen; wegholen; wegkommen; wegkratzen; weglassen; weglaufen; weglegen; wegmachen; wegmüssen; wegnehmen; wegpacken; wegradieren; wegräumen; wegreißen; wegrennen; wegschaffen; sich wegscheren; wegschicken; wegschleichen; wegschließen; wegschmeißen; wegschnappen; wegschneiden; wegschütten; wegsetzen; sich wegstehlen; wegstellen; wegstoßen; wegstreichen; wegtragen; wegtreiben; wegtreten; wegwerfen; wegwischen; wegwollen; wegzaubern; wegziehen *u. a.*

der **Weg**, die Wege; auf dem Weg[e] zu; im Weg[e] stehen; wohin des Weg[e]s?; zu Wege *und* zuwege bringen; die Wegstrecke; der Wegweiser; gerade[n]wegs; halbwegs; keineswegs; unterwegs; wegkundig;
wegen; wegen Mordes, *auch* wegen Mord; wegen seines Bruders, seines Bruders wegen, *ugs.* wegen seinem Bruder; wegen etwas anderem; von Rechts wegen; meinetwegen, deinetwegen, seinetwegen, ihretwegen, unser[e]twegen, euretwegen *und* euertwegen; deswegen

der **Wegerich** (eine Pflanze)

weh; o weh!; wehe!; weh[e] dir!; weh ums Herz; mit Ach und Weh; die Wehen (Schmerzen bei der Geburt); wehleidig; wehmütig; die Wehmut; das Wehweh[chen] *ugs.*;

> **weh + Verb**
> **Getrennt** *und* **zusammen** *möglich*:
> weh tun *und* wehtun, ich habe mir wehgetan *und* weh getan (Schmerz), das hat mir wehgetan *und* weh getan (z. B. ein ungerechtfertigter Vorwurf)
> **Untrennbare Zusammensetzung:**
> wehklagen, sie wehklagt, weil sie wehklagt, sie hat gewehklagt, zu wehklagen

die **Wehe** (Schneeverwehung); wehen, geweht
das **Wehr** (Stauwerk), die Wehre;
die Wehr (Abwehr), die Wehren;
sich zur Wehr setzen; der Wehrdienst;
wehrdiensttauglich;
die Wehrlosigkeit; die Wehrpflicht;
der Wehrpflichtige;
sich wehren; wehrhaft; wehrlos
das **Weib**, die Weiber; das Weibchen;
weiblich ⟨w.⟩, *auch grammatisch* feminin;
das Weibliche; weibisch

weich; weichherzig; weichlich;

weich + Verb
Getrennt zu schreiben:
weich sein; weich werden (z. B. Butter);
weich liegen; weich sitzen
Trennbare Zusammensetzungen
weichlöten *nur Infinitiv/Part. II üblich*
jemanden weichklopfen, weichmachen
(nachgiebig machen)
Getrennt *und* **zusammen** *möglich*:
weich klopfen *und* weichklopfen (Fleisch);
weich kochen *und* weichkochen (Ei),
weich gekochte *und* weichgekochte Eier;
weich machen *und* weichmachen (Leder)

die **Weiche**, die Weichen;
die Weichenstellung;
weichen (weggehen) ⓘ 290,
wich, gewichen
weichen (einweichen), weichte, geweicht
die **Weide** (ein Baum), die Weiden
die **Weide** (Grasland), die Weiden;
das Weideland; weiden, geweidet;
weidgerecht *und* **waidgerecht**;
weidwund *und* waidwund;
der Weidmann *und* der Waidmann;
weidmännisch *und* waidmännisch;
Weidmannsheil! *und* Waidmannsheil!;
das Weidwerk *und* das Waidwerk, *aber*
weidlich (gehörig)
sich **weigern**, ich weigere mich; die Weigerung
die **Weihe** (ein Raubvogel), die Weihen
die **Weihe** (religiöse Zeremonie), die Weihen;
die Weihnacht; fröhliche Weihnachten!;
an, zu Weihnachten; weihnachtlich;
der Weihnachtsabend; die Weihnachtszeit;
der Weihrauch; das Weihwasser;
weihen, geweiht; weihevoll
der **Weiher** (Teich), die Weiher
weil;
ein **Weilchen**; die Weile; weilen, geweilt;
→ die Lang[e]weile;
alleweil[e]; bisweilen; einstweilen;
mittlerweile; zuweilen
der **Weiler** (kleines Dorf), die Weiler

der **Wein**, die Weine; der Weinberg;
der Weinbrand (Branntwein);
der Weinessig; der Weinkeller;
die Weinlese; die Weinrebe;
der Weinstock; die Weintraube; weinrot
weinen, geweint; weinerlich
die **Weise** (Melodie), die Weisen;
die Art und Weise; → Waise;
-weise, *z. B.* ausnahmsweise;
normalerweise; seltsamerweise;
unvorsichtigerweise
weise (klug); der Weise, die Weisen;
die Weisheit; der Weisheitszahn; weislich;
jemandem etwas weismachen, er macht
weis, er hat weisgemacht, weiszumachen;
weissagen, er weissagt, geweissagt,
zu weissagen; die Weissagung;
weisen ⓘ 290, wies, gewiesen, du weist;
die Weisung; weisungsgemäß

weiß ⓘ **blau** S. 40;
schwarz auf weiß (schriftlich), *aber*
aus Schwarz Weiß machen;
die weiße Fahne hissen;
ein weißer Fleck auf der Landkarte;
eine weiße Weste haben *ugs.*;
der weiße/Weiße Tod; der Weiße Sonntag;
das Weiß (die weiße Farbe); die Farbe Weiß;
mit Weiß gestrichen; Stoffe in Weiß;
der Weiße, ein Weißer, eine Weiße,
die Weißen (Menschen weißer Hautfarbe);
das Weiße Haus (Regierungssitz der USA);
das Weißbier; das Weißbrot; die Weißglut;
der Weißkohl; der Weißling; der Weißwein;
weißen (weiß machen);
weißhaarig; weißlich (fast weiß);

weiß + Verb
Getrennt zu schreiben:
weiß sein; weiß werden;
weiß anstreichen; weiß blühen;
weiß anfärben;
sich weiß kleiden; weiß übertünchen
Getrennt *und* **zusammen** *möglich*:
weiß färben *und* weißfärben;
weiß kalken *und* weißkalken;
weiß machen *und* weißmachen;
weiß streichen *und* weißstreichen;
weiß tünchen *und* weißtünchen;
weiß waschen *und* weißwaschen (Wäsche)
Trennbare Zusammensetzungen:
weißnähen (Wäsche nähen),
sie näht ausschließlich weiß,
da sie ständig weißnäht;
weißwaschen (sich oder jemanden von
Verdacht oder Vorwurf befreien),
meist nur Infinitiv oder Partizip II
er hat sich weißgewaschen

weiß + Partizip ⓘ S. 303
weiß blühend *und* weißblühend,
weiß glühend *und* weißglühend,
weiß gestreift *und* weißgestreift,
weiß gekleidet *und* weißgekleidet,
aber in Weiß gekleidet

Weißrussland; der Weißrusse; weißrussisch

weissagen; die Weissagung

weit, weiter, am weitesten;
weit besser; weit offen; weit und breit;
weit voraus; weit weg;
bei weitem/Weitem; von weitem/Weitem;
von weit her; so weit, so gut;
weitaus; weitaus besser;
so weit – soweit ⓘ **so** S. 205;
wie weit – wieweit ⓘ **wie** S. 261;
fünf Kilometer weit, *aber* kilometerweit;
die weite Welt; der Weitblick; die Weite;
das Weite suchen; alles Weitere; → weiter;
weiten, geweitet;

weit + Verb
besonders zu beachten:
weit springen – weitspringen
Getrennt zu schreiben:
weit springen (*nicht als Sportart*),
weil das Känguru so weit springt/sprang,
es ist weit gesprungen, weit zu springen;
entsprechend auch:
weit aufmachen *Augen, Mund*; weit blicken;
es nicht weit bringen; weit fahren;
weit gehen; weit herumkommen;
weit laufen; weit reichen; weit sein
Trennbare Zusammensetzung:
weitspringen *Sportart, nur im Infinitiv*;
oft als Nomen:
das, beim, zum Weitspringen;

weit + Adjektiv/Partizip ⓘ S. 303
weit abgeschlagen; weit geöffnet;
weit hergeholt; weit fortgeschritten;
Getrennt *und* **zusammen** *möglich*:
weit blickend *und* weitblickend;
weit gehend *und* weitgehend;
weit greifend *und* weitgreifend;
weit gereist *und* weitgereist;
weit reichend *und* weitreichend;
weit verbreitet *und* weitverbreitet *u. a.*;
weit im Adjektiv
weitherzig; weitläufig; weitmaschig;
weiträumig; weitschweifig; weitsichtig

weiter; weiter nichts; nichts weiter; bis auf weiteres *oder* Weiteres; ohne weiteres *oder* Weiteres; alles Weitere; des Weiteren; im Weiteren; Weiteres in Kürze; weiterhin

weiter + Verb
besonders zu beachten:
weiter gehen – weitergehen;
weiter fahren – weiterfahren *und Ähnliche*;
Getrennt zu schreiben:
(**weiter** = größere Entfernung;
betont ist **das Verb**, *oft auch* **weiter**)
weiter gehen als ..., weil ich ein Stück
weiter gehe/ging als die anderen,
ich bin weiter gegangen [als],
weiter zu gehen [als];
entsprechend auch:
weiter fliegen, springen, werfen *usw.* als;
Kleidungsstücke weiter machen;
(**weiter** = weiterhin; *betont ist* **das Verb**)
weiter[hin] arbeiten; weiter[hin] bestehen;
weiter[hin] helfen; weiter[hin] mitmachen;
Trennbare Zusammensetzungen:
(**weiter** = ohne Pause/nach einer Pause
weitermachen; andern etw. weitergeben;
betont ist **weiter**)
weitergehen,
nach kurzer Pause gehe/ging ich weiter,
aber bevor ich weitergehe/weiterging,
ich bin weitergegangen, weiterzugehen;
entsprechend auch:
weiterarbeiten; weiterbefördern;
weiterbeschäftigen; weiterbilden;
weiterbringen; weiterdenken;
weiterempfehlen; weiterentwickeln;
weitererzählen; weiterfahren;
weiterfliegen; weiterführen; weitergeben;
weiterhelfen; weiterkommen;
weiterkönnen; weiterleben; weiterlaufen;
weiterleiten; weitermachen; weiterreisen;
weitersagen; weiterschicken;
weiterschlafen; weiterspielen;
weitersprechen; weiterverarbeiten;
weiterverbreiten; weiterverkaufen;
weitervermieten; weiterverwenden;
weiterwollen; weiterzahlen *und andere*;
weiterführende Schulen

weit gehend *und* weitgehend,
eine zu weit gehende Idee;
weiter gehend *und* weitgehender;
weitestgehend *und* weitgehendst;

weither, damit ist es nicht weither!,
aber er kommt von weit her;

weithin, es war weithin zu hören;

weitläufig; die Weitläufigkeit;

weit reichend *und* weitreichend

weitschweifig; die Weitschweifigkeit;

die **Weitsicht**; weitsichtig;

das **Weitspringen**; der Weitsprung;

weit verbreitet *und* weitverbreitet

weit verzweigt *und* weitverzweigt

der **Weizen**; das Weizenmehl

welch; welch ein Tag!; welche Ruhe!; welch schönes Land!; auf welche Weise; in welcher Weise; welcherart; welcherlei; welche *ugs.* (einige), hier sind welche; welches *ugs.* (etwas), ich habe welches

welk; welken, gewelkt

die **Welle**; das Wellblech; die Wellenlänge; die Wellenlinie; die Wellpappe; sich wellen, gewellt; wellenförmig; wellig; kurzwellig

der **Wellensittich**, die Wellensittiche

der **Welpe**, die Welpen

die **Welt**, die Welten; die Dritte Welt; das Weltall; die Weltanschauung; das Weltbild; der Weltenbummler; die Weltgeschichte; der Welthandel; die Weltherrschaft; die Weltkarte; der Weltkrieg; der Zweite Weltkrieg; die Weltmacht; das Weltmeer; der Weltmeister; die Weltmeisterschaft; der Weltraum; die Weltreise; weltbekannt; weltberühmt; weltbewegend; weltfremd; weltlich; weltumspannend; weltweit

wenig

wenig		sehr wenig; – Das ist wenig. – Ich habe wenig. ein wenig gelesenes Buch; dieser wenig bekannte Mann
		Nach **wenig** *werden für sich stehende Adjektive/Eigenschaftswörter und Partizipien/Mittelwörter großgeschrieben*: wenig Neues; wenig Angenehmes; wenig Überzeugendes.
	so wenig	so wenig wie möglich, *auch* so wenig als möglich; So wenig du auch trainiert hast, das wirst du schon schaffen!; Ich bin hier so wenig bekannt, dass …
	wie wenig	Du weißt doch, wie wenig ich habe! – Wie wenig gehört dazu!
	zu wenig	viel zu wenig; eher zu viel als zu wenig; Er weiß zu wenig. – Er weiß aber auch z<u>u</u> wenig! Er hat mir zu wenig berechnet. Ich habe wenig Geld, aber nicht z<u>u</u> wenig.
	ein **wenig**	ein wenig (etwas; ein bisschen); ein klein wenig; mit ein wenig Geduld; Darf es ein wenig mehr sein?
	weniger	immer weniger; nichts weniger als; je weniger, desto besser; nicht mehr und nicht weniger; nichts mehr und nichts weniger; umso weniger; desto weniger; nichtsdestoweniger

Im Folgenden ist bei substantivischem Gebrauch auch Großschreibung möglich:

das **wenige, Wenige**	das wenige; dies wenige; dieses wenige; einiges wenige; dieses Kleine und wenige; das wenige, was uns verblieben ist; mit dem wenigen, was wir haben
weniges, Weniges	ein weniges; nur weniges, was mir gefällt; nur weniges behalten; mit wenig[em] auskommen
wenige, Wenige	einige wenige; bis auf einige wenige; – Nur wenige waren einverstanden. Es waren nur wenige gekommen. – Nur wenige konnten helfen. – Nur wenigen ist es gelungen.
die **wenigen, Wenigen**	die wenigen, die gekommen waren; die wenigen anderen; abgesehen von den wenigen, die sich entschuldigt hatten …
das **wenigste, Wenigste**	Das ist das wenigste (stört, belastet mich kaum). das wenigste, was du tun kannst; sich auf das wenigste beschränken; Das werden nur die wenigsten verstanden haben.
das **Wenig**	Viele Wenig machen ein Viel.

wem;
der Wemfall, 3. Fall ► der Dativ 277
wen;
der Wenfall, 4. Fall ► der Akkusativ 277
die **Wende**; der Wendekreis; der Wendepunkt;
die Wendel; die Wendeltreppe;
wenden ⓘ 290, wendete *und* wandte,
gewendet *und* gewandt; die Wendung;
wendig; die Wendigkeit
wenig ⓘ S. 258; weniger, am wenigs|ten;
der wenig befahrene/wenigbefahrene Weg;
das wenig gelesene/weniggelesene Buch;
so wenig ⓘ **so** S. 205; zu wenig, zu wenige;
wenigstens
wenn; wenn auch; als wenn;
wennschon, dennschon; na, wennschon!
das Wenn und das Aber;
viele Wenn und Aber
wer;
der Werfall, 1. Fall ► der Nominativ 280
werben ⓘ 290, warb, geworben;
die Werbeagentur; der Werbeslogan;
der Werbetext; die Werbung;
werbewirksam
werden ⓘ 290, wurde, geworden,
du wirst, er wird, er ist versetzt worden;
werdend; die werdende Mutter;
der Werdegang
der **Werder** (Flussinsel), die Werder
werfen ⓘ 290, warf, geworfen; → Wurf
die **Werft** (Anlage für Schiffsbau, -reparatur),
die Werften; der Werftarbeiter
das **Werg** (Hanf-, Flachsfäden), des Werg[e]s
das **Werk**, die Werke; zu Werke gehen;
ans Werk gehen; ins Werk setzen;
die Werkbank; der Werktag; die Werkstatt
und die Werkstätte, die Werkstätten;
der Werktätige; das Werkzeug;
werk[s]eigen; werktags; werktätig;
werken, gewerkt; werkeln, ich werk[e]le
der **Wermut** (eine Pflanze; ein Wein)
wert; wert sein; das ist viel, nichts wert;
mehr wert als alles andere;
nicht der Rede wert; nicht der Mühe wert;
wertbeständig; wertfrei; wertlos; wertvoll;
-wertig, *z. B.* zweiwertig;
werten, gewertet; wertschätzen;
der Wert, die Werte; von Wert sein;
im Wert steigen; unter Wert verkaufen;
an Wert gewinnen, verlieren;
auf etwas Wert legen; die Wertarbeit;
der Wertgegenstand; die Wertigkeit;
das Wertpapier; die Wertsache;
die Wertschätzung; die Wertung;
das Wert|urteil;
das Wertzeichen (Briefmarke)
wes; weshalb; wessen; weswegen;
der Wesfall, 2. Fall ► der Genitiv 278

das **Wesen**, des Wesens, die Wesen;
[nicht] viel Wesen[s] machen;
die Wesensart; der Wesenszug;
wesensfremd; wesensverwandt;
wesent|lich; im Wesentlichen;
das Wesentliche;
etwas, nichts Wesentliches
weshalb
die **Wespe**, die Wespen; das Wespennest
wessen
West ⟨W⟩; Ost und West;
der West (Westwind);
Ausfahrt Köln West *und* Köln-West;
der Westen ⟨W⟩ (Himmelsrichtung; westlich gelegenes Gebiet; die westliche Welt);
der Wilde Westen; Westdeutschland;
Westeuropa; westdeutsch;
der Westdeutsche Rundfunk ⟨WDR⟩;
westeuropäische Zeit ⟨WEZ⟩;
westlich; westwärts;
der Wes|tern (Wildwestfilm), die Western
Westfalen; der Westfale; die Westfälin;
westfälisch; westfälische Dörfer;
westfälischer Schinken, *aber*
die Westfälische Pforte (Porta Westfalica);
der Westfälische Frieden;
→ Nordrhein-Westfalen
die **Weste** (Kleidungsstück), die Wes|ten
weswegen

wett; wett sein (*selten für* quitt sein);
die **Wette**; um die Wette laufen;
der Wettbewerb; der Wetteifer;
der Wettkampf; der Wettkämpfer;
der Wettlauf; das Wettrennen;
der Wettstreit;
das Wett-Tauchen *und* Wetttauchen;
wetten, gewettet;

wett + Verb
Trennbare Zusammensetzungen:
wettmachen (wiedergutmachen),
er macht/machte es wieder wett, *aber*
weil er es wieder wettmacht/wettmachte,
er hat es wettgemacht, wettzumachen;
Untrennbare Zusammensetzungen:
(**wett**- = im Leistungsvergleich)
wetteifern,
sie wetteifern/wetteiferten miteinander,
weil sie miteinander
wetteifern/wetteiferten,
sie haben gewetteifert, zu wetteifern;
nur im Infinitiv:
wettlaufen; wettrennen; wettstreiten;
wettturnen; wetttauchen *u. a.*

das **Wetter**; das Wetteramt; der Wetterbericht;
die Wetterkarte; die Wettervorhersage;
wetterbestimmend; wetterfest;

wetterfühlig; wetterkundig;
wetterkundlich; wetterwendisch;
wetterleuchten, es wetterleuchtet,
gewetterleuchtet;
wettern (laut schimpfen), ich wettere
wetzen (schleifen; *ugs.* rennen), du wetzt
der **Whirlpool** (Bassin mit sprudelndem Wasser), die Whirlpools
der **Whisky**, die Whiskys
und der Whiskey, die Whiskeys
die **Wichse** (Schuhcreme); wichsen
der **Wicht**, die Wichte; das Wichtelmännchen
wichtig, wichtiger, am wichtigsten;
sich wichtigmachen;
etwas wichtig nehmen;
wichtig sein; sich wichtigtun;
es ist das Wichtigste; alles Wichtige;
alles weniger Wichtige; etwas Wichtiges;
etwas Wichtigeres; es gibt Wichtigeres;
die Wichtigkeit; der Wichtigtuer;
wichtigtuerisch
die **Wicke** (eine Pflanze), die Wi|cken
der **Wickel**, die Wi|ckel; das Wickelkind;
wickeln, ich wick[e]le;
die Wickelung *und* Wicklung
der **Widder** (männliches Schaf), die Widder

wider (gegen); wider Willen;
wider besseres Wissen; für und wider;
das Für und Wider, *aber* hin und wieder;
widerlich; widerborstig; widernatürlich;
widerrechtlich; widerruflich;
widersetzlich; widersinnig;
widerspenstig; widersprüchlich;
widerspruchslos; widerspruchsvoll;
widerstandsfähig; widerstandslos;
widerstrebend; widerwärtig;
widerwillig;
der Widerhaken; der Widerhall;
das Widerlager; die Widerrede;
der Widerruf; der Widersacher;
der Widerschein; der Widersinn;
der Widerspruch; die Widersprüchlichkeit;
der Widerstand; die Widerstandskraft;
der Widerstreit; der Widerwille;
die Widerworte; → widrig;

wider + Verb
Trennbare Zusammensetzungen,
wenn **wider** *betont ist*:
widerspiegeln, ihr Gesicht spiegelt/
spiegelte sich im Wasser wider, *aber*
als es sich widerspiegelte,
es hat sich widergespiegelt,
widerzuspiegeln;
entsprechend auch:
widerhallen, es hallt wider;
widerklingen; widerscheinen;

Untrennbare Zusammensetzungen,
wenn das Verb betont ist:
widersprechen,
sie widerspricht/widersprach ihm,
weil sie immer widerspricht/widersprach,
sie hat ihm widersprochen,
zu widersprechen;
entsprechend auch:
widerfahren; widerlegen; widerrufen;
sich widersetzen; widerstehen;
widerstreben;
widerstreitende Gefühle, Interessen

widmen, gewidmet; die Widmung
widrig; widrige Umstände; widrigenfalls
wie ⓘ S. 261; wie hoch; wie oft; wie sehr;
wie bitte?; wie gehts/wie geht's?; aber wie!;
wie lang?; wie lange?;
wie noch nie; wie oben ⟨w. o.⟩;
wie wenn (als ob); wie dem auch sei;
das Wie; auf das Wie kommt es an;
so wie – sowie ⓘ **so** S. 205
der **Wiedehopf** (ein Vogel), die Wiedehopfe

wieder; wieder einmal; gleich wieder;
immer wieder; nie wieder; hin und wieder;
für nichts und wieder nichts;
der Wiederaufbau; die Wiederaufnahme;
der Wiederbeginn; die Wiederbelebung;
der Wiedereintritt; die Wiederentdeckung;
die Wiedereröffnung; die Wiedergabe;
die Wiedergeburt; die Wiedergutmachung;
die Wiederherstellung; die Wiederholung;
das Wiederholungszeichen;
auf Wiederhören!; auf Wiederschauen!;
das Wiedersehen; auf Wiedersehen!;
jemandem Auf Wiedersehen *und*
auf Wiedersehen sagen;
der Wiederkäuer; die Wiederkehr;
die Wiedervereinigung;
der Wiederverkäufer;
die Wiederverwertung; die Wiederwahl;

wieder + Verb
Bei Fügungen aus wieder + Verb
können durch verschiedene Betonung feine Bedeutungsunterschiede zum Ausdruck gebracht werden:
wieder bekommen – wiederbekommen
Die Betonung ist gleichzeitig Hinweis auf die Schreibung:
Getrennt zu schreiben:
Beispiel wieder bekommen
wieder *bedeutet*: noch einmal,
wie sonst, wie früher, wie schon öfter,
und beide Teile der Fügung sind betont

Getrennt zu schreiben *Fortsetzung*
wieder sehen, ich kann jetzt wieder sehen; wieder wählen, am Sonntag gehen wir wieder wählen; *so auch viele andere*
Trennbare Zusammensetzungen:
Beispiel wiederbekommen
wieder *bedeutet meistens*: zurück.
Nur wieder *ist in der Fügung betont.*

wiederbeleben	wiederhaben
wiederbringen	wiederherstellen
wiederentdecken	wiederholen (zurück-)
wiedererkennen	wiederkehren
wiedereröffnen	wiederkommen
wiedererzählen	wiedersehen
wiederfinden	wiederverwenden
wiedergeben	wiederverwerten
wiedergrüßen	wiederwählen
wiedergutmachen	*und viele andere*

Untrennbare Zusammensetzung:
In allen Formen zusammenzuschreiben ist nur wiederholen (noch einmal oder öfter das Gleiche tun; aus dem Gedächtnis zurückholen; zur Übung noch einmal tun): er wiederholt/wiederholte die Vokabeln, immer wenn er sie wiederholt/wiederholte, er hat sie wiederholt, zu wiederholen

wieder + Partizip ⓘ S. 303
Schreibung wie beim Infinitiv des Verbs, z. B. wieder eröffnet *und* wiedereröffnet;
wieder + Adjektiv
wiederverwendbar; wiederverwertbar

wiederum
die **Wiege**, die Wiegen; das Wiegenlied; wiegen (schaukeln; zerkleinern) ⓘ 290, wiegte, gewiegt; sich wiegen
wiegen (Gewicht haben, messen) ⓘ 290, wog, gewogen
wiehern, sie wieherten
wie lang; wie lange
wienern *ugs.* (blankputzen)
die **Wiese**, die Wiesen; die Wiesenblume
das **Wiesel** (ein Marder), die Wiesel; wieselflink
wieso ⓘ **wie**;
wie viel, wie viele ⓘ **wie**;
wievielmal – wie viele Male ⓘ **wie**; wievielerlei; wievielte; den Wievielten haben wir heute?;
wie weit – wieweit ⓘ **wie**;
wie wenig ⓘ S. 258;
wie wohl – wiewohl ⓘ **wie**
der **Wikinger** (Normanne), die Wikinger

wie *in Wortgruppen und Zusammensetzungen* ⓘ

Getrenntschreibung	Zusammenschreibung
wie viel Wie viel ist drei mal sechs? Wie viel[e] Menschen wohnen hier? Mit wie viel [Geld] musst du auskommen? wie viel besser; um wie viel mehr; wie viele Mal[e]	**wievielerlei** Ich weiß nicht, wievielerlei Gewürz dazugehört. **wievielmal** Weißt du, wievielmal der Bus heute fährt? das wievielte Mal; zum wievielten Mal[e] Konjunktionen / Bindewörter: *(betont ist nur der zweite Wortteil)*
wie so Verstehst du, wie so etwas passieren konnte?	**wieso** (warum) Niemand weiß, wieso ... *auch das Fragefürwort* Wieso ist das passiert?
wie weit Da steht, wie weit es bis nach Wismar ist. Wie weit kann man von hier aus sehen?	**wieweit** (inwieweit; in welchem Umfang) Ich wüsste gern, wieweit ich mich darauf verlassen kann.
wie wohl Ich wundere mich, wie wohl du dich fühlst.	**wiewohl** (obwohl) Sie musste sich beeilen, wiewohl alles gut vorbereitet war.

W

wild, wilder, am wildesten;
wild wachsen; wild wachsend, wild lebend *und* wildwachsend, wildlebend;
wildwüchsig; wildfremd;
die wilde Ehe; der wilde Streik, *aber* der Wilde Westen;
das Wild; die Wilden; wie ein Wilder;
das Wildbret; die Wildente; der Wildfang;
das Wildleder; die Wildnis;
Wildwest; der Wildwestfilm;
wildern (unbefugt jagen), ich wildere

der **Wille**, des Willens; beim besten Willen;
der letzte/Letzte Wille; wider Willen;
der Willen; jemandem zu Willen sein;
guten Willens sein, *aber* willens sein;
um … willen, *z. B.* um deinetwillen, um Himmels willen!;
willenlos; willensstark; willentlich;
willfährig; willig; willfahren;
willkommen; herzlich willkommen!;
willkommen heißen; willkommen sein;
ein herzliches Willkommen;
der Willkommensgruß;

die **Willkür**; der Willkürakt; willkürlich
wimmeln; es wimmelt von Blattläusen
wimmern, ich wimmere; das Wimmern

der **Wimpel** (dreieckige Flagge), die Wimpel

die **Wimper**, die Wimpern

der **Wind**, die Winde; die Windbö[e];
die Windenergie; in Windes|eile;
der Windhauch; die Windhose;
die Windjacke; die Windkraft;
die Windmühle; das Windrad;
die Windpocken *Plur.* (Kinderkrankheit);
die Windrichtung; der Windschatten;
die Windrose (Kompass-Scheibe);
die Windstärke; die Windschutzscheibe;
windgeschützt; windig; windschief;
windschlüpfig; windschnittig; windstill;
windsurfen [*windßörfen*]; das Windsurfing

die **Winde** (Pflanze; Hebevorrichtung);
winden (drehen) (i) 290, wand, gewunden; sich winden;
windschief; die Windung;
die Windel, die Windeln;
windeln, ich wind[e]le; windelweich

der **Windhund**

der **Wink**, die Winke; winken, gewinkt

der **Winkel**, die Winkel; wink[e]lig;
das Winkelmaß; der Winkelmesser
winseln, ich wins[e]le, gewinselt;
das Winseln; die Winselei *ugs.*

der **Winter**; winters; winterfest; winterlich;
der Winter[s]anfang; das Winterhalbjahr;
die Winterreifen; der Winterschlaf;
die Winter[s]zeit; wintern, es wintert

der **Winzer**, die Winzer; die Winzerin;
die Winzergenossenschaft

winzig; die Winzigkeit; der Winzling

der **Wipfel**, die Wipfel

die **Wippe**, die Wippen; wippen, wippte
wir, unser, uns, uns; wir alle; wir beide

der **Wirbel**, die Wirbel; die Wirbelsäule;
der Wirbelsturm; das Wirbeltier;
der Wirbelwind; wirbellos;
wirbeln, ich wirb[e]le, gewirbelt
wirken, gewirkt; wirksam;
die Wirksamkeit; die Wirkung;
wirkungslos; wirkungsvoll;
wirklich; die Wirklichkeit;
wirklichkeitsnah;
die Wirklichkeitsform ► der Indikativ 278
wirr; die Wirren; der Wirrwarr

der **Wirsing**; der Wirsingkohl

der **Wirt**, die Wirte; die Wirtin, die Wirtinnen;
die Wirtschaft; wirtschaftspolitisch;
wirtschaften; wirtschaftlich;
die Wirtschaftlichkeit; das Wirtschaftsgeld;
das Wirtshaus; die Wirtsleute

der **Wisch**; wischfest; wischen, du wischst;
der Wischer; der Wischlappen;
das Wischiwaschi

der **Wisent** (Wildrind), die Wisente
wispern (flüstern), ich wispere

die **Wissbegier** *und* **Wissbegierde**;
wissbegierig;
wissen (i) 290, wusste, gewusst, du weißt;
ihn etwas wissen lassen/wissenlassen;
das Wissen; wider Wissen; meines Wissens;
die Wissenschaft; wissenschaftlich;
der Wissenschaftler; die Wissenschaftlerin;
der Wissensdrang; der Wissensdurst;
wissensdurstig; wissenswert; wissentlich
wittern; die Witterung;
witterungsbedingt; witterungsbeständig;
die Witterungsverhältnisse *Plur.*

die **Witwe**, die Witwen; die Witwenrente;
der Witwer, die Witwer

der **Witz**, die Witze; der Witzbold; die Witzelei;
witzeln, ich witz[e]le; witzig; witzlos
w. L. = westlicher Länge

die **WM** = die Weltmeisterschaft
w. o. = wie oben
wo; ach wo!; aber wo denn!; wo immer; wo auch immer;
das Wo; das Wo spielt keine Rolle;
erzähl mir das Wie, Wo, Wann!;
wobei; wodurch; wofür; wogegen; woher;
wohin; wohinaus; wohinter; wonach;
woran; worauf; woraufhin; woraus;
wovon; wovor; wozu; wozwischen
woanders, ich werde es woanders (an einem anderen Ort) suchen, *aber* wo anders (wo sonst) sollte ich suchen?;
woandershin
wobei

die **Woche**, die Wochen; Woche für Woche; von Woche zu Woche; die Woche über; eine Woche lang; jede Woche; kommende Woche; letzte Woche; nächste Woche; vorige Woche; im Laufe der Woche; viermal die Woche; in vier Wochen; alle drei, vier Wochen; das Wochenbett; das Wochenende; wochenlang, *aber* vier Wochen lang; der Wochentag; wochentags; wöchentlich (jede Woche); dreiwöchentlich (alle drei Wochen); dreiwöchig (drei Wochen dauernd); die 48-Stunden-Woche; die Wöchnerin, die Wöchnerinnen

wodurch; wofür

die **Woge**, die Wogen; wogen, gewogt

wogegen;

woher; woherum;

wohin; wohinauf; wohinaus; wohinein; wohingegen; wohinter; wohinunter

wohl, wohler, am wohlsten *und* wohl, besser, am besten; wohl ihm!; leb wohl!; wohl oder übel; sehr wohl!; wohlig; nun wohl! (also gut!); wohlan! (nun denn!); wohlauf; wohlauf sein; wohlfeil (billig); so wohl – sowohl ⓘ **so** S. 205; wie wohl – wiewohl ⓘ **wie** S. 261; ich habe das wohl gemerkt (genau); so wird das wohl sein (vielleicht); das ist wohl das Beste;

das **Wohl**; auf dein Wohl!; zum Wohl[e]!; für sein Wohl sorgen; zum Wohl des Volkes; unser Wohl und Wehe; das Wohlbefinden; das Wohlbehagen; das Wohlergehen; die Wohlfahrt; das Wohlgefallen; sich in Wohlgefallen auflösen (in nichts); der Wohlgeruch; der Wohlklang; zum Wohlsein!; der Wohlstand; die Wohltat; der Wohltäter; die Wohltätigkeit; das Wohlwollen;

wohl + Verb
Getrennt zu schreiben:
wohl sein; sich wohl befinden; wohl bekomm's *und* wohl bekomms!, lass dirs/dir's wohl bekommen!
Trennbare Zusammensetzungen:
wohltun (angenehm sein; *auch* gut handeln), das tut mir wohl, was mir wohltut, wohlgetan, wohlzutun; *entsprechend auch* wohlwollen
Getrennt *und* **zusammen** *möglich*:
sich wohl fühlen *und* wohlfühlen; wohl ergehen *und* wohlergehen

wohl + Partizip ⓘ S. 303
wohl wissend, dass ..., *aber*
Zusammenzuschreiben:
wohlbehalten; wohlgelitten; wohlgemerkt!; wohlgesinnt; wohlhabend; wohlmeinend; wohltuend; wohlverdient; wohlwollend;
Getrennt *und* **zusammen** *möglich:*
wohl ausgewogen *und* wohlausgewogen; *so auch* wohlbedacht; wohlbehütet; wohlbekannt; wohlbegründet; wohlberaten; wohldosiert; wohldurchdacht; wohlerhalten; wohlerzogen; wohlgeformt; wohlgemeint; wohlgenährt; wohlgeordnet; wohlgeraten; wohlgesetzt; wohlklingend; wohllautend; wohlproportioniert; wohlriechend; wohlschmeckend; wohlsituiert; wohltemperiert; wohltönend; wohlüberlegt; wohlunterrichtet; wohlversorgt; wohlverwahrt; wohlvorbereitet;
wohl *im* **Adjektiv**
wohlanständig; wohlfeil; wohlgefällig; wohlgemut; wohltätig; wohlweislich

wohnen; wohnhaft; wohnlich; das Wohnhaus; der Wohnort; der Wohnraum; der Wohnsitz; die Wohnung; die Wohnungssuche; der Wohnwagen; das Wohnzimmer

sich **wölben**, gewölbt; die Wölbung

der **Wolf**, die Wölfe; die Wölfin; wölfisch

das **Wolfram** (ein Metall), des Wolframs

die **Wolke**; das Wölkchen; der Wolkenbruch; die Wolkendecke; wolkenlos; wolkig

die **Wolle**; wollen (aus Wolle); wollig; der Woll-Lappen *und* Wolllappen; das Wollknäuel

wollen ⓘ 290, wollte, gewollt, du willst; das hat er nicht gewollt, *aber* er hat nur helfen wollen

die **Wollust**; wollüstig

womit; womöglich (vielleicht); wonach

die **Wonne**, die Wonnen; wonnevoll; wonnig

woran; worauf; woraufhin; woraus; worein; worin

die **Worcestersoße** [*wustersoße*] (Würzsoße)

der **Workshop** [*wökschop*] (Arbeitsgruppe), die Workshops

der **Worldcup** [*wörldkap*], die Worldcups

das **Wort**, die Wörter (einzelne Vokabeln), *aber* die Worte (sinnvoll Zusammenhängendes); Wort halten; Wort für Wort; aufs Wort; beim Wort nehmen; zu Wort[e] kommen; die Wortart; die Wortbildung; das Wörtchen; das Wörterbuch; die Wortfamilie; das Wortfeld; die Wortklauberei; der Wortlaut; die wörtliche Rede ⓘ 315; ▶ direkte Rede 277; der Wortschatz; der Wortstamm;

die Worttrennung ⓘ 306; der Wortwechsel; wortbrüchig; wortgetreu; wortgewandt; wortkarg; wörtlich; wortlos; wortreich; wortwörtlich

worüber; worum; worunter;

wovon; wovor; wozu; wozwischen

wrack (beschädigt); das Wrack, die Wracks

wringen ⓘ 290, wrang, gewrungen

der **Wucher**; der Wucherer; der Wucherpreis; wucherisch; wuchern; die Wucherung

der **Wuchs**, des Wuchses

die **Wucht**; wuchten, gewuchtet; wuchtig

wühlen, gewühlt; die Wühlmaus

der **Wulst** *und* die Wulst, die Wüls|te; wulstig

wund; wund sein;
sich wund laufen *und* sich wundlaufen;
sich wund liegen *und* sich wundliegen;
die Wunde; die Wundinfektion

das **Wunder**, die Wunder; Wunder tun, wirken;
was Wunder, wenn ...; wunders wie;
er meint, Wunder was getan zu haben;
es grenzt ans Wunderbare;
das Wunderwerk;
wunderbar; wunderbarerweise;
wunderhübsch; wunderschön; wundervoll;
wunderlich; sich wundern;
wundernehmen, es nimmt wunder

der **Wunsch**, die Wünsche; der Wunschtraum;
das Wunschkind; der Wunschzettel;
wunschgemäß; wunschlos;
sich etwas wünschen; wünschenswert;
die Wünschelrute

die **Würde**; würdelos; würdevoll; würdig;
würdigen; die Würdigung

der **Wurf**, die Würfe;
der Würfel, die Würfel; der Würfelzucker;
würfeln, ich würf[e]le, gewürfelt

würgen; mit Hängen und Würgen;
der Würger; das Würgemal

der **Wurm**, die Würmer; das Würmchen;
wurmig; wurmstichig;
wurmen (ärgern), es wurmt mich

die **Wurst**, die Würs|te; das Würst|chen;
das ist mir wurst/wurscht *ugs.* (egal);
wurstig *ugs.;* die Wurstigkeit;
wursteln, ich wurst[e]le

Württemberg; württ|tembergisch;
→ Baden-Württemberg

die **Würze**; würzen, gewürzt; würzig;

die **Wurzel**, die Wurzeln; Wurzeln schlagen;
wurzellos; wurzeln; das Wurzelzeichen

wuschelig *ugs.* (unordentlich lockig)

der **Wust** *ugs.* (Durcheinander, Unrat);

wüst; wüsten; der Wüst|ling;
die Wüste; die Wüstenei

die **Wut**; der Wutanfall; wutentbrannt;
wutschäumend; wutschnaubend;
wüten, gewütet; wütend; der Wüterich

X

X = *römisch* 10

das **X**, die X; ein X, *aber* das x in Boxer;
jemandem ein X für ein U vormachen

die **x-Achse**

die **X-Beine**; x-beinig *und* X-beinig

x-beliebig;
jeder x-Beliebige; etwas x-Beliebiges

das **X-Chromosom**, die X-Chromosomen

x-fach; das x-fache, des x-fachen

x-förmig *und* **X-förmig**

x-mal

der **x-te**; die x-te Potenz; zum x-ten Mal

das **Xylophon** (ein Musikinstrument),
die Xylophone, *auch* das Xylofon

Y

das **Y**, die Y; ein Y, *aber* das y in Foyer

die **y-Achse**

die **Yacht** *und* → **Jacht**

der **Yak** *und* → **Jak**

der **Yankee** [*jänki*] (Spitzname für US-Amerikaner), die Yankees

das **Yard** [*jad*] (engl. Längenmaß), die Yards

das **Y-Chromosom**, die Y-Chromosomen

das **Yoga** *und* der Yoga (indische Lehre),
auch das Joga *und* der Joga

das **Yo-Yo** *und* → **Jo-Jo**

das **Ypsilon**, des Ypsilon *und* des Ypsilons,
die Ypsilons

der **Ysop** [*isop*] (eine Gewürzpflanze)

Z

Z. = Zahl; Zeile
die **Zacke** *und* der **Zacken**, die Zacken; gezackt; zackig
zaghaft; die Zaghaftigkeit; zagen; mit Zittern und Zagen
zäh, zäher, am zäh[e]sten; die Zähheit; die Zähigkeit; zähflüssig; zäh fließender/zähfließender Verkehr
die **Zahl** *grammatisch* ► der Numerus 280, die Zahlen; die Zahlenfolge; die Zahlenkombination; das Zahlwort ► das Numerale 280; Zahllose, Zahlreiche (viele); zahllos; zahlenmäßig; zahlreich; zählen; der Zähler; die Zählung; zählbar; die Zahlung; das Zahlungsmittel; zahlbar; zahlungskräftig; zahlungsunfähig; zahlen
zahm, zahmer, am zahmsten; zähmen, gezähmt; die Zähmung
der **Zahn**, die Zähne; der Zahnarzt; die Zahncreme *und* Zahnkrem[e]; die Zahnpasta *und* Zahnpaste, die Zahnpasten; die Zahnlücke; das Zahnrad; die Zahnschmerzen; zahnärztlich; zahnmedizinisch; zähneklappernd; zähneknirschend
der **Zander** (ein Fisch), die Zander
die **Zange**, die Zangen; zangenförmig
der **Zank**; zanken, gezankt; zänkisch
der **Zapfen**, die Zapfen; das Zäpfchen; der Zapfenstreich; zapfen, gezapft; die Zapfsäule
zappelig *und* **zapplig**; zappeln, ich zapp[e]le
der **Za̲r** (slawischer Herrscher), die Zaren
die **Zarge** (Einfassung), die Zargen
zart; zartbitter; zartblau; die Zartheit; zartbesaitet *und* zart besaitet; zartfühlend *und* zart fühlend; zärtlich; die Zärtlichkeit
die **Zäsu̲r** (Einschnitt), die Zäsuren
der **Zauber**; die Zauberei; der Zaub[e]rer; die Zaub[r]erin; zauberhaft; der Zauberstab; zaubern, ich zaubere
zaudern, ich zaudere; der Zauderer
der **Zaum**, die Zäume; im Zaum halten; das Zaumzeug; zäumen
der **Zaun**, die Zäune; der Zaunkönig (ein Vogel); der Zaunpfahl, die Zaunpfähle
zausen, du zaust
der **Zazi̲ki** *und* das Zaziki, *auch* Tsatsiki
z. B. = zum Beispiel
das **ZDF** = das Zweite Deutsche Fernsehen
das **Ze̲bra**, die Zebras; der Zebrastreifen
die **Zeche** (Bergwerk; Verzehr, Rechnung); zechen, gezecht; der Zecher; das Zechgelage; der Zechpreller
die **Zecke**, die Ze|cken, *süddt. auch* der Zeck, die Zecke
die **Zeder**, die Zedern; das Zedernholz
der **Zeh** *und* die **Zehe**, die Zehen; der große Zeh; die Zehenspitze; fünfzehig *und* 5-zehig
zehn, **10.**, **zehntel** ⓘ **acht**, **achtel** S. 10; bis zehn zählen; zehn und eins ist elf; die ersten zehn; wir sind zehn; wir zehn; wir sind zu zehnen *und* zu zehnt; zehnerlei; zehntens; zehn[und]einhalb; zehntausend; zehn Millionen; der zehnmillionste Besucher; zehn zu eins, 10:1; halb zehn; Punkt zehn; es ist zehn [Uhr]; [um] Viertel vor zehn, *aber* um drei viertel zehn; ⓘ **viertel** S. 248; zehnfach, 10fach, 10-fach; das Zehnfache; er ist zehn; zehnjährig, 10-jährig; zehnprozentig, 10-prozentig, 10%ig; zehnmal, 10-mal; zehn Mal; zehn- bis elfmal; zehnte, der Zehnte ⓘ **acht**, **achtel** S. 10; zehntel, das Zehntel ⓘ **acht**, **achtel** S. 10; zehnstündig; die Zehn, die Zehnen; die Zahl, Ziffer Zehn; der Zehner *ugs. für* Zehnpfennigstück; mit der Zehn (Linie 10) fahren; die Zehn Gebote; der Zehner; die Zehnerpackung; das Zehnersystem (Dezimalsystem); das Zehnfingersystem; die Zehnjahr[es]feier; der Zehneuroschein, 10-Euro-Schein; das Zehnmeterbrett, 10-Meter-Brett, 10-m-Brett; das Zehncentstück, 10-Cent-Stück; der Zehnkampf; die Zehntelsekunde; die oberen Zehntausend/zehntausend
zehren, gezehrt; das Zehrgeld

das **Zeichen**, die Zeichen; Zeichen setzen; die Zeichensetzung ⓘ 307 ff. (Interpunktion); die Zeichensprache;
zeichnen, gezeichnet; das Zeichnen; der Zeichner; zeichnerisch; die Zeichnung; der Zeichenblock, die Zeichenblocks *und* -blöcke; der Zeichensaal, die Zeichensäle
der **Zeigefinger**; der Zeigestock;
zeigen, gezeigt; der Zeiger
die **Zeile**; zeilenweise; der Zeilenabstand; -zeilig, *z. B.* zweizeilig *und* 2-zeilig
der **Zeisig** (ein Vogel), die Zeisige
die **Zeit** *grammatisch* ► das Tempus 281, die Zeiten; das Zeitwort ► das Verb 281; auf Zeit ⟨a. Z.⟩; auf kurze Zeit; höchste Zeit; keine Zeit; viel Zeit; wenig Zeit; mit der Zeit; seit einiger Zeit; zu keiner Zeit; eine Zeitlang *und* Zeit lang, einige, eine kurze Zeitlang *und* Zeit lang; von Zeit zu Zeit; es ist Zeit; es ist an der Zeit; das hat Zeit; damit hat es noch Zeit; zur Zeit ⟨z. Z., z. Zt.⟩, zur Zeit Jesu; zurzeit ⟨zz., zzt.⟩, er ist zurzeit (jetzt) hier; zu der Zeit, als ..., *aber* derzeit; zu seiner Zeit, *aber* seinerzeit (damals); zu jeder Zeit, *aber* jederzeit; zu allen Zeiten, *aber* all[e]zeit; zu Zeiten Jesu, *aber* zuzeiten (manchmal); zeitlebens, *aber* zeit meines Lebens; Zeit haben; sich Zeit lassen; sich Zeit nehmen; Zeit sparen; Zeit vergeuden; Zeit verlieren; die Zeit nehmen (*Sport* Zeit messen); das Zeitalter; der Zeitaufwand; die Zeiteinheit; das Zeitgefühl; der Zeitgenosse; die Zeitlupe; der Zeitpunkt; der Zeitraffer; der Zeitraum; die Zeitschrift ⟨Zs.⟩; der Zeitvertreib; zum Zeitvertreib; die Zeitzone; die Zeitung; die Zeitungsannonce; der Zeitungsartikel; das Zeitungsinserat; der Zeitungskiosk; zeitaufwändig *und* zeitaufwendig; zeitig; -zeitig, *z. B.* rechtzeitig; zeitgemäß; zeitgenössisch; zeitgerecht; zeitlos; zeitlich; zeitweilig; zeitweise; zeitraubend *und* Zeit raubend; zeitsparend *und* Zeit sparend; beizeiten (rechtzeitig); vorzeiten (einst)
zelebrieren (feierlich gestalten)
die **Zelle**, die Zellen; die Zellteilung; die Zellmembran; zellular *und* zellulär;
die **Zellulose** (Zellstoff), *fachsprl.* Cellulose; das Zellophan, *fachsprachlich* Cellophan
das **Zelt**, die Zelte; die Zeltplane; zelten, gezeltet
der **Zement** (Baustoff; Bindemittel), die Zemente; zementieren, zementiert
der **Zenit** [*tzenit, tzenit*] (Scheitelpunkt; Höhepunkt), des Zenit[e]s
zensieren (beurteilen, benoten), zensiert; die Zensur (Beurteilung, Prüfung; Verbot)
Zenti- (das Hundertstel, 10^{-2}); der Zentimeter *und* das Zentimeter ⟨cm⟩; der Zentner ⟨Ztr.⟩ (100 Pfund, 50 kg)
zentral, **Zentral-** (in der Mitte, Haupt-); zentralbeheizt *und* zentralgeheizt; die Zentrale (Mittelpunkt, Hauptstelle); zentralistisch (von einer Zentralbehörde aus regierend); die Zentralisierung; zentrieren, zentriert; zentrifugal (vom Mittelpunkt weg); zentripetal (zum Mittelpunkt hin); zentrisch; das Zentrum, die Zentren
das **Zepter** (Machtsymbol), die Zepter
zerbrechen ⓘ brechen 282; zerbrechlich; die Zerbrechlichkeit
die **Zeremonie** (feierliche Handlung), die Zeremonien; das Zeremoniell; zeremoniell (feierlich; förmlich, steif)
zerfahren (verwirrt)
der **Zerfall**; zerfallen ⓘ fallen 282
zerfetzen, zerfetzt
zerfleddern, zerfleddert
zerfressen ⓘ fressen 284
zergehen ⓘ gehen 284
zerhacken
zerkauen, zerkaut
zerkleinern, zerkleinert
zerklüftet, zerklüftetes Gestein
zerknirscht (schuldbewusst)
zerknittern, zerknittert
zerknüllen, zerknüllt
zerkratzen
zerkrümeln
zerlaufen ⓘ laufen 284
zerlegen, zerlegt
zerlumpt
zermalmen, zermalmt
zermürben, zermürbt
zerpflücken
zerquetschen, zerquetscht
zerreißen ⓘ reißen 286; die Zerreißprobe; die Zerrissenheit
zerren, du zerrst, gezerrt; das Zerrbild; die Zerrung
zerrütten, zerrüttet; die Zerrüttung
zerschellen (zerbrechen), zerschellt
zerschlagen ⓘ schlagen 288
zerschmettern, ich zerschmettere
zerschneiden ⓘ schneiden 288
zersetzen, zersetzt; die Zersetzung
zersplittern; die Zersplitterung
zerstäuben; der Zerstäuber

zerstören, zerstört; der Zerstörer; die Zerstörung; die Zerstörungswut
zerstreuen, zerstreut; die Zerstreutheit; die Zerstreuung
zerstritten
zerstückeln, zerstückelt
zerteilen, zerteilt
zertreten, zertreten
das **Zertifikat** (amtliche Bescheinigung), die Zertifikate
zertrümmern, zertrümmert
die **Zervelatwurst** (eine Dauerwurst), *auch* Servelatwurst
das **Zerwürfnis**, die Zerwürfnisse
zerzausen, zerzaust
zetern, ich zetere, gezetert
der **Zettel**, die Zettel
das **Zeug**; sich ins Zeug legen; dummes Zeug
der **Zeuge**, die Zeugen; die Zeugin; die Zeugenaussage; die Zeugenvernehmung;
das **Zeugnis**, des Zeugnisses, die Zeugnisse;
zeugen, gezeugt; die Zeugung; zeugungsfähig
z. H., **z. Hd.** = zu Händen
die **Zicke** (weibliche Ziege); das Zicklein; zickig
zickzack laufen, fahren, *aber* der Zickzack; im Zickzack laufen; die Zickzacklinie; der Zickzackkurs
die **Ziege**, die Ziegen; der Ziegenbock
der **Ziegel**, die Ziegel; der Ziegelstein; ziegelrot; die Ziegelei
ziehen ⓘ 290, zog, gezogen, es zieht; die Ziehharmonika, die Ziehharmonikas; die Ziehung
das **Ziel**, die Ziele; die Zielgerade; die Zielscheibe; zielbewusst; zielgerichtet; ziellos; zielsicher; zielstrebig; die Zielstrebigkeit; zielen, gezielt; das zielende Verb ► das transitive Verb 281
ziemen, es ziemt sich, es ziemt mir;
ziemlich (fast, annähernd); ziemlich viel
ziepen *norddt. für* zupfen, ziehen
die **Zier** *und* **Zierde**; die Zierpflanze; der Zier|rat; zierlich; zieren; sich zieren, geziert
die **Ziffer**, die Ziffern; das Zifferblatt; -ziff[e]rig, *z. B.* dreiziff[e]rig, 3-ziff[e]rig
zig; mit zig Sachen; zigfach; ein Zigfaches; zigmal; Zigtausend *und* zigtausend Euro; Zigtausende *und* zigtausende von Blüten
die **Zigarette**, die Zigaretten; der Zigarillo *und* das Zigarillo, die Zigarillos; die Zigarre, die Zigarren
der **Zigeuner**, die Zigeuner *ugs. für* Sinti, Roma
die **Zikade** (ein Insekt), die Zikaden
das **Zimmer**, die Zimmer; der Zimmermann, die Zimmerleute; der Zimmerer, die Zimmerer; zimmern, gezimmert; -zimm[e]rig, *z. B.* dreizimm[e]rig
zimperlich
der **Zimt** (ein Gewürz); die Zimtstange
das **Zink**; das Zinkblech
die **Zinke**, die Zinken; zinken, gezinkt
das **Zinn**; der Zinnbecher
die **Zinne** (Mauerabschluss), die Zinnen
der **Zinnober** *und* das Zinnober (eine Farbe); zinnoberrot
der **Zins** (Ertrag; Abgabe), die Zinsen; der Zinseszins; der Zinssatz; zinsgünstig; zinslos
Zion ([Tempelberg in] Jerusalem); der Zionismus
der **Zipfel**, die Zipfel; die Zipfelmütze
zirka ⟨ca.⟩ (ungefähr), *auch* circa;
der **Zirkel** (Kreis; Zeichengerät), die Zirkel; zirkular *und* zirkulär (kreisförmig); die Zirkulation (Kreislauf, Umlauf); zirkulieren (im Umlauf sein);
der **Zirkus**, die Zirkusse, *auch* Circus; das Zirkuszelt
zirpen
der **Zirrus** (Federwolke), die Zirrus *und* Zirren
zischen, du zischst, gezischt; der Zischlaut
ziselieren (in Metall stechen)
die **Zisterne** (Regenwasserspeicher)
die **Zitadelle** (Befestigungsanlage innerhalb einer Stadt/einer Festung), die Zitadellen
das **Zitat** (bekannter Ausspruch), die Zitate; zitieren, zitiert
die **Zither** (ein Saiteninstrument), die Zithern
die **Zitrone**, die Zitronen; die Zitronensäure; der Zitronenfalter; die Zitronenmelisse; zitronengelb; die Zitrusfrüchte
zittern, ich zittere, gezittert; zitt[e]rig; mit Zittern und Zagen; die Zitterpappel
die **Zitze**, die Zitzen
der **Zivi** *kurz für* der Zivildienstleistende *oder* Zivildienst Leistende, die Zivis
zivil (bürgerlich gesittet); zivilrechtlich; das Zivil (nicht uniformierte Kleidung); die Zivilcourage [*tsiwilkurasche*] (Unerschrockenheit vor der Obrigkeit); der Zivildienst; der Zivilist; die Zivilisation; zivilisiert
der **Zobel** (ein Marder), die Zobel
zockeln *oder* → zuckeln
der **Zocker** (Glücksspieler), die Zocker; zocken
die **Zofe** (Kammerdienerin), die Zofen
zögern, ich zögere, gezögert; ohne Zögern; zögerlich; zögernd
der **Zögling**, die Zöglinge
das **Zölibat** *und* der Zölibat (Ehelosigkeit aus religiösem Grund)

der **Zoll** ⟨″⟩ (ein Längenmaß, 2,54 cm);
fünf Zoll; zollbreit, ein zollbreiter Stab,
aber der Stab ist einen Zoll breit;
keinen Zollbreit/Zoll breit zurückweichen;
so auch zolllang; der Zollstock;
vierzollig *und* vierzöllig,
4-zollig *und* 4-zöllig
der **Zoll** (Abgabe), die Zölle; das Zollamt;
der Zollbeamte; zollfrei; zollpflichtig;
die Zoll-Linie *und* Zolllinie;
Achtung zollen
die **Zone**, die Zonen
der **Zoo** *kurz für* zoologischer Garten, die Zoos;
der Zoologe (Tierforscher);
die Zoologie (Tierkunde); zoologisch
das **Zoom** [sum] (Fotoobjektiv), die Zooms;
zoomen (*Foto, EDV* Abbildungsgröße
[stufenlos] ändern), gezoomt
der **Zopf**, die Zöpfe; das Zöpfchen
der **Zorn**; zornentbrannt, *aber*
in hellem Zorn entbrannt; zornig
die **Zote** (unanständiger Witz); zotig
die **Zottel**, die Zotteln; zott[e]lig; zotteln
z. T. = zum Teil

zu; zu zweien, zu zweit; zu dritt;
drei zu fünf, 3:5;
zu hoch; zu oft; zu spät; zu viel; zu weit;
zu Fuß; zu Hause *und* zuhause; zu Hilfe;
zu Recht; zu Lande und zu Wasser;
zu Schaden kommen;
zum Bahnhof; zur Schule;
zu Ende gehen; es geht auf das Ende zu;
auf das Ende zugehen; die Tür ist zu;
zum Beispiel ⟨z. B.⟩; zum Teil ⟨z. T.⟩;
zur Zeit ⟨z. Z., z. Zt.⟩, *aber* zurzeit ⟨zz., zzt.⟩;
zu Grunde *und* zugrunde;
zu Gunsten *und* zugunsten;
zu Lasten *und* zulasten;
zu Leide *und* zuleide;
zu Mute *und* zumute;
zu Nutze *und* zunutze;
zu Rande *und* zurande;
zu Rate *und* zurate;
zu Schanden *und* zuschanden;
zu Schulden *und* zuschulden;
zu Stande *und* zustande;
zu Tage *und* zutage;
zu Ungunsten *und* zuungunsten;
zu Wege *und* zuwege;
zuallererst; zudem (außerdem); zuerst;
zufolge; zugegen (anwesend); zuletzt;
zuliebe; zumal; zunächst; zuoberst;
zutiefst; zuunterst; zuweilen; zuwider;
zuzeiten (manchmal);
zunichtemachen; zuteilwerden;

zu ⓘ *der Infinitiv/die Grundform mit* zu;

---

zu *im Infinitiv mit* **zu** ⓘ

machen

Das ist ein einfacher Infinitiv
ohne Präfix/ Vorsilbe
und ohne **zu.**

Was wollen wir machen?

Manchmal muss zum Infinitiv ein **zu** *hinzutreten.*

zu machen

Hast du vor(,) Schularbeiten **zu** machen?
Das brauchst du heute nicht **zu** machen.

zumachen

Das ist nicht der Infinitiv mit **zu**,
sondern der Infinitiv eines Verbs
mit der Vorsilbe **zu.**

Soll ich die Tür zumachen?

zu**zu**machen

Sie vergaß(,) das Hoftor zu**zu**machen.
Du brauchst die Tür nicht zu**zu**machen.

Getrenntschreibung
bei einfachen Verben
und bei Verben
mit unbetonter Vorsilbe:

Es scheint dir Spaß **zu** machen,
fremde Sprachen **zu** lernen,
zu verstehen, **zu** sprechen,
zu beherrschen und **zu** lehren.

Zusammenschreibung
bei zusammengesetzten Verben
mit betontem erstem Wortteil;
zu *steht zwischen den Wortteilen:*

Es ist mein Hobby,
alte Bücher auf**zu**stöbern,
durch**zu**blättern,
an**zu**kaufen, ein**zu**binden und aus**zu**leihen.

zu + Verb
Getrennt zu schreiben:
zu sein, der Laden ist/war zu,
er ist zu gewesen,
er hat um acht zu zu sein;
Trennbare Zusammensetzungen:
zumachen, er macht/machte die Tür zu,
du musst die Tür zumachen,
er hat sie zugemacht, zuzumachen;
entsprechend auch:
zubilligen; zudrehen; zudrücken; zufassen; zufügen; zugehen; zugehören; zuklappen; zukleben; zuknallen; zuknöpfen; zulegen; zunähen; zurichten; zuschütten; zustecken; zuverdienen *und viele andere*

zuallererst; zuallerletzt; zuallermeist; zuallerallerletzt; zuerst; zuletzt
das **Zubehör**; das Zubehörteil
zubeißen ⓘ beißen 282
der **Zuber** (ein Gefäß), die Zuber
zubereiten; die Zubereitung
zu Berge, die Haare stehen ihm zu Berge
zu Bett gehen; vor dem Zubettgehen *und* vor dem Zu-Bett-Gehen
zubilligen
zubinden ⓘ binden 282
zubleiben ⓘ bleiben 282
zubringen ⓘ bringen 282; der Zubringer
zu Bruch gehen
die **Zucht**, die Zuchten; das Zuchthaus; züchten, gezüchtet; züchtig; züchtigen; zuchtlos; die Züchtung
zuckeln, ich zuck[e]le; im Zu|ckeltempo; zucken, es zuckt, gezuckt; die Zuckung; zücken (Schwert, Messer ziehen)
der **Zucker**; der Zu|ckerguss; zuckern, ich zuckere; zuck[e]rig; zuckerhaltig; zuckerkrank; zuckersüß
zu Dank verpflichtet
die **Zudecke**; zudecken, zugedeckt
zudem (außerdem)
zu Diensten stehen
zudringlich; die Zudringlichkeit
zu eigen; sich etwas zu eigen machen;
zueignen (widmen, schenken), zugeeignet
zu|ein|ander;

zueinander + Verb
nett, freundlich zueinander sein;
zueinander stehen,
wie steht ihr zueinander?, *aber*
zueinanderstehen (zusammenhalten)
Getrennt *und* **zusammen** *möglich*:
zueinander finden *und* zueinanderfinden,
zueinander gefunden/zueinandergefunden;
zueinander passen *und* zueinanderpassen,
zueinander gepasst/zueinandergepasst

zu Ende bringen, zu Ende führen
zuerkennen, *aber* sich zu erkennen geben
zuerst
die **Zufahrt**; die Zufahrtsstraße
zu Fall bringen
der **Zufall**, die Zufälle; der Zufallstreffer; zufällig; zufälligerweise
zufließen ⓘ fließen 284
Zuflucht nehmen; der Zufluchtsort
der **Zufluss**, die Zuflüsse
zuflüstern
zufolge; dem Bericht zufolge
zufrieden; sich zufriedengeben; zufriedenlassen, zufriedengelassen; zufriedenstellen *und* zufrieden stellen; zufriedenstellend *und* zufrieden stellend; zufriedengestellt *und* zufrieden gestellt; zufrieden sein; die Zufriedenheit
zufrieren ⓘ frieren 284
die **Zufuhr**; zuführen, zugeführt
zu Fuß gehen; das Zufußgehen *und* Zu-Fuß-Gehen
der **Zug**, die Züge; Zug um Zug; im Zuge der Wiedervereinigung; die Zugluft; der Zugvogel; der Zugzwang; der Vieruhrzug, der 4-Uhr-Zug; zugig; zügig; zugfest; zugkräftig
die **Zugabe**
der **Zugang**, die Zugänge; zugänglich
zugange kommen, zugange sein *ugs.*
zugeben ⓘ geben 284; zugegebenermaßen
zugegen bleiben, zugegen sein
zugehörig; die Zugehörigkeit
der **Zügel**, die Zügel; zügellos; zügeln, ich züg[e]le
zugehen ⓘ gehen 284
das **Zugeständnis**, die Zugeständnisse; zugestandenermaßen; zugestehen
zugetan; sie ist ihm zugetan
der **Zugewinn**
zugig; zügig
zugleich
zu Grabe tragen
die **Zugkraft**; zugkräftig
zugreifen ⓘ greifen 284; der Zugriff
zugrunde *und* **zu Grunde**;

zugrunde *und* **zu Grunde + Verb**
zugrunde gehen *und* zu Grunde gehen,
zugrunde gegangen/zu Grunde gegangen,
zugrunde zu gehen/zu Grunde zu gehen;
zugrunde legen *und* zu Grunde legen;
zugrunde liegen *und* zu Grunde liegen,
zugrunde liegend/zu Grunde liegend,
auch zugrundeliegend;
zugrunde richten *und* zu Grunde richten

zugunsten *und* **zu Gunsten**;
zu seinen Gunsten
zugutehalten, zugutekommen, zugutetun
zu guter Letzt, *aber* zuletzt
zuhaben *ugs.* ⓘ haben 284
zuhalten ⓘ halten 284
zu Händen ⟨z. H., z. Hd.⟩
zuhauf *alt* (in Mengen, in Scharen)
zu Haus[e] *und* **zuhause**,
ich bin zu Haus[e], *auch* zuhause;
sich wie zu Hause, *auch* zuhause fühlen;
das Zuhause, er hat kein Zuhause
zu Hilfe eilen, kommen;
etwas zu Hilfe nehmen;
unter Zuhilfenahme von
zuhinterst
zuhöchst (sehr)
zuhören; der Zuhörer
zuinnerst
zujubeln, jemandem zujubeln
zukommen ⓘ kommen 284
die **Zukunft** *grammatisch* das Futur ► 278;
zukunftsorientiert; zukunft[s]weisend;
zukünftig;
der Zukünftige; die Zukünftige
die **Zulage**, die Zulagen
zu Lande; bei uns zu Lande;
hier zu Lande *und* hierzulande;
zu Wasser und zu Lande
zu lange, das dauert mir zu lange
zulangen; zulänglich
zulassen ⓘ lassen 284; zulässig;
die Zulassung
zulasten *und* **zu Lasten** des Klägers
der **Zulauf**; zulaufen, zugelaufen
zu Leibe rücken
zuleide *und* **zu Leide**, zuleid *und* zu Leid;
jemandem etwas zuleide *und* zu Leide tun
zuleiten; die Zuleitung
zuletzt, *aber* zu guter Letzt;
zuallerletzt; zuallerallerletzt
zuliebe tun, zuliebe getan; ihm zuliebe
der **Zulieferer**; zuliefern, zugeliefert
zum (zu dem);
zum einen ..., zum anderen;
zum Ersten, zum Zweiten, zum Dritten;
zum Beispiel ⟨z. B.⟩;
zum Besten ⓘ **beste** S. 36;
zum Glück; zum Lachen; zum Teil ⟨z. T.⟩;
zum Spaß; zum Vergnügen; zum Weinen
zumachen
zumal (vor allem; besonders)
zu mehreren
zumeist
zumessen ⓘ messen 286
zumindest, *aber*
zum Mindes|ten *und* mindesten
zu Mittag essen

zumute *und* **zu Mute**;
wie ist dir zumute *und* zu Mute?;
mir ist gut zumute *und* zu Mute;
zumuten, zugemutet,
das kann ich ihr nicht zumuten;
zumutbar; die Zumutung
zunächst; das Zunächstliegende
die **Zunahme** (Vergrößerung, Vermehrung)
der **Zuname** (Familienname), die Zunamen
zünden; der Zünder; der Zündfunke[n];
das Zündholz; die Zündkerze;
der Zündschlüssel; die Zündung;
zündeln; der Zunder
zunehmen ⓘ nehmen 286;
zunehmender Mond
die **Zuneigung**
die **Zunft** (Innung), die Zünfte; zünftig
die **Zunge**, die Zungen; der Zungenbrecher;
das Zungen-R *und* Zungen-r;
zungenfertig; das Zünglein an der Waage;
züngeln; -züngig, *z. B.* doppelzüngig
zunichtemachen; zunichtewerden
zunutze *und* **zu Nutze** machen;
zu Nutz und Frommen
zuoberst
zu Ohren kommen, zu Ohren gekommen
zuordnen, zugeordnet; die Zuordnung
zupacken
zupasskommen *und* **zupassekommen**
zupfen, du zupfst, gezupft;
das Zupfinstrument (*z. B.* Gitarre)
zur (zu der);
zur Folge haben; zur Verfügung stehen;
zur Zeit ⟨z. Z., z. Zt.⟩,
aber zurzeit ⟨zz., zzt.⟩; → Zeit;
zur besonderen Verwendung ⟨z. b. V.⟩
zurande *und* **zu Rande** kommen
zurate *und* **zu Rate** ziehen;
mit sich zurate *und* zu Rate gehen
zurechnungsfähig;
die Zurechnungsfähigkeit

zu Recht bestehen, *aber*
zurecht;

zurecht + Verb
Trennbare Zusammensetzungen:
sich zurechtfinden, sie findet sich nicht zurecht, wie sie sich zurechtfindet, zurechtgefunden, zurechtzufinden;
entsprechend auch:
zurechtbasteln, zurechtbiegen, zurechtfeilen, zurechtkommen, zurechtlegen, zurechtmachen, zurechtrücken, zurechtschneiden, zurechtschustern, zurechtsetzen, zurechtstellen, zurechtstutzen, zurechtweisen, zurechtzimmern

zureden; das dauernde Zureden; Zureden hilft; trotz allen *oder* alles Zuredens; trotz allem Zureden; auf vieles Zureden hin
zureichend
zürnen; jemandem zürnen
zurren (festbinden)

zurück; vor und zurück; es gibt kein Zurück; die Zurückhaltung;

zurück + Verb
Getrennt zu schreiben:
zurück sein, er kann vor elf zurück sein, er ist um elf zurück gewesen
Trennbare Zusammensetzungen:
zurückerhalten, ich erhalte/erhielt den Betrag zurück, *aber* ehe ich ihn zurückerhalte/zurückerhielt, ich habe ihn zurückerhalten;
entsprechend auch:
zurückbehalten; zurückbekommen; zurückbilden; zurückbleiben; zurückblicken; zurückbringen; zurückdenken; zurückdrängen; zurückdrehen; zurückdürfen; zurückerbitten, zurückerbeten; zurückerobern; zurückerstatten; zurückfahren; zurückfallen; zurückfinden; zurückfliegen; zurückfordern; zurückfragen; zurückführen; zurückgeben; zurückgehen; zurückgewinnen; zurückgreifen; zurückhaben; [sich] zurückhalten, zurückhaltend; zurückholen; zurückkämmen; zurückkehren; zurückkommen; zurückkönnen; zurücklassen; zurücklegen; zurückliegen; zurückmüssen; zurücknehmen; zurückrufen; zurückschalten; zurückschauen; zurückscheuen; zurückschicken; zurückschneiden; zurückschrecken; zurückschreiben; zurücksenden; zurücksetzen; zurückspulen; zurückstehen; zurückstellen; zurückstoßen; zurücktreten; zurückverfolgen; zurückverlangen; sich zurückversetzen; zurückweichen; zurückweisen; zurückwerfen; zurückwollen; zurückzahlen; [sich] zurückziehen, zurückgezogen

der **Zuruf**; auf Zuruf; zurufen ⓘ rufen 286
zurzeit (jetzt), *aber* zur Zeit Luthers
die **Zusage**; zusagen; zusagend

zusammen; die Zusammenarbeit; der Zusammenbruch; die Zusammenfassung; die Zusammengehörigkeit; das Zusammengehörigkeitsgefühl; der Zusammenhalt; der Zusammenhang; zusammenhang[s]los; die Zusammenhanglosigkeit; die Zusammenkunft; das Zusammenleben; der Zusammenschluss; die Zusammenschreibung ⓘ 295 ff.; das Zusammensein; die Zusammensetzung *grammatisch* das Kompositum ►279; das Zusammenspiel; die Zusammenstellung; der Zusammenstoß; das Zusammentreffen; das Zusammenwirken;

zusammen + Verb ⓘ S. 272

zusammen + Adjektiv *oder* **Partizip**
zusammenfassend; zusammengehörig; alles zusammengenommen; alles zusammengerechnet; zusammengesetzt; zusammengewürfelt; zusammenhängend

der **Zusatz**, die Zusätze; die Zusatzbestimmung; die Zusatzsteuer; zusätzlich
zuschanden *und* **zu Schanden** machen; zuschanden *und* zu Schanden werden
zuschauen; der Zuschauer
zuschicken
zuschieben
zuschießen ⓘ schießen 286
der **Zuschlag**, die Zuschläge; zuschlagfrei; zuschlagpflichtig; zuschlagen ⓘ schlagen 286
zuschließen ⓘ schließen 288
zuschneiden ⓘ schneiden 288; der Zuschnitt
die **Zuschrift**
zuschulden *und* **zu Schulden**, sich etwas zuschulden *und* zu Schulden kommen lassen
der **Zuschuss**, die Zuschüsse
zusehen ⓘ sehen 288; zusehends
zu sehr; allzu sehr; viel zu sehr
zu sein, die Tür ist zu, als sie zu war, sie ist zu gewesen, sie hat zu zu sein
zusichern; die Zusicherung
zu spät kommen; das häufige Zuspätkommen *und* das häufige Zu-spät-Kommen; die Zuspätkommenden
das **Zuspiel**; zuspielen
sich **zuspitzen** (verschlimmern)

zusammen + Verb

besonders zu beachten: zusammen arbeiten – zusammenarbeiten
zusammen fahren – zusammenfahren
zusammen schreiben – zusammenschreiben *und viele andere*
(*außerdem zu beachten: die Betonung und die unterschiedlichen Bedeutungen von* **zusammen**)

Getrennt zu schreiben

(**zusammen** = mindestens zwei Personen zur gleichen Zeit), *betont sind* **zusammen** *und* das Verb:
zusammen arbeiten, wenn ich ab und zu mit ihm zusammen arbeite / arbeitete,
wir haben zusammen gearbeitet, mit ihm zusammen zu arbeiten;
entsprechend auch:

zusammen ankommen	zusammen kommen	zusammen studieren
zusammen essen	zusammen schreiben	zusammen tanzen
zusammen leben	zusammen sein	zusammen tragen
zusammen musizieren	zusammen sitzen	zusammen überlegen
zusammen fahren	zusammen spielen	*u. a.*

Trennbare Zusammensetzungen

(**zusammen** = übereinstimmend, beieinander, zueinander, aneinander;
zu dicht zusammen, aus den Fugen, kaputt), *betont ist nur* **zusammen:**
zusammenarbeiten (mit gleichem Ziel), sie arbeiten / arbeiteten gezielt zusammen,
aber weil sie immer gut zusammenarbeiteten, viele Fachleute haben zusammengearbeitet,
es war nötig, gut zusammenzuarbeiten;
entsprechend auch:

zusammenballen	zusammenkommen	zusammenschließen
zusammenbauen	zusammenkrachen	zusammenschnüren
zusammenbeißen	zusammenkratzen	zusammenschrecken
zusammenbetteln	sich zusammenläppern	zusammenschreiben
zusammenbinden	zusammenlaufen	zusammenschrumpfen
zusammenbleiben	zusammenleben	zusammenschustern
zusammenbrechen	zusammenlegen	zusammensetzen
zusammenbringen	zusammenlesen	zusammensitzen
zusammendrängen	zusammenliegen	zusammenspielen
zusammendrücken	zusammenlügen	zusammenstauchen
zusammenfahren	zusammennähen	zusammenstehen
zusammenfallen	zusammennehmen	zusammenstellen
zusammenfalten	zusammenpacken	zusammenstoßen
zusammenfassen	zusammenpassen	zusammenstreichen
zusammenfegen	zusammenpferchen	zusammenströmen
zusammenfinden	zusammenprallen	zusammenstückeln
zusammenflicken	zusammenpressen	zusammenstürzen
zusammenfließen	zusammenraffen	zusammensuchen
zusammenfügen	sich zusammenraufen	zusammentragen
zusammenführen	zusammenrechnen	zusammentreffen
zusammengehören	zusammenreimen	zusammentreiben
zusammenhaben	sich zusammenreißen	zusammentreten
zusammenhalten	zusammenrollen	zusammentrommeln
zusammenhängen	sich zusammenrotten	sich zusammentun
zusammenheften	zusammenrücken	zusammenwachsen
zusammenkehren	zusammenrufen	zusammenwirken
zusammenklappen	zusammensacken	zusammenzählen
zusammenkleben	zusammenscharren	zusammenziehen
zusammenknüllen	zusammenschlagen	zusammenzucken *u. a.*

zusprechen ⓘ sprechen 288;
der Zuspruch
der **Zustand**, die Zustände;
zustande *und* zu Stande bringen,
zustande *und* zu Stande gebracht;
zustande *und* zu Stande kommen,
zustande *und* zu Stande gekommen;
das Zustandekommen *und*
das Zu-Stande-Kommen;
zuständig; zuständigkeitshalber;
die Zuständigkeit;
der Zuständigkeitsbereich
zustattenkommen, zustattengekommen
zustehen ⓘ stehen 288, das steht ihr zu
zusteigen ⓘ steigen 288
zustellen; die Zustellung;
die Zustellgebühr
zustimmen; die Zustimmung
zustoßen ⓘ stoßen 290,
er stößt zu, er hat zugestoßen;
ihm ist etwas zugestoßen
der **Zustrom**
zutage *und* **zu Tage** bringen, fördern,
kommen, treten
zu Tal fahren
die **Zutaten** *Plur.*
zuteilwerden, zuteilgeworden;
zuteilen; die Zuteilung
zutiefst; zutiefst enttäuscht
zu Tode erschrecken, hetzen
sich **zutragen** ⓘ tragen 290
zuträglich; die Zuträglichkeit
zutrauen; das Zutrauen;
zutraulich; die Zutraulichkeit;
zutreffen ⓘ treffen 290;
zutreffend; Zutreffendes
der **Zutritt**
zutun ⓘ tun 290; Salz zutun;
ich habe kein Auge zugetan;
ohne mein Zutun,
aber was hat er da zu tun?
zuungunsten *und* **zu Ungunsten**;
zu|un|gunsten *und* zu Ungunsten
des Käufers, *aber* zu meinen Ungunsten
zu Unrecht
zuunterst
zuverlässig; die Zuverlässigkeit
die **Zuversicht**; zuversichtlich;
die Zuversichtlichkeit
zu viel, zu viele ⓘ **viel** S. 246;
viel zu viel; viel zu viele; zu viel Gerede;
zu viele große Worte; das Zuviel;
ein Zuviel ist besser als ein Zuwenig
zuvor (vorher); wie nie zuvor;
zuvorkommen (schneller sein),
ich komme ihm zuvor, weil ich ihm
zuvorkomme, zuvorgekommen bin;
zuvorkommend (liebenswürdig);
die Zuvorkommenheit
der **Zuwachs**; zuwachsen
zuwandern, zugewandert;
der Zuwand[e]rer; die Zuwanderung
zuwege *und* **zu Wege**, wie hat er das nur
zuwege *und* zu Wege gebracht?
zuweilen (ab und zu)
zuweisen ⓘ weisen 290;
die Zuweisung
zu weit; zu weit gehen, zu weit gegangen;
zu weit fortgeschritten; zu weit weg
zuwenden ⓘ wenden 290,
sich jemandem zuwenden; die Zuwendung
zu wenig, zu wenige ⓘ **wenig** S. 258,
es gab zu wenig[e] Sitzplätze;
viel zu wenig; das Zuwenig
zu Werke gehen

zuwider; seinen Ansichten zuwider;
zuwiderhandeln; bei Zuwiderhandlung;

zuwider + Verb
Getrennt zu schreiben:
zuwider sein; zuwider werden;
Trennbare Zusammensetzungen:
zuwiderhandeln, er handelt/handelte
den Regeln zuwider, *aber* da er
zuwiderhandelt/zuwiderhandelte,
er hat zuwidergehandelt,
zuwiderzuhandeln;
zuwiderlaufen,
das läuft/lief seinem Plan zuwider, *aber*
weil es dem zuwiderläuft/zuwiderlief,
es ist zuwidergelaufen, zuwiderzulaufen

zu Willen sein
zu Wort kommen *und* zu Worte kommen
zuzahlen; zuzählen
zu Zeiten; zu Zeiten Karls d. Gr., *aber*
zuzeiten (manchmal);
von Zeit zu Zeit
zuziehen ⓘ ziehen 290;
zuzüglich; der Zuzug
zuzwinkern
ZVS = Zentralstelle für die Vergabe von
Studienplätzen
zwacken; zwicken und zwacken
der **Zwang**, die Zwänge; die Zwangsarbeit;
die Zwangseinweisung;
die Zwangshandlung; die Zwangslage;
die Zwangsläufigkeit;
die Zwangsvollstreckung;
die Zwangsversteigerung;
zwanghaft; zwanglos; zwangsläufig;
zwangsmäßig; zwangsweise;
zwangsräumen; zwangsumsiedeln;
zwangsvorführen; zwangsversteigern;
zwängen, gezwängt; → zwingen

zwanzig, **20.**, **zwanzigstel** ⓘ **acht** S. 10;
heute ist der Zwanzigste;
er ist zwanzig; zwanzigjährig, 20-jährig;
die zwanziger Jahre/Zwanzigerjahre;
der Zwanzigeuroschein, 20-Euro-Schein;
die Zwanzigpfennigmarke,
20-Pfennig-Marke, 20-Pf.-Marke

zwar; und zwar ⟨u. zw.⟩

der **Zweck**; zum Zwecke; zweckdienlich;
zweckentfremdet; zweckentsprechend;
zweckgebunden; zweckgemäß; zwecklos;
zweckmäßig; die Zweckmäßigkeit; zwecks;
zweckvoll; zweckwidrig;

die **Zwecke** (Heftnagel), die Zwecken

zwei; bis zwei zählen;
zwei und zwei ist vier;
die ersten zwei; wir zwei; da sind die zwei;
dazu gehören zwei; einer von uns zweien;
wir sind zu zweien *und* zu zweit; wenn
zwei sich streiten, freut sich der Dritte;
zweierlei; zweitens;
zwei[und]einhalb; zweiundzwanzig;
zweihundert; zweitausend;
zwei Millionen;
der zweimillionste Besucher;
es ist zwei [Uhr]; [ein] Viertel vor zwei;
zwei zu drei, 2:3; halb zwei; Punkt zwei;
es ist zwei [Uhr]; [um] Viertel vor zwei, *aber*
um drei viertel zwei;
zwei Viertel ⓘ **viertel** S. 248;
zweifach, 2fach *und* 2-fach; das Zweifache;
er ist zwei; zweijährig, 2-jährig;
zweiprozentig, 2-prozentig, 2%ig;
zweimal, 2-mal; zwei Mal ⓘ **Mal** S. 142;
zweite; der Zweite;
die Zwei, die Zweien; die Zahl, Ziffer Zwei;
in Bio eine Zwei haben; die Note „Zwei";
eine Zwei würfeln; der Zweier;
mit der Zwei (Linie 2) fahren;
zweiachsig; zweideutig; zweidimensional;
zweieiig; zweierlei; zweigleisig; zweigeteilt;
zweijährig, 2-jährig; zweimalig;
zweimotorig; zweischneidig; zweiseitig;
zweisprachig; zweispurig; zweistimmig;
zweistündig; zweistündlich; zweiteilig;
zweitklassig; zweizeilig, 2-zeilig;
der Zweiachser; die Zweidrittelmehrheit;
der Zweikampf; der Zweimaster;
das Zweirad; der Zweitaktmotor;
die Zweitstimme; der Zweivierteltakt;
die Zweizimmerwohnung,
die 2-Zimmer-Wohnung;
das Zweieurostück, 2-Euro-Stück;
das Zweicentstück, 2-Cent-Stück; → zweit

der **Zweifel**, die Zweifel; der Zweifler;
im Zweifelsfall[e]; zweifelhaft; zweifellos;
zweifelsfrei; zweifelsohne; zweiflerisch;
zweifeln, ich zweif[e]le

der **Zweig**, die Zweige;
die Zweigniederlassung; die Zweigstelle;
das Zweigwerk

zweit-; zu zweit; zweitens;
am zweiten Mai; er läuft als Zweiter;
er ist Zweiter (2. Sieger); wie kein Zweiter;
ein zweites Programm, *aber*
das Zweite Programm (ZDF) *und*
das Zweite Deutsche Fernsehen (ZDF);
der Zweite Weltkrieg;
Friedrich der Zweite, *üblicher* Friedrich II.;
das zweitälteste, zweitbeste, zweitgrößte,
zweitletzte Haus; er ist der Zweitälteste;
zweitklassig; zweitrangig;
der Zweitschlüssel; die Zweitschrift;
die Zweitstimme; die Zweitwohnung

das **Zwerchfell**; zwerchfellerschütternd

der **Zwerg**, die Zwerge; zwergenhaft

die **Zwetsche** *und* Zwetschge *und* Zwetschke

zwicken, gezwickt; die Zwickmühle;
der Zwi|ckel

zwie-; zwiefach *und* zweifach;
der Zwieback, die Zwiebäcke *und*
Zwiebacke; das Zwiegespräch;
das Zwielicht; zwielichtig;
der Zwiespalt, die Zwiespalte *und*
Zwiespälte; zwiespältig; die Zwiesprache;
die Zwietracht; zwieträchtig

die **Zwiebel**, die Zwiebeln; der Zwiebelkuchen;
zwiebeln *ugs.* (jemanden ärgern; wehtun)

die **Zwille** (kleine Schleuder), die Zwillen;

der **Zwilling**, die Zwillinge;
der Zwillingsbruder; das Zwillingspaar;
die Zwillingsschwester

zwingen ⓘ 290, zwang, gezwungen;
zwingend; die Zwinge; der Zwinger

zwinkern (blinzeln), ich zwinkere

zwirbeln, gezwirbelt

der **Zwirn**, die Zwirne (Zwirnarten);
der Zwirnsfaden

zwischen; zwischendrin; zwischendurch;
die Zwischenbemerkung;
der Zwischenbericht; die Zwischenbilanz;
das Zwischendeck; das Zwischending;
das Zwischenergebnis; der Zwischenfall;
die Zwischenfrage; das Zwischenlager;
die Zwischenlandung;
die Zwischenmahlzeit; der Zwischenraum;
der Zwischenruf; die Zwischenstation;
die Zwischenzeit; zwischenzeitlich;
zwischenmenschlich; zwischenstaatlich;

zwischen *als Präposition/Verhältniswort*
mit dem Dativ/Wemfall:
Der Stein liegt (wo?)
zwischen den Wegen, zwischen den Beeten,
mit dem Akkusativ/Wenfall:
Lege den Stein (wohin?)
zwischen die Wege, zwischen die Beete!

zwischen + Verb
Trennbare Zusammensetzungen:
zwischenlanden, zwischengelandet,
zwischenzulanden,
weil die Maschine in Frankfurt
zwischenlandet/zwischenlandete,
aber (*selten*) sie landet/landete zwischen;
entsprechend auch:
zwischenfinanzieren; zwischenlagern;
nur im Infinitiv und Partizip II:
zwischenblenden, zwischengeblendet,
zwischenzublenden

der **Zwist**, die Zwiste; die Zwistigkeiten
zwitschern, ich zwitschere
der **Zwitter**, die Zwitter;
die Zwitterstellung; das Zwitterwesen;
zwitt[e]rig, zwitterhaft
zwo = zwei; die Zwo
zwölf, **12.**, **zwölftel** ⓘ **acht** S. 10;
bis zwölf zählen;
zwölf und acht ist zwanzig;
die ersten zwölf; wir sind zwölf;
wir zwölf; da sind die zwölf;
einer von uns zwölfen;
wir sind zu zwölfen *und* zu zwölft;
zwölferlei; zwölftens;
zwölf[und]einhalb; zwölftausend;
zwölf Millionen; das zwölfmillionste Mal;
zwölf zu eins, 12:1;
halb zwölf; Punkt zwölf;
es ist zwölf [Uhr]; [um] Viertel vor zwölf,
aber um drei viertel zwölf ⓘ **viertel** S. 248;
zwölffach, 12fach/12-fach; das Zwölffache;
er ist zwölf; zwölfjährig, 12-jährig;
zwölfprozentig, 12-prozentig, 12%ig;
zwölfmal, 12-mal; zwölf Mal ⓘ **Mal** S. 142;
zwölfte; der Zwölfte ⓘ **acht**, achtel S. 10;
die Zwölf, die Zwölfen;
die Zahl, Ziffer Zwölf;
mit der Zwölf (Linie 12) fahren;
es ist fünf [Minuten] vor zwölf
(allerhöchste Zeit);
nun hat es aber zwölf geschlagen!
(jetzt ist es aber genug!);
die zwölf Apostel; zwölfstündig;
die Zwölf Nächte
(Weihnachten bis Dreikönigstag);
der Zwölfender; der Zwölffingerdarm;
die Zwölfmeilenzone;
der Zwölftonner, 12-Tonner
das **Zyankali** (ein starkes Gift)
die **Zygote** (befruchtete Eizelle)
der **Zyklon** (Wirbelsturm), die Zyklone
der **Zyklop** (einäugige Sagengestalt)
der **Zyklus** (Kreislauf; zusammenhängende
Folge), die Zyklen; zyklisch
der **Zylinder** (röhrenförmiger Hohlkörper;
Hut), die Zylinder;
der 4-Zylinder-Motor;
zylindrisch (walzenförmig)
zynisch (schamlos spöttisch);
der Zyniker; der Zynismus, die Zynismen
Zypern; zyprisch; zypriotisch;
der Zyprer, die Zyprerin;
der Zypriote (Zyperngrieche),
die Zyprioten; die Zypriotin
die **Zypresse** (Kiefernart im Mittelmeerraum),
die Zypressen
zyrillisch → kyrillisch
die **Zyste** (Blase, Geschwulst), die Zys|ten
zz., **zzt.** = zurzeit
z. Z., **z. Zt.** = zur Zeit

Grammatische Fachwörter

das **Abstraktum** nichtgegenständliches Hauptwort	Freundschaft, Liebe, Hoffnung, Vernunft
das **Adjektiv** Eigenschaftswort, Artwort	Von dem hohen Turm hat man eine herrliche Aussicht über das weite Land.
das **Adverb** Umstandswort	Das mache ich gern wieder. Bald werden wir oben sein.
die **adverbiale Bestimmung** Umstandsbestimmung	Am Abend sahen wir den Mond über dem Wald aufgehen.
der **Akkusativ** ⟨Akk.⟩ Wenfall, 4. Fall	der Vogel, des Vogels, dem Vogel, den Vogel; die Vögel, der Vögel, den Vögeln, die Vögel
das **Aktiv** Tatform	Er rettete den Ertrinkenden. *Passiv*: Der Ertrinkende wurde gerettet.
die **Apposition** Beisatz	Deutschland, mein Heimatland, liegt in Mitteleuropa.
der **Artikel** ⟨Art.⟩ Begleiter, Geschlechtswort	der, die, das; ein, eine, ein Der Asylbewerber fand eine neue Heimat.
das **Attribut** Beifügung	Ein dauerhafter Frieden ist unser größter Wunsch.
der **Dativ** ⟨Dat.⟩ Wemfall, 3. Fall	das Haus, des Hauses, dem Haus[e], das Haus; die Häuser, der Häuser, den Häusern, …
die **Deklination** Beugung des Haupt-, Eigenschafts-, Fürworts und Zahlworts	der große Baum, des großen Baumes, dem großen Baum[e], den großen Baum; ich, meiner, mir, mich; dein, deines, deinem, deinen; das Hundert, viele hundert[e]/Hundert[e], zu hunderten/Hunderten
das **Demonstrativpronomen** hinweisendes Fürwort	Dieses Erlebnis werde ich nie vergessen. Dies Stück Kuchen möchte ich haben. Das da!
der **Diphthong** Doppellaut	ai, ei, ay, ey, au, äu, eu, oi, oy
die **direkte Rede** wörtliche Rede	„Das verstehe ich nicht", sagte er. „Wer hat die Rosen gebracht?", fragte sie.
das **Femininum** weibliches Hauptwort	die Blume, die Frau, die Sonne
der **Finalsatz** Umstandssatz der Absicht, des Zwecks	*Finalsätze sind Nebensätze, eingeleitet mit* dass, damit, auf dass
die **finite Verbform** gebeugte Verbform	ich lese, er liest, sie las, er hat gelesen wir werden lesen
die **Flexion** Beugung	→ Deklination *von Nomen usw.* → Konjugation

Grammatische Fachwörter

das **Futur I** und **II** 1. und 2. Zukunft	I Wir werden bald ankommen. II Wir werden gleich angekommen sein.
der **Genitiv** (Gen.) Wesfall, 2. Fall	der Mensch, des Menschen die Mutter, der Mutter; das Haus, des Hauses
das **Genus (Genus)** Geschlecht des Nomens und Pronomens	der Stein, die Luft, das Wasser er, sie, es; dieser, diese, dieses; dein Vater, seine Mutter, unser Haus
das **Hilfsverb** Hilfszeitwort	haben, sein, werden
der **Imperativ (Imperativ)** Befehlsform	Pass auf!; Los, komm!; Hör[e] auf guten Rat!
das **Imperfekt**	→ Präteritum
das **Indefinitpronomen** unbestimmtes Fürwort	irgendein; mancher; jemand; niemand
der **Indikativ** (Ind.) Wirklichkeitsform	Er liest ein Buch. Sie schreibt einen Brief.
die **indirekte Rede** nichtwörtliche Rede	Er sagte, er komme morgen wieder. Er sagte, dass er morgen wiederkomme.
die **infinite Verbform** nicht gebeugte Form des Zeitworts	*Infinitiv*: laufen *Partizip*: laufend, gelaufen
der **Infinitiv (Infinitiv)** Grundform des Zeitworts	gehen, schaukeln, rudern, transportieren
die **Interjektion** Ausrufewort	aha!, ätsch!, autsch!, haha!, juchhe!, pfui!
die **Interpunktion** Zeichensetzung	→ Seite 307 ff.
das **Interrogativpronomen** fragendes Fürwort	Wer hat das geschrieben? Was für ein Gedicht ist das?
das **intransitive Verb** nichtzielendes Zeitwort	Es taut. Das Kind schläft. *Verb ohne Akkusativobjekt und ohne Passiv*
die **Kardinalzahl** Grundzahl	2, 15, 100 zwei, fünfzehn, hundert
der **Kasus** Fall	→ Nominativ → Genitiv → Dativ → Akkusativ
der **Kausalsatz** Umstandssatz des Grundes	*Kausalsätze sind Nebensätze und antworten auf die Frage* warum, weshalb, weswegen, wieso, wovon?
die **Komparation** Steigerung	hoch *Positiv* höher *Komparativ* am höchsten *Superlativ*

der **Komparativ** Steigerungsstufe, Vergleichsstufe	die **bessere** Leistung, die **höheren** Löhne, das **kleinere** Übel Das ist **teurer** als **früher**.
der **Komparativsatz** Vergleichssatz	Du bist so alt, **wie du dich fühlst.** Er weiß mehr darüber, **als dir lieb ist.**
das **Kompositum** Zusammensetzung	**Lehr- satz, Satz- lehre,** **Tele- vision, Video- recorder, Video- spiel**
der **Konditionalsatz** Bedingungssatz	*Konditionalsätze sind Nebensätze, eingeleitet mit* wenn, falls, sobald, sofern
die **Konjugation** Beugung des Zeitworts	ich **sage**, du **sagst**, sie **sagte**, er **hat gesagt**, wir **sagen** …
die **Konjunktion** Bindewort	*koordinierend/beiordnend*: **und**, **oder**, **aber** … *subordinierend/unterordnend*: **obwohl**, **nachdem**, **weil** …
der **Konjunktiv** I und II ⟨Konj.⟩ 1. und 2. Möglichkeitsform	I **Sei** es, wie es **wolle**. – Er sagte, er **habe** nichts vor. II Er **hätte** gewonnen, wenn er nicht gestürzt **wäre**.
das **Konkretum** gegenständliches Hauptwort	**Stein**, **Hund**, **Wasser**, **Straße**
der **Konsekutivsatz** Umstandssatz der Folge	*Konsekutivsätze sind Nebensätze, eingeleitet mit* dass, so dass/sodass, auf dass
der **Konsonant** Mitlaut	**b**, **p**, **d**, **t**, **s**, **ß**, **sch**, **c**, **k**, **ck**, **g**, **h**, **ch** … **ph**, **rh**, **sh**, **th**
der **Konzessivsatz** Umstandssatz der Einräumung	*Konzessivsätze sind Nebensätze, eingeleitet mit* obwohl, obgleich, wenn auch
der **Lokalsatz** Umstandssatz des Ortes	*Lokalsätze sind Nebensätze, eingeleitet mit* wo, woher, wohin
das **Maskulinum** männliches Hauptwort	**der Mond**, **der Baum**, **der Mann**, **der Verein**, **der Advent**
der **Modalsatz** Umstandssatz der Art und Weise	*Modalsätze sind Nebensätze, eingeleitet mit* indem, dadurch dass, ohne dass
das **Modalverb** Zeitwort der Aussageweise	*Sechs Wörtchen nehmen mich in Anspruch jeden Tag*: ich **kann**, ich **darf**, ich **will**, ich **soll**, ich **muss**, ich **mag**
der **Modus** Aussageweise	→ Indikativ: Er **kommt**. → Konjunktiv I: **Komme**, was da **wolle**. → Konjunktiv II: Er **käme**, wenn er **könnte**. → Imperativ: Jetzt **komm!**
das **Neutrum** sächliches Hauptwort	**das Wetter**, **das Wasser**, **das Kind**
das **Nomen** Hauptwort, Substantiv	der **Stern**, der **Norden**, die **Luft**, die **Liebe**, das **Blatt**, das **Land**

Grammatische Fachwörter

der **Nominativ** (Nom.) Werfall, 1. Fall	der Mensch, die Menschen; die Blume; das Reh
das **Numerale** Zahlwort → Kardinalzahl und → Ordinalzahl	drei, Million, 1997, zig, dritte, Drittel, dreifach, dreimal, einige, manche, mehrere, allerlei
der **Numerus** Zahl	→ Singular: das Haus; ich, er → Plural: die Häuser; wir, sie
das **Objekt** Ergänzung → Präpositionalobjekt	*Akkusativ*: Sie findet ihn. *Dativ*: Gib ihm das Buch.
die **Ordinalzahl** Ordnungszahl	der dritte Mann, am 11. 10., Heinrich VIII. (der Achte)
die **Partikel** unbeugbares Wort	aber, hier, ja, mit, und ...
das **Partizip Perfekt** Mittelwort der Vergangenheit	fahren gefahren bieten geboten übersetzen übergesetzt; übersetzt
das **Partizip Präsens** Mittelwort der Gegenwart	auffallend, beruhigend, schweigend ...
das **Passiv** Leideform	Wir wurden herzlich begrüßt. *Aktiv*: Sie begrüßten uns herzlich.
das **Perfekt** vollendete Gegenwart	Ich habe dich etwas gefragt(,) und du hast nicht geantwortet.
das **Personalpronomen** persönliches Fürwort	ich, du, er, sie, es; wir, ihr, sie; Das gehört mir. Gib es ihm!
der **Plural** (Plur.) Mehrzahl	→ Numerus
das **Plusquamperfekt** vollendete Vergangenheit	Wir waren gut angekommen und hatten schon alles ausgepackt.
der **Positiv** Grundstufe	gut, besser, am besten
das **Possessivpronomen** besitzanzeigendes Fürwort	mein, dein, sein, ihr; unser, euer, ihr; das Haus meines Onkels; Gib das deinem Vater!
das **Prädikat** Satzkern, Satzaussage	Das mache ich. Wir haben uns gefreut. Wir spielen alle mit.
das **Prädikatsnomen** Gleichsetzungsnominativ Gleichsetzungsakkusativ	 Er ist ein guter Schüler. Er wird Bester. Amerika nennt man auch die Neue Welt.

das **Präfix** Vorsilbe	Anfang, desinfizieren, erleben, Gebirge, Inserat, perfekt, Produkt, ungenau, Vorsilbe
die **Präposition** Verhältniswort	auf dem Tisch, im Teich, unter Wasser
das **Präpositionalobjekt** Verhältnisergänzung	Er erinnerte sich an unsere gemeinsame Reise.
das **Präsens** Gegenwart	Ich sehe dich an. Sie liest gerade ein Buch.
das **Präteritum** Vergangenheit	Wir blieben noch einige Tage. Wir hatten viel Spaß.
das **Pronomen** Fürwort	→ Demonstrativ-, → Indefinit-, → Interrogativ-, → Personal-, → Possessiv-, → Reflexiv-, → Relativpronomen
das **Reflexivpronomen** rückbezügliches Fürwort	sich beeilen Ich beeile mich. – Wir haben uns beeilt.
das **Relativpronomen** bezügliches Fürwort	der, die, das; welcher, welche, welches; wer, was; das Land, das wir lieben
der **Relativsatz**	ist ein Nebensatz, der sich auf einen Satzteil des Hauptsatzes bezieht und diesen näher erläutert.
der **Singular** (Sing.) Einzahl	→ Numerus
das **Subjekt** Satzgegenstand	Die Erde kreist um die Sonne. Sie ist einzigartig.
das **Substantiv**	→ Nomen
das **Suffix** Nachsilbe	denkbar, Einheit, Freundschaft, heutig, langsam, lackieren, neidisch, Realismus, Rundung, sachlich
der **Superlativ** Höchststufe	der schönste Tag, die besten Freunde
der **Temporalsatz** Umstandssatz der Zeit	*Temporalsätze sind Nebensätze, die auf die Frage* wann, seit wann, bis wann, wie lange? *antworten.*
das **Tempus** Zeit, Zeitform	→ Präsens, → Präteritum, → Perfekt, → Plusquamperfekt, → Futur
das **transitive Verb** zielendes Verb/Zeitwort	*Verb, zu dem ein Akkusativobjekt treten kann:* Sie gibt ihm das Buch. Er liest ein Buch.
das **Verb** Zeitwort	leben, essen, radeln, rudern, telefonieren
der **Vokal** Selbstlaut	a, e, i, o, u; *die Umlaute* ä, ö, ü, (y) *und die* → Diphthonge

Konjugation unregelmäßiger Verben

Infinitiv Grundform	**Präsens/Gegenwart**			
	Indikativ Wirklichkeitsform			**Konjunktiv** Möglichkeitsform
	ich	du	er, sie, es, man	ich, er, sie, es, man
backen	backe	bäckst[1]	bäckt[2,3]	backe
befehlen	befehle	befiehlst	befiehlt	befehle
beginnen	beginne	beginnst	beginnt	beginne
beißen	beiße	beißt	beißt	beiße
bergen	berge	birgst	birgt	berge
bersten	berste	birst	birst	berste
bewegen				
(veranlassen)	bewege	bewegst	bewegt	bewege
(Lage verändern)	bewege	bewegst	bewegt	bewege
biegen	biege	biegst	biegt	biege
bieten	biete	bietest	bietet	biete
binden	binde	bindest	bindet	binde
bitten	bitte	bittest	bittet	bitte
blasen	blase	bläst	bläst	blase
bleiben	bleibe	bleibst	bleibt	bleibe
braten	brate	brätst	brät	brate
brechen	breche	brichst	bricht	breche
brennen	brenne	brennst	brennt	brenne
bringen	bringe	bringst	bringt	bringe
denken	denke	denkst	denkt	denke
dingen	dinge	dingst	dingt	dinge
dreschen	dresche	drischst	drischt	dresche
dringen	dringe	dringst	dringt	dringe
dürfen	darf	darfst	darf	dürfe
empfehlen	empfehle	empfiehlst	empfiehlt	empfehle
erlöschen	erlösche	erlischst	erlischt	erlösche
erschrecken (selbst erschrecken; in Schrecken geraten)	erschrecke	erschrickst[8]	erschrickt[9]	erschrecke
erschrecken (jemanden erschrecken, in Schrecken setzen)	erschrecke	erschreckst[8]	erschreckt[9]	erschrecke
erwägen	erwäge	erwägst	erwägt	erwäge
essen	esse	isst	isst	esse
fahren	fahre	fährst	fährt	fahre
fallen	falle	fällst	fällt	falle
fangen	fange	fängst	fängt	fange
fechten	fechte	fichtst	ficht	fechte
finden	finde	findest	findet	finde
flechten	flechte	flichtst	flicht	flechte
fliegen	fliege	fliegst	fliegt	fliege
fliehen	fliehe	fliehst	flieht	fliehe

[1] *auch* backst [2] *auch* backt

[3] *aber* Der Schnee **backt, backte, hat gebackt.**

[4] Man **bewog** ihn(,) nach Hause zurückzukehren.
Der Wind **bewegte** die See.
Die Geschichte **bewegte** alle Zuhörer.

[5] Man **hatte** ihn zur Rückkehr **bewogen**.
Der Wind **hat** die See **bewegt**.
Die Geschichte **hat** alle Zuhörer **bewegt**.

[6] Ich **habe** nicht **gedurft**.
aber Ich **habe** nicht kommen **dürfen**.

Präteritum/Vergangenheit		Partizip Perfekt Mittelwort der Vergangenheit	Imperativ Befehlsform	
Indikativ Wirklichkeitsform	**Konjunktiv** Möglichkeitsform			
ich, er, sie, es, man	ich, er, sie, es, man	er, sie, es, man	Singular Einzahl	Plural Mehrzahl
backte	backte	hat **gebacken**[3]	back[e]!	backt!
befahl	befähle	hat **befohlen**	befiehl!	befehlt!
begann	begänne	hat **begonnen**	beginn[e]!	beginnt!
biss	bisse	hat **gebissen**	beiß[e]!	beißt!
barg	bärge	hat **geborgen**	birg!	bergt!
barst	bärste	ist **geborsten**		
bewog[4]	bewöge	hat **bewogen**[5]	beweg[e]!	bewegt!
bewegte[4]	bewegte	hat **bewegt**[5]	beweg[e]!	bewegt!
bog	böge	hat **gebogen**	bieg[e]!	biegt!
bot	böte	hat **geboten**	biet[e]!	bietet!
band	bände	hat **gebunden**	bind[e]!	bindet!
bat	bäte	hat **gebeten**	bitt[e]!	bittet!
blies	bliese	hat **geblasen**	blas[e]!	blast!
blieb	bliebe	ist **geblieben**	bleib[e]!	bleibt!
briet	briete	hat **gebraten**	brat[e]!	bratet!
brach	bräche	ist **gebrochen**[12]	brich!	brecht!
brannte	brennte	hat **gebrannt**	brenn[e]!	brennt!
brachte	brächte	hat **gebracht**	bring[e]!	bringt!
dachte	dächte	hat **gedacht**	denk[e]!	denkt!
dingte	dänge	hat **gedungen**	ding[e]!	dingt!
drosch	drösche	hat **gedroschen**	drisch!	drescht!
drang	dränge	hat **gedrungen**	dring[e]!	dringt!
durfte	dürfte	hat **gedurft**[6]		
empfahl	empföhle[7]	hat **empfohlen**	empfiehl!	empfehlt!
erlosch	erlösche	ist **erloschen**	erlisch!	erlöscht!
erschrak[10]	erschräke	ist **erschrocken**[11]	erschrick!	erschreckt!
erschreckte[10]	erschreckte	hat **erschreckt**[11]	erschreck[e]!	erschreckt!
erwog	erwöge	hat **erwogen**	erwäg[e]!	erwägt!
aß	äße	hat **gegessen**	iss!	esst!
fuhr	führe	ist **gefahren**	fahr[e]!	fahrt!
fiel	fiele	ist **gefallen**	fall[e]!	fallt!
fing	finge	hat **gefangen**	fang[e]!	fangt!
focht	föchte	hat **gefochten**	ficht!	fechtet!
fand	fände	hat **gefunden**	find[e]!	findet!
flocht	flöchte	hat **geflochten**	flicht!	flechtet!
flog	flöge	ist **geflogen**	flieg[e]!	fliegt!
floh	flöhe	ist **geflohen**	flieh[e]!	flieht!

7 *auch* empfähle
8 Du **erschrickst** beim geringsten Geräusch.
Du **erschreckst** uns mit deiner Hupe.
9 Er **erschrickt** bei jedem Knall.
Er **erschreckt** die Kinder.
10 Er **erschrak** bei jedem Knall.
Er **erschreckte** die Kinder.
11 Er **ist** bei dem Knall tüchtig **erschrocken**.
Er **hat** die Kinder **erschreckt**.
12 *aber* Er **hat** das Brot **gebrochen.**

Konjugation unregelmäßiger Verben

Infinitiv Grundform	Präsens/Gegenwart			
	Indikativ Wirklichkeitsform			Konjunktiv Möglichkeitsform
	ich	du	er, sie, es, man	ich, er, sie, es, man
fließen	fließe	fließt	fließt	fließe
fressen	fresse	frisst	frisst	fresse
frieren	friere	frierst	friert	friere
gären			gärt	gäre
gebären	gebäre	gebärst	gebärt	gebäre
geben	gebe	gibst	gibt	gebe
gedeihen	gedeihe	gedeihst	gedeiht	gedeihe
gehen	gehe	gehst	geht	gehe
gelingen			gelingt	gelinge
gelten	gelte	giltst	gilt	gelte
genesen	genese	genest	genest	genese
genießen	genieße	genießt	genießt	genieße
geschehen			geschieht	geschehe
gewinnen	gewinne	gewinnst	gewinnt	gewinne
gießen	gieße	gießt	gießt	gieße
gleichen	gleiche	gleichst	gleicht	gleiche
gleiten	gleite	gleitest	gleitet	gleite
glimmen			glimmt	glimme
graben	grabe	gräbst	gräbt	grabe
greifen	greife	greifst	greift	greife
haben	habe	hast	hat	habe
halten	halte	hältst	hält	halte
hängen (angehängt sein; aufgehängt sein; herunterhängen; herabhängen)	hänge	hängst	hängt	hänge
hängen (anhängen; aufhängen)	hänge	hängst	hängt	hänge
hauen	haue	haust	haut	haue
heben	hebe	hebst	hebt	hebe
heißen	heiße	heißt	heißt	heiße
helfen	helfe	hilfst	hilft	helfe
kennen	kenne	kennst	kennt	kenne
klimmen	klimme	klimmst	klimmt	klimme
klingen	klinge	klingst	klingt	klinge
kneifen	kneife	kneifst	kneift	kneife
kommen	komme	kommst	kommt	komme
können	kann	kannst	kann	könne
kriechen	krieche	kriechst	kriecht	krieche
laden	lade	lädst	lädt	lade
lassen	lasse	lässt	lässt	lasse
laufen	laufe	läufst	läuft	laufe
leiden	leide	leidest	leidet	leide
leihen	leihe	leihst	leiht	leihe

[1] *aber* Im Volk **gärte** es seit langem.
Es **hatte** schon länger im Volke **gegärt**.
[2] *auch* gewänne
[3] *auch* glimmte
[4] *auch* geglimmt
[5] Die Jacke **hing** an einem Nagel.
Er **hängte** die Jacke an einen Nagel.

Präteritum/Vergangenheit		Partizip Perfekt Mittelwort der Vergangenheit	Imperativ Befehlsform	
Indikativ Wirklichkeitsform	**Konjunktiv** Möglichkeitsform			
ich, er, sie, es, man	ich, er, sie, es, man	er, sie, es, man	Singular Einzahl	Plural Mehrzahl
floss	flösse	ist **geflossen**	fließ[e]!	fließt!
fraß	fräße	hat **gefressen**	friss!	fresst!
fror	fröre	hat **gefroren**	frier[e]!	friert!
gor[1]	göre	ist **gegoren**[1]	gär[e]!	gärt!
gebar	gebäre	ist **geboren**	gebär[e]!	gebärt!
gab	gäbe	hat **gegeben**	gib!	gebt!
gedieh	gediehe	ist **gediehen**	gedeih[e]!	gedeiht!
ging	ginge	ist **gegangen**	geh[e]!	geht!
gelang	gelänge	ist **gelungen**		
galt	gälte, gölte	hat **gegolten**		
genas	genäse	ist **genesen**	genese!	genest!
genoss	genösse	hat **genossen**	genieß[e]!	genießt!
geschah	geschähe	ist **geschehen**		
gewann	gewönne[2]	hat **gewonnen**	gewinn[e]!	gewinnt!
goss	gösse	hat **gegossen**	gieß[e]!	gießt!
glich	gliche	hat **geglichen**	gleich[e]!	gleicht!
glitt	glitte	ist **geglitten**	gleit[e]!	gleitet!
glomm[3]	glömme[3]	hat **geglommen**[4]	glimm[e]!	glimmt!
grub	grübe	hat **gegraben**	grab[e]!	grabt!
griff	griffe	hat **gegriffen**	greif[e]!	greift!
hatte	hätte	hat **gehabt**	hab[e]!	habt!
hielt	hielte	hat **gehalten**	halt[e]!	haltet!
hing[5]	hinge	hat **gehangen**[6]	häng[e]!	hängt!
hängte[5]	hängte	hat **gehängt**[6]	häng[e]!	hängt!
haute[7]	haute	hat **gehauen**	hau[e]!	haut!
hob	höbe	hat **gehoben**	heb[e]!	hebt!
hieß	hieße	hat **geheißen**	heiß[e]!	heißt!
half	hülfe	hat **geholfen**	hilf!	helft!
kannte	kennte	hat **gekannt**	kenn[e]!	kennt!
klomm[8]	klömme[8]	ist **geklommen**[9]	klimm[e]!	klimmt!
klang	klänge	hat **geklungen**	kling[e]!	klingt!
kniff	kniffe	hat **gekniffen**	kneif[e]!	kneift!
kam	käme	ist **gekommen**	komm[e]!	kommt!
konnte	könnte	hat **gekonnt**[10]		
kroch	kröche	ist **gekrochen**	kriech[e]!	kriecht!
lud	lüde	hat **geladen**	lad[e]!	ladet!
ließ	ließe	hat **gelassen**[11]	lass[e]!	lasst!
lief	liefe	ist **gelaufen**	lauf[e]!	lauft!
litt	litte	hat **gelitten**	leid[e]!	leidet!
lieh	liehe	hat **geliehen**	leih[e]!	leiht!

Die Wagen **hatten** erst am falschen Zug **gehangen**.
An den Zug **wurden** noch zwei Wagen **gehängt**.
beim Draufschlagen mit einer Waffe: hieb
auch klimmte

9 *auch* geklimmt
10 Er **hat** es gut **gekonnt**.
aber Er hat nicht **kommen können**.
11 Ich **habe** es **gelassen** (nicht getan).
aber Ich **habe** dich rufen **lassen**.

Konjugation unregelmäßiger Verben

Infinitiv Grundform	**Präsens/Gegenwart**			
	Indikativ Wirklichkeitsform			**Konjunktiv** Möglichkeitsform
	ich	du	er, sie, es, man	ich, er, sie, es, man
lesen	lese	liest	liest	lese
liegen	liege	liegst	liegt	liege
lügen	lüge	lügst	lügt	lüge
meiden	meide	meidest	meidet	meide
melken	melke	melkst	melkt	melke
messen	messe	misst	misst	messe
misslingen			misslingt	misslinge
mögen	mag[1]	magst[1]	mag[1]	möge
müssen	muss	musst	muss	müsse
nehmen	nehme	nimmst	nimmt	nehme
nennen	nenne	nennst	nennt	nenne
pfeifen	pfeife	pfeifst	pfeift	pfeife
pflegen	pflege	pflegst	pflegt	pflege
preisen	preise	preist	preist	preise
quellen (größer werden; hervorsprudeln)	quelle	quillst	quillt	quelle
quellen (im Wasser weichen lassen; *z. B.* ich muss die Erbsen quellen)	quelle	quellst	quellt	quelle
raten	rate	rätst	rät	rate
reiben	reibe	reibst	reibt	reibe
reißen	reiße	reißt	reißt	reiße
reiten	reite	reitest	reitet	reite
rennen	renne	rennst	rennt	renne
riechen	rieche	riechst	riecht	rieche
ringen	ringe	ringst	ringt	ringe
rinnen			rinnt	rinne
rufen	rufe	rufst	ruft	rufe
saufen	saufe	säufst	säuft	saufe
saugen	sauge	saugst	saugt	sauge
schaffen				
(erschaffen)	schaffe	schaffst	schafft	schaffe
(vollbringen)	schaffe	schaffst	schafft	schaffe
scheiden	scheide	scheidest	scheidet	scheide
scheinen	scheine	scheinst	scheint	scheine
schelten	schelte	schiltst	schilt	schelte
scheren	schere	scherst	schert	schere
schieben	schiebe	schiebst	schiebt	schiebe
schießen	schieße	schießt	schießt	schieße
schinden	schinde	schindest	schindet	schinde
schlafen	schlafe	schläfst	schläft	schlafe
schlagen	schlage	schlägst	schlägt	schlage
schleichen	schleiche	schleichst	schleicht	schleiche

[1] *als höfliche Form für* wollen *auch* möchte, möchtest, möchte

[2] Er **hat** es nicht **gemocht**.
aber Er **hat** es nicht **nehmen mögen**.
Das **hätte** ich **sehen mögen**!

[3] Er hat **fortgemusst**.
aber Was **habe** ich **hören müssen**!

[4] *in der Wendung* der Ruhe pflegen: **pflog, gepflogen**

Präteritum/Vergangenheit		Partizip Perfekt Mittelwort der Vergangenheit	Imperativ Befehlsform	
Indikativ Wirklichkeitsform	**Konjunktiv** Möglichkeitsform			
ich, er, sie, es, man	ich, er, sie, es, man	er, sie, es, man	Singular Einzahl	Plural Mehrzahl
las	läse	hat **gelesen**	lies!	lest!
lag	läge	hat **gelegen**	lieg[e]!	liegt!
log	löge	hat **gelogen**	lüg[e]!	lügt!
mied	miede	hat **gemieden**	meid[e]!	meidet!
melkte	melkte	hat **gemolken**	melk[e]!	melkt!
maß	mäße	hat **gemessen**	miss!	messt!
misslang	misslänge	ist **misslungen**		
mochte	möchte	hat **gemocht** [2]		
musste	müsste	hat **gemusst** [3]		
nahm	nähme	hat **genommen**	nimm!	nehmt!
nannte	nennte	hat **genannt**	nenn[e]!	nennt!
pfiff	pfiffe	hat **gepfiffen**	pfeif[e]!	pfeift!
pflegte [4]	pflegte	hat **gepflegt** [4]	pfleg[e]!	pflegt!
pries	priese	hat **gepriesen**	preis[e]!	preist!
quoll	quölle	ist **gequollen**		
quellte	quellte	hat **gequellt**		
riet	riete	hat **geraten**	rat[e]!	ratet!
rieb	riebe	hat **gerieben**	reib[e]!	reibt!
riss	risse	hat **gerissen**	reiß[e]!	reißt!
ritt	ritte	ist **geritten**	reit[e]!	reitet!
rannte	rennte	ist **gerannt**	renn[e]!	rennt!
roch	röche	hat **gerochen**	riech[e]!	riecht!
rang	ränge	hat **gerungen**	ring[e]!	ringt!
rann	ränne	ist **geronnen**	rinn[e]!	rinnt!
rief	riefe	hat **gerufen**	ruf[e]!	ruft!
soff	söffe	hat **gesoffen**	sauf[e]!	sauft!
sog	söge	hat **gesogen** [5]	saug[e]!	saugt!
schuf [6]	schüfe	hat **geschaffen** [7]	schaff[e]!	schafft!
schaffte [6]	schaffte	hat **geschafft** [7]	schaff[e]!	schafft!
schied	schiede	**geschieden** [8]	scheid[e]!	scheidet!
schien	schiene	hat **geschienen**	schein[e]!	scheint!
schalt	schölte	hat **gescholten**	schilt!	scheltet!
schor	schöre	hat **geschoren**	scher[e]!	schert!
schob	schöbe	hat **geschoben**	schieb[e]!	schiebt!
schoss	schösse	hat **geschossen**	schieß[e]!	schießt!
		hat **geschunden**	schind[e]!	schindet!
schlief	schliefe	hat **geschlafen**	schlaf[e]!	schlaft!
schlug	schlüge	hat **geschlagen**	schlag[e]!	schlagt!
schlich	schliche	ist **geschlichen**	schleich[e]!	schleicht!

[5] *auch* saugte, gesaugt;
in der Technik nur saugte, gesaugt

[6] Er **schuf** wertvolle Bildwerke.
Er **schaffte** die Strecke in kurzer Zeit.

[7] Der Künstler **hat** großartige Werke **geschaffen**.
Ich **hätte** es beinahe **geschafft**! (*z. B. im Sport*)

[8] Sie **hat** das Unbrauchbare vom Brauchbaren **geschieden**.
Er **ist** aus dem Dienst **geschieden**.

Konjugation unregelmäßiger Verben

Infinitiv Grundform	**Präsens/Gegenwart**			
	Indikativ Wirklichkeitsform			**Konjunktiv** Möglichkeitsform
	ich	du	er, sie, es, man	ich, er, sie, es, man
schleifen (Messer schärfen; polieren; Edelsteine schleifen)	schleife	schleifst	schleift	schleife
schleifen (über den Boden ziehen; dem Boden gleichmachen)	schleife	schleifst	schleift	schleife
schließen	schließe	schließt	schließt	schließe
schlingen	schlinge	schlingst	schlingt	schlinge
schmeißen	schmeiße	schmeißt	schmeißt	schmeiße
schmelzen	schmelze	schmilzt	schmilzt	schmelze
schneiden	schneide	schneidest	schneidet	schneide
schreiben	schreibe	schreibst	schreibt	schreibe
schreien	schreie	schreist	schreit	schreie
schreiten	schreite	schreitest	schreitet	schreite
schweigen	schweige	schweigst	schweigt	schweige
schwellen (größer werden; sich ausdehnen)	schwelle	schwillst	schwillt[1]	schwelle
schwellen (größer machen; ausdehnen)	schwelle	schwellst	schwellt[1]	schwelle
schwimmen	schwimme	schwimmst	schwimmt	schwimme
schwinden	schwinde	schwindest	schwindet	schwinde
schwingen	schwinge	schwingst	schwingt	schwinge
schwören	schwöre	schwörst	schwört	schwöre
sehen	sehe	siehst	sieht	sehe
sein	bin (wir sind)	bist (ihr seid)	ist (sie sind)	sei
senden	sende	sendest	sendet	sende
sieden	siede	siedest	siedet	siede
singen	singe	singst	singt	singe
sinken	sinke	sinkst	sinkt	sinke
sinnen	sinne	sinnst	sinnt	sinne
sitzen	sitze	sitzt	sitzt	sitze
sollen	soll	sollst	soll	solle
speien	speie	speist	speist	speie
spinnen	spinne	spinnst	spinnt	spinne
sprechen	spreche	sprichst	spricht	spreche
sprießen			sprießt	sprieße
springen	springe	springst	springt	springe
stechen	steche	stichst	sticht	steche
stehen	stehe	stehst	steht	stehe
stehlen	stehle	stiehlst	stiehlt	stehle
steigen	steige	steigst	steigt	steige
sterben	sterbe	stirbst	stirbt	sterbe
stieben	stiebe	stiebst	stiebt	stiebe
stinken	stinke	stinkst	stinkt	stinke

[1] Das Segel **schwillt**. Das Segel **schwoll**.
Der Wind **schwellt** das Segel.
Der Wind **schwellte** das Segel.

[2] *auch* sendete, gesendet; *bei Rundfunk und Fernsehen nur* sendete, gesendet

[3] *auch* siedete

Präteritum/Vergangenheit		Partizip Perfekt Mittelwort der Vergangenheit	Imperativ Befehlsform	
Indikativ Wirklichkeitsform	**Konjunktiv** Möglichkeitsform			
ich, er, sie, es, man	ich, er, sie, es, man	er, sie, es, man	Singular Einzahl	Plural Mehrzahl
schliff	schliffe	hat **geschliffen**	schleif[e]!	schleift!
schleifte	schleifte	hat **geschleift**	schleif[e]!	schleift!
schloss	schlösse	hat **geschlossen**	schließ[e]!	schließt!
schlang	schlänge	hat **geschlungen**	schling[e]!	schlingt!
schmiss	schmisse	hat **geschmissen**	schmeiß[e]!	schmeißt!
schmolz	schmölze	ist **geschmolzen**	schmilz!	schmelzt!
schnitt	schnitte	hat **geschnitten**	schneid[e]!	schneidet!
schrieb	schriebe	hat **geschrieben**	schreib[e]!	schreibt!
schrie	schriee	hat **geschrien**	schrei[e]!	schreit!
schritt	schritte	ist **geschritten**	schreit[e]!	schreitet!
schwieg	schwiege	hat **geschwiegen**	schweig[e]!	schweigt!
schwoll[1]	schwölle	ist **geschwollen**	schwill!	schwellt!
schwellte[1]	schwellte	hat **geschwellt**	schwell[e]!	schwellt!
schwamm	schwömme	ist **geschwommen**	schimm[e]!	schwimmt!
schwand	schwände	ist **geschwunden**	schwind[e]!	schwindet!
schwang	schwänge	hat **geschwungen**	schwing[e]!	schwingt!
schwor	schwüre	hat **geschworen**	schwör[e]!	schwört!
sah	sähe	hat **gesehen**	sieh[e]!	seht!
war	wäre	ist **gewesen**	sei!	seid!
sandte[2]	sendete	hat **gesandt**[2]	send[e]!	sendet!
sott[3]	sötte[3]	hat **gesotten**[4]	sied[e]!	siedet!
sang	sänge	hat **gesungen**	sing[e]!	singt!
sank	sänke	ist **gesunken**	sink[e]!	sinkt!
sann	sänne	hat **gesonnen**	sinn[e]!	sinnt!
saß	säße	hat **gesessen**	sitz[e]!	sitzt!
sollte	sollte	hat **gesollt**[5]		
spie	spie	hat **gespien**	spei[e]!	speit!
spann	spönne[6]	hat **gesponnen**	spinn[e]!	spinnt!
sprach	spräche	hat **gesprochen**	sprich!	sprecht!
spross	sprösse	ist **gesprossen**	sprieß[e]!	sprießt!
sprang	spränge	ist **gesprungen**	spring[e]!	springt!
stach	stäche	hat **gestochen**	stich!	stecht!
stand	stünde	hat **gestanden**	steh[e]!	steht!
stahl	stähle	hat **gestohlen**	stiehl!	stehlt!
stieg	stiege	ist **gestiegen**	steig[e]!	steigt!
starb	stürbe	ist **gestorben**	stirb!	sterbt!
stob	stöbe	**gestoben**[8]	stieb[e]!	stiebt!
stank	stänke	hat **gestunken**	stink[e]!	stinkt!

auch gesiedet
Das **habe** ich **gesollt**.
aber Das **hätte** ich **tun sollen**.

[6] *auch* spänne
[7] *auch* stände
[8] Die Funken **sind/haben gestoben** (*auch* gestiebt).

Konjugation unregelmäßiger Verben

Infinitiv Grundform	**Präsens/Gegenwart**			
	Indikativ Wirklichkeitsform			**Konjunktiv** Möglichkeitsform
	ich	du	er, sie, es, man	ich, er, sie, es, man
stoßen	stoße	stößt	stößt	stoße
streichen	streiche	streichst	streicht	streiche
streiten	streite	streitest	streitet	streite
tragen	trage	trägst	trägt	trage
treffen	treffe	triffst	trifft	treffe
treiben	treibe	treibst	treibt	treibe
treten	trete	trittst	tritt	trete
trinken	trinke	trinkst	trinkt	trinke
trügen			trügt	trüge
tun	tue, tu	tust	tut	tue
verderben	verderbe	verdirbst	verdirbt	verderbe
verdrießen			verdrießt	verdrieße
vergessen	vergesse	vergisst	vergisst	vergesse
verlieren	verliere	verlierst	verliert	verliere
verschleißen	verschleiße	verschleißt	verschleißt	verschleiße
verzeihen	verzeihe	verzeihst	verzeiht	verzeihe
wachsen (größer werden)	wachse	wächst	wächst	wachse
wachsen (Wachs aufbringen; mit Wachs glätten)	wachse	wachst	wachst	wachse
wägen	wäge	wägst	wägt	wäge
waschen	wasche	wäschst	wäscht	wasche
weichen (zurückweichen; nachgeben)	weiche	weichst	weicht	weiche
weichen (einweichen; aufweichen)	weiche	weichst	weicht	weiche
weisen	weise	weist	weist	weise
wenden	wende	wendest	wendet	wende
werben	werbe	wirbst	wirbt	werbe
werden	werde	wirst	wird	werde
werfen	werfe	wirfst	wirft	werfe
wiegen (Gewicht feststellen)	wiege	wiegst	wiegt	wiege
wiegen (schaukeln; zerkleinern)	wiege	wiegst	wiegt	wiege
winden	winde	windest	windet	winde
wissen	weiß	weißt	weiß	wisse
wollen	will	willst	will	wolle
wringen	wringe	wringst	wringt	wringe
zeihen	zeihe	zeihst	zeiht	zeihe
ziehen	ziehe	ziehst	zieht	ziehe
zwingen	zwinge	zwingst	zwingt	zwinge

[1] Er **hat** mich versehentlich **getreten**.
Sie **ist** vor die Tür **getreten**.

[2] *auch* verschleißte, hat verschleißt

[3] *auch* wendete, hat gewendet;
bei Auto, Heu, Rock nur wendete, hat gewendet

Präteritum/Vergangenheit		**Partizip Perfekt** Mittelwort der Vergangenheit	**Imperativ** Befehlsform	
Indikativ Wirklichkeitsform	**Konjunktiv** Möglichkeitsform			
ich, er, sie, es, man	ich, er, sie, es, man	er, sie, es, man	Singular Einzahl	Plural Mehrzahl
stieß	stieße	hat **gestoßen**	stoß[e]!	stoßt!
strich	striche	hat **gestrichen**	streich[e]!	streicht!
stritt	stritte	hat **gestritten**	streit[e]!	streitet!
trug	trüge	hat **getragen**	trag[e]!	tragt!
traf	träfe	hat **getroffen**	triff!	trefft!
trieb	triebe	hat **getrieben**	treib[e]!	treibt!
trat	träte	**getreten** [1]	tritt!	tretet!
trank	tränke	hat **getrunken**	trink[e]!	trinkt!
trog	tröge	hat **getrogen**		
tat	täte	hat **getan**	tu[e]!	tut!
verdarb	verdürbe	hat **verdorben**	verdirb!	verderbt!
verdross	verdrösse	hat **verdrossen**	verdrieß!	verdrießt!
vergaß	vergäße	hat **vergessen**	vergiss!	vergesst!
verlor	verlöre	hat **verloren**	verlier[e]!	verliert!
verschliss [2]	verschlisse	hat **verschlissen** [2]	verschleiß[e]!	verschleißt!
verzieh	verziehe	hat **verziehen**	verzeih[e]!	verzeiht!
wuchs	wüchse	ist **gewachsen**	wachs[e]!	wachst!
wachste	wachste	hat **gewachst**	wachs[e]!	wachst!
wog	wöge	hat **gewogen**	wäg[e]!	wägt!
wusch	wüsche	hat **gewaschen**	wasch[e]!	wascht!
wich	wiche	ist **gewichen**	weich[e]!	weicht!
weichte	weichte	hat **geweicht**	weich[e]!	weicht!
wies	wiese	hat **gewiesen**	weis[e]!	weist!
wandte [3]	wendete	hat **gewandt** [3]	wend[e]!	wendet!
warb	würbe	hat **geworben**	wirb!	werbt!
wurde	würde	ist **geworden** [4]	werd[e]!	werdet!
warf	würfe	hat **geworfen**	wirf!	werft!
wog	wöge	hat **gewogen**	wieg[e]!	wiegt!
wiegte	wiegte	hat **gewiegt**	wieg[e]!	wiegt!
wand	wände	hat **gewunden**	wind[e]!	windet!
wusste	wüsste	hat **gewusst**	wisse!	wisst!
wollte	wollte	hat **gewollt** [5]	wolle!	wollt!
wrang	wränge	hat **gewrungen**	wring[e]!	wringt!
zieh	ziehe	hat **geziehen**	zeih[e]!	zeiht!
zog	zöge	hat **gezogen**	zieh[e]!	zieht!
zwang	zwänge	hat **gezwungen**	zwing[e]!	zwingt!

ls Hilfsverb im Passiv: worden,
. B. Ich **bin** nicht **gefragt worden**.

[5] Ich **habe** das nicht **gewollt**.
aber Ich **habe** helfen **wollen**.

Groß- und Kleinschreibung

Großschreibung

Mit großem Anfangsbuchstaben schreibt man Substantive/Nomen (Hauptwörter), Namen, Anfangswörter von Sätzen und Überschriften, aber auch als Nomen/Substantive gebrauchte Wörter anderer Wortarten und die Höflichkeitsformen **Sie, Ihnen, Ihr.**

Als Substantive/Nomen gebrauchte Wörter anderer Wortarten:

Verben	das Singen, das Briefmarkensammeln, im Vorbeifahren; sich die Zeit mit Lesen und Rätselraten vertreiben *Verben schreibt man immer groß nach* **beim, vom, zum, am, im**: beim Spielen, vom Radfahren, zum Verwechseln, im Handumdrehen
Adjektive und **Partizipien**	das Gewesene, das Bleibende; der Gesandte; Gutes und Böses, Altes und Neues, Alt und Jung; im Allgemeinen, im Folgenden, im Großen und Ganzen; Freude am Außergewöhnlichen; auf das, aufs Beste bewirtet (*Da man „wie?“ fragen kann, auch*: auf das, aufs beste bewirtet) *Für sich stehende Adjektive und Partizipien nach* **allerlei, alles, etwas, genug, nichts, viel, wenig** u. Ä.: allerlei Gegrilltes, alles Mögliche, etwas Schönes, genug Essbares, nichts Besonderes, viel Schweres, wenig Erfreuliches
Zahladjektive	die Eins, eine Sechs, ein Viertel, die heilige Sieben, ⓘ **acht** S. 10 der Erste (der Reihe nach, der Leistung nach), ⓘ **erste** S. 75 der Erste Weltkrieg; der Zweite Weltkrieg; Christian der Dritte, *üblicher* Christian III.
Adjektive in **Namen** und **Titeln**	**Beinamen**: Erik der Rote; Friedrich der Große ⟨d. Gr.⟩ **Organisationen**: das Internationale Rote Kreuz ⟨IRK⟩, das Nationale Olympische Komitee ⟨NOK⟩ **Einrichtungen, Bauten, Anlagen**: das Germanische Museum, das Alte Rathaus, der Englische Garten (alle in München) **Erdkundliches**: die Goldene Aue, die Mecklenburgische Seenplatte, die Deutsche Bucht, die Libysche Wüste, die Neue Welt **Von erdkundlichen Begriffen abgeleitete Wortformen auf -er:** Lübecker Marzipan, Meißener Porzellan, das Lausitzer Bergland, der Greifswalder Bodden, das Schweizer Ufer des Bodensees
verschiedene Wortarten	die Unseren (Angehörige), jedem das Seine (*aber auch* die unseren, das seine); das Ich, das Du; das Entweder-oder, das Auf und Nieder, das Drum und Dran, das Ja und Nein, kein Wenn und Aber, das Ach und Weh
Höflichkeitsanreden	*Die Höflichkeitsanreden* **Sie, Ihnen, Ihr** *werden immer großgeschrieben, nicht nur in Briefen.* Haben Sie meinen Bruder getroffen? Kann ich Ihnen helfen? Wird Ihr Sohn uns auch besuchen? Werden Sie sich an uns erinnern? Ich danke Ihnen für Ihren Brief aus Zittau. (**sich** *immer klein, auch nach der Höflichkeitsanrede* **Sie**)

Kleinschreibung mit den Besonderheiten bei den Zahladjektiven

Die Wörter aller Wortarten werden kleingeschrieben.
Ausnahmen sind: Substantive/Nomen (Hauptwörter), Namen, Anfangswörter von Sätzen und Überschriften sowie die Höflichkeitsanreden **Sie**, **Ihnen**, **Ihr** mit den besitzanzeigenden **Ihr**, **Ihre**, **Ihrem**, **Ihren**.

Was trotz häufiger Zweifel doch kleingeschrieben wird:

Adverbien auf **-s** und **-ens**

morgens	abends, nachts, nächtens, mittags, vormittags, nachmittags, tags zuvor, sonntags, alltags, ⓘ **Abend** S. 5, ⓘ **Dienstag** S. 60
falls, teils	keinesfalls, großenteils, allerseits, meinerseits, neuerdings
anfangs	willens sein, hungers sterben, seitens der Eltern

Indefinitpronomen (unbestimmte Fürwörter)

ein bisschen	ein bisschen, ein kleines bisschen
ein paar	ein paar Hagelkörner (*aber* ein Paar Schuhe)

Pronomen

	Pronomen, kleinzuschreiben, auch wenn sie sich wie Substantive darstellen
mancher	mancher, manche, manches
jeder	jeder, jede, jedes, jedem; alles und jedes
dieser, jener	dieser und jener; dieses und jenes; mit diesem und jenem
alle	alle, allen, mit allen; alles, über alles, mit allem
beide	beide, alle beide, die beiden, mit beiden, beides, beides zugleich

Zahladjektive	Zahlsubstantive
Kleinschreibung, ganz gleich, ob die Zahladjektive als Adjektive (die **vielen** Leute) oder wie Substantive (von den **vielen** mitgerissen) verwendet werden.	**Großschreibung** möglich, wenn man diese Zahladjektive wie Substantive empfindet und dementsprechend im Satzbau nur substantivisch verwendet.
viel, vieles, das viele, viele, die vielen;	Viel, Vieles, das Viele, Viele, die Vielen;
das meiste, die meisten;	das Meiste, die Meisten;
wenig, weniges, das wenige, wenige, die wenigen;	Wenig, Weniges, das Wenige, Wenige, die Wenigen;
die einen und die anderen;	die Einen und die Anderen;
hundert, ein paar hundert, mehrere hundert, zu hunderten, aberhundert, zu aberhunderten;	das Hundert, ein paar Hundert, mehrere Hundert, zu Hunderten, Aberhunderte, zu Aberhunderten;
tausend, ein paar tausend, mehrere tausend, zu tausenden;	das Tausend, ein paar Tausend, mehrere Tausend, zu Tausenden;
einige dutzend, mehrere dutzend, viele dutzend	einige Dutzend[e], mehrere Dutzend[e], viele Dutzend[e]

Fortsetzung →

Groß- und Kleinschreibung

Kleinschreibung (Fortsetzung)

Mitunter verwunderlich, wegen der Wortart aber doch richtig:

Adjektive aus ursprünglichen Substantiven

Kleinschreibung nur in Verbindung mit den angegebenen Verben:

angst sein, werden
bange sein, werden
angst und bange sein, werden
elend sein, mir ist elend
ernst sein, bleiben, werden, meinen, nehmen
feind sein, bleiben, werden
freund sein, bleiben, werden
gram sein, bleiben, werden
klasse sein, das ist klasse!
leid sein, werden
pleite sein, werden
schuld sein
spitze sein, das ist spitze!
wert sein

aber Groß- und Kleinschreibung möglich:

recht *und* **Recht** haben, bekommen, geben, tun
unrecht *und* **Unrecht** haben, bekommen, geben, tun

Präpositionen, die formgleich als Substantive vorkommen

angesichts dieser Gefahr
dank seiner Bemühungen
kraft des Gesetzes
laut einer Verordnung
mangels Beweisen
mittels Windkraft
namens der Gäste
seitens der Verwaltung
statt, an Eides statt
trotz aller Bemühungen
wegen, von Amts wegen
willen, um das Friedens willen
zeit seines Lebens

Kleinschreibungen in **festen Verbindungen**

In einigen festen Verbindungen werden Wörter kleingeschrieben, die eigentlich substantivisch gebraucht sind.

von **fern**
von **nah** und **fern**
von **klein** auf
durch **dick** und **dünn**
über **kurz** oder **lang**
die Stimmung war **grau** in **grau**
etwas **schwarz** auf **weiß** beweisen

aber Groß- und Kleinschreibung möglich:

seit **langem** *und* **Langem**
von **neuem** *und* **Neuem**
bis auf **weiteres** *und* **Weiteres**
ohne **weiteres** *und* **Weiteres**
von **weitem** *und* **Weitem**

Groß- und Kleinschreibung bei wörtlicher Rede

Beispiele:

„Du bist ja nicht lange weg", tröstete Sebastian.
„Schreibst du trotzdem mal?", wollte Timo wissen.
„Gute Reise und schöne Tage in Südtirol!", wünschte Sebastian.
Aus dem Lautsprecher schallte es: „Bitte einsteigen! Türen schließen selbsttätig."
„Und schönen Dank", sagte Benni dann am Abteilfenster, „dass ihr mich hergebracht habt."
„Dem gönne ich die schöne Reise." Das war Timos ehrliche Meinung, als sie ihm nachwinkten.

Zur Einführung

Oft werden Wörter erst zusammen mit anderen sinnvolle Prädikate oder Glieder eines Satzes.

die Reise	–	die Finnlandreise
die Achse	–	die x-Achse
faserig	–	grobfaserig
behandelt	–	grob behandelt
kalt	–	mäßig kalt, bitterkalt
Maß	–	Maß nehmen, maßgebend
schreiben	–	groß schreiben (in großer Schrift)
	–	großschreiben (mit großem Anfangsbuchstaben)

Werden bestimmende Zusätze vorangestellt, dann begegnen wir erheblichen Rechtschreibschwierigkeiten.

Wortgruppe oder Zusammensetzung?
also
Getrennt- oder **Zusammenschreibung**?

Es gibt dazu viele Regeln, die nach Wortarten geordnet sind.
Gemeint ist immer die Wortart des letzten Teils der Wortgruppe bzw. Zusammensetzung.

Ausführlich besprochen werden auf den nächsten Seiten

Verben	295–301
Adjektive und adjektivisch gebrauchte Partizipien	302–303
Substantive/Nomen	304
Namen von Straßen und Plätzen	305

Verben

Zur Richtigschreibung von Verben verhilft nicht nur die Tabelle mit den Formen unregelmäßiger Verben auf den Seiten 282–291.

Wegen der Schwierigkeiten der Getrennt- und Zusammenschreibung sind schon im Wörterverzeichnis viele Wortgruppen und Zusammensetzungen mit Verben in blauen Feldern unter vier Überschriften geordnet:

Getrennt zu schreiben
Untrennbare Zusammensetzungen
Trennbare Zusammensetzungen
Getrennt *und* **zusammen** *möglich*

Getrennt- und Zusammenschreibung

Verben

Getrennt zu schreiben

sein

da sein, fertig sein, vorhanden sein, weg sein u. a.	Verbindungen mit sein werden in allen Zeit- und Konjugationsformen ausnahmslos getrennt geschrieben.

Verb + Verb

lesen lernen, spazieren gehen, eislaufen üben, helfen wollen	Verbindungen aus zwei Verben werden getrennt geschrieben. Sonderfall: kennen lernen *und auch* kennenlernen. *Verbindungen mit* bleiben *und* lassen siehe *Seite 301.*

Adjektiv + Verb

	Verbindungen aus Adjektiv und Verb werden getrennt geschrieben,
ganz klein schneiden	– wenn das Adjektiv erweitert ist,
gut/besser schreiben	– wenn das Adjektiv gesteigert werden könnte oder gesteigert ist
dingfest machen	– wenn das Adjektiv eine Zusammensetzung ist.

Substantiv + Verb

Arbeit leisten Geld verdienen Schluss machen Bäume pflanzen	Verbindungen von Substantiv und Verb werden im Allgemeinen getrennt geschrieben. Es gibt nur wenige Ausnahmen (z. B. bergsteigen, eislaufen; s. S. 297), ferner solche, die sowohl zusammen wie auch getrennt geschrieben werden können (s. S. 300).

Beispiel für die Konjugationsformen bei getrennt zu schreibenden Verbindungen

klein schreiben (Schriftzeichen von geringer Größe verwenden)

Infinitiv	**klein schreiben** (Schriftzeichen von geringer Größe verwenden);	
	im Hauptsatz	**im Nebensatz/Gliedsatz**
Präsens	ich schreibe ziemlich klein du schreibst sehr klein sie schreibt zu klein	da ich ziemlich klein schreibe wenn du sehr klein schreibst weil sie zu klein schreibt
Präteritum	ich schrieb ziemlich klein er schrieb zu klein	da ich ziemlich klein schrieb obgleich er sehr klein schrieb
Partizip I	Wenn du deine Rechenaufgaben so klein schreibend erledigst, …	
Partizip II	Sie konnte auf der Postkarte viel berichten, da sie ganz klein geschrieben hat.	
Infinitiv mit zu	Du solltest aufhören, so winzig klein zu schreiben.	

aber als Substantiv/Nomen *groß und zusammen*:
Dieses schon übertriebene Kleinschreiben macht das Lesen schwierig.

Vgl. aber kleinschreiben (mit kleinem Anfangsbuchstaben schreiben) ⓘ S. 300

Untrennbare Zusammensetzungen

durch, hinter, über, um, unter, wider, wieder + Verb in untrennbaren Zusammensetzungen

untrennbare Zusammensetzungen	*zum Vergleich* **trennbare Zusammensetzungen**	
durchdringen er durchdringt den Wald	durchdringen der Lärm drang durch	*Ist das Verb betont (linke Spalte), so handelt es sich um* untrennbare Zusammensetzungen.
hintergehen er hat uns hintergangen	hintergehen *ugs.* er ist hintergegangen	
überlassen sie überlässt mir das Auto	überlassen sie lässt nichts über	*Ist aber die Vorsilbe betont (rechte Spalte), so handelt es sich um* trennbare Zusammensetzungen. ⓘ S. 300
umgehen die Straße umgeht den Ort	umgehen es geht ein Gespenst um	
unterhalten er unterhält den Gast	unterhalten er hält den Eimer unter	
widerstehen		
wiederholen sie wiederholt die Lektion	wiederholen sie holt den Ba(ll wieder	

Adjektiv + Verb in untrennbaren Zusammensetzungen

frohlocken	liebäugeln	vollenden
langweilen	vollbringen	weissagen

Substantiv + Verb in untrennbaren Zusammensetzungen

bauchreden	handhaben	segelfliegen	*aber*:
bergsteigen	kopfrechnen	seilhüpfen	Maschine schreiben
brandmarken	lobpreisen	seiltanzen	Rad fahren
bruchlanden	maßregeln	sonnenbaden	
bruchrechnen	nachtwandeln	wehklagen	
brustschwimmen*	notlanden	wetteifern	*Von den untrennbaren (oder festen)*
danksagen*	schlafwandeln	wettlaufen	*Zusammensetzungen mit dem Verb*
eislaufen	schlussfolgern	wettrennen	*kommen viele nur im Infinitiv vor,*
gewährleisten*	schutzimpfen	zwangsräumen	*einige außerdem im Partizip I und II.*

**auch als Wortgruppe*: Brust schwimmen, Dank sagen, Gewähr leisten

Beispiel für die Konjugationsformen bei untrennbaren Zusammensetzungen mit Verben

Infinitiv	**vollenden**	
	im Hauptsatz	**im Nebensatz/Gliedsatz**
Präsens	ich vollende die Arbeit	ehe ich die Arbeit vollende
	du vollendest	ehe du sie vollendest
	er vollendet	ehe er sie vollendet
Präteritum	ich vollendete die Arbeit	ehe ich die Arbeit vollendete
	sie vollendete die Arbeit	bevor sie die Arbeit vollendete
Partizip I	Der Künstler, im hohen Alter sein Werk vollendend, ...	
Partizip II	Der Schriftsteller hat seinen neuen Roman kürzlich vollendet.	
Infinitiv mit zu	Er hat die Absicht, seinen Lebensbericht bald zu vollenden.	

als Substantiv/Nomen *groß und zusammen*:
Noch vor dem Vollenden seines letzten Werkes erfuhr er große Ehrungen.

Getrennt- und Zusammenschreibung

Verben

Trennbare Zusammensetzungen – was ist das?

Bei vielen Zusammensetzungen mit Verben sind Präsens- und Präteritumformen in Hauptsätzen sprachlich umgestellt und deshalb getrennt geschrieben:
anrufen – ich rufe an; **großschreiben** – Namen schreibt man groß.
Daher: Trennbare Zusammensetzungen.

Im blauen Feld auf Seite 299 wird der Wechsel der Schreibweisen aufgezeigt.

Trennbare Zusammensetzungen – welche sind das?

Partikel + Verb (Partikel = unveränderliches Wort)

Verbpartikeln kommen aus verschiedenen Wortarten.
Für manche lässt sich eine Wortart nicht mehr genau bestimmen (z. B. anheim);
sie kommen nur noch in Verbindung mit Verben als Bestandteil trennbarer Zusammensetzungen vor.

Die folgenden Partikeln können sich mit Verben zu **trennbaren Zusammensetzungen** verbinden.
In solchen Zusammensetzungen trägt immer die Partikel die Betonung: ausfallen, auseinanderfallen.

ab-	daneben-	entlang-	herzu-	los-	vorher-
abhanden-	dar-	entzwei-	hin-	mit-	vorlieb-
abwärts-	d(a)ran-	fehl-	hinab-	nieder-	vornüber-
an-	d(a)rauf-	feil-	hinan-	preis-	vorüber-
anheim-	d(a)rein-	fort-	hinauf-	ran-	vorwärts-
aneinander-	d(a)rin-	fürlieb-	hinaus-	statt-	vorweg-
auf-	da(r)nieder-	gegen-	hindurch-	teil-	wahr-
aufeinander-	d(a)rüber-	gegeneinander-	hinein-	über-	weis-
aufwärts-	d(a)rum-	gegenüber-	hintan-	überein-	weiter-
aus-	d(a)runter-	heim-	hintenüber-	übereinander-	wett-
auseinander-	davon-	her-	hinter-	überhand-	wider-
bei-	davor-	herab-	hinterdrein-	um-	widereinander-
beieinander-	dawider-	heran-	hintereinander-	umeinander-	wieder-
bevor-	dazu-	herauf-	hinterher-	umher-	zu-
brach-	dazwischen-	heraus-	hinüber-	umhin-	zueinander-
da-	drauflos-	herbei-	hinunter-	unter-	zurecht-
dabei-	durch-	herein-	hinweg-	untereinander-	zurück-
dafür-	durcheinander-	hernieder-	hinzu-	vor-	zusammen-
dagegen-	ein-	herüber-	inne-	voran-	zuvor-
daher-	einher-	herum-	irre-	vorauf-	zuwider-
dahin-	empor-	herunter-	kund-	voraus-	zwischen-
dahinter-	entgegen-	hervor-		vorbei-	

durch, über, um, unter, wider, wieder können auch Partikeln **untrennbar zusammengesetzter** Verben sein. Deren Kennzeichen: Betont ist das Verb.
Beispiele: überzeugen, widerlegen, wiederholen. ⓘ S. 297

Partikeln als selbständige Wörter. Die meisten der obigen mehrteiligen Partikeln können auch in einer (**getrennt zu schreibenden**) Wortgruppe stehen. Betont ist das Verb.
Beispiele: aufeinander achten, sich darüber freuen. ⓘ S. 296

Adjektiv + Verb

	Adjektiv nicht erweiterbar und nicht steigerbar
fernsehen gutschreiben (anrechnen) freisprechen (von Schuld) *und andere*	Trennbare Zusammensetzung, wenn das Adjektiv in der Verbindung mit dem Verb – nicht erweitert – und auch nicht gesteigert werden könnte. In fernsehen z. B. ist eine Erweiterung wie ganz fern, sehr fern oder aber eine Steigerung wie ferner nicht möglich.

Es gibt trennbare Zusammensetzungen mit **haben** *und* **werden**,
z. B. anhaben, aufhaben, statthaben, innehaben, innewerden, irrewerden.

Aber: Verbindungen mit **sein** *werden ausnahmslos getrennt geschrieben.*
auf sein – schon sehr früh auf gewesen – auf zu sein

Beispiel für die Konjugationsformen bei trennbaren Zusammensetzungen mit Verben

Infinitiv	kleinschreiben (mit kleinem Anfangsbuchstaben schreiben)	
	im Hauptsatz	**im Nebensatz/Gliedsatz**
Präsens	ich schreibe Adjektive klein du schreibst Adjektive klein er schreibt Adjektive klein wir ... *usw.*	dass ich Adjektive kleinschreibe dass du Adjektive kleinschreibst dass er Adjektive kleinschreibt dass wir ... *usw.*
Präteritum	ich schrieb die Adjektive klein du schriebst die Adjektive klein *usw.*	warum ich die Adjektive kleinschrieb warum du die Adjektive kleinschriebst *usw.*
Partizip I	Könnte man nicht alles Schriftliche kleinschreibend erledigen?	
Partizip II	In anderen Sprachen werden Hauptwörter kleingeschrieben.	
Infinitiv mit zu	Wie wäre es, wenn wir alles kleinzuschreiben hätten?	

aber als Substantiv/Nomen *groß und zusammen*:
das Kleinschreiben; beim, vom, zum Kleinschreiben

vgl. aber klein schreiben (Buchstaben von geringer Größe schreiben);
siehe blaues Feld auf Seite 296

Getrennt- und Zusammenschreibung

Verben

Getrennt und zusammen möglich

Substantiv +Verb

Die meisten Verbindungen aus Substantiv und Verb werden nur als Wortgruppen aufgefasst (Arbeit leisten, Blumen binden, Schnee schippen); doch gibt es einige Ausnahmen.

„In manchen Fällen stehen Zusammensetzung und Wortgruppe nebeneinander“ (§ 33 E)*

danksagen *und* Dank sagen	wir sagen Dank (*meist so!*)
[etwas] gewährleisten *und* Gewähr leisten [für]	
staubsaugen *und* Staub saugen	sie staubsaugt *und* saugt Staub
brustschwimmen *und* Brust schwimmen	er schwimmt Brust (*nur so!*)
delfinschwimmen *und* Delfin schwimmen	sie schwimmt Delfin (*nur so!*)
marathonlaufen *und* Marathon laufen	ich laufe Marathon; einen Marathon laufen (*nur so!*)

Zugrunde liegenden Zusammensetzungen oder Wortgruppen entsprechend

achtgeben *und* Acht geben achthaben *und* Acht haben haltmachen *und* Halt machen maßhalten *und* Maß halten	Weil bei den nebenstehenden Verbindungen „eine Zusammensetzung oder eine Wortgruppe zugrunde liegen kann“ (§ 34 E 6)*, ist sowohl Zusammen- als auch Getrenntschreibung möglich,
	jedoch nicht,
sehr achtgeben	wenn der erste Bestandteil näher bestimmt (Verbindung dann nur als Zusammensetzung)
allergrößte Acht geben	oder erweitert ist (Verbindung dann nur als Wortgruppe).

Adjektiv + Verb (I)
fest zusammengehörend – Redewendung – übertragene Bedeutung

heimlichtun richtigstellen (berichtigen) sich kranklachen *und viele andere*	Zusammenzuschreiben, wenn Verbindungen als zusammengehörend empfunden oder als Redewendung bzw. in übertragener Bedeutung benutzt werden. Aber:
heimlich tun *und* heimlichtun richtig stellen *und* richtigstellen sich krank lachen *und* kranklachen	Wenn es dem Schreibenden schwerfällt, über diese Bedingungen zu entscheiden, bleibt es ihm überlassen, getrennt oder zusammenzuschreiben.

Adjektiv + Verb (II)
Adjektiv + Verb als Vorgangsergebnis

blau färben *und* blaufärben ganz machen *und* ganzmachen glatt hobeln *und* glatthobeln klein hacken *und* kleinhacken leer trinken *und* leertrinken	Getrennt- und Zusammenschreibung möglich, wenn ein einfaches (also nicht ein mehrgliedriges oder gesteigertes) Adjektiv gemeinsam mit einem Verb einen Vorgang beschreibt, wobei das Adjektiv das Ergebnis des Vorgangs gewissermaßen voraussagt.
kaputt machen *und* kaputtmachen [den Weg] frei machen *und* freimachen blank putzen *und* blankputzen [Speisen] kalt stellen *und* kaltstellen wach rütteln *und* wachrütteln (wecken) *u. a.*	Bei wortgleichen Verbindungen mit übertragener Bedeutung, z. B. sich kaputtmachen *ugs.* (sich überanstrengen, aufreiben), kommt in erster Linie (nur) Zusammenschreibung in Frage. Siehe aber den Abschnitt „Adjektiv und Verb“ auf Seite 300.

Verb + Verb
bleiben und **lassen** als zweiter Bestandteil der Verbindung

[auf dem Stuhl] sitzen bleiben [etwas] stehen lassen	Verbindungen von Verben mit **bleiben** und **lassen** werden – wenn sie wörtlich gemeint – getrennt geschrieben.
sitzen bleiben *und* sitzenbleiben (nicht versetzt werden) [jemanden] stehen lassen *und* stehenlassen (nicht beachten) platzen lassen *und* platzenlassen (absagen) sausen lassen *und* sausenlassen (aufgeben, absagen) schleifen lassen *und* schleifenlassen (vernachlässigen)	Aber bei übertragener Bedeutung ist Getrennt- und Zusammenschreibung möglich. Das ist bei Verbindungen aus Adjektiv + Verb manchmal umgekehrt. Beachte den Abschnitt „Adjektiv + Verb als Vorgangsergebnis“ oben auf dieser Seite.

Getrennt- und Zusammenschreibung

Adjektive

Getrennt zu schreiben

Erster Bestandteil ist ein Partizip:

siedend heiß, brechend voll gestochen scharf	Getrenntschreibung, wenn der erste Bestandteil ein Partizip ist.

Erster Bestandteil endet auf -ig, -isch, -lich:

eisig kalt tropisch heiß unendlich weit	Getrenntschreibung, wenn der erste Bestandteil auf -ig, -isch oder -lich endet.

Zusammenzuschreiben

Adjektiv aus verkürzter Wortgruppe + Adjektiv:

haushoch tropentauglich lernbegierig	Zusammenschreibung, wenn im ersten Bestandteil der Verbindung eine Wortgruppe auf nur ein Wort, bei Verben auf den Wortstamm, verkürzt ist.
haushohe Wellen tropentaugliche Fahrzeuge lernbegierige Gastschüler	Wellen, so hoch wie ein Haus für die Tropen taugliche Fahrzeuge Gastschüler, begierig [etwas] zu lernen
	mit Fugenelement oder Fugenzeichen:
lebensfroh sonnenhungrig sternenklar	Zusammenschreibung, wenn die Bestandteile durch ein Fugenelement oder Fugenzeichen wie **s** oder **n** verbunden sind.

Gleichrangige Adjektive:

schwarzweiß süßsauer	nasskalt taubstumm	Zusammenschreibung, wenn in der Verbindung gleichrangige Adjektive stehen.

Bedeutungsverstärkend, bedeutungsmindernd:

dunkelblau extrafein bitterkalt	kleinlaut lauwarm minderjährig	Zusammenschreibung, wenn der erste Bestandteil bedeutungsverstärkend oder bedeutungsmindernd wirkt.
		Bedeutungsverstärkend sind zum Beispiel **bitter-, erz-, grund-, hoch-, stock-, super-, tod-, top-, ur-, voll-,** bedeutungsmindernd **klein-, lau-, minder-.**

Unselbständige Bestandteile:

letztmalig überdrüssig	vieldeutig zweifach	Zusammenschreibung, wenn der letzte Bestandteil kein selbständiges Wort sein kann.

Adjektive oder adjektivisch gebrauchte Partizipien
in Wortfügungen und Zusammensetzungen

Getrennt und zusammen möglich

Schreibungen am Beispiel
dicht besiedelt *und* **dichtbesiedelt**

(i) S. 303

Getrennt- *und* Zusammenschreibung möglich, wenn Beifügungen vor Substantiven als Fügung aus **zwei Einzelwörtern** oder auch als **Zusammensetzung** angesehen werden können.	die **dicht besiedelten** Landschaften die **dichtbesiedelten** Landschaften
Aber nur Getrenntschreibung	
im Prädikat	Das Ruhrgebiet ist dicht besiedelt.
bei gesteigertem Adjektiv	Der Großraum Hamburg ist noch *dichter* besiedelt.
bei erweitertem Adjektiv	Das Niltal ist seit langem *sehr* dicht besiedelt. (*Erweiterungen sind unter anderen auch* zu, ziemlich, äußerst, besonders, ganz.)

Adjektiv + Adjektiv

allgemein gültig *und* allgemeingültig eng verwandt *und* engverwandt schwer krank *und* schwerkrank	Sowohl Getrennt- als auch Zusammenschreibung, wenn ein einfaches (also nicht ein mehrgliedriges oder gesteigertes) Adjektiv für ein anderes Adjektiv den Gültigkeits- oder Schwierigkeitsgrad bestimmt.

nicht als Verneinung des Adjektivs

eine nicht öffentliche Sitzung *und* eine nichtöffentliche Sitzung	Sowohl getrennt als auch zusammen möglich, wenn das Adjektiv verneint wird durch das vorangestellte Adverb *nicht*.

Substantiv + Partizip

Metall verarbeitend *und* metallverarbeitend	Getrenntschreibung möglich, wenn die Verbindung in der Grundform getrennt zu schreiben wäre: Metall verarbeiten.
Rat suchend *und* ratsuchend	Zusammenzuschreiben, wenn sich sprachlicher Ausdruck und Betonung deutlich auf den ersten Bestandteil der Verbindung konzentrieren.

Zusammenzuschreiben

Adjektiv aus verkürzter Wortgruppe + Partizip

sturmgepeitscht weltumspannend	Zusammenschreibung, wenn eine Wortgruppe auf das Substantiv verkürzt ist:
die sturmgepeitschte See ein weltumspannendes Flugnetz	*aber* die vom Sturm gepeitschte See *aber* ein die ganze Welt umspannendes Flugnetz

Getrennt- und Zusammenschreibung

Zusammengesetzte Substantive/Nomen

In einem Wort

Kaltfront, Wandergefährte, Naturpark, Naturschutzgebiet, Steinkohlenbergwerk, Fußballweltmeisterschaft, das Fußballspielen, das Radfahren	**Zusammengesetzte Substantive, auch drei- und mehrgliedrige, wenn sie übersichtlich sind**
Kaffeeernte, *auch* Kaffee-Ernte, Nulllinie, *auch* Null-Linie	**Beim Zusammentreffen von drei gleichen Buchstaben müssen alle drei geschrieben werden, so oder so.**

Wo man einen Bindestrich setzen kann

Kraftfahrzeug-Reparaturwerkstätten, Schülerunfall-Schadenausgleich Teeei – Tee-Ei	**Zusammensetzungen, die bei Zusammenschreibung unübersichtlich werden könnten**
Ist-Stärke *für* Iststärke, Kann-Bestimmung *für* Kannbestimmung, dass-Satz *für* Dasssatz	**Hervorhebung eines Bestandteils der Zusammensetzung**

Wo man einen Bindestrich setzen muss

C-Dur, i-Punkt, Fugen-s, EU-Mitgliedschaft, Lkw-Fahrer, D-Mark-Zeit, x-Achse, 5-Tonner	**Zusammensetzungen mit Buchstaben, Abkürzungen oder Ziffern**
das Als-ob, das Entweder-oder, der Erste-Hilfe-Lehrgang, der Rund-um-die-Welt-Flug, 2-Kilo-Dose, 50-PS-Motor, 1000-m-Lauf	**Verbindung einer Folge von Wörtern zu einer hauptwörtlichen Zusammensetzung**
Berlin-Weißensee, Hamburg-Altona, Mecklenburg-Vorpommern, Rheinland-Pfalz	**zusammengesetzte Orts- und Ländernamen**
Kaiser-Wilhelm-Gedächtniskirche, Oder-Spree-Kanal, Nord-Süd-Gefälle, Januar-Februar-Heft *und* Januar/Februar-Heft	**mehrere eigenständige Wörter an der Stelle des Bestimmungswortes**
Schmidt-Rottluff, Schiestl-Bentlage	**Familiendoppelnamen**
Schiller-Museum, Virchow-Krankenhaus; *aber geläufige Bezeichnungen*: Kneippkur, Ottomotor, Schrebergarten	**Zusammensetzungen mit einem hervorgehobenen Familiennamen**

Wo ein Ergänzungsstrich gesetzt wird

Feld- und Gartenarbeit, An- und Abfahrt, Holzwarenherstellung und -versand	**aufgezählte Zusammensetzungen mit gemeinsamem Bestandteil**

Die Schreibung der Namen von Straßen und Plätzen

Die Bezeichnungen von Verkehrswegen und Plätzen in Städten und Gemeinden enden im Allgemeinen mit einem Substantiv/Nomen, z. B. **Straße, Platz, Weg.**
Manche werden in einem Wort geschrieben, andere als Wortgruppen und wieder andere mit Bindestrich. Es kommt darauf an, was dem Substantiv vorangestellt ist.

Richtige Schreibung einer Bezeichnung durch Vergleich mit den folgenden Beispielen:

Voran geht	
ein Substantiv/Nomen	Marktstraße, Kirchsteig, Böttchergasse, Veilchenweg, Rehgässchen
ein Adjektiv	
- ohne Endung	Neumarkt, Langgasse, Hochstraße
- mit einer Endung	Neuer Markt, Lange Zeile, Hohe Bergstraße
eine Präposition	Am Treptower Park, Auf der Au, Vor der Waage, Hinter den Gärten, An der Kirche, Unterm Berge
ein Name, z. B.	
der Name einer Persönlichkeit	
- manchmal nur der Vorname	Gereonswall, Luisenring, Friedrichstraße
- manchmal der Familienname	
ohne Zusatz	Goethestraße, Schillerplatz, Lützowufer
mit einem Zusatz	Brüder-Grimm-Straße, Senator-Jansen-Kai, Kaiser-Friedrich-Allee, Dr.-Becker-Weg, Von-Clausewitz-Ring
- manchmal der volle Name	Hermann-Gmeiner-Straße, Friedrich-von-Bodelschwingh-Weg
der Name von Geschlechtern oder Stämmen	Stauferstraße, Hohenzollerndamm, Alemannenstraße, Markomannenweg
der Name von Orten, Landschaften und Ländern	
- ohne Endung	Harzstraße, Usedomsteg, Spreewaldweg, Kamerunplatz, Samoastraße
- mit einer Endung	Hannoversche Straße, Köpenicker Chaussee, Breslauer Straße, Viesener Weg, Sulinger Bruch, Neustädter Tor, Thüringer Straße
Zusammenfassung von Straßennamen	Ecke Lange und Südstraße Ecke der Linden- und Hohen Straße Ecke der Ludwig-Richter- und Jahnstraße Ecke der Jahn- und Ludwig-Richter-Straße

Worttrennung am Zeilenende

Trennung von Wörtern am Zeilenende ist eigentlich nur nötig, wenn jemand
1. die volle Länge einer Zeile nutzen will, um Platz zu sparen,
2. ein geschlossenes, nicht allzu „flatterhaftes" Seitenbild erhalten möchte.

Wichtig ist, dass kein Wort durch die Trennung schwerer lesbar oder sogar missverständlich wird. (*also nicht* Oster– weiterung, *sondern* Ost– erweiterung; *nicht* bein– halten, *sondern* be– inhalten)

Grundsätzlich kann man Wörter am Zeilenende so trennen, wie man sie bei überbetont langsamem Vorlesen in Silben zerlegt.

Aber man muss folgende Besonderheiten wissen:

1 *Wenn* **ch, ck, sch** *und* **ph, rh, th** *für einen einzigen Konsonanten/Mitlaut stehen, werden sie nicht getrennt.*

brau- chen, bre- chen, le- cker, fla- ckern, rau- schen, wa- schen, Stro- phe, Katar- rhe, Zi- ther

2 **einfache Wörter:**

2.1 *Ein einzelner Konsonant/Mitlaut zwischen Vokalen/Selbstlauten kommt zur nächsten Silbe in die neue Zeile.*

Ka- ter, Au- ge, le- ben, hö- ren, Ta- fel, Schau- fel, rei- ßen, Stra- ße, Fa- mi- li- en, Ru- i- ne, Me- tho- de

2.2 *Von zwei oder mehr Konsonanten/Mitlauten zwischen Vokalen/Selbstlauten kommt nur der letzte zur nächsten Silbe in die neue Zeile.*

Hän- de, Bil- der, kämp- fen, Drechs- ler, streck- te, Hoff- nung, wid- rig, städ- tisch, höchs- te, muss- te, Men- schen, Häus- chen, Sys- tem, Zyk- lus

3 **Zusammensetzungen**

und Wörter mit Präfix/Vorsilbe trennt man zwischen den einzelnen Bestandteilen.

Haus- tür, voll- enden, ver- ant- worten, Er- trag, waage- recht, biss- chen, syn- chron, kom- plett, Geo- grafie, Pro- gramm, sub- trahieren

4 *Für Sprachkundige gibt es Sonderregelungen, sie dürfen*

4.1 *Fremdwörter auch so trennen, dass zwei Konsonanten in die neue Zeile kommen, wenn der letzte ein* **l**, **n** *oder* **r** *ist,*

Zy- klus *statt* **Zyk- lus; Ma- gnet** *statt* **Mag- net; Hy- drant** *statt* **Hyd- rant**

4.2 *Zusammensetzungen (deutsche und Fremdwörter) in ihre ursprünglichen Bestandteile zerlegen:*

Inter- esse *statt* **Inte- resse; Lin- oleum** *statt* **Li- noleum; Hekt- ar** *statt* **Hek- tar; Mikro- skop** *statt* **Mik- ros- kop;**
dar- um *statt* **da- rum; ein- ander** *statt* **ei- nander**

5 *Ein Bindestrich am Ende einer Zeile gilt als Trennungsstrich.*

C-Dur- Tonleiter, Vitamin-C- haltig, Erste-Hilfe- Lehrgang, Garmisch- Partenkirchen, Martin-Luther- Straße, Schritt- Tempo, See- Elefant

6 *Es ist unsinnig, einzelne Vokale abzutrennen.*

Der **Punkt**, das **Ausrufezeichen** und das **Fragezeichen**
kennzeichnen das Ende des Ganzsatzes – und seinen Inhalt:

Ich gehe nach Hause. – Geh jetzt endlich nach Hause! – Gehst du schon nach Hause?

(Die Zeichen folgen normalerweise* ohne Abstand/Leerzeichen dem letzten Wort.)
* Ausnahmen gibt es bei den → Anführungszeichen bzw. der → wörtlichen Rede.

Das **Fragezeichen** 〈 **?** 〉 zeigt an, dass ein Satz oder ein Wort als Frage zu verstehen ist.

Das Fragezeichen muss nach direkten Fragesätzen und auch nach einzelnen Fragewörtern stehen:

direkte Fragesätze:	Wo warst du so lange? – Bist du schon fertig? Was hätten S' gern? – Wieso das denn? – „Was soll das?", fragte er.
einzelne Wörter:	Wieso? Weshalb? Warum? – Wieso, weshalb, warum? Wieso, weshalb und warum? – Verstanden? Auf meine Frage „Warum?" erwarte ich eine Antwort.

Das Fragezeichen muss auch nach frei stehenden Zeilen gesetzt werden, z. B.

Überschrift/Schlagzeile:	Wem nützt ein vereintes Europa?
Buchtitel – Filmtitel:	Müssen wir umschalten? – Is' was, Doc?

Das Fragezeichen steht nicht nach indirekten Fragesätzen:

Ich fragte ihn, ob er schon fertig sei. – Die Verkäuferin fragte, was ich gern hätte.
Sag mir, weshalb du das getan hast.

Innerhalb eines Satzes kann man durch ein eingeklammertes Fragezeichen auf zweifelhafte Angaben hinweisen:

Er behauptete(,) im Schritt-Tempo (?) gefahren zu sein.

Das **Ausrufezeichen** 〈 **!** 〉 zeigt an, dass ein ganzer Satz – oder auch nur ein einzelnes Wort – als Ausruf, als Wunsch, Aufforderung, Befehl oder als nachdrückliche Behauptung zu verstehen ist.

Das Ausrufezeichen muss nach Sätzen und auch nach einzelnen Wörtern stehen:

Hätte ich das bloß nicht gesagt! – Mach, dass du fertig wirst! – Mach die Tür zu! – Sag die Wahrheit! – Sieh nach, ob das auch stimmt! – Das war ganz bestimmt so! – „Lass das!", schimpfte er.

Vorsicht! – Herrlich! – Prima! – Herein! – Guten Morgen! – Pfui! – Au! – Pst! – Hallo! – Platsch! – Hau ruck! – Oh! – Dies ständige „Haha!" kannst du dir sparen!

Das Ausrufezeichen steht auch nach frei stehenden Zeilen, z. B.

Überschrift/Schlagzeile:	Die nächste Gebührenerhöhung kommt bestimmt!
Buchtitel – Filmtitel:	Lauf, Jane, lauf! – Help!
Anrede:	Sehr geehrter Herr Direktor, liebe Kinder! – Meine Damen und Herren!

Das Ausrufezeichen kann nach der Anrede im Brief stehen (üblicher ist das Komma):

Sehr geehrter Herr Meyer! – Liebe Magdalena! (*Der Brieftext beginnt dann mit einem Großbuchstaben.*)

Das Ausrufezeichen steht nicht nach indirekten Wunsch-, Befehlssätzen u. Ä.:

Ich wollte, ich hätte das nicht gesagt. – Er befahl ihm(,) die Tür zuzumachen.
Er riet ihm(,) die Wahrheit zu sagen.

Innerhalb eines Satzes kann man durch ein eingeklammertes Ausrufezeichen Wörter und Zahlen hervorheben:

Unsere Katze hat diesmal sieben (!) Junge bekommen.

Zeichensetzung

Der **Punkt** ⟨ **.** ⟩ markiert das Ende eines Ganzsatzes.

Der Punkt muss am Schluss eines Satzes stehen, der nicht als Frage, als Ausruf oder Befehl o. Ä. gemeint ist:

Heute ist Samstag. – Ich freue mich, dass morgen Sonntag ist.
Sie kam, obwohl sie nur wenig Zeit hatte, und half uns.
Er sagte: „Ich komme gleich wieder." – „Ich komme gleich", sagte er.

Am Ende eines Satzes steht immer nur ein Punkt,
auch wenn eine Ordnungszahl oder eine Abkürzung am Schluss stehen:

So war das zur Zeit Friedrichs II. – Satzzeichen sind z. B. Punkt, Komma, Semikolon usw.

Einzige Ausnahme sind die Auslassungspunkte:

Zur Kennzeichnung von Auslassungen dienen: Apostroph, Ergänzungsstrich …

Der Punkt steht nicht

nach frei stehenden Zeilen, z. B.

Überschrift/Schlagzeile:	Autoverkehr behindert Kommunikation
Buchtitel:	Kleider machen Leute
Filmtitel:	Der Hauptmann von Köpenick
Titel von Gesetzen, Verträgen u. Ä.:	Bundesgesetz über den Straßenverkehr

nach Anschrift, Datumsangabe, Grußformel und Unterschrift im Brief u. Ä.:

Freitag, 20. Januar 2006

Fritz Meier
Königstraße 95
40212 Düsseldorf

Fa.
G & W
Industriestraße 1
24937 Flensburg

Mit freundlichen Grüßen
Fritz Meier

nach Aufzählungen in Tabellenform:

Religion:	gut
Deutsch:	befriedigend
Mathematik:	ausreichend

nach Parenthesen:

Gestern Abend – **es war schon spät** – bekamen wir noch Besuch.
Gestern Abend (**es war schon spät**) bekamen wir noch Besuch.
Gestern Abend, **es war schon spät**, bekamen wir noch Besuch.

Der **Punkt** ist nicht nur Satzschluss-Zeichen; er hat auch noch andere Funktionen:
Der Punkt hinter einer Ziffer (im Satzinneren) bedeutet immer: Dies ist eine **Ordnungszahl**.

> Beachten Sie bitte auch die 2. Seite! – Friedrich II. war König von Preußen.
> Am 3. 10. 1990 wurde Deutschland wieder vereinigt.

Der Punkt dient auch zur Kennzeichnung von **Abkürzungen**.
Es gibt keine eindeutigen Regeln! Deshalb im Zweifelsfall immer im Wörterverzeichnis nachsehen!
(Immer Abstand/Leerzeichen – oder Satzzeichen – nach dem Punkt!)

Abkürzungen mit Punkt (Beispiele):

A. D.	(Anno Domini, im Jahr)	h. c.	(ehrenhalber)	s.	(siehe)
a. D.	(außer Dienst)	Hbf.	(Hauptbahnhof)	s. o., s. u.	(siehe oben, unten)
a. d.	(an der)	i. A.	(im Auftrag[e])	Str.	(Straße)
A. T.	(Altes Testament)	i. V.	(in Vertretung)	Tel.	(Telefon)
Abs.	(Absender; Absatz)	Jg.	(Jahrgang)	Tsd.	(Tausend)
Abt.	(Abteilung)	Jh.	(Jahrhundert)	u.	(und)
Bd., Bde.	(Band, Bände)	Jh.s	[des] (Jahrhunderts)	u. a.	(und and[e]re[s]; unter ander[e]m, ander[e]n)
Bez., Bz.	(Bezirk)	lfd. Nr.	(laufende Nummer)		
bzw.	(beziehungsweise)	Mio., Mill.	(Million[en])	u. a. m.	(und and[e]re[s] mehr)
d. h.	(das heißt)	Mo.	(Montag)	u. Ä.	(und Ähnliche[s])
dgl.	(dergleichen)	Mrd., Md.	(Milliarde[n])	usw.	(und so weiter)
etc.	(et cetera, und so weiter)	Ms.	(Manuskript)	v.	(von)
Dr. med.	(Doktor der Medizin)	N. T.	(Neues Testament)	vgl.	(vergleiche)
f., ff.	(folgende Seite, Seiten)	Nr., Nrn.	(Nummer, Nummern)	z. B.	(zum Beispiel)
geb.	(geboren[e])	Pf.	(Pfennig)	zz, zzt.	(zurzeit = jetzt)

Es gibt aber auch viele Abkürzungen ohne Punkt (Beispiele):

internationale Maße		*Himmelsrichtungen*		*Währungsbezeichnungen*		*chemische Elemente*	
cl	(Zentiliter)	N	(Nord[en])	dkr	(dänische Krone)	C	(Kohlenstoff)
cm	(Zentimeter)	NW	(Nordwest[en])	GBP	(englisches Pfund)	Cl	(Chlor)
km	(Kilometer)	S	(Süd[en])	JPY	(japanischer Yen)	H	(Wasserstoff)
m	(Meter)	SO	(Südost[en])	nkr	(norwegische Krone)	Na	(Natrium)
mg	(Milligramm)	SSO	(Südsüdost[en])	USD	(amerikanischer Dollar)	O	(Sauerstoff)
mm	(Millimeter)	W	(West[en])	sfr	(Schweizer Franken)	S	(Schwefel)

Abkürzungen, die als neue „Wörter" gelesen werden:

das BGB	(das Bürgerliche Gesetzbuch)	der PKW, Pkw	(der Personenkraftwagen)
die BRD	(die Bundesrepublik Deutschland)	die SMV	(die Schülermitverwaltung)
das EKG	(das Elektrokardiogramm)	der TÜV	(der Technische Überwachungs-Verein)
die EU	(die Europäische Union)	die U-Bahn	(die Untergrundbahn)
das Kfz	(das Kraftfahrzeug)	die UNO	(United Nations Organization)
der NDR	(der Norddeutsche Rundfunk)	die USA	(United States of America)

Abkürzungen, die selbständige Kurzwörter geworden sind:

der Akku	(der Akkumulator)	die Lok	(die Lokomotive)
der Azubi	(der Auszubildende)	das Mofa	(das Motorfahrrad)
das Bafög	(das Bundesausbildungsförderungsgesetz)	der Trafo	(der Transformator)
der Bus	(der Autobus, Omnibus)	der Zivi	(der Zivildienstleistende)

Es gibt auch Doppelformen ohne + mit Punkt (Beispiele):
bz, bez – bez. (bezahlt)
MdB – M. d. B. (Mitglied des Bundestages)

Zeichensetzung

Der **Apostroph** / das Auslassungszeichen ⟨ ' ⟩
zeigt an, dass der Schreiber (einen oder auch mehrere) Buchstaben ausgelassen hat.

(Der Apostroph wird ohne Abstand/Leerzeichen an die Stelle ausgelassener Buchstaben gesetzt.)

Der Apostroph muss gesetzt werden

1. *bei Auslassungen wie in:*

   M'gladbach = Mönchengladbach; **Ku'damm** = Kurfürstendamm; **S'brarup** = Süderbrarup

2. *bei Auslassungen, durch die ein Wort schwer lesbar oder missverständlich sein könnte, z. B.*

   's ist (Es ist) schon spät. In **wen'gen** (wenigen) Sekunden gehts los!

3. *zur Kennzeichnung, dass das Genitiv-***s** *weggefallen ist, und zwar bei Eigennamen, deren Grundform auf* **s ss ß tz z x ce** *endet, z. B.*

   Claudius' Gedichte, **Voss'** Fleischwaren, **Strauß'** Walzer, **Fritz'** Mütze, **Konstanz'** Stadtzentrum, **Beatrix'** neuer Hut, **Beatrice'** Katze

   (*Der Apostroph steht auch, wenn* **s x z** *usw. in der Grundform stumm sind, z. B.*
   Orléans' berühmte Tochter Jeanne d'Arc, Bordeaux' beste Weine, Pierre Boulez' Kompositionen)

Der Apostroph steht nicht

1. *in (umgangssprachlichen) Verkürzungen – wenn sie nicht missverständlich sind – wie z. B.*

beim	(= bei dem),	am, hinterm, überm, unterm, vorm, zum,
hintern	(= hinter den),	übern, untern, vorn (= vor den),
zur	(= zu der),	
ans	(= an das),	aufs, durchs, fürs, hinters, ins, übers, ums, unters, vors,
mal	(= einmal),	was (= etwas),
ran	(= heran),	rauf, raus, rein (= herein), rüber, runter

2. *beim Genitiv/Wesfall von Namen, deren Grundform nicht mit einem* **s**-*Laut endet, z. B.*

   Marias neues Kleid, **Fontanes** Romane

3. *bei Abkürzungen im Genitiv/Wesfall und in der Plural-/Mehrzahlform auf* **s,**

   z. B. des **LKWs**, die **Azubis**

4. *beim Genitiv von Eigennamen, deren Grundform auf* **s ss ß tz z x ce** *endet, wenn ihnen ein Artikel, ein Possessivpronomen o. Ä. vorangeht, z. B.*

   die Briefe **des Johannes**, zur besonderen Freude **unseres alten Franz**

5. *für ein ausgefallenes unbetontes* **e** (*im Wortinneren und am Wortende*),

   z. B. **gehn** (*statt* gehen), **stehn**, **unsre**, **fad** (*statt* fade), **Verwechslung, solch** gute Sachen, so **manch** schöne Stunde

6. *beim Imperativ/bei der Befehlsform, z. B.* **Setz** dich doch! **Komm** mal her! **Geh** raus!

Der Apostroph kann gesetzt werden,

1. *wenn von dem Pronomen* **es** *das* **e** *weggelassen wird, z. B.*

   Wie gehts? *oder* Wie geht's?; Sie habens! *oder* Sie haben's!; Wenns geht! *oder* Wenn's geht!

2. *wenn man umgangssprachliche Formulierungen möglichst eindeutig wiedergeben will, z. B.*

   Was war **'n** los? Das **is'** ja wohl **'n** Witz! Der **Käpt'n** schippert **mit'm** Kümo auf **'er** Ostsee.

3. *wenn die Grundform eines Personennamens vor dem Genitiv-***s** *oder der Adjektivendung* **-sch** *deutlich gemacht werden soll, z. B.*

   Neco's Imbiss-Stube *und* Necos Imbiss-Stube,
   die **Gauß'schen** Koordinaten *und* gaußschen Koordinaten

Das **Semikolon** / der Strichpunkt ⟨ ; ⟩

kann längere Ganzsätze in Sinnabschnitte – gleichrangige Teilsätze oder Wortgruppen – gliedern, und zwar deutlicher als das Komma, aber weniger markant als der Punkt.

(Das Semikolon wird – wie Punkt oder Komma – ohne Abstand/Leerzeichen zum letzten Wort gesetzt; anschließend folgt ein Leerzeichen.)

das Semikolon zwischen gleichrangigen Teilsätzen –

1. *zwischen Hauptsätzen ohne Nebensatz*:

   Zu meinem Geburtstag erwarte ich alle meine Freunde**;** dich lade ich auch herzlich ein.
   Zu meinem Geburtstag erwarte ich alle meine Freunde**;** deshalb lade ich dich auch herzlich ein.

2. *zwischen Hauptsätzen mit Nebensatz*:

   Zu meinem Geburtstag erwarte ich viele Gäste**;** ich würde mich freuen, wenn du auch kommst.
   Ich erwarte viele Gäste, wenn ich Geburtstag feiere**;** ich würde mich freuen, wenn du auch kommst.
   Weil ich dies Jahr 20 werde, erwarte ich viele Gäste**;** wenn du auch kommst, würde ich mich freuen.

   (In allen oben aufgeführten Beispielsätzen könnte man statt Semikolon auch Komma oder Punkt setzen.)

das Semikolon zwischen Wortgruppen in Aufzählungen:

In einem großen Warenhaus gibt es alles, was man zum täglichen Leben braucht:
Wäsche, Kleider, Mäntel, Schuhe**;** Möbel, Betten, Gardinen**;** Töpfe, Teller, Gläser**;**
Waschmaschinen und Kühlschränke**;** Lebensmittel und Getränke.

Der **Ergänzungsstrich** ⟨ - ⟩

vertritt in einer Aufzählung einen gemeinsamen Wortbestandteil, der nicht doppelt geschrieben (und gesprochen) werden soll.

(Der Ergänzungsstrich wird ohne Abstand/Leerzeichen dem zugehörigen Wort angefügt.)

Klein**städte** und Groß**städte**	→	Klein- und Großstädte
Wasser**wege**, Schienen**wege** und Luft**wege**	→	Wasser-, Schienen- und Luftwege
saft**los** und kraft**los**	→	saft- und kraftlos
gegen**einander** oder mit**einander**	→	gegen- oder miteinander
vor**fahren** und zurück**fahren**	→	vor- und zurückfahren
Privat**schulen** oder öffentliche **Schulen**	→	Privat- oder öffentliche Schulen
aber		
öffentliche **Schulen** oder Privat**schulen**	→	öffentliche oder Privatschulen
Weihnachtslieder und **Weihnachts**geschichten	→	Weihnachtslieder und -geschichten
Schulbücher, **Schul**hefte und **Schul**mappen	→	Schulbücher, -hefte und -mappen
herumhüpfen und **herum**springen	→	herumhüpfen und -springen
Straßenunter**führungen** und **Straßen**über**führungen**	→	Straßenunter- und -überführungen

Zeichensetzung

Der **Gedankenstrich** ⟨ – ⟩ zeigt an, dass ein Text durch (Gedanken-)Pausen unterbrochen ist.

(Abstand/Leerzeichen vor und nach dem Zeichen;
aber Komma und Doppelpunkt können direkt nach dem 2. Gedankenstrich stehen.)

Zwischen Sätzen kann der Gedankenstrich

1. *den Wechsel zu einem anderen Gedanken/Thema kennzeichnen*:
   Damit ist die Frage geklärt. – Kommen wir jetzt zum nächsten Punkt.
2. *den Wechsel der Sprecher kennzeichnen*:
   „Nun sag doch was dazu!“ – „Ich muss noch überlegen.“

Innerhalb eines Satzes kann der Gedankenstrich die Aufmerksamkeit steigern, indem er Textteile heraushebt:

Auf die Plätze – fertig – los!
Sie riss das Fenster auf und sah – nichts!
Plötzlich – ein furchtbares Krachen!
Da hilft nur noch eins – Beten.

Gestern Abend – es war schon spät – bekamen wir noch Besuch.
Es ist schön – das weißt du doch! –, dass du hier bist.
Marie Curie erhielt 1911 den Nobelpreis für Chemie – als erste Frau der Welt.
Gib mir bitte das Buch – und zwar das rote.
Daran – ihre Arbeit zu tun – dachte sie nicht.
Sie – ganz in Rot gekleidet – fiel sofort auf.
Sie flüsterte – völlig erschöpft –: „Hilf mir doch!“

(Hier kann man statt der Gedankenstriche auch Klammern oder Kommas setzen.)

Die **Klammern** ⟨ ( ) ⟩ schließen erklärende und beiläufige Zusätze ein.

Die Klammern umschließen den Text (inkl. zugehöriger Satzzeichen) ohne Abstand/Leerzeichen.
(Vor der 1. Klammer Abstand/Leerzeichen [Ausnahme: *z. B.* § 14(2)];
nach der 2. Klammer Abstand bzw. Satzzeichen)

kurze erklärende Zusätze:	Oldenburg (Holstein)	§ 14(2)
	das Pony (Zwergpferd)	der Pony (Teil einer Frisur)
	Im II. Weltkrieg (1939–1945) wurden mehr als 50 Mill. Menschen getötet.	
beiläufige Zusätze:	Gestern Abend (es war schon spät) bekamen wir noch Besuch.	
	Werner (ein alter Freund) war auch dabei.	
	Sie hat viele Hobbys (z. B. Musizieren, Reiten, Tanzen) und Freude daran.	
	Er weiß (da bin ich ganz sicher!), dass er sich geirrt hat.	

(Hier kann man statt der Klammern auch Gedankenstriche oder Kommas setzen.)

Der **Bindestrich** ⟨ - ⟩ ermöglicht in vielen Fällen
übersichtlichere und eindeutige Schreibungen von (längeren) Zusammensetzungen.

(zu weiteren Funktionen des Bindestrichs siehe „**Zusammengesetzte Substantive/Nomen**“ S. 304)

Umsatzsteueridentifikationsnummer → Umsatzsteuer-Identifikationsnummer
Arbeiterunfallversicherungsgesetz → Arbeiter-Unfallversicherungsgesetz

Kannbestimmung	→ Kann-Bestimmung	Sollbruchstelle	→ Soll-Bruchstelle
Desktoppublishing	→ Desktop-Publishing	Multimediasoftware	→ Multimedia-Software
Teeei	→ Tee-Ei	Nulllinie	→ Null-Linie
Dasssatz	→ dass-Satz	Fetttropfen	→ Fett-Tropfen
Antiklager	→ Antik-Lager	Icherzähler	→ Ich-Erzähler
Druckerzeugnis	→ Druck-Erzeugnis *oder*	→ Drucker-Zeugnis?	

Der **Doppelpunkt** ⟨ : ⟩
kündigt wichtige weiterführende Aussagen, Informationen an.
(Abstand/Leerzeichen nur nach dem Doppelpunkt)

Der Doppelpunkt muss gesetzt werden

vor der wörtlichen Rede und wörtlich wiedergegebenen Textstellen (Zitaten), wenn ein Begleitsatz – oder ein Teil von ihm – vorangeht:

Sie sagte: „Das Essen ist fertig." – Sie rief: „Das Essen ist fertig!", und deckte den Tisch. –
Bei Salomo heißt es: „Gut ist es, dem Herrn zu vertrauen, statt sich auf Menschen zu verlassen."

(weitere ℹ: „Die Zeichensetzung bei **wörtlicher Rede** und **Zitaten**" S. 315)

Der Doppelpunkt kann gesetzt werden

1. *vor Aufzählungen:* Die Verfasser der Evangelien sind: Matthäus, Markus, Lukas, Johannes.
   Wir suchen ständig: antiquarische Bücher
   alte Fotografien
   Briefmarkensammlungen
2. *vor speziellen Angaben:* Staatsangehörigkeit: deutsch
   Ihr nächster Termin: 11. 10. 1998
   Mathematik: ausreichend
3. *vor Hinweisen und Erklärungen:*
   Hans Christian Andersen: Des Kaisers neue Kleider
   Beachten Sie bitte die Dosierungsanleitung: Man nehme einmal täglich 10 Tropfen.
   Dosierung: einmal täglich 10 Tropfen!
4. *vor Zusammenfassungen und Schlussfolgerungen:*
   Menschen und Tiere, Bäume und Sträucher, Blumen und Gräser: alles litt unter der Hitze.
   Ob man arm oder reich ist, ob man intelligent ist oder nicht, ob man ein prachtvolles Haus besitzt, ein teures Auto fährt oder nicht: ohne Liebe ist alles sinnlos.

Der Doppelpunkt steht nicht vor Aufzählungen nach **nämlich, d. h., z. B.**
Sie hat viele Hobbys, z. B. Lesen, Tanzen, Reiten.

Der **Schrägstrich** ⟨ / ⟩
kennzeichnet die Zusammengehörigkeit von Wörtern (auch Namen und Abkürzungen) und Zahlen.
(kein Abstand/kein Leerzeichen vor und nach dem Zeichen)

die **Schüler/Schülerinnen** der H.-L.-Schule
die Gebühren für **Januar/Februar/März**
am **1./2.** Januar; zum Jahreswechsel **1998/99**
Wuppertal/Zürich 1991; **PC-/Mac**-kompatibel

Der Schrägstrich bedeutet hier so viel wie: **und**, **oder**, **bzw.**, **bis** *u. Ä.*

die Richtgeschwindigkeit von 100 **km/h**
80 kJ/100 ml 12 **µg/cl** 14400 **bit/s**

Der Schrägstrich bedeutet hier so viel wie: **je** *oder* **pro**

Re.-Nr. **00123/1997** Az **IV/4711/5**

Der Schrägstrich wird auch verwendet zur Gliederung von längeren Rechnungs-/Kundennummern, Aktenzeichen o. Ä.

Zeichensetzung

Die **Anführungszeichen** 〈„ “〉
dienen zur besonderen Hervorhebung von Textteilen.
(Die Textteile werden ohne Abstand/Leerzeichen von den Anführungszeichen eingeschlossen.)

Die Anführungszeichen müssen gesetzt werden

1. *zur Kennzeichnung von direkter/wörtlicher Rede:*

   „Ich komme gleich wieder.“ – „Ich komme gleich wieder“, sagte er.
   Sie fragte: „Kommst du gleich wieder?“ – „Aber komm gleich wieder!“, rief sie ihm nach.
   „Das Leben“, meinte Heinz, „beginnt in einer Zelle.“

2. *zur Kennzeichnung von Zitaten/wörtlich wiedergegebenen Textstellen:*

   „Die ich rief, die Geister, werd ich nun nicht los“, so steht es in Goethes „Zauberlehrling“.
   Die Regel lautet: „Mit Anführungszeichen schließt man etwas wörtlich Wiedergegebenes ein.“

   (weitere ⓘ „Die Zeichensetzung bei **wörtlicher Rede** und **Zitaten**“ S. 315)

Die Anführungszeichen können gesetzt werden

1. *zur Kennzeichnung von Überschriften, Werktiteln (Bücher, Theaterstücke, Filme, Gedichte usw.), Namen von Zeitungen/Zeitschriften u. Ä.:*

   In der „Böklunder Rundschau“ stand kürzlich ein Artikel über „Landwirtschaft in Schleswig-Holstein“.
   Eichendorffs „Mondnacht“ ist von Schumann vertont worden.
   Kennen Sie den Film „Is' was, Doc?“?

2. *zur Hervorhebung von Wörtern/Wortteilen/Wortgruppen, auf die Bezug genommen wird:*

   Das Wort „Rhythmus“ ist ziemlich schwierig. – Man kann ein „und“ dazwischensetzen.
   Das „-lich“ in „höflich“ nennt man ein „Suffix“. – Amerika wird auch „die Neue Welt“ genannt.

3. *zur Kennzeichnung von Wortgruppen/Wörtern, die nicht in ihrer eigentlichen Bedeutung zu verstehen sind:*

   Und das nennst du einen „gemütlichen Abend“?
   Nach einer halben Stunde hatte sie „schon“ alles verstanden.
   „Das hast du aber ‚prima‘ hingekriegt!“, schimpfte er.

(**Halbe Anführungszeichen** *können innerhalb des wörtlich wiedergegebenen Textes Angeführtes kennzeichnen.)*

Die **Auslassungspunkte** 〈...〉
vertreten ausgelassene Buchstaben, ganze Wörter oder ganze Textteile.
(Die Auslassungspunkte werden an die Stelle ausgelassener Buchstaben ohne Abstand/Leerzeichen gesetzt, anstelle ausgelassener Wörter etc. selbstverständlich mit Abständen/Leerzeichen.)

Voltaire, Sie sind ein E**...**! Das ist doch zum **...**! Zu Risiken und Nebenwirkungen **...**
„**...** müssen alle den Gürtel enger schnallen!“, schloss der Minister seine Rede.

In einem wörtlich wiedergegebenen Zitat werden ausgelassene Textteile durch Auslassungspunkte ersetzt.

„Die Auslassungspunkte vertreten **...** Wörter **...**“
„**...** werden **...** Textteile durch Auslassungspunkte ersetzt.“

Nach Auslassungspunkten am Ende eines Satzes wird kein (weiterer) Punkt gesetzt, wohl aber Ausrufe- und Fragezeichen.

Da steh ich nun **...**
Die Weihnachtsgeschichte beginnt mit den Worten: „Es begab sich aber zu der Zeit **...**“
Jetzt reichts, geh raus und **...**! Was war das für ein **...**?

Die Zeichensetzung bei **wörtlicher Rede** und **Zitaten** *
ist etwas schwierig, weil mehrere Regeln für mehrere Zeichen zu beachten sind.
(* Die folgenden Beispielsätze und Regeln gelten entsprechend auch für Zitate.)

Meistens steht noch
ein Begleitsatz bei der **wörtlichen Rede.**

Sie fragte uns: **„Macht ihr auch mit?“**

Ganzsatz
nennt man beides zusammen.

1 Die **Anführungszeichen** *schließen die wörtliche Rede ein:*

„Ich mache nicht mit.“ – **„Nun mach doch“**, sagte sie, **„auch mal mit.“**

Halbe Anführungszeichen *können innerhalb der wörtlichen Rede Angeführtes kennzeichnen:*

„Du hast ja **‚toll'** mitgemacht“, meckerte sie. –
Er erkundigte sich: „Hast du gefragt **‚Machst du auch mit?'**?“

2 Der **Doppelpunkt** *steht (direkt) nach dem Begleitsatz,*
und zwar nur, wenn dieser am Anfang des Ganzsatzes steht:

Er sagte**: „Ich mache nicht mit.“** – Sie rief**: „Nun mach doch endlich mit!“** –
Sie fragte**: „Aber gleich machst du doch mit?“**

3 Das **Komma** *grenzt den Begleitsatz von der wörtlichen Rede ab:*

„Ich mache nicht mit“, sagte er. (Begleitsatz am Ende des Ganzsatzes: 1 Komma)
„Mach doch“, sagte sie**, „auch mal mit.“** (Begleitsatz in die wörtliche Rede eingeschoben: 2 Kommas)

Kommas, *die zur wörtlichen Rede gehören, bleiben erhalten:*

„So“, sagte sie, **„wenn du willst, kannst du jetzt auch mitmachen.“**

4 Der **Punkt** *(als Satzschluss-Zeichen) steht immer nur einmal – am Ende des Ganzsatzes,*
und zwar wie gewohnt, wenn der Begleitsatz am Schluss steht,

„Ich mache nicht mit“, sagte er**.**

aber innerhalb der Anführungszeichen, wenn wörtliche Rede am Schluss steht:

„Ich mache nicht mit.“ – Er sagte: **„Ich mache nicht mit.“**

Der **Punkt** *als Satzschluss-Zeichen steht also nie im Inneren eines Ganzsatzes:*

„Ich mache nicht mit“, sagte er. – Sie sagte: **„Mach auch mal mit“**, und spielte weiter.

5 Ausrufe- und Fragezeichen
stehen innerhalb der Anführungszeichen, wenn sie inhaltlich zur wörtlichen Rede gehören:

Sie rief: **„Nun mach doch endlich mit!“** – Sie fragte: **„Aber gleich machst du doch mit?“**
„Nun mach doch endlich mit!“, rief sie. – **„Aber gleich machst du doch mit?“**, fragte sie.

Ausrufe- und Fragezeichen *stehen nach der wörtlichen Rede, wenn sie zum Begleitsatz gehören:*

Du sollst ihm sagen: **„Mach bitte mit“!** – Hast du wirklich gesagt: **„Ich mache nicht mit“?**

In folgenden Fällen müssen **Ausrufe- und Fragezeichen** *sogar zweimal stehen:*

Jetzt sag ihr doch: **„Ich mach da nicht mit!“!** – Hast du gefragt: **„Machst du auch mit?“?**

Zeichensetzung

Das **Komma** ⟨**,**⟩ dient dazu, Ganzsätze in übersichtliche Sinnabschnitte zu gliedern.

(Das Komma wird – wie der Punkt – ohne Abstand/Leerzeichen zum letzten Wort gesetzt; es folgt Abstand/Leerzeichen.)

1 das **Komma** zwischen Teilen einer **Aufzählung**

1.1 mit Komma *nicht durch Konjunktionen verbundene gleichrangige Wörter und Wortgruppen*

Berlin, Hamburg, Hannover, Leipzig, München sind große deutsche Städte.
Alles rennet, rettet, flüchtet.

Wir wünschen euch ein frohes, gesegnetes Fest. (*gleichrangige Adjektive*)

Wir wünschen euch ein frohes neues Jahr. (*nicht gleichrangige Adjektive*)

Sie liebt es, Bücher zu lesen, Musik zu hören, ins Theater zu gehen.
Das alles ist viel zu umständlich, unnötig kompliziert, ziemlich unsinnig.

1.2 mit Komma *gleichrangige Wörter und Wortgruppen, verbunden durch die Konjunktionen*

aber, doch, sondern, jedoch, dennoch, vielmehr, allein, je …, desto, teils …, teils, halb …, halb, einerseits …, and[e]rerseits, ob …, ob, nicht nur …, sondern auch, bald …, bald *u. a.*

Das war nicht schön, aber laut. – Peter ist nicht dran, sondern Andrea.
Es ist teils heiter, teils wolkig. – Je mehr du übst, desto besser.

1.3 ohne Komma *gleichrangige Wörter und Wortgruppen, verbunden durch die Konjunktionen*

und, oder, beziehungsweise ⟨bzw.⟩, **respektive** ⟨resp.⟩, **sowie, wie** (= und), **weder … noch, entweder … oder, sowohl … als auch** *u. a.*

Wir wünschen euch ein frohes und gesegnetes Fest.
Weder Angela noch Hans haben den Text verstanden. – Der Stoff ist rot bzw. weinrot.

2 das **Komma** zwischen **Teilsätzen**

2.1 *Auch für gleichrangige Teilsätze –* **Hauptsätze** *und* **Nebensätze** *– gelten die Regeln der Aufzählung.*

2.1.1 mit Komma *Teilsätze, nicht durch Konjunktionen verbunden* (*vgl.* 1.1)

Das Wetter ist herrlich, wir gehen schwimmen. (*gleichrangige Hauptsätze*)
Die Sonne scheint, die Vögel singen, der Tag beginnt.

Ich hoffe, dass du wieder fit bist, dass du bald kommen kannst. (*gleichrangige Nebensätze*)
Er fragte, was das zu bedeuten habe, warum sie das getan habe.

2.1.2 mit Komma *Teilsätze, verbunden durch Konjunktionen wie* **aber, denn, sondern** *u. a.* (*vgl.* 1.2)

Es regnete, aber er fuhr mit dem Fahrrad zur Schule. – Alle waren da, allein der Chef fehlte.
Heute gehen wir schwimmen, denn das Wetter ist herrlich.

2.1.3 ohne Komma *Teilsätze, verbunden durch Konjunktionen wie* **und, oder** *u. a.* (*vgl.* 1.3)

Das Wetter ist herrlich und wir gehen schwimmen.
Gehst du schon oder bleibst du noch?
Er fragte, was das zu bedeuten habe und warum sie das getan habe.

Man darf aber ein Komma setzen, wenn man die Gliederung des Ganzsatzes deutlich machen will:

Das Wetter ist herrlich(,) und wir gehen schwimmen.

2.2 das **Komma** beim **Nebensatz**

2.2.1 mit Komma *Das Komma trennt den Nebensatz vom Hauptsatz:*

Er kam und half uns, obwohl er nur wenig Zeit hatte.
Obwohl er nur wenig Zeit hatte, kam er und half uns.
Er kam, obwohl er nur wenig Zeit hatte, und half uns.

Gib mir bitte das Buch, das auf dem Tisch liegt. – Das finde ich gut, dass du schon fertig bist.

mit Komma (*Vergleichssätze*)

Das war anders, als ich erwartet hatte.
Es ist so schön, wie du gesagt hast.

ohne Komma (*einfache Vergleiche*)

Das war anders als erwartet.
Es läuft alles wie geschmiert.

2.2.2 mit Komma *Das Komma trennt nicht gleichrangige Nebensätze:*

Ich weiß, dass er halten wird, was er versprach, als er bei uns war.

2.2.3 zwei Kommas *müssen stehen, wenn der Nebensatz eingeleitet wird durch Wortgruppen wie*

geschweige denn, dass ungeachtet dessen, dass *u. a.*

Er wurde verurteilt, ungeachtet dessen, dass er nicht vorbestraft war.

2.2.4 zwei Kommas *können stehen, wenn der Nebensatz eingeleitet wird durch Wortgruppen wie*

angenommen(,) dass	gesetzt den Fall(,) dass	im Fall[e](,) dass
vorausgesetzt(,) dass	es sei denn(,) dass	ungeachtet(,) dass
abgesehen davon(,) dass	ausgenommen(,) dass/wenn	besonders(,) wenn
vor allem(,) wenn/weil	namentlich(,) wenn	je nachdem(,) ob/wie
insofern/insoweit(,) als	umso eher/mehr/weniger(,) als *u. a.*	

Angenommen(,) dass deine Idee richtig ist – wie fangen wir an?
Diese Kurve ist gefährlich, vor allem(,) wenn es regnet.
Ich gehe zu Fuß, es sei denn(,) dass es in Strömen regnet.

2.2.5 ein Komma *steht nur, wenn der Nebensatz eingeleitet wird durch Wortgruppen wie*

als dass	anstatt dass	statt dass	außer dass	ohne dass
als ob	aber wenn	auch wenn	wie wenn	selbst wenn *u. a.*

Das machen wir, selbst wenn es schwierig wird. Es sieht aus, als ob es Regen gibt.
Er bestand die Prüfung, ohne dass er sich anstrengen musste.

2.2.6 ohne Komma *können formelhafte, verkürzte Nebensätze stehen:*

Du solltest damit(,) wenn möglich(,) jetzt gleich anfangen.
Das ist(,) wie schon gesagt(,) gut möglich.

2.2.7 *Bei der Verbindung eines Nebensatzes mit einem Satzglied durch Konjunktionen wie* und, oder *steht ein Komma nur zwischen Haupt- und Nebensatz:*

mit Komma

Bei Dunkelheit oder wenn es neblig ist, muss man Licht anschalten.
Man muss Licht anschalten, wenn es neblig ist oder bei Dunkelheit.

ohne Komma

Wenn es neblig ist oder bei Dunkelheit muss man Licht anschalten.
Man muss Licht anschalten bei Dunkelheit oder wenn es neblig ist.

3 das **Komma** bei **Zusätzen** und **Nachträgen**

3.1 **Parenthesen** (Einschübe)

mit Komma

Gestern Abend, es war schon spät, bekamen wir noch Besuch.
Das Essen, um das noch einmal zu sagen, war ganz vorzüglich.
Dies Menü, es ist nicht einmal teuer, kann ich nur empfehlen.
Schach, so sagt man, ist das Spiel der Könige.

3.2 **Appositionen**

mit Komma

Werner, unser alter Freund, kommt heute zu Besuch.
Heringe, früher ein Arme-Leute-Essen, sind heutzutage eine Delikatesse.
Antje B., Schleswig, und Sven H., Flensburg, teilen sich den ersten Preis.
Max Planck, der Begründer der Quantentheorie, stammt aus Kiel.

mit oder ohne Komma

Der Begründer der Quantentheorie(,) Max Planck(,) stammt aus Kiel. *(Der Name ist nachgestellt.)*
Gisela Wiebke(,) verw. Baeyer(,) geb. Dreier *(Namen mit den Abkürzungen* geb., verh., verw.*)*

ohne Komma

Karl der Kahle war der jüngste Sohn Ludwigs des Frommen. *(Die Apposition gehört zum Namen.)*

Das Komma kann über den Sinn eines Satzes entscheiden:

Ole, mein Freund, und ich spielen Fußball. – Ole, mein Freund und ich spielen Fußball.
(Apposition: 2 Personen) *(Aufzählung: 3 Personen)*

3.3 mehrteilige **Zeitangaben**, **Orts**- und **Wohnungsangaben**, **Literaturangaben** *u. Ä.*

mit Komma *(Das schließende Komma kann weggelassen werden.)*

Er fährt am Montag, dem 5. Mai(,) nach Kiel. – Er fährt Montag, [den] 5. Mai(,) nach Kiel.

mit Komma

Dieter Hansen, Berlin, Lehmweg 3(,)
hat seine Meisterprüfung bestanden.

Im Sprachbuch, Band 2, S. 38, Zeile 15(,) steht ...

ohne Komma

Eva Hoppe aus Köln im Westring 5
hat den ersten Preis gewonnen.

In § 5 Abs. 3 Satz 1 der Satzung steht, dass ...

3.4 **nachgestellte Erläuterungen**, *eingeleitet mit*

also, [ganz] besonders, das heißt ⟨d. h.⟩, das ist ⟨d. i.⟩,
genauer, insbesondere, nämlich, und das, und zwar,
unter anderem, vor allem, zum Beispiel ⟨z. B.⟩

mit Komma

Sie hat viele Hobbys, z. B. Lesen, Tanzen, Reiten.
Das mache ich, und zwar sofort! – Er liebt Klaviermusik, besonders von Chopin.
Das Wort „Rhythmus" schreiben viele falsch, nämlich ohne „h".
In der Saison, d. h. von Mai bis September, ist die Badeanstalt geöffnet.

Er hat viele alte Münzen, insbesondere deutsche, gesammelt.
Er hat viele alte, insbesondere deutsche Münzen gesammelt.

3.5 **Gefüge** *mit* **Präpositionen** *u. Ä.*

mit oder ohne Komma

Das kostet 98 €(,) zuzüglich 19 % Mehrwertsteuer. – Das kostet(,) inkl. MwSt(,) 116,62 **E**.
Er erzielte(,) trotz aller Vorbereitungen(,) kein gutes Ergebnis.

Ihre Auslagen(,) wie Porto- und Telefongebühren(,) werden erstattet.

4 das **Komma** bei **Infinitiv-, Partizip-, Adjektiv-** und **entsprechenden Wortgruppen**

4.1 ohne oder mit Komma

Er versprach am Sonntag zu kommen. *(Infinitivgruppe)*
aber besser mit Komma, *wenn Missverständnisse möglich sind*:
Er versprach am Sonntag, zu kommen. – Er versprach, am Sonntag zu kommen.

Jan erzählte(,) mit vollem Munde kauend(,) einen Witz. *(Partizip-I-Gruppe)*
Wirklich gut vorbereitet(,) bestand Doris ihre Prüfung. *(Partizip-II-Gruppe)*
Zu allem bereit(,) wartete er auf das Startzeichen. *(Adjektivgruppe)*
Sie hörte(,) in Gedanken ganz woanders(,) kaum zu. *(„entsprechende Wortgruppe")*

4.2.1 mit Komma

wenn eine Infinitivgruppe mit als, anstatt, außer, ohne, statt, um *eingeleitet wird:*
Sie las in der Zeitung, statt ihre Arbeit zu tun.
wenn eine Infinitivgruppe von einem Substantiv abhängt:
Er hatte die Absicht, alles besser zu machen.

4.2.2 mit Komma *„nachgetragene Wörter und Wortgruppen"*

Sie, statt ihre Arbeit zu tun, las in der Zeitung. *(Infinitivgruppe)*
Jan, mit vollem Munde kauend, erzählte einen Witz. *(Partizip-I-Gruppe)*
Doris, wirklich gut vorbereitet, bestand ihre Prüfung. *(Partizip-II-Gruppe)*
Dieser Tag, warm und sonnig, gefällt uns allen. *(Adjektivgruppe)* *
Sie, in Gedanken ganz woanders, hörte kaum zu. *(„entsprechende Wortgruppe")*

**aber* ohne Komma *in festen Verbindungen wie* Hänschen klein, Forelle blau *u. Ä.*

4.2.3 mit Komma *durch hinweisende Wörter „angekündigte Wörter und Wortgruppen"*

Er, der Meister, hätte das eigentlich wissen müssen.
Die beiden, Timo und Jan, passen gut zusammen.

Den Mann, den kenne ich doch!
In dem Dorf, da war ich schon oft.

Daran, ihre Arbeit zu tun, dachte sie nicht. *(Infinitivgruppe)*
So, mit vollem Munde kauend, erzählte Jan einen Witz. *(Partizip-I-Gruppe)*
So, wirklich gut vorbereitet, bestand Doris ihre Prüfung. *(Partizip-II-Gruppe)*
So, zu allem bereit, wartete er auf das Startzeichen. *(Adjektivgruppe)*
So, in Gedanken ganz woanders, hörte sie kaum zu. *(„entsprechende Wortgruppe")*

5 das **Komma** bei **Hervorhebungen**

(Besonders betonte Wörter kann man durch Kommasetzung hervorheben.)

5.1	**Anreden**	mit Komma	Das, meine Damen und Herren, ist nur der Anfang. Hast du das verstanden, Timo? Hallo, hier sind wir, Frau Madsen! Und dir, liebe Renate, danken wir ganz besonders.
5.2	**Ausrufe**	mit Komma *(betont)* Oh, ist das schön! – Nicht, lass das!	ohne Komma *(unbetont)* O wie schön! – Ach lass das doch!
5.3	**Stellungnahmen**	mit Komma *(betont)* Ja, so ist das richtig! Bitte, komm doch endlich! Das wars dann wohl, leider!	ohne Komma *(unbetont)* Ja wenn das so wäre. Geh bitte schon nach oben. Mehr haben wir leider nicht.